KB082520

우크라이나의 역사

학술명저번역 587

우크라이나의 역사

Иллюстрированная История Украины

•

Ілюстрована Історія України

미하일로 흐루셰브스키 지음 | **한정숙** 옮김

아카넷

일러두기

1. 고유명사는 가능하면 출신국 언어의 원음에 가깝게 표기한다. 우크라이나 고유명사도 이 원칙에 따른다. 다만 키예프, 흐멜니츠키 등처럼 러시아식으로 비교적 잘 알려진 일부 고유명사는 러시아식 발음을 한국어로 음역한다. 키예프 루스의 볼로디미르(블라디미르) 대공처럼 동슬라브인들의 국가사, 종교사에서 중요한 인물은 우크라이나식 발음과 러시아식 발음을 병기해 주었다. 일부 리투아니아 통치자의 이름은 리투아니아식 발음과 우크라이나식 발음을 병기했다. 또한 코자크/카자크와 같이 우크라이나와 러시아에 공통적으로 존재한 집단의 경우 우크라이나 집단은 우크라이나식 발음으로, 러시아 집단은 러시아식 발음으로 각기 달리 표기한다.(예: 자포로쟈 코자크, 돈 카자크) 우크라이나어에서 'г'는 한국어 'ㅎ'나 영어의 'h' 같은 본격적 후두음이 아니라 'ㅎ'과 'ㄱ'의 중간 정도의 음가를 가지지만 우크라이나인들은 이 철자를 라틴문자의 'h'로 표기하는 경향이 강하다. 이 번역서에서도 고유명사 표기에서 'г'를 'ㅎ'으로 표기하였다. 또한 우크라이나어에서 'и'는 한국어 발음 'ㅓ'에 가깝지만 이 번역서에서는 'l'로 표기하기로 했다. (예: '볼로더머르'가 아니라 '볼로디미르'로 표기). 그리고 우크라이나어 표기에서는 연음부호 ь의 발음을 반영하지 않기로 했다.
2. 이 번역에서 원저자(혹은 원서 편집자)의 주석은 번역자의 주석과 마찬가지로 각주로 처리하되 (원저자주)라는 표시를 해주었다.

"우크라이나 인민을 이루는 사람은 단지 우크라이나인들만이 아니라
우크라이나 영토에서 살고 있는 모든 민족들이다."

– 미하일로 흐루셰브스키

차례

제2부 국가생활의 시대 | 161

제3부 리투아니아-폴란드 연합왕국 지배시대 | 349

2권 차례

제4부 코자크 시대 | 011

제6부 우크라이나의 소생 | 469

| 옮긴이의 말 |

이 책은 우크라이나의 저명한 역사가 미하일로 세르히요비치 흐루셰브스키(Михайло С. Грушевський, 러시아 발음으로는 미하일 세르게예비치 그루셰프스키)의 우크라이나 역사 개설서 『삽화로 보는 우크라이나의 역사』를 한국어로 옮긴 것이다. 근래에 이르러 우크라이나 역사에 대한 관심이 어느 정도 확산되어 가고 있음에도 한국어로 된 읽을거리가 많지 않았다. 이 책은 한국에서 출판되는 최초의 본격적인 우크라이나사 개설서라고 할 수 있다.

우크라이나 역사에 대해서는 20세기 말에 영어권과 독일어권에서 섭텔니(O. Subtelney), 마고치(P. R. Magocsi), 폴론스카-바실렌코(N. Polonska-Vasylenko), 카펠러(A. Kappeler) 등이 쓴 우수한 개설서가 출판되었다. 비교적 현재에 가까운 이 같은 저작들을 두고 출판된 지 한 세기가 지난 본서를 번역하게 된 것은 무엇보다 저자의 역사관이 가지는 중요성 때문이다. 저자 흐루셰브스키는 역사가일 뿐 아니라 1917년 러시아 혁명 후 수립된 우크라이나 중앙라다의 의장으로서 우크라이나의 독자적 국가 수립 시도를 주도했던 정치인이기도 하였다. 그가 '러시아 역사와 구분되는 우크라이나 역사의 독자성'을 주장한 것은 그 자체로서 우크라이나의 역사적 운명에도 중차대한 영향을 미쳤던 것이다. 이런 의미에서 우크라이나의 역사를 이해하기 위해서는 동시에 흐루셰브스키의 역사관을 알 필요가 있다고 본다.

본 번역서의 기본 텍스트는 키예프 레바다(МПП Левада) 출판사에서 1996년에 출간된 Михаил Грушевский, *Иллюстрированная История Украины*이다. 이 중 대부분을 차지하는 것은 1913년에 상트 페테르부르크에서 출판된 러시아어본 *Иллюстрированная История Украины*이다. 이 책은 1913년에 출판된 우크라이나어본 *Ілюстрована Історія України* 2판을 러시아어로 펴낸 것이다. (이 한국어본 79-80쪽에 '1913년 러시아어본 머리말'이라는 제목으로 번역된 1913년판 서문 참조.) 1913년 상트페테르부르크본은 우크라이나어본을 사실상 축자적으로 러시아어로 옮기되 장절을 다소 변화시켰고 세부 내용을 약간 추가하였다. 그리고 1921년 비인에 체류하던 기간 중 저자는 일차대전부터 1918년 스코로파드스키의 헤트만 정부 수립까지의 역사를 보완하여 증보판을 냈다. 이 증보판은 일차대전 이전 시기에 대해서는 1913년판의 내용을 거의 그대로 살리되 자잘한 수정을 가했다. 1996년 레바다본은 이 러시아어 증보판을 재출판한 것이다.(레바다본에는 우크라이나 역사학자 베르스튝(Владислав Верстюк)이 집필한 소련 시대 우크라이나 역사도 실려 있으나, 이 번역서에서는 생략하였다.) 삽화의 경우에도 일차대전 이후 시기에 대해 증보가 이루어졌는데, 1913년판의 387개 삽화는 거의 그대로 살렸지만 다만 385번에 1913년판에는 없었던 여성시인 레샤 우크라인카의 초상화를 추가해 넣고(정작 본문에는 이 뛰어난 여성시인의 이름이 언급되지 않고 있다. 저자가 실수로 빠뜨린 것이라고밖에는 달리 생각할 수 없다), 대신 387번의 키예프 동굴 수도원 화보를 번호 없이 뒷부분의 삽화로 돌린 다음, 388번부터 397번까지 중앙라다 관련 삽화와 현대 우크라이나 역사의 주요 인물들의 사진을 배치하였다.

러시아어본을 주 텍스트로 삼은 데는 몇 가지 이유가 있다. 옮긴이는 우선 우크라이나어본 자체가 여러 차례 수정되었기 때문에 단 하나의 정본이 있는 것이 아니라는 점, 그리고 러시아어본은 우크라이나인들만이 아니라 러시아인을 비롯한 광범한 독자층을 염두에 두고 출판된 것이라는 것 등을 고려했다. 또한 1913년 우크라이나어본은 일차대전 이전 상황까지만을 다루고 있음에 반해 러시아어본은 저자의 망명기에 출판된, 혁명 이후 시기에 대한 서술을 포함하고 있으므로 러시아 혁명기의 상황에 대한 흐루셰브스키의 견해를 한국 독자들에게 소개하는 데에는 러시아어본이 적합하다고 보였다. 흐루셰브스키의 1913년 러시아어본『우크라이나의 역사』는 2010년 우크라이나어로 다시 번역되어 출판되었다(Михайло Грушевський, *Ілюстрована Історія України з додатками та доповненнями*, Санкт-Петербург: Книгоиздательское Товарищество 〈Просвещение〉. 번역자: Камелія Феліксівна Салівон). 이를 볼 때 러시아어본은 우크라이나어본과 또 다른 독자적 저작으로서 가치를 가진다고 생각된다. 다만 우크라이나어 고유명사 표기, 러시아어와 다소 다른 우크라이나어 용어의 번역, 러시아어본의 오류 및 누락의 교정을 위해 1911년에 출판된 우크라이나어 초판본과 우크라이나어 재판본(1913)도 계속 대조하며 참조하였다. 초판은 1918년 위니펙에서 영인 출판된 것을, 재판은 인터넷판을 이용하였다.

무릇 모든 번역이 그러하듯 이 책의 번역에도 고유의 어려움이 없지 않았다. 흐루셰브스키의 문체는 장절마다 편차가 대단히 심하여, 어떤 부분은 사람의 가슴을 울리는 명문인 반면 어떤 부분에서는 간혹 이해하기가 극히 곤란한 암호 같은 문장도 없지 않다. 또한 문장을 수정한 후 삭제하지 않고 수정된 문장을 계속 이어 쓴 듯, 거의 같은 내용의 두 문장이 이어지는 경우도 간혹 있다. 번역본에서도 이 같은 중복을 피할 수 없었기 에 다소 중언부언하는 것 같은 부분이 있다. 또 한 가지, 역사서적의 번역에서 가장 중요한 것은 일반적인 어학 지식 자체가 아니다. 역사가의 용어 선택에 각별히 신경을 쓰지 않으면 저자 자신의 의도와는 전혀 다른 번역이 나올 수도 있다. 따라서 이 번역에서는 저자 흐루셰브스키의 역사해석을 최대한으로 반영할 수 있는 번역어를 찾기 위해 고심했다. 가장 기본적인 민족 이름, 나라 이름의 경우, 흐루셰브스키는 러시아가 루스의 전통을 전유하는 것을 거부하였기 때문에 러시아인을 칭할 때는 그냥 러시아인(루스인)이 아니라 꼭 대러시아인, 혹은 모스크바 사람이라 불렀고, 나라 이름도 18세기 초 러시아제국의 수립 이전까지는 반드시 모스크바 혹은 모스크바 국이라고 하였다. 1917년 10월 혁명 후 수립된 소비에트 정부를 가리킬 때도 볼셰비키 정부나 소비에트 정부라는 말보다는 주로 인민위원회의(인민위원 소비에트)라는 용어를 사용하고 있다. 이 번역에서도 저자의 의도를 살려 그렇게 번역하고, 이에 대한 역주를 달아주었다. 저자는 종종 우크라이나인들을 '루스'라 부르고 우크라이나와 관련된 것을 '루스키' 라고 부르고 있는데, 우크라이나식으로는 руський이지만 러시아어로 바꾸면 이 또한 русский가 되기 때문에 원어로 본다면 오늘날 혈연적 개념의 러시아인 혹은 러시아적인 것을 가리키는 형용사와 혼동하기 쉽다. 그러나 한국어 번역에서는 '루스'와 '러시아', '러시아인'이 구분될 수 있게 때문에 '루스', '루스인', '루스적' 등의 용어를 써 주었다. 그리고 흐루셰브스키는 우크라이나라는 민족 이름과 나라 이름이 18세기까지는 거의 쓰이지 않았음에도 이 말을 책의 첫 머리부터 일관되게 사용하고 있다. 마치 단군조선에 대해서도, 신라, 백제, 고구려, 발해에 대해서도 '한국인들은....'이라고 쓰는 것과 마찬가지이다. 이는 고대부터 모든 요소들이 합쳐져서 근대 우크라이나의 형성을 가져 왔다고 보는 저자의 목적론적인 사고방식 때문이다. 이 때문에 때로는 다소 견강부회적인 면도 드러난다. 하지만 이 명칭 자체가 저자 자신의 강력한 우크라이나 민족주의의 발로이고 저자가 이 책을 쓴 동기를 보여주는 것이기도 하기 때문에 이를 그대로 써 주었다.

호루셰브스키는 자신의 고유한 어휘를 구사하는 저자이기도 해서 그 특유의 용어를 번역하는 것도 수월한 일이 아니었다. 우크라이나 요소라는 말에 대해서는 옮긴이 주도 달아주었지만 이는 우크라이나인으로서의 요소를 가진 사람들이라는 의미이다. 이 말은 대개 우크라이나 요소집단이라고 번역했지만 때로는 우크라이나 사회, 우크라이나 주민 등으로 번역하기도 했다. '우크라이나 생활'이라는 구절은 문맥에 따라 우크라이나적 삶, 우크라이나 고유의 생활 등으로 번역했다. 나로드(народ)라는 말은 민족이라는 의미보다 인민이라는 의미에 더 가깝지만 경우에 따라서는 민족을 가리키는 데 쓰이기도 했기 때문에 양자를 병용했다. 그러나 1917년 혁명 후 호루셰브스키의 주도로 선포된 Украинская народная республика를 우크라이나 민족공화국으로 번역하는 것은 호루셰브스키의 정치사상을 정확하게 반영하는 것이 아니라고 생각하여 우크라이나 인민공화국으로 번역하였다. 일부 영어권 저자들이 이를 Ukrainian National Republic으로 옮기고 있는데(Plokhy, Magocsi), 이는 Ukrainian People's Republic이라 옮겨야 하리라고 본다. 1917년 2월 혁명 후 그의 사상이 빠른 속도로 급진화되었음을 생각하면 더욱 그렇다. 인민적 성격, 민중성 등을 뜻하는 народность는 경우에 따라 민족성, 민족정체성 등으로 번역하였다. 호루셰브스키는 인민의 자발성, 본래의 성격 등을 가리키는 말로 'стихия'라는 말도 자주 썼다. 정교적 стихия, 민중적 стихия 등의 말이 자주 쓰이는데, 본연적 성격, 본연성 등으로 옮겼다. 이 외에도 저자가 독특하게 사용하고 있는 어휘들이 있는데 가능하면 역주에서 그 뜻과 용례를 밝혀보고자 노력하였다.

우크라이나를 둘러싼 영토적 지배의 변화무쌍하고 곡절 많은 역사 때문에 고유명사의 한글 표기는 크나큰 고민거리였다. 도시나 지역에 대한 관할권이 러시아(소련 포함), 폴란드, 오스트리아, 루마니아, 헝가리, 투르크, 우크라이나 사이에서 너무나 자주 바뀌었는데, 이들 도시 · 지역의 지배자들이 자신들의 언어로 새로운 명칭을 붙이곤 했기 때문이다. 그 때마다 고유명사 표기를 달리한다는 것은 불가능하여서 원칙적으로 오늘날의 소속을 기준으로 하여 표기하였다. 갈리시아 지방과 같이 하나의 지역이 두 나라(우크라이나와 폴란드) 사이에 나뉘어 소속된 경우도 있는데, 우크라이나에 소속된 동부 지방은 우크라이나 식으로 할리치나로, 폴란드에 소속된 서부 지방은 갈리치아로 표기하였다. 갈리시아 전체를 칭해야 할 때도 있었는데, 그 때는 할리치나/갈리치아를 병기해 주었다. 이같이 나름대로 애를 썼지만, 완전한 구분을 하지는 못한 경우도 있으리라 생각한다.

번역은 최상의 경우에도 완벽한 것이 될 수는 없다. 저자 자신의 의도를 완벽하게 이해한다는 것이 거의 불가능하기 때문이기도 하고 원서의 언어와 번역서의 언어가 각기 다른 사유체계와 감정체계를 가지고 있기 때문이기도 하다. 더욱이 이 글을 쓰고 있는 옮긴이는 저자 흐루셰브스키에게 전적으로 감정이입을 하기보다 경우에 따라 상당히 비판적으로 접근하는 입장이어서 그의 의도를 백 퍼센트 한국어로 전달할 수 있게 만들어 놓았다고는 감히 말할 수 없다. 그러나 비판적으로 접근하건 감정이입하면서 접근하건, 흐루셰브스키는 동슬라브인들의 역사를 바꾸어 놓은 역사가의 한 사람이기에 동슬라브의 역사, 더 나아가 동유럽의 역사를 제대로 이해하기 위해서는 그의 역사서술을 참고하지 않을 수 없다. 이 번역이 우크라이나 역사에 대한 이해는 물론, "우크라이나 민족을 형성한 역사가" 흐루셰브스키를 이해하는 데도 도움이 되기를 바란다.

이 책의 번역은 한국연구재단의 명저번역지원사업의 지원을 받아 이루어졌다. 작업의 제안은 허승철 교수가 하였고 초역은 허승철 교수와 한정숙 두 사람이 분담하였다. 그 후 한정숙이 1, 2권의 초역 전체를 전면적으로 수정하면서 다시 번역하였고 (1권은 한정숙의 번역으로 되어 있지만 54장에서 64장까지는 허승철 교수의 초역도 참고하였다) 또한 한정숙이 해제와 1, 2권 전체의 역주, 삽화 설명을 달고 교정을 보았다. 이 책의 번역은 한국연구재단의 연구지원을 받았으므로 게으름을 부리기 힘든 상황이었음에도 애초의 기대와 달리 작업은 여러 차례 지체되었다. 분량이 적지 않기도 했지만 우크라이나 고어에 대한 옮긴이의 지식 부족도 난관이었다. 짧지 않았던 교정 과정을 포함하여 옮긴이로서는 나름대로 분투를 한 끝에 지금에야 책을 내게 되었다.

미흡한 번역이나마 많은 분들의 도움으로 빛을 보게 되었다. 애초에 이 작업을 시작할 때 작업의 의의와 관련하여 많은 논의를 함께 해 준 러시아·우크라이나 종교사 연구자인 신동혁 박사께 개인적으로 표시한 고마움의 뜻을 넘어서서 지면을 빌려 다시 한 번 감사의 마음을 전할 수 있어 다행이다. 벨라루스 출신인 서울대 아시아언어문명학부의 알레나 쿨리니치 교수는 난해한 우크라이나 고어를 해독하는 노력에 기꺼이 동참해 주었다. 작은 의문일지라도 이것이 풀릴 때까지 지극한 정성을 다하는 학자의 태도라는 면에서 이 젊은 연구자에게서 큰 감명을 받았다. 아카넷 출판사 편집부의 유능한 편집진께는 이 책의 외형이 제대로 갖추어지기까지 기울여주신 노력과 관련하여 최상의 경의를 표하고자 한다. 첫 교정 당시 문장의 흐름, 그러니까 좀 더 가독성 높은 한국어 표현과 관련하여 많은 제안을 해 주신 양정우 과장님, 그 후 다섯 번의 교정과정을 거치면서 번거

롭고도 성가신 온갖 편집 · 교정 사항들을 모두 깔끔하게, 참을성 있게 처리해 주신 이경열 부장님, 정판작업을 담당해 주신 이경은 님이 바로 그분들이다.

그럼에도 물론 옮긴이로서는 자신의 작업에 대해 아쉬움이 없지 않다. 이런저런 이유로 오역이나 적합지 않은 번역, 표현도 있을 것이다. 기회 닿는 대로 보완하고자 한다.

2016년 5월
우크라이나 내전의 평화적 해결을 바라며
한정숙

| 옮긴이 해제 |

역사서술로 우크라이나 민족을 만들어내다*

우크라이나 정체성 형성과 흐루셰브스키

한정숙

우크라이나인들이 1991년 말 소련의 해체와 함께 독립한 후에 어느 영어권 연구자는 "예기치 않았던 국민(unexpected nation)"이라는 표현을 썼다.[1] 이 말은 학문적으로는 완전히 적합한 것은 아니다. 그러나 우크라이나 외부 일반인들의 시각으로는 정곡을 찌르는 표현이었을 것이다. 동슬라브인들의 공통된 선조국가로 여겨졌던 키예프 루스가 멸망한 후 우크라이나인들은 7세기 반 이상 자체의 국가를 이루지 못했고 분할된 채 여러 다른 민족의 지배 아래 놓여 있었다. 우크라이나는 몽골, 리투아니아, 폴란드의 지배를 차례로 거쳤고 17세기 중반에 흐멜니츠키가 헤트만령을 형성하면서 드니프로(드녜프르) 강 동쪽 지역이 일시적으로 자치권을 가지기도 했지만 이 지역은 17세기 후반부터 러시아의 종주권 아래 들어갔다. 그

* 이 글은 《러시아 연구》 24권 2호(2014)에 게재된 한정숙, 「역사서술로 우크라이나 민족을 만들어내다: 흐루셰프스키의 『우크라이나의 역사』와 우크라이나 정체성」에 바탕을 두었다.

1) Andrew Wilson, *Ukrainians. Unexpected Nation*(New Haven: Yale University Press, 2000).

리고 18세기 후반 세 차례에 걸친 폴란드 분할 이후에는 할리치나(갈리시아 동부 지역)를 비롯한 일부 지역만 오스트리아 제국의 지배 아래 놓였을 뿐 오늘날 우크라이나의 거의 대부분 지역이 러시아 제국의 지배 아래 들어갔다. 1917년 러시아 혁명으로 러시아 제국이 붕괴된 후에는 우크라이나 중앙 라다가 일시적으로 독립을 선언하기도 했지만 얼마 안 있어 독일의 개입으로 무너졌고 독일의 꼭두각시 정권과 총재정부가 차례로 수립되었다가 무너졌으며 적백 내전이 우크라이나의 광범한 지역에서 벌어지기도 하는 등 혼란이 이어졌다. 결국 1920년 내전에서 승리한 소비에트 세력이 우크라이나 대부분을 장악했고 그 후 70년 동안 우크라이나는 소비에트 연방의 일원인 우크라이나 공화국으로서 존속했다. 오스트리아령이었던 우크라이나 쪽 할리치나, 자카르파티아(트란스카르파티아 루스)와 부코비나는 러시아혁명과 소비에트 권력 수립의 과정은 경험하지 않았으나 제2차 세계대전 발발 이후 역시 대부분 소비에트 권력 아래 들어와[2] 우크라이나 공화국에 합쳐졌고 우크라이나의 영토적 통합성은 거의 완결된 채 소련 해체 때까지 유지되었다.

우크라이나가 러시아 제국과 소련 지배 아래 있던 동안 일반적으로 러시아와 우크라이나를 엄밀히 구분하는 사람들은 많지 않았다. 우크라이나가

2) 1918년 1차 대전에서의 패배에 따른 오스트리아 제국의 해체 후 국경의 재조정을 거쳐 2차 대전에 이르기까지 우크라이나쪽 할리치나는 폴란드에, 부코비나는 루마니아에 속해 있었다. 1918년 11월 할리치나의 우크라이나인들은 부코비나와 자카르파티아를 포함해서 서우크라이나 인민 공화국을 선포하기도 했다. 그러나 이 공화국은 위태로운 생존을 이어가다가 1919년 말에는 기능이 정지되었다. 자카르파티아는 헝가리에 속했다가 1차 대전 후 체코슬로바키아 공화국이 수립되었을 때 이 공화국의 구성원이 되었다. 자카르파티아(카르파티아 산맥 너머 있는 땅)는 우크라이나 본토에서 보았을 때의 이름이고 체코슬로바키아쪽에서 보았을 때 자카르파티아는 카르파티아 산맥 기슭에 있는 땅이어서 카르파티아 기슭 땅, 곧 포드카르파티아(서브카르파티아)라 불렸다.

폴란드 지배 아래 있을 때는 지배 민족과 피지배민족의 구분이 비교적 뚜렷했다. 집단적 정체성 구분에서 종교가 절대적 역할을 했던 시기에 루스(우크라이나)인 대부분이 믿었던 비잔티움적 정교와 폴란드 사회를 특징지었던 로마 가톨릭은 두 민족을 구분하는 지표로서 큰 이의 없이 받아들여졌다. 그 시기에 적지 않은 우크라이나 엘리트층 구성원은 가톨릭으로 개종함으로써 지배민족에 동화되어갔고 그들은 옛 루스 사회와 자연스럽게 단절되었다. 그 반면 우크라이나가 러시아 제국의 일부였던 시기부터는 우크라이나인들이 러시아인들과 구분되는 독자적인 민족인지에 대해 우크라이나인들 내에서도 회의적인 시각이 적지 않았다. 우선 우크라이나라는 명칭 자체가 아주 새로운 것이었다. 이를 일부 지식인들이 19세기 전반부터 민족의 명칭으로 사용하기 시작했으나 그 확산속도는 느렸다. 러시아인과 우크라이나인의 종교적 공통성(정교), 러시아어와 우크라이나어의 유사성(문법 · 어휘의 유사성과 공통의 문자), 공통의 국가적 기원론을 뒷받침해준 연대기가 확실한 구분을 어렵게 했다. '러시아민족은 대러시아인, 소러시아인, 백러시아인이라는 세 형제 집단으로 이루어져 있는데, 그렇다고 이 세 집단이 분리될 수 있는 것이 아니라 러시아 민족은 원래부터 하나의 살아 있는 통일체이고 러시아어도 하나'라는 주장이 러시아 제국의 공식적 민족 담론이었다.[3] 우크라이나인들은 러시아인 가운데 한 갈래인 소러시아인으

3) 이 같은 주장은 흐루셰브스키의 '독자적인 우크라이나 민족'론을 반박한 러시아 제국의 보수적 친슬라브주의 역사학자 니콜라이 파블로프의 글에서도 잘 찾아볼 수 있다. Н.М. Павлов, "Ученый труд господина профессора Грушевского 'Очерк истории украинского народ'"(1905).
http://www.ukrstor.com/ukrstor/pavlov-ocerkgrusevskogo.html(검색일: 2013.9.20).
파블로프의 이 글은 1905년 하르키브의 보수적 잡지인 《평화로운 근로(*Мирный труд*)》 지에 처음으로 실렸고 그 후 별도의 소책자로 간행되었다.

로 불렸는데, 소러시아, 소러시아인이라는 말이 비하의 뜻을 담고 있다고 보는 사람들도 있었지만 원래의 의미는 그런 것이 아니었다. 범박하게 일반화하자면 우크라이나라는 명칭은 러시아와 우크라이나의 구분을 강조하는 데 비해, 러시아 제국의 지배 아래서 소러시아라는 명칭은 러시아와 우크라이나의 동질성을 더 중시하는 명칭이었다. 그러므로 우크라이나 지배계급 일부는 소러시아-소러시아인이라는 명칭을 기꺼이 받아들여 소러시아인으로 자칭하면서 제국 상층부의 일원으로서 자신들의 존재에 자족했을 뿐 아니라 때로는 전 러시아인의 통일을 위한 담론구축에서 가장 선구적인 역할을 하기도 했다.

사실 17세기 후반 동부 우크라이나가 모스크바국의 지배 아래 들어오게 되는 과정에서는 동부 우크라이나의 성직자들이 주도적 역할을 했다. 이들은 이 과정을 키예프 루스가 몰락한 이래 이리저리 나뉘었던 루스 사람들의 통일로 보았으며, 키예프 동굴 수도원에서 쓰인 『시놉시스(개요)』는 그 같은 담론으로 오랫동안 막강한 영향력을 행사했다.[4] 18세기에 이러한 담론은 더욱 강화되었으며 러시아인들의 역사인식에도 역으로 영향을 미쳤다. 러시아 역사가 니콜라이 카람진이 1816년부터 출간하기 시작한 방대한 『러시아 국가의 역사(*История русского государства*)』는 이 같은 인식을 바탕으로 한 책이다.

19세기에 우크라이나와 관련된 민족담론은 근대민족주의 사상의 영향을 받아 몇 갈래로 나뉘었다. 18세기 말에서 19세기에 이르는 시기는 동유럽의 여러 민족에게 민족의식 각성의 시기였다. 폴란드처럼 일찍이 강국을 이루었다가 망국의 비극을 겪은 민족은 물론이고, 체크인, 슬로바크인,

4) 본 번역문 2권 373쪽 옮긴이 주 71)을 참조하시오.

크로아트인, 헝가리인, 루마니아인, 세르브인, 불가르인 들처럼 독자적인 국가적 존립의 기억이 좀 더 먼 민족들 사이에서도 민족을 소생하기 위한 노력이 전개되었다. 제국의 지배를 벗어나 독자적 국가를 이루거나 최소한 민족의 문화적 자율성 확보를 위해 노력한다는 것은 근대적 주체로서의 민족의 당연한 과제로 여겨졌다. 민족의 소생은 먼저 민족의 형성과정을 거쳤는데, 그 과정에서 민족이 누구이며, 민족의 지리적 경계와 문화적 특징은 무엇인지 탐구하는 민족 엘리트층의 작업이 이루어졌다.[5] 이를 위한 지적 활동은 한편으로는 민족을 이루는 민중의 삶과 그들의 언어에 대한 애정에 바탕을 둔 민속학적 · 언어학적 작업으로 나아갔고 다른 한편으로는 민족의 과거를 탐구하는 역사학적 작업으로 나아갔다. 민족 정체성을 '발견하는' 이 제1단계(Phase A) 활동을 바탕으로 문화적 · 정치적 변화를 요구하는 제2단계(Phase B) 활동이 전개되었다.[6]

이 같은 큰 흐름 속에서 우크라이나 지식인들 사이에서도 민족적 각성이 일어났다. 단 19세기 전반 우크라이나에서 민족적 각성은 우크라이나인의 정치적 독립에 대한 요구를 반드시 의미하는 것은 아니었다. 하르키브(하리코프) 지식인들을 중심으로 형성되기 시작한 우크라이나 문화주의(우크라이나 애호주의, украинофильство)는 우크라이나인들의 문화가 존중받아야 한다는 생각을 바탕에 두고 있는 것으로 19세기 내내 우크라이나 지식인들과 일부 러시아 지식인들 사이에서 하나의 흐름을 이루었으되, 이 경향의 옹호자들은 정치적 요구를 내걸지는 않았다.[7] 또한 키예프를 중심으

5) 근대유럽사에서 이루어진 민족형성 과정의 구조에 대해서는 Miroslav Hroch, "From National Movement to the Fully-Formed Nation: The Nation-Building Process in Europe", *Becoming National: A Reader*, ed. by G. Eley and R.G. Suny(New York; Oxford: Oxford University Press, 1996), 60~69쪽의 개관을 참고로 했다.

6) 같은 글 63, 66쪽.

로 1845년부터 1847년 봄까지 존속한 성 키릴–메포디(키릴로스–메토디오스) 형제단은 우크라이나 최초의 근대적 정치결사라는 점에서 이정표적인 의미를 지니지만 이 단체의 정치적 요구는 우크라이나의 독립이라기보다, 범슬라브주의의 틀 속에서 러시아 제국을 개혁적으로 재편성하고 그 속에서 우크라이나의 지위 향상을 이룬다는 것이었다. 즉 이들은 해방적–자유주의적 범슬라브주의의 큰 틀 속에서 모든 슬라브인들이 동등한 자격으로 참여하는 연방을 구성하고자 했다.[8)]

반면 우크라이나 엘리트층 가운데 적지 않은 사람들은 러시아 국가의 일원으로서 러시아 정부의 정책을 충실히 추종했다. 러시아 정부의 관제 민족주의를 실리 차원에서 받아들이는 경우도 있었지만, 모든 루스인의 통합이라는 과제에 대러시아인 못지않게 진심으로 열중하는 우크라이나인들도 있었다. 앞에서도 이야기했듯, 우크라이나와 러시아의 경계는 사실 상당히 모호했고 우크라이나 지식인 가운데 일부는 우크라이나인들의 '분리주의'를 매우 위험한 것으로 여기고 이를 비판했다. 보흐단 흐멜니츠키가 러시아와 우크라이나의 재통일을 가능케 했으니 이를 기려야 한다고 생각해서 그의 동상 건립을 주도했던 유제포비치는 그 대표적인 인물이었다.[9)]

7) Serhii Plokhyi, *Unmaking Imperial Russia: Mykhailo Hrushevsky and the Writing of Ukrainian History*(Toronto; Buffalo; London: University of Toronto Press, 2005), 19~20쪽.

8) 성 키릴–메포디(키릴로스–메토디오스) 형제단의 이념과 활동에 대해서는 한정숙, 「키릴–메토디우스 형제단과 근대 우크라이나의 민족 정체성 — 형제단 지식인들의 담론 구성을 중심으로 —」, 《러시아연구》 제14권 제2호(2004), 389~430쪽을 참조하시오.

9) 유제포비치가 우크라이나 분리주의에 반대해 펼친 활동에 대해서는 А. И. Миллер, *Украинский вопрос в политике властей и русском общественном мнении(вторая половина XIX в.)*(Санкт–Петербург; Издательство Алетейя 2000), 43, 171~178쪽 등을 참조하시오. 밀레르는 1876년 알렉산드르 2세 황제가 우크라이나어 출판물 금지를 명령하는 내용으로 내린 엠스 칙령이 유제포비치의 발의에 따른 것이라고 쓰고 있다. 같은 책 43쪽.

이 같은 담론 배치 속에서 우크라이나인들의 민족의식은 이 방향으로 갈 수도 있었고 저 방향으로 갈 수도 있었다. 양쪽에서 모두 담론이 축적되었고 양쪽 모두 잠재적 역량을 쌓아갔다. 미리 정해진 것은 없었다. 어네스트 겔너는 근대화 과정 속에서 민족주의가 발생하게 되는 동력과 그 구조를 고찰하면서 "민족들의 욕구가 민족주의를 창출하는 것이 아니라 민족주의가 민족을 창출한다"고 규정하기도 했다. 모든 경우에 부합하는 규정은 아니더라도 적어도 우크라이나의 경우에는 상당한 타당성을 가지는 말이라고 할 수 있다. 그는 이어서 "물론 기존의 문화적 차이가 이에 일조할 수는 있지만 반드시 그러한 것만은 아니다. 따라서 어느 특정 민족주의가 구체화되기 이전에는 정확히 어떤 '민족'들이 출현할지 자신 있게 예측할 수가 없다"라고 썼다.[10] 19세기 말~20세기 초까지만 해도 우크라이나는 바로 이런 상황, 곧 어떤 민족이 될지 확실하게 알 수 없는 갈림길에 있었다. 이러한 분기점에서 우크라이나의 독자적 민족정체성과 정치적 자율성을 천명하고 나서는 선명한 담론이 등장한다면 우크라이나인들에게 당연히 깊은 인상을 줄 수밖에 없었다. '우크라이나인들은 국가적 자립의 경험이 있었고 국가 운영의 주체였던 집단도 역사적으로 존재했다'는 주장이 문서고 자료에 바탕을 둔 실증적 역사연구에 바탕을 두고 개진된다면 이를 접하는 사람들은 이 담론에 더욱 큰 신뢰를 보낼 가능성이 컸다.

이렇듯 역사연구에 바탕을 둔 민족 독자성 담론이 민족정체성 형성에 큰 영향을 미치는 상황 속에서 상위주체였던 제국이 붕괴하고 제국의 가치가 더 이상의 효력을 가지지 못하게 된다면 우크라이나 대중 사이에서도 상당한 정도로 민족적 독자성론이 확산되는 것이 무리가 아니었다. 1917

10) 어네스트 겔너, 「근대화와 민족주의」, 백낙청 엮음, 『민족주의란 무엇인가』(창작과 비평사, 1981), 160쪽. 번역문장은 글쓴이가 약간 수정했다.

년 2월 혁명 후 우크라이나 군중 사이에서 자치·자율을 향한 요구가 봇물 터지듯 터져 나온 데는 이 같은 민족담론의 뒷받침이 있었다.[11] 1917년 말에 이루어진 우크라이나 인민공화국 수립선언과 1918년 초에 이루어진 독립선언은 이를 바탕으로 한 것이다. 비록 소비에트 정권이 곧 이 독립선언을 무효로 만들었지만, 소련이라는 또 하나의 다민족국가 해체가 일어났을 때 적어도 우크라이나인들 가운데 독립을 지향하는 사람들에게는 우크라이나 인민공화국은 선례로 기억되었다.

19세기 말에서 20세기 초에 이르는 시기에 우크라이나 민족담론이 러시아적 정체성인가 우크라이나 민족의 독자적 정체성인가를 두고 갈림길에 놓여 있을 때 많은 우크라이나인들에게 우크라이나 민족이 역사적으로 형성된 독자적 정체성을 가지며 특정한 영토적 범위를 가지는 독자적 민족이라고 설득하는 데는 한 역사학자의 역사연구와 서술이 지대한 역할을 했다. 미하일로 흐루셰브스키(러시아식으로는 미하일 그루셰프스키)는 그의 역사연구와 역사서술로 정향성이 명확하지 않았던 우크라이나인들에게서 '흐루셰브스키식 우크라이나 민족'을 형성해낸 역사가였다. 그는 1917년 2월 혁명 후 우크라이나 중앙 라다의 의장으로 우크라이나 인민공화국의 독립을 선언하며 우크라이나를 이끄는 정치적 역할을 마다하지 않은, 우크라이나 국가성(國家性)을 대표하는 중추적 인물이기도 했다. 이 번역서의 원본인 『삽화로 보는 우크라이나의 역사』(아래에서는 『우크라이나의 역사』라고 칭한다)는 그의 가장 대중적인 우크라이나 역사 개설서이다.

11) 이는 흐로흐가 말한 민족운동의 제 3단계, 곧 대중운동 단계에 대략 상응한다고 할 수 있다. Hroch, "From National Movement to the Fully-Formed Nation: The Nation-Building Process in Europe", 63, 66~68쪽.

미하일로 흐루셰브스키의 삶과 학문

미하일로 세르히요비치 흐루셰브스키는 1866년 9월 17일 러시아 제국의 홀름(Холм, 현재는 폴란드 영토이며 헤움(Chełm)이라 불린다)에서 태어났다.[12] 아버지 쪽은 그 자신의 표현을 빌리자면 18세기부터 이름이 알려진 유서 깊은, 그러나 가난한 성직자 집안[13]이었고, 어머니 흘라피라의 친정인 오포츠케비치 집안은 키예프 지방에 근거를 두고 있었는데, 역시 성직자 가문이었다. 할아버지 페도르가 키예프 부근 리스니키프로 이주한 후 사망하는 바람에 아버지 세르히 페도로비치는 일찍 고아가 되었다. 세르히는 성직 대신 교육자이자 어학자의 길을 택했는데 그가 쓴 교회슬라브어 교재는 높은 평가를 받으면서 러시아 제국 전역의 학교에서 사용되었다. 이 덕분에 그는 인세로 상당한 수입을 얻어 맏아들 미하일로를 비롯한

12) 흐루셰브스키의 생애에 대한 가장 기본적인 자료는 그가 1906년과 1926년에 직접 작성한 자서전(Автобіографія)이다. 분량이 얼마 되지는 않지만 저자 자신의 기록이라는 점에서 가장 귀중하다. 그 외에도 흐루셰브스키의 생애와 학문세계에 대해서는 영어 및 우크라이나어 사용 학자들에 의해 몇 권의 연구서가 출판되어 있다. 영어권에서 나온 대표적인 흐루셰브스키 연구서로는 다음 두 권을 들 수 있다. Thomas M. Prymak, *Mykhailo Hrushevsky: The Politics of National Culture* (Toronto; Buffalo; London: University of Toronto Press, 1987); Serhii Plokhyi, *Unmaking Imperial Russia: Mykhailo Hrushevsky and the Writing of Ukrainian History*. 그 자신이 흐루셰브스키의 학문적 후배이면서 정치적 경쟁자이기도 했던 우크라이나 역사학자 드미트로 도로셴코가 망명시절에 쓰고 오흘로블린이 보완한 『우크라이나 사학사』는 우크라이나 역사학의 발전 전반에 대한 참고서로서 흐루셰브스키에 대해서도 유용한 자료들을 포함하고 있다. Dmytro Doroshenko, *A Survey of Ukrainian Historiography*; Olexander Ohloblyn, *Ukrainian Historiography 1917~1956*(New York: The Ukrainian Academy of Arts and Sciences in the U.S. Inc., 1957). 흐루셰브스키 연구의 선구자라고 할 수 있는 비나르(Винар)는 주로 우크라이나어로 쓴 많은 연구를 발표했다.

13) 정교회는 사제의 결혼을 허용하기 때문에 한 집안에서 여러 대에 걸쳐 성직자가 배출되는 경우도 드물지 않았다.

삼남매가 경제적 어려움 없이 교육을 받을 수 있게 해주었다. 세르히는 교육자로서 공을 인정받아 세습귀족의 지위에까지 올랐으니 자수성가형 인물이라 할 만했고[14] 재능과 근면 성실함으로 자기 길을 개척해 일가를 이루었다는 점에서 아들 미하일로는 아버지를 무척 닮았다고 할 수 있다. 성장기 미하일로의 언어는 러시아어였다. 어머니는 어린 아들에게 러시아 문법을 가르쳤고 그는 러시아 문학작품을 탐독하는 청소년으로 자라났다.[15]

페레야슬라브, 폴타바, 키예프에서 신학원 '교수'로 재직했던 아버지가 1869년부터 초등학교 장학관으로 카프카스에서 근무하게 되는 바람에 미하일로는 유년기와 청소년기를 거의 카프카스 지방에서 보냈다.[16] 세르히 흐루셰브스키는 언어, 민요, 전통을 비롯하여 우크라이나적인 모든 것에 깊은 애착이 있어서 이러한 것에 관한 이야기를 아들에게도 자주 들려주곤 했다. 이는 미하일로에게 어린 시절부터 "우크라이나 민족감정(національне українське почуття)"을 길러주었고 그는 낯선 고장에서 낯선 사람들 사이에 둘러싸여 멀리 있는 "조국(відчина)"에 대한 그리움을 품게 되었다.[17] 특히 그루지야(조지아)의 수도 트빌리시에서 김나지움에 다니는 동안 "고

14) 흐루셰브스키보다 4년 후에 태어난 블라디미르 일리치 울리아노프는 나중에 레닌이라 불리는 혁명가가 되는데, 레닌의 아버지 역시 능력을 인정받아 귀족(당대귀족)의 칭호를 받은 성실한 교육관리였다. 이 두 사람의 아들들은 모두 자기 김나지움에서 가장 성적이 좋은 학생들이었으며 둘 다 기존체제를 거부하는 급진적 정치사상의 소유자로서 러시아 혁명의 와중에서 러시아 제국을 부정하며 태어난 국가의 지도자가 되었다. 그러나 레닌이 수립한 국가(소련)는 흐루셰브스키가 수립한 국가(우크라이나 인민공화국)를 부인하며 이를 자기 체제 안으로 끌어들였다.

15) Plokhy, *Unmaking Imperial Russia*, 26쪽.

16) 1870년에서 1878년까지는 카프카스 북부의 러시아 도시인 스타브로폴에서 지냈다.

17) *Автобіографія Михайла Грушевського з 1926 року*(New York; Munich; Toronto, 1981), 8쪽.

독하고 몽상가적인 청소년이었던"[18] 미하일로는 러시아 제국의 획일적 지배가 소수민족인 카프카스 주민들의 삶과 충돌을 일으키는 것을 목격하면서 이들에 대한 연대의식을 가졌으며, 이는 자신의 고향인 우크라이나와 우크라이나 인민들에 대한 연대의식으로 고스란히 전이되었다.

미하일로는 우크라이나어를 익혀 많은 우크라이나어 책도 탐독했으며 청소년 시절 한때는 문학에 심취하여 시와 단편소설을 짓기도 했다. 영국의 수단 점령을 소재로 삼은 그의 단편소설 「베흐-알-주구르(*Бех-аль-Джугур*)」는 당시 유명한 문인이던 이반 레비츠키-네추이의 주선으로 1885년 여름 오스트리아령 할리치나에서 발간되던 일간지 《대의(*Діло*)》에 게재되기까지 했다. 흐루셰브스키는 훗날 자신이 한때 문학청년이었으며 소설 「베흐-알-주구르」에서 "그 당시의 모든 해방지향적이고 반제국주의적인 감정을 담아냈다"라고 회고했다. 그는 이어서 "나는 생각을 구체화하고 이야기에 향토적 색채를 부여하기 위해 이슬람 세계에 대해 내가 가지고 있던 약간의 지식을 활용하면서, 우크라이나 애국자로서, 폭력과 식민지 민중에 대한 착취의 반대자로서 글을 썼다"라고 그 시절을 돌이켜보았다.[19] 당시 그의 꿈은 "우크라이나어로 글을 쓰는 작가, 출판인, 학자"였고 "우크라이나학이 장래의 전공이 되리라"고 생각했지만 다만 문학과 역사 중 어디에서 출발할지 결정하기 힘들어 한동안 망설였다.[20] 그러나 코스토마로프, 쿨리쉬, 막시모비치, 프이핀 등의 저작을 탐독하면서 그는 자신의 적성이 문학보다 역사학에 있음을 깨닫게 되었다. 루스의 기원, 루스 공들

18) Михайло Грушевський, "Як я був колись белетристом", *Автобіографія Михайла Грушевського з 1926 року*, 43쪽.

19) Грушевський, "Як я був колись белетристом", 44쪽.

20) *Автобіографія Михайла Грушевського з 1926 року*, 9쪽.

에 대한 여러 학설, 친슬라브주의자들과 서구주의자들의 논쟁, 코자크 집단의 기원, 우크라이나주의자들과 중앙집권주의자들 사이의 논쟁, 우크라이나 문학과 민족 발전의 권리를 둘러싼 논쟁 등이 10대 후반의 김나지움 학생이던 그를 매료시켰다.[21]

1886년 트빌리시 김나지움을 졸업한 미하일로 흐루셰브스키는 키예프 대학에 진학해 역사학을 공부하기로 결심했고 아버지 세르히는 학생결사에 가입해 활동하지 않는다는 조건을 내걸고 아들의 역사학 전공에 어렵사리 동의했다. 이 시기에는 러시아 제국의 다른 대학생들과 마찬가지로 키예프의 대학생들도 혁명운동의 열기에 휩싸여 있었기 때문이다. 미하일로의 아버지 세르히는 "근대적 의미의 우크라이나인"으로서 적극적인 활동을 하지는 않았고 속으로 감정을 담아두는 편이었다.[22] 이 점에서 그는 우크라이나 문화를 사랑하기는 하지만 러시아 제국의 지배에 도전하지는 않는 우크라이나 문화주의자와 유사한 태도를 취하고 있다고 할 수 있고 아들 미하일로는 후일 이와는 크게 다른 노선을 걷게 된다.

역사학 전공 대학생 미하일로 흐루셰브스키는 미하일 블라디미르스키-부다노프와 이반 루치츠키의 법제사에도 흥미를 느꼈지만 그를 가장 매료시키고 그에게 가장 큰 영향을 미친 인물은 키예프 대학 역사학 교수였으며 "당대 우크라이나 학문의 가장 위대한 자랑거리(Найбільша окраса тодішної української науки)"라고 흐루셰브스키 자신이 칭한 역사학자 볼로디미르 안토노비치였다. 안토노비치는 폴란드 귀족 가문출신이었지만 우크라이나 농민들을 억압하는 자기민족, 자기계급 사람들에게 반기를 들고 그들에게 억압당하는 우크라이나 민중의 편에 서서 우크라이나 역사학

21) 같은 곳.

22) Грушевський, "Як я був колись белетристом", 43쪽.

을 연구하기를 택했던 인물이다. 그는 자기 삶의 선택 때문에도 이미 세인에게 깊은 인상을 남겼거니와, 근대 역사학의 방법을 도입한 그의 엄밀한 역사학 연구방식은 그를 "우크라이나 역사학의 창시자"의 위치로까지 올려놓았다. 흐루셰브스키도 안토노비치를 존경했지만 안토노비치도 제자 가운데 가장 유능한 이 젊은이에게 큰 기대를 걸게 되었고 그의 정신적 지도자이자 후원자가 되었다.[23] 안토노비치의 역사학은 철저한 사료 중심의 연구를 바탕에 두는 것이었고 그는 제자 흐루셰브스키에게 해당 주제와 관련된 문서고의 문서들을 샅샅이 섭렵하기를 요구했다.[24] 이는 이 젊은 역사학도에게 고되기 짝이 없는 일이었지만 전문 역사학자가 되는 데 필수적인 중요한 수련 과정이었음에 틀림없다. 그는 재학시절부터 두각을 나타내 2학년 때 학기 과제물로 제출한 논문「16세기 후반 남부 러시아 지배자들의 성채(Южно-русские господарские замки в половине XVI века)」는 대학 논문집에 실려 학계의 관심을 끌었다. 그가 3학년 때 작성한「야로슬라프 사망부터 14세기 말까지 키예프 지방의 역사(История Киевской Земли от смерти Ярослава до конца XIV века)」는 그에게 학부졸업 금메달과 석사과정 장학금을 안겨주었고 1891년 키예프 대학 논문집에 여러 번에 나누어 게재되었다.[25] 석사과정에 진학한 흐루셰브스키는 안토노비치의 주문에 따라 2년 이상에 걸친 문서고 작업을 수행했는데, 석사논문「바르 방백관구: 역사적 개관(Барское староство, исторические очерки)」은 그 산물이었다.[26]

23) Любомир Винар, "Життя і наукова діяльність Михайла Грушевського: Джерела до біографії", *Український історик*, nos. 1~2(1966), 27쪽.
24) 안토노비치의 손자 마르크 안토노비치는 자기 할아버지가 "흐루셰브스키는 역사가의 작업성과를 문서고에서 도서관으로 옮겨놓았다"고 평가했다고 회고했다. 같은 글, 29쪽 각주 57).
25) *Автобіографія Михайла Грушевського з* 1926 *року*, 10쪽.
26) Винар, "Життя і наукова діяльність Михайла Грушевського: Джерела до біогра-

흐루셰브스키는 스승에게서 엄격한 역사학 연구방법론을 배우는 한편, 민중을 중심에 놓는 그의 인민주의(народник, narodnyk) 사관에도 크게 공감해 이를 받아들였다.[27] 청년 시절의 그는 인민주의적 성향이 아주 강해서 사회현상을 지배와 피지배의 관점에서 파악하고 이를 피지배자의 입장에서 바라보고자 하는 태도를 견지했다. 앞에서 언급한 키예프 지방에 대한 논문 외에 1891년에 집필한 볼린 역사에 대한 논문과 1892년에 발표한 논문들에서도 이 같은 특징을 찾아볼 수 있다.

「13세기 우크라이나 루스의 사회운동(Громадський рух на Вкраïні-Русі в XIII віці)」이라는 논문에서 흐루셰브스키는 몽골-타타르인들의 침공 이후 자발적으로 그들의 지배 아래로 들어간 루스 사람들인 이른바 '타타르파 사람들'에 대해 동정적으로 평가하고 있다. 그들은 전통적 정교와 민족문화를 지키고 공들의 지배 아래 있을 때보다 더 많은 정치적, 경제적, 문화적 자유를 얻기 위해 타타르 지배 아래로 들어갔다는 것이다.[28] 그는 루스 공이 지배하는 국가의 부정적 특징을 열거하면서 "우리는 국가가 사회의 정신적-도덕적, 경제적, 정치적 발전을 위한 기회를 제공할 때에만 국가를 문화적이고 진보적인 형태로 평가할 수 있다"라고 주장했다. 이에 대해 드라호마니브는 흐루셰브스키가 속한 키예프 학파가 국가와 사회를 지나치게 자의적으로 구분한다고 비판했다.[29]

흐루셰브스키는 자신의 인민주의적 경향에 대해 이렇게 회고한 바 있

фiï", 28~29쪽.

27) Prymak, *Mykhailo Hrushevsky: The Politics of National Culture*, 18쪽.

28) Михайло Грушевський, "Громадський рух на Вкраïні-Русі в XIII віці", http://www.m-hrushevsky.name/uk/History/1892/GromadRuxNaVkrRusi13st/V.html(접속일: 2014-11-05).

29) Prymak, *Mykhailo Hrushevsky: The Politics of National Culture*, 20쪽에서 재인용.

다. "나는 성 키릴-메포디 형제단에 기원을 둔 우크라이나의 급진적 인민주의의 엄격한 전통 속에서 성장했으며, 인민과 정부 사이에서 갈등이 일어나면 정부가 비판받아야 한다고 확고히 믿었다. 근로인민의 이익이 최고의 선이며 이 이익이 무시된다면 인민은 거리낌 없이 사회체제를 바꾸어야 한다고 생각했기 때문이다."[30] 이처럼 젊은 시절의 흐루셰브스키는 민족보다 민중을 훨씬 더 중시했다고 할 수 있다. 도로셴코는 "흐루셰브스키의 저작 『우크라이나-루스의 역사』와 우크라이나사에 대한 그의 개설서에는 민족국가라는 개념이 없음을 지적하는 것이 중요하다"고 평했다.[31] 그러나 민족보다 민중을 중시하는 흐루셰브스키의 이러한 태도는 시간이 지나면서 어느 정도 완화되는 경향을 보이며 경우에 따라서는 그의 역사서술에서 민족이 더 전면에 나서는 것을 찾아 볼 수 있다.

흐루셰브스키의 스승 안토노비치는 문화 계몽활동의 역할을 대단히 중요하게 여겼다. 그는 당시 오스트리아 제국령이던 할리치나에서 우크라이나 문화 증진을 위한 프로그램을 마련하기 위해 진력했고 이는 큰 성과를 거두었다. 오스트리아가 상급 지배권을 가지고 있기는 했으나 할리치나에서 실권을 쥐고 있는 세력은 폴란드인들이었으므로 이들의 동의도 얻어야 했다. 안토노비치는 할리치나 우크라이나의 르비브 대학에 우크라이나 역사 전담교수직을 설치하기 위해 오스트리아 정부 및 할리치나의 폴란드 행정 당국과 끈기 있게 교섭한 끝에 허가를 받아낸 것이다. 그는 애초에 이 자리를 맡으리라는 기대를 모았으나 자신은 이미 나이가 많다는 이유로 사양하고 그 대신 제자인 흐루셰브스키를 이 자리에 천거했다. 흐루셰브스키 자신도 문화증진의 중요성이라는 면에서 안토노비치의 가르침

30) D. Doroshenko, *A Survey of Ukrainian Historiography*, 270쪽에서 재인용.
31) 같은 책, 271쪽.

을 그대로 계승했고 이는 그의 필생의 작업이 될 터였다. 흐루셰브스키도 할리치나를 "우크라이나 민족운동의 선봉에 있는 곳이요 우크라이나 소생의 중심지"라고 여겼기 때문에[32] 이곳에서의 활동이 더욱 큰 중요성을 가질 수밖에 없었다. 그의 역사연구, 강의, 서술은 우크라이나인들의 의식을 일깨우고 문화를 증진시키는 가장 중요한 방법 중의 하나이기도 했다.

할리치나를 지배하고 있던 오스트리아 제국정부의 교육부대신 가우치 남작(Freiherr Paul Gautsch von Frankenthurn)은 "우크라이나 역사는 진정한 학문이 아니다(Ruthenische Geshichte ist keine konkrete Wissenschaft)"라고 단언하면서 르비브대학 우크라이나 역사 강좌 개설에 반대했다. 강의를 개설하더라도 우크라이나사라는 명칭은 허용할 수 없다는 것이 그의 입장이었다. 따라서 안토노비치의 노력으로 강좌 개설에 대한 합의가 이루어지기는 했지만 강좌 명칭은 구차스럽게도 "동유럽사를 각별히 배려하는 세계사 제2강좌"로 정해졌다.[33] 그러나 대학에서 우크라이나 역사를 강의할 수 있다는 것 자체가 당시 상황에서는 큰 혁신이었다. 1894년 5월에 석사(마기스테르) 학위를 받고 여름에 논문과 두 권의 사료집을 출판한 흐루셰브스키는 1894년 9월 스물여덟 살의 나이로 르비브 대학 교수로 취임했다. 취임 연설에서 그는 "우크라이나 역사의 연속성"에 대한 확신을 천명하면서 "루스의 전체 역사가 서로 긴밀하게 연결되어 있으며, 동일한 민족으로 동일한 중심이념이 동일한 정치적, 문화적 상황 속에서 전 시대를 관통하고 있다."고 역설하였다. 그는 이 연설에서 민중 중심적 사관을 다시 한 번

32) Michael Hrushevsky, "The Ukrainian Revival", *Ukraine's Claim to Freedom: An Appeal for Justice on Behalf of Thirty-Five Millions*(New York: The Ukrainian National Association and The Ruthenian National Union, 1915), p.28. 흐루셰브스키의 이 글은 원래 1904년 페테르부르크에서 출판된『우크라이나 인민의 역사 개관』의 일부이다.

33) *Автобіографія Михайла Грушевського з* 1926 *року*, 12~13쪽.

강조했다. 그가 보기에 "인민은 역사의 유일한 영웅"이었고 역사의 목적은 "인민의 경제적, 사회적, 문화적, 지적 상황과 그들의 모험, 열망, 이념을 이해하는 것"이었다.[34)]

흐루셰브스키는 학생지도에 열중하는 한편 할리치나 지방의 우크라이나 문화운동에 적극적으로 참여해 종합문학잡지를 간행하고 우크라이나어 일간지 《대의(*Діло*)》의 역사-철학면 담당자로서 우크라이나 독자들을 위한 역사 관련 읽을거리를 소개하기도 했다. 그러나 그가 강의와 학생지도 외에 가장 열성을 기울인 일은 '타라스 셰브첸코 학회(Наукове Товариство імени Тараса Шевченка)' 활동이었다. 타라스 셰브첸코는 19세기 우크라이나의 가장 뛰어난 시인이었다. 그는 불타는 듯한 언어로 우크라이나인들의 민족의식을 고취하는 한편, 키릴-메포디 형제단 단원들과 밀접하게 교류하며 활동했는데 바로 이 같은 활동 때문에 러시아 관헌 당국에 체포되어 오랜 고난을 겪은 후 많지 않은 나이로 사망했기에 우크라이나적 대의를 위한 순교자처럼 여겨지고 있었다. 그의 이름을 따 할리치나에서 창설된 셰브첸코 학회는 우크라이나 문화의 증진과 보급이라는 목표를 가지고 있었는데, 흐루셰브스키가 참여하면서 이 단체의 학술활동, 특히 역사학 분과의 활동은 눈부신 발전을 이루게 되었다. 그는 이 학회 기관지인 《회보(*Записки*)》의 편집장이 되어 이 잡지를 "연 1회 발간에서 계간지로, 그 후에는 격월간지로 전환시켰고" 스스로도 많은 논문, 연구노트 및 서평을 게재했다.[35)] 그는 또한 『우크라이나-루스 역사 사료집(*Джерела до*

34) Михайло Грушевський, "Вступний виклад з давньої історії Русі, виголошений у Львівськім університеті 30 вересня 1894 р.", Записки Наукового товариства імені Шевченка, 1894 т. IV, 149쪽.

35) *Автобіографія Михайла Грушевського з* 1926 *року*, 13쪽.

історії України-Руси)』 총서 발간에도 깊이 관여하여 수많은 사료집을 발간하는 데 앞장섰다. 할리치나의 도서관에 우크라이나 관련 장서가 극히 빈약한 것을 발견하고 모금, 도서교환 등의 프로그램을 활용하여 도서를 모으는 데에도 힘을 쏟았고 여기서도 큰 성과를 거두었다. 셰브첸코 학회는 모금을 통해 르비브 시 중심부 차르네츠키 거리에 있는 큰 건물을 구입하였고, 본부를 이곳에 두게 되었다. 이 건물은 우크라이나 문화와 우크라이나학의 발전을 향한 의지의 가시적인 상징물 역할을 하게 되었으니, 이 또한 흐루셰브스키의 뚝심과 헌신[36] 덕분에 가능했다. 그는 1897년 이 학회의 회장으로 선출되었으며 학회의 가장 강력한 동력이자 견인차 역할을 했다. 그는 이 학회를 대중교육과 선전기관으로 삼고자 했던 파블릭 같은 급진주의자나, 온건한 문화활동에 주력하고자 했던 보수파 양 세력의 도전을 모두 막으면서 학술연구자들의 연구를 증진하기 위해 계속해서 노력했다. 특히, 그의 장려에 힘입어 우크라이나어로 된 학술연구의 출판이 잇따랐다. 이는 우크라이나어의 가치와 우크라이나인들의 학술적 능력에 대한 우크라이나인 자신의 의심과 회의를 넘어설 수 있게 해주는 일이었다.

우크라이나 역사연구와 관련된 흐루셰브스키의 부단한 노력은 열권으로 된 『우크라이나-루스의 역사(*Історія України-Руси*)』[37]라는 거대한 저작으로 집대성되었다. 우크라이나어로 된 이 저작은 동슬라브인들의 초기

36) 부친 덕분에 경제적으로 여유가 있었던 흐루셰브스키는 건물 구입을 위해 스스로 상당액의 기금을 내놓았다.

37) 플로히는 『우크라이나-루스의 역사』가 열한 권으로 이루어졌을 가능성이 있으며 열한 권째 책 원고의 행방을 찾기 위해 열렬한 노력을 기울여온 사람들이 있다고 소개하고 있다. Plokhy, *Unmaking Imperial Russia*, 423~430쪽. 소련 해체 후 키예프에서 영인출판된 『우크라이나-루스의 역사』(*Наукова Думка*, 1991~2000)의 편집자들도 이 책이 원래 11권 12책으로 구상되었던 것으로 여기고 속표지에 그렇게 기입하고 있다.

역사부터 흐멜니츠키 사망 직후인 1658년까지 우크라이나인들의 역사를 일관된 연속성이라는 시각 아래서 서술한 것이다. 그는 1898년 열 권 가운데 첫 권을 출판했다.[38] 이 책은 우크라이나 독서계의 열렬한 환영을 받았고 독일어로 번역되어 폴란드 역사학계를 비롯한 유럽학계에서도 호평을 받았지만[39] 러시아 제국정부로부터는 판매금지를 당했다.

르비브 대학 부임 이후 학문 연구와 출판 활동에 주력하던 흐루셰브스키는 차츰 정치활동에도 관여하게 되었다. 그의 입장은 독특한 것이었는데, 그는 급진적 세계관과 이념의 소유자였지만 젊은 대학교수로서, 프리막의 표현대로 "처음부터 책임과 권력 있는 지위에 올라 있었기"[40] 때문이다. 따라서 그는 친러시아('친모스크바')적인 보수적 우크라이나인들과도 어느 정도는 협력하지 않을 수 없었다. 그러나 그는 보수파와의 갑작스러운 마찰을 피하면서도 우크라이나 사회의 지적, 정신적 풍토를 왼쪽으로 움직이는 데 기여했다. 그는 셰브첸코 학회의 문호를 개방해 급진적 지식인들도 참여할 수 있게 했으며, 할리치나의 가장 유명한 우크라이나 시인이며 문학자이자 급진적 정치활동가이기도 했던 이반 프란코와 밀접하게 교유하면서 그와 더불어 정치활동을 전개하기 시작했다.

흐루셰브스키는 주간화보잡지였던 《별(*Зоря*)》을 개편해 1898년부터 《문학–학문 통신》지로 다시 탄생시켰다. 이 잡지에는 문학작품뿐 아니라 정치적, 사회비판적인 성격이 강한 평론이 다수 게재되었다. 흐루셰브스키는 이 잡지의 발행을 주도하면서 민중지향적이고, 평등주의적이며 러시아 지배

38) 이 책의 제2권은 1899년에, 제3권은 1900년에, 제4권은 1902년에, 제5권은 1905년에, 제6권은 1907년에, 제7권은 1909년에, 제8권은 1913년(제1부), 1916년(제2부), 1918년(제3부)에 출판되었다. 제9권과 10권은 러시아 혁명 후에 집필되고 출판되었다.

39) Doroshenko, *A Survey of Ukrainian Historiography*, 271쪽.

40) Prymak, *Mykhailo Hrushevsky: The Politics of National Culture*, 43쪽.

와 폴란드 지배에 모두 반대하는 그의 정치적 성향을 분명히 표현하게 되었다. 그는 저작과 연설을 통해 오스트리아령 우크라이나인 할리치나와 러시아령 우크라이나(드니프로 우크라이나)의 연결성을 강조했으며, 우크라이나어의 사용을 보급하는 데도 큰 노력을 기울였다. 그는 1899년 키예프에서 열린 고고학 대회에서 우크라이나어로 발표하겠다는 의사를 고수했으나 러시아 정부의 입장을 따르던 주최 측의 반대로 이를 거절당하자 대회 참석을 거부했다. 그를 지지하는 다수의 우크라이나 학자들이 그와 행동을 함께 해 대회에 불참했다. 이 소식은 러시아 제국 내에 널리 알려졌고 흐루셰브스키는 "우크라이나 주장의 옹호자"로서 제국 전체에서 "악명"을 얻게 되었다고 한다.[41] 이 일이 있은 후 그는 할리치나에서 폴란드인들의 행정적 주도권에 맞서서 우크라이나인들의 공동의 투쟁을 전개하는 데 주력하게 되었고 이 과정에서 친모스크바파를 제외한 급진파와 연대하게 되었다.

여러 우크라이나 세력 가운데 우크라이나 민족주의와 급진적 민주주의를 지향하는 이반 프란코와 가까웠던 흐루셰브스키는 1899년 민족대회에서 새로 창당될 정당의 집행위원으로 프란코와 함께 선출되었다. 이 당은 민족민주당이라는 명칭을 가지게 되었다. 민족민주당은 민족문제와 관련해서 궁극적으로 미래에 독립 우크라이나를 건설한다는 강령을 가지고 있었지만, 현실적 목표는 오스트리아 제국 내에서 우크라이나인들의 통일과 자치를 획득하고 러시아 제국을 연방제 입헌체제로 전환시키고자 하는 러시아령 우크라이나인들의 노력을 지원하는 것이었다. 그러나 성직자들을 비롯한 보수세력의 가입과 급진파의 당권 장악 움직임이 뒤섞여 당의 성격이 모호해지자 흐루셰브스키와 이반 프란코는 곧 이 당을 떠나게 되었다.[42]

41) 같은 책, 54쪽.
42) 같은 책, 56~58쪽.

그런 한편 할리치나의 폴란드인 당국자들은 공식적인 장에서 우크라이나어 사용을 금하고 폴란드어 사용을 강요하려는 움직임을 보였다. 흐루셰브스키는 할리치나의 폴란드화를 막되 친러시아 노선으로 이를 관철하려는 우크라이나인 보수파의 세력도 제압해서[43] 할리치나를 우크라이나 문화와 민족의식 확산의 디딤돌로 만들고 이 원칙을 러시아령 우크라이나에도 확대 적용하고자 했다. 이탈리아 통일 당시 피에몬테가 통일세력의 전진기지 역할을 했듯이, 흐루셰브스키는 할리치나를 우크라이나인들을 위한 피에몬테로 삼고자 했던 것이다. 할리치나의 폴란드화에 맞서는 흐루셰브스키의 태도는 르비브 대학 당국과의 마찰을 불러일으켰고 그를 교수직에서 내쫓으려는 움직임이 감지되었다. 흐루셰브스키와 우크라이나 대학생들은 별도의 우크라이나 대학을 설립하려는 행동을 전개했으며[44] 학생들은 집단적으로 르비브 대학을 자퇴했다.

1903년 흐루셰브스키는 러시아어로 된 『우크라이나 인민의 역사 개관(*Очерк истории украинского народа*)』을 완성했는데, 기존의 러시아 역사책에서 볼 수 있었던 우크라이나 역사 구분방식과 아주 다른 이 역사서에 대해 러시아 출판사들은 출판에 난색을 표했기 때문에 그는 이 책을 1904년에 자비로 출판할 수밖에 없었다.[45] 이 책에서 그는 "우크라이나의 식민 활동"에 대해 논하면서 동경 38도에서 59도[46], 북위 45도에서 53도에 걸쳐

43) 흐루셰브스키는 "이른바 '친러시아파'야말로 우크라이나인들의 바로 한복판에 있는 적"이라고 다소 극단적인 표현을 썼다. Hrushevsky, "The Ukrainian Revival", 32쪽.

44) 같은 글, 36쪽.

45) Prymak, *Mykhailo Hrushevsky: The Politics of National Culture*, 62쪽.

46) 우크라이나 식민 활동 지역의 경도에 대한 흐루셰브스키의 표기는 『우크라이나 인민의 역사 개관』이 판을 달리할 때마다 달라진다. 제1판에서는 동경 38도에서 59도라고 되어 있지만 제2판(1906년 상트 페테르부르크에서 출판)에서는 동경 38도에서 60도, 제3판(1911년 키예프에서 출판)에서는 동경 38도에서 62도라고 표기되어 있다. 우크라이나인들 거주 지역은

75만 제곱킬로미터에 이르는 지역이 우크라이나 식민활동에 포괄된 땅이며, 슬라브인들의 확산 이주 시절에 이미 우크라이나 종족이 이 지역을 차지하고 정주했다고 주장했다. 이 지역에는 베사라비아(루마니아 거주지역), 그로드노, 민스크(벨라루스의 주요도시들), 보로네슈(러시아 흑토대의 도시) 등도 포함된다고 했다.[47] 이 지역에 대한 우크라이나 민족의 선주권을 주장하는 그의 서술이 러시아 제국의 통합성을 강조하는 주류 논자들의 반발을 불러일으켰음은 이상한 일이 아니었다.

흐루셰브스키는 또한 이 해 10월 「'러시아 역사(루스 역사)'의 전통적 도식과 동슬라브 역사의 합리적 조직의 문제(Звичайна схема русской історії і справа раціонального укладу історії східного Словянства)」라는 논문을 작성하고 발표해 우크라이나 역사를 보는 시각에 일대 전환을 가져왔다. 그는 전통적인 러시아 역사(루스 역사) 이해는 모스크바 대공의 가계를 중심으로 한 것이며, 러시아 역사(루스 역사)는 대러시아 인민의 역사 및 그들의 문화생활의 역사와 거의 같은 것이 되어버렸는데 이는 오류라고 보았다. 그에 따르면 루스 역사의 전통적인 도식은 가장 단순화된 형태의 "루스 법제사"로서 키예프국의 법제-모스크바국의 법제-러시아제국의 법제라는 삼분법을 가지고 있었다. 그런데 전통적 역사도식에서 가장 불합리한 면은 키예프국과 13-14세기의 블라디미르-모스크바국을 한데 연결

넓게 잡아도 대개 동경 24도에서 40도 정도에 걸쳐 있다. 경도 표시에 대한 흐루셰브스키의 기준이 달랐던 것인지, 이 부분에 대해서는 아직 설명할 길이 없다. Михайло Грушевський, *Очерк истории украинского народа* (С.-Петербург: Типография товарищества "Общественная польза",1906), 1쪽; Михайло Грушевський, *Очерк истории украинского народа*. Издание 3-е, дополненное(Киев: Типографія 1-й Киевской артели печатного дела, 1911), 1쪽.

47) Н. М. Павлов, "Ученый труд господина профессора Грушевского 'Очерк истории украинского народа'"에서 재인용.

시켜 이 두 정치단위를 연속된 것으로 파악한 것이었다. 흐루셰브스키가 보기에 키예프 국가와 이 국가의 법제 및 문화는 우크라이나-루스 민족(українсько-руська народность)의 창조물이며, 블라디미르 대공국-모스크바 대공국과 그 법제 및 문화는 대러시아 민족이라는 별개의 민족의 창조물이었다. 그는 키예프 루스 공의 가계와 모스크바국의 정치제도사를 뒤섞어서는 안 되며, 러시아국가사와 러시아인-우크라이나인-벨라루스인의 역사를 뒤섞어서도 안 된다고 주장하면서, 키예프 국가의 계승자는 모스크바국-러시아가 아니라 할리치나와 볼린, 그리고 그 후의 리투아니아라고 주장했다.[48]

모스크바국과 러시아 국가의 기원을 키예프 루스에 두는 견해는 타티시체프(Татищев) 이래 러시아의 국가학파 역사학자들에 의해 옹호되었다. 이것이 사실 오늘날까지도 러시아사를 보는 일반적 견해의 바탕을 이룬다. 또한 이는 17세기 후반 이래 키예프와 좌안 우크라이나의 성직자 역사가들이 우크라이나와 러시아의 통합을 염원하며 서술한 역사서에서 그 바탕을 제공해준 것이기도 했다. 그런 점에서 우크라이나사와 러시아사의 전개를 별개의 것으로 보는 흐루셰브스키의 사론은 대담한 도전이 아닐 수 없었다. 그는 또한 우크라이나어로 된 문헌들을 발표할 뿐 아니라 우크라이나어의 기원과 분포에 대한 연구도 수행함으로써 우크라이나어가 러시아어의 방언이 아니라 이와는 별개의 독자적 언어라는 자신의 주장을 입증하고자 했다.

48) Михайло Грушевський,"Звичайна схема русскої історії й справа раціонального укладу історії східного слов'янства", http://litopys.org.ua/hrs/hrs02.htm(검색일 2013.9.25). 이 논문은 1904년 상트페테르부르크에서 『슬라브학 논문집(*Статьи по славяно-ведению*)』 제1집에 처음으로 수록되었다.

1905년 혁명 이후 억압이 완화된 분위기 속에서 흐루셰브스키는 우크라이나의 자치를 얻기 위해 정치적 활동도 계속했다. 두마 구성이 허용되자 흐루셰브스키는 우크라이나 세력의 원내 집단인 우크라이나 클럽[49]의 활동에 깊이 관여하기 시작했고[50] 우크라이나인들의 이념적 지도자가 되었다.[51] 그는 우크라이나의 민족적 자기결정에 도움이 될 만한 정치적 동맹이라면 무엇이든 환영한 반면 이에 역행하는 정파간 연합에는 반대했다.[52] 그러나 그의 입장은 순수한 민족주의적 입장에서 '우크라이나인들을 위한 우크라이나'를 주장하던 우크라이나 혁명당의 초기 입장과는 다른 것이었다.[53] 그가 그때까지 유대인들에게 가해졌던 일체의 시민적 권리 제한을 철폐해야 한다고 주장했던 것[54]은 그의 시야가 우크라이나 민족의 이익만을 추구하는 좁은 민족주의가 아니었음을 보여준다. 그는 러시아 제국을 분권화하고 모든 소수민족들에게 민족적-영토적 자치를 허용하는 정치개혁을 이루고자 하는 뜻을 가지고 있었다. 그는 파벨 밀류코프와 같은 러시아의 입헌민주당 정치인들과도 협력하여 우크라이나 자치를 확보하고자 했다.[55] 이 같은 학문적, 정치적 노력 속에서 흐루셰브스키는 범러시아주

49) 이는 러시아 제국 국가두마의 의원으로 선출된 우크라이나 민주급진당원 쉬라흐와 입헌민주당 소속 취제프스키가 주도하고 근로인민당 소속 의원들 및 무당파 농민출신 의원들이 합류해 만든 단체이다. Prymak, *Mykhailo Hrushevsky: The Politics of National Culture*, 75~76쪽.

50) *Автобіографія Михайла Грушевського з 1926 року*, 25쪽.

51) 이는 드미트로 도로셴코의 회고이다. *Автобіографія Михайла Грушевського з 1926 року*, 25쪽, 편집자 류보미르 비나르의 주석 43)에서 재인용.

52) Plokhy, *Unmaking Imperial Russia*, 62쪽. 플로히는 흐루셰브스키가 여러 정당, 정파 중 우크라이나 민족민주당에 가장 가까웠지만 당적을 가지지는 않았다고 주장한다. 같은 곳.

53) Prymak, *Mykhailo Hrushevsky: The Politics of National Culture*, 72~73쪽.

54) 같은 책, 77쪽.

55) Plokhy, *Unmaking Imperial Russia*, 66쪽.

의나 범슬라브주의 대신 범우크라이나주의로 나아갔다. 드미트로 도로셴코는 흐루셰브스키가 젊은 우크라이나 지식인들에게는 "범우크라이나적 통일"의 상징이었다고 회고한 바 있다.[56)]

흐루셰브스키는 1905년 혁명 기간 중 상트페테르부르크와 키예프, 할리치나를 오가며 조직활동에 열중했으며 그런 중에도 연구와 문필활동도 게을리 하지 않았다. 혁명의 분위기 속에서 러시아 정부가 우크라이나어로 된 일체의 출판물을 금지했던 1876년 엠스 칙령을 슬그머니 철폐한 것은 그가 "예속의 철폐"라고까지 부를 정도로 반가운 일이었다. 그는 일반 독서대중을 위해 『우크라이나-루스의 역사』의 축약본을 출판했다. 1907년에 『우크라이나의 옛 시절(*Про старі часи на Україні*)』이라는 제목으로 페테르부르크에서 처음 출판되기 시작한 축약본은 독자들의 열렬한 호응을 받았다. 이에 고무된 흐루셰브스키는 1911년 역시 일반대중을 위한 역사서인 『삽화로 보는 우크라이나 역사(*Ілюстрована Історія України*)』를 키예프-르비브에서 출판했고 이 책은 그 후 1912년, 1913년, 1915년, 1917년, 1919년에 거듭 출판되었다. 1913년에는 러시아어본도 출판되었다. 『우크라이나-루스의 역사』가 17세기 중반까지만 다루고 있음에 반해 『삽화로 보는 우크라이나 역사』는 20세기 초까지 서술대상으로 삼음으로써 독자들로 하여금 가장 최근의 사건들도 전체적인 역사적 시야 속에서 돌아볼 수 있게 해 주었다.

1906년부터 흐루셰브스키는 그가 대(大)우크라이나(Велика Укрïана)라고 부른 러시아령 우크라이나, 그중에서도 키예프에서 점점 더 많은 시간을 보내게 되었고[57)] 키예프에 크고 훌륭한 저택을 구입해 이곳에 확실한 활동

56) Prymak, *Mykhailo Hrushevsky: The Politics of National Culture*, 76쪽에서 재인용.
57) *Автобіографія Михайла Грушевського з* 1926 *року*, 24쪽.

근거를 마련했다.[58] 1906년에는 《문학-학문 통신》의 편집국이 키예프로 옮겨왔고 1907년에는 그의 주도로 키예프에서 우크라이나 학술협회(Українське Наукове Товариство)가 창설되어 학술연구와 대중강연, 학술 탐사를 주관하게 되었다.[59] 그는 이 단체의 의장직을 맡았을 뿐 아니라 그 기관지인 《우크라이나 학술협회 회보》편집까지 맡게 되었으니, 할리치나의 셰브첸코 학회와 키예프의 우크라이나 학술협회, 그리고 두 학회의 기관지 편집이 모두 그의 지도 아래 들어왔다. 이로써 그는 러시아령 우크라이나와 오스트리아령 우크라이나 사이에 다리를 놓겠다는 그의 계획을 성공적으로 수행할 수 있게 되었다.[60]

흐루셰브스키의 이러한 활동에 대해 키예프 지식인 사회의 일부 인사들은 회의적인 시각을 보이기도 했다. 그중에는 우크라이나 운동의 정치적 주도권이 그에게로 넘어갈 것을 두려워한 사람도 있었던가 하면, 한때 그의 후원자였던 네추이-레비츠키는 그가 러시아령 우크라이나를 문화적, 언어적으로 할리치나식으로 바꾸려고 한다는 의심을 품고 있었다.[61] 이런 저런 이유로 그의 활동에 대한 견제도 늘어났다. 1905년 혁명이 퇴조를 겪고 스톨르이핀 수상이 보수적 정책으로 국정을 장악하게 된 이후 우크라이나에 대한 러시아 제국 당국의 정책도 강경해졌다. 흐루셰브스키는 폴란드, 러시아 양쪽에 대해 비타협적인 노선을 더욱 강화시켜갔다. 1911년에 발간한 『우리의 정책(*Наша політика*)』이라는 평론집에서는 할리치나에 기반을 둔 우크라이나 민족민주당의 지도부가 민중의 요구에 관심을 두지 않

58) Михаил Грушевский, http://www.rulex.ru/01040380.htm(검색일: 2013.9.12).
59) *Автобіографія Михайла Грушевського з* 1926 *року*, 25쪽.
60) Plokhy, *Unmaking Imperial Russia*, 65쪽.
61) 같은 책, 64~65쪽.

고 폴란드인들과의 타협으로 기울어진다는 이유로 이 당의 정책을 강하게 비판하면서 할리치나의 우크라이나 지식인 사회에서 큰 파문을 일으켰다. 그는 이로 인해 야기된 갈등 끝에 셰브첸코 학회 회장 자리를 물러났다.[62)]

그런 중에도 대중을 위한 흐루셰브스키의 집필 및 출판활동은 그치지 않았다. 그는 《마을》, 《파종》 등 농민들을 위한 신문을 발간했고 대중용 역사서 출판도 꾸준히 계속했다. 이 모든 것은 우크라이나 인민대중의 민족의식 고양을 위한 노력이었다.

제1차 세계대전이 발발했을 때 흐루셰브스키는 카르파티아 산맥 부근의 여름 별장에 머무르고 있었다. 그런데 교전 당사자이던 오스트리아 정부와도 러시아 정부와도 불화했던 그는 르비브로도 키예프로도 바로 돌아갈 수 없어 빈, 이탈리아, 루마니아를 거치는 긴 여행 끝에 겨우 키예프로 돌아왔다. 그러나 키예프 도착 직후 러시아 당국에 체포되어 심비르스크로 유배되었으며 시베리아 유형을 보내겠다는 위협을 받았으나 알렉세이 샤흐마토프를 비롯한 러시아 학자들의 구명 요청에 따라 카잔을 거쳐 모스크바로 옮겨올 수 있었다.[63)] 러시아 관헌 당국은 그를 "마제파주의자", 곧 분리주의자로 간주했기 때문에 그를 체포하여 "경찰의 엄격한 감시" 아래 두었다.[64)] 그를 비난하는 인물들은 그가 오스트리아의 후원을 받아 할리치나를 우크라이나로부터 분리시키려 한다고 주장했다. 그는 오스트리아 정부로부터는 친러시아적이라는 의심을 샀던 데 반해 러시아 정부로부

62) ***Автобіографія Михайла Грушевського з 1926 року***, 26쪽; Plokhy, *Unmaking Imperial Russia*, 62~63쪽.
63) ***Автобіографія Михайла Грушевського з 1926 року***, 27쪽; Plokhy, *Unmaking Imperial Russia*, 68~69쪽.
64) ***Автобіографія Михайла Грушевського з 1926 року***, 27쪽; Plokhy, *Unmaking Imperial Russia*, 69쪽.

터는 친오스트리아적이라는 혐의를 받은 것이다.[65] 러시아와 오스트리아가 전쟁을 하던 상황에서 이는 가장 거북스러운 처지였다. 그러나 그는 어려움이 있으나마 모스크바에서 『우크라이나-루스의 역사』의 집필을 계속할 수 있었다. 이 시기에 이 책 8권의 제2부를 출판하고 제3부를 집필 완료했으며 일반인들을 위한 세계사 책도 집필한 것[66]은 당시 여전히 왕성했던 그의 필력을 입증한다.

1917년 러시아의 2월 혁명은 흐루셰브스키의 운명에 또 하나의 전기를 가져왔다. 키예프에서는 3월 초 우크라이나 중앙 라다가 결성되었다. 우크라이나어 '라다'는 러시아어 소비에트에 해당하는 말로, 중앙 라다는 결성 당시 우크라이나 관련 사항들을 러시아 임시정부에 건의하기 위해 형성된 전문가 직능대표들의 연석회의체라는 성격을 가지고 있었다. 혁명 직후 연금에서 풀려난 흐루셰브스키는 자신이 부재중에 중앙 라다의 의장으로 선출되었으니 키예프로 귀환하라는 라다의 전보를 받고 3월(구력) 서둘러 우크라이나로 돌아갔다.[67] 중앙 라다는 1918년 4월까지 존속하게 되는데, 흐루셰브스키는 이 기간 내내 의장직을 수행했고 일종의 로비기구였던 중앙 라다는 그의 강력한 지도 아래서 차츰 우크라이나 인민의 최고 권력기관으로 전환되었다. 이는 중앙 라다가 네 차례에 걸쳐 포고문, 곧 우니베르살을 공포했다는 사실에서 잘 드러난다. 포고문은 과거 헤트만 시절, 헤트만이 자신의 지배 영역 아래 있는 우크라이나인들에게 반포하던 명령 혹은 주요 결정을 담은 문서였다. 사실상 우크라이나 전체를 이끌게 된 흐루셰브스키는 우크라이나 인민의 정치적 자기결정 요구가 강력하다는 것을 깨

65) Plokhy, *Unmaking Imperial Russia*, 70쪽.
66) *Автобіографія Михайла Грушевського з* 1926 *року*, 28쪽.
67) 같은 곳.

닫게 되었다.[68] 이 같은 인식과 혁명 과정 가운데서 드러난 러시아 정치권력의 불안정성 같은 여러 요인들이 작용하여 중앙 라다의 정치적 자기결정권 요구도 격변을 겪게 되었다. 흐루셰브스키는 2월 혁명 후 한동안 민주적 러시아연방공화국 내에서 우크라이나의 자치를 요구했고[69] 1917년 6월의 중앙 라다의 첫 포고문에서도 민족 자치의 획득을 요구했다. 키예프를 비롯한 우크라이나 각지에 자치와 독립에 반대하는 세력이 적지 않았지만 흐루셰브스키는 혁명 후 혼란에 싸인 우크라이나에서 민생해결과 행정, 치안 같은 다급한 과제를 해결하기 위해서는 결단력 있는 국가기구가 필요하다고 생각했고, 국가성이 확립되어야 한다고 강조했다.[70] 그러던 그는 1917년 후반으로 가면서는 전쟁의 조속한 중단과 강화체결을 위해 우크라이나 독립이 필요하다고 생각하게 되었다.[71] 젊은 세대 우크라이나인들의

68) 그가 이를 깨닫게 된 계기는 3월 16일부터 키예프에서 10만 명이 넘는 각계각층의 우크라이나인들이 거행한 대규모 시위였다. 이 번역서 132장, Prymak, *Mykhailo Hrushevsky: The Politics of National Culture*, 128~129쪽.

69) 그는 2월 혁명 공간 동안 작성된 「우리는 어떠한 자치와 연방을 원하나」라는 글에서 "러시아 연방공화국의 테두리 내에서 우크라이나의 광범한 민족적 영토적 자치를 확립하기를 원한다"라고 선언했다. М. Грушевський, "Якої автономії і федерації хоче Україна" http://www.ukrstor.com/ukrstor/grusewskij_awtofed.html(접속일: 2013.9.25) 인터넷에 올라 있는 흐루셰브스키의 글 제목은 「우크라이나는 어떠한 자치와 연방을 원하나」로 되어 있는데, 이는 1917년 빈의 우크라이나 해방연맹이 이 글을 그들의 기관지 《우크라이나 해방연맹 통보(*Вістник Союза визволення України*)》에 전재하면서 제목을 이렇게 바꾸었기 때문이다.

70) 한편 흐루셰브스키는 혁명과정에서 벨라루스인, 발트 해 연안지역 민족들, 유대인과 같은 '국가없는 민족들'의 협력과 연대가 필요하다고 생각했다. 1917년 9월 키예프에서 열린 제(諸)민족대회는 민족과 연방 원칙에 따른 국가의 재편을 요구했고 이 민족들 간의 협력을 위한 상설 기구로 제(諸)민족 평의회(Рада народів)를 설치하기로 의했다. 흐루셰브스키는 제민족 평의회의 의장으로 선출되었다. Prymak, *Mykhailo Hrushevsky: The Politics of National Culture*, 144~145쪽.

71) Plokhy, *Unmaking Imperial Russia*, 82쪽.

분위기가 그의 '우크라이나 국가'론을 뒷받침해주었다.[72] 특히 볼셰비키 혁명이 일어나자 흐루셰브스키는 볼셰비키와의 협상에 난관이 있을 수밖에 없다고 생각하게 되었다. 그가 주도하던 중앙 라다는 11월 7일자로 작성되고 11월 9일 성소피아 사원에서 낭독된 제3차 포고문을 통해 우크라이나 인민공화국 수립을 선언했다. 이리하여 우크라이나 땅에는 흐루셰브스키가 주도하는 키예프 중심의 우크라이나 인민공화국과 전(全) 우크라이나 노동자 병사 농민 소비에트가 주도하는 하르키브 중심의 우크라이나 소비에트 정부가 양립하게 되었다.[73] 볼셰비키 군대가 우크라이나 땅에서 세력을 점점 확대해 가고 있던 상황에서 중앙 라다는 1918년 1월 9일(신력 22일)자로 작성된 제4차 포고문을 통해 우크라이나 인민공화국의 독립을 정식으로 선포했다.[74]

중앙 라다가 1917년을 경과하면서 발표한 정책들은 토지사회화를 비롯하여 대체로 온건한 사회주의적 정책이었고,[75] 큰 틀에서 보자면 러시아 인민주의자들의 정당인 사회혁명당의 정책과 유사했다고 할 수 있다. 흐루셰브스키는 1917년을 경과하면서 우크라이나 사회혁명당의 젊은 당원들과 가장 밀접한 관련을 가지게 되었고 그 자신의 성향도 사회혁명당의 방향으로 다가가면서 빠른 속도로 급진화했다.[76]

우크라이나 국가의 수립은 쉽게 이루어질 수 없었다. 1918년 초 볼셰비

72) 같은 책, 79쪽.

73) Paul Robert Macocsi, *A History of Ukraine*(Seattle: University of Washington Press, 1998), 481쪽.

74) 이 같은 독립선언에 우크라이나 주민 모두가 찬성한 것은 아니었다. 우크라이나의 러시아인, 유대인, 러시아화한 키예프 도시주민들은 이에 격렬히 반발했다. Prymak, *Mykhailo Hrushevsky: The Politics of National Culture*, 159쪽.

75) 이 번역서 134장의 내용을 참조하시오.

76) Prymak, *Mykhailo Hrushevsky: The Politics of National Culture*, 131쪽.

키 군대가 키예프로 들어와 이 도시를 장악했다. 중앙 라다 정부는 서쪽에 있는 쥐토미르로 피신했다. 그 사이에 독일 군과 오스트리아 군이 개입해 볼셰비키와 대결하면서 우크라이나로 밀고 들어와 키예프를 점령했다. 독일 군의 개입은 흐루셰브스키를 비롯한 중앙 라다 정부가 우크라이나 인민공화국의 존립을 확보한다는 명분 아래 스스로 요청한 것이었다. 이 점에서 이 당시 흐루셰브스키의 행보는 큰 논란에 휩싸일 수밖에 없는 것이었다. 어쨌거나 그는 외세, 더구나 제국주의 세력의 개입을 스스로 초래했기 때문이다. 중앙 라다 정부는 3월에 키예프로 귀환했지만 점령군은 중앙 라다 정부를 용인하지 않았다. 독일 제국군이나 오스트리아 제국군이 보기에 중앙 라다 정부는 지나치게 급진적이었다. 독일 군은 4월, 옛 러시아 제국 군대의 장성이었던 파블로 스코로파드스키를 헤트만으로 내세운 일종의 꼭두각시 정부를 수립했고 흐루셰브스키는 정치의 장에서 물러나야 했다. 우크라이나 사회혁명당 세력을 주축으로 했던 흐루셰브스키의 중앙 라다 정부와는 달리 스코로파드스키 정부는 토지소유자 계급의 지지를 받고 있었고 더욱이 독일 군 없이는 존속할 수 없는 외세 의존적 세력이었다.

흐루셰브스키는 스코로파드스키 체제와의 일체의 협력을 거부했다. 그러나 또 한 차례의 급격한 정치적 변화가 찾아왔다. 1918년 11월 독일-오스트리아의 패전으로 제1차 세계대전이 종료되면서 독일 군이 우크라이나를 떠났고 스코로파드스키도 독일 군을 따라 베를린으로 가버렸으며 우크라이나는 페틀류라와 그의 동료들이 이끄는 총재정부 아래 들어갔다. 총재정부 실력자들은 중앙 라다에서 흐루셰브스키와 밀접히 협력했던 인물들이었다. 흐루셰브스키는 잠시 정치활동을 재개했으나 새로운 체제에서 살아남을 수 없었다. 그는 우크라이나 사회혁명당 중앙파에 가까운 입장이었으나, 좌파가 쪼개져 일부가 우크라이나 공산당에 합류해 친볼셰비키 세력이 되면서 그의 입지가 너무나 좁아졌기 때문이다. 그는 1919년 4월 우크라이나를 떠나 망명길에 올랐다.

망명생활은 누구에게나 고단한 것이지만 흐루셰브스키에게도 예외가 아니었다. 프라하로 갔다가 제네바로 갔다가 다시 프라하를 거쳐 빈에 가서 정착한 흐루셰브스키는 물질적으로도 어려움을 겪었지만 자기의 이상을 펼 기반을 가질 수가 없다는 것 때문에 망명생활에 적응할 수 없었다. 그는 1924년 3월 다시 키예프로 돌아왔다. 그 사이에 우크라이나에서는 페틀류라 세력(총재정부)이 패배하고 소련의 일원인 우크라이나 소비에트 공화국이 수립되어 있었다. 소련 정부는 그를 방향전환파(스메노베호프츠이), 즉 볼셰비키 권력에 반대해 러시아를 떠났으나 그 후 이 권력을 인정하고 러시아로 돌아온 일파의 인사처럼 받아들였다. 반면 키예프의 일부 대학생들은 그가 소련 내부에서 반볼셰비키 투쟁을 전개하기 위해 우크라이나로 돌아온 것으로 해석했다고 한다. 흐루셰브스키의 귀국문제를 연구한 페디르 셰브첸코나 세르히 플로히는 전반적으로 보아 키예프 대학생들의 견해가 아니라 소련 정부의 해석이 더 타당했다고 본다.[77] 즉 흐루셰브스키는 사회주의 건설에서 소련 정부의 역할을 인정하고 정부와 협력하기로 결심했으며, 정권과 일정한 타협을 맺은 후 귀국했다는 것이다. 1918년 독일 군의 지원으로 수립되었고 흐루셰브스키 자신을 정치활동의 장에서 밀어내버렸던 스코로파드스키의 반동적 정권에 비한다면 소비에트 정권이 사회정책의 면에서 그의 이념에 훨씬 더 가까웠던 것이 분명했다. 스코로파드스키 몰락 이후에 수립된 페틀류라의 총재정부도 외국자본가와 폴란드와 루마니아의 귀족세력의 지원을 받고 있었다는 점에서 민중지향적인

77) Plokhy, *Unmaking Imperial Russia*, 215~216쪽.

흐루셰브스키의 정치적 입장과 부합할 수 없었다.

흐루셰브스키는 사회정책면에서는 가장 왼쪽에 있으면서도 동시에 1917년 혁명을 거치면서 우크라이나 국가의 독자성을 확고하게 주장하게 된 민족주의자였다. 그는 한때 볼셰비키가 민족문제에서 옛 제정 러시아 정부와 다를 바 없는 중앙집권적인 세력이라고 여겼기 때문에 소비에트 정부에 반대했다. 그런데 소비에트 정부는 민족문제에서 연방제 안을 채택해 우크라이나를 연방공화국으로 편성했으며 우크라이나의 언어적·문화적 독자성을 존중하고 장려하는 정책을 펴기 시작했다. 이는 혁명과정에서 러시아 연방공화국 내에서 우크라이나의 자치라는 요구를 내걸었던 흐루셰브스키 자신의 입장과도 충분히 양립할 수 있는 바탕을 제공해주었다. 흐루셰브스키의 우크라이나 귀환 동기를 상세하게 살폈던 플로히의 연구에 따르면 흐루셰브스키는 우크라이나 사회주의 소비에트 공화국의 형성과 소련의 형성이 우크라이나에 대한 폴란드의 영토적·문화적 요구를 막아내고 우크라이나의 통일을 지켜내는 데 유용한 틀을 마련해준 것으로 평가했다.[78]

흐루셰브스키는 우크라이나 학술원의 초청을 받고 키예프로 귀환했으며 귀국 후 학술원과 관련한 활동에 주력했다. 이미 우크라이나 학계에서도 과거에 누리던 것과 같은 절대적 권위를 누릴 수 있는 상황은 아니었고 많은 경쟁자들이 그를 견제하기는 했지만 학술활동을 조직하고 지도하는 것은 그가 가장 잘할 수 있는 일 가운데 하나였기에 그는 이 속에서 평온을 누릴 수 있으리라 생각했을 것이다. 그러나 1920년대 말부터 시작된 스탈린 정권은 이를 더 이상 허용하지 않았다. 이제 소련 체제는 그가 귀국하던 당시 알고 믿었던 그 체제가 더 이상 아니었다. 1931년 그는 우크라

78) 같은 책, 235쪽.

이나에서 추방되어 모스크바로 와서 살게 되었고 1934년 겨울 "의문스러운 상황에서" 죽음을 맞이했다.[79] 예순여덟 살이었으므로 당시의 기준으로는 단명한 편은 결코 아니었으나, 소련 비밀경찰의 감시로 인한 심리적 압박이 아니었다면 갑작스럽게 사망할 정도로 허약한 체질이 아니었기 때문에 그를 따르던 사람들에게 이는 엄청난 충격일 수밖에 없었다.

흐루셰브스키의 죽음 이후 그의 가족들도 고난을 겪었다. 역사인류학자였던 외동딸 카테리나는 1938년 체포되어 강제수용소에서 사망했고 역시 역사학자였던 동생 올렉산드르도 1938년 체포되어 카자흐스탄에서 유형생활을 하다가 1943년 사망했다.[80]

『우크라이나의 역사』

이 책은 흐루셰브스키가 우크라이나 역사를 대중에게 널리 알리기 위해 쓰고 풍부한 화보자료를 덧붙여 출판한 우크라이나 역사 개설서이다. 그는 『우크라이나의 역사』를 우크라이나어로 먼저 썼고 러시아 혁명 전까지 네 차례 수정 증보판을 냈다. 1913년에는 러시아어본을 출판해 우크라이나어를 모르는 독자들에게도 이 책의 내용을 알리고자 했다. 이 책은 1941년 영어로도 번역되었는데,[81] 미국 예일 대학에서 러시아 역사를 가르치면

79) Юрій Шаповал, "Загадка смерти Михайла Грушевського", *На службі Кліо: Збірник наукових праць на пошану Любомира Романа Винара, з нагоди 50-ліття його наукової діяльности*(Kyiv; New York; Toronto; Paris; L'viv, 2000), 266~287쪽.

80) Plokhy, *Unmakinag Imperial Russia*, xii쪽.

81) M. Hrushevsky, *A History of Ukraine*, edited by O. J. Fredericksen (New Haven: Yale University Press, 1941; Reprint Archon Books, 1970).

서 그 자신도 방대한 러시아 역사를 집필했던 게오르기 베르나드스키(조지 버나드스키)는 이 영역본에 서문을 쓰면서 흐루셰브스키를 "우크라이나 안팎에서 널리 권위를 인정받아온 지도적인 우크라이나 역사가"라고 평가했다.[82] 축약 편집된 이 영역본은 구성과 정확성 면에서 어느 정도 번역의 정도(正道)에 부합하는 것인지 회의스러운 점도 적지 않지만 이 책의 존재와 흐루셰브스키의 이름을 당시의 소련권 바깥의 독자들에게 널리 알리는 데 상당히 기여했다. 『우크라이나의 역사』가 언어를 막론하고 일반대중을 위한 책이기에 가능한 일이었다. 『우크라이나-루스의 역사』가 17세기 중반까지밖에 다루지 못했음에 반해 이 책은 20세기 초까지 다루고 있기 때문에 일반대중이 우크라이나 역사에 접근하는 데는 이 책이 여러모로 유용하다는 점도 지적할 수 있다.

그렇다면 일생을 통해 우크라이나 역사와 언어학에 대해 수많은 학술적 저작을 발표했던 엄청나게 생산적인 저자 흐루셰브스키가 이 개설서를 통해 말하고자 했던 바는 무엇이고 이 책은 어떠한 특징을 가지는가.

『우크라이나의 역사』의 2001년 러시아어판에 서문을 쓴 알렉세이 밀레르가 "흐루셰브스키는 우크라이나의 역사라기보다 사실상 우크라이나 인민(나로드)의 역사를 썼다"라고 평한 것은 맞는 말이다.[83] 흐루셰브스키가 이 책을 쓸 때는 우크라이나라는 나라는 없었다. 우크라이나라는 명칭 자체도 19세기 초부터 조금씩 지식인들 사이에서 쓰이기 시작하다가 20세기에 와서야 일반화되기 시작한 것에 불과하다. 흐루셰브스키는 이 책에서

82) 같은 책, v쪽.

83) Алексей Ильич Миллер, "Предисловие: Михаил Сергеевич Грушевский и его История Украины", М. С. Хрушевский, *Иллюстрированная история Украины* (*Москва: Сварог и К*, 2001), viii쪽.

오늘날의 우크라이나 땅에서 살았으며 오늘날의 우크라이나인들의 선조라고 생각되는 사람들의 삶과 활동, 문화를 그들을 지배한 여러 국가들과의 관계 속에서 살피고 있다. 그런데 그의 서술은 독자적인 우크라이나 인민이 이미 오래전부터 존재했고 이 책의 집필 당시인 러시아 제국 말기에는 확고한 실체가 있었음을 전제로 한다. 이 우크라이나 인민은 혈연적 개념의 우크라이나 민족과 동일한 것은 아니고 우크라이나 땅에서 사는 사람이 모두 우크라이나인이라고 흐루셰브스키 자신은 책의 서두에서 말하고 있다. 그러나 그는 우크라이나 땅에 살면서도 우크라이나 인민에 속하지 않는 다른 민족들, 예컨대 러시아인, 유대인, 폴란드인 등의 삶은 다루지 않고 있기에 사실상 우크라이나 땅에 사는 좁은 의미의 우크라이나인들의 역사를 서술하고자 했다고 할 수 있다. 그런데 우크라이나라는 나라가 없었고 오늘날 우크라이나를 이루는 땅에 살던 사람들은 오랜 세월 동안 이리저리 찢겨져 여러 외국의 지배를 받았다. 그렇다면 무엇을 기준으로 우크라이나 땅을 말할 수 있고 무엇을 기준으로 이 땅에 사는 우크라이나인을 말할 수 있을까? 흐루셰브스키는 그의 역사서술 속에서 역사적 우크라이나 땅과 역사적 우크라이나인의 테두리를 만들었으며 그가 만든 테두리가 곧 오늘날의 우크라이나를 이룬다고 해도 과언이 아니다. 그는 실로 우크라이나 국가와 우크라이나 인민을 형성해낸 역사가이다!

흐루셰브스키는 강력한 목적론적 사관으로 우크라이나 역사를 개관하고 있으며, 마치 그의 생존 당시에 볼 수 있던 우크라이나 민족을 만들어내기 위해 역사 속에서 모든 요소들이 의도적으로 함께 작용한 것처럼 글을 서술하고 있다.[84)]

84) 그의 목적론적 사관은 밀레르도 지적하고 있다. 같은 책 viii쪽.

그렇다면 흐루셰브스키가 보기에 우크라이나 민족을 만든 요소들은 무엇일까? 흐루셰브스키는 '우크라이나적 요소'가 원래부터 있었다고 보고 이 말을 아주 자주 쓴다. 그 자신이 명시한 것은 아니지만 이 책의 내용에서 추출해 볼 때 그 요소는 대체로 보아 키예프 루스, 정교, 코자크, 우크라이나어이다. 키예프 루스의 땅에서 정교를 믿었던 사람들의 후예들이 우크라이나인을 형성했고 코자크들이 이들을 보호하고 우크라이나 국가의 초보적 형태를 제공했다. 우크라이나 민중은 우크라이나어를 사용하고 발전시켰으며 우크라이나 문인들은 이 언어를 근대적인 문학어로 발전시켰다. 우크라이나어를 독자적 언어로 수호하려는 사투에서 우크라이나인들의 민족의식이 강화되었으며 우크라이나어로 된 문헌과 문학작품들은 우크라이나 민족의식을 담는 그릇이 되었다. 이 같은 요소론을 가지고 그가 이 책에서 어떠한 역사관을 펴고 있는지 살펴보자.

1) 키예프 루스의 전유

흐루셰브스키는 드니스테르 강 유역, 드니프로 강 유역 및 아조프 해 연안 지역에까지 걸쳐 살던 우크라이나 선주민들이 오늘날의 우크라이나 지방에 확산 이주해 우크라이나인들의 선조가 되었으며 이들이 키예프 루스를 건설했다고 본다. 그는 민족주의자로서 루스가 스칸디나비아에서 유래했다는 설(이른바 '바랴기 초빙'설)은 거부한다. 그 대신 키예프 부근에 거주한 폴랴네인들이 루스라고 불렸다고 주장한다. 그리고 흐루셰브스키는 키예프 루스는 우크라이나 역사에만 속할 뿐 모스크바국과 후일의 러시아 제국은 키예프 루스의 계승과 상관이 없다고 여긴다. 키예프가 쇠락한 후에는 키예프 서쪽의 할리치나와 볼린이 키예프 루스 권력의 계승자 역할을 했고 리투아니아 세력이 커진 후에는 리투아니아가 그 계승자가 되었다는 것이다. 또한 그는 우크라이나 주민들이 몽골-타타르 세력의 침입 이후 북쪽으로 이주해 가서 러시아의 주민을 이루게 되었다는 주장도 거부하고, 우크라이나인들은 몽골-타타르 침입 이후에도 계속 우크라이나에 거주했다고 주장한다. 19세기 말의 러시아 사학자 바실리 클류체프스키는 러시아 주민들이 이동성이 무척 강해 남북으로 계속 옮겨 다녔다고 보았지만, 흐루셰브스키는 우크라이나인과 러시아인은 처음부터 거주영역이 달랐다고 본 것이다.

흐루셰브스키가 같은 동슬라브인에 속하는 러시아인들의 키예프 루스 계승권은 거부하는 대신 슬라브인이 아닌 리투아니아인들이 세운 리투아니아 대공국을 오히려 키예프 루스의 계승국가로 보는 것, 그리고 우크라이나 주민들이 북쪽으로 이주해 가서 모스크바국의 주민이 되었다는 설을 거부하는 것은 러시아와 우크라이나의 구분을 명확히 하기 위함이다. 그는 우크라이나가 러시아의 지배 아래 들어간 것은 같은 키예프 루스의 자손들이 갈라져 살다가 한데 합쳐진 것을 의미한다는 주장을 반박하고자 한 것이다. 그는 동북지역은 키예프 루스의 계승자가 아닌 외부자라고 인식하고 있다. 다음과 같은 인용문을 보자.

> 수즈달 공 브세볼로드 같은 외부의 음모자가 우크라이나의 일에 개입하는 것에 한계를 긋고 (35장, 1권 303쪽)

수즈달 공은 키예프 공들과 같은 통치자 가문에 속하는 야로슬라프 현공의 자손이며, 모스크바 대공의 선조이다. 그런데 흐루셰브스키는 수즈달 공을 일컬어 '외부의 음모자'라 칭하고 있다. 모스크바공국-러시아가 키예프 루스의 계승자로 여겨지는 것을 필사적으로 막으려는 그의 태도를 엿볼 수 있다. 흐루셰브스키는 러시아의 키예프 루스 계승권을 부정하기 위해서는 종교적, 문화적으로 자민족 중심적 태도도 포기한다. 그는 오히려 정교를 수용하거나 용인했던 리투아니아를 키예프 루스의 후계국으로 여기고 있다. 바로 이 지점에서는 (예외적이기는 하지만) 혈연중심적 민족주의라기보다 문화적 민족주의에 가까운 경향도 찾아볼 수 있다.

2) 정교의 중요성

흐루셰브스키의 견해로는 우크라이나인들은 처음부터 러시아인들과는 별개로 살았다. 우크라이나가 리투아니아의 지배 아래 들어가고, 그 후에는 폴란드와 리투아니아가 연합국가를 이룸에 따라 사실상 폴란드인들의 지배를 받게 되었을 때 그들의 독자성은 어떻게 유지되었을까? 흐루셰브스키는 우크라이나인들의 종교인 정교가 폴란드인들의 종교인 가톨릭과 뚜렷이 구분되었기에 두 민족의 정체성이 구분될 수 있었다고 본다. 그는 키예프 루스 시기부터 루스 사회에 비잔티움 문화, 비잔티움 예술, 교육제도가 미친 영향을 중시했고 국가 종교였던 비잔티움 정교의 의미를 중시했다. 그런데 폴란드 지배 아래서 비잔티움 문화는 쇠퇴했다. 이 점에 대해 그는 다음과 같이 쓰고 있다.

> 우크라이나-비잔티움 문화는 폴란드-리투아니아 문화가 국가생활에서 결정적 중요성을 가지는 새로운 상황에서는 점점 유용성이 떨어졌으며 한마디로 말해 교회에서 사용되는 것 말고는 아무 데도 필요하지 않았다. 이 문화의 비잔티움적 원천도 이미 오래전에 메말라서 시대와 생활의 필요에 발맞

추어 가지 못한 채 단지 옛것을 되풀이할 뿐이었다. 이러한 이유 때문에 이것은 폴란드-라틴 문화와 경쟁할 가능성을 상실했고, 특히 폴란드-라틴 문화가 집중적으로 발전하는 상황에서는 격차가 더 커졌다. (60장, 1권 516쪽)

세속생활에서 비잔티움 문화의 영향력은 이처럼 감소했지만 비잔티움에서 전파된 정교의 의미는 우크라이나인들의 삶에서 결코 축소되지 않았다. 오히려 정교는 '루스를 루스이게 하는' 핵심적인 요소가 된다. 그는 이 책 여러 군데서 폴란드 지배 시기에 우크라이나인들의 종교를 우크라이나 민족성의 바탕으로 보는 주장을 편다.

바로 이 15~16세기에 폴란드-리투아니아의 지배 아래서 우크라이나 문화생활은 심각한 쇠퇴를 겪게 되었다. 우리는 문화생활이 교회생활과 얼마나 밀접하게 연관되었는지를 이미 보았다. (60장, 1권 513~4쪽)

정교회는 우크라이나 인민집단의 유일한 민족 대표자였고, 민족적 깃발이었으며 동시에 민족 문화의 가장 중요한 지주였다. (60장, 1권 515~6쪽)

우크라이나 사람들은 당시에 우크라이나 인민의 모든 계층과 부문을 단합시킬 수 있는 유일한 기반으로 남아 있는 것은 옛 정교회 신앙이라는 것, 그리고 이것이 우크라이나 생활의 개념 자체 또는 (고대 키예프 국가의 전통에 따라) 당대의 명칭으로 하자면 루스 생활의 개념 자체와 분리시킬 수 없게 연관되어 있다는 것을 잘 알았고 또 그렇게 느꼈다. (60장, 1권 517쪽)

당시에 사람들이 이해하기로는 정교회의 독자성은 민족자결과 동일한 의미를 가지고 있었다. 왜냐하면 우리가 아는 바와 같이 정교회는 모든 민족 생활의 기초이자 상징이어서 정교회가 붕괴하면 민족의 삶 전체가 최종적으로 무너진다고 보였기 때문이다. (64장, 1권 549쪽)

이 시기의 애국자들은 정교라는 본원적 요소만이 우크라이나와 벨라루스의 남아 있는 지식인 사회가 아직도 의지할 수 있는 유일한 기반이라고 믿었고, 이 토양에서 멀어진 사람은 모두 민족(народная)생활에서 떨어져나간 것으로 보았다. (61장, 1권 519쪽)

흐루셰브스키는 15세기에 이미 정교와 관련해 "민족생활", "민족의 소생"이라는 용어를 적용하고 있다(49장). 그리고 1540년대 르비브 형제단의 정교 쇄신 활동과 관련해서는 '우크라이나 민족성(народность)'이라는 말을 처음으로 언급하고 있을 정도이다(49장). 즉 그의 관점으로는 옛 키예프 루스 영역에 거주하던 사람들 가운데 정교 신앙을 고수한 사람이 우크라이나인이다. 폴란드 지배세력이 종교를 이유로 우크라이나인들을 차별했기 때문에 흐루셰브스키는 이 같은 이분법을 적용하고 있다. 그는 루스의 종교를 수용한 리투아니아 지배자들을 호의적으로 평가한 대신, 우크라이나인들과는 종교-문화적으로 달랐고 우크라이나인들의 종교를 용납하지 않았던 폴란드 지배층에 대해서는 반감을 가졌다. 우크라이나인을 정교 신자와 동일시함으로써 흐루셰브스키의 지평은 좁아질 수밖에 없었다. 우크라이나 땅에 살던 다른 민족 출신 주민들의 삶, 다른 종교 신봉자들의 삶에 대해 흐루셰브스키가 관심을 기울이지 않는다는 비판적 지적은 타당하다.

3) 러시아의 지배를 받기 시작한 후에는 언어가 중요

그런데 우크라이나가 러시아의 지배 아래 들어가게 된 후에는 더 이상 종교가 우크라이나인의 정체성의 근원이 되지 않는다. 러시아도 우크라이나도 똑같은 정교를 신봉하는 사회이기 때문이다. 그러나 흐루셰브스키는 종교가 같다는 이유로 두 사회가 통합될 수 있다고 생각하지 않았다. 오히려 러시아와 우크라이나가 원래 하나의 뿌리에서 출발했으며 종교가 같으므로 통합되어야 한다는 관점에 바탕을 두고 씌어진 대표적인 저작인 17세기 동굴 수도원 성직자의 저작 『시놉시스』에 대해 냉소적인 평가를 보낸다. 그는 우크라이나가 러시아 지배 아래 들어가게 된 다음 시기에 대해서는 우크라이나와 러시아의 역사적 차이도 물론 중시하지만, 그 못지않게 러시아어와 우크라이나어가 다르다는 것에 큰 의미를 부여한다. 특히 그는 러시아와 우크라이나가 공유했던 문어인 교회슬라브어 대신 근대 우크라이나 민중의 구어를 중시함으로써 러시아와의 언어적 공통성을 제거하고자 했다. 러시아 지배하에서 우크라이나 민족주의는 언어민족주의적 성격을 강하게 가지는데, 흐루셰브스키에게서도 이 점이 아주 두드러지게 나타난다.

따라서 19세기 전반에 우크라이나 민족주의의 싹이 나타난 후 19세기 후반에 러시아 정부가 내무 대신 발루예프의 명령과 엠스의 칙령 등으로 우크라이나어로 된 출판물의 발간을 금지한 것을 흐루셰브스키는 대단히 중요한 사건으로 여긴다. 그는 이 책에서 러시아 정부의 우크라이나어 정책을 면밀히 추적하는 동시에, 우크라이나어로 문학활동을 했던 우크라이나 문인들을 우크라이나 소생과정에서 아주 중요하게 부각시킨다.

4) 코자크 중심 사관

흐루셰브스키는 강렬한 문화적 민족주의자이면서 동시에 인민주의자였다. 그는 앞에서 살펴본 대로 민중의 저항권을 인정했고 정부가 민중의 인간적 삶을 보장해주지 못할 때에는 정부를 교체해야 한다고 주장했다. 민중의 삶에 대한 애정은 그의 역사서술에서 바탕을 이룬다. 그러나 그러한 흐루셰브스키도 키예프 시대와 리투아니아 지배 시기에 이르는 초기 역사는 지배자 중심으로 파악했다. 즉 그는 정교를 믿거나 정교를 존중하는 지배자들의 행적을 중심으로 공들의 역사를 서술하고 있다.

> 우크라이나 통치귀족들의 둥지와 같았던 볼린에서조차 공들과 권문귀족들과 같은 최상층의 삶이 실제로 빠른 속도로 폴란드에 동화되기 시작하였고, 이로써 우크라이나 주민들은 어느 정도나마 영향력과 중요성을 가지고 우크라이나 민족생활의 버팀목 역할을 할 수 있을 만한 유일한 계급을 결정적으로 잃어버리게 되었다. (60장, 1권 513쪽)

> 정교를 신봉하는 통치귀족들, 곧 우크라이나 공들과 권문귀족들이 아직도 확고하게 버티고 있는 곳에서는 그들이 교회 생활 및 이와 관련된 문화를 어느 정도 유지할 수 있었던 것이 사실이다. 그러나 이들도 적대적 성향을 가진 폴란드 정부로 인해 우크라이나 교회 생활에 찾아든 지리멸렬 사태 앞에서는 힘을 쓸 수가 없었다. (60장, 1권 514쪽)

흐루셰브스키는 15~16세기부터는 소시민층의 동향도 주목하게 되고 근현대사로 올수록 우크라이나 민중의 삶을 우크라이나 민족생활의 중심에 두면서 이들의 활동을 고찰하는 데 힘을 기울인다. 그런데 공들을 비롯한 통치귀족층이 사라진 우크라이나 사회에서 그가 가장 중요하게 여기는 세력은 다름 아닌 코자크 집단이다.

흐루셰브스키의 『우크라이나-루스의 역사』 7권은 '코자크의 시대'라는 부제를 가지고 있으며 그 후 10권에 이르기까지 거의 모든 내용이 코자크 지도자들과 코자크 집단의 활동에 대한 서술로 채워지고 있다. 흐루셰브스키는 코자크를 우크라이나 민족성의 근간으로까지 여긴다. 1991년 독립 후부터 우크라이나 정부와 역사학계는 코자크의 역사적 의미를 부각시키는 데 각별한 노력을 기울이고 있는데 여기에는 흐루셰브스키의 역사 해석도 적지 않은 영향을 미쳤으리라고 생각된다. 사실 우크라이나 역사에서 코자크 집단의 의미를 가장 중시하는 이 같은 견해는 흐루셰브스키에게서 시작된 것은 아니다. 19세기 초 어느 익명의 우크라이나 자치론자가 집필하여 우크라이나 지식인들의 민족의식 형성에 막대한 영향을 미친 『루스인-소러시아의 역사』가 이러한 인식의 선구였고, 성 키릴-메포디 형제단의 지도자였던 역사학자 니콜라이 코스토마로프도 「우크라이나 민족 탄생의 서」 같은 문건을 통해 자유-평등 이념의 수호자이자 우크라이나 민족정신 정화로서의 코자크 상(像)을 강화시켰다. 그러나 흐루셰브스키는 『우크라이나-루스의 역사』라는, 우크라이나 역사서술의 대작을 쓴 인물이고 정치적으로도 영향력이 막강했던 우크라이나인들의 지도자였기에 코자크를 우크라이나 역사전개의 중심에 놓는 그의 해석이야말로 공식적 역사해석에서 중요한 의미를 가질 수밖에 없을 것이다.

코자크는 생계를 위해 초원을 누비던 초민족적 · 초국가적 전사(戰士) 집단이었고 애초에 그들의 존재 형태는 비적(匪賊)과 구분하기 힘든 것이었다. 그러나 흐루셰브스키는 이들이 우크라이나인 가운데 유일하게 군사력을 갖춘 세력으로서 폴란드 정부의 규제에 맞서서 집단적으로 저항하고 이슬람 세력과 대결하는 과정에서 우크라이나인의 수호자로 부상하게 되었다고 본다. 더 나아가 그는 코자크 집단이 사하이다치니와 같은 특출한 지도자 아래서 우크라이나 민족문화의 수호자의 지위로까지 격상된 것으로 파악한다. 그뿐 아니라 흐멜니츠키 이후에는 바로 코자크 집단이 우크라이나 국가성의 담지자가 된다. 흐루셰브스키는 코자크들 중에서도 초기에는 자포로쟈 코자크에 주목하지만 흐멜니츠키의 봉기 이후 코자크 헤트만이 우크라이나인 전체의 지도자가 되고부터는 코자크 지도자들의 행적에 주된 초점을 맞춘다.

> 새로운 제도하에서 헤트만은 나라 전체의 통치자이자 우크라이나 정부의 최고 행정관이 되었고, 우크라이나 땅에 있는 사람은 누구나 그의 권위에 복종해야 하였다. (83장, 2권 171쪽)

그러나 코자크에 대한 과대평가는 위험한 면도 있다. 코자크는 우크라이나 유일의 군사적 집단이었고 통치력과 행정력을 발휘하기도 했지만, 그들은 원래는 기본적으로 폭력성이 강한 약탈자들이었고 생존을 위해 충성의 대상을 수시로 바꾸기도 한 집단이었다. 저자 자신도 이를 어느 정도는 인식하고 있었던 듯하다.

> 코자크들은 전쟁을 자신들의 생계활동으로 여겼고 보수를 지급하기만 하면 누구에게나 군사적 지원을 제공했다.(이러한 것은 당시 유럽의 군대 지도자들의 일반적 관행이었다.) (80장, 2권 147쪽)

이와 같은 약간의 유보적 표현을 제외하면 코자크를 중심에 놓는 역사서술은 19세기까지 이어진다. 코자크가 우크라이나에서 통치와 행정의 주체로 등장하게 되었기에 어쩔 수 없는 일이었을 것이다.

5) 목적론적 사고

이처럼 흐루셰브스키는 우크라이나인들이 키예프 루스의 후계자들로서 정교를 신봉하는 사람들이었고 코자크의 지도 아래서 민족으로 형성되어 나온 것으로 여긴다. 그는 이 책 50장에서 코자크의 기원과 용어에 대해 설명하면서 15세기라는 시점에서 이미 "우리 우크라이나인"이라는 말을 사용하고 있다. 우크라이나 민족의 형성을 그는 이처럼 일찍 설정하고 있고 우크라이나인, 우크라이나 민족이라는 말을 아주 이른 시기에 대해서 사용하는 일종의 시대착오적 용법을 의도적으로 과감하게 구사한다. 그뿐 아니라, 이를 서술하는 과정에서 강력한 목적론적 사고의 경향을 드러낸다. 즉 앞에서 거론한 여러 요소들이 모두 우크라이나인이라는 민족을 형성하기 위해 작용했다고 보는 식이다. 그는 우크라이나인을 구성하는 객관적 요소라는 의미에서 우크라이나 요소라는 말을 쓸 뿐 아니라 이 요소를 가지고 산재한 사람들 자신을 '우크라이나 요소'라고 부른다. 이 번역서에서는 요소가 사람을 가리킬 때에는 '요소 집단'이라고도 하고 경우에 따라 '사회', '구성원' 같은 다른 말로도 옮겼다. 다음과 같은 구절을 보자.

> 볼린을 스비트리가일로와 그의 추종자들인 우크라이나의 공들, 영주들의 수중에 남겨 놓고, 미성년자인 카지미에시의 이름으로 리투아니아 대공국의 통치를 자기네 수중에 장악한 리투아니아 권문귀족들은 바로 그렇게 함으로써 우크라이나 요소 집단(要素集團, элемент)에게는 큰 공헌을 하게 되

> 었다. 가장 광대하고 강력하고 가장 영주적(панский) 성격이 강해서, 전 지역이 공들과 영주들의 소유지(포메스치예)와 성, 저택으로 뒤덮인 공령이었던 볼린은 이제 "자체의" 공에 의한 통치를 받으며 독자적인 삶을 영위할 수 있었다. (48장, 1권 387~8쪽)

이에 대해 옮긴이는 다음과 같은 옮긴이 주를 추가했다. "흐루셰브스키의 용어선택을 주의해 볼 필요가 있다. 그는 '우크라이나 요소(украинский элемент)'라는 표현을 쓰고 있는데, 이 한국어본에서는 '우크라이나 요소 집단'이라고 옮겼다. 요소의 원어는 '엘레멘트'인데 한국어에서 이 말이 사람을 가리킬 때에는 '분자'로 번역되어 흔히 부패분자, 반동분자, 불순분자처럼 폄하적인 표현을 위해 사용되어 왔다. 따라서 이 번역서에서는 분자라는 말을 채택하지 않기로 하였다. '우크라이나를 구성할 요소를 가진 잠재세력'이라고 해야 원어의 뜻을 좀 더 잘 전달할 수 있을 것이다. 흐루셰브스키의 '우크라이나 요소'라는 용어는 목적론적인 해석을 담고 있다. 이 당시에는 우크라이나는 물론 없었고 정확히 말하면 우크라이나 사람도 아직 없었다. 그런데 흐루셰브스키는 리투아니아 지배층이 루스인들을 차별하면서도 이들이 따로 살도록 방치함으로써 여기서 미래의 우크라이나 민족이 태어날 수 있게 되었다고 보고 있다. 당시 루스의 여러 세력들 중에서 리투아니아에 대해 독자성을 지키려고 한 사람들은 아직 근대적 의미의 우크라이나인이라고는 할 수 없지만 후일 우크라이나가 성장할 수 있는 바탕을 마련해준 잠재적이고 기본적인 인자들이었던 것으로 파악된다. 저자는 이 우크라이나 요소 집단이라는 말을 이 다음에도 여러 차례 쓰고 있는데, 폴란드 지배 아래서는 폴란드에 맞서서 루스인들의 삶과 문화, 특히 정교 신앙을 지켜내려 했던 사람들을 이렇게 부르고 있다."

6) 동서 우크라이나의 연결성 강조

흐루셰브스키의 이러한 목적론적 사고와 밀접히 관련된 것이 동서 우크라이나의 연결성, 단일성에 대한 강조이다. 그는 옛 키예프 루스의 동북부지방과 서부지방을 구분하여 서부지방은 우크라이나의 역사적 구성 부분으로 확신하는 반면 동북부지방은 이 구성에서 제외해 버린다. 동북지역이 외부자로 여겨지는 반면 서부지역은 키예프 루스의 적통을 공유하는 우크라이나 공들의 통치영역으로 여겨지고 있다.

> 그러나 아무리 수즈달 공들이 키예프 공과 키예프 자체가 지녔던 힘과 중요성을 아래에서부터 분쇄해 버렸어도 그들의 계획은 단지 부분적으로밖에 실현되지 않았다. 왜냐하면 그들이 키예프에 최후의 혹독한 타격을 가했던 바로 그때 우크라이나 땅에서는 서쪽에서 새로운 정치적 세력이 형성되었기 때문이다. 비록 이 세력은 키예프처럼 우크라이나 전체를 통일하지는 못했으나 그래도 그 당시 더 강력하고 주민들도 더 많이 살고 있던 우크라이나 서부지방에서 독자적인 국가생활이 100년 이상이나 더 지속되는 것을 보장해 주었다. 이 국가를 형성한 사람은 로만 므스티슬라보비치 공으로, 그는 우리가 이미 잘 알고 있는 키예프의 총아 이쟈슬라프 므스티슬라비치의 손자였으며 볼로디미르-볼린의 공이었다. (35장, 1권 297~298쪽)

동서 우크라이나가 서로 연결된 우트라이나의 통합적 부분들이라는 것은 흐루셰브스키에게는 키예프 시대 이래 자신의 시대에 이르기까지 변함없는 사실이다. 그래서 그는 흐멜니츠키 봉기 이후 소속이 달라져 버린 동부 우크라이나와 서부 우크라이나를 단일체로 파악하고 양자의 밀접한 관계를 중시할 뿐 아니라, 폴란드 분할 이후 또 다시 소속이 바뀌게 된 오스트리아령 우크라이나, 특히 할리치나와 러시아령 우크라이나(드니프로 우크라이나)의 단일성과 상호연결성도 강조하고 있다.

> 1569년 볼린 지방, 키예프 지방 그리고 드니프로 강 이동 지방이 폴란드에 합병되면서 동부 우크라이나 곧 드니프로 유역 우크라이나가 서부 우크라이나와 더욱 밀접하게 연결된 것이다. 이러한 큰 변화는 단순히 우크라이나 주민들뿐 아니라 폴란드 정부 자체도 전혀 예견치 못한 일이었고, 그래서 시간이 지나면서 비로소 이 변화의 결과를 실감할 수 있었다. (54장, 1권 458~9쪽)

> 부코비나라는 작은 지역과 이보다 훨씬 크지만 인구가 희박한 우고르스카루스를 제외하고는 나머지 우크라이나 전 지역이 흐멜니츠키 봉기 때까지 폴란드 법의 지배 아래 있었다. (54장, 1권 467쪽)

> (이들은) 또한 러시아와 오스트리아 국경 양쪽에 흩어진 우크라이나 인민의 단일성을 생생히 의식하여 우크라이나 모델에 근접한 작품을 쓰면서 문학활동 속에서 자신들의 역량을 시험해 보기도 했다. (122장, 2권 537쪽)

앞에서도 지적했다시피, 흐루셰브스키는 이 같은 역사인식에 바탕을 두고 우크라이나 전 지역, 특히 러시아령 우크라이나와 할리치나 우크라이나인들의 삶을 통합시키고자 했다. 키예프에 근거지를 두고 있던 그 자신이 할리치나의 르비브 대학교수로 부임한 후 활발한 저술활동과 정치활동을 통해 두 지역 우크라이나인들의 교류를 촉진하고 상호영향을 강화시켰다. 이 책에서는 러시아령 우크라이나와 할리치나 우크라이나의 상호교류를 동등한 차원에서 다루고 있다.

7) 벨라루스에 대한 호의와 동병상련

흐루셰브스키의 역사서술에서 우크라이나인들 외에 호의적인 서술의 대상이 되는 인민은 벨라루스인들이다. 벨라루스에 할애된 분량이 많지는 않지만 벨라루스 인민이 거론되는 경우에는 그는 우크라이나 인민과 벨라루스의 인민을 같은 차원에 놓고 서술한다.

> 왜냐하면 우크라이나 주민들이나 벨라루스 주민들은 어디서든 도움과 구원을 얻기 위해 간절히 애쓰고 있었기 때문이다. (60장, 1권 510쪽)

> 우크라이나와 벨라루스의 애국자들은 자신들의 민족성이 이토록 참담하게 쇠락하는 것을 두려운 마음으로 지켜보았다. (61장, 1권 518쪽)

> 이미 1530년대와 1540년대에 우크라이나와 벨라루스의 소시민들은 자신들의 조직을 위한 합법적 형태를 갖추고 더 나아가 전반적으로 우크라이나 요소 집단을 합법적으로 조직하기 위해 유서깊은 형제단 조직을 이용했다. (62장, 1권 526쪽)

벨라루스인들이 우크라이나인들을 지배한 적이 없고, 벨라루스 인민과 우크라이나 인민이 문화적, 언어적으로 거의 유사하며 거의 비슷한 운명을 겪었기 때문일 것이다. 그러나 그는 벨라루스 인민과 우크라이나 인민을 따로 칭함으로써, 벨라루스 인민을 우크라이나 인민과 동일시하거나,

두 인민의 통합을 꾀할 의사가 없다는 것은 아주 명확히 보여주고 있는 셈이다.

8) 러시아에 대한 반감

같은 동슬라브 민족이라 할지라도 벨라루스인에 대한 호의적 태도와는 상반되게, 흐루셰브스키는 러시아에 대해 아주 비판적인 입장에 서 있다. 그는 키예프 루스 시기에 키예프 공령과 마찬가지로 류리코비치들이 통치하고 있던 수즈달 공령을 비롯한 동북부 지역을 키예프 루스에서 제외하고 이를 외부자로 부르고 있다. 이 같은 관점에서 그는 동북부 지역을 중심으로 형성된 정치체에는 루스 혹은 그 변형인 러시아(루스의 땅)라는 나라 이름을 좀처럼 인정해 주고자 하지 않는다. 루스의 형용사이자 러시아의 형용사이기도 한 루스키(русский)라는 말을 그는 오로지 우크라이나-루스를 위한 형용사로만 사용하고자 한다. 모스크바 대공들이 이미 이반 3세 때부터 '모스크바와 전체 루스의 대공이자 차르'라는 칭호를 스스로 채택해 사용했지만 흐루셰브스키는 표트르 1세가 정식으로 러시아 제국이라는 명칭을 채택하기 전까지는 차르가 통치하는 영역에 대해 루스라는 명칭도 러시아라는 명칭도 인정하지 않고 철저하다 싶을 정도로 모스크바국이라는 명칭만을 사용하고 있다. 우크라이나에 대해서는 선사시대에 대해서까지 우크라이나라는 이름을 적용하고 있는 것과 크게 대조된다. 그리고 흐루셰브스키는 러시아의 핵심은 모스크바라고 보기 때문에 러시아의 수도가 상트페테르부르크로 옮겨간 이후의 시기를 서술할 때에도 러시아 정부의 정책, 러시아적 특징을 말하고자 할 때 '모스크바', '모스크바적'이라는 말을 쓰고 있음도 눈에 띈다. 모스크바에 대해 상대적으로 유럽적인 성격을 가지고 있었던 페테르부르크를 뒤쪽에 두고 러시아의 전통적 성격을 더 강하게 가진 모스크바를 앞쪽에 내세움으로써 그는 러시아와 우크라이나의 대비를 더 강렬하게 보여주고자 했다. 민족을 가리킬 때에도 그는 오늘날 통상적으로 혈연적 개념의 러시아인을 지칭할 때 사용하는 루스키라는 말 대신 대러시아(벨리코루스키)인이라는 말을 꼬박꼬박 사용하고 있다. '러시아인으로서의 루스키'가 키예프 루스인을 포함한 '루스인 일반'의 대명사로 사용되는 것을 경계하기 때문이다.

모스크바국-러시아에 대한 대립적 입장 때문에 흐루셰브스키가 러시아와 관련을 가지는 사람이나 사건을 평가할 때는 모스크바에 저항했는지 여부를 중요한 평가기준으로 삼는 경우도 종종 볼 수 있다.

9) 우크라이나인을 강력하게 옹호하는 경향

흐루셰브스키는 인민주의적 성향이 강한 지식인이어서 우크라이나인들이 자주적이지 못한 상황에 놓인 데 대해 종종 지도자들의 판단착오, 우유부단, 이기심 등을 가차 없이 비판했던 것이 사실이다. 특히 귀족이나 성직자 같은 지배계층의 무능이나 잘못된 인식, 부패에 대해서는 거리낌 없이 비판했다. 민중의 삶을 가장 중시한 인민주의자답다는 생각이 저절로 들게 한다. 그러나 우크라이나인과 비우크라이나인의 갈등이 문제가 될 때에는 흐루셰브스키는 우크라이나인만을 옹호하고 어떤 일의 책임을 외부로 돌리는 모습을 보이기도 했다. 예컨대 무능하고 부패한 우크라이나 정교 성직자들에 대한 르비브 형제단의 정화운동을 지원하고자 했던 콘스탄티노플 총대주교의 구상이 실패로 돌아간 것과 관련해 그는 다음과 같이 쓰고 있다.

그러나 형제단 운동의 성공은 성직자 집단과 주교들의 심각한 몰이해로 말미암아 그늘이 졌다. 이미 앞에서 지적한 대로 총대주교들이 성직자 집단과 주교들과 관련하여 르비브 형제단에 부여해준 지극히 광범위한 권한은 매우 위험하고도 불필요한 선물이었다. 왜냐하면 이로 인해 형제단은 성직자 집단과의 전혀 불필요한 충돌에 말려들게 되었고, 정교회 주교들이 가톨릭 성직자단에 보호를 요청하기 시작한 것도 이로부터 큰 영향을 받았던 탓이기 때문이다. 주교들은 오래전부터 내려온 정교회의 질서에 따라 자기 교구의 일을 완전히 자기 마음대로 처리해왔었다. 지난 몇 세기 동안 수도대주교는 약화되었고, 정교를 믿는 공들도 사라졌으며, 주교 회의도 자주 열리지 않는 상태에서 왕으로부터 주교직을 받거나 매입한 주교는 정부 외에는 아무에게 묻지도 않고, 누구에게도 신경 쓰지 않으면서 일체의 통제에서 벗어나 자신의 교구를 운영해왔었다. 그런데 이제 와 보니 귀족 출신인 주교들이(폴란드 법제에서 정한 바에 따르면 주교는 귀족출신이어야 했다) 사람으로 여기지도 않던 웬 소시민들, 즉 그들이 '단순한 농민들, 구두장이, 말안장 만드는 사람, 가죽장이'라고 부르며 무시했던 형제단원들이 주교에게 어떻게 주교 관구를 운영해야 할지 지시하기 시작한 게 아니겠는가. 그들은 이것을 참을 수 없는 모욕으로 받아들였다. (63장, 1권 534~5쪽)

이것은 총대주교들의 사려 깊지 못한 지시로 인해 일어난 아주 뼈아픈 결과였다. 사실 정교회 총대주교들이 우크라이나 교회 문제에 개입하면서 불행한 역할을 한 것은 이번만이 아니었다. 우크라이나는 전반적으로 오랜 동안 교회 문제에서 총대주교들의 직접적인 간섭을 받지 않고 지내왔다. 그래서 그 전에는 총대주교들은 우크라이나의 교회 문제에 직접 관여하는 일이 아주 드물었고, 최근 몇 세기 동안은 관여 자체를 거의 중지했다. 새로운 수도대주교가 임명되면 그를 위해 축복을 해달라고 총대주교에게 사절을 보내곤 한 것이 전부였다. 수도대주교는 사실상 정부 이외에는 자신 위에 군림하는 어떤 권력도 몰랐고, 주교들도 마찬가지였다. 그러나 지금은 이전에 전혀 없던 일이 생겨나서 총대주교들이 스스로 우크라이나에 들어왔다. 1585년에 안티오키아 총대주교가 우크라이나에 온 것이 처음이었고, 이어서 1588년에 콘스탄티노플 총대주교가 왔다. 이 총대주교들이 여행을 한 원래 목적은 재정적 필요 때문에 기부금을 부탁하러 모스크바를 방문하는 것이었다. 이들은 우크라이나에 대해서는 큰 관심이 없었다. 현지 사정을 제대로 검토하지도 않았고 잘 알지도 못했다. 그러면서도 그들에게 여러 문제에 대한 진정이 들어오면 그들은 아주 단호한 지시를 내렸다. 이 과정에서 총대주교들은 우크라이나 교회에 별로 큰 해를 일으키지 않으며 오랜 기간 지속되어온 사소한 문제들에 각별한 관심을 기울여 이를 침소봉대했으며, 현지 관습을 교회 질서 파괴로 문제 삼아 큰 소동을 일으켰다. (63장, 1권 537~8쪽)

반면 흐루셰브스키는 우크라이나의 정교회가 폴란드 지배세력에게서 교회통합을 강요당했을 때 정교회의 고위성직자들이 이에 투항한 것에 대해서는 상당히 온건하고 심지어 이해와 동정이 어린 어조로 서술하고 있다.

어떠한 교회 권력의 간섭도 받지 않았던 우크라이나 고위 성직자들에게는 그리스 교회의 이런 혼란과 총대주교들이 주도해서 그들 위에 부과해 놓은 형제단의 감시 같은 이 모든 것이 견딜 수 없는 일이었다. 이들은 이런 모든 간섭에서 벗어나기 위해 폴란드 정부와 가톨릭 성직자 집단이 오랫동안 손짓하며 부르고 있던 길로 나서기로 결정했다. 그것은 곧 총대주교들과의 관

> 계를 단절하고 로마 교황의 권력을 인정하는 것이었다. (63장. 1권 538쪽)

루스 정교회는 자체 개혁을 할 수 없고 할 필요도 없는 세력이었을까? 흐루셰브스키의 이러한 서술은 마치 어리석은 자식을 무조건 감싸려 드는 부모의 성공적이지 못한 노력 같아 보인다.

10) 볼셰비키에 대한 평가

이 번역서의 텍스트 가운데 1913년 이후 시기에 대한 서술은 저자가 빈에 있는 동안 출판되었다. 그가 볼셰비키와 불화했고 오스트리아에 망명해 있다는 사정 때문인지, 볼셰비키와 소비에트 정부에 대해서는 극도로 부정적인 평가로 일관하고 있는 반면 제1차 세계대전 중의 교전국이었던 중부세력을 비롯한 다른 세력에 대해서는 중립적인 어휘를 쓰고 있다. 볼셰비키는 정치세력이라기보다 '도당' 정도로 여겨지고 그들의 모든 활동은 선동으로 여겨진다. 볼셰비키의 '당파성'과 흐루셰브스키의 '당파성'이 충돌한 지점들일 것이다. 볼셰비키와 소비에트 정부에 대한 그의 반감어린 표현은 곳곳에서 찾아볼 수 있다.

> 중앙 라다와 총서기국은 볼셰비키로 인해 이미 시작되고 있던 러시아 국가의 사실상의 붕괴에 맞서서 그 대안으로 연방체제를 수립하려는 취지에서 모든 노력을 기울였으나 (134장, 2권 642~3쪽)

> 러시아는 한편으로는 볼셰비키에 의한 무정부 상태 때문에 마비가 되어서 (134장, 2권 643쪽)

전염병처럼 퍼진 볼셰비키 세력 (137장, 2권 661쪽)

그러나 이 책의 이러한 구절은 흐루셰브스키가 망명해 있는 동안 쓴 것으로 볼셰비키와 소비에트 정권에 대한 그의 최종적인 평가를 담았다고 볼 수 없다. 앞에서 그의 1922년 우크라이나 귀환문제를 다루면서 그가 볼셰비키와 소비에트 정부의 우크라이나 정책에 대해 어떻게 생각하고 있었는지 간단히 살펴보았다. 소비에트 정권에 대한 흐루셰브스키의 평가가 이 책에서처럼 계속되었다면 그는 우크라이나 귀환을 생각할 수 없었을 것이다. 반면 이러한 평가를 계속 마음속에 품고 있으면서도 소비에트 정권과 타협하고 귀국했다면 그는 이중적이라는 비판을 받아야 할 것이다. 따라서 이 책의 구절들은 그의 망명기의 감정을 반영한 것이라는 점을 분명히 고려해야 할 것이다.

11) 친독일적 경향

흐루셰브스키는 우크라이나인들의 민족성이 러시아와는 다르며 우크라이나인들은 러시아보다는 서방에 더 가깝다고 주장했다. 그는 할리치나에 대한 오스트리아 제국의 통치를 드니프로 우크라이나에 대한 러시아 제국의 통치에 비해 전반적으로 더 호의적으로 평가한다. 물론 비판적인 서술이 없지 않지만 이런 경우에도 오스트리아 제국이나 제국 지배자의 사정을 이해해 가면서 온건한 용어를 사용한다. 그러한 흐루셰브스키인지라 그가 이끄는 중앙 라다 정부가 러시아 혁명 이후 불확실성이 가득한 상황에서 독일 군을 불러들인 것은 우크라이나의 독립을 위해 독일 세력의 지원을 받자는 의도 때문이었을 수도 있지만 그가 기본적으로 독일을 서방의 일원으로 보았고 러시아보다는 독일과의 정치적 동맹을 선호했기 때문일 수도 있다. 그는 독일 군을 불러들인 중앙 라다 정부의 결정에 대해 이렇게 옹호하고 있다.

> 볼셰비키가 구사한 사기저하전술의 영향으로 우크라이나 군 자체의 전력은 크게 약화되어서, 제대로 힘을 갖춘 정규군을 편성하는 것은 미래 어느 때에 가서나 가능할 것으로 보였다. 이러한 이유 때문에 우크라이나 정부는 독일 정부가 제안한 군사 원조를 거절할 여유가 없었다. 물론 독일이 조약에 약속된 곡물 징발을 조속히 실시하려는 자국의 이해관계 때문에 그렇게 행동하는 것이 분명했지만 말이다. 우크라이나 정부는 군대를 우크라이나로 보내달라고 독일에 정식으로 요청했고, 조약이 서명된 지 며칠 후에 이미 독일 군은 국경을 넘어 진격해왔다. (137장, 2권 661~2쪽)

그렇기 때문인지 독일 군이 실질적으로 우크라이나를 점령한 상황에서도 독일-오스트리아 세력에 대해서는 직접적으로 부정적인 어휘를 별로 찾을 수 없다. 오히려 이들을 은근히 옹호해주는 구절을 찾을 수 있다.

> 독일 군과 오스트리아 군이 저지르는 불법행위는 경미한 것일지라도 모두 공격 구실로 작용하는 바람에 독일인들에게 지원을 요청한 우크라이나 권력의 신뢰성을 명백히 무너뜨릴 수밖에 없게 되었다. 그러나 이러한 불법행위라는 것들은 외국 땅에 와서 언어가 다른 주민들 사이에 군사 작전을 전개하는 상황에서는 처음부터 불가피한 것들이었다. (137장, 2권 664쪽)

그는 독일 군의 꼭두각시 정권이었던 스코로파드스키 체제의 수립에 대해서는 물론 비판적이다. 이 변종 헤트만 체제가 출범하면서 흐루셰브스키 자신의 정치적 영향력도 종식되었기 때문이다.

> 독일의 총검이 '문제를 결정했고', 헤트만–독일 지배체제가 출범했다. 그러나 우크라이나 농민층은 봉기로써 이에 대항했다. (137장, 2권 677쪽)

그는 이 독일 군을 불러들인 것이 자신이었으며 그 결정이 스코로파드스키 체제의 수립으로 이어졌다는 것을 어떻게 설명하려 했을까? 앞에서 인용한 대로 독일 군 주둔을 요청한 것이 당시로서는 불가피한 선택이었으며, 독일 군이 자신을 내몰고 스코로파드스키를 세울 줄은 정말 몰랐다는 순진한 변명을 하고 싶었던 것일까? 물론 그렇게까지 하고 있지는 않다. 그러나 사면초가의 상황에 있던 중앙 라다 정부와 흐루셰브스키라는 역사적 개인이 놓인 처지에 대한 말 못할 안타까운 심정을 행간마다 감지하는 것은 어렵지 않다. 그런 면에서 이 책의 서술이 흐루셰브스키 자신의 개인적 경험을 크게 반영하고 있음은 틀림없는 사실이다.

| 1913년 러시아어본 머리말 |

이 책은 원래 1911년에 우크라이나어로 출판되었으며, 우크라이나 인민의 정치적, 사회적, 문화적 생활의 모습과 우크라이나 인민이 역사생활을 경과해 오는 동안 차지했던 영토의 지도를 가능한 한 쉽고 접근 가능한 형태로 제시하려는 것이 목적이었다. 문헌적 기념 자료와 예술적 기념 자료, 역사적 행위자들의 초상화와 기념할 만한 장소들의 모습을 사진에 담은 삽화들을 곁들임으로써 이 같은 인민 생활의 모습을 생생하게 보여주고 기억 속에 새기게끔 하였다. 그리고 이들 삽화자료들과 아울러 옛 시대의 진품(眞品) 창작품들의 사진도 곁들임으로써 독자들에게 옛 사람들의 일상생활의 특징과 다양한 시대의 예술적 창조품들을 소개하는 것도 이 책의 또 다른 목적이었다. 이 책이 광범한 범위의 일반 우크라이나인 독자들 및 식자층 사이에 큰 관심을 불러일으켰다는 사실을 고려하여, 이 러시아어본을 출판함으로써 우크라이나의 과거에 대해 관심을 가졌지만 우크라이나어를 충분히 잘 구사하지 못하거나 무릇 우크라이나어로 글을 읽는 데 익숙하지 않은 독자들도 이 책을 접할 수 있게 하자는 생각을 하게 되었다. 이 책은 몇 군데 수정을 곁들여 우크라이나어본 제2판을 번역한 것으로 삽화는 변경 없이 그대로 살렸다. 독자들은 정치관계사, 사회관계사의 여러 문제들에 대해서는 저자의 저서인『우크라이나 인민의 역사 개관』3판(Очерк истории украинского народа, 3-е изд. 1911)에서, 그리고 지금 이 시대의 문제들에 대해서는 역시 저자의 책인『러시아의 해방과 우크라이나 문제』(Освобождение России и украинский вопрос, 1907)에서 좀 더 상세한 자료들을 찾을 수 있을 것이다.

제1부

키예프 국가 형성 이전까지

1. 역사란 무엇이고, 선사시대 생활은 어떠했나

역사라는 말은 소식, 이야기를 의미하며('알리다'(ведать)나, '소식'(известие) 같은 말의 어근인 вед는 그리스어 어원 Fid에서 나온 것이다), 주로 자기 나라와 인민의 과거에 대한 이야기를 가리키는 데 이 말을 써 왔다. 그러한 이야기들은 처음에는 입에서 입으로 전해졌다. 그러나 사건에 대한 이야기가 어떤 공고한 형태, 예를 들어 기억을 되살리기 위한 목적으로 만들어진 노래나 시와 같은 형태 속에 담기지 않는 이상, 이 같은 사건들은 분명 인간의 기억 속에서 두 세 세대 이상 보존되지 못하게 되고 그 다음에는 뒤엉키기 시작한다. 과거의 일들이 어떠했는지를 옛 기록에 의거해서 알 수 있는 경우에는, 특히 이들 기록이 이 사건을 겪은 당대인들의 손으로 이루어진 경우에는, 이 이야기들은 좀 더 탄탄한 토대 위에 올라 설 수 있었다. 그 같은 기록과 이야기의 도움으로 사건들에 대한 기억을 순수하고 왜곡되지 않은 형태로 대대손손 전하는 것이 가능해졌다. 선대의 역사적 집성물은 후대의 역사적 집성물을 위한 바탕이 되어 주었다. 새로운 시대의 역

그림 1 은으로 장식된 뿔 그릇(여기에 재현된 것은 상단의 은장식 부분이다.–옮긴이). 체르니히브의 초르나 모힐라 (초르나야 모길라: 초르느이의 봉분) 출토

사가들은 옛 시대 역사가들의 저작을 차용하면서 최근의 사건들에 대한 서술을 첨가하곤 했으니, 만약 그와 같은 계승이 단절이나 공백 없이 이루어진다면 역사는 모든 시대 전체에 대해 온전하고도 상세하게 이야기해주면서 끊임없는 연쇄로서 진행되고 발전해 갈 것이다. 그러나 실제로는 단절이나 공백이 없었던 적은 한 번도 없었다. 옛 시대의 기록도 옛 시대의 역사적 이야기도 흔적도 없이 사라지기가 일쑤였고, 게다가 각기 다른 민족[1]마다 문자와 사건 기록이 각기 다른 시기에 시작되었기에, 이러저러한 민족의 역사는 오래된 정도도 각기 다르고 온전한 정도도 각기 다르다.

우리의 관심대상인 지역들에서 문자 문화는 기원후 1000년이 되기 전에 보급되기 시작했는데 이때는 바로 기독교가 전파되기 시작한 시기였다. 이 시기부터는 이미 다양한 기록이 존재할 수 있었고, 따라서 이 땅 위에서 이루어진 상고(上古) 시기의 삶에 대한 서술을 편찬할 때 그 같은 기

1) 원문의 народ(나로드)를 민족이라 번역했다. народ는 근대민족주의에서 민족을 뜻하는 nation과 동일하지는 않고 인민 집단, 부족, 민중 등, 영어의 people에 대략 상응하는 의미를 가지지만, 현재의 맥락에서는 '민족'이 가장 적절한 역어라고 생각된다. 이 책의 다른 장, 절에서는 이 나로드를 인민, 민중 등 다른 역어로 옮긴 경우가 더 많다.

록이 때때로 이용되곤 했다. 그러나 10세기(900년부터 1000년까지)의 사건들은 대부분 기억에 의존해 기록되었다. 이보다 더 이른 시기에 대해서는 문자 문화와 역사서술이 더 일찍부터 발전한 다른 민족들이 만들어낸 기념물들, 특히 그리스 저자들과 로마, 아랍권, 독일의 사료들을 통해 무엇인가를 조금 알 수 있다. 우리 땅에 대한 가장 오래된 보고는 기원전 7세기에 시작되고 있으며 좀 더 정확한 보고는 기원전 5세기(지금부터 2300~2400년 전)부터 시작된다.[2] 그러나 이 같은 보고들은 흑해 연안 지역만을 다루고 있는데, 그 시기에 슬라브계 주민들은 아직 그곳에 살지 않았다. 슬라브계 민족에 대한 다른 민족들의 문자 기록은 그보다 훨씬 나중인 400년 무렵(지금부터 1500년 전)에야 시작되고 있다. 이것이 바로 역사생활, 즉 역사적 기록이 미치는 시대의 시작이라 일컬어진다. 우크라이나 민족[3]의 역사생활은 지금부

그림 2 키예프 키릴리브스카 거리의 단애(斷崖). 이곳에서 우크라이나에서의 인간 생활을 알려주는 가장 오래된 유물들이 출토되었다(단애의 단면도는 그림 **3**을 보시오).

2) 소아시아 할리카르나소스 출신의 그리스 역사가 헤로도토스가 기원전 5세기에 쓴 저작에는 흑해 연안에 대한 여러 전문, 설화, 보고들이 담겨 있다.

3) '우크라이나'라는 명칭은 변경지대, 국경지역 등을 뜻하는 '오크라이나'에서 유래했으며 『키예프 연대기』 1187년 항에서 처음으로 지리적 명칭으로 등장했다. 하지만 당시의 우크라이나는 그 후 형성된 우크라이나 땅과 일치하지 않는다. 우크라이나인들은 자기들 땅을 '루스'

터 1500년 전에, 다시 말해 한 세대를 약 30년으로 잡을 때 오십 세대 전에 시작되며, 지금 현재의 우크라이나 땅 중에서도 흑해 연안 일부 지역의 경우에는 2500년 전 혹은 그보다 조금 더 이른 시기부터 시작된다.

1500년 혹은 2500년은 한 인간의 삶과 비교해 본다면 대단히 긴 시간이다. 그러나 인류가 이 지구상에 혹은 우리 땅[4]에 처음으로 살기 시작한 시기부터 이어지는 인류의 삶과 비교해 본다면 1500년, 2500년도 아주 짧은 막간에 지나지 않는다. 인류의 삶은 그토록 오래된 것이기에 이는 백 년이나 천 년이 문제가 아니라 수십만 년 세월에도 다 담기지 않는다. 이것은 우리의 통상적인 수치 개념으로 규정하기 힘들다. 그것은 단지 아주아주 오래되었다고 말할 수밖에 없으며, 그래서 그것과 비교한다면 2000년에 걸친 우리의 역사생활은 까마득한 옛날과 비교되는 얼마 전의 일 정도밖에 되지 않는다. 어떤 사람들은 이 지상에서 인간이 생존해온 기간을 50만 년이라 계산하고, 다른 사람들은 100만 년이라고 계산하니, 다시 한 번 말하거니와 어떻게 하더라도 그런 계산으로 이 기간을 정확하게 규정하기란

라 불렀고, 스스로를 '루스 사람'이라 칭했다. 폴란드 지배하에서는 '우크라이나'는 변경지대인 드니프로 강 일대를 지칭했다. 다만 루스인들이 폴란드와 구별되는 자신들의 고유 영역을 가리키는 용어로 우크라이나라는 말을 스스로 채택해 사용하기도 했는데 그 빈도가 잦지는 않았다. 18세기 후반 이후 우크라이나 대부분이 러시아 지배하에 놓이면서, 우크라이나 민족 지식인들은 러시아와 구분되는 우크라이나인으로서의 민족의식을 표현하고자 할 때 그들의 땅을 우크라이나라고 불렀다. 19세기에는 '소(小)러시아'라는 말과 '우크라이나'라는 말이 혼용되었다. 사람에 대해서는 19세기까지 '우크라이나인'이라는 명칭이 잘 쓰이지 않다가 20세기에 와서 일반적으로 사용되기 시작했다. 따라서 선사시대부터 '우크라이나', '우크라이나 민족'이 존재했을 리는 없다. 그러나 오늘날 우크라이나 땅을 이루는 공간과 오늘날 우크라이나 민족을 이루는 집단의 선조였던 사람들을 가리키는 의미로 이 말들을 받아들인다면, 우크라이나, 우크라이나 민족이라는 말을 그때마다 이 긴 구절들의 줄임말이라고 여기고 사용할 수 있을 것이다.

4) 위의 각주 3)에서 말한 것을 '우리 땅', 혹은 뒤에 나올 '우리나라 사람들'이라는 말에 대해서도 마찬가지로 적용할 수 있을 것이다.

불가능하다. 그런데 이 기나긴 기간은 모두 선사 시대이다. 이 시기는 문자로 된 그 어떤 보고도 남겨 놓지 않았다. 그 당시 사람들이 어떻게 살았는지에 대해서는 지하나 동굴에서 우연히 발견되는 이러저러한 인간생활 흔적들에 의거해 결론 내릴 수 있다. 여기서 말하는 흔적이란 인간의 다양한 제작물, 도구, 용기, 화

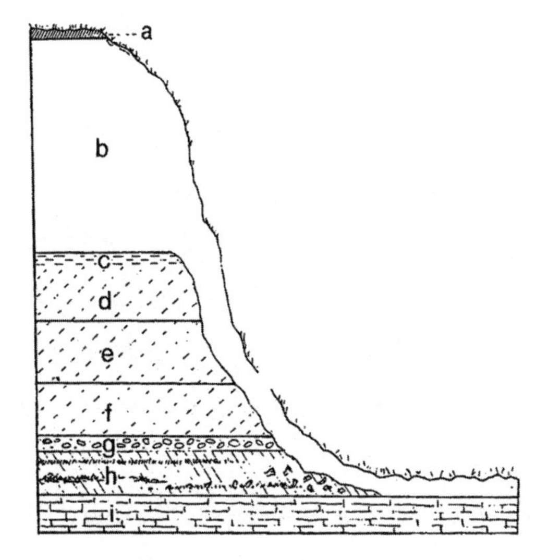

그림 3 키예프에서의 인간생활을 알려주는 가장 오래된 유물들이 출토된 키릴리브스카 단애의 단면도. a–흑토, b–료스, c– 진흙과 모래가 섞인 층, d,e,f–모래층, g–자갈과 잔돌이 섞인 모래층, h–석탄, 뼈, 인간이 만든 제품 등의 잔재가 섞인 회색 모래, i–제3기 회색 모래층

덕의 석탄, 인간 주거지의 유적, 음식물(뼈라든가 온갖 종류의 찌꺼기들) 같은 것을 말한다. 우리는 옛 저작에 기술되어 있으면서 지금도 사람들 사이에서 여전히 보존되고 있는 유구한 생활관습들로부터 무엇인가를 도출해낼 수 있다. 그 같은 현상들은 때때로 엄청나게 오랫동안 살아남기도 한다. 예컨대 사람들은 무엇 때문에 바로 그렇게 행동하는지 스스로 알지 못한 채 단지 '그렇게 받아들여왔다'거나 그들의 선조들도 그렇게 행동해왔으니까 그들도 그렇게 행동한다고 말하곤 하니까 말이다. 그 다음으로는, 언어 자체로부터, 이런 저런 단어의 어원으로부터 많은 것을 추론해낼 수 있다. 예를 들어 루다(руда)라는 단어는 지금은 금속 혼합물이 섞인 광석을 의미

한다. 그러나 이 말 자체는 원래 구리를 가리킨다. 왜냐하면 인간은 다른 어떤 금속보다도 구리를 가장 먼저 알기 시작했기 때문이다. 다른 예를 또 하나 들어보자. 고대에는 우리나라 사람들 사이에서 스코트(скот)[5)]라는 말이 돈, 재산을 의미했다. 왜냐하면 고대에는 인간의 부(富)가 가축에 담겨 있었고 모든 교환과 구입은 가축을 매개로 하여 이루어졌기 때문이다.

이 모든 것을 깨닫고 연구하면서 학문은 문자로 된 보고의 범위를 멀리 벗어나, 역사 시대의 범위를 멀리 벗어나, 선사 시대의 심연으로 깊숙이 들어갔다. 학문은 이미 개략적으로나마, 만 년, 2만 년, 3만 년 전에 인간생활이 어떻게 발전했던가, 쇠도 다른 금속도 아직 알지 못하고 곡물을 파종할 줄도 아직 모르며 가축도 가지지 못했던 상태에서 우리의 선조들이 어떻게 살고 어떻게 경제생활을 했던가, 그들이 그 당시 어떠한 불편을 감수했으며 어떻게 해서 점차 더 향상되고 더 편안한 생활에 도달했던가를 규정할 수 있게 되었다.

2. 우크라이나의 옛 시절

옛 시절에 대한 최초의 증거를 우리에게 제공해주는 것은 다름 아닌 땅이다. 강물이 높은 기슭까지 깊숙이 파고들어 흘러 가파른 단애를 만들어 내는 경우가 가끔씩 있다. 그런 단애에서 흥미로운 물건들을 찾아볼 수 있는데 이 같은 물건들이 무엇을 의미하는지 이해할 수 있는 사람은 마치 책을 읽듯이 물건들을 통해 땅의 역사와 그 위에서 발생하고 발전한 삶을 읽

5) 근대 슬라브어에서는 가축을 뜻한다.

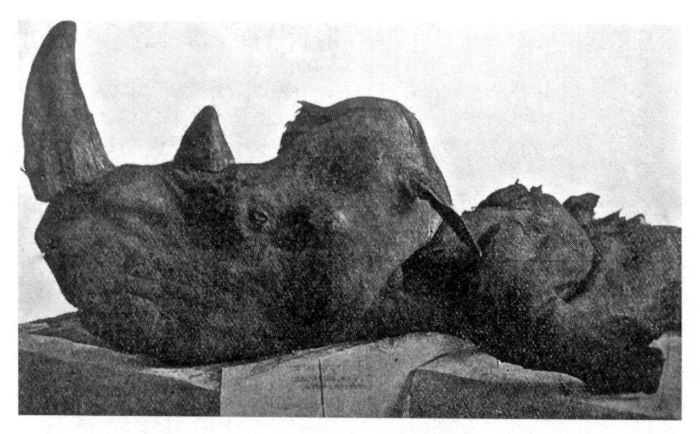

그림 4 홍적세 코뿔소의 머리. 할리치나 카르파티아 산맥 기슭(포드카르파티아)의 스타루냐(Старуня) 마을에서 출토되었다.

어낸다.

이 같은 독해자는 가장 높은 지층에서는 각종 풀과 다른 온갖 식물들이 서로 한데 얽혀 이루어진 흑토(체르노젬)를 보게 될 것이며 때로는 여기에서 인간생활의 어떤 흔적이라든가 잊혔던 어떤 물건 같은 것들을 찾아 볼 수도 있을 것이다. 이는 지질학에서 충적층이라 불리는, 가장 나중에 형성된 지층이다. 그 아래에는 황토층, 혹은 학술 용어로는 료스(лёсс, льос)[6]라 불리는 층이 놓여 있다. 가끔씩 볼 수 있는 어떤 지층들의 경우에는 다양한 점토군이 여러 개의 층을 이루고 있되, 사이사이에 모래층이나 돌층이 끼어들어 이들 점토층을 나누어 놓고 있기도 하다. 이것이 이른바 홍적층이다. 이 같은 층에서는 가끔씩 고대에 생존했던 맹수의 거대한 뼈, 이빨 혹은 다른 유골이나 석탄, 부싯돌 혹은 인간의 손으로 가공된 뼈 같은 것을 보게

6) 이는 독일어 뢰스(Löß)를 러시아어-우크라이나어식으로 음역한 말이다. 한국에서도 볼 수 있는 황사가 퇴적되어 형성된 지층이다.

되는 경우도 있다.[7] 그 아래에는 부서지기 쉽고 구멍이 많으며 다양한 패각류가 섞여 있는 석회암층이 이어지는데 이것이 이른바 제3기층이다. 그 아래에서는 때때로 그 옛날의 깊은 바다의 흔적인 순백의 점토가 나타나기도 하고 알록달록한 이회토(泥灰土)가 나타나기도 하며 그보다 더 아래로 내려가면 석탄층이 나온다. 그리고 맨 마지막, 가장 낮은 밑바닥 부분에는 단단한 죽은 돌이 깔려 있다. 이는 대지가 아직 뜨겁던 시절에 불에 녹은 것으로 윗부분부터 딱딱하게 굳으면서 단단한 돌 표면으로 덮인 것이다.

돌, 점토, 모래로 된 이 다양한 지층들과 다양한 식물 및 맹수들의 잔재들을 근거로 삼아 학자들은 그 당시 해당 지역에 바다가 있었는지 육지가 있었는지를 판단한다. 그리고 어떤 식물이 자랐고 어떤 동물이 서식했으며 어떻게 살고 무엇을 먹었는지를 알려준다. 각각의 나라마다 크나큰 변화를 겪었다. 지금 건조한 초원이 펼쳐진 곳일지라도 그 옛날 언젠가는 그곳에 깊디깊은 바다가 물결치고 있었고 가지각색의 바다생물들이 존재했다. 그 후 바닥이 융기하고 바닷물이 빠져나갔을 때 바다에서 살았던 다양한 생물들의 잔재로부터 뼈 뭉치와 패각 뭉치들이 남아 시간이 흐르면서 석회암층으로 전환되었다. 그런 후 이 석회암층은 강의 진흙과 바람이 실어온 먼지에 덮이게 되고 지층 전체에 가지각색의 식물 및 동물 잔재가 들어차게 된 것이다.

이 같은 잔재들을 근거로 해서 고찰할 때, 이 지상에서 인간의 삶이 시작되던 그 시기에는 바다가 우리나라로부터 물러났다는 결론을 내릴 수 있다. 그전에는 바다가 우크라이나 거의 전역을 덮고 있었으며, 제3기 말기에는 오늘날의 흑해, 아조프 해, 카스피 해 연안 뒤쪽으로 단지 조금 물

7) 예를 들어 그림 3과 6의 발견물들의 단면도를 보시오. (원저자 주)

러났을 뿐이었다. 아조프 해와 카스피 해 사이에 있는 거대한 소금벌과 다른 흔적들을 통해 지금도 여전히 확인할 수 있는 바와 마찬가지로, 그 당시 이 세 바다는 하나의 바다를 이루고 있었다. 카르파티아 산맥, 크림 산맥, 카프카스 산맥이 차츰 평원 위에 솟아올랐고 홍적세 초기에는 이 지역의 외관이 이미 오늘날의 지형과 상당히 유사해져 있었다. 그러나 이 지형들은 그 삶과 외관에 강력한 영향을 미친 또 한 차례의 격변을 겪지 않을 수 없었다. 즉 빙하기가 닥쳐온 것이다.

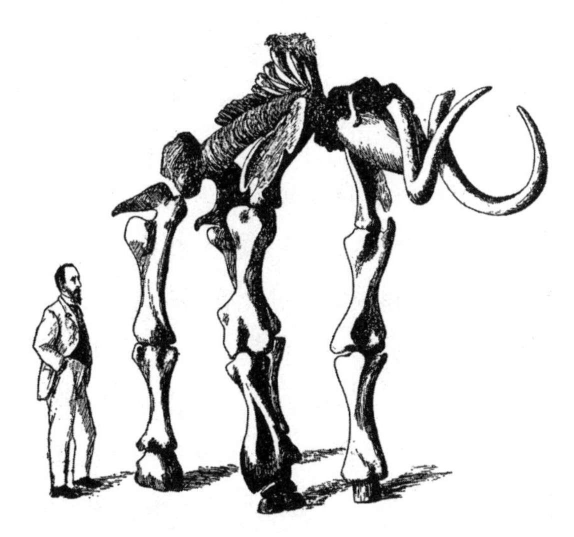

그림 5 스타루냐 마을에서 출토된 매머드의 해골. 뼈에는 군데군데 말라붙은 살과 털이 붙어 있다. 키 높이의 비교를 위해서 해골 옆에 사람의 모습을 그려두었다.

제3기 전반에 유럽의 기후는 오늘날의 중부 아프리카처럼 더웠다. 식물계는 엄청나게 풍부하고 풍성해서 오늘날의 더운 나라들보다도 더 풍요로울 정도였다. 어마어마하게 크고 신기하게 생긴 가지각색의 양서류와 새, 맹수들이 아주 많이 존재했다. 그러나 이 동물들은 사라졌고 이 지상에는 그들의 유골만 남았다. 엄청나게 큰 도마뱀, 다양한 종류의 코끼리 그리고 거대한 새 등이 그것이다. 기후가 점점 더 차가워지자 추운 기후를 견디지 못하는 동식물들은 점차 사멸해 버렸고, 남은 것은 몸이 털로 덮인 코끼리, 곧 매머드와 코뿔소처럼 더 차가운 기온에도 적응할 수 있는 동물들이었다. 홍적세에 이르러서는 습기와 추위 때문에 북쪽 지방의 대지는 두꺼운 얼음층으로 덮이기 시작했다. 오늘날의 스웨덴과 핀란드에서 굉장한 얼음 덩어리가 얼어붙은 다음 그곳으로부터 남쪽으로, 남쪽으로 계속 퍼져갔다. 수백수천 년 동안 쌓인 이 영원한 얼음덩이는 오늘날의 우크라이나 땅의 북부지방도 일정한 기간 동안 뒤덮고 있다가 그 후 기후가 좀 더 따뜻해지자 비로소 녹아 내렸으며 이 얼음덩이의 경계는 북쪽으로 물러났다. 이 같은 빙하는 여러 가지 흔적을 남겼다. 이 거대한 얼음덩이가 녹을 때 물에 떠내려 온 충적토로 이루어진 진흙층, 얼음이 운반해온 모래와 돌층, 그리고 빙하로부터 흘러내려온 물로 채워진 넓고 깊은 강 골짜기 같은 것이 그것이다.

3. 인간이 남긴 최초의 흔적

우리의 관심대상인 지역에서는 빙하가 북쪽으로 물러났을 때부터 인간 생활의 최초의 흔적이 남겨지게 되었다. 우크라이나에서는 일반적으로 이 흔적이 상당히 드문 편이어서, 프랑스나 독일에서보다도 찾아보기가 더 어렵다. 왜냐하면 프랑스, 독일에서는 사람들이 건조한 돌 동굴 속에서 살았는데, 이러한 동굴에서는 유골도, 그들 삶의 다양한 유물들도 온전히 보존될 수 있었기 때문이다. 우크라이나에는 그러한 돌 동굴이 적고, 개방된 장소에서는 이러한 유물들이 오늘날까지 보존되는 일이 드물다. 실로, 그 시기로부터 무려 몇만 년이 꼬박 지나갔으니 말이다. 그러나 이를 좀 더 주의 깊게 바라본다면 우리 우크라이나에서도 이 흔적들을 점점 더 많이 찾아볼 수 있다.

우크라이나에서 오늘날까지 보존되고 있는 가장 오래된 인간생활 흔적은 키예프의 키릴리브스카 거리에서 발굴되었다. 사람들이 벽돌을 만들기 위해 진흙을 파다가 이 흔적을 발견했다. (삽화 2, 3.) 여기에서 이 흔적은 두터운 황토층 아래, 모래층에 놓여 있는데, 깊이는 땅 밑으로 6~10사젠[8] 정도이며, 널찍한 공간을 차지하고 있다. (거의 1제샤치나[9] 정도 된다.) 아래쪽에서는 매머드 뼈가 대량으로 발견되었는데, 어금니 한 가지만도 백 개가 넘는다. 위쪽에서는 이미 사멸한 지 오래된 사자, 하이에나, 동굴 곰 등 다른 맹수의 뼈가 발견되었다. 그중 몇몇은 불에 그슬리거나 부러졌고 그 외에 다른 방식으로도 인간의 손길이 미친 흔적을 보여주고 있다. 뼈와 뼈 사이에는 그 당시의 인간들이 사용했던 석탄이나 규석(硅石)제 도구가 놓여있기도 했다. 이 발견물들은 3만 년 혹은 그 이상 된 것으로 추산된다.

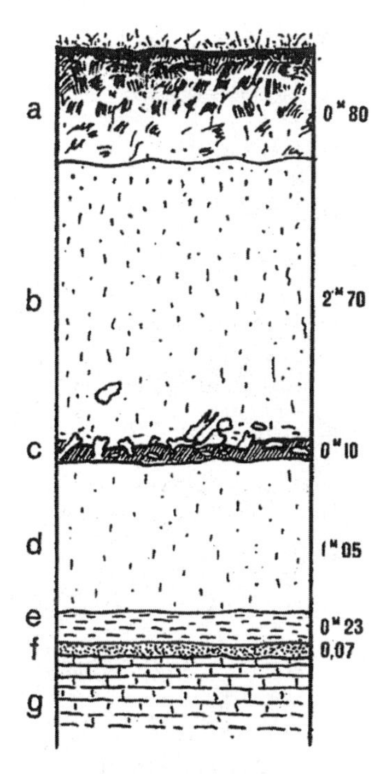

그림 6 미진 마을 단애의 단면도

8) 사젠(우크라이나어로는 샤젠)은 러시아에서 전통적으로 쓰이던 길이 단위이며 2.134미터에 해당한다.

9) 제샤치나(우크라이나식 발음으로는 데샤티나)는 러시아에서 전통적으로 쓰이던 면적의 단위이며 1.092헥타르에 해당한다.

좀 더 후대에 형성된 인간 정주지는 체르니히브[10] 도[11] 미진(Мізинь) 마을 부근인 데스나 강기슭에서 발견되었다. 여기서 이 정주지는 두 황토진흙 지층 사이, 곧 빙하가 운반한 돌층 안에 들어있다.

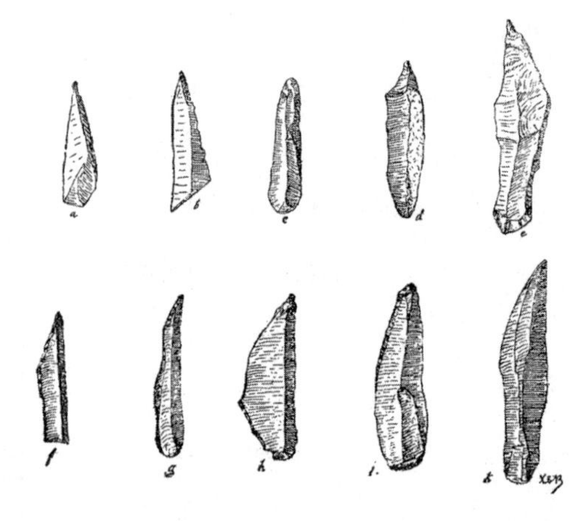

그림 **7** 키예프에서 출토된 구석기 시대 유물 중 규석 칼날.

그보다 더 후대에 형성된 촌락의 유적은 폴타바 지방 혼치(Гонці) 마을 부근의 우다이 강기슭에서 발견된 것이다. 이 유적은 황토층 위에 자리 잡고 있으며, 빙하 덩어리가 물러남에 따라 이제는 이미 물을 확보할 수 있게 된 시대에 형성되었다.

이렇듯, 가장 의미가 클 뿐 아니라 조사도 잘 된 이 발견유적들은 아주 오랜 기간, 즉 홍적세 2기에 전개된 인간생활의 흔적을 보여준다. 우크라이나에서 발견된 이 유적들과 이보다 훨씬 더 풍부한 서유럽의 발굴유적들을 근거로 볼 때, 이 시기 인간은 이미 대단한 성과를 이루었으며 동물

10) 우크라이나 북부에 위치한 도시. 체르니히브는 현대 우크라이나 명칭이고 원래의 명칭은 체르니고프(Чернигов)다. 907년 루스-비잔티움 조약에서 처음으로 언급되었을 정도로 오래된 도시이다. 현재 체르니히브 오블라스트의 중심도시이다.

11) 러시아어본 원어는 구베르니야이다. 구베르니야는 러시아 제국의 중앙집권적 행정체계에서 가장 큰 단위의 행정단위로 한국의 도(道), 중국의 성(省)에 해당한다. 오늘날의 러시아와 우크라이나 행정체계에서는 오블라스트에 거의 상응한다고 할 수 있다. 이 번역서에서는 구베르니야를 '도'로 번역한다.

그림 **8** 무늬와 형상들이 새겨진 매머드 이빨(키예프 출토).

그림 **9~10** 매머드 뼈로 만든 형상물. 미진 마을 출토품 중(작은 새?).

보다 훨씬 더 높은 수준에 올라 있었음을 알 수 있다. 인간은 불을 만들어 낼 줄 알았으며 자기가 먹을 음식물을 만드는 데 이 불을 이용했다. 이제는 나무막대나 돌을 자연 그대로의 형태로 이용하는 것을 넘어서서 뼈나 심지어는 돌까지도 가공하는 법을 익히게 되었다. 인간은 규석에 솜씨 좋게 타격을 가함으로써 이 돌을 자기에게 필요한 형태로 깨뜨려 만들 수 있었다. 손으로 쳐서 만들 수 있는, 끝이 날카로운 돌이나 여러가지 날 선 돌이 그러한 예인데, 사람들은 이렇게 날 선 돌을 나무에 박는 데 쓸 수도 있고 창으로 쓰기도 했다. 또한 가죽을 문질러서 가공하거나 고기를 자르는 도구도 돌을 깨뜨려 만들어냈다. 심지어 인간은 자기 도구를 갖가지 무늬나 그림으로 장식하기도 했다. 예컨대 키예프와 미진의 유적 발굴지에서는 조각용 뼈로 만들어진 여러 물품들이 출토되었고, 프랑스의 유적 발굴

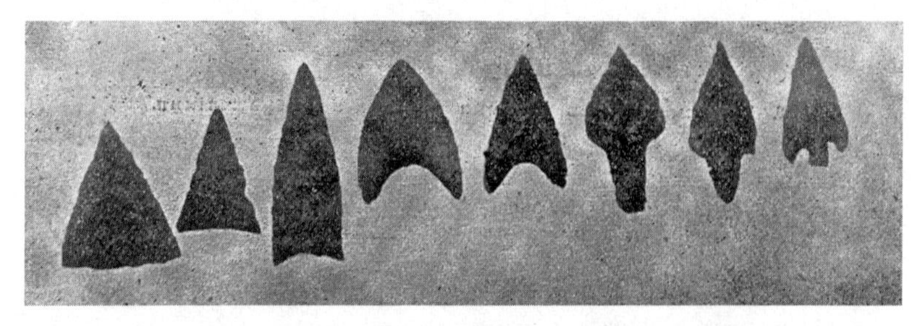

그림 11 오브루취스크 군에서 출토된 규석 화살촉(르비브 셰브첸코 학회 박물관 소장).

지에서 출토된 뼈에 새겨진 형상들은 워낙 정교해서 오늘날에도 독학자들 솜씨로는 그렇게 능숙하게 새기는 것이 불가능할 수도 있을 정도다.

그러나 다른 한편으로는 이른바 구석기 문화 시대 인간은 아직 가축을 전혀 기르지 않았고, 곡물을 경작할 줄 몰랐으며, 짐승고기, 물고기, 연체동물 등을 먹고 살았다. 그들은 그릇을 만들 줄도 몰랐으며, 다른 여러 가지 면에서도 인간이 후대에 겪게 되는 경험에는 아직 이르지 못하고 있었다.

4. 신석기 문화

석기 문화는 인간이 금속을 전혀 알지 못했고 가장 훌륭한 도구라도 고작 돌을 이용해서 만들어 낼 수밖에 없었던 시기이지만, 이 문화도 태고 시절을 지나 점차 좀 더 새로운 시기로 이행하고 있었다. 이 시기에 이르러 옛날의 맹수는 이미 절멸되어 버렸고 빙하가 녹아 물이 흘렀으며 삶의 조건이 오늘날과 거의 비슷해졌다. 인간은 물품을 제작하는 데 여전히 돌을 주로 사용하고 있었지만, 돌로 된 다양한 도구를 과거에 비해 훨씬 더 훌륭하게 만드는 법을 습득했다. 인간은 이제 적당한 모양을 한 돌을 얻는 것으로만 만족하지 않고 돌을 여러 차례 세세하게 두드려 갈고 매끈하게 연마했으며, 나무나 뼈로 된 손잡이에 돌도끼나 돌망치 혹은 돌몽둥이를 맞춰 넣기 위해 돌에 구멍을 뚫는 법도 습득했다. 그 당시 만들어진 도구들을 볼 때면 인간이 금속을 알지도 못하면서 돌이나 뼈를 가지고 어떻게 그렇게 반듯하고 정확한 구멍을 뚫을 수 있었는지, 돌로 만든 작은 망치나 쐐기 혹은 끌을 모래로 그렇게 매끈하게 연마할 수 있었는지, 예리한 작은 화살, 작은 칼, 작은 톱이나 낫 같은 것을 돌로 만들어낼 수 있었는지 놀라울 때가 많다.

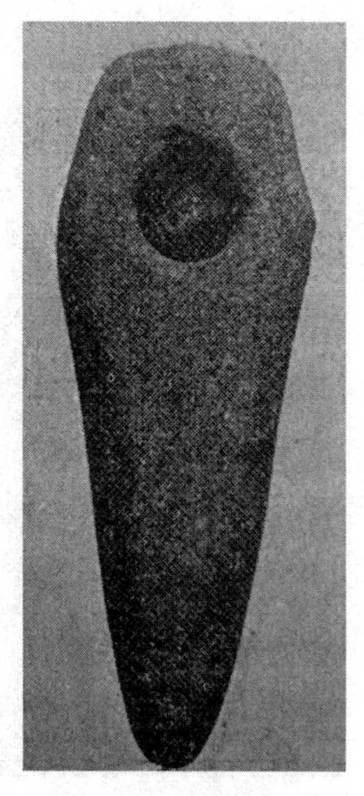

그림 12 구멍이 미완성인 채로 남아 있는 규석 도끼. 오브루취스크 군 출토.(셰브첸코 학회 박물관 소장)

그러나 인간생활의 큰 성공은 이것에만 있었던 것이 아니다. 인간은 과거에는 목축용 짐승도 가축도 기르지 않았다. 그런데 바로 이 신석기 문화 시대에 이르러 인간은 가축을 길렀고 자신이 기르는 가축에서 생산되는 고기와 우유를 섭취할 수 있었다. 그에 앞서서 인간은 개를 훈련시켜 자신의 파수꾼이자 충직한 친구로 만든 바 있다. 진흙으로 그릇을 만들고 이를 불에 굽는 법을 습득했다. 인간은 물레도 없이 이 그릇들을 손으로 만들었으나 물레 없이도 시간이 지나면서 멋들어진 대접도 만들었고 대접에 무늬를 그려 넣게도 되었다. 인간은 자신을 위해 좀 더 편안한 주거시설도 짓기 시작했는데, 땅을 깊이 파서 수혈(竪穴)을 만들고 그런 다음 그 위에 측면도 만들어 세웠을 뿐 아니라 지붕도 덮게 되었다. 이렇게 해서 점차, 목재를 사용하거나 마

그림 13 "토취카"라고 불리는 점토 오두막집 유적(이른바 미케네 이전 시기의 유적). 다양한 그릇들이 포함되어 있다. 트리필랴 인근에서 출토.

른 나뭇가지를 엮은 위에 진흙을 발라 만든 꽤 견딜 만한 오두막집이 출현하게 된 것이다. 인간은 토지를 경작하고 곡식을 심기 시작했으며 맷돌에 곡물을 갈아서 일종의 알곡(крупа)[12]인 거친 가루를 얻었으며, 그것으로 비스킷을 굽거나 죽을 끓일 수 있었다.

이 신석기 문화는 구석기 문화처럼 오래 계속되지는 않았다. 그러나 우크라이나 거의 전역은 신석기 문화의 흔적으로 가득 차 있다. 이미 인간의 수가 늘어났고 그들의 삶의 흔적이 더욱 두드러지게 눈에 띄게 되었음에

12) 껍질을 벗긴 곡물.

틀림없다. 이것이 무엇인지 판명하기는 더 쉽다. 이것은 이미, 인간의 손으로 만든 것인지 혹은 인간이 우연히 그러한 모양을 손에 넣은 것인지 판명하기조차 때때로 쉽지 않은 그 이전 시기 문화로부터 어쩌다가 남겨진 무슨 부싯돌 조각 같은 것과는 차원이 다른 것이다. 신석기 문화 시대 유적지에서는 이미 거의 어디에서나 다양한 도구들, 토기들, 난방공간이 발견되고 있으며, 주거지와 여러 가지 용구들을 제작한 수공업 작업장 혹은 위기의 순간에 주민들이 몸을 숨긴 방벽거주지(городище)까지 갖춘 대규모 정주촌의 흔적이 발견되는 경우도 드물지 않다. 이러한 방벽거주지는 상당히 규모가 큰 경우도 있는데, 이를 볼 때 그 주변에 꽤 많은 사람들이 살았다는 것도 분명하다. 죽은 사람은 때로는 평평한 판으로 만들어진 석관 속에 매장하기도 했고 때로는 구멍을 파고 묻은 다음 그 위에 높이 무덤을 쌓아올리기도 했다. 망자의 몸을 그대로 묻는 경우도 있었고 이를 불태운 다음 재와 유골을 흙 항아리에 담아 매장하는 경우도 있었다. 망자 둘레에는 때때로 그의 생전의 소지품이나 여러 가지 음식물을 단지에 담아 놓아두기도 했다. 망자를 매장하면서 흔히 그의 몸에 붉은 가루(황토(охра))를 뿌리곤 했는데, 이 가루는 나중에 주검이 부패하면 뼈에 달라붙었다. 붉게 물든 뼈가 묻혀 있는 그러한 무덤은 쿠반[13]에서 베사라비아[14]에 이르기까지 흑해 연안 지역 전역에 퍼져 있다.

13) 남부 러시아 흑해 북동부 연안의 쿠반 강 일대 지역. 돈 강 유역 초원, 볼가 삼각주, 카프카스 산맥 사이 지방에 위치하고 있다.

14) 동부 유럽에서 드니스테르 강(동쪽)과 프루트 강(서쪽) 사이의 좁고 긴 지대를 역사적으로 일컫는 명칭. 19세기 초의 러시아-투르크 전쟁(노토 전쟁, 1806~1812)이 끝난 후 체결된 부카레스트 조약에서 투르크 제국의 가신국이던 몰다비아 공국의 동쪽 영토가 러시아 제국에 양도되면서 이 지역이 베사라비아라 불리게 되었다. 몰다비아 공국의 서부 영토는 후일 왈라키아와 합쳐져 루마니아 왕국을 이루게 되었다.

그림 14 점토 오두막집(이른바 미케네 이전 시기)에서 발견된 다양한 무늬를 가진 그릇들. 드니스테르 강 유역 할리치나 지방에서 출토.

우크라이나의 일상생활은 신석기 문화 말기에 이르러 특히 흥미로워졌는데, 바로 이 시기에 이 나라에는 남쪽으로부터 최초의 금속제품인 동제품들이 침투하기 시작한 것이다. 이 시기 것으로는 목재를 사용하거나 마른 나뭇가지를 엮은 위에 진흙을 발라 만든 오두막집 유적이 출토되곤 하는데, 이런 오두막에서는 가지각색의 독특한 형태를 갖추었을 뿐 아니라 붉은 색, 흰 색, 갈색으로 그리고 때로는 몇 가지 색깔로 풍성하게 무늬를 그려 넣은 진흙 그릇 유물이 엄청나게 많이 발굴되곤 한다. (삽화 14를 참조하시오.) 인간이 미개 상태에서 이제 막 벗어났다고 일컬어지는 그 같은 옛 시대에 그토록 훌륭한 그릇들이 만들어진 것을 본다는 것은 경이롭고 믿기 힘든 일이다. 그러나 이 상태는 미개상태에서 이미 멀리 벗어나 있었던 것이다.

다양한 그릇들 외에도 이들 흙으로 지은 거주지에서는 진흙으로 만들어 멋들어지게 잘 구운 남자, 여자, 동물들의 형상이 아주 자주 출토된다. 이 거주지에서 주로 발견되는 도구들은 돌로 만든 것이지만, 때로는 구리나 청동으로 만든 도구들도 눈에 띈다.

그와 같은 주거지는 드니프로 강변 키예프 부근에서 시작해서 키예프 지방을 거쳐 포딜랴, 할리치나[15]와 멀리 몰다비아 및 발칸 땅에까지 이어진다. 이 같은 거주지는 학술어로 미케네 이전[16]식이라 불린다.

5. 구리, 청동, 쇠

인간이 최초로 사용하기 시작한 금속은 구리이며, 그 이유는 구리야말로 광맥으로부터 파내기가 가장 쉽기 때문이라는 것을 앞에서 이미 이야기했다. 그러나 순수한 구리는 대단히 물러서 사용하기에 불편하다. 얼마 안 가서 인간은 구리에다 주석을 섞으면 (주석과 구리를 대략 1 : 9의 비율로 섞는다.) 훨씬 더 단단한 덩어리가 생기게 되며 이것으로 모든 도구를 만들 수 있다는 것을 깨닫게 되었다. 구리와 주석의 그 같은 합금을 청동이라고 부

15) 영어식으로는 갈리시아라 불린다. 이 이름은 원래 서부 루스에 있던 할리치 공령에서 유래한다. 갈리시아의 동반부는 우크라이나 땅이고 르비브가 대표적인 도시이다. 갈리시아의 서반부는 폴란드 땅이고 크라쿠프가 대표적인 도시이다. 이 번역서는 우크라이나 역사를 중심 내용으로 하고 있기에 우크라이나령 갈리시아는 우크라이나식으로 할리치나로 표기한다. 그러나 이 지역은 역사적으로 폴란드령 갈리시아와도 얽혀 있어서 명칭표기가 아주 복잡하다. 폴란드령 갈리시아는 갈리치아라고 부르는 것이 타당하리라고 본다.

16) 청동기 문명이었던 미케네 문명보다 앞선 시기, 곧 석기시대를 칭하고 있다.

그림 15 개를 그려 넣은 토기 조각. 할리치나(빌체 졸로테) 출토. 셰브첸코 학회 박물관 소장.

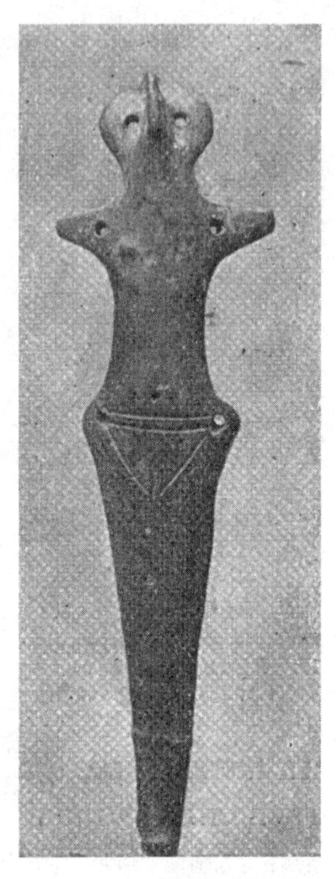

그림 16 할리치나 카르파티아 산맥 기슭(포드카르파티아)에서 출토된 청동 낫(셰브첸코 학회 박물관 소장)

그림 17 토우(土偶). (셰브첸코 학회 박물관 소장)

른다. 일부 지역에서는 철을 알기 전까지 아주 오랫동안, 거의 천 년 동안 도구, 무기, 용구를 제작하는 데 청동을 사용했다.

유럽에서는 기원전에 약 2천 년 가까운 기간에 걸쳐 구리와 청동을 차례로 사용했다. 그리고 그 후 천 년 동안 철을(주요하게-옮긴이) 사용하게 되었다. 금은 철보다 훨씬 더 일찍 알려졌고 은은 그보다 나중에 알려지게 되었다.

오늘날의 우크라이나에서 구리와 청동은 도나우 강변 지역과 흑해 연안

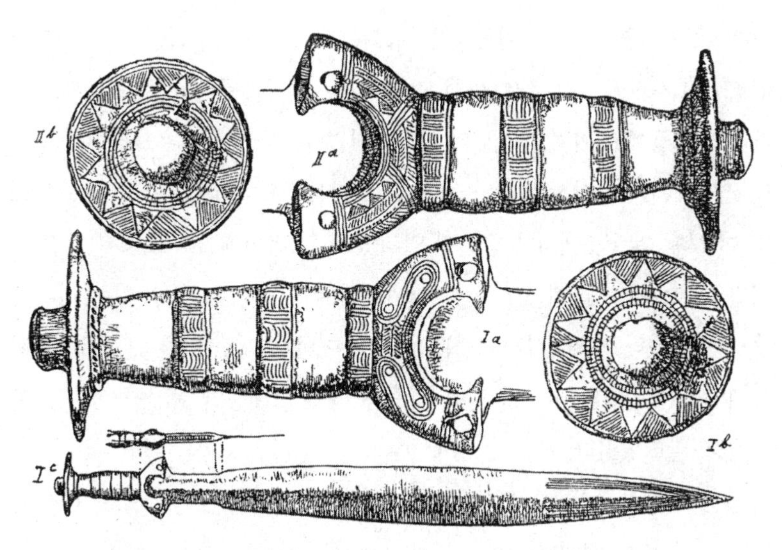

그림 18 청동 검. 할리치나의 카르파티아 산맥 투르크 군(현재의 투르키브스크 지구—옮긴이) 코마르느니키 마을에서 출토.

지역 같은 남쪽으로부터 침투했다. 그런데 이 땅에서는 현지에서 구리를 채취한 흔적은 눈에 띄지 않는다. 그렇기 때문에 청동은 단지 드니프로 강이나 다른 큰 강을 따라 형성된 큰 교역로에 위치해 있던 지방과 해안지방에만 보급되었고, 더 궁벽한 다른 지방들에는 침투 정도가 약했다. 청동은 비싼 금속이었기 때문에 더욱 그러했다. 우크라이나에서 청동이 광범하게 보급되기 이전에 이미 이보다 훨씬 더 단단하고 값도 훨씬 더 싼 철제품들이 출현하기 시작했다.

철광맥은 오늘날의 우크라이나 곳곳에서 찾아볼 수 있었고 광맥에서 철을 채취하는 것은 상당히 용이했다. 따라서 철은 아주 빠른 속도로 보급되지는 않았을 망정 그래도 시간이 지나면서 일반민중의 일상생활에 사용되게 되었다. 지중해에 더 가까이 위치한 지역은 금속이 더 일찍부터 알려지고 바빌로니아, 시리아, 이집트 등지로부터 금속의 가공술이 더 일찍부터 전파되기 시작한 곳으로서, 이들 지역에서는 청동제품의 보급과 뒤이은 철제품의 보급이 이미 오래전부터 이루어졌었다. 그 반면에 우크라이나의 여러 지역에서는 여전히 나무와 돌이 주로 사용되고 있었다. 단지 큰 교역로와 이웃해 있는 곳에서나 금속이 알려졌고 그 반면에 교역로에서 멀리 떨어진 지역으로 말하자면 금속은 희귀해서 부자들만 접할 수 있는 사치품으로 머물렀다. 다른 나라에서는 석기가 이미 오래전에 일상적 사용에서 물러났던 시기에도 이곳의 일반 민중은 아주 오랫동안 여전히 석기 문화 속에서 살고 있었다.

제품의 양식(樣式), 곧 형태와 외양으로 보거나 다른 상황으로 보거나, 기원전 두 번째 밀레니엄[17]과 첫 번째 밀레니엄[18]에 해당하는 이 초기 금속 문화 시대에는 온갖 종류의 문화적 영향, 온갖 소식과 지식, 새로운 제품과 새로운 형태들이 몇 가지 경로를 통해서 우리 땅에 침투해 들어왔다고 추측할 수 있다. 그 경로들은 다음과 같다. 남쪽으로는 아시아 및 지중해 연안지대로부터 온갖 새로운 문물이 전파되었던 흑해 연안으로부터 이어지는 길이 있었다. 그 다음에는 서아시아,[19] 투르케스탄과 오늘날의 페르시아로부터 흑해 북부 초원을 거쳐서 이어지는 전파로가 있었다. 또한 오늘날의 헝가리에 해당하는 도나우 강 유역 지역에서 이어지는 길이 있었

17) 기원전 2001년에서 기원전 1000년 사이.

18) 기원전 1001년에서 기원전 1년 사이.

19) 이는 원문의 우크라이나어 Передня Азія라는 용어를 옮긴 것이다. 우크라이나어의 Передня Азія, 러시아어의 Передняя Азия는 독일어 Vorderasien을 차용해서 번역한 말로 직역하면 '근린아시아'쯤 되며, 대체로 카프카스 이남, 소아시아, 아르메니아, 이란, 메소포타미아, 아라비아 반도, 레반트 등의 지역을 포괄한다. 한국어에는 이에 정확하게 대응하는 역어가 없지만, 서아시아가 가까운 편이어서 이 역어를 택하기로 했다.

고, 지중해 연안의 영향으로 금속 기술이 발달해 있던 알프스 기슭 나라들로부터 문물이 전해지는 전파로가 있었다. 끝으로 우리 선조들은 서쪽의 독일인들에게서도 많은 것을 받아들였다. 우크라이나의 옛말 가운데 독일어로부터 차용한 명칭이 여럿 있다는 사실이 이를 아주 분명하게 보여 준다. 그런데 독일인들은 이러한 것을 로마인들과 켈트인들에게서 받아들였으니, 이는 또다시 지중해 영향권으로부터 문물을 수용했음을 말한다. 이러한 지역들로부터 여러 경로를 거쳐서 (특히 수로를 통해서) 새로운 제품과 지식이 오늘날의 우크라이나 땅으로 전파되었으며, 이는 점차 가장 깊숙한 오지에까지 침투했다. 그중에서도 우리에게 가장 잘 알려진 것은 흑해 연안 지역으로부터, 그러니까 그곳에 있던 그리스 식민도시들로부터 이 땅에 전해진 문물이다.

6. 그리스 식민도시들

기원전 7세기부터, 아니 어쩌면 이미 8세기일 수도 있을 시기부터 흑해 연안에는 그리스인들이 거주하기 시작했다. 이들은 골육상쟁이나 전쟁을 피해 도망쳐서 이 먼 땅에서 조용한 피난처를 찾고자 자기네 여러 도시로부터 이주해온 사람들이었다. 그전에도 이미 그들의 동향인들이 교역을 위해 찾아오곤 했으니, 상인들은 온갖 종류의 상품들을 가지고 와서 우리 땅의 방방곡곡에서 교환했으며 그런 다음에는 아예 그곳에 눌러 앉아 집을 짓고 살기도 했다. 이렇게 해서 우크라이나의 흑해 연안지대에 그리스 식민도시들이 출현하게 되었다. 드니스테르 강 하구 간석지에 세워진 티라, 드니프로 강 하구 간석지에 건설된 올비아, 오늘날의 세바스토폴 부근에

그림 19~20 금관과 허리띠 장식. 할리치나 변경지대 즈브루치 강에서 출토된 유물들 중 일부. 제품의 양식은 알프스지방의 것(이른바 할슈타트 양식)이다. 기원전 1000년에서 500년 사이에 제작됨.

있는 헤르손네소스,[20] 오늘날까지 존속하고 있는 테오도시아,[21] 지금은 케르치라는 이름으로 불리는 판티카파이온, 맞은편 해협기슭에 세워진 파나고리아, 오늘날의 로스토프 부근에 세워진 타나이스, 그리고 그 외에도 수많은 좀 덜 알려진 도시들 등등이 그것이다. 그리스인들은 이곳 흑해 연안에 정착하면서 경제활동을 시작했다. 그들은 곡물을 경작했고 포도를 재

20) 오늘날의 크림 반도 (고대 그리스인들은 이 지역을 타우리케 혹은 크리메아 타우리스라 불렀다) 남부에 세워졌던 타우리스의 헤르손네소스를 말한다. 현재의 명칭은 '헤르손네스'이다.
21) 현재 슬라브식 이름은 '페오도시야'이다.

배했고 물고기를 잡았으며 이와 아울러 이웃에 살던 현지 종족들과 교역을 했다. 그리스인들은 현지인들에게 그리스 포도주, 올리브유, 그리스 직물과 다양한 장식품들, 기막히게 아름다운 금은제품들, 그리스의 예술적인 문양 도자기들을 팔았으며 그 대신 그들로부터 곡류와 가죽, 여러 종류의 모피와 그들의 땅에서 나는 다른 상품들, 특히 인간, 곧 노예들을 손에 넣었고 이를 수출하여 그리스 땅에서 팔았다. 그리스 상인들이 자기네 물건을 가지고 멀리 오지까지 찾아다녔기에 다양한 그리스 제품들은 멀리 북쪽에까지 침투해 들어갔다. 오늘날의 키예프 도, 폴타바 도, 하르키브[22] 도에서는 종종 봉분 속에서 이 흑해 연안 식민지의 주화들, 포도주와 올리브유를 담는 그리스 도자기, 그리스 꽃병과 그리스 장인들이 제작한 여러 종류의 금은제품들을 찾아볼 수 있다. 이 상품들과 더불어 흑해 연안 지역에는 그리스 수공업 기예도 함께 침투해 들어왔다. 이곳에 살던 종족들은 당대의 위대한 수공업 장인들이었던 그리스인들에게서 상품과 함께 각양각색의 지식도 차용했다. 심지어 그리스 풍습과 관습까지 받아들였을 정도였다. 기원전 5세기 중반에 직접 올비아에서 거주한 적도 있는 그리스인 저자 헤로도토스는 스퀼레스라는 이름을 가진 어느 스키타이 왕에 대한 이야기를 쓰고 있다.[23] 스퀼레스의 어머니는 그리스 도시 출신이었으며 아들에게 그리스 말과 글자를 가르쳤다. 스퀼레스는 왕이 되고 나서도 그리스식 생활을 사랑해서 올비아에 자주 찾아갔는데, 그곳에서는 신하들을 교외에 남겨 둔 채 자기는 그리스인들과 어울려 그리스인으로 살았으며,

22) 러시아식으로는 하리코프(Харьков)라고 한다. 하르키브는 우크라이나 동쪽에 위치한 대도시로 오늘날에는 하르키브 오블라스트의 중심이다.

23) 헤로도토스, 『역사』 4권 23에 나오는 이야기이다. 스퀼레스(그리스 문자로는 Σκύλης)는 아리아페이테스 왕과 이스트리아 출신의 그리스인 어머니 사이에서 태어난 스키타이 왕이었으며 그리스 문화의 열렬한 숭배자였다고 한다.

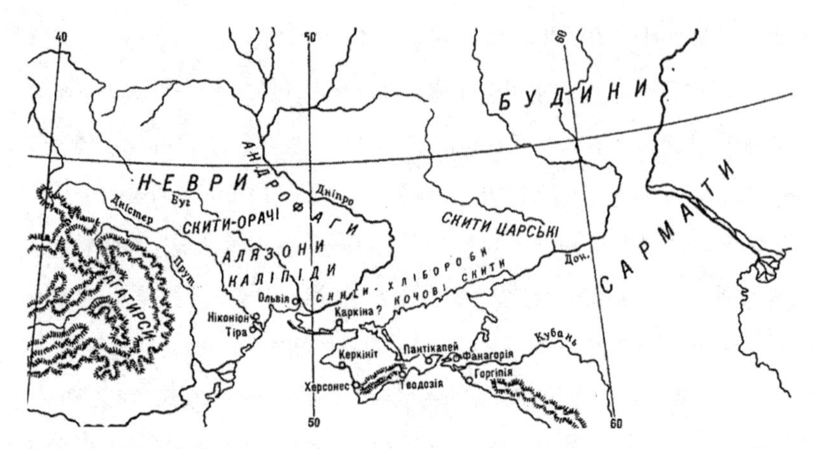

그림 21 기원전 500년 무렵의 우크라이나 땅. 흑해 연안의 그리스인 정주지와 초원의 종족들.

그들의 모든 일에 참여했고 그런 다음에는 다시 스키타이인들에게로 돌아오곤 했다. 그는 심지어 올비아에 자기 집을 짓고 그곳에 부인을 두었는데 이 모든 것을 자기 고국 사람들에게는 비밀에 부쳤다. 그러나 끝내는 스키타이 사람들이 이 사실을 알게 되었고 스퀼레스가 어떻게 그리스인들과 함께 축제 의식에 참가하는지 염탐했으며 반란을 일으켜 스퀼레스의 동생을 왕으로 선포했다. 그리고 스퀼레스 본인을 체포한 다음, 자기네 고유의 관습을 저버렸다는 이유로 살해했다.

그러나 종족 전체가 그리스의 풍습을 받아들이고, 그들의 신앙과 관습을 차용함으로써 그리스인들과 혼화된 경우도 있었다. 그리하여 이 그리스 도시들이 존속하는 동안 몇백 년이나 계속해서 그리스인들에게서 받아들인 다양한 신문물, 예술, 지식들이 깊숙한 지역에까지 퍼져 들어갔다. 그런데 그리스인들은 여러 사나운 민족들로부터 안전을 보호받고자 해서 그 당시 지중해 연안 지역 전체를 지배하고 있던 대로마의 권력 아래 들어갔기에, 흑해 연안의 그리스 식민지들을 통해 제품과 양식 등 로마의 영향도 역시 전파되기에 이르렀다. 이 같은 영향은 이 흑해 연안 도시들이 기원 후 3~4세기에 이 지역으로 이동해온 다양한 호전적 민족들의 공격으로 무너질 때까지 계속되었다.

7. 초원의 민족들

그리스인들은 우리에게 또 한 가지 기여를 해주었으니, 즉 그들 덕분에 우리는 그 당시 우크라이나의 흑해 연안 초원지대에 살던 민족들에 대한 지식을 가지게 되었다.

그들은 우리 쪽 흑해 연안에서 살았던 최초의 주민들을 키메리아인(키메리오이)이라고 불렀다. 그러나 그 당시에는 우리의 땅에 대해서도 이곳의 주민에 대해서도 아는 바가 아주 적었기에 호메로스의 『오뒤세이아』는 이 지역을 영원한 얼음과 안개의 나라라고 묘사하고 있다.

그곳에 키메리아 사람들의 슬픈 지방이 펼쳐져 있네.
축축한 안개와 구름안개에 영원히 덮인 곳, 인간의 눈앞에
헬리오스의 찬란한 얼굴[24]이 결코 비치는 적이 없는 나라.[25]

호메로스의 『일리아스』에는 우크라이나 초원지대의 유목민에 대해 다음과 같은 언급이 나온다. "이름 드높은 말젖 음용자들, 우유를 마시는 빈민

24) 헬리오스는 태양신이니, 헬리오스의 찬란한 얼굴은 곧 태양을 가리킨다.
25) 이는 호메로스 『오뒤세이아』 열한 번째 노래, 14~16행을 러시아어로 다소 자유롭게 번역한 것을 다시 한국어로 옮긴 것이다. 원문대로 번역하면 다음과 같다.

들, 모든 사람들 중 가장 정의로운 사람들."[26]

그보다 후대의 저자들에게서는 이미 이들 초원지대 사람들에 대해 좀 더 상세한 보고를 얻을 수 있다. 예를 들면 오늘날의 페르시아인들 같은 이란 기원의 다양한 종족들도 그런 사람들이다. 그들 중 일부 종족은 오래전부터 흑해 연안 초원 및 카프카스 초원에서 살고 있었지만 아시아로부터 아주 새로운 또 다른 일부 종족들이 도래하기도 했다. 왜냐하면 아시아에서는 투르크 민족들이 북아시아로부터 투르케스탄으로 이동하기 시작했기 때문

> 그곳에 키메리아 남자들의 거주지와 도시가 펼쳐져 있네.
> 안개와 구름으로 뒤덮인 곳. 헬리오스 파에톤의 빛나는 광채가
> 어떤 인간에게도 내려 비치지 않는 곳.
> (ἔνθα δὲ Κιμμερίων ἀνδρῶν δῆμός τε πόλις τε,
> ἠέρι καὶ νεφέλῃ κεκαλυμμένοι · οὐδέ ποτ' αὐτοὺς
> Ἠέλιος φαέθων καταδέρκεται ἀκτίνεσσιν.)

이 시에서는 키메리아인들이 태양을 보지 못하고 산다고 표현되어 있으니 이는 흑해 연안 지역에 대한 정확한 지식에 의거한 것이 아니라 시인의 상상력으로 지어낸 시적 표현이다.

26) 이 부분은 호메로스 『일리아스』 열세 번째 노래 4~6행을 흐루셰브스키가 기존의 러시아어 번역에서 다소 자유롭게 축약한 것이다. 이는 제우스가 흑해 북쪽 연안 민족들을 바라보는 장면을 그린 1~6행 가운데 일부인데 1~6행을 옮기면 대략 다음과 같다.

> 한편 제우스는 트로이아인들과 헥토르를 함선으로 데려간 다음,
> 그 곳의 끝없는 시련과 고난에 그들을 맡겨두고
> 그 자신은 예리한 눈길을 들어 저 먼 곳을 내려다보았네
> 말을 기르는 트라키아인들을,
> 말젖을 마시고 근접 전투에 능한 고상한 뮈시아인들을,
> 우유를 마시고 사는 아비아인들을, 인간들 중 가장 정의로운 그들을.
> (Ζεὺς δ' ἐπεὶ οὖν Τρῶάς τε καὶ Ἕκτορα νηυσὶ πέλασσε,
> τοὺς μὲν ἔα παρὰ τῇσι πόνον τ' ἐχέμεν καὶ ὀϊζὺν
> νωλεμέως, αὐτὸς δὲ πάλιν τρέπεν ὄσσε φαεινὼ
> νόσφιν ἐφ' ἱπποπόλων Θρῃκῶν καθορώμενος αἶαν
> Μυσῶν τ' ἀγχεμάχων καὶ ἀγαυῶν ἱππημολγῶν
> γλακτοφάγων Ἀβίων τε δικαιοτάτων ἀνθρώπων.)

그림 22 초원 유목민들이 말을 길들이고 있다(초르토믈르이크 봉분에서 출토된 도자기의 일부).

이다. 이들 초원 종족 중의 일부는 문화적으로 좀 더 발달해서 곡식을 경작하고 이를 먹기도 했다. 다른 종족들은 순수한 유목민으로 이루어져서, 그들은 가축 떼를 몰고 이곳에서 저곳으로 이동해 다니며 고기, 말젖, 치즈 등을 먹었고 마차 위에서 생활했다. 이는 오늘날의 칼믜크인들이나 노가이인들과 마찬가지이다. 기원전 7세기와 6세기 그리고 그 후 바로 헤로도토스가 올비아에서 살면서 이 지방에 대해 서술했던 시기인 기원전 5세기에 이들 종족을 지배한 세력은 스키타이 유목 왕국[27]이었으며, 이로부터 이 모든 초원 종족들도 마찬가지로 스키타이인들이라 불리게 되었다. 그 후에 스키타이 유목 왕국은 약화되었고 사우로마타이인 혹은 사르마타이인들의 유목 왕국이 권력을 잡았다. 그리고 이로부터 초원의 종족들의 이름은 사르마타이인이라고 불리게 되었다. 이는 기원전 4세기에서 3세기에 걸쳐 일어난 일

27) 원문의 '오르다(орда)'를 유목 왕국이라 번역했다. 원래 오르다는 투르크-몽골계 유목민 국가의 조직 혹은 칸의 거처를 말하고, 많은 경우 칸국으로 번역할 수 있다. 흐루셰브스키가 스키타이 국가의 유목적 성격을 드러내고자 '오르다'라는 단어를 쓴 것으로 생각해서 여기서는 이를 유목 왕국으로 번역했다. 그러나 다른 곳에서는 단순히 유목집단, 유목민 사회 등으로 번역하기도 했다.

이었다. 그 후 그리스도의 탄생 무렵에는 알란인들의 유목왕국이 패권을 얻었기에 기원후 1~2세기에 초원의 유목종족들은 알란인이라는 총칭으로 불리게 되었다. 이처럼 (초원종족들의) 명칭은 지배 유목 왕국의 교체에 따라 바뀌었는데, 이들 왕국은 자기네 사이에서 벌어진 끊임없는 전쟁의 결과로 약화되었다가 몰락하곤 했으며, 아시아 투르케스탄에서 이쪽으로 이동해온 또 다시 새로운 유목민 집단의 공격을 받게 되면서 투르크 종족의 공격 아래 굴복하게 되었다. 이 공격을 받고서 초원의 유목 왕국들과 종족들은 점차 서쪽으로 이동해 갔으니, 곧 그들은 카스피 해 연안 초원으로부터 돈 강 유역으로, 돈 강변에서 드니프로 강변으로, 드니프로 강변에서 도나우 강변으로 차례로 옮겨간 것이다. 일부 종족들은 결국 도나우 강 중류 유역 지역인 오늘날의 헝가리 초원으로 이동해 갔고, 다른 일부 종족들은 북쪽으로 물러나 드니프로 강 유역 중부지방으로 갔다. 그러나 그들은 멀리 삼림지대로 들어가지는 않았는데 왜냐하면 그들은 자기네 가축 떼와 함께 유목하면서 지내는 초원의 생활에 익숙해져 있었기 때문이다.

이리하여 이 이란계 초원 종족들은 스키타이인들이 습격해왔던 시기부터 서쪽에서 몰려온 고트인들, 동쪽에서 몰려온 훈족 등 다른 민족들이 파괴를 자행한 시기에 이르기까지 천 년 동안 꼬박 계속해서 오늘날 우크라이나의 흑해 연안 초원지대에서 유목생활을 했다. 그러나 그 후 그들에게서 남은 것은 돈 강 유역, 카프카스 산맥 일대, 크림 반도 등에서 찾아볼 수 있는 대단치 않은 흔적들 뿐이다. 카프카스 지방에는 지금까지도 오세트 종족이 살고 있는데 이들은 다른 민족에 밀려서 산악지대로 들어갔던 이란계 초원민족의 후예들이다.

8. 초원민족들의 풍습

이 초원의 종족들은 여러 가지 이름으로 불렸지만 흔히 단일한 기원을 가지고 있었고 많은 공통점을 가지고 있기도 했다. 초원에서 지배권을 행사한 주요한 유목 왕국들은 대개 문명 수준이 낮고 호전적이었다. 이 덕분에 그들은 다른 주민들을 복속시켰다. 피지배 종족들은 더 온순했고 이 때문에 문명 수준이 낮은 이 폭력 행사자들에게 정복되었다. 기원전 5세기에 흑해 연안 초원지대를 지배했던 스키타이 유목 왕국의 호전적인 풍습에 대해서는 헤로도토스가 많은 이야기를 남기고 있는데 그는 흑해 연안의 그리스인들에게서 이에 대한 이야기를 들었다.

스키타이인은 전쟁에서 적군을 처음으로 죽이면 그의 피를 마셨다. 살해한 적군의 수급은 모두 왕에게 가져다주었으며, 수급을 가져오는 자는 전리품을 나누어 받지만 가져오지 않는 자는 아무것도 얻지 못했다. 적을 가장 많이 죽인 자에게는 온갖 명예가 주어졌으며 전체 인민이 모인 주연에서 두 사람 몫의 포도주가 수여되었다. 살해된 적의 수급으로부터는 살갗과 머리털을 떼어 내고(머리 가죽 벗기기) 살가죽을 벗겨낸 다음에는 적의 머리를 말의 굴레에 매달거나 혹은 이것으로 승자를 위한 무엇인가를 만들어 자신의 무공을 자랑했다. 각 구역에는 전쟁신(神)을 위한 성전이 있고 이곳에는 신의 상징으로 오래된 철제 검이 서 있었다. 스키타이인들은 전쟁신을 기려서 매해 축제를 거행했다. 축제에서는 가축을 죽여 희생물로 바쳤고 전쟁에서 사로잡은 포로들 중에서도 백 명마다 한 명씩을 선택해 역시 희생물로 바쳤다. 이럴 때에는 아래에 큰 술잔을 받치고 그 위에서 희생자를 참살해 술잔에 피를 모았으며 검 위에 이 피를 따라 부었다.

스키타이인들은 외부인들에 대해서만 이렇게 야만적이고 비인간적이었

그림 23 초르토믈르이크 고분군(자포로자 소재)에서 출토된 그리스제 도자기. 초원유목민들의 생활상이 묘사되어 있다.

던 것이 아니라 자기네 사이에서도 그러했다. 두 사람의 스키타이인, 특히 친척들 사이에서 분쟁이 벌어지면 그들은 왕에게 가서 그 앞에서 결투를 벌이곤 했다. 상대를 제압한 사람은 그를 죽인 다음 죽은 사람의 머리를 베어 이것으로 금도금이나 은도금을 한 큰 술잔을 만들어 기념품으로 삼았으며, 기회만 생겼다 하면 어김없이 손님들 앞에서 그러한 큰 술잔을 내놓고 자랑하면서 자기가 이 모든 친척들을 어떻게 죽였는지 이야기하곤 했다. 스키타이인들의 왕이 병에 걸리면 주술사들을 불러 모으고 병을 불러일으킨 죄인을 밝히라고 그들에게 명령했다. 주술사들이 누군가를 지목하면 지체 없이 그 사람을 체포한 다음, 왕의 화로[28](왕의 거처에 보존되어 있는 가문용 화로)의 신을 두고 거짓된 맹세를 한 적이 없는지 문초했다. 만약 이 사람이 죄를 인정하지 않으면 다른 주술사들을 불렀고 그 주술사들도 같은 사람을 지목하는 경우에는 지목당한 사람을 죽였다. 죄인으로 몰린 사람이 누명을 벗는 경우에는 그를 지목한 주술사들을 살해했다. 마차

28) 많은 유목민 집단에게 화로는 매우 소중한 물품이었다. 거처의 한가운데 놓아두고 모셨다.

그림 24 쿨 오바(Куль-Оба) 고분군(크림 반도 케르치 부근)에서 출토된 도자기에 그려진 초원 유목민(스키타이인).

위에 나뭇가지들을 쌓아놓고 황소를 마차에 맨 다음, 결박당한 주술사들을 마차 위에 앉히고 나뭇가지에 불을 붙였으며 그런 다음에는 제멋대로 구는 운명의 힘에 황소를 내맡겼다.

스키타이인들은 왕의 장례를 지낼 때면 수많은 동족을 죽였다. 죽은 왕의 신체는 내장을 깨끗이 하고 강렬한 향기가 나는 여러 가지 풀로 이를 채워 넣어 신체가 부패하지 않게 한 다음, 스키타이인들의 지배 아래 있는 전 지역으로 왕의 주검을 끌고 다녔다. 어느 지역으로 이를 끌고 가면 그곳의 복속민들은 슬픔의 표시로 머리카락을 일부 자르고, 귀를 심하게 절단하고, 칼로 베거나 할퀴어서 팔과 이마, 코에 상처를 내고, 화살을 쏘아 왼팔을 뚫고 지나가게 해야만 했다. 그와 같은 의례를 치른 다음 드니프로 강변, 여울목 부근에 왕을 매장했다. 이때 왕의 부인 중 한 사람과 각 범주의 하인들 및 비복들 중 한 사람씩을 죽여서 무덤에 왕과 함께 매장했다. 왕의 말들을 죽여서 그 시체와 갖가지 금은 그릇도 함께 매장했다. 그런 다음 1년 후에 거행되는 추모제에서는 또 다시 쉰 명의 가장 뛰어난 하인들과 쉰 마리의 말을 죽여서 내장을 들어낸 다음 그 대신 왕겨를 채워 넣고, 죽인 하인을 말에 탄 자세로 왕의 무덤 주변에 세워두었으니 이는 말하자면 무덤의 보초인 셈이었다. 이 모든 것은 지어낸 이야기가 아니다. 왜냐하면 실제로 드니프로 강변에는 수많은 부장품이 묻힌 무덤들이 있는데, 이런 곳에는 헤로도토스가 이야기한 바에 상당히 가까운 방식으로 왕들이 매장되어 있다.

그러나 초원민족들의 이같이 사납고 비인간적인 풍습과 함께 그들에게는 호감 가는 관습도 물론 있었다. 이를테면 스키타이인들의 형제애, 스키타이 친구들의 진실성은 이름이 드높았다. 그 호전적이고 사납던 시대에는 진실한 벗을 둔다는 것이 말할 수 없이 중요했다. 스키타이인은 믿을 만하고 용감한 사람을 만나면 그와 함께 의형제 맺기 의례를 이행했다. 그들은 술잔에 포도주를 붓고, 여기에다 팔에 상처를 내어 얻은 약간의 피를 섞고서, 자신의 무기를 큰 술잔에 담근 다음 팔을 함께 맞잡고 이 잔에 담긴 것을 함께 마셨다. 이 의례를 치르고 나면 그들은 이미 친형제보다 더 가까운 사이로 여겨졌다.

그리스 저자인 루키아노스[29]는 그 같은 스키타이 의형제들에 대한 전설들을 모았는데 그가 전하는 이야기 중에는 다음과 같은 것이 있다. 어느 가난한 스키타이 사람이 보스포로스 왕의 딸에게 구혼했다. 다른 모든 구혼자들이 자기가 얼마나 부자인지 자랑할 때 스키타이 사람은 자기는 가축 떼도 천막 친 마차도 없지만 그 대신 두 명의 진실한 의형제가 있다고

29) 사모사타의 루키아노스(Λουκιανὸς ὁ Σαμοσατεύς, 125년 무렵~180년 이후). 그리스어로 저술한 시리아 출신의 작가. 로마제국에 흡수된 사모사타에서 태어나 시리아어를 모국어로 사용하면서도 그리스어를 훌륭하게 구사했다고 하며 수십 편의 저작을 쓴 것으로 알려져 있다. 풍자적이고 기지에 찬 글에 능했으며, 경구, 찬가, 수상(隨想), 희극적 대화 등 다양한 장르의 글을 썼다. 그의 저술에는 스키타이인들의 우정에 대한 여러 예화가 나온다. 구혼 이야기에 나오는 가난한 스키타이인 구혼자는 아르사코마스라는 인물이다.

말했다. 그들은 스키타이 사람을 비웃고서 여러 개의 금잔과 많은 수레, 그리고 많은 가축 떼를 가진 다른 구혼자에게 공주를 주었다. "그들은 훌륭한 사람보다도 가축과 쓸모없는 술잔과 무거운 마차를 더 우위에 두었다." 그러나 훌륭한 사람들은 좋은 의형제가 부보다 더 값진 것임을 입증해주었다. 왜냐하면 그들은 자기 의형제를 위해서 그가 구혼에 성공하지 못한 상대인 공주를 납치하고 그녀의 신랑과 아버지를 살해했기 때문이다.[30] 루키아노스는 또 한 사람의 스키타이 의형제에 대해서도 이야기하고 있는데 그는 자기의 벗을 포로 상태에서 해방시키기 위해 자신의 눈을 빼주었다. 또 다른 스키타이 사람에 대한 이야기는 다음과 같다. 그가 자기 가족 및 부상을 입은 자기 의형제와 함께 있던 집에 불이 났다. 의형제가 불에 타는 상황이 되자 이 스키타이 사람은 아내와 자식들은 운명의 처분에 맡겨 버리고 자기 동료를 구하기 위해 뛰어들었다. 아내는 가까스로 목숨을 건졌으나 아이 하나는 불에 타 숨져 버렸다. 그러나 이 스키타이 사람은 슬퍼하지 않고 이렇게 말했다. '자식들은 앞으로 더 낳을 수도 있고, 그들이 어떤 사람이 될지는 아

그림 **25** 스키타이인들의 의형제 맺기(쿨 오바 고분에서 출토된 황금판).

30) 이것이 흐루셰브스키의 평가대로 스키타이인들의 '호감 가는 관습'에 속할 수 있는지 판단하는 것은 독자들의 몫이다. 공주는 전혀 인권을 가지지 못한 존재로 그려지고 있다는 점에 주목하는 독자는 흐루셰브스키와는 전혀 다르게 판단한다.

직 알 수도 없다. 그러나 그토록 여러 번이나 그에게 사랑을 보여주었던 이 동료와 같은 의형제를 또 다시 찾을 수 있을지는 정녕 알 수 없다.'[31]

9. 슬라브인들의 정주지

이렇듯 흑해 연안 초원지대에서는 여러 세기가 흐르는 동안 내내 가지각색의 스키타이계-사르마타이계-알란계 유목 왕국과 종족들이 살았음을 볼 수 있다. 카르파티아 산맥에서는 군소 민족들이 거주했는데 이들은 바로 오늘날의 루마니아인들의 조상인 이른바 트라키아족의 일원이었을 것이라고 추정된다. 베스족, 코스토복족, 카르프족[32](아마도 이들에게서 카르파티아라는 명칭도 유래했을 것이다)이 그들이다. 할리치나 산기슭 지역에는 독일계 종족인 바스테르나이족[33]이 살았음을 볼 수 있는데, 이들은 북쪽에 있던 그들의 정주지에서 이곳으로 이동해왔다. 모든 것에 비추어 볼 때 슬라브족들은 그 당시 저 멀리 동쪽과 북쪽에서 살고 있었다. 그들의 거주지는 드니프로 강 유역 오늘날의 키예프 도와 그 위쪽, 그리고 북쪽으로는 추정하건대 볼린(Волинь)[34]과 그보다 더 북쪽의 폴리시아(Полісся)[35]

31) 이 이야기에 나오는 '부상당한 의형제를 구한 스키타이인'은 아바우카스라는 이름을 가지고 있다.
32) 고대 그리스인들은 오늘날의 북부 불가리아와 루마니아에 해당하는 도나우 강 하류 양쪽 유역 지방에 거주하던 트라키아 여러 부족들을 게타이(Γέται)라고 불렀다. 코스토복족과 카르프족은 게타이 중에서 가장 강력한 집단이었으리라 추정되는 민족들이다.
33) 독일식으로는 바스타르넨(Bastarnen)이라고 한다. 폴뤼비오스의 저작에 따르면 이들은 기원전 3세기에 로마인들과 전투를 했다고 한다.
34) 영어식으로는 볼히니아라고 한다. 할리치나의 동북쪽에 인접해 있다.
35) 러시아식으로는 폴레시예(Полесье). 낮은 숲지대라는 뜻. 키예프보다 약간 북쪽에 위치한

였던 것 같고, 그들은 또한 드니프로 강 동쪽에도 살았던 것으로 보인다. 헤로도토스가 언급한 네우로이인[36]들과 그가 안드로파고이[37]라고 불렀던 종족들은 옛 정주지에 살던 슬라브인들이었다고 생각할 수 있다. 왜냐하면 그는 이들은 스키타이계 종족들이 아니며 스키타이인들보다 더 북쪽에 살고 있다고 쓰고 있기 때문이다. 다른 저자들의 책에서는 드니프로 강 중류 유역(오늘날의 키예프 도)에 거주한 종족은 아마도코이라고 불리고 있다(지도26을 보시오). 일반적으로 말해 이들 머나먼 곳에 있는 나라들로부터 그리스인들, 로마인들처럼 문화적으로 더 앞선 사람들에게 들려올 수 있는 소식은 거의 아무것도 없었다.

우리는 1, 2세기의 로마 저자들이 쓴 저작들을 통해 그 당시 북쪽의 슬라브인 정주지는 다름 아닌 발트 해까지 미쳤고, 리투아니아계, 독일계 종족들과도 이웃해 있었다는 것을 알고 있다. 그 당시에는 그들을 베네드인이라 불렀다. 이웃의 독일인들이 그들을 그렇게 칭했다.[38] 게르만 민족에 속

부흐 강과 데스나 강 사이의 삼림 소택지를 말한다.

36) 네우로이(Νευροι)는 티라사 강과 히파니사 강의 상류에 거주한 옛 민족이다. 헤로도토스는 이들의 땅이 서쪽으로는 아가튀르사이인들과 남으로는 스키타이인들과 동으로는 안드로파고이인들과 닿아있었고 북쪽으로는 사람이 살지 않는 황야에 닿아 있었다고 쓰고 있다. 헤로도토스, 『역사』 IV 18, 51, 100. 그러나 네우로이인들이 누구이며 그들의 정확한 거주지가 어디였는지는 논란에 싸여있다. 헤로도토스보다 후대의 인물인 역사가 플리니우스는 드니프로 강의 발원지가 네우로이인의 땅에 있다고 쓴 바 있다. 19세기에 활동한 슬로바키아 출신의 범슬라브주의 역사가 파벨 요제프 샤파르직은 네우로이인이 슬라브인들의 조상이라고 주장했다.

37) 안드로파고이(Ἀνδροφάγοι)는 식인종이라는 뜻의 그리스어이다. 이들에 대해 처음으로 언급한 헤로도토스는 안드로파고이인들이 스키타이인들 가까이 사는 여러 종족들 중 하나라고 기술하면서 다음과 같이 썼다. "안드로파고이인들의 태도는 그 어떤 다른 종족들보다 더 야만적이다. 그들은 정의를 준수하지도 않고 어떤 법의 지배도 따르지 않는다. 그들은 유목민이며 그들의 복장은 스키타이적이다. 그러나 그들이 사용하는 언어는 독자적인 것이다. 이 지역에 사는 다른 어떤 민족들과도 달리 그들은 식인을 한다." 헤로도토스, 『역사』 IV 18, 100, 106.

38) 독일식으로는 벤데(Wende, 복수형은 벤덴(Wenden))인이라고 한다. 오늘날에도 이 명칭으

하는 고트족이 서쪽의 이웃이었는데, 고트인들은 비스와(Wisła)[39] 강 서안을 차지하고 있었다. 동쪽으로 발트 해 연안에서 슬라브인들과 이웃한 사람들은 리투아니아 종족이었고, 그 너머에 사는 사람들은 다양한 핀(Finn)계 민족들이었는데 이들은 그 당시 볼가 강 유역의 거의 모든 땅을 차지하고 있었다. (그 후 이들은 슬라브계, 대러시아계 이주민들과 혼화되고 그들의 언어를 받아들여서 결국 대러시아 민족[40]이라는 하나의 민족으로 융합되었다.) 슬라브인들의 확산 이주가 이루어지기 이전의 이 시기에 키예프 주변 지역과 그보다 더 서쪽 지역에는 이른바 '장례의 평원'이 있었는데, 이는 들 전체가 망자들이 묻혀 있는 '묘지 평원(поля-кладовища)'을 이루고 있는 곳으로, 어떤 사람들은 매장되었고 다른 사람들은 화장되었다(그림 27과 28을 보시오). 이곳의 유적에서는 그릇과 여러 가지 물품이 발견되는데, 어떤 경우에는 기원전 2세기~1세기 시기와 그 후대의 로마 주화가 출토되기도 한다.

슬라브인들은 자신들의 이 옛 정주지에서 기억조차 까마득한 옛 시절부터 아주 오랫동안 살았다. 그들의 이웃 민족들이 이동을 할 때 아마도 다양한 슬라브계 종족들도 서쪽으로 남쪽으로 가까이 옮겨 오곤 했던 것으로 보인다. 그러나 슬라브인들의 대대적인 민족이동은 그보다 더 나중에, 주로 기원후 4세기부터 이루어졌다. 이때 게르만계 종족들은 서쪽으로 이동해 갔고 남쪽 초원지대 및 초원과의 경계지대에서는 훈족이 슬라브인들에게 자리를 내주었다.

비스와 강과 오데르 강, 엘베 강 유역에 살던 게르만계 종족들은 오래전

로 불리는 슬라브계 소수민족이 독일에 살고 있다.

39) 라틴어, 영어식으로는 비스툴라 강이라고 한다. 현재는 폴란드 영토를 흐르는 강이기 때문에 이 책에서는 폴란드식으로 비스와 강이라 부르기로 한다.

40) 러시아의 주류 민족을 말한다. 일반적으로 러시아 민족이라고 불린다.

에 이곳에서부터 남쪽으로 이동해 갔다. 기원전 3세기에는 앞에서 이미 언급한 바스테르나이족이 그곳에서부터 카르파티아 산맥 인접 지역으로 그리고 그 후에는 더 멀리 도나우 유역 지역으로 이동했다. 기원후 2세기에는 고트족이 비스와 강 유역에서부터 남쪽으로 이동해 갔다. 더 가까운 곳에서 적당한 거주지를 발견하지 못한 그들은 바로 흑해 연안까지 거쳐 왔고 알란족을 몰아낸 후 도나우 강에서 아조프 해 사이에 펼쳐진 유역 지방에 정착했다. 이 게르만인들은 로마 영토와 그리스인들의 해변 도시들을 수시로 습격하던 호전적인 종족이었다. 이 같은 습격은 그 당시 대단히 큰 소란을 불러일으키곤 했으며 그 덕분에 우리는 이들 게르만계 종족에 대해 무엇인가 알고 있는 것이다. 그러나 그들도 곧 재난에 부딪혔으니 그것은 4세기 말, 대략 370년 무렵에 훈족이라 불리는 최초의 투르크계 유목 왕국 세력이 유럽에 불시에 쳐들어온 때의 일이었다. 훈 왕국은 카스피 해안과 아조프 해안 부근에 거주하던 알란계 주민들을 유린하고 고트인들을 습격했다. 연로한 고트 국왕 헤르마나리쿠스(Hermanaricus)[41]는 이 파국으로 너무나 상심해 자기 백성의 불행을 두 눈으로 보지 않기 위해 스스로 목숨을 끊었다. 실제로 훈족은 모든 사람들을 공포 속으로 몰아넣었다. 소스라치게 놀란 그 당시 사람들은 훈족을 극도로 야만적이고 비인간적인 유목 왕국, 심지어 별로 인간 같지도 않은 존재들이라고 서술했다. 고트인들은 방어를 하고자 시도했으나 첫 번째 패전 이후 그들의 용기는 다해버렸고 그들은 훈족으로부터 살아남기 위해 도나우 강 건너편으로 돌진해

41) 에르마나리쿠스(Ermanaricus)라고도 한다. 라틴어로 저술한 역사가들의 저서에 이 고트인 국왕의 이름이 라틴식으로 표기되어 있어서 이렇게 불린다. 그는 대단히 뛰어난 무인이었으며 흑해 연안의 엄청나게 광대한 땅을 지배했다고 한다. 훈족의 습격을 받고 그가 자살했을 때 110세였다고 한다.

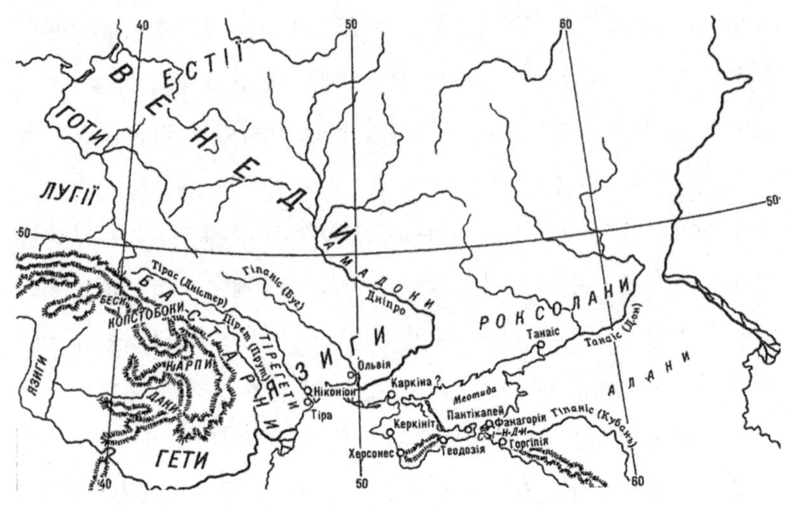

그림 26 기원 1년 무렵의 우크라이나 땅.

갔다. 그리고 그들 중 일부는 훈족에게 정복당했다. 그러나 훈족 자신이 더 멀리 서쪽으로, 오늘날의 헝가리 초원으로 이동했고, 그들과 함께 고트족도 이동해 갔다. 그들 가운데 작은 일부 집단만이 아조프 해 부근, 크림 반도 및 카프카스 해 연안지대에 남게 되었다.

이리하여 슬라브인들 앞에는 서쪽과 남쪽에 한꺼번에 광대한 공간이 펼쳐지게 되었고 그들은 이 시기에 광범하게 확산 이주하기 시작했다. 후대의 폴란드인, 체크(체코)인, 슬로바크인, 그리고 오늘날에는 거의 절멸된 폴랍스크(полабское)인과 포모르스크(поморское, 발트 해 연안에 거주하던 사람들)인 등의 원조가 된 서부 슬라브 종족들은 비스와 강, 오데르 강, 엘베 강 유역의 옛 게르만인 정주지역으로 이동해 갔다. 오늘날의 불가르인, 세르브인, 슬로베네인의 원조가 된 남부 슬라브 종족들은 카르파티아 산맥, 도나우 강변, 그리고 도나우 강 너머 발칸 땅으로 이동해 갔다. 우크라이나 민족의 원조를 이루는 동남부 슬라브인들은 그들의 옛 정주지를 떠나 서부 종족들과 남부 종족들이 남기고 간 이웃 지역과, 훈족의 습격 이후 공백지대가 된 남쪽의 초원지대 및 초원 접경 지역으로 이동해 갔다. 이곳에서 처음으로 우리는 그전처럼 슬라브인 전체에 대한 기록이 아니라 우리의 종족들, 개별적으로 우리 민족에 대해 알려주는 특정한 보고들을 만날 수 있게 된다.

10. 우크라이나인들의 확산 이주: 안테인

옛 정주지에서 아주 가깝게 서로 이웃으로 지내던 시절의 슬라브인들은 나중에 그렇게 광범하게 확산 이주해 가고 난 이후의 시기에 비해 구사하는 언어도 서로간에 더 가까웠고 풍습이나 일상생활도 서로간에 더 비슷했다. 그러나 그 당시에도 개별 종족들 및 종족 집단들 사이에는 아주 확실한 차이들이 존재했으며, 이 같은 차이들은 확산 이주 이후에야 좀 더 분명하게 드러나게 되었다. 슬라브인들의 확산 이주 시기에 이들에 대해 기록하던 그리스인 저자들은 비잔티움 제국 인근인 남부 지역에서 슬로베네(Slovene)인과 안테(Ante)인을 구분했다. 그들은 도나우 강 유역과 발칸 땅에 살던 종족들을 슬로베네인이라 불렀고, 드니스테르 강 유역, 드니프로 강 유역 및 더 동쪽으로 아조프 해 연안 지역에까지 걸쳐 살던 종족을 안테인이라고 불렀다. 이들 안테인이야말로 우리 우크라이나 종족들로, 이들은 그 당시 드니스테르 강에서 아조프 해에 이르기까지 흑해 연안 전역을 차지하고 있었으며 이곳에서 안테인이라는 명칭 아래 처음으로 역사 자료에 독자적으로 등장한다.

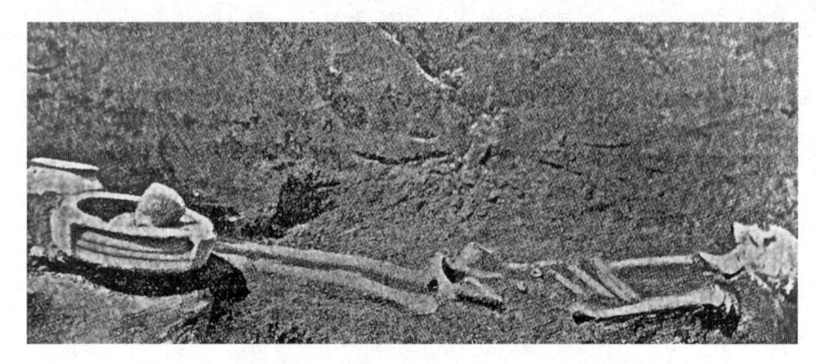

그림 **27** 매장지 유적(키예프 도, 망자의 들판 일부).

이들 안테인에 대해 비잔티움 저자들이 써서 우리에게 전해주고 있는 가장 초기의 보고는 훈족의 습격 직후인 4세기 말에 관한 것이고 이 보고야말로 우리 종족들의 입장에서 '역사 시대의 시작'이라고 불리는 것이다. 고트족의 역사를 기록한 역사가 요르다네스(Jordanes)[42]는 우리를 위해서도 흥미로운 다음과 같은 보고를 그의 책 속에 담았다. 즉 헤르마나리쿠스의 후계자 가운데 하나였던 고트 국왕 비니타르(Vinitar)는 안테인들과 맞서 싸웠다는 것이다('비니타르'라는 이름 자체도 아마 별명인 것 같은데, 이는 비니트인, 곧 슬라브인들의 정복자를 뜻한다). 요르다네스의 기록을 따르면 첫 전투에서는 안테인이 고트족을 무찔렀으나 비니타르는 사기를 잃지 않고 안테인과의 전쟁을 계속해서 파괴를 자행했으며 안테인의 공(князь)인 보슈(Бож)와 그의 원로들을 포로로 잡은 다음 안테 사람들에게 두려움을 주기 위해 포로들을 무시무시한 사형에 처하라고, 곧 십자가에 못 박으라고 명했다. 그러나 그 후 훈족이 안테 사람들을 자신들의 보호 아래 받아들였

42) 6세기 비잔티움 제국의 역사가. 고트족의 역사인 『게티카(*Getica*)』(551)의 저자로 잘 알려져 있다. 그는 관직에도 종사한 적이 있는 인물로 고트족에 대한 간명한 역사책을 원했던 비길리우스(Vigilius)라는 친구의 권유로 이 책을 쓰게 되었다고 밝히고 있다.

그림 28 화장터 유적(키예프 도, 망자의 들판 일부).

으며 비니타르를 무찔렀다.

아마도 그 당시 안테인들은 흑해 연안 초원으로 이주했다가 고트족과 충돌했던 것으로 보이며 이 전쟁은 바로 이처럼 안테인들, 곧 우크라이나인들이 초원지대로 확산 이주해 갔음을 보여준다고 하겠다. 고트족과의 전쟁은 이들 종족의 이동을 막지 못했으며 이 지역에 거주하는 주민들과의 또다른 충돌이나 전쟁도 역시 이를 막지 못했다. 초원의 호전적인 민족들 틈에 섞여 생활하면서 이 초원의 우크라이나인들, 곧 안테인들은 그들 스스로 전투적인 생활에 익숙해져서 훈족 및 그들의 동족인 불가르인들(이들은 투르크계 유목 집단의 하나로서, 나중에 슬라브인들 틈에 섞여 발칸 반도에 정착했으며 발칸 반도 슬라브인들과 혼화되어 그들에게 자기네 이름을 남겨 주었다)[43]과 함께 약탈적인 습격에 나서곤 했다. 평화로운 생업의 습관을 잃어

43) 이 설명에서도 알 수 있듯이, 여기에서 말하는 불가르인들은 투르크계 유목민이며, 슬라브계 민족이 아니다. 앞에서 언급한 '오늘날의 불가르인, 세르브인, 슬로베네인의 원조가 된 슬라브인들'은 이들과 달리 발칸 반도에 먼저 이주하여 정착한 슬라브계 주민을 말한다. 그런데 나중에 발칸 반도로 이주해 간 투르크계 불가르인들이 슬라브계 발칸주민들과 융합해 오늘날의 불가리아인의 조상이 되었다.('불가르'는 종족의 이름이고 불가리아는 땅-나라 이름이다.)

버리게 되면서 그들은 후대의 코자크[44]들과 마찬가지로 더욱더 전쟁에 익숙해졌다. 그들은 농업을 팽개쳤고 보잘것없는 오두막집에서 곤궁과 가난 속에서 살았으며 그리스인들과 같은 철제 갑옷을 가지지 못했다. 그들의 무기는 가장 보잘것없는 것으로 그 무슨 한 쌍의 창이 고작이었다. 그들은 공개적으로, 대열을 지어 전투에 나아가는 것은 좋아하지 않았다. 그러나 적들을 불시에 덮치고 습격하는 일, 적들을 혼비백산케 한 다음 다시 도주하는 일에는 대가들이었다. 기민하고 인내심이 강한 그들은 매복을 하는 데 아주 뛰어났고 심지어 물속에까지 들어가 몸을 숨기는 일에 아주 능했으며 이 같은 강한 인내심으로 그리스인들에게 놀라움을 안겨 주곤 하였다. 그들은 전리품을 찾아 비잔티움 제국 땅에까지 갔다 오곤 했으며, 비잔티움 제국은 안테인들이 제국의 적을 향해 무기를 겨누게끔 하려고 이따금씩 그들에게 돈을 지불하곤 했다. 그래서 530년대에는 안테인들이 그들 이웃인 드니스테르 강 너머 슬로베네인들과 전쟁을 하는 일이 벌어졌는데, 이는 아마도 슬로베네인들의 습격으로 심한 어려움을 겪어 왔던 비잔티움 정부와의 협약에 따른 것이었으리라 보인다. 그 후 580년대가 되면, 그 당시 비잔티움 제국이 안테인들을 사주해 슬로베네인들과 싸우게 했다는 사실을 그리스 역사가들이 아주 명백하게 말하고 있다.

44) 우크라이나 역사 용어는 아직까지 통일된 한국어 표기법이 없다고 할 수 있다. 이 번역서에서는 최근의 번역도서와 「러시아 · 동유럽사 용어 표기법」을 참고하였으며, 때에 따라서는 이미 정착된 표기법이나 원어에 가까운 표기법을 선택하였다. '방랑자', '자유인', '무법자' 정도의 의미를 가진 '코사크', '코자크', '카자크'는 국내에서 자주 쓰이는, 동일한 의미를 가진 용어이며, 영어, 우크라이나어, 러시아어순으로 나열되어 있다. 코자크/카자크는 우크라이나에도 존재했고 러시아 역사에서도 중요한 역할을 한 집단이다. 이 번역서에서는 우크라이나에서 출현한 집단에 대해서는 우크라이나어식으로 '코자크/코자키'(전자가 단수형, 후자가 복수형)로 칭하고, 러시아에서 출현한 집단에 대해서는 러시아어식으로 '카자크/카자키'(전자가 단수형, 후자가 복수형)라고 칭하기로 한다.

비잔티움 역사가인 프로코피우스[45]는 내가 방금 언급한 530년대 안테인들과 슬로베네인들 사이의 전쟁을 계기로 삼아 안테인들과 슬로베네인들의 삶에 대해 흥미로운 보고를 하면서 그 가운데 다음과 같은 경우도 기술하고 있다. 그리스인들 가운데는 슬로베네인들과 안테인들의 습격으로부터 비잔티움 영토를 아주 성공적으로 막아내곤 했던 사령관 힐부디우스가 있었다. 그런데 그는 슬로베네인들을 치기 위한 어느 원정에서 전사했고 슬로베네인들은 다시 비잔티움 땅을 약탈하기 시작했다. 시간이 얼마 흐른 후에 안테인들 사이에서 살고 있던 한 그리스인 포로가 자기 주인에게 이야기하기를, 힐부디우스는 죽은 것이 아니라 포로 신분으로 슬로베네인들 사이에서 살고 있지만 슬로베네인들은 이 사실을 모르고 있다고 했다. 이 안테 사람은 지체 없이 몸값을 주고 문제의 힐부디우스를 석방시킨 다음 그를 자기에게 데려오게 했고 그가 정말로 그 유명한 힐부디우스 사령관인지 문초하기 시작했다. 몸값을 주고 풀려난 포로는 말하기를 자기는 전혀 그리스인이 아니라 출신으로 볼 때 안테 사람으로서 단지 힐부디우스라는 이름을 가지고 있을 뿐이며 지난번 전쟁 때 슬로베네인들에게 잡혀 포로가 되었다고 했다. 그러나 주인은 그의 말을 믿지 않고 이 일을 자기 방식대로 동포들에게 알렸다. 안테 사람들은 자기네들 사이에 그토록 유명한 사령관이 있다는 사실에 크게 기뻐했다. 그들은 대개 중요한 일이 있을 때마다 개최되곤 했던 대규모 민회(베체)를 소집했다. 그 까닭은 그들 사이에는 단일한 수장이 없었고 모든 일을 다 함께 협의했기 때문이라고

45) 프로코피우스(Procopius Caesarensis, 500년 무렵~565년 무렵). 그리스식 이름은 프로코피오스 호 카이사레우스(Προκόπιος ὁ Καισαρεύς). 비잔티움 제국의 유명한 학자이며 역사가이다. 그는 유스티니아누스 황제에 대해 여러 책을 썼지만 그중에서도 『비사(秘史, *Historia Arcana, Ἀνέκδοτα*)』는 동로마 제국의 최대 전성기를 연 이 통치자와 부인 테오도라의 개인생활에 관한 적나라한 서술들을 담고 있어 많은 흥미를 끈다.

프로코피우스는 설명하고 있다. 그들은 민회에서 자기네 동족인 힐부디우스에게, 그가 진짜 유명한 힐부디우스가 아니라는 사실을 자백하지 말라고 명하고 나서, 그들 스스로 비잔티움 황제에게 전갈을 보내기로 결정했다. 그 당시의 황제였던 유스티니아누스 대제는 비잔티움 영토를 적들로부터 지키기 위해 안테인들에게 비잔티움 땅에 이주해 들어와 살라고 설득하곤 했고, 그 대가로 그들에게 돈을 지불하겠다고 약속하곤 했다. 안테인들은 이제, 자기네가 찾아낸 사령관 힐부디우스도 자기네와 함께 산다는 것을 조건으로 이 제안에 동의했다. 불쌍한 힐부디우스는 이 문제에 대해 협의하기 위해 콘스탄티노플로 떠나야만 했다. 그러나 도중에 비잔티움의 장군 나르세스[46]가 그를 체포한 다음 그는 사기꾼이니 쇠사슬로 결박하라고 명령했고 황제와 안테 사람들의 흥정은 중단되었다.

우리는 이렇게 우연한 기회에 우리 선조들에 대해 무엇인가를 알게 되며, 어떤 우연한 사건이 갑자기 빛줄기를 던져서 우리 앞에 옛날 옛적의 삶을 비추어 보여주곤 한다. 기원후 6세기의 이 코자크들[47]이 어떻게 살았고 누구와 맞서서 싸웠으며 그들의 제도와 관계는 어떠했던가를 말이다.

이 시기의 또 다른 그리스인 저자인 메난드로스[48]의 책에는 6세기 중반

46) 나르세스(Narses, 478~573). 그리스어로는 Ναρσής. 네르세스라고도 한다. 아르메니아 출신의 동로마제국 장군이다. 벨리사리우스와 함께 유스티니아누스 황제의 정복 전쟁에서 큰 역할을 했다.

47) 이 코자크라는 말은, 물론 흐루셰브스키가 비유적인 의미에서 사용한 것이다. 6세기 당시에는 코자크라는 말도 없었으며 후대의 코자크들과 6세기 안테인들의 생활방식이 동일한 것도 아니다. 그러나 근대 이후의 우크라이나인들은 코자크를 그들의 정체성의 근거로 삼는 경향이 강했으므로 이 부분에서도 흐루셰브스키가 우크라이나인들의 조상으로 여겨지는 안테 사람들을 '6세기의 코자크'라고 부르고 있다.

48) 메난드로스 프로텍토르(Μένανδρος Προτήκτωρ 또는 Προτέκτωρ)는 6세기 비잔티움 제국의 역사가이다. 6세기 중반 콘스탄티노플에서 태어났으며 법률을 공부한 후 마우리키오스 황제 궁정에서 경비부대 장교로 근무하였다. 그의 이름에 붙은 프로텍토르는 근위장교

에 흑해 연안 초원지대로 이동해왔던 아바르인들의 유목 왕국과 안테인들 사이의 싸움에 관한 보고가 담겨졌다. 안테인들은 아바르인들과의 전투를 성공적으로 치르지 못해서 안테인 중 꽤 많은 사람들이 포로로 잡혔으며 아바르인들은 안테인들의 땅을 황폐하게 만들기 시작했다. 안테인들은 포로들을 넘겨받고 아바르인들과 강화를 맺기 위해 그들 가운데서 가장 뛰어난 메자미르라는 사람을 사절로 파견했다. 그러나 이 사람은 자존심이 강하고 용감한 인물로서 아바르인들의 카간(Kagan)[49] 앞에서도 침묵을 지키지 못한 채 카간의 거만한 말에 용감하고 단호하게 대답했다. 그때 카간의 궁정에서 은혜를 입어 살고 있던 한 불가르인이 카간에게 이 메자미르를 죽여야 한다고 부추겼다. 메자미르는 안테 사람들 사이에서 가장 큰 영향력을 누리고 있고 아바르인들에게 맞서서 안테인들이 봉기하게끔 만들 수 있다는 것이 그 이유였다. 카간은 그의 말에 귀를 기울여 메자미르를 죽였으며 아바르인들은 안테인들의 땅을 그전보다도 더 심하게 짓밟기 시작했다.

아바르인들이 초래한 이토록 심한 재난에 대한 기억은 우크라이나 주민들 사이에서 오랫동안 보존되었다. 키예프의 연대기 저자는 오브르인들(обры, 아바르인들)이 볼린에서 살고 있던 우크라이나계 종족인 둘레브인들(дулевы)을 어떻게 괴롭혔는지 기록했다. 그는 오브르인들이 둘레브 여인들을 짐수레에 매단 후 짐수레를 타고 다녔다고 이야기하고 있다. 그는 또 이렇게 말하고 있다. "이 오브르인들은 몸집이 거대하고 성정

를 의미하며 그의 직책에서 이 별명이 비롯되었다. 궁정 근무의 경험을 바탕으로 삼아 역사를 기록하기 시작하였다. 유스티니아누스 대제 치세인 558년부터 티베리우스 황제 사망시기인 582년까지 제국의 역사를 기록하였다.

49) 투르크계 초원 유목민 국가의 최고 지배자를 말한다.

그림 29 석류 무늬가 여기저기 들어간 황금 허리띠 장식 – 이른바 고트 양식(훈족 이동 시기)의 제품이다. 색깔 있는 돌로 이러한 장식을 한 것이 이 출토품의 특징이다.

은 거만했는데 신이 그들을 멸했다. 그들은 모두 죽고 없어서 단 한 패거리도, 그 찌꺼기도 남지 않았다. 그래서 '오브르 사람들처럼 멸망했다'는 속담이 생겼을 정도였다." 그러나 실제로는 오브르인들은 그렇게 급속하게 멸망하지 않았으며 단지 더 서쪽으로, 헝가리로 이동해 갔을 뿐이다.

11. 우크라이나계 종족들

앞에서 서술한 아바르인들의 살육과 같은 초원지대의 폭풍은 온갖 고난에 익숙해져 있던 초원지대의 우리 선조들을 두렵게 할 수 없었으니 그들은 초원지대에서 계속 버텼을 뿐 아니라 심지어 더 먼 곳으로 계속 이동해 가기까지 했다. 동으로는 아조프 해로, 서로는 도나우 강으로 이동해 간 것이다. 7세기 말부터 카스피 해 연안 초원지대에서 새로운 유목 집단인

하자르인들의 국가가 지배권을 행사하게 되었다는 것이 그들의 확산 이주에 큰 도움을 주었다. 하자르인들은 다른 유목 왕국들처럼 그렇게 약탈적이지 않았다. 하자르 통치자들은 카스피 해 연안 지역과 아조프 해 연안 지역의 교역도시들로부터 다종다양한 소득을 얻고 있었으므로 오히려 이들 나라에서 평온과 안전을 유지하는 데 신경을 쓰고 있었으며, 흑해 연안 초원지대로 밀고 들어오려고 복닥거리고 있던 새로운 투르크계 유목집단들이 카스피 해 건너편에서부터 쳐들어오는 것을 허용하지 않았다. 그 덕분에 이곳에서의 삶은 더 평온해지고 더 안전해졌다. 우크라이나계 주민들은 그들의 새로운 거주지에서 농업과 교역에 종사했으며 전쟁의 습관과는 손을 끊게 되었다. 그러나 이것에는 이것대로 위험한 측면도 있었다. 호전적이고 위협이 일상화된 그런 삶에서 멀어져 있게 된 주민들은 그 후 하자르 유목국가가 약화되고 여러 투르크계 유목집단들이 또다시 흑해 연안 초원지대로 밀려들어왔을 때에는 불안과 파괴를 견뎌내지 못했다. 그들과 우호적으로 지낼 수 없었던 우크라이나 주민들은 초원을 버리고 더 안전한 장소로, 곧 북쪽의 삼림지대와 서쪽의 산악지대로 떠나가게 되었다. 그곳에는 흑해 연안의 비옥한 초원에서와 같은 그러한 풍요로운 삶은 존재하지 않았음에도 말이다.

이 시기에 대해 알려주는 보고는 아주 조금밖에 남아 있지 않다. 우리가 이 시기 이전까지 가질 수 있었던 모든 보고는 그리스 사료들에서 나온 것이다. 그러나 7세기 초에 그리스인들은 슬라브인들과 아바르인들로부터 그들의 북쪽 국경을 지킬 수 없게 되자 이를 완전히 포기했고 이와 함께 흑해에 대한 관심도 더 이상 가지지 않게 되었다. 3세기가 지나도록 이에 대한 이야기는 아무것도 들을 수가 없다. 안테인들에 대해서는 602년에 마지막으로 언급되어 있는데, 그 후 이어지는 7세기와 8세기에는 이 이름은 사라져 버렸음에 틀림없다. 콘스탄티노스 포르퓌로겐네토스 황제[50]가 10세기 중반(약 950년 무렵)에 수집한 흑해 연안지대, 초원지대 및 초원 근접지대에 대한 보고에는 이미 울츠, 드레블랴네, 루차네, 키예프 루스 등 우크라이나의 개별 종족들이 언급되어 있다. 이들 종족들에 대한 더 상세한 보고는 한 세기 후, 곧 11세기에 집필활동을 한 키예프 연대기 저자들이 제공하고 있다. 그들을 통해 우리는 드니프로 강 건너 이 강의 왼쪽(동쪽) 기슭인 데스나 강, 세임 강, 술라 강 유역, 그러니까 오늘날의 체르니히브 도와 폴타바 도에 해당하는 지역에는 북쪽의 큰 종족인 세베랴네인[51]들(이곳의 큰 도시는 체르니히브, 노브고로드 세베르스키, 류베치, 페레야슬라브 등이다)이 살고 있었음을 알고 있다. 드니프로 강 오른쪽(서쪽) 키예프 부근에는 폴랴네인[52]들이 살았는데 이들은 다른 이름으로는 루스[53]라고도 불렸

50) 콘스탄티노스 포르퓌로겐네토스(Κωνσταντῖνος Ζ΄ Πορφυρογέννητος). 비잔티움의 콘스탄티노스 7세 황제(재위 908?–959), 저술가. '자줏빛 강보에 싸여 태어난'을 뜻하는 '포르퓌로겐네토스(Πορφυρογέννητος, Porphyrogennetos)'라는 별칭은 황실적통(皇室嫡統)이라는 의미로 그에게 붙여진 것이다. 자기가 아버지 레온 6세와 어머니 조에 사이의 혼외자로 태어났다는 이유로 황위계승권이 문제될 수도 있었기 때문에, 그는 이 별칭을 통해 자신의 정통성을 강조했다. 부모는 그의 출생 이후에 정식으로 결혼했다. 어린 나이에 황제로 즉위한 그는 정치보다 학문과 저술에 더 큰 관심을 가지고 있었으며, 당대 비잔티움 사회의 행정, 궁정 의전, 대외관계, 주변 민족들의 생활 등에 대해 상세히 알려주는 여러 권의 책을 집필하였다. 그의 저술은 루스 사회의 구조와 대외관계, 공과 드루쥐나의 관계, 공의 경제활동 등에 대해서도 기록하고 있는 귀중한 사료이다.

51) 세베랴네라는 이름 자체가 북쪽 사람들이라는 뜻을 가진다. 키예프 연대기 저자들의 관점에서 보았을 때 이들이 더 북쪽에서 살았기에 이 같은 이름이 붙여졌을 것이다.

52) 폴랴네는 폴레(들)에서 나온 말로 평원의 사람들이라는 뜻을 가진다.

53) 루스라는 말은 동슬라브인들의 역사에서 대단히 큰 의미를 가진다. 이것은 곧 동슬라브인 최초의 국가 이름이 되었고 이 말에서 러시아라는 이름이 나오기도 했기 때문이다. 루스의 기원이 어디에 있는가를 둘러싸고는 수많은 논쟁이 있다. 노르만 기원설의 지지자들은 루스가 스칸디나비아 바이킹의 한 부족 이름이었다고 주장한다. 이에 반해 흐루셰브스키는 루스를 키예프 일대의 슬라브계 주민 집단인 폴랴네와 동일시하고 있다. 그런데 그는 여기서 이에 대한 별다른 근거를 제시하지는 않고 있다.

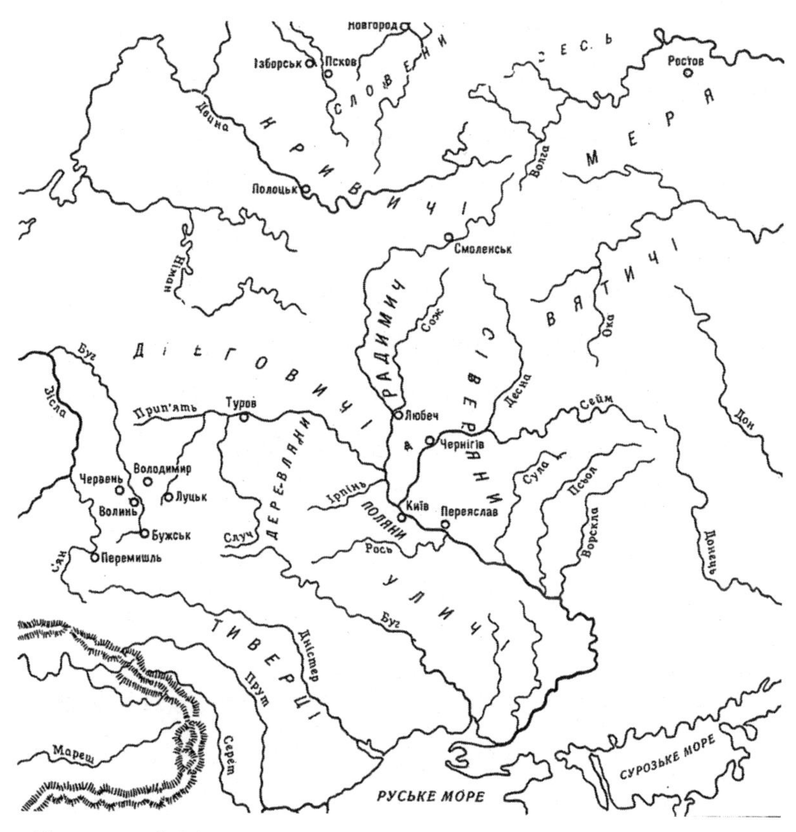

그림 30 **9–10** 세기의 종족들의 분포.

다. 폴랴네인들 맞은편 더 동쪽(원문대로임)[54]으로 가서 테테레브 강, 우샤 강, 고린 강 유역의 드레무치 숲에서는 드레블랴네인들, 곧 숲의 사람들이 살았다. 그리고 프리퍄트 강 북쪽에서는 드레고비치인들, 곧 '늪지대 사람

54) 흐루셰브스키의 원문(러시아어본, 우크라이나어본 모두)에는 동쪽이라고 되어 있으나 서쪽이라고 해야 맞다. 드레블랴네(데레블랴네)인들은 폴랴네인들의 서쪽에서 살았다. 그림 30의 지도에서도 이를 확인할 수 있다.

들'(드레그바는 늪을 의미한다)이 살았다. 슬루치 강 너머 볼린에서는 둘레브 인들이 살았다. 흑해 연안에 가까운 드니프로 강 인근 지역에서는 울리치 인들이 살았고 그보다 더 서쪽 드니스테르 강변에서는 티베르츠인들이 살았다. 돈 강 유역과 아조프 강 연안 지역에서는 어떠한 종족들이 살았으며 카르파티아 산맥 기슭 할리치나의 주민들은 어떤 이름으로 불렸는지에 대해서는 연대기 저자들이 침묵하고 있다. 그러나 이곳에서도 또 저곳에서도 우크라이나계 종족들이 살았음은 분명하다. 이들은 좀 더 정확히 말하면 동남 슬라브 종족들이라고 할 수 있는데 이들로부터 오늘날의 우크라이나 민족이 형성되어 나왔다. 다만 그들의 종족 이름을 모를 뿐이다.

12. 우크라이나계 종족들의 일상생활

이 종족들에 대해 기술하면서 연대기 저자는 그들이 풍습과 일상생활에서 서로 구분되었다고 지적한다. "각자가 자신의 관습, 자기 선조들의 법률과 학문을 가지고 있었으니, 각자가 자신의 풍습을 가지고 있었다." 그러나 이들 차이는 크지 않았으며, 이 모든 종족들의 삶과 일상생활에서 똑같거나 비슷한 것이 훨씬 더 많았다. 그리고 연대기 저자들의 이야기와 키예프의 다른 사료들을 분석하고, 이 지역에 대해 기술한 외국인들의 보고들을 참조하고, 옛 무덤과 보물창고의 출토품을 검토하고 끝으로 언어 자체에 담겨 있는 자료들을 살펴볼 때, 오늘날의 우크라이나 영토에 있는 새로운 거주지로 확산 이주해온 후 우크라이나의 주민들이 이 시기에 어떠한 삶을 영위했는지 상당히 온전한 모습을 구성하는 것이 가능하다. 물론 이 같은 삶이라고 해도 크고 부유한 상업도시에서의 삶과 세속 사회에서 멀리 떨어진 울창한 숲 속 오지 농촌의 외딴 농가에서의 삶이 똑같을 수는 없었다. 오늘날에도 도시인들의 삶과 오지 농촌 주민들의 삶에는 큰 차이가 있는 것과 마찬가지이다. 그렇기는 하지만 연대기 저자들이 지적하는 종족 간의 차이는 큰 의미가 없다. 그 같은 차이는 그들의 눈에만 중요한 것이었다. 그것은 마치 오늘날 흔히 같은 지방에 사는 사람들이 자기네 이웃이 뭔가 독특한 말을 하거나 남다르게 발음을 하거나 약간 색다르게 옷을 입는 경우, 이러한 것이 근본적으로는 시시한 일에 지나지 않음에도 그들을 놀리곤 하는 것과 다를 바 없다.

이 시기 우크라이나 주민들은 어디에서나 농업에 종사했고 대개가 농업으로 먹고 살았다. 이는 언어에도 반영되었다. 곡식을 일컫는 데 쓰는 말인 쥐토(жито)는 원래는 인간의 생활수단을 의미했다. 인간이 아직 금속 도구를 사용할 줄 모르고 석기를 사용하던 시기에 이미 우크라이나에서는 농업이 시작되었다. 이제는 심지어 오지에서도, 그러니까 예를 들어 키예프의 연대기 저자가 "그들은 '짐승같이' '가축과 같이' 살고 있다"라고 이야기하곤 했던 드레블랴네인들이 거주한 지역 같은 곳에서도 사람들은 밭을 갈고 씨를 뿌렸으며 농삿일을 해서 먹고 살았다. 드레블랴네인들과 세베랴네인들의 무덤에서는 낫과 여러 종류의 곡식(호밀, 귀리, 보리, 밀) 낟알이 발견되곤 한다. 다종다양한 문서사료에는 오늘날 우리가 알고 있는 거의 모든 곡식 종류가 (메밀만 빼고는) 다 언급되고, 농기구 중에서는 구식쟁기(рало), 쟁기(плуг), 써레, 곡괭이, 삽, 도리깨 등이 언급되며, 사람들이 어떻게 땅을 갈고 씨를 뿌리고 추수를 하고 탈곡을 하고 까부르기를 했는가가 이야기된다. 이는 그 당시의 경제가 오늘날의 경제에 상당히 가까이 다가와 있었다는 것을 의미한다. 다만 방앗간은 없어서, 곡식을 빻는 일은 작은 수동식 맷돌을 돌려서 하곤 했다. 온갖 종류의 가

그림 31 미케네 이전 시기 오두막에서 발견된 맷돌. 우크라이나에서 가장 오래된 농경생활의 유물 가운데 하나이다.(큰 돌 위에 둥글게 만든 작은 돌을 놓고 돌려서 곡물을 으깼다.)

축을 길렀는데 다만 가금류를 기르는 일은 아직 드물었다. 그 대신 양봉은 아주 널리 행해졌다. 그들 스스로도 꿀을 많이 먹었고 꿀과 밀랍을 이웃사람들에게 팔기도 했으며 공(公)에게 바치는 세금도 역시 꿀과 밀랍으로 납부했다. 삼림 지역에서는 꿀벌을 야생 꿀벌 집에서, 다시 말해 땅에서 닿을 수 없을 정도로 높은 곳에 낸 나무 구멍에서 길렀으며, 이 구멍 안에 벌 떼를 넣곤 했다. 숲이 없는 곳에서는 벌통에 벌 떼를 넣어 길렀다. 과거 어느 때인가 가장 주된 생업이었던 수렵은 이제 농업의 발달과 함께 왕년의 중요성을 잃어버렸다. 수렵은 먹을거리를 위해서라기보다는 오히려 모피를 얻기 위해 행해졌고, 부자들, 보야린(боярин)[55]들, 공들은 사냥으로 오락거리를 삼았다. 그 당시에는 아직도 온갖 종류의 맹수가 많이 있었다. 키예프 공이었던 볼로디미르(블라디미르) 모노마흐[56]는 자기 아들들을 가르치기 위해 자기가 행한 사냥에 대

55) 복수형은 보야레(бояре)이며 영어권에서는 보야르(boyar)라 표기해오고 있다. 동슬라브 사회의 최상층 귀족을 말한다. 이 말은 원래 투르크계 불가르어에서 유래한 것으로 알려져 있으나 동슬라브 사회에 받아들여져 군주인 공 혹은 차르 바로 아래의 최상위 귀족층을 가리키는 말로 오랫동안 사용되었다. 키예프 루스에서 보야린을 구성한 사람들은 동슬라브 부족의 상층 집단 출신이거나, 공에 대한 봉사나 재산으로 사회적 인정을 받은 인물들이었다. 대개는 혈통귀족이었고 대토지소유자들이었지만 시기에 따라 구체적 범위와 세습 여부는 달라졌다.

56) 볼로디미르 모노마흐(Володимир Мономах, 1053~1125). 키예프 대공으로 키예프 루스의

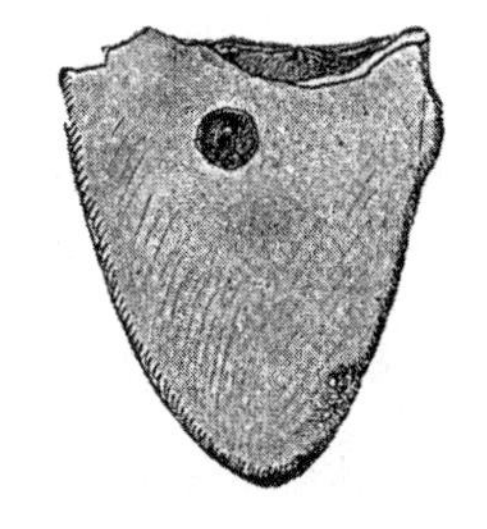

그림 32 키예프 국가 시기의 쟁기 날(뾰족한 부분).

그림 33 쟁기(랄로). 추정한 모습.

해서 이야기하고 있다. 그는 말하기를, 자기가 체르니히브에 갔을 때 그곳 밀림에서 120마리의 야생마를 굴레를 씌워 잡았다고 하며 키예프 땅에 있는 로스 강가에서도 역시 자기 손으로 말을 사로잡았다고 한다. 그는 자기의 갖가지 모험에 대해서도 묘사한다. 한번은 야생 들소(тур) 두 마리가 그와 그가 탄 말을 함께 뿔로 들이받아 꼼짝못할 지경으로 만들었다고 한다. "사슴이 뿔로 나를 쳤고, 어떤 말코손바닥사슴이 나를 짓밟았으며, 다른 말코손바닥사슴은 뿔로 나를 쳤다. 야생 멧돼지가 내 허리춤에서 검을 잡아 떼어냈고 곰이 바로 내 무릎 아래서 안장 조각을 뜯어내 버렸다. 표범이 나에게 뛰어올라 나를 말에서 내동댕이쳤다."……

야생동물들과 조류들이 아직도 많았고 가축을 기르기가 지금보다 더 쉬웠으며 목장과 풀을 벨 만한 초지가 지금보다 더 풍부했기 때문에 아

마지막 번영기를 이끈 통치자이다. 그는 야로슬라프 현공의 아들 브세볼로드와 동로마제국 황실 출신 아나스타샤 사이에서 태어났는데, 모노마흐라는 이름을 가지게 된 것은 그의 어머니 아나스타샤가 동로마제국 황제 콘스탄티노스 9세 모노마호스의 딸이라고 알려졌기 때문이다. 이는 진위가 확실하지 않다. 그러나 볼로디미르 모노마흐가 키예프 대공으로서 강력한 권위를 지닐 수 있었던 것은 그의 탁월한 개인적 능력과 아울러 그가 '동로마제국 황제의 외손자'로서 믿어짐에 따라 누릴 수 있었던 특별한 후광 덕분이기도 했다. 이러한 이유로 후일 러시아인들은 차르의 왕관을 모노마흐의 관이라 불러 군주권위의 상징으로 여겼다.

마도 주민들은 오늘날보다도 더 많은 육류를 섭취했던 것 같다. 그러나 그 당시에도 이미 무엇보다 식물성 식품을 많이 먹었다. 빵, 죽, 삶은 채소 등이 그것이었다. 빵은 오늘날과 꼭 마찬가지로, 누룩으로 반죽을 해서 화덕에서 구웠다. 고기는 대부분 삶아서 먹었다. 음료로는 무엇보다도 꿀을 마셨는데 아주 많이 마셨다. 가난한 사람부터 공에 이르기까지 모든 사람이 그랬다. 연대기 저자가 볼로디미르(블라디미르) 대공[57]에 대해 이야기하고 있는 바에 따르면 그는 거지들과 빈민들에게 빵과 고기, 여러 가지 채소, 나무통에 담은 꿀, 다른 통에 담은 크바스를 배달해주라고 명령했다. 부자들이 무엇을 먹었는지는 야로슬라프 공의 지시에서 분명하게 찾아볼 수 있는데 그는 여기에서 세금을 거두러 다니는 공의 신하들에게 주민들이 제공해야 할 품목들을 규정해 두었다. 공의 징세관과 그의 보좌관들에게는 매일 빵, 죽을 끓이기 위한 1메라[58]의 탈곡한 수수와 완두콩, 암탉 두 마리, 작은 덩어리(골로바쉔)의 소금, 맥주를 만들기 위한 엿기름 1베드로[59]를 지급해야 하고 여기에다 매주 한 번씩 어린 짐승 한 마리의 고기나 다 자란 짐승 반 마리의 고기, 재계일 이외의 날에는 치즈, 재계일에는 육류 대신 생선을 제공해야 한다는 것이었다.

의복은 상당히 소박했다. 마직으로 만든 셔츠와 바지를 입었고 위에는 긴 상의를 입었으며 때로는 여기에다 망토(코르즈노)를 걸치기도 했다. 발에는 뜨개질한 양말을 신고 장화나 가죽신을 신었다. 머리에는 모피모자나 털실로 짠 모자를 썼다.

57) 키예프 공국의 볼로디미르(블라디미르) 대공은 루스에 기독교를 공식적으로 받아들이고 이를 국교로 삼은 통치자이다. 그의 집권과정과 통치에 대해서는 이 책 24장에서 27장까지 서술되고 있다.

58) 메라(мера)는 옛날의 도량형 단위로 '말'에 해당한다.

59) 베드로(ведро)는 옛 부피 단위로 1베드로는 12~13리터에 해당한다.

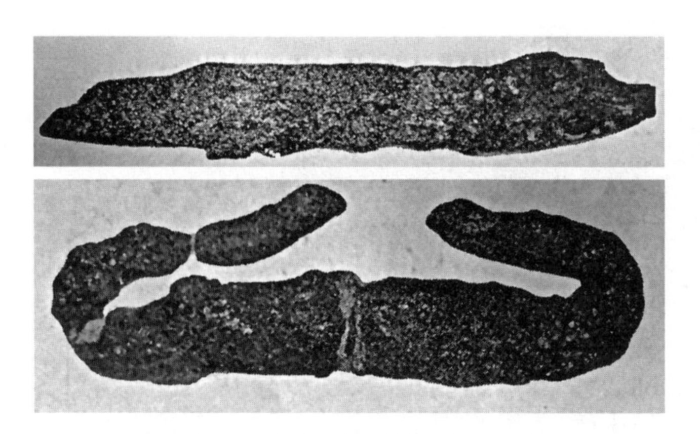

그림 **34~35** 볼린의 고분에서 출토된 칼과 점화(點火)도구(오그니보)

그 시대에 만들어진 옛 무덤에서는 모직물이나 아마실 혹은 대마실로 짠 마직물 조각들이 발굴되는데 직물짜임새는 거친 것도 있고 섬세한 것도 있다. 또한 가죽 허리띠와 허리띠에 채워진 칼, 빗, 여러 가지 소장품(부싯돌 조각, 도구를 갈기 위한 작은 숫돌 등)이 든 가죽 주머니 등도 발굴된다. 발에는 얇게 펴서 가공한 가죽(염소가죽 같은 것이다)으로 만든 밑창 위에 꿰맨, 높지 않고 발끝이 뾰족한 장화를 신었다. 여자들은 철사를 엮어 만든 목걸이(흐리브느이)를 착용했고, 머리에는 작은 모자나 갖가지 장식들을 매달아 치장한 쓰개를 썼다. (삽화 37을 보시오.) 관자놀이에는 가죽 끈에 바느질을 해서 매단 고리 노리개를 늘어뜨렸고 땋은 머리에도 역시 고리 장식을 함께 엮어 달았다. 그래서 땋은 머리가 놓인 방향대로 고리 장식도 관자놀이에서 이마 쪽으로, 혹은 관자놀이에서 가슴 쪽으로, 출토된 뼈 위에 나란히 놓여 있곤 한다. (삽화 36을 보시오.) 부자들은 그리스 직물이나 아랍 직물, 금실로 자수를 놓은 무늬 비단 등으로 만든 비단 옷과 값비싼 모피 의복을 입었고 금제 장식, 장식용 사슬, 메달, 금단추, 장식이 붙은 금속제 허리띠 등을 착용했다. 공들이 비잔티움 궁정과 더 긴밀하게

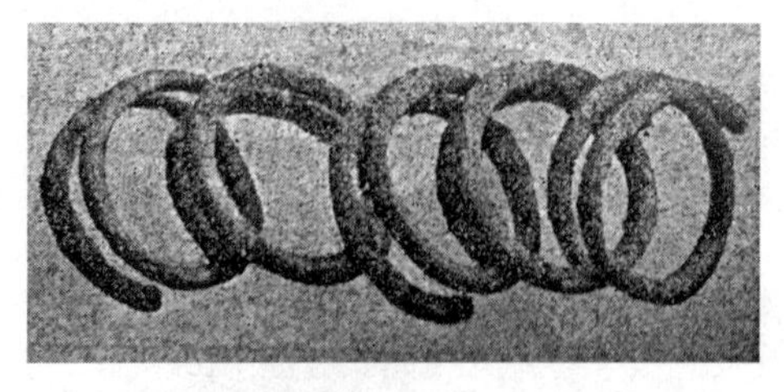
그림 36 땋은 머리를 장식하는 고리. 볼린 고분에서 출토.

교제하면서 이곳으로부터 갖가지 장식품이나 유행을 차용하자 보야린들과 부자들은 이 점에서도 역시 공들을 모방했다.

13. 성격, 풍습, 종교

외국인들은 이 시기 우크라이나 주민들이 진실하고 친절하다고 칭찬하고 있다. 특히 안테 사람들과 슬로베네 사람들, 곧 확산 이주의 시기인 6세기의 우크라이나인들과 그 이웃 종족의 성격을 묘사한 내용은 흥미롭다. 비잔티움 제국의 저자인 프로코피우스는 그들이 외국인들에게 상냥하고 외국인들을 환대하며 이들에게 무슨 재앙이 발생하지 않도록 계속 동행해준다고 말하고 있다. 안테인과 슬로베네인 여자들은 남편을 향해 극도로 정절을 지키며 남편이 죽으면 그들도 흔히 자살을 한다. 이들 종족은 자유를 아주 사랑하며 누구에게 종사하거나 그 어떤 권력 아래 들어가는 것을 원하지 않는다. 그러나 붙임성이 좋은 편은 아니고 다수의 견해를 추종하는 것을 좋아하지 않으며 각자도생하므로 그들 사이에는 다툼과 유혈분쟁이 일어나곤 한다. 후대의 저자들도 이 시기 우크라이나 종족들과 다른 슬라브인 종족들에 대해 같은 이야기를 하고 있다. 즉 이들 종족에 대해, 그들은 대담하고 호전적인 사람들이어서, 그들이 우호적으로 대해준다면 누구도 그들에 맞서 대적할 수 없을 것이라고 말하고 있다.

그들은 유쾌하게 놀고 즐기며 노래 부르고 술잔치 벌이기를 좋아했다.

노래와 춤, 놀이가 없이는 어떤 의례도 진행될 수 없었다. 연대기 저자는 이 시기 마을과 마을 사이에 벌어졌던 오락회에 대해 불만스럽게 이야기하고 있는데, 이런 모임에서는 "춤과 악귀들린 것 같은[60] 온갖 노래들"이 난무했다는 것이다. 이 모든 것은 옛날의 자연종교와 관련된 것이었고 그래서 연대기 저자에게는 혐오감을 주었던 것이다.

그림 37 여성의 장신구. 확산이주 직후 시기 슬라브인 분묘(폴타바 도) 출토품.

그들은 "춤추고 풍악 울리고 두드리면서" 결혼식을 축하하곤 했다. 비잔티움의 한 역사가는 키예프의 군 부대에 대해 이야기하면서 그곳에서는 밤새도록 음악과 춤과 술판이 벌어졌다고 썼다. "루스 사람들은 마시며 즐거워하고 이것 없이는 살 수 없다"라고 볼로디미르(블라디미르) 대공은 말하고 있다. 이는 대공의 기독교 세례에 대한 이야기에 나오는 구절로, 유행하던 키예프의 속담을 키예프의 연대기 저자가 대공의 입을 빌려 적어 넣은 것이다. 모든 종류의 자연종교 축제, 그리고 그 다음에는 기독교 축제까지, 생일잔치와 장례까지 모든 것이 대개 풍성한 주연과 더불어 거행되었다.

60) 이는 동슬라브인들의 초기 역사에 관한 자료모음인 『지나간 시절의 이야기(*Повесть Временных лет*)』 속의 기술이다. 흔히 『원초 연대기』라 불리기도 하는 『지나간 시절의 이야기』의 편찬자들은 기독교 성직자들이었기에 그들은 기독교 수용 이전 자연종교 시기의 슬라브인들의 관혼상제 의례에 대해 비판적이었고, 여기서도 '악귀들린 것 같은(베스이(бесы) 같은)' 가무라는 표현을 굳이 쓰고 있다. '베스이'는 '베스'의 복수형이고, '악마', '악령'으로 번역되기도 한다. 그런데 사실 여기에서 말하는 베스이는 기독교식의 악마 개념과는 별로 관계가 없고 산천초목에 깃들인 정령, 신령 등을 가리킨다고 보아야 할 것이다.

이같이 유쾌하고 밝은 성격은 관습과 법률에도 반영되었다. 우리의 옛 법에는 범죄자들에 대한 사형이 없었고, 비잔티움 제국의 법에서처럼 팔을 잘라 내거나 귀, 코의 일부를 베어내서 그들을 불구자로 만드는 일도 없었다. 나중에 성직자들이 교회서적들과 함께 비잔티움의 법률서적들도 차용해오면서 그리스의 선례를 따라서 우리 우크라이나에도 그 같은 사형이나 신체 손상형을 도입하고자 시도해 보았지만 주민들은 이를 견뎌내지 못했다. 벌금[61]을 물려 벌하기도 했고 감옥에 가두기도 했고 더 심한 경우에는 죄인이 자기가 초래한 손실이나 손해를 일로써 갚게 하기 위해 부채노예로 만들어버리기도 했지만 피를 흘리거나 사람의 생명을 뺏는 것은 좋아하지 않았다.[62] 전쟁은 다른 문제였다. 여기서는 이미 어떤 일이 벌어지더라도 그것은 신의 심판으로 여겨졌다. 그러나 사람을 불구로 만들고 그의 목숨을 빼앗는 일은 그 시대의 풍습에는 들어있지 않았다.

그들은 주변의 자연도 밝은 시선으로 바라보았다. 그들은 인간의 행복을 시기하는 어둡고 무자비한 신들을 알지 못했다. 그들은 무엇보다 빛을 찬양하고 숭배했으며 또한 태양과 온기, 풍성한 식물, 자연의 모든 생명 속에서 자신을 드러내는 태양의 따뜻함을 무엇보다 찬양하고 숭배했

61) 이는 일부 부족법 전통에서 오랫동안 계속되었던 인명배상금제도의 한 형태라고 할 수 있다. 게르만 작센인들의 부족법에서는 이것이 베르겔트(wergeld)라고 알려져 있다. 루스인들의 법에서도 인명살상의 경우에 일정한 배상금을 지불함으로써 형벌에 가름하는 관행이 있었고 이것이 키예프국 시기에 『루스 법전(루스카야 프라브다)』이라는 법전을 통해 정비되었다.

62) 흐루셰브스키의 이러한 서술과 관련해서는 다음과 같은 점을 염두에 두어야 한다. 초기 동슬라브 사회에서는 범죄 행위에 대한 공적 권력의 규제가 약했던 것은 사실이지만, 그 대신 자력구제, 곧 사적 복수는 용인되었다. 사적 복수는 가장 가까운 남자친족이 하는 것이 원칙이었다. 최상층계급에 속하는 무슈(муж)가 무슈에게 살해당하면 피살자의 남자친족이 복수를 하는데 "형제가 형제를 위해, 혹은 아들이 아버지를 위해 혹은 아들이 형제를 위해 혹은 아들이 자매를 위해 복수한다"고 동슬라브인들의 관습법에 바탕을 둔 『루스 법전』 1조는 쓰고 있다. 복수를 해줄 남자친족이 없는 경우에는 아내나 딸이 복수를 하기도 했다.

다. 프로코피우스는 자기 시대 안테인들과 슬로베네인들에 대해, 그들은 단 하나의 신, 곧 빛과 번개를 내려 보내는 하늘의 신만을 숭배한다고 이야기하고 있다. 이 신을 스바로그라고 불렀던 것으로 보인다. 후대에 가서는 이 광명신의 여러 가지 발현현상을 다양한 이름으로 불렀다. 그들은 호르스라거나 다쥐보그, 곧 '모든 좋은 것을 주는 자'라는 이름으로 태양을 일컬었다. 페룬이라는 이름으로는 폭풍과 뇌우가 몰아칠 때 굉음을 울리고 거칠게 날뛰는 뇌성벽력의 힘을 일컬었다. 불은 스바로쥐치라고 불렀는데 이는 하늘의 빛과 태양의 불 혹은 번개의 불인 위대한 스바로그의 아들이다. 벨레스 혹은 볼로스도 가장 오래된 신에 속했는데, 이는 '가축의 신', 곧 가축의 수호자이다. 이들은 모두 '보그', 곧 신이라 불렸다. 이 '보그'라는 말은 선, 복(블라고, благо)을 의미했고(여기에서 '부유한'을 의미하는 '보가트이'라는 말이나, '선을 빼앗긴' 상태를 의미하는 '우보기' 곧 '가난한'이라는 말이 유래했다), 그 다음에는 '모든 좋은 것을 주는 자'를 뜻하게 되었다. 이들 신은 기독교가 도입된 이후에도 주민들의 믿음 속에 남아 있었으되 다만 기독교 성인들의 이름을 덮어쓰고 있었을 뿐이다. 이를테면 다양한 관념들이 페룬에게서 일리야에게 고스란히 옮겨갔고 벨레스에게서 블라스 성인에게 옮겨간 것 등등을 말할 수 있다.

이 같은 중요한 신들을 제외하고도 옛 우크라이나인은 자기 주변에 온갖 종류의 수많은 생명 있는 존재가 있음을 보았다. 아마도 이들을 베스(бес)들, 곧 베스이라 불렀던 것 같은데, 이 이름은 그 당시에는 무언가 악한 것을 직접 의미했던 것은 아니다. 단지 후대에 가서 기독교 성직자들이 이러한 베스들을 사악한 지옥의 영으로 만들어 버렸을 뿐이다. 우리의 선조들은 이들 존재가 늪에도 살고, 숲에도 살고, 들에도 살며, 샘에도 산다고 생각했고, 이들을 숭배했다. 그리고 이들이 자기네들에게 해를 끼치지 않게 하기 위해 이들에게 제물을 바치곤 했다. 이 점에 대해서는 루스 최초의 기독교 시대에 활동했던 성직자 저자들도 언급하고 있다. 그들은 사람들이 베스들에게, 늪, 우물에게 제물을 바치고 숲과 강 주변에서 기도한다고 이들을 비난했다. 이 중 많은 것이 오늘날까지도 전해지고 있다. 물의 요정이니 루살카[63]니 숲의 요정에 대한 전설들이 그런 것이고, 오늘날에도 일부 지역에서는 사람들이 우물가에 여러 가지 음식들을 차려 놓아두곤 한다. 그러나 오늘날에는 이러한 옛 베스들에 대한 신앙이 망자의 영인 '디드키프'(곧 선조의 영)에 대한 신앙과 혼합되었는데, 이들 선조의 영은 집과 뜰에 산다고 한다. 그리고 익사한 사람의 영(마브키)은 옛날의 루살카와 혼합되었다.

이 같은 신들을 모시기 위한 별개의 신전들, 특별한 사제들은 존재하지 않았다. 사람들은 각자 자기 자신과 자기 가족을 위해 스스로 신들에게 제물을 바치거나 기도를 했다. 9세기의 한 아랍 저자는 우리 선조들이 추수를 할 때 바쳤던 기도를 우리에게 전해주고 있다. 그의 기록에 따르면 그들은 수수를 냄비에 담고 하늘을 향해 이를 들어 올린 후 다음과 같이 기도했다. "주님이시여. 당신은 우리에게 지금까지 양식을 주셨나이다. 지금도 우리에게 양식을 실컷 주십시오." 기도는 자연에 생기를 주는 비밀스러운 힘의 숨결을 인간이 가장 생생하게 느낄 수 있는 어느 한적한 곳이나, 물가에서 올리곤 했다. 신들의 우상은 찾아보기가 쉽지 않았으며 아마도 대도시 같은 곳에서나 접할 수 있었던 것 같다.

옛 우크라이나인들은 인간의 삶이란 죽음과 함께 끝나는 것이 아니라고 믿었다. 죽은 사람은 계속 살고 있으며 사람들 사이에 나타날 수도 있다는 것이었다. 그렇기 때문에 고인이 사후에 싫증을 내고 해를 끼치지 않게 하

63) 강이나 늪에 사는 정령. 상체는 긴 머리와 풍만한 가슴을 가진 여성의 모습이고 하체는 물고기의 모습을 가지고 있으며, 남자들을 유혹하여 물에 빠져 죽게 하는 존재라고 여겨졌다.

도록, 장례식을 멋지게 호화롭게 치름으로써 자기를 향한 고인의 호의를 확보할 필요가 있다는 것이었다. 망자를 묻으면서 갖가지 가재도구를 그의 시신과 함께 묻고 가축을 죽이곤 했으며, 게다가 좀 더 오랜 옛날에는 과부가 무덤가에서 스스로 목숨을 끊는 일도 흔히 일어나곤 했다. 어느 아랍 여행자[64]는 922년 루스에서 이주해온 어느 상인의 장례식을 직접 목격하고 이것에 대해서 기술했다. 장례식에서는 그의 시신을 가장 좋은 옷으로 단장하여 그의 배에 태운 다음 그 위에 천막을 치고 그 주변에는 그의 무기와 갖가지 음식과 음료수를 놓았다. 그런 다음 사람들은 그의 여자노예들(이들은 아마도 팔려고 끌어다 놓았을 것이다)에게, 그들 가운데 누가, 주인과 함께 또 부모의 영과 함께 아주 아름다운 녹색 정원(다시 말해 천국)에서 살기 위해 주인과 더불어 죽을 용의가 있느냐고 물었다. 한 여인이 이에 동의했고, 장례식 날 그녀를 죽여서 주검과 함께 눕혀놓았다. 그런 다음 바로 그 배에 또다시 두 마리의 말, 두 마리의 암소, 한 마리씩의 개, 수탉과 암탉도 던져 넣고 이 가축들의 몸을 조각조각 잘랐으며, 그런 다음 이 모든 것을 불태웠다. 그리고 불탄 자리에 봉분을 만들어 올렸다.

이 이야기는 9세기~10세기에 우크라이나의 봉분에서 실제로 출토된 것과 부합한다. 장례 관습은 어디서나 똑같지는 않았다. 어떤 지방에서는 망자를 땅속에 묻어 장례를 지냈고 다른 곳에서는 화장한 다음 땅에 묻었으며 또 다른 곳에서는 화장을 한 다음 재와 유골을 모아 항아리에 담았고 다시 그 위에 봉분을 만들어 올렸다. 망자와 함께 그의 여러 가지 재물들

64) 10세기의 아랍 저자 아흐메드 이븐 파들란(أحمد بن فضلان)을 가리킨다. 그는 921년 바그다드의 압바스조 칼리프의 명령으로 발칸 반도의 불가리아에 사절로 파견되어 922년에 불가르 왕국에 도착할 때까지 오랜 여행을 했으며 이 여행길에서 자신이 본 것을 기록했는데, 그 가운데 상당 부분이 루스에 관한 것이었다. 그의 여행기는 서한으로 이루어져 있었기에 『서한집(리살라)』이라 불리며, 초기 루스인들의 풍습에 관해 알려주는 아주 귀한 자료이다.

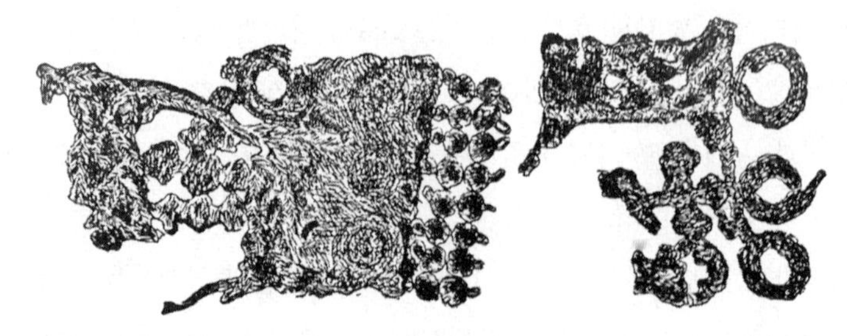

그림 38 금은 실로 테두리를 장식한 옷깃의 일부. 옛 분묘 출토품(키예프 시대).

을 묻거나 불태웠다. 무덤 위에서는 트리즈나라고 불리는 추모제를 거행했다. 이때는 술을 마시고 흥겹게 놀았으며 때로는 여러 가지 경기를 하기도 했다. 그런 다음 봉분을 쌓아올려 최종적으로 완성했다. 망자를 위해서는 무덤 속에 음식을 놓아주거나 혹은 매일 점심 때마다 그에게 음식을 나누어 주었다(이는 오늘날까지도 폴리시아에서 지켜지고 있는 관습 그대로이다). 죽음 저편의 인간의 삶은 그의 이승에서의 삶을 완벽히 그대로 계속하는 모습으로 상정되었다.

14. 가족, 씨족, 공동체

우크라이나 옛 종족들의 일상생활을 묘사한 키예프의 연대기 저자는 오직 자신의 동족인 폴랴네인들만이 미풍양속을 가졌고 평온하고 검소하게 생활했으며 그들 사이에서의 결혼은 올바른 것이었다고 찬양하고 있다. 폴랴네 사람들은 신부를 신랑에게 데려오고 나서 그 다음 날 그녀의 지참금을 가지고 왔다는 것이다. 이 저자의 말에 따르면 다른 종족들은 짐승처럼 살았다. 드레블랴네 사람들과 세베랴네 사람들, 그리고 다른 종족들 사이에서는 '혼인하기(брачение)', 곧 올바른 결혼이 존재하지 않았다. 그의 말로는 그들은 물가에서나 마을들 사이에 열리는 놀이에서 자기 아내가 될 사람을 납치해오곤 했다. 자기와 미리 합의를 한 여성을 아내로 납치해 왔으며, 아내를 두 명씩, 세 명씩 두는 경우도 있었다는 것이다.[65] 그러나 실제로는 폴랴네 사람들과 다른 종족 사이에는 그렇게 큰 차이가 없었다.

그 당시뿐 아니라 기독교가 들어온 후에도 오랫동안 부자나 지위 높은 사람들은 두 명 혹은 그 이상의 부인을 두는 일이 빈번했다(성직자들은 단지, 정식으로 결혼한 한 명의 부인만이 으뜸가는 그리고 진정한 부인으로 여겨질 수 있게 하려고 애를 썼을 뿐이다). 이혼은 자유롭게, 쉽게 할 수 있었다. 아내를 내보내면서 그 대신에 다른 여자를 취(娶)해 오기도 했다. 그런데 부인들에게는 남편에게 정절을 지켜야 한다는 것을 주입시켜 넣곤 했으니, 우크라이나 여자들의, 그리고 일반적으로 슬라브 여자들의 정절은 널리 명성을 얻었다.

결혼은 매입혼의 형태로 (이때는 마치 남편이 부인을 사는 것과 같다) 이루어지거나 아니면 약탈혼의 형태로 (이때는 마치 아내를 폭력으로 훔쳐 달아나는 것과 같다) 이루어졌다. 과거 언젠가는 실제로 이와 같은 방식으로 아내를 얻곤 했다. 그러나 이때가 되면 이는 단지 의례일 뿐이었다. 그래서 연대기 저자도 말하기를, 남자들은 놀이에서 그전에 미리 합의한 대로 여성을 납치해왔다고 했던 것이다. 이같은 약탈혼의 흔적은 오늘날까지 혼례 의식(儀式) 속에 보존되어 있다. 즉 신부의 씨족은 경계를 서서 아가씨를 지키며 신랑의 보야린[66]들은 힘으로 그녀를 빼앗아서 그녀와 함께 도망치는 것이다.

65) 이상의 내용은 『지나간 시절의 이야기』 도입부에 나온다. 동슬라브 여러 종족들의 생활관습에 대한 이 서술은 키예프 중심적인 시각을 반영하고 있다.
66) 신랑의 친구들을 '신랑의 보야린'들이라고 부르고 있다. 보야린은 원래 대귀족들을 의미한다.

엎드려 엎드려, 마리수냐, 탁자 아래로,

젊은 보야린들이 주변을 에워쌌어.

말울음으로 소란 떨고 문을 때려 부수어.

작은 검으로 찔러대며 마리수냐를 찾고 있어.

고대의 놀이에서는 이 같은 형태의 납치, '약탈'이 좀 더 명확하게 등장하곤 했다. 그리고 아내 매입의 흔적은 오늘날의 혼례 의식에도 아주 생생하게 보존되어 있다.

이 타타르 놈 오래비야, 한 냥 받고 누이를 판 타타르 놈아,

아맛빛 땋은 머린 닷 푼에 팔았고, 하얀 얼굴도 그렇게 갔지.

그림 39 체르니히브에 있는 초르나 모힐라(초르나야 모길라). 아랍인 저자의 이야기에 상당히 접근해 있다. 단면에 검은 점으로 그림이 그려져 있다. 맨 위에는 무슨 기념물의 흔적이 있다. 중간 부분에 있는 것은 여러 가지 무기와 은도금이 된 두 개의 뿔 술잔인데, 아마 트리즈나의 잔존물일 수도 있다.(뿔 술잔 중 한 개를 장식하고 있는 은장식을 보여주는 것이 바로 삽화 1)의 그림이다.) 가장 아래 쪽에 있는 것이 망자를 그의 모든 재산과 함께 화장한 장소이다. 무기 잔재가 더미를 이루며 쌓여 있다. 그 주변에는 나무통의 철 테와 철 손잡이, 망치, 끌, 칼, 낫, 여러 가지 곡물, 놀이용 뼈 등등 살림살이 물품의 잔재가 놓여 있다.

매입된 혹은 납치된 부인은 처음에는 그의 살림살이에 속하는 모든 물품과 마찬가지로 남편의 소유물이었다. 이것에 대한 기억은 남편의 무덤 위에서 그의 말이나 개를 죽이는 것과 꼭 마찬가지로 아내를 죽이곤 했던 옛 관습 속에 보존되고 있었다. 사람들의 관점과 관계가 좀 더 인간화된 후대에 이르러 아내에게는 선택의 자유가 제시되었다. 그녀는 원한다면 남편에 대한 정절의 표시로 스스로 목숨을 끊을 수도 있었지만 이 같은 관습은 10~11세기에는 자취를 감추었던 것이 분명하다. 그래서 이 시기의 우리 연대기 저자들은 이것에 대해 전혀 아무런 언급도 하지 않고 있다. 가족 내에서 아내의 지위와 아내의 중요성도 이 시기에 대단히 높게 상승했다. 키예프 법에 의하면 죄 없이 아내를 죽인 남편은 아내의 목숨에 대해, 그에게 속하지 않는 외부인을 죽인 경우와 동일한 액수의 벌금을 물어야 했다. 남편이 죽으면 아내는 가족 내에서 으뜸가는 자리를 차지하고 스스로 가족 살림을 이끌었다. 다만 과부가 재혼을 하는 경우에만 자녀들에게 후견인을 두었다.

그 당시 가족은 오늘날보다 더 많은 구성원들로 이루어졌다. 100년 전에만 하더라도 (아니, 몇몇 지역에서는 얼마 전까지만 하더라도) 우리나라에서는 스무 명, 서른 명이 모여 사는 가족이 눈에 띄곤 했다. 아버지가 사망한 후에도 아들들은 분가하지 않았고 형제들도 나가 살지 않았으며 가장이나 원로 아래서 혹은 좀 더 능력 있는 '관리자' 아래서 계속 공동으로 살림을 했다. 그 같은 대가족은 아니 추정컨대 어떤 가족이든 가족은 일반적으로 10~11세기에 씨족[67]이라고 불렸다. "그들은 각자 자기 지방에서 씨족에 바탕을 두고 살았으며 각자 자기 씨족을 관리했다"라고 키예프 연

67) 로드(род)라는 동슬라브어를 여기서는 씨족이라고 번역했다. 그러나 나중에는 씨족이라는 말이 어울리지 않게 되고, 가문, 문벌 등의 말로 번역해야 되는 상황이 된다. 이 번역에서도 경우에 따라 역어를 달리했다.

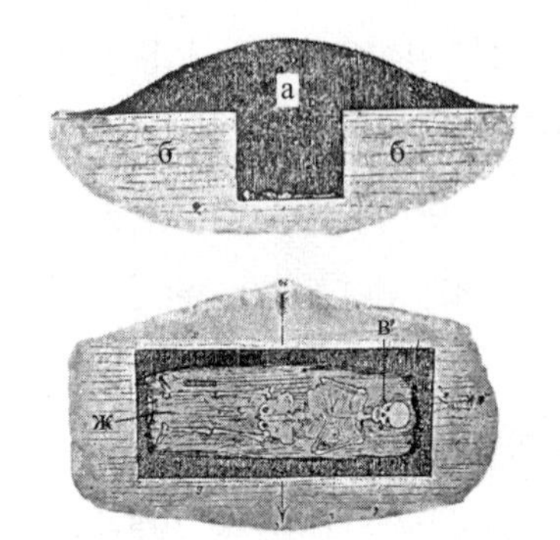

그림 40~41 관에 넣어 매장하기. 봉분 단면도와 분묘 속의 유골. a–쌓아올린 흙, б– 손대지 않은 땅. в–망자의 귀에 단 귀걸이, ж– 관의 잔존물과 이 관에서 사용된 쇠못.

대기 저자는 옛 우크라이나의 생활에 대해 이야기하고 있다. 그전에는 이 '씨족'이 더욱 규모가 커서 서로 따로 떨어져 사는 가족들이나 친척들도 씨족에 속하는 것으로 여겨졌는데, 이는 일반적으로 아득한 옛날에 대한 기억을 많이 포함하고 있던 결혼식 노래에서도 노래되고 있는 바와 같다.

에헤라, 씨족이여, 돈 많은 씨족이여,
우리에게 뿔 달린 물건을 주소.
아부지는 황소를 주고, 어무이는 암소를 주소.
오라버니들은 양을 주고 누이들은 어린 양을 주소.
먼 친척께서는 금화를 주소.

이 같은 아주 오래전 옛날의 대규모 씨족은 그 후 쪼개졌으며, 과거의 유대는 약해졌다. 그리고 혈연적 씨족제도 대신 이웃의 유대, 즉 출생에 따른 가까운 관계가 아니라 거주 장소에 따른 가까운 관계가 점점 더 큰 중요성을 가지게 되었다. 서로 이웃해 사는 가족들은 같은 씨족의 일원이 아니고 출신이 같지 않더라도 이 지방과 관계되는 온갖 일들을 함께 영위했고 원로 협의회(вече старцев), 곧 그 지방의 가족들 –'씨족들'– 의 최연장 대표자들로 구성된 협의회의 공통된 조언을 따랐다. 옛날의 정주지들은 오늘날처럼 북적거리는 성격을 가지고 있지 않았다. 씨족들은 따로 떨어져, 연대기 저자가 말하듯이 '제각기' 살았다. 드니프로 강 너머 지역의 개별 농가나 카르파티아 산악지방의 촌락들과 같다고 보면 되겠다. 그 구성원들은 축제 때 열리는 '마을들 간의 놀이'에서 함께 만났고, 범죄자에 대해 재판을 하고 죄인을 탐문하는 기구인 재판 '인민집회' 같은 특정한 장소에서 함께 모였다. 또한 이들은 적으로부터 방어를 하기 위해 혹은 위험한 순간에 도피를 하기 위해 공동의 힘으로 자신들의 '도시(город)'를 세웠다. 이는 곧 참호와 토성으로 둘러싸여 '방벽을 둘러친' 장소로서, 일촉즉발의 위기 상황에서는 노인들, 연소자들, 여자들, 자녀들과 일체의 재물을 이곳으로 대피시킬 수 있었다. 우크라이나 영토 전역은 그 같은 방벽이 쳐진 도시들로 덮여 있다. 이미 석기 문화 시대에 피난처 구실을 했던 더 오래된 방벽거주지들도 있고, 확산 이주 시기에 형성된 좀 더 새로운 방벽거주지들도 있으며, 또 그보다도 더 후대, 곧 공국시대에 형성된 방벽거주지들도 있다. 그중에는 단 하나의 씨족, 가족에게나 적합한 자그마한 것도 있고 인근 일대의 주민들을 모두 숨겨줄 수 있는 큰 것도 있다. 그 대부분은 평시에는 비어 있었으며 오직 위난의 시기에만 활기를 찾았다. 그러나 몇몇 방벽거주지들은 사람들을 흡인하였기에 이들이 이곳에서 항구적으로 거주하기도 했다. 그리하여 '도시' 주변에 이른바 '방책촌락(острог)'이 자라나기 시작했다. 이는 적의 공격에 대비해서 요새로 둘러싸인 정주지이다. 이러한 곳에는 상인들이 정주해서 상업활동을 했고 상대적으로 부유한 가문의 대표들이 저

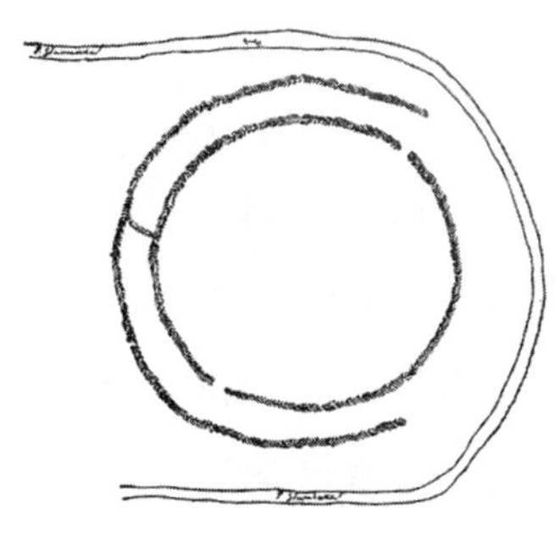

그림 **42** 가장 오래된 방벽거주지. 강으로 에워싸인 언덕에 서 있다. 접근이 좀더 용이한 쪽은 두 번째 토성으로 둘러쌌다.

택을 짓곤 했다. 이들은 권력과 지위를 누리는 사람들이었다. 그러한 도시는 다소간 중요한 인근 지역 일대의 중심지요 지도적 존재가 되었다. 이러한 도시의 공동체가 결정하는 대로 주변의 촌락들은 이에 따라 행동했다. 시간이 지나면서 인근의 주민들이 이러한 도시의 이름을 받아들였다. 그래서 옛날 둘레브인들이 살던 지방에서 나중에는 부좌네 사람들, 볼리냐네 사람들을 보게 되는데, 이들은 부즈스크, 볼린이라는 도시의 이름을 따서 그렇게 불리게 된 것이다. 옛날 세베랴네 사람들이 살던 땅에서는 체르니히브 사람들과 페레야슬라브 사람들이 등장했다. 드레고비치 사람들의 땅에서는 투로브 사람들, 피냐네 사람들이 등장했다.

15. 상업

몇몇 도시를 다른 도시들 및 광대한 전체 주변 지역 위에 우뚝 서게 한 원인들 중에서는 상업과 상업로가 큰 의미를 가진다. 우리가 이미 알고 있듯이 오늘날의 우크라이나 땅에서 살던 사람들은 오래전부터 흑해 연안의 도시들, 카스피 해 지역 및 투르케스탄 지역들과 교역을 해왔다. 그리고 우크라이나의 종족들이 자기네 새로운 정주지에 확산 이주했을 때 이 상업은 이들의 수중으로 넘어갔다. 그들은 크림 반도와 도나우 강 유역에서 살아남은 그리스 도시들과 교역관계에 들어섰으며 그 후에는 이것으로 그치지 않고 다름 아닌 비잔티움 제국의 수도 차레흐라드[68](콘스탄티노플)와도 교역관계에 들어섰다. 우크라이나 땅에서 그쪽으로는 모피, 밀랍, 꿀,

68) 차레흐라드(Цареград)(러시아식 발음은 차레그라드)는 황제의 도시라는 뜻이다. 동슬라브인들이 콘스탄티노플(후대의 이스탄불)을 이렇게 불렀다.

노예 등이 수출 판매되었고 그리스인들에게서는 여러 가지 값비싼 직물, 온갖 종류의 금은제품, 포도주, 향료 등이 구입되었다.

투르크계 유목국가들, 그중에서도 특히 9세기 말에 우크라이나 초원에서 살 틈을 마련하게 된 페체네그인들이 초원지대에 자리를 잡자 초원지대를 통한 교역은 힘들어지고 위험해졌다. 그리고 상인들은 습격을 당하더라도 적의 손아귀를 벗어날 수 있는 가능성을 가지기 위해 대규모 카라반을 형성해서 차레흐라드로 오가곤 했다. 그리스 황제[69] 콘스탄티노스 포르퓌로겐네토스는 상인 카라반이 어떻게 콘스탄티노플을 오고갔는지에 대해 아주 상세하게 이야기하고 있다.[70] 그가 말하기로는 주민들은 겨울에 드니프로 강 유역 숲에서 벌목을 하고 벤 나무로 작은 배를 만든다. 그런 다음 봄이 되면 이 배들을 여러 상업 도시들, 특히 키예프로 내보낸다. 그곳에서 이 배에 키를 달아 붙이고 먼젓번에 사용했던 배에서 떼어낸 온갖 삭구(索具)들도 달아서 항해를 할 수 있게 설비한다. 이때가 되면 상인들이 자기의 물건을 가지고 내려온다. 6월이 되면 배는 키예프를 떠나 항행을 시작한다. 뒤처진 배들을 기다리면서 아직 사흘 더 비티체브(Витичев)에서 정박한다. 그런 다음 배는 드니프로 강을 따라 내려간다. 이때는 곳곳에서 매복을 했다가 상인들을 덮치곤 하는 페체네그인들과 부딪힐 수도 있으므로 온갖 조심을 다한다. 드니프로 급류를 통과하는 것은 특히 위험하다. 이곳에서는 작은 배로 항행을 하는 것은 불가능했다. 배가 부서질 수도 있었기 때문이다. 그래서 이 구간에서는 상품들을 어깨에 지고 옮겨야 했으며

69) 비잔티움 제국은 후기로 가면서 그리스적인 색채가 강해졌기에 그리스 제국이라고 불리기도 한다. 여기서 그리스 황제라 불린 인물은 비잔티움 제국 황제이다.

70) 콘스탄티노스 7세 포르퓌로겐네토스 황제의 저서 『제국의 통치(*De administrando imperio*)』에 기록된 내용이다.

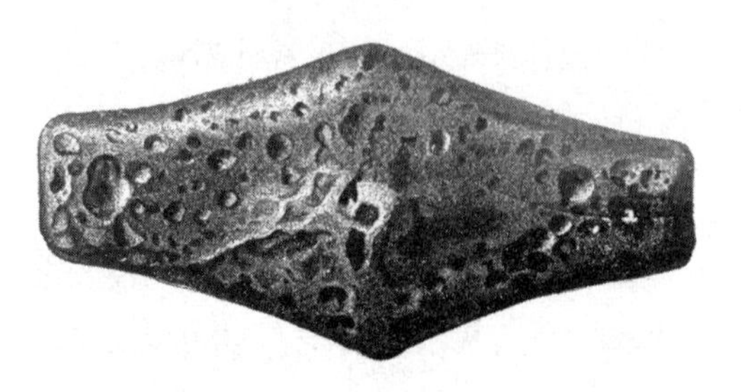

그림 43 키예프의 흐리브나 화폐(반 푼트 무게의 금속덩어리. 화폐로 사용되었다.)

배는 강변을 따라 끌고 가든지 그렇지 않으면 어깨에 지고 운반했다. 팔기 위해 수송해온 노예들은 뭍에서 이동시켰는데 이들은 도망치지 못하게끔 사슬로 결박되어 있었다. 그들도 역시 배에서 부린 여러 가지 화물들을 들고 운반했다. 상인들은 노예들이 도망치지 못하게 감시해야 하는 한편 페체네그 사람들도 조심해서 막아내야 했다. 급류마다 이렇게 피해가야 했다. 급류를 지나고 나면 섬에서 휴식을 취했다. 이 섬에는 훗날 시치[71]가 만들어지게 되는데 이 섬은 콘스탄티노스 황제의 책에서는 성 그레고리오스(유리) 섬이라고 불리고, 코자크 시대에 가서는 호르티챠라 불리게 되었다. 이 섬에 있는 엄청나게 큰 떡갈나무 아래에서 상인들은 안전한 여행길을 선사해 달라고 신들에게 제물을 바쳤다. 나무 아래에는 곡물과 고기를 늘어놓았고 제물로는 닭을 가져다 놓았다. 이 암탉을 죽일지 아니면 산 채로 놓아줄 것인지는 제비를 뽑아 결정했다. 그 다음 번 휴게소는 드니프로 강 하구에 있는 섬(오늘날의 베레잔(Березань))에 있었고 그런 다음에는 흑해 연안을 따라 콘스탄티노플까지 항해해 갔다.

그곳에서는 우크라이나 상인들을 위해 성 마만타 교회 부근 부두에 있는 바닷가 교외(郊外)가 거처로 배당되었다. 그곳에 모여든 상인들은 수백 명이었다. 비잔티움 정부는 이 상인들을 대단히 경계했다. 그 시절에 상업

71) 15세기 이후 우크라이나 코자크들의 가장 중요한 근거지가 된 자포로쟈 시치를 말한다. 여기서 말하는 섬은 말라 호르티챠 섬이다.

은 어떤 경우에라도 자신과 자기 상품은 무기로써 지킬 수 있어야 한다는 생각으로 영위할 수밖에 없었다. 상인들은 그들 스스로가 거두어들인 노획물을 판매하는 무인들이기도 해서 그럴듯한 기회만 생겼다 하면 어김없이 새로운 노획물이 있는지 수색을 벌이고, 약탈하고, 팔기 위해 노예를 잡고, 아니면 그런 식으로 다른 무슨 상품을 마련하곤 할 태세가 되어 있는 사람들이었다. 그리스 황제들은 키예프의 공들을 두려워했기에 키예프 상인들의 상업활동을 막아야 할 것인지 결정하지 못하고 있었다. 황제들은 심지어 이 상인들이 콘스탄티노플에 머무르는 전 기간 동안 이들에게 생활에 필요한 모든 필요품들을 제공해야 할 의무까지도 지고 있었다. 그 대신 황제들은 도착하는 사람들 전원에게 그들이 무슨 엽기행각을 찾아 나선 모험꾼이 아니라 진짜 상인임을 보증하는 키예프 공의 확인서를 제출하라고 요구했으며, 이와는 별도로 온갖 예방적 방도를 다 마련했다. 즉 그들에게는 도시로 들어올 때 단 하나의 문으로만 들어오게 허용했다. 그것도 무기를 소지하지 않은 채, 한 번에 50명을 넘지 않는 작은 무리를 이루어 들어와야 했고 또 이때 반드시 비잔티움 관리의 감독을 받아야만 했다.

다른 쪽 방향으로는, 상인들은 아랍 상품들과 페르시아 상품들을 손에 넣기 위해 우크라이나 땅을 출발하여 옛 하자르 왕국 수도 이틸을 오갔는데, 이 도시는 볼가 강 하구, 오늘날의 아스트라한 자리에 있었다. 하자르 왕국의 카간(칸)들은 오래전부터 상업을 보호해왔고, 그들의 수도는 대상업도시가 되어 있었다. 이곳에는 아랍 나라들과 페르시아 나라들에서 온 수많은 상인들과 상품의 전매(轉賣)에 종사하는 수많은 유대인들이 살고 있었고, 그리스인들과 슬라브인들도 다수 거주하고 있었다. 이곳에서는 다른 나라의 부유한 계급 사이에서 수요가 있는 상품들을 마음껏 마련할 수 있었다. 이 경우에도 역시 화려한 직물들, 장신구, 유리제품들과 금속

제품들, 향신료 등이 그 대상이었는데, 이들 상품은 먼 나라에서 낙타 카라반에 싣고 오거나 카스피 해를 통하여 배로 실어 와서 이곳에 내놓는 것들이었다. 이틸이라든지 이와 마찬가지로 큰 상업중심지로서 볼가 강 상류 쪽에 있던 볼가르(오늘날의 카잔 근처)에서 하는 교역에 만족하지 못하는 우크라이나 상인들은 카스피 해를 타고 페르시아 도시들로 내려갔으며 이곳에서 다시 길을 떠나 아랍 칼리프 치하의 명성 자자한 상업 중심지들까지 가곤 했다. 그들이 이곳에 가져다 와서 파는 자기네 생산품은 그리스 지방에서 판매한 것과 다소 비슷한 것들이었으며, 그들은 그 대신 아랍 상품들을 획득한 후 이를 자기네 도시에 가져와서 팔거나 아니면 더 멀리까지 가져가 서슬라브인들의 도시나 독일 땅에서 팔곤 했다. 그들은 또한 우크라이나 땅에 많은 아랍 화폐들을 가져오기도 했다.

16. 공과 드루쥐나[72)]

그 당시 상업이 어떻게 운영되었는지, 그 시절의 상인들이란 누구였는

72) 드루쥐나(дружина)는 공이 자기의 비용으로 거느렸던 무인 집단을 말한다. 명칭은 '친구, 동료'를 뜻하는 '드루그(друг)'에서 나왔다. 즉 원칙적으로 이들은 공의 최측근 인사들이었다. 이들은 상시로 무장해 있었으며, 옛 루스 사회에서 공의 권력을 구성하는 불가분의 요소였다. 공은 인민들에게 자기 위광을 과시하며 권력을 행사하고 경제활동을 하고 치안질서를 유지하는 등 내정 상의 필요를 위해서나 외부 세력과 공격적 · 방어적 전쟁을 하는 등 대외적인 필요를 위해서 상시로 드루쥐나 집단에 의존했다. 드루쥐나는 또한 공의 근위병, 수행원, 자문 역할도 수행했다. 옛 루스 사회에서 드루쥐나는 스칸디나비아인, 슬라브인, 폴란드인, 투르크인, 핀인, 헝가리인 등 민족적으로 다양한 성분으로 이루어져 있었다. 드루쥐나는 공과 자유롭게 계약을 맺었으며, 특정한 공을 위한 봉사에 묶여 있지 않고 한 궁정에서 다른 궁정으로 자유롭게 이동할 수 있었다. 루스 사회에서 드루쥐나의 수는 일정하지 않았지만, 한 궁정에서 유지되던 드루쥐나의 수는 수백 명 선을 넘지 않았으리라 추정된다.

지를 상기한다면, 다시 말해서 그들은 자기 상품을 자기 무기로 지키지 않으면 안 되는 무인들이었다는 점을 상기한다면, 상업이 특히 발달하고 상업 종사자들이 거주하던 그런 도시들이 이와 함께 군사적 · 정치적 중심지가 되어 갔다는 사실이 이해될 것이다. 이 불안하고 위험한 시절에 상품을 지키기 위해서는 군사력이 필수적이었으니, 상업이 발달한 곳에서는 군사력도 발달할 수밖에 없었다. 경호원 없이는 여행길을 떠날 수 없었고, 집에서도 군대의 도움 없이는 스스로 안전하다는 느낌을 가질 수 없었다. 확산 이주 이후에 우크라이나 땅에서 가장 큰 상업 중심지가 되어간 곳은 키예프이다. 도시의 위치가 그 같은 성장을 유리하게 도와주었다. 왜냐하면 드니프로 강을 따라, 그리고 이 강의 가장 중요한 지류로서 키예프 위쪽에서 드니프로 강으로 흘러들어가는 프리퍄트 강과 데스나 강을 따라 운반되어 온 모든 상품들이 키예프에 집결했기 때문이다. 강은 그 당시 가장 중요한 상업로였다. 콘스탄티노스 포르퓌로겐네토스 황제의 이야기를 들어보면 그 당시 동유럽의 모든 상업적 움직임이 어떻게 키예프로 모여들었는지 알 수 있다. 이와 함께 키예프는 군사력의 수도이자, 이 군사력에 의존하는 공의 통치 권력의 수도가 되지 않을 수 없었다.

그림 **44** **708**년 아랍의 디르함 주화.

이것이 어떻게 일어났는지, 이 문제에 대해서는 뭔가 신빙성 있는 보고가 남아 있지 않다. 동유럽의 벽지에서 무슨 일이 일어났는지, 그곳 우크

그림 45 우크라이나 땅에서 출토된 비잔티움 주화. 성 볼로디미르(블라디미르) 대공과 동시대 인물인 바실레이오스 황제와 콘스탄티노스 황제의 은화이다.

라이나 삶의 내부 어딘가에서 무슨 일이 전개되었는지 그리스인들에게는 소식이 닿지 않았다. 그리고 우크라이나 자체에서는 문자활동이 그보다 훨씬 더 나중에 시작되었는데, 문자기록이 이루어지는 때가 되면 사회생활, 정치생활에서 일어난 그 같은 전환에 대한 기억은 이미 사라져 버리고 없었다.

6세기의 그리스 저자들이 안테인에 대해 기록한 것을 보면, 그들은 어느 한 사람의 다스림을 받는 것이 아니라 인민 전체 회의인 베체(민회)에서 모두 함께 결정을 내렸다고 한다. 안테 사람들 사이에 존재했다고 언급된 최연장자단(старейшина)은 군대도 보유하지 않았고 견고한 권력도 강한 권력도 가지지 않았다. 마우리키오스라는 저자 이름으로 6세기 후반에 작성된 그리스 군사지침서[73]는 슬로베네인들과 안테인들이 많은 우두머리(마우리키오스는 이들을 릭스(рикс)라고 불렀다. 이 말은 고대어에서 우두머리, 지배자 등을 의미하는 말로 왕을 뜻하는 라틴어 단어 렉스(rex)와 어원이 같다)들을 두고 있다고 말하고 있다. 마우리키오스의 말을 계속 빌리자면 이들 우두머리는 서로 화합하며 살지 못해서, 단지 강력한 위협이나 공통의 대외전쟁

73) 이는 6세기 비잔티움 제국의 황제 마우리키오스(플라비오스 마우리키오스 티베리오스 아우구스토스(Φλάβιος Μαυρίκιος Τιβέριος Αὔγουστος: 재위 582–602))의 이름으로 씌어진 전략서(Strategikon: Στρατηγικόν)를 말한다.

이 발생해야 비로소 그들을 통일시키고 일시적으로나마 그들 중 누구에겐가 최고 권력을 주는 것이 가능하다고 한다. 키예프 연대기 저자가 수집한 옛 전승에서는 군소 공(群小公)들에 대한 회상을 접할 수 있는데 이러한 공들은 여러 종족들 사이에 존재했으며 군대가 없었기 때문에 큰 중요성을 가지지는 못하고 모든 일에서 공동체와 원로들 –중요한 씨족들의 최연장자단– 의 의지를 중시했다고 한다(키예프 공들과 전쟁을 했던 드레블랴네인들의 공인 말(Мал)에 대한 전승도 이렇게 이야기하고 있다.) 그런 까닭에 그들은 키예프 공들이 군대, 곧 드루쥐나를 가지게 되자 이들에 맞서 대적할 수 없었다. 그 어떤 동슬라브 종족들 사이에서라도 키예프에서와 같은 그런 강력한 공들이 존재한 적이 있었는지, 그 점에 대해서는 알 수 없다. 10세기 전반 이고리 공 치세에 집필활동을 했던 아랍인 저자 마수디[74]는 발리나나(Валинана)라고 불린 어떤 크고 강력한 슬라브 국가에 대해 회상하고 있다. 그가 말하는 바에 따르면, 키예프 공들이 그들을 정복하기 전 과거에는 발리나나인들 사이에 강력한 공들이 있었다고 한다. 여기서 이야기되고 있는 것이 볼리냐네인들일 것이라고들 생각하기는 하는데, 이를 확인하는 것은 아마도 불가능할 것이다. 왜냐하면 이 '발리나나'라는 이름 자체가 여러 기록마다 제각각으로 불리고 있기 때문이다. 아마도 우크라이나 땅에서 그렇게 강력하고 군사적인 공은 단지 키예프에서만 만나볼 수 있는 것 같다. 그러나 키예프에서도, 어떻게 언제 이들 공들이 출현했는지에 대해서는 단지 추측을 할 수 있을 뿐이다. 왜냐하면 가장 오래된 키예프

74) 알 마수디(المسعودي, 896 무렵~956)는 아랍의 헤로도토스라 불리기도 하는 유명한 역사가이자 지리학자이다. 이슬람권을 넘어 각지를 여행했고 『황금목장과 보석의 광산』이라는 제목의 세계사 책을 썼다. 루스에 관한 그의 기록은 러시아와 우크라이나의 초기 역사에 관한 아주 중요한 자료이다.

연대기라 할지라도 최초의 키예프 공들에 대한 기억이 사라져버린 다음에 편찬된 것이며, 초기의 키예프 연대기 저자들도 전사 드루쥐나의 우두머리인 후대의 공들이 키예프에 어떻게 등장하게 되었는지에 대해 단지 추측에 의거해 이야기하고 있을 뿐이기 때문이다.

제2부
국가생활의 시대

17. 키예프의 전승들

키예프에서 국가생활이 어떻게 시작되었는지, 이곳에서 군대(드루쥐나)가 어떻게 출현했고, 권력이 강해진 키예프 공들이 어떻게 이웃 지방들과 종족들을 자기 밑에 복속시키게 되었는지에 대해 키예프 내에서도 이미 여러 가지 이야기가 등장하고 있던 때에 연대기 저자들은 키예프 국가 혹은 일반적 명칭대로 하자면 루스 국가[1]의 시작에 대해 기술하기 시작했다. 어떤 사람들은 말하기를, 키예프가 서 있는 그곳에 언젠가 드니프로 강을 건너는 나루터가 있었고 그곳에서 키이(Кий)라는 이름을 가진 어떤 사람이 나룻배로 강을 건네주는 일을 했다고 한다. 그래서 이 장소는 키예프(키이의) 나루터라고 불렸으며 여기서 나중에 키예프 도시가 형성되어 나왔다는

1) 『우크라이나의 역사』 러시아어 본에서는 이를 Русское государство라고 표기하고 있는데, 여기서 형용사 Русское는 '루스의'라는 뜻과 '러시아의'라는 뜻을 함께 가지고 있다. 그래서 통상적인 현대 러시아 어법에 따라 번역하면 이는 '러시아 국가'가 된다. 그러나 여기서 말하는 Русское는 대러시아인들을 중심으로 형성된 현재의 러시아가 아니라 우크라이나와 관계된 내용을 말한다. 이 책의 우크라이나어 원본에서는 이를 Руська держава라고 하고 있다.

그림 46 키예프에서 출토된 금목걸이.

것이다. 그 당시 폴랴네인들 사이에는 공(公)이 없었고 드루쥐나도 없어서 그들은 이웃인 드레블랴네인들과 다른 종족들에게서 많은 괴로움을 당했다고 한다. 드니프로 강 너머에 살던 종족들에게 조공을 부과하던 하자르인들은 폴랴네인들에게도 조공을 납부하라는 의무를 부과했다. 키예프 사람들은 하자르인들에게 한 드임(дым, 가옥)당 검 하나씩을 납부했다.[2] 그러나 하자르 원로단(старшина)은 이 조공을 보고 기뻐하지 않았다. 왜냐하면 그들은 여기서 폴랴네인들이 다른 종족들보다, 그리고 하자르인들 자신보다 더 우위에 서게 될 전조를 보았기 때문이다. 이유인즉, 하자르인들은 한 쪽 면만 날이 서 있는 사벨을 가지고 싸웠음에 반해 폴랴네인들의 검은 양면에 다 날이 서 있었던 것이다.

다른 사람들은 키예프의 건설자인 키이에 대해 다른 이야기를 했다. 그들은 말하기를 키이와 그의 형제들인 쉬첵(Щек), 호리브(Хорив)는 키예프 자리에 최초의 작은 방벽도시(고로독), 곧 최초의 요새를 세웠으며, 맏형의

2) 이 내용은 『지나간 시절의 이야기』 도입부에 나온다. 드임(дым)은 연기라는 뜻이며, 근대 우크라이나어로는 дим(딤)으로 표기한다. 여기에서는 가옥이라는 의미로 쓰이고 있다. 즉 연통이 있는 집 하나를 의미한다.

이름을 따서 이곳의 이름으로 삼았다는 것이다. 키이는 구도시(십일조 성모 교회[3]가 있는 곳)에서 살았으며 쉬첵은 지금의 키릴리브스카 거리 위 언덕에서 살았다고 한다. 이곳은 처음으로 사람 사는 동네가 열린 곳이며 쉬첵이 살았던 이 언덕은 쉬체카비차(Щекавица)라고 불렸다(오늘날의 스카비카 언덕). 셋째 형제는 호레비차(Хоревица, 정확히 어디를 말하는지 알 수 없다)라고 불리는 세 번째 언덕에서 살았다고 전하며, 키예프 부근을 흐르는 리베드(Либедь) 지류는 그들의 자매인 리베드의 이름을 따서 그렇게 불리게 되었다. 형제들은 방위를 위해 공동의 힘으로 키이가 살던 언덕 위에 작은 방벽도시를 세웠으며, 만형의 이름을 따서 이를 키예프라 불렀다. 그리고 이들에게서 폴랴네 공들이 나오게 되었다. "그들 씨족이 폴랴네인들 사이에서 공의 권력을 장악했노라"[4]라고 연대기에서는 말하고 있다.

이러한 이야기들을 통해 분명해지는 것은 그 당시 키예프에서는 키예프 공의 권력이 어떻게 시작되었는지 아무도 그 진실을 몰랐다는 것뿐이다. 왜냐하면 키이와 그의 씨족의 이름은 키예프 정주지들의 이름에서 파생된 것이기 때문이다. 어떤 정주지의 시작에 대해 알지 못하면 그곳의 기원에 대해 보통 그런 식으로 이야기하곤 한다. 하르키브(하리코프)는, 그러니까 이 도시를 하리코가 세웠다는 뜻이고 체르니히브(체르니고프)는 체르니가라는 어떤 사람이 세운 도시이고 등등으로 말이다. 이는 단지 우리나라에서만 일반적인 현상이 아니라 어디에서나 다 그렇다. 키예프에서 옛날의 키예프 공들 혹은 그 선구자들 중에서 아스콜드, 디르, 올렉에 대해 기억했던 것은 그저 그들의 무덤이 있다는 사실 때문이었다. 다만 이고리에 대

3) 십일조 성모 교회(Десятинная церковь Богородицы)는 10세기 말 볼로디미르(블라디미르) 대공 치세에 지어진 키예프 루스 최초의 석조 교회로 성모승천교회라고도 한다.
4) 『지나간 시절의 이야기』 도입부에 나오는 기술이다. 연도는 적혀 있지 않다.

해서는 그가 스뱌토슬라프의 아버지이고 볼로디미르(블라디미르)의 할아버지이며 그의 아내가 올가였다는 것을 알고 있었다. 후대의 공들에 대해서는 알았지만 아주 먼 조상에 대해서는 그들이 언제 살았는지, 그들이 후대의 공의 씨족에 속했는지 그렇지 않았는지, 특정한 것을 아무것도 말할 수 없었던 것이다. 어떤 사람들에 대해서는 이러저러한 전승이 조금이나마 전해지고 있었고 다른 사람들에 대해서는 그런 것도 없어서, 이름과 무덤 외에는 아무것도 없었다. 그래서 그냥 최초의 공이 키이였으며 그 다음에는 아스콜드와 디르였으며, 그 다음이 이고리였고 올렉은 그의 군정 사령관이었다고들 이야기했다. 그 후에 글을 알고 여가도 있는 사람들이 이 같은 이야기에서 출발해서 키예프 공들의 역사, 키예프 국가의 역사를 편찬하기 시작했다. 그러나 이것에 관한 가장 오래된 기록인 최초의 키예프 연대기[5]는 그 원초적인 형태가 아니라 개작된 상태로 보존되었다. 초기의 공들에 대한 이야기가 특히 심한 수정을 겪었다. 그래서 무엇보다도 이 부분에서 불확실하고 불분명한 것이 많다. 여러 필사자들은 이 이야기를 각기 새로 고쳐 쓰곤 했으니, 이 같은 개작본들을 통해서, 키예프의 전승들이 얼마나 제멋대로 갖다 붙여졌으며 연대기 저자들 자신의 추측이 여기에 얼마나 덧붙여졌는지를 볼 수 있다.

키예프의 전승은 후대의 키예프 공이 속한 가문의 기원을 키예프의 건설자인 바로 그 키이에게서 찾아낸 것으로 보인다. 그러나 10세기에 키예프 공의 궁정은 스칸디나비아 땅으로부터 온 호전적인 이주자들, 곧 이곳에서 바랴기[6]라는 명칭으로 불렸던 사람들로 그야말로 넘쳐나고 있어

5) 앞 부분 역주에서 자주 언급한 『지나간 시절의 이야기』를 말한다.

6) 바이킹을 가리키는 그리스어 '바랑고이'를 슬라브어식으로 변형한 말. 루스의 역사에 등장하는 바랴기는 국가 형성 과정에서 상당히 중요한 역할을 했던 것으로 보인다.

서, 이 상황은 공의 가문 자체가 바랴기에서 시작했다는 생각을 불러일으켰다. 연대기 저자들 가운데 한 사람은 최초의 키예프 연대기를 바로 이런 식으로 바꾸어 썼다. 그는 키예프 공의 가문도, 그리고 폴랴네 땅 및 키예프 일대를 부르는 이름이었던 루스 혹은 루스 땅이라는 이름도 바랴기에게서 유래하는 것으로 만들어버렸다. 이 연대기 저자가 그려낸 상황에 따르면, 자신들이 모시는 공들과 함께 키예프에 도래한 바랴기가 루스라고 불렸고 이들에게서 비롯된 루스라는 이름이 키예프와 폴랴네 땅에 옮겨가 확립되었다는 식이다.[7)]

18. 키예프 연대기의 이야기

우리에게 지금 전해지고 있는 판본의 키예프 연대기에서는 루스와 키예프 공들의 시작에 대해서 다음과 같은 이야기를 하고 있다.

'키이의 씨족은 폴랴네인들을 지배했으나 그 후 대가 끊겨 사라졌다. 키예프는 통치자가 없는 상태로 남겨졌는데 두 형제가 이곳을 장악했다. 그들은 바랴기의 선발대인 아스콜드와 디르였는데, 이들은 노브고로드로부터, 곧 북쪽 땅으로부터 온 사람들이었다. 그 당시 노브고로드에서는 바

7) 오늘날 전해지고 있는 『지나간 시절의 이야기』는 11세기에 키예프의 동굴(페체르스카) 대수도원에서 수도사 네스토르가 편찬하였고 이를 다시 12세기에 동굴 대수도원장 실베스트르가 주도하여 수정증보하였다고 한다. 동굴 대수도원 성직자들은 부족 시대 동슬라브인들의 역사를 폴랴네인 중심으로 생각했고 루스 국가형성과정 및 키예프 공들의 궁정에 대한 서술에서는 강력한 기독교 중심적-스칸디나비아 중심적 해석을 보여준다. 즉 초기역사에 관한 여러 전승들 중에서 동굴 대수도원 성직자들의 세계관에 따라 선택된 것이 『지나간 시절의 이야기』에 담겨 있다고 보면 된다.

랴기가 지배하고 있어서, 그들은 북쪽의 슬라브인들과 핀계 종족들, 곧 노브고로드 슬라브인들, 크리비치인들, 메리인들로부터 조공을 거두어들이고 있었다. 이 종족들은 거의 반란을 일으키다시피 하여 바랴기를 내쫓았으나 이로 인해 그들에게는 더 이상 질서가 없어졌고 결국 그들은 바랴기에게서 자기들을 다스릴 공을 불러오기로 결정했다. 그들 스스로 자기들을 공으로서 통치해 달라고 바다 너머에서 바랴기를 자발적으로 불러왔다. 류릭, 시네우스, 트루보르라는 바랴기 세 형제가 이 초청을 받아 들여서 자기네 드루쥐나와 함께 도래했다. 그들은 노브고로드의 도시들과 몇몇 인근 도시들에서 공의 권력을 행사하기 시작했고 다른 지방에는 부하들을 앉혔다. 이 같은 부하들 가운데 앞에서 언급한 아스콜드와 디르가 있었다. 그들은 드니프로 강을 따라 아래로 내려갔으며, 키예프가 공이 없는 상태임을 알아낸 다음 이곳에 터를 잡고 살았다. 그러나 그들의 지배는 오래 가지 못했다. 왜냐하면 류릭의 아들인 이고리가 자기의 군정사령관(보예보다)[8]인 올렉과 함께 드니프로 강변의 도시들을 정복해서 자기 권력 아래 두기 시작했으며, 마침내 키예프로 다가왔기 때문이다. 이곳에서 아스콜드와 디르가 공의 행세를 하고 있다는 것을 알아낸 이고리와 올렉은 그들의 군대를 드니프로 강가 부두에 매복시켜 둔 다음 아스콜드와 디르에게 사람을 보내서, 이곳에 도착한 바랴기 상인들이 그들을 알현하기를 원한다

8) 보예보다(воевода)는 슬라브인들의 사회에서 일정한 지역의 군사적 지휘권과 행정권을 함께 행사하는 고위무관의 직책을 가리킨다. 고려시대의 도절제사(都節制使)와 유사한 기능을 가졌다고 할 수 있다. 이 부분에서 올렉이 이고리의 군정사령관이라고 했을 때는 올렉이 단순한 수행인이 아니라 섭정역할을 하는 고위 무인이었음을 의미한다고 볼 수 있다. 『노브고로드 1차 연대기』에서는 올렉을 이고리의 군정사령관으로 칭하고 있으나 『지나간 시절의 이야기』에서는 올렉이 "보예보다"가 아니라 공으로 불리고 있고 911년 올렉이 비잔티움과 맺은 조약에 관한 구절에서도 그를 키예프의 공이라고 칭하고 있다.

고 말하게 했다. 아스콜드와 디르가 이 말을 믿고 그들에게 말을 달려 왔을 때 이고리의 군사들이 매복을 풀고 튀어나와 공격했고 이고리는 아스콜드와 디르에게 다음과 같이 선언했다.[9] "너희들은 공이 아니고 공의 씨족 출신도 아니다. 내가 공이고, 공으로서 지배하는 것은 나의 일이다." 그의 군사들은 아스콜드와 디르에게 달려들어 그들을 살해했다. 아스콜드를 바로 그곳 드니프로 강 위, 우고르스크 언덕[10]에 묻고 그의 궁정터에는 성 니콜라 교회를 세웠다. 그리고 디르(의 시체)는 스타리 호로드(Старий город)[11]로 끌고 가 그곳에 묻었다. 이고리[12]가 키예프에서 공으로서 통치하게 되었다. 이들 바랴기 공들에게서 그리고 그들의 드루쥐나들에게서 루스라는 이름(русское имя)이 비롯되었다. 처음에는 노브고로드에서, 그 다음에는 키예프에서 그러했다.'

그 이전의 키예프 연대기를 개작한 연대기 저자들 중 한 사람은 위와 같이 이야기하고 있으며 이 이야기가 역사 속으로 넘어왔다. 그의 이야기를 특별히 신뢰한다는 것은 있을 수 없는 일이다. 연대기 저자는 많은 것을 알지 못한 채 무턱대고 이야기했다. 그는 심지어 올렉이 이고리의 군정사령관(보예보다)이 아니라 키예프 공이었다는 사실조차 모르고 있었다.[13] 이

9) 이 부분도 『노브고로드 1차 연대기』를 따른 것이다. 본문 문장에서 '이고리'라 되어 있는 부분은 『지나간 시절의 이야기』 현존판본으로는 '올렉'으로 고쳐야 한다.

10) 키예프의 드니프로 강 서쪽 기슭에 있다. 『지나간 시절의 이야기』 6406년(서기 898년)항에는 이 지명의 기원에 대한 기술이 나온다. 9세기 말, 볼가 강 유역에서 도나우 강 유역으로의 민족 이동이 이루어졌을 때 이 언덕에는 우그르족(곧 마쟈르족을 말한다)이 일시 머물렀었다. 우그르인들은 키예프를 지나면서 '현재 우고르스크'라 불리는 언덕을 지났고, 드니프로 강으로 와서 천막을 쳤다는 것이다.

11) 구도시(舊都市)라는 뜻.

12) 현존하는 『지나간 시절의 이야기』 6390년(서기 882년)항의 정확한 표현은 '올렉이 키예프에 정착해서 공으로서 통치하였다'이다.

13) 흐루셰브스키는 '루스'라는 이름의 기원에 대한 연대기의 설명에 불만이 많았기에 이 부분에

것을 염두에 둔다면, 아스콜드와 디르가 바랴기의 선발대였다거나, 이고리가 노브고로드인들의 초빙을 받아 온 무슨 바랴기 씨족 출신 노브고로드 공의 아들이었다거나 하는 그의 이야기도 액면 그대로 믿기가 어렵다. 루스라는 이름이 바랴기 드루쥐나들에 의해 노브고로드에서 키예프로 전해졌다는 그의 단정도 믿기 어렵다. 이 이름이 왜 노브고로드를 위해서는 확립되지 못하고 단지 키예프를 위해서, 폴랴네인들의 땅인 바로 키예프 인근 일대를 위해서만 확립되었는가 하는 것도 이상한 일이다. 키예프의 공들이 노브고로드에서, 그것도 두 사람씩 두 번에 걸쳐서 차례로 왔다는 것, 그러니까 처음에는 아스콜드와 디르가 왔고, 몇 년 후에 이고리와 올렉이 와서 아스콜드와 디르의 자리를 차지했다는 식의 이야기도 역시 믿기가 쉽지 않다.

우리는 키예프 연대기 저자가 이야기하는 것을 과거에 믿었던 것처럼 그렇게 전부 믿지는 않지만, 그렇다고 해서 다른 사료들에서도 무엇인가를 알아낼 수 있는 것은 아니다. 그래서 이 물음들은 우리에게 불분명하게 남아있다. 그러나 다른 사람의 억측을 진실인 양 되풀이하기보다는, 차라리

대한 연대기의 서술을 비판하고 있지만, 어떤 연대기인지를 명시하지 않음으로써 상당한 혼란을 초래하고 있다. 앞의 역주에서도 언급했듯, 『노브고로드 1차 연대기』에서는 올렉을 이고리의 군정사령관으로 칭하고 있으나 키예프를 중심으로 해서 편찬된 『지나간 시절의 이야기』에서는 올렉을 공으로 칭하고 있다. 『노브고로드 1차 연대기』는 『지나간 시절의 이야기』보다 더 오래된 자료인 『시초 편찬본(*Начальный свод*)』을 활용하고 있다. 그러나 가장 오래된 키예프 연대기는 올렉이 공이었다고 말하고 있다. 따라서 오래된 사료들 사이에서 기술은 엇갈리지만 『지나간 시절의 이야기』는 아마도 류릭 통치가문의 통일성을 위해서인 듯, 이 내용들을 최종적으로 정리하여 올렉이 이고리의 아버지인 류릭의 친척이었으며 키예프의 공이었다고 쓰고 있다. 흐루셰브스키가 '오늘날 역사 속으로 넘어와 있는 이야기를 담은 연대기'라고 칭한 것은 내용을 따져볼때 키예프쪽 연대기라기보다 오히려 『노브고로드 1차 연대기』에 가까운 것으로 보이지만 그는 개별 내용들에 대한 서술에서는 각기 다른 연대기들을 섞어서 이용하고 있는 것으로 보인다. 서술이 혼란스러운 것은 이 때문이다.

그것이 어떠했는지 그 무엇도 확실히 알지 못한다고 인정하는 편이 더 낫다. 다른 민족들의 경우에도 국가의 시작에 대해 구체적인 내용들이 대개 불분명하게 남아있다는 것을 볼 때 더욱 그러하다. 국가생활이 발달하고 문자, 역사기록, 연대기가 출현한 후대에 이르러서야 비로소 이들 문자니 역사기록이니 연대기니 하는 것들은 자기네 시대에 대해, 그리고 그리 오래지 않은 과거에 대해 상세하게 구체적으로 이야기하기 시작하는 것이다. 그래서 우크라이나에서도 우리 연대기 내용 중에서 상대적으로 후대에 해당하는 볼로디미르(블라디미르) 시대는 물론이고 그의 아버지[14] 시대에 일어난 사건들 일부도 꽤 잘 알려져 있다. 그 이전에 일어난 일들에 대해서는 그 무엇인가가 단지 외국인들의 사료나 후대의 전승에 의거해서만 알려지고 있을 뿐이다.

19. 루스

9세기에서 10세기 사이에 작성되어 남아 있는 외국인들의 기록을 보면 우크라이나의 공들과 그들의 군대는 항상 루스 혹은 루스 사람이라고 불린다. 현지의 사료들에서도 키예프 땅은 루스라고 불렸다. 루스라는 이름이 바랴기 드루쥐나에 의해 스웨덴에서 넘어온 것이라고 하는 옛 키예프 연대기 저자의 추측은 정당화될 수 없다. 스웨덴에서는 그런 민족을 알지 못하며 우리나라에서는 스웨덴 사람을 이 이름으로 부른 적이 한 번도 없기 때문이다. 이 이름을 어디에서 취해온 것인지 우리는 알지 못하며 앞으

14) 키예프 공 스뱌토슬라프를 말한다.

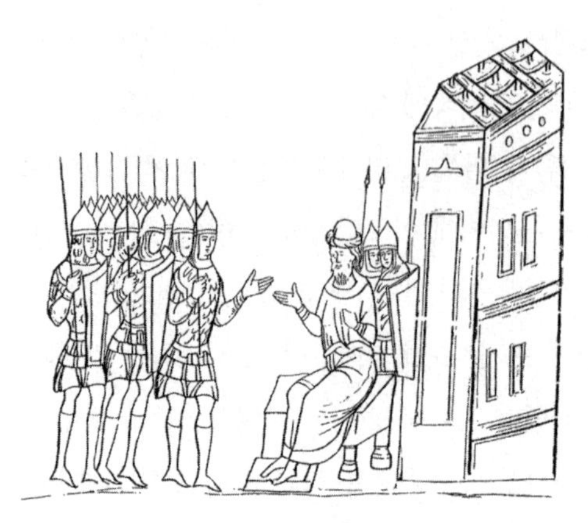

그림 47 키예프의 공과 드루쥐나(스뱌토폴크 공의 모습. 보리스와 글렙 생애전 삽화 중에서)

로도 알아맞히지 못할 것이다. 그러나 우리에게는 이 이름이 키예프와 그토록 밀접하게 결부된다는 사실이 중요하다. 이를 근거로 우리는 9세기, 10세기에 외국 사료들에 등장하는 루스 혹은 루스 드루쥐나에 대한 보고들이 키예프 국가에 관한 것이자 키예프를 수도로 삼고 있던 공들과 그들의 드루쥐나에 관한 것이라는 결론을 내릴 수 있다.

9세기의 한 아랍 저자[15]는 루스의 드루쥐나에 대해서 다음과 같이 기술한다. "루스는 땅도 촌락도 경작지도 가지고 있지 않다. 그는 오로지 흑담비를 비롯한 모피의 판매 영업을 할 뿐이다. 루스는 슬라브인들의 땅을 습격하고 사람들을 노예로 잡은 다음에 이틸이나 볼가르에서 이들을 판다. 루스 사람에게서 아들이 태어나면 아이 아버지는 칼집에서 검을 꺼내어 아들 앞에 놓아두고 다음과 같이 말한다. '나는 너에게 아무 재산도 남겨주지 않을 것이다. 너는 단지 너의 검으로 획득할 수 있는 것만을 가지게 될 것이다.'"

15) 아랍저자가 아니라 페르시아인 여행가인 이스파한의 이븐 루스타(아흐마드 이븐 루스타 이스파하니(احمد ابن رستہ اصفهانی))를 말한다. 그는 자기 고국인 페르시아 곳곳뿐 아니라 오늘날의 아라비아 반도, 카프카스 산맥지대, 영국, 터키, 중앙아시아에 이르기까지 각지를 널리 여행하고 『소중한 기록의 서』라는 책을 집필했다. 노브고로드를 비롯한 슬라브인들의 땅을 두루 여행하고 루스에 대한 기록도 남겼다. 루스에 대한 그의 묘사는 비교적 호의적이었다.

이웃 사회 사람들은 이 루스, 곧 키예프 공의 드루쥐나를 무인이자 상인이라고 알고 있었다. 드루쥐나는 이웃 땅을 습격해 노획물과 사람들을 빼앗고 이 상품들로 장사를 했다. 앞에서 우리는 그 당시에 전쟁과 상업이 얼마나 불가분하게 결부되어 있었는지를 살펴보았다. 상인은 어쩔 수 없이 무인이어야 했고 무인은 동시에 상인이기도 했다. 그는 자기의 노획물을 이웃 시장에 내보냈는데, 이를 돈과 무기, 그리고 그 당시 사람들이 그토록 높이 평가했던 갖가지 장식품들과 교환하기 위해서였다. 루스 상인 집단의 수도였던 키예프는 이와 동시에 이 호전적인 루스의 수도이기도 했다. 콘스탄티노스 포르퓌로겐네토스 황제는 앞에서 언급한 아랍 저자[16)]보다 100년 후에 드루쥐나의 생활방식을 다음과 같이 기술하고 있다. "11월이 오면 루스 공은 전체 루스와 함께 키예프를 떠나 '폴류디예(полюдье, 조공의 징수)'를 하기 위하여, 루스에 복속된 슬라브인들, 곧 드레블랴네, 드레고비치, 크리비치, 세베랴네, 그리고 다른 슬라브인들의 영토(волость, 볼로스치[17)])로 간다. 그들은 온 겨울 내내 그곳에서 지내며, 드니프로 강의 얼음이 녹는 4월이 오면 키예프로 돌아온다. 그들은 키예프에서 자기네 배에 설비를 갖추고 위에서 묘사한 순서에 따라 비잔티움으로 출발한다."[18)]

이들 9~10세기의 키예프 드루쥐나는 현지 출신 사람들과 이주해온 바랴기들로 구성되었다. 10세기 전반에는 키예프 공의 총독(대리인)이나 드

16) 역주 15)에서 설명한 이스파한의 이븐 루스타를 말한다.

17) 볼로스치라는 단어는 흐루셰브스키의 이 책에서 아주 자주 쓰이는데, 동슬라브어에서 이 말의 의미는 시기마다 다르다. 단일한 지배권력(공령)에 속한 모든 영토 혹은 귀족 영지로서의 읍락(邑落)을 가리킬 때도 많고 러시아 제국의 행정체계가 근대화된 이후에는 중앙집권행정의 최소단위인 면(面)을 가리키기도 한다. 여기서는 국가 형성 이전 단계에 있는 부족의 영토를 의미한다.

18) 포르퓌로겐네토스 황제의 저서『제국의 통치』에 나오는 내용이다. 15장의 서술을 참조하시오.

루쥐나의 우두머리 같은 최고위급 키예프 보야린 집단 가운데 바랴기가 정말 많아서 현지출신자들이 그들 때문에 완전히 뒷전으로 밀려났다. 907년, 911년, 944년에 비잔티움과 맺은 계약서에는 키예프 공의 사절들과 그의 대리인들의 이름이 기록되어 오늘날까지도 전해지는데, 그들 중에는 스칸디나비아식 이름이 슬라브식 이름보다 훨씬 더 많다. 그리고 드루쥐나 군대 내에도 바랴기가 많았다. 이 때는 스칸디나비아 땅, 스웨덴과 노르웨이에서 골육상쟁이 일어났던 시기였다. 그래서 많은 코눙(konung, '공'을 의미하는 루스어 '크냐즈'와 같은 말이다)들, 여러 명문 출신자들, 지위가 높은 이들이, 그리고 그들과 함께 많은 일반 군사들도, 자신을 위한 새로운 조국을 찾거나 새로운 땅을 정복하기 위해 먼 땅으로 떠나갔다. 혹은 이들은 그 당시의 가지각색의 권력자들 아래 봉사하러 나서기도 했다. 11세기 전반(야로슬라프 공이 사망했을 때)까지는 키예프 공에게 봉사하는 바랴기 드루쥐나를 끊임없이 찾아볼 수 있다. 공들에게 이들은 아주 적재적소의 사람들이었다. 그들은 용감하고 진취적인 훌륭한 무인들이었던 동시에, 나라나 주민들과는 아무 상관이 없었다. 그들은 외국의 적에게도 내보낼 수 있었고 자국민들을 상대로 해서도 출동시킬 수 있었

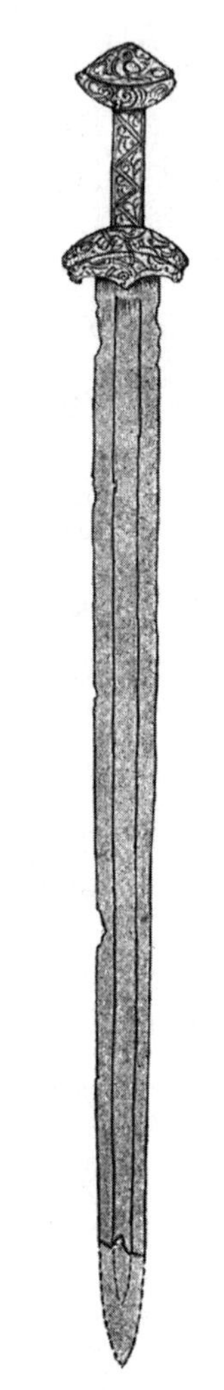

그림 **48** 바랴기의 검. 키예프 인근에서 출토.

다. 그리고 이들 스칸디나비아 출신 무인들이 키예프의 '루스' 드루쥐나 사이에 아주 많았기 때문에 흔히 루스 자체를 스칸디나비아 사람들 혹은 '노르만' 사람들이라고 부르곤 했다. (스칸디나비아 무인들은 노획물을 찾아서 서유럽으로도 역시 자주 떠났는데, 그 당시 서유럽 나라들에서는 이 스칸디나비아 무인들을 북방 사람이라는 의미에서 노르만 사람이라고 불렀다. 이는 우리나라에서 그들을 바랴기라고 불렀던 것과 비슷하다.) 그런데 우리가 이미 살펴본 것과 마찬가지로, 키예프의 연대기 저자는 루스라는 이름 자체도 아마도 스웨덴 출신 바랴기에게서 유래했으리라는 결론에 이르렀던 것이다.

그림 **49** 바랴기의 검(삽화 **48**)의 손잡이 부분.

20. 루스 드루쥐나의 원정

9세기에는 이미 루스 드루쥐나가 이웃 땅에서 벌이는 원정에 대한 보고가 꽤 자주 등장하기 시작한다. 이를테면 9세기 초에 "루스 사람들이 그들의 파괴적인 이름과 행동으로"(성 게오르기오스 아마스트리스[19]의 『생애전』에

19) 게오르기오스 아마스트리스(Γεώργιος Ἄμαστρις)는 9세기 초 흑해 연안 도시 아마스트리스의 주교이며 성인이다. 그리스어로 된 그의 생애전으로 유명하다. 크롬나에서 태어났으

서 이들을 루스 사람들이라 부르고 있다) 흑해 남부 해안과 콘스탄티노플에서 시노페에 이르는 소아시아 해안을 짓밟았다. 그런데 이 루스 드루쥐나들이 어쩌다보니 아마스트리스 시[20]를 공격했고 성 게오르기오스 아마스트리스의 『생애전』에 이 폭력행사자들 위에 내렸다는 기적이 기록되어 있는 덕분에 우리는 우연하게도 이 사실을 알 수 있게 되었다. 또 다른 성인인 수그데아의 스테파노스[21]의 『생애전』에서는 이 시기에 '루스 적군'들이 자기네 공인 브라블린(Бравлин)[22]과 함께 어떻게 크림 반도 남부 해안을 짓밟았는지에 대해 이야기하고 있다.

흑해 연안에 있는 비잔티움 도시들에 대한 그 같은 습격은 그 당시에 아

며, 수도사로서 은둔생활을 하기를 원했으나 주민들의 거듭된 청원으로 아마스트리스의 주교가 되었다고 한다. 외적의 침입에서 주민들을 보호하기 위해 애쓴 것으로 알려져 있다. 825년 무렵에 사망했다고 한다. 그는 『생애전』 가운데 루스의 침입에 대한 절에서 루스에 대해 이렇게 쓰고 있다. "무자비하고 잔인하며 인간애라고는 손톱만큼도 가지지 않은 것으로 누구에게나 잘 알려진 제국 역외민족(바르바로이)인 루스 사람들."

20) 흑해 남쪽 해안의 도시로 콘스탄티노플과 시노페 사이에 자리 잡고 있다.

21) 러시아식으로는 스테판 수로즈스키(Стефан Сурожский, 700년 무렵~787년 이후)라고 한다. 8세기에 수그데아(러시아식으로는 수로즈. 이 도시는 크림 반도에 위치해 있으며 지금은 수닥이라고 불린다)에서 활동했던 정교회 성직자이자 성인이다. 그의 『생애전』은 짧은 그리스어판은 1318년 무렵에, 확대된 교회 러시아어판은 15세기 무렵에 작성되었다고 하며, 그중 교회 러시아어판은 브라블린이 이끄는 루스 군단의 침입에 대한 기록을 담고 있다. 그는 사망 후 10세기 무렵부터는 수그데아의 수호자 성인으로 추앙받게 되었다.

22) 8세기 후반에 크림 반도를 공격해 여러 도시를 황폐하게 만들었다고 하는 루스의 통치자이다. 그에 대한 기록은 수그데아의 스테파노스의 『생애전』 교회 러시아어판에 유일하게 등장한다. 이에 따르면 브라블린은 스테파노스가 사망한 지 몇 해 후에 크림 반도를 공격했으며 수그데아에서 성 소피아 사원을 습격하여 값비싼 성물들을 약탈하고 성인의 무덤까지 유린했으나, 그 직후 사지가 마비되고 얼굴이 뒤쪽으로 돌아갔다. 그는 할 수 없이 모든 약탈물을 반환하고 군대를 철수시켰는데, 수그데아의 스테파노스의 혼령이 나타나 세례를 받지 않으면 귀국할 수 없다고 그에게 말했고 그는 수그데아 주교의 집전으로 세례를 받게 되었다고 한다. 그러자 그의 몸은 정상으로 돌아왔다고 한다. 브라블린이 역사적으로 실제로 존재한 인물인가, 브라블린의 수그데아 공격과 세례가 실제로 일어난 일인가에 대해서는 회의적인 의견들이 적지 않다.

마도 자주 벌어졌던 것으로 보이며 이들로부터 자국 영토를 지키기 위해 비잔티움 정부는 830년대에 루스의 공들과 거래에 들어갔다. 우리는 다음과 같은 사건 덕분에 이 일에 대해서도 우연히 알 수 있게 되었다. 즉 839년에 비잔티움 황제가 독일 황제[23]에게 자신의 사신들과 함께 루스 공의 사신들도 파견했는데, 이는 독일 황제가 이들을 다시 돌려보내 귀가할 수 있게 하기 위해서였다. 왜냐하면 루스가 비잔티움에서 바로 귀국하는 길은 웬 적들(아마도 헝가리 유목 왕국이었을 것이다)이 가로막고 있었기 때문이다. 그러나 비잔티움 땅을 상대로 한 루스의 원정은 얼마 안 있어서 다시 시작되었다. 가장 두드러진 원정은 860년에 벌어졌다. 루스는 대군단을 이끌고 콘스탄티노플 자체를 공격했다. 그들에게는 2백 척의 큰 배가 있었는데, 여기에는 거의 만 명 정도의 군사가 탈 수 있었다. 이때 마침 비잔티움 황제는 자기 군대를 이끌고 소아시아로 떠났기에 그의 수도는 무방비 상태로 남겨져 있었다. 루스는 해안에 상륙하여 그 주변 지역을 짓밟았다. 주민들은 도시의 방벽 뒤에 몸을 숨긴 채 여차하면 돌격이 일어나리라 예상하고 있었다. 그들은 극도의 공포 속에서 적들이 이미 성벽을 넘어 기어들지 않았는지, 도시를 이미 점령하지 않았는지 서로 묻고 있었다. 이때 총대주교는 이 공포를 쫓아내기 위해 어느 교회에 보존되어 있던 성모의 성의를 들고 벽을 따라 돌아다니라고 명했다. 성직자단은 여러 가지 성물(聖物)들을 들고 도시민 전체의 수행을 받으며 벽을 따라 순회하면서 짧은 기도식을 거행하곤 했다. 그리고 이 일이 있은 후 루스 군대가 도시를 공격하지 않은 채 배를 타고 떠난 것은 신의 특별한 기적이었다고 여겨졌다. 나중에는, 성모의 성의를 바다에 적셨을 때 바다에서 무시무시한 태풍이

23) 카롤링거 제국의 루드비히 경건제(Ludwig der Fromme)를 말한다. 사신을 파견한 비잔티움 황제는 테오필로스(Θεόφιλος) 황제이다.

그림 50 루스에 온 그리스 주교. 루스의 공이 그에게 성경을 불 속에 넣으라고 명하고 있다.(그리스 연대기의 삽화)

일어 루스의 배를 사방으로 흩뜨려 버렸고 그래서 루스가 퇴각하지 않을 수 없게 만들었다고 하는 이야기가 등장했다. 그러나 이는 훗날 꾸며낸 것이다. 그 당시 사람들은 이런 이야기는 전혀 하지 않고 있다.[24] 루스는 실제로 차레흐라드(콘스탄티노플)를 남겨두고 떠났지만 이는 아마도 황제가 군대를 이끌고 돌아오고 있다는 소식이 그들 귀에까지 들어왔기 때문이었을 것이다.

수도 자체까지 대상으로 삼아 감행된 이 대담한 공격으로 말미암아 비잔티움 정부는 다시금 루스에게 신경을 쓰지 않을 수 없게 되었다. 값비싼 그리스 직물과 금실 은실로 짠 비단 옷 등 호화로운 선물을 든 사신들이 루스 공들에게 파견되었다. 그들은 공들과 평화조약을 체결했으며, 사절단과 함께 파견된 정교회 주교는 많은 사람들을 설득하여 세례를 받게

24) 『지나간 시절의 이야기』에는 루스의 콘스탄티노플 원정, 포티우스의 기도, 성모 성의의 기적 등의 이야기가 860년이 아니라 866년 항에 기술되어 있다. "그 당시 사람들은 이런 이야기는 전혀 하지 않고 있다"라는 흐루셰브스키의 문장은 당시 비잔티움 제국 사료의 내용에 관한 것으로 보인다. 참고로 『지나간 시절의 이야기』에는 이때 루스의 원정을 이끈 지도자가 아스콜드와 디르였다고 쓰여 있다.

그림 51　성경으로 일어난 기적(삽화 50)과 같은 연대기의 삽화 중에서). 성경이 불 속에서도 타지 않고 있다.

했다. 그리스인들은 여기서도 기적이 없을 수 없었다고 이야기한다. 루스는 주교의 설교를 듣자, 자신들이 기적에 대한 이야기를 아주 자주 들은 바 있으니 주교가 그들 앞에서도 그런 기적 중의 어느 한 가지를 수행했으면 좋겠다는 바람을 표명했다. 그들은 주교에게 그가 손에 들고 있던 성경을 불에 넣으라고 제안했다. 그리고 만약 그가 이야기한 불타는 화로 속의 소년들처럼 이 성경이 손상을 입지 않은 채로 남아 있다면 그때에는 자기들도 세례를 받겠다고 말했다. 주교는 성경을 불에 넣었고 성경은 실제로 온전한 상태로 남았다. 그러자 많은 루스 사람들이 세례를 받았다. 그러나 성경과 관련된 그 같은 기적 이야기는 이런저런 기회가 있을 때마다 등장하는 단골이야기이다.

그리스 도시들을 상대로 한 원정 외에 루스는 카스피 해안에도 출몰했다. 카스피 해 남부해안, 곧 타바리스탄(Tabaristan)[25]의 역사를 서술한 어느 후대의 아랍 저자는 우연히도, 870년 무렵에 루스가 이 지방에서 벌인

25) 오늘날의 이란 북부 지역이다.

그림 52 키예프에 있는 아스콜드의 무덤.

원정에 대해 회상하고 있다. 그 후 그와 같은 원정은 910년에 일어났다. 그 같은 원정은 나중에도 행해졌음이 알려지고 있다.

이 루스는 누구였고 어디에서 기원했으며 그들의 우두머리들이나 공들은 어떤 이름으로 불렸는지, 그리스와 아랍의 저자들은 언급하지 않고 있다. 루스의 생활에 대해 이야기하고 있는 9세기 아랍 사료나 독일 황제에게 온 루스 사절들(839)에 대해 언급하고 있는 독일의 연대기는 루스의 공을 '카간'이라 부르고 있다. 실제로 나중에도 키예프 공들이나 우크라이나의 다른 공들(볼로디미르 대공이나 다른 이들)을 그렇게 칭하는 경우들이 가끔 있었다. 이는 하자르 군주의 칭호였는데 하자르로부터 우크라이나 공들에게도 넘겨졌을 수도 있다. 키예프 연대기 저자는 그리스 사료에서 860년 루스의 차레흐라드 원정에 대한 보고를 접한 다음 이를 앞에서 언급한 키예프 지도자 아스콜드와 디르의 소행으로 돌렸다. 그의 판단으로는 이들은 키예프의 공들이었어야만 했다. 그리고 실제로 그럴 수밖에 없었다. '루스'가 벌인 이 같은 장거리 원정들은, 그들 모두가 키예프에서 왔건 그렇지 않건 간에 여하튼 이 당시에 이미 키예프에서는 루스라는 이름을 가진 대대적인 군사력이 성장해 나오고 있었음을 보여준다. 루스는 인근 지역을 자신들의 휘하에 복속시켰고 장거리 원정에서 노획물을 얻고자 했으며 남쪽으로의 이 같은 장거리 원정은 그들에게서 비롯되곤 했던 것이다. 포티우스 총대주교[26]는 860년 콘스탄티노플 포위 시기에 행한 그의 설교에서, 루스는 인근 지방을 정복하고 이것으로 기고만장해진 후에 감히 차레흐라드를 공격할 용기를 냈다는 식으로 표현하고 있다. 944년 이고리 공이 그리스인들과 맺은 조약에서는 키예프 공을 제외하고도 약 스무 명에 이르는 '빛나고 위대한 공들과 보야린들'(이는 조약문에서 칭하고 있는 대로이다)이 황제에게 사절을 보내고 있으며, 이들은 몇 년 후에도 대략 그 숫자만큼 되는 자기 사절들을 올가[27] 여공(女公)과 함께 파견했다. '키예프 공의 수하에' 있던 (이는 올렉의 조약문에서 이야기하고 있는 대로이다) 공과 총독의 수가 이토록 많다는 것은 그 자체가 이미 국가의 규모가 그만큼 컸고 키예프 공의 권력 아래 놓인 땅이 그만큼 광대했음을 보여준다. 940년대에 이고리가 키예프에서 공으로서 통치했는데 그의 아들인 나이 어린 스뱌토슬라프가 발트 해-드니프로 강 수로의 북쪽 종점인 노브고로드에서 공의 자리에 앉았다는 것은 우리에게 잘 알려져 있다. 그리고 루스의 흑해도시 원정, 크림 반도에서의 그들의 활동, 트무타라칸과 케르치 만에 있었던 루스 공령(公領, княжество) 등을 볼 때 투르크 유목 왕국이 마침내 흑해 연안 주민들을 쫓아내 버리기 전까지는 루스가 대 드니프로 수로의 남쪽 종점까지 자기네 수중에 장악하고 있었음을 알 수 있다. 동쪽에서 세베랴네인들과 뱌티치인들 땅을 거쳐 지나가는 육로와 수로도 역시

26) 정교회의 콘스탄티노플 총대주교를 말한다.
27) 우크라이나식 발음은 '올하'에 좀 더 가깝다. 이 번역서에서는 관례대로 올가로 표기한다.

이미 9세기에 키예프 공들의 영향권 아래 있었다. 10세기 초부터 세베르스크 땅의 주요 도시들에서는 이미 키예프 공의 부하들이 다스리고 있었고 루스는 카스피 해 연안에 이르는 길을 개척해서 확보하기 위해 차츰 돈 강 유역까지 수중에 넣어 두고 있었다. 10세기 초가 되면 우크라이나 종족이건 북부의 종족이건 동슬라브 종족들은 정도의 차이는 있지만 이미 모두 키예프 공의 권력에 복속되어 있었다. 볼가 강 유역에 사는 몇몇 핀계 이웃 종족들도 그러했고, 아마도 서쪽의 리투아니아인들도 그랬던 것 같다. 나중에 키예프 국가에 속하게 된 영토들은 올렉 공의 시대인 10세기 초에 이미 정도의 차이는 있지만 모두 키예프 공들의 권력 혹은 영향력 아래 놓여 있었다. 단지 이러한 땅들에 대한 키예프 공의 권력은 아직 그렇게 강하지 않아서 후대의 경우처럼 이들 종족의 삶 내부로까지 깊이 침투해 들어가지는 않았다.

21. 최초의 공들과 올렉 공

키예프 국가의 초창기와 관련해서는 웬 브라블린이니 또 그 후의 아스콜드와 디르니 하는 이름들만 달랑 우리에게 전해지고 있다. 아스콜드와 디르, 이 두 사람의 이름은 키예프의 연대기 저자들에게도 알려져 있었지만 연대기 저자들도 이들에 대해 그 이상의 것은 전혀 알아내지 못했음이 분명하다. 연대기 저자들이 이야기하고 있는 내용, 곧 그들이 두 형제였고 노브고로드에서 이주해왔으며 차레흐라드에 왕래했고 올렉과 이고리의 손에 죽임을 당했다는 것은 모두 아마도 그들 자신의 추측이었을 것이다. 아스콜드와 디르는 아마 틀림없이 형제도 아니었고 둘이 함께 공으로서 통치하지도 않았을 것이다. 아스콜드의 무덤 위에 교회가 세워진 것으로 볼 때 그는 실제로는 비잔티움 황제의 사절들과 함께 온 그리스 정교회 주교가 루스에게 기독교를 전도하고 "많은 사람들에게 세례를 주었다"는 바로 그때에 키예프의 공이었다고 결론지을 수 있다. 디르에 대해서는 후대의 아랍 저자 마수디가 언급하고 있는데 디르는 아마도 아스콜드보다 후대에 살았던 것으로 보인다. 그러나 키예프 연대기가 편찬된 시기인 야로슬라프 공의 시대에 이르러서는 사람들이 그에 대해 아무것도 기억하지 못했다. 다만 10세기 초에 키예프에서 공으로 통치했던 올렉은 민중의 기억 속에 깊이 새겨졌다. 민중의 기억은 그의 이름을 경이로운 이야기들, 설화들, 노래들로 둘러쌌으며, 상고 시대부터 현지의 전승으로 내려온 갖가지 업적과 공훈을 그의 것으로 돌렸고, 그러다가 끝내는, 용감하고 성공적인 정복자이던 그를 초인간적인 일들을 수행하고 뱀, 새, 작은 개미로 변신할 수 있는 '예지력 있는' 마법사로 바꾸어버렸다. 그리고 이 설화적인 마법사의 모습에 가려 키예프에서 공으로 통치했던 실제 인물인 진짜 올렉 공은 거의 완

그림 53 올렉이 자기 배를 바퀴 위에 놓고 차레흐라드(콘스탄티노플)를 향해 가고 있다.(연대기의 삽화)

전히 자취를 감추어 버렸다. 볼가 브세슬라보비치(Вольга Всеславович)[28]라는 이름으로 올렉을 찬미하고 있는 한 브일리나[29]는 올렉, 올가 그리고 마법을 썼던 후대의 공 브세슬라프[30]에 대한 기억을 하나의 인물 속에 합쳐 놓고 이 예지력 있는 공에 대해 다음과 같이 묘사하고 있다.

선홍빛 태양이 졌네
울창한 수풀 뒤로, 드넓은 바다 아래로.
맑은 하늘 가득 별들이 빛났네.
볼가 브세슬라보비치가 태어났네,
신성한 루스 땅에.
볼가 브세슬라보비치가 자라 다섯 살이 되었네.
볼가 브세슬라보비치는 파릇한 대지를 이리저리 걸어갔네
파릇한 어머니 대지가 흔들렸네.
숲 속의 맹수가 흩어져 달아났네
구름 아래 새들이 흩어져 날아갔네.
푸른 바다의 물고기도 이리저리 흩어졌네.
볼가 브세슬라보비치는 걷고 또 걸어갔네.

28) 볼가는 올가의 다른 이름이다. 볼가는 여성의 이름이므로 남성형 부칭인 브세슬라보비치(브세슬라프의 아들)와 맞지 않는다. 더욱이 올렉의 아버지 이름은 알려져 있지 않으나 스칸디나비아식 이름을 가진 올렉의 아버지가 슬라브식 이름인 브세슬라프였다는 것도 신빙성이 없다. 뒤에 나오는 대로 올렉과 올가, 브세슬라프라는 세 인물의 이름을 하나로 합쳐서 만든 것임을 추측할 수 있다.

29) 옛 루스의 민요풍 영웅 서사시.

30) 11세기 후반에 키예프 공으로 잠시 재위했던 폴로츠크 출신의 공 브세슬라프 브랴치슬라비치(Всеслав Брячиславич)를 말한다. 그는 마법을 쓸 줄 안다는 소문이 있었다. 그가 키예프 공이 되었다가 물러나는 과정에 대한 이야기는 이 책의 30장에서 좀 더 자세히 서술된다.

그림 54 그리스 사람(비잔티움 제국 사람)들이 올렉에게 선물을 바치고 있다.(연대기의 삽화)

솜씨 좋은 마술재주를 모두 다 배웠네
여러 가지 말들, 온갖 말을 할 줄 알았네.
볼가가 일곱 살이 되었을 땐
열두 살은 되어 보였네.
솜씨 좋은 마술재주를 시작했네.
여러 가지 말들, 온갖 말을 할 줄 알았네.
훌륭한 드루쥐나를 자기 부하로 뽑았네,
훌륭하고 용감한 드루쥐나를.
서른 명에서 하나 뺀 젊은이들을.
볼가 자신이 서른 번째 사람이 되었네.
"얼싸, 여러분, 훌륭하고 용감한 나의 드루쥐나여.

내 말을 들으시오, 맏형의 말, 오타만[31]의 말을.

명령 받은 대로 일을 수행하시오.

비단 노끈을 꼬으시오.

울창한 숲 속에 노끈그물을 펼쳐 놓으시오.

파릇한 땅위에 노끈그물을 펼쳐 놓으시오.

담비와 여우를 잡으시오.

야생의 짐승들을, 흑담비를 잡으시오.

뛰어다니는 하얀 토끼를,

하얀 토끼와 작은 족제비를,

사흘 낮 동안 잡으시오, 사흘 밤 동안 잡으시오".

그들은 들었네, 맏형의 말을, 오타만의 말을.

명령 받은 대로 일을 수행했네.

비단 노끈을 꼬았네.

노끈을 펼쳐 놓았네, 울창한 숲 속에, 파릇한 땅 위에.

사흘 낮 동안 잡았네, 사흘 밤 동안 잡았네.

단 한 마리 짐승도 잡지 못했네.

그러자 볼가가 야생 사자로 변신했네.

그는 뛰어 다녔네, 파릇한 땅 위를, 울창한 숲 속을.

그는 담비와 여우를 덮쳐잡았네,

야생의 짐승들을, 흑담비를 잡았네.

뛰어다니는 하얀 토끼를,

자그마한 족제비를.

31) 오타만(отаман)은 우크라이나 군사 집단의 우두머리를 뜻한다. 후대에는 코자크 부대의 우두머리를 뜻하게 되었다.

볼가는 도시에, 키예프에 있었네.

용감한 자기 드루쥐나와 함께.

볼가 브세슬라보비치가 그들에게 말하네.

"얼싸, 드루쥐나여, 그대들은 훌륭하고 용감해!

맏형의 말을 들어요, 오타만의 말을.

명령 받은 대로 일을 수행하시오.

비단 올가미를 꼬아 만드시오.

울창한 숲 속에 올가미를 놓으시오.

얼싸, 울창한 숲에, 제일 꼭대기에.

거위와 백조와 멋있는 매를 잡으시오.

그리고 그 작은 새-아기 새들도 잡으시오.

사흘 낮 동안 잡으시오, 사흘 밤 동안 잡으시오……."

그들은 들었네, 맏형의 말을, 오타만의 말을.

명령 받은 대로 일을 수행했네.

비단 올가미를 꼬아 만들었네.

그 올가미를 놓았네, 숲 속 제일 꼭대기에.

사흘 낮 동안 잡았네, 사흘 밤 동안 잡았네.

작은 새 한 마리도 잡을 수 없었네.

그때 볼가가 스스로 새로 변신했네.

그는 구름 아래 날개 펴고 날았네.

거위와 백조와 멋있는 매를 올가미 안에 잡아넣었네.

그리고 그 작은 새-아기 새들도 잡아넣었네.

그들은 또 다시 도시에, 키예프에 있었네.

그의 용감한 드루쥐나와 함께였네.

볼가 브세슬라보비치가 그들에게 말하네.
"얼싸, 그대들 내 드루쥐나는 훌륭하고 용감해!
맏형의 말을 들어요, 오타만의 말을.
명령 받은 대로 일을 수행하시오.
나무 베는 작은 도끼를 손에 드시오.
작은 배를 지으시오, 떡갈나무로.
배 위에다 연결하시오, 비단 삭구를.
그 배 타고 나아가시오, 푸른 바다로.
꼬치고기와 작은 잉어를 잡으시오.
값비싼 물고기 철갑상어를 잡으시오.
사흘 낮 동안 잡으시오, 사흘 밤 동안 잡으시오…… "
그들은 들었네, 맏형의 말을, 오타만의 말을.
명령 받은 대로 일을 수행했네.
나무 베는 작은 도끼를 손에 들었네.
작은 배를 지었네, 떡갈나무로.
배 위에다 연결했네, 비단 삭구를.
배를 타고 나아갔네, 푸른 바다로.
사흘 낮 동안 잡았네, 사흘 밤 동안 잡았네.
물고기 한 마리도 잡을 수 없었네.
그때 볼가가 스스로 꼬치고기로 변신했네.
얼싸, 그는 푸른 바다를 누비며 헤엄쳤네.
꼬치고기와 작은 잉어를 잡아넣었네.
값비싼 물고기 철갑상어를 잡았네.

올렉에 대한 연대기의 보고에도 역시, 그를 갖가지 교묘한 일들을 할 수 있는 예지력 있는 공으로 여기는 갖가지 이야기와 허구의 흔적들이 담겨 있다.

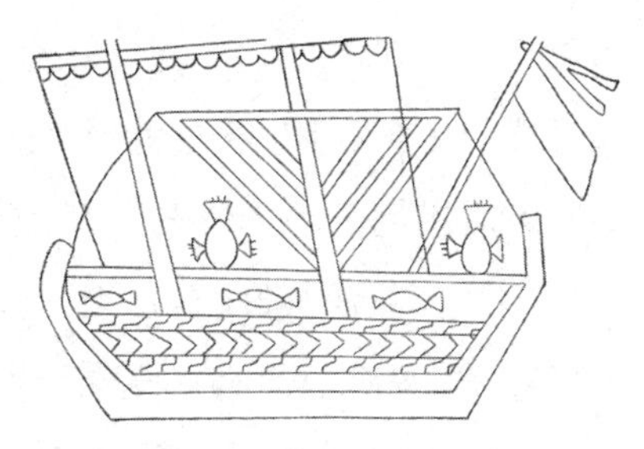

그림 55 "그리스 불"을 실은 배(옛 아랍 삽화).

그러나 다행히도 올렉이 공으로 통치한 시기와 관련해서는, 우리가 설화 속의 용사를 대하고 있는 것이 아니라 10세기 초 키예프에서 공으로 통치한 실제 인물인 진짜 공을 대하고 있음을 입증해주는, 전적으로 신뢰할 만하고 가치도 대단히 큰 문서가 보존되어 있다. 이는 911년에 올렉과 비잔티움 사이에 체결된 조약이다. 연대기에는 907년으로 표시되어 있는 또 다른 조약도 있지만 이 조약은 단편으로만 남아있음에 반해 911년 조약은 연대기에 전문이 실려 있고, 이를 보면 올렉이 그 당시 실제로 키예프에서 공으로 통치했다는 데 의심의 여지가 없어진다. 연대기 저자는 이 조약들이 올렉의 성공적인 차레흐라드 원정 후에 체결되었다고 말한다. 907년 그는 모든 복속 종족들로 부대들을 구성한 대병력을 이끌고 콘스탄티노플로 갔다. 그리스인[32]들은 올렉이 도시로 들어오지 못하게 막기 위해 보스포로스 해협을 쇠사슬로 막았으나 올렉은 꾀를 써서 이를 넘어갔다. 즉 그는 자기 군사들에게 그들이 타고 온 배를 바퀴 위에 놓으라고 명령했고, 바람이 돛을 향해 불기 시작하자 배는 바퀴를 타고 도시를 직접 향해 가기 시

32) 흐루셰브스키는 비잔티움 제국 사람들을 계속해서 그리스인이라 칭하고 있다. 그는 비잔티움 제국 정부 또한 그리스 정부라 부르기도 한다. 이는 키예프 루스에 관한 기본 연대기인 『지나간 시절의 이야기』에서 사용한 명칭을 그대로 따른 것이기도 하다.

작했다.[33] 그리스인들은 너무나도 심한 두려움에 사로잡혔기 때문에 그가 도시만 건드리지 않는다면 어떠한 공물이라도 바치겠다고 올렉에게 제안하게 되었다. 올렉은 키예프, 체르니히브, 페레야슬라브 및 다른 도시들에 남아 있는 드루쥐나와 공들을 제외하고 그의 군대 병력 한 사람당 12흐리브나씩, 즉 은 6푼트씩을 지불해주라고 그들에게 제안했다. 배상금을 받고 나자 그는 자기 배의 돛을 마포 대신 값비싼 그리스 직물인 비단 천으로 바느질해서 만들라고 명했다. 그리고 그리스인들에게 거둔 자신들의 승리의 표시로 그와 보야린들은 차레흐라드의 대문에 자기네 방패를 박아 붙였다.

물론 이 모든 것은 많은 진실이 들어 있으리라고 결코 기대할 수 없는 그런 이야기들이다. 그러나 907년과 911년의 조약에서 비잔티움이 우리의 공들과 그들의 교역을 위해 큰 이익을 제공해주었다는 것으로 판단해볼 때, 이 양보에 앞서 루스 입장에서는 성공적이었고, 그리스인들 입장에서

33) 이 부분에서 흐루셰브스키의 서술은 『지나간 시절의 이야기』를 거의 그대로 요약하고 있기 때문에 다소 요령부득이다. 이는 '바퀴달린 배'를 어떻게 이해해야 하는가를 둘러싸고 생기는 어려움이다. 기존 연구자들도 이 문제에 대해 나름대로 해법을 제시하고자 고심해왔다. 도시 콘스탄티노플과 근교인 갈라타 지역은 좁고 긴 금각만(金角灣)에 의해 나뉘어 있는데, 비잔티움 제국은 갈라타와 콘스탄티노플 양쪽의 금각만 입구에 각기 설치된 두 탑에 사슬고리를 설치하고 외적이 침입해올 때는 두 지역을 거대한 쇠사슬로 연결하여 배가 금각만을 타고 올라오지 못하게 막았다. 러시아의 고전학자 드미트리 리하초프가 『1377년 라프렌티판 지나간 시절의 이야기』(러시아 학술원, 1996년판)의 주석에서 벨랴예프(Д. Ф. Беляев)의 연구를 참조하여 풀이한 것을 보면 다음과 같은 상황이었던 것으로 보인다. 올렉은 콘스탄티노플로 다가갔을 때 금각만이 쇠사슬로 봉쇄되어 있는 것을 보고, 콘스탄티노플 근교 방어가 약한 쪽 해안으로 가서 상륙하였다. 그의 병력은 롤러(여기서 말하는 '배가 바퀴를 탔다'는 것은 이를 의미하는 것으로 보인다)를 이용하여 육로로 배를 이동시켜 금각만 쪽으로 온 다음 쇠사슬 위로 배를 들어올려 금각만 안쪽으로 배를 들여보냈다. 리하초프는 올렉이 노브고로드에서 육로로 배를 이동시킨 것에 대한 기록이 있는 것을 보면 이는 전혀 놀라울 것이 없는 이야기라고 본다. 올렉의 군대가 쇠사슬로 방어된 콘스탄티노플에 침입한 것을 두고 당시 키예프 연대기 저자는 바퀴 달린 배를 대하듯 신기한 사실로 다루고 있다는 것이다.

그림 56　19세기 중반 바르다의 폐허

는 뜨끔했던 루스의 그리스 땅 원정이 실제로 이루어졌다는 결론을 내리지 않을 수 없다(다만 콘스탄티노플 자체에 대한 원정은 아마 벌어지지 않았을 것이다. 왜냐하면 그리스 사료들에는 콘스탄티노플 자체를 상대로 한 공격에 관한 보고가 들어 있을 것이라 예상했는데, 사료들은 그러한 공격에 대해 아무 언급도 하지 않는다). 추정컨대 이들 원정은 또한 그리스 정부로 하여금 올렉과 협의를 하고 루스 상인들에게 갖가지 이익을 제공하지 않을 수 없게끔 했을 것이다. 그리스 정부는 루스 상인들이 비잔티움에서 무상으로 장사를 할 수 있게 허용했을 뿐 아니라 그들이 비잔티움에 머무르는 동안 필요한 필수품 일체와 귀국길에 필요한 모든 종류의 물자를 제공해줄 의무를 졌다. 이에 대한 보답으로 올렉은 자기 군사들이 황제에게 봉사하는 것을 방해하지 않겠다고 약속했다.

아랍 저자 마수디의 글에서는 루스가 비잔티움과 강화를 맺은 후 동쪽에서 노획물을 얻기 위해 떠났다는 사실을 알 수 있다. 913년 말에는 카스피 해 연안에서 루스의 대대적인 원정이 벌어졌다. 루스는 한 척당 백 명이 승선한 배 500척을 몰고 돈 강을 따라 내려간 후 연수육로(連水陸路, волок)를 이용하여 배를 돈 강에서 볼가 강으로 옮겨 볼가 강을 배로 내려갔고, 카스피 해로 나온 다음[34] 카스피 해의 남부해안인 이른바 타바리스탄을 약탈하기 시작했다. 이곳에는 부유한 상업도시가 꽤 많이 있었던 것이다. 현지에는 군대가 없어서 이 지방은 무방비 상태였다. 몇 달이 지나는 동안 루스 군대는 이곳에서 멋대로 주인 노릇을 했고 아무 방해도 받지 않은 채 약탈을 했다. 다만 귀로에 그들에게 재난이 닥쳤다. 하자르 군대가 매복해 있다가 루스를 궤멸시킨 것이다. 연대기는 이 원정에 대해 언급하지 않으나, 이 원정과 다른 동방 원정들에 대한 기억은 볼가의 인디아 왕국 원정에 대한 이야기라는 모습으로 브일리나에 담겨 보존되고 있다. 이 원정은 여기서 이 마법사가 쓴 놀라운 계책 가운데 하나로 묘사되고 있다. 볼가는 '황금 뿔이 달린 밤색 들소'로 몸을 바꾼 다음 인디아 왕국으로 내려간다. 그는 멋진 매로 변신해 인디아 왕과 그의 왕비의 대화를 엿듣고 이를 통해 자기의 원정이 성공할 것임을 확신하게 된다. 그는 담비로 변신해 인디아 왕의 무기 창고에서 그의 활과 화살을 못 쓰게 만든다. 그런 다음 볼가는 회색 늑대로 변신해 인디아 왕의 말을 죽이고 이로써 그의 모든 방어 수단을 빼앗아버린 다음 자기 드루쥐나를 인디아 왕국으로 이끌고 간다. 그러나 왕국은 철 대문을 가진 성벽으로 둘러싸여 있고 그 대문 밑 틈으로는

34) 돈 강은 흑해로 흘러 들어가고 볼가 강은 카스피 해로 흘러 들어가는데 이 두 강은 볼고그라드 근처에서 아주 가깝게 만난다. 루스 군단은 흑해에서 돈 강을 거슬러 위쪽으로 올라가다가 볼가 강과 가장 가깝게 접근하는 곳에서 하선하여 배를 육로로 끌고 볼가 강으로 이동한 다음 이곳에서 하류로 내려가 카스피 해로 나온 것으로 보인다.

그림 57 9–10세기의 기록에서 그렇게도 자주 언급된 비잔티움의 고급직물. 프랑스 오세르(Auxerre) 시의 성물보관소에 보관된 직물 조각.

단지 개미만이 기어 지나갈 수 있다. 볼가는 자기 드루쥐나를 개미로 변신케 한 다음 그들을 도시 안으로 데리고 들어가, 이곳에서 다시 군사로 변신하게 한다. 이리하여 인디아 왕국은 정복되며 볼가의 드루쥐나는 믿을 수 없을 만큼 풍성한 노획물을 얻게 된다.

22. 이고리와 올가

올렉 다음으로 이고리가 공이 되었다. 그리고 올렉의 통치시대와 마찬가지로 우리는 또다시 이고리가 비잔티움과 맺은 조약도 읽을 수 있고 그의 재위 마지막 몇 년 –성공적이지 못했던 차레흐라드 원정과 운이 좋았던 카스피 해 지역원정– 에 대한 여러 외국인들의 보고도 가지고 있다. 분명히 이러한 원정은 관례가 되었음에 틀림없다. 키예프 공들은 공으로서의 재위 첫 몇 년은 신임 공의 지위와 국가 체제를 공고히 하고 순종하지 않는 공들과 총독들, 순종하지 않는 볼로스치와 종족들을 진정하는 데 보냈으며, 이윽고 진정하고 막강한 군사력을 확보하게 된 다음에는 노획물과 영광을 찾아 멀리 있는 부자 나라들로 원정을 떠나곤 했다.

올렉과 비잔티움 사이에 조약이 맺어진 다음에는 오랫동안 평화로운 관계가 계속되었다. 비잔티움에서 전쟁이나 봉기가 일어났을 때 키예프 군대가 비잔티움 황제를 지원하기 위해 파견된 것은 한두 번이 아니다. 비잔티움 황제 콘스탄티노스 포르퓌로겐네토스의 기록에는 910년 무렵 아랍인들을 상대로 한 비잔티움 제국의 해상원정에 참여했던 700명 병력의 루스 군대를 위한 보수 지급 계산서가 들어 있다. 이 원정에 대한 대가로 루스 군

그림 58 비잔티움의 고급직물. 하단에 "경건하옵신 황제 바실레이오스 폐하와 콘스탄티노스 폐하 치세에"라는 문구가 수놓여 있다.(성 볼로디미르 대공과 같은 시기)

대에게 금 100리터(푼트)가 지불되었다. 이것이 우크라이나의 축가(колядка)에서 상기하고 있는 바로 저 루스 무인들의 비잔티움 원정이다.

어야디야 버드나무 아래, 녹음 짙은 나무 아래
회의가 열렸네, 장정들 집회가 열렸네.
그들의 도움 말씀 멋지고도 훌륭해.
형제여, 우리는 황금 반지를 사지 않아.
형제여, 우리는 비단 노끈을 살 거야.
비단 노끈을 살 거야, 구리 배를 살 거야.
도나우 강을 따라 우리는 아래로 내려간다네.
얼싸, 도나우 강을 따라 차레흐라드로.
어야디야 그곳에선 좋은 나리[35] 말씀을 듣지.
우리는 나리에게 충성스레 봉사하리.
나리는 우리에게 푸짐하게 지불하리.
칠흑빛 말 하나씩, 황금빛 안장 하나씩
깔리나[36] 빛 화살 하나씩, 멋진 아가씨 하나씩.

그러나 940년대에는 비잔티움과의 평화가 깨졌다. 그리고 941년에 이고리는 바로 차레흐라드를 목표로 하는 대대적인 해상 원정을 감행했다. 그리스인들은 이 원정에서 루스의 배가 만 척이었다고 말하지만 이 숫자는 심하게 과장된 것임에 틀림없다. 원정을 위해 선택한 시간은 적합했다. 왜냐하면 그 당시 그리스인들의 군함은 아랍인들과 전쟁을 하는 데 파견되

35) 비잔티움 제국 황제를 말한다.
36) 인동덩굴과의 나무로 작은 선홍색 열매가 다발로 열린다.

그림 59 비잔티움 황제를 예방한 올가(비잔티움의 스퀼리체스 연대기 삽화). 황제가 옥좌에 앉아 있고 올가는 그 앞 중간 아케이드 아래 서 있다.

어 있었기 때문이다. 이고리는 자기 군대와 함께 아무 방해도 받지 않고 콘스탄티노플로 다가갔다. 그러나 그리스인들은 불러 모을 수 있었던 배들로 콘스탄티노플 해협을 봉쇄했으며 이고리의 배를 습격하여 이른바 '찬란한 불' 혹은 '그리스 불'로 배에 폭격을 퍼붓기 시작했다. 이것은 그 구성성분을 보면 알겠지만 오늘날의 화약 같은 것이었다. 그리스 불의 공격을 받자 루스의 배들은 후퇴해서 소아시아 해안 쪽으로 향해 갔다. 이곳에서 루스는 도시들을 유린하고 사람들을 고통에 빠뜨린 후 노획품을 빼앗았다. 그러나 결국은 이곳에서도 루스는 운수가 사나웠다. 그리스 군대와 선단이 도착해 루스를 포위한 다음 궤멸시켰다. 다시 말해 원정은 성공적이지 못했다. 그러나 키예프에서는 나중에 이 원정에 대해 정반대로 이야기들 했다. 그러니까 그리스인들이 루스의 원정에 겁을 먹고 비싼 값을 치르고 돈으로 원정을 막아냈다는 이야기였다. 비잔티움과의 새로운 조약은 944년에 체결되었다. 그런데 이번에는 비잔티움이 자기네 승리를 활용하여 루스 상인들의 권리를 제한했으며 그들이 가장 값비싼 직물들을 매입하는 것을 금지했다. 그리고 이고리는 크림 반도에 있는 그리스 영토를 공격하지 않겠다고 약속했다.

944년에 벌어졌던 루스의 카스피 해 연안지방 원정은 좀 더 성공적이었다. 이 원정에 대해서는 동방의 저자들이 많이 이야기하고 있다. 페르시아의 뛰어난 시인인 니자미[37]는 훗날 (12세기에) 이 주제에 대해 환상시[38]를 썼다. 한편으로는 이 시에는 루스의 왕이 코끼리를 탄 90만 병력의 군대와 함께 등장하고, 다른 한편으로는 다름 아닌 알렉산드로스 대왕[39]이 루스가 자행한 황폐화를 응징하기 위해 등장한다. 대왕은 일곱 번의 전투 끝에 마침내 루스의 공격을 격퇴한다. 그러나 실제로는 루스 군대는 그렇게 규모가 크지는 않았지만 풍성한 노획물을 거둔 후 전혀 아무런 응징도 받지 않고 떠나가는 데 성공했다. 루스는 과거에 겪었던 매복 병력을 염두에 두고서 (21장 참조) 이번에는 북 카프카스 산맥을 넘어 데르벤트[40]까지 육로로 이동했고, 이곳에서 쿠라 강[41] 하구를 향해 바닷길로 떠났으며, 그런 다음에는 쿠라 강

37) 니자미 칸자위(نظامی گنجوی, 1141~1209)는 페르시아 최대의 낭만시인 중 한 사람으로 손꼽힌다. 사랑 이야기인 「호스로우와 시린」, 「메주눈과 라일라」같은 낭만적인 시에서 탁월한 기량을 발휘했고 「알렉산드로스의 서」와 같은 무운을 다룬 환상적 서사시도 유명하다. 이란, 아프가니스탄, 아제르바이잔, 쿠르디스탄, 타지키스탄 등 여러 사회가 그를 시문학의 위대한 선조로 받들고 있다.

38) 니자미가 1197년에 발표한 이스칸데르 나메(اسکندر نامه), 곧 「알렉산드로스의 서」를 말한다. 알렉산드로스 대왕의 업적과 무공을 다루고 있으며 루스와의 전투에 관한 이야기는 맨 마지막에 등장한다.

39) 기원전 4세기 후반에 그리스 세계를 정복하고 헬레니즘 시대의 문을 연 마케도니아의 알렉산드로스 대왕을 말한다.

40) 카스피 해 서부 해안에 위치해 있으며, 현재는 아제르바이잔과의 접경 지역인 러시아 다게스탄 공화국에 속해 있다. 이 도시는 러시아에서 가장 오래된 도시라는 주장도 있다.

41) 쿠라 강은 카프카스 산맥 지역을 흐르는 긴 강이다. 터키 북부지방에서 발원하여 그루지야(조지아), 아제르바이잔을 거쳐 흐른 다음 카스피 해로 흘러 들어간다.

을 따라 그 위쪽 아그바니야[42](지금의 카라바흐[43])라 불리는 땅으로 올라갔다. 이때 이 지역은 아랍인들에게 속해 있었다. 루스는 이 지역을 정복하고 쿠라 강가에 있는 수도 바르다에 자리를 확고하게 잡은 다음, 인근 지역들을 오랫동안 약탈했다. 이는 익숙지 않은 이곳 과일 때문에 루스 군대 내에 질병이 발생해 루스가 귀로에 오를 때까지 몇 달 동안 계속되었다.

당시 국내에서, 곧 키예프 국 자체 안에서 무슨 일이 일어났는지를 알 수 있다면 아마도 그것이 이들 원정보다 더 흥미로울 것이다. 그러나 이에 대해서는 상세한 정보가 아무것도 없다. 이고리가 맺은 조약으로 보나, 또 콘스탄티노스 포르퓌로겐네토스 황제의 보고로 보나, 당시 키예프의 공들은 노브고로드에서 볼가 강 유역의 도시들에 이르는 광대한 영역을 지배했고 그에게 복종하는 수많은 공들과 총독들을 두고 있었으며 이들은 때때로 키예프 공에 저항해 봉기하기도 했음을 알 수 있다. 드루쥐나의 생활에 대해서는 우크라이나와 외국의 민중시에 그 흔적이 보존되어 있다. 우크라이나의 찬가들은 드루쥐나가 우크라이나 도시들을 휩쓸며 원정을 다녔고 그들에게서 돈이나 다른 온갖 형태로 몸값을 받아냈다는 기억을 담아내고 있다. 노래 속에서 군대는 체르니히브로 돌격하며 마침내 도시인들이 그들에게 복종의 표시로 '큰 대접 가득 금화'를 가져다 바칠 때까지 도시를 포위한다. 그런 다음에는 똑같은 방식으로 페레야슬라브로, 키예프

42) 아그바니야는 옛 아르메니아 어로는 아구안크라고 하며, 페르시아인들은 아란이라고 불렀던 지역으로 카프카스 알바니아라고도 한다. 카프카스 산맥 동부지역, 카스피 해 서부 해안지역에 알바니아인들이 예로부터 거주해왔기 때문에 그리스어로나 라틴어로는 이들의 거주지역을 알바니아라고 하되 그 서쪽의 나라 이름과 구분하기 위해 카프카스 알바니아라고 불렀다. 아르메니아식 이름을 따서 러시아 쪽에서는 아그바니야라고 불렀다.

43) 카프카스 산맥 동쪽의 지명, 아제르바이잔에 속했지만 민족적으로는 아르메니아인들이 다수 거주하고 있기에 두 나라 사이의 영토분쟁의 대상이 되었다.

로 돌격한다. 드루쥐나는 전리품을 나누어 가지는데, 공이 가장 좋은 것을 다 움켜쥐어 버린다든가 분배에서 배제된 드루쥐나가 그를 버리고 떠나는 일들도 벌어지곤 한다.

긁어모으기쟁이 호무넨코 나리는
젊기도 하거니와 칠흑 빛 말도 있어.
말을 놓고 욕심을 부려,
젤 좋은 건 자기가 하고
더 나쁜 건 아랫사람 주지.
안장을 놓고 욕심을 부려,
젤 좋은 건 자기가 하고
더 나쁜 건 아랫사람 주지.
작은 재갈을 놓고 욕심을 부려,
젤 좋은 건 자기가 하고
더 나쁜 건 아랫사람 주지.
긁어모으기쟁이 호무넨코 나리는
여자 드레스를 놓고 욕심을 부려,
젤 좋은 건 자기가 하고
더 나쁜 건 아랫사람 주지.
긁어모으기쟁이 호무넨코 나리는
장화를 놓고 욕심을 부려,
젤 좋은 건 자기가 하고
더 나쁜 건 아랫사람 주지.
긁어모으기쟁이 호무넨코 나리는

아가씨들 놓고 욕심을 부려
젤 이쁜 아가씬 자기가 차지하고
못난 아가씬 아랫사람 주지.
잘 먹고 잘 사시오. 호무넨코 나리.
젊기도 하거니와 칠흑 빛 말도 있는 나리.

볼가에 관한 어떤 브일리나에서는 볼가가 키예프 공[44]의 조카이자 가장 젊은 축에 속하는 공으로 묘사되고 있다. 그는 키예프 공에게서 '가장 훌륭한 세 도시'를 분령지로 받고서 자기 도시에 조공을 거두러 다니지만, 도중에 미쿨라 셀랴니노비치[45]를 만났을 때 그가 볼가에게 '징수물' 조공을 거두기가 그리 쉽지 않을 것이라고 경고한다. 왜냐하면 그곳에서는 살고 있는 백성이 죄다 강도들이어서 '깔리나처럼 멋진 교량'[46]을 절단내버리고 공과 그의 드루쥐나들을 파멸시키기 때문이다. 그래서 볼가는 미쿨라에게 '동료가 되어' 자기와 함께 조공 '징수물'을 거두러 가자고 부탁한다.

오늘날까지도 전해지고 있는 이 불명료하고 까마득한 기억들은 이미 빛이 바래고 헝클어진 상태에 있다. 옛 키예프 연대기에서는 기억들이 훨씬 더 생생하다. 물론 여기서도 기록 자체는 사건이 일어난 지 대략 100년 후에 이루어졌기 때문에 이 기록된 기억들을 실제 사실로 받아들이기보다는

44) 이 브일리나에서 키예프 공은 볼로디미르(블라디미르) 대공이고 그는 볼가의 대부이기도 하다. 볼가의 아버지는 스뱌토슬라프이다.
45) 루스의 브일리나에 등장하는 민중 영웅 중 한 인물이다. 셀랴니노비치는 마을을 뜻하는 셀로(село)에서 파생된 말로 대충 '마을사람'을 뜻한다. 그는 '어머니 대지'의 사랑을 받는 존재이고 대지에게서 부여받은 엄청난 힘을 소유하고 있다. 그는 농민을 상징하며, 그의 말과 행동은 당시 지배층에 대한 루스 농민층의 태도를 형상화한 것이라고 해도 좋을 것이다.
46) '깔리나 같은 고량'이라는 표현은 강 위의 다리를 문학적이고 시적으로 미화해서 칭하고자 할 때 상투적으로 쓰이는 표현이다.

오히려 지난 일의 시적 형상으로 받아들여야 한다는 점은 염두에 두어야 한다. 우리는 실패로 끝난 이고리의 비잔티움 원정이 어떻게 이 같은 전승에서는 성공적이고 행운 넘치는 원정으로 둔갑하고 있는지 이미 살펴본 바 있다. 그의 아들 스뱌토슬라프가 훗날 벌인 원정도 이와 똑같은 경우였다. 의심할 바 없이, 이들 이야기에서는 키예프 국가 내부에서 일어난 사건들도 비슷한 방식으로 개작되었을 것이다. 우리 눈앞에 있는 것은 사실이 아니라 지난 일의 시적 형상들이다. 그러나 이들 시적 형상은 우리가 이 과거를 이해하는 것을 멋들어지게 도와주고 있다.

그림 **60** 십일조 성모 (데샤티나야) 교회 묘지에서 출토된 석관.(일부 연구자들은 이것이 올가의 관이라고 본다.)

연대기에서는 이고리가 울리치인들, 드레블랴네인들과 전투를 벌였다고 이야기하고 있다. 울리치인들은 오랫동안 방어했다. 그들의 방벽도시(고로드) 페레세첸은 3년 동안 버티면서 이고리에게 항복하지 않았다. 그러나 이고리는 이 3년 동안 도시 방벽 아래서 버텼고 결국 이 도시를 정복했다. 그는 울리치인들을 '손아귀에 넣은' 후 그들에게서 거둔 조공을 자기 군정사령관인 스베넬드에게 넘겨주었다. 그런 다음 그에게 드레블랴네인들에게서 거둔 조공도 넘겨주었는데, 드레블랴네인들은 한 드임(가옥)당 흑담비 한 마리씩을 바쳤다. 이고리의 드루쥐나는 그가 소득 가운데 스베넬드 한 사람에게 지나치게 많은 것을 주었다고 불평하기 시작했다. "이제 스베넬드의 군사들은 무기도 있고 좋은 옷도 있지만 우리는 헐벗고 다닙니다." 그들은 이렇게 말하면서, 자기네와 함께 드레블랴네 땅에 가서 그 땅에서 자기네를 위한 조공을 또 한 번 거두자고 이고리를 설득하기 시작했다. "가십시다, 공이시여, 또 얻어냅시다. 공과 우리가 함께." 이고리는 이 조언을 따라 드루쥐나와 함께 출발하였으며, 스베넬드가 받아낸 것 이외에 자신들 몫으로 드레블랴네인들에게서 또 한 번 조공을 쥐어짜냈다. 그러나 드레블랴네인들이 그에게 그토록 고분고분하게 이 조공을 내준 바람에 이로써 입맛을 돋우게 된 이고리는 드루쥐나를 철수시킨 다음 자기 몫으로 또 다시 조공을 거두어야겠다는 생각을 품게 되었고, 그래서 모든 드루쥐나와 전리품을 나눌 것이 아니라 온전히 자기 몫으로 더 많은 것을 확보하기 위해 소규모 수행원들만을 거느린 채 다시 원정길에 올랐다. (나중에 스베넬드의 드루쥐나 군사들이 이고리의 탐욕을 강조하면서 이렇게 이야기했음에 틀림없다.) 이고리가 또 다시 조공을 거두러 온다는 소식을 들은 드레블랴네인들은 인내심을 잃게 되었고 그를 끝장내기로 결심했다. 그들은 자기네 우두머리인 말 공과 함께 회의를 열어 협의를 하고 다음과 같이 결정했다. "늑대가 양들을 찾아오는 버릇이 들면 이 늑대를 죽이지 않는 한 양떼 전부를 먹어치워 버릴 것이다. 우리도 마찬가지이다. 우리가 이고리를 죽이지 않는다면 그가 끝내는 우리를 멸망시킬 것이다." 그들은 이고리에게 사절단을 보내서, 제정신을 차리고 자기네를 조용히 내버려달라고 부탁했다. "우리에게 또다시 오는 이유가 무엇입니까? 분명히 조공은 이미 다 거두지 않았습니까." 그러나 이고리는 그들의 말을 듣지 않았다. 그러자 드레블랴네인들은 방벽도시 이스코로스텐에서 공격을 가하여 이고리의 수행원들을 습격하고 몇 명 되지 않는 그들을 몰살시켰을 뿐 아니라 더 나아가 이고리까지 체포한 다음 그를 괴롭히다 죽여 버렸다. 나무들의 꼭대기를 아래로 구부려 이고리를 묶은 다음 나무들을 손에서 놓아버렸다. 나무들은 똑바로 펴지면서 이고리의 몸을 갈기갈기 찢어버렸다.

이고리가 죽은 다음 키예프에는 과부가 된 그의 부인 올가가 어린 아들 스뱌토슬라프와 함께 남아 있었다. 올가는 죽은 남편의 복수를 하고 고분고분하지 않은 드레블랴네인들을 평정하는 것이 자기의 으뜸가는 의무라고 생각했다. 그 당시에는 복수가 신성한 일로 간주되었다. “복수하지 않는 자에게는 신께서 그를 위한 복수도 허용하지 않으시리라”라는 것이 옛 슬라브 격언이었으며, 복수가 무자비할수록 복수한 자에게 주어지는 명예도 더 크기 마련이었다. 민중들 사이에서는 올가가 남편의 죽음에 대해 드레블랴네인들에게 얼마나 교묘한 방법으로, 그리고 얼마나 무자비하게 복수를 했는가 하는 이야기가 많이 돌아다녔다. 우리의 전승에서 올가는 현명한 여공(女公)의 전형이자 이상이 되었다. 이는 올렉이 현명한 공의 이상인 것과 마찬가지이다. 올렉과 올가, 이들은 가장 현명한 마법사 공과 가장 현명한 여공으로서 한 쌍을 이룬다. 두 사람의 이름이 비슷한 까닭에 이러저러한 이야기들은 올렉 이야기와 올가 이야기를 구분 없이 넘나들곤 한다.

올렉에 대해서는 그가 차레흐라드에 원정을 갔으며 교묘한 계책으로 그리스 사람들을 두려움에 빠지게 했다는 이야기가 사람들 입에 오르내리곤 했다. 그리고 올가에 대해서는 그녀가 그리스 황제[47]에게 손님으로 갔는데, 황제가 그녀의 아름다움과 굉장한 현명함을 보고 구혼하기 시작했으나 그녀가 지극히 현명한 방법으로 그의 구혼을 물리쳤다는 이야기를 사

47) 콘스탄티노스 7세 포르퓌로겐네토스 황제를 말한다. 실제로 올가는 콘스탄티노플을 방문해 콘스탄티노스 황제를 만났다. 그러나 본문에 나오는 청혼 이야기는 지어낸 것임이 틀림없다. 대단한 기록가였던 콘스탄티노스 포르퓌로겐네토스 황제는 올가의 국빈 방문에 대해서도 정밀한 기록을 남기고 있는데, 이 당시 콘스탄티노스 황제는 기혼자였고 부인인 헬레네 황후와 함께 올가를 접견했다. 당시 국빈 방문의 빽빽한 일정상 황후를 배제한 채 황제와 올가 두 사람만 은밀한 대화를 나눌 수 있는 상황은 없었음이 거의 확실하다.

람들이 주고받았다. 즉 그녀는 황제에게 자신의 대부가 되어줄 것을 부탁했는데, 그래서 정작 황제가 대부가 되고 나자 대녀인 그녀와는 결혼할 수 없게 되었다는 것이다. 따라서 올가는 기독교의 원칙들을 다른 사람도 아닌 비잔티움 황제보다도 더 잘 알고 있었다는 말이 된다.

드레블랴네인들을 상대로 한 올가의 복수 이야기는 연대기에도 몇 가지가 실려 있다. 올가는 처음에는 드레블랴네 공을 위해 올가 자기에게 청혼하러 온 드레블랴네 사신들을 땅에 매장해 버린다. 그 다음에 또 다른 사신들이 오자 몸을 씻으라고 목욕탕에 들여보낸 다음 그들을 불태워죽이라고 명한다. 그 다음번에는 자기 남편 무덤 위에서 트리즈나 의식을 거행하는데 드레블랴네인들이 꿀[48]을 너무 많이 먹고 취하여 정신을 잃자 자기 군사들에게 명해 그들을 모두 몰살하게 한다. 또 다른 이야기는 올가가 드레블랴네 땅에 원정한 사건을 묘사하고 있는데, 그녀는 복수를 할 목적으로 드레블랴네 땅을 짓밟고 파괴하기 위해 이 원정을 감행한다. 그녀는 사람들을 죽이라고 명하고 다른 사람들은 포로로 잡았을 뿐 아니라, 이렇게 복수를 한 다음에는 드레블랴네인들에게 이고리 생전 시기보다도 더 무거운 조공을 부과한다. 그래서 조공 가운데 두 부분은 키예프 국고에 납부하도록 하고 한 부분은 자기에게 개인적으로 납부하게 한다. 이 원정에 대한 또 다른 이야기는 이스코로스텐(오늘날의 이스코로스트이다) 정복에서 보여준 올가의 영리함에 대해 말한다. 이 도시가 무슨 일이 있어도 항복을 하지 않자 올가는 도시 주민들에게 사신을 보내서 자기는 이제 그들에게서 값진 것은 아무것도 요구하지 않을 것이며, 단지 집집마다 비둘기 세 마리와 참새 세 마리씩만 요구하겠다고 전하게 했다. 이스코로스텐 주민들이

48) 꿀을 넣고 끓인 술을 말한다.

그림 61 스뱌토슬라프의 공격 앞에 불가르인이 도주하고 있다(마나세스의 연대기 삽화).

이 요구를 이행하자 올가는 자기 군사들에게 이 새들을 나누어 주고 새의 다리에 불붙은 부싯깃을 묶어 매라고 명했다. 부싯깃을 매단 새들은 자기네가 원래 살던 집 지붕 밑으로 날아들었고 이렇게 해서 이스코로스텐 도시를 불태워 버렸다. 사람들은 불길을 피해 뛰쳐나왔으며 올가는 자기 군사들에게 이들을 체포하라고 명했다. (동물이나 새를 이용하여 도시를 불태우는 이 비슷한 이야기들은 여러 민족의 전승 속에서 찾아 볼 수 있다.)

이렇게 해서 그 당시의 관념에 따르면 올가는 과부로서의 자기 의무를 신성하게 이행했으며 자신의 의무에 철저하게 충실한 태도를 지닌 미덕 있는 여성의 모범으로 민중의 기억 속에 아로새겨졌다. 즉 그녀는 남편의 기억을 소중히 받들고 자녀들을 양육하고 자녀들 몫의 유산을 잘 지키며, 나라를 순회하고 규범질서를 수립해 국가를 현명하게 다스리며, 그리스 황제에게 시집가는 것조차 마다할 정도로 재혼은 염두에도 두지 않는 여인이었다는 것이다.

연대기에 언급된 바로는, 여러 지역에 그녀의 이름을 딴, 그녀의 숙박지, '사냥터', 소유 촌락 및 도시 등이 보존되어 있었다. 그러나 이것이 올가의 '표시'였을 가능성 못지않게 올렉의 '표시'였을 가능성도 꼭 그만큼 있다.

교회 인사들은 올가가 기독교를 받아들였고 자기 주변에 성직자들을 두었으며, 자기가 죽은 다음에는 트리즈나 없이 기독교식으로 묻어달라고 명했다는 점에서 올가를 우러러 받들었다. 그리고 교회는 이 때문에 후일 그녀를 성녀로 인정했다.

23. 스뱌토슬라프와 그의 아들들

이고리와 올가의 아들인 스뱌토슬라프도 올렉이나 올가와 마찬가지로 민중 전승 속에서 전설로 풍성하니 둘러싸여 있다. 그러나 이 사람은 비밀스러운 지식과 힘의 도움을 받는 꾀 많은 마법사가 아니라 용감하고 명예로운 용사인 전사로서, 언제나 공개적으로 그리고 용기 있게 행동하며 전리품이나 재물을 구하지 않고 단지 전사로서의 영광을 소중하게 여길 뿐이며 오로지 이것 하나만을 위해서 사는 사람이다. 이 사람은 공을 모시는 드루쥐나의 영웅이며 드루쥐나의 최고의 이상이다. 연대기 저자는 이 전승을 자기 나름대로 개작했는데, 그 이야기를 이렇게 시작하고 있다. "스뱌토슬라프 공이 성장해 사나이가 되었을 때 그는 용맹스러운 무인들을 많이 모으기 시작했다. 왜냐하면 그 자신이 용맹스럽고 몸이 가벼워서 표범처럼 걸어 다녔고 전쟁을 하는 데 열심이었기 때문이다. 그는 짐마차를 끌고 다니는 적이 없었고 솥을 들고 다니지도 않았으며 고기를 끓여먹는 적이 없이 말고기나 사냥으로 잡은 짐승고기나 쇠고기를 잘게 썰어서 숯불에 굽고는 그냥 그대로 먹었다. 그는 천막을 가지고 다니지도 않았고 잠을 잘 때는 (안장 아래 받쳤던) 안감 천을 펴서 깔고 머리 아래에는 안장을 받쳤다. 그의 군사들도 꼭 그와 마찬가지였다. 어떤 나라를 치러 갈 때에는 '당신들에게 간다!'라고 미리 선언했다."

연대기에는 무엇보다도 동쪽 지역에 대한 그의 원정이 기술되어 있다. 하자르 사람들, 카소그 사람(체르케스 사람)들, 야스 사람(오늘날의 오세트 사람)들에 대한 원정이 이에 해당하는데, 야스 사람들은 그 당시 카프카스 일대뿐 아니라 그보다 더 북쪽인 돈 강 가까운 지역에도 살았었다. 연대기는 뱌티치 사람들과의 전쟁도 기술하고 있는데, 이들은 그전에는 하자르인들에게 조공을 바쳤으나 이제는 키예프에 조공을 바쳐야 하는 형편이 되었다. 아랍 쪽 사료를 보면 그 당시 루스가 나라를 황폐하게 만들었고 불가르인들[49]과 하자르인들의 상업도시인 이틸, 볼가르와 그 외 도시들을 파괴하고 이곳 주민들을 내쫓았다는 것을 알 수 있다. 그 후 루스는 돈 강 하구와 아조프 해 연안 지역에서 더욱 확고한 세력이 되었고 이로써 그들의 카스피 해 쪽 원정을 위해 거침없이 열린 길을 확보했다. 루스가 카스피 해 연안의 페르시아 도시들이나 아랍 도시들을 대상으로 다시 원정을 감행하리라고 예상할 수 있을 만한 일이었다. 그러나 운명은 스뱌토슬라프를 이 대신 발칸 땅으로, 불가리아로 던져 넣었다. 비잔티움 황제 니케포로스[50]는 불가리아인들을 궤멸시키려는 생각을 하게 되었고 이를 위해 스뱌토슬라프를 분기시켜 불가리아인들에 맞서게 하기로 결심했

49) 볼가강 유역의 투르크계 유목민이었던 불가르인들을 말한다.
50) 니케포로스 2세 포카스(Νικηφόρος Β′ Φωκᾶς, 912년경~969년) 황제를 말한다.

그림 62 스뱌토슬라프가 불가리아의 도시를 정복하고 있다(마나세스의 연대기 삽화)

다. 그는 이 목적을 위해 교활한 헤르손네소스 사람인 칼로퀴로스[51]를 스뱌토슬라프에게 사신으로 파견했으며 칼로퀴로스는 스뱌토슬라프에게 니케포로스와 동맹 형태로 공동작전을 펴자는 계획을 제안했다. 스뱌토슬라프가 불가리아 정복에 전념하면 칼로퀴로스는 비잔티움 제위를 차지하기 위해 노력한다는 것이었다. 이 계획은 스뱌토슬라프의 마음에 아주 들었다. 불가리아를 손에 넣고 키예프 국까지 장악하고 있으면 그도 반세기 전에(10세기 초에) 불가리아의 차르인 시메온[52]이 그랬듯이 발칸 반도 전체를

51) 칼로퀴로스(Καλοκυρός)는 그리스 식민도시 헤르손네소스에서 장군의 아들로 태어났다. 그는 니케포로스 황제의 명을 받고 스뱌토슬라프에게 가서 엄청난 양의 금과 원정비용 일체를 제공하겠다는 조건을 제시하고 불가리아 원정을 제안했다.

52) 시메온 1세 대제(Симеон I Велики, 864 무렵-927, 재위: 893-927)는 제 1차 불가리아 제국의 군주였다. 그는 불가리아 공국의 군주 보리스 1세의 아들로 태어났다. 기독교도인 보리스 1세는 시메온을 고위성직자로 만들기 위해 10대 소년인 그를 콘스탄티노플에 보내 신

지배하고 차레흐라드까지 위협할 수 있게 된다는 이야기였으니 말이다. 게다가 불가리아는 그렇지 않더라도 값진 노획물이었다. 연대기 저자가 이야기하고 있기로는, 키예프의 보야린들이 나중에 스뱌토슬라프에게 먼 나라를 정복하려는 허황된 계획을 버리고 국내 일을 좀 더 신경 써서 돌보라고 간언했을 때 스뱌토슬라프는 다음과 같이 말했다고 한다. "나는 키예프에서 살고 싶은 생각 없소. 도나우 강변 페레야슬라베츠(불가리아의 수도)에서 살고 싶소. 그곳이야말로 내 땅의 중앙이요 그곳으로는 모든 부가 한데 집결되오. 그리스인들에게서는 고급직물, 금, 포도주, 갖가지 향료와 과일이, 체크인들과 헝가리인들에게서는 은과 말이, 루스에게서는 모피, 밀랍, 꿀과 노예(첼랴디)가 모여드는 것 아니겠소." 스뱌토슬라프는 물론 그전에 이미 불가리아의 이 같은 부에 대해서 알고 있었으며 그렇기 때문에 그리스인들의 교활한 속셈은 눈치 채지 못한 채 칼로퀴로스의 제안을 기꺼이 받아들였던 것이다.

스뱌토슬라프는 대군을 소집한 다음 968년 불가리아를 침공했다. 그는 도나우 강변 도로스톨(오늘날의 실리스트라) 부근에서 불가리아 군대를 격파했고 서부 불가리아를 정복한 다음 페레야슬라베츠(오늘날의 툴체아[53]) 부

학을 공부하게 하였다. 그 덕분에 시메온은 그리스어를 유창하게 구사하였고 그리스 고전에 밝았다. 시메온이라는 이름 또한 비잔티움 제국에서 수도사가 되었을 때 받은 승명이다. 불가리아로 귀국한 후 수도원을 운영하는 데 몰두하였으나 공의 자리를 계승한 맏형 블라디미르가 자연종교를 다시 회복시키려 하자 보리스 1세가 공의 자리로 되돌아와 블라디미르를 축출하였으며 시메온을 후계자로 선포하였다. 시메온은 군주가 된 후 비잔티움 제국 및 마자르인들과 여러 차례 전쟁을 하여 영토를 크게 확장하였으며, 비잔티움과 평화협정을 맺은 후 불가리아 제국 황제(차르)로 선포되었다. 그러나 그 후에도 비잔티움 제국과의 관계는 여러 차례 긴장과 갈등을 겪었으며 시메온은 콘스탄티노플을 정복하여 스스로 비잔티움 제국의 황제가 되고자 시도하였으나 뜻을 이루지 못한 채 927년 사망하였다. 그는 학술과 문학을 크게 장려하였으므로 그의 재위 시기는 문화적 융성기로 일컬어진다.

53) 도브로게아(도브루자) 강가의 도시로 지금은 루마니아에 속해 있다.

근 프레슬라프 촌[54])에서 군대를 멈추고 자리를 잡았다.[55])

그러나 얼마 지나지 않아 키예프에서 전해온 소식 때문에 스뱌토슬라프는 지체 없이 루스로 돌아오지 않을 수 없게 되었다. 페체네그인들이 키예프를 에워싸고 계속 포위했기 때문이다. 키예프의 보야린들은 스뱌토슬라프가 자기 국가를 돌보지 않는다고 그를 비난했다. "공이시여, 당신은 남의 나라를 얻고자 하고 남의 나라만 돌볼 뿐 자기 나라는 버리고 가셨습니다. 페체네그인들이 하마터면 우릴 모두 다 포로로 잡을 뻔했습니다. 공의 모후도 공의 자녀들도 모두." 그들은 스뱌토슬라프가 키예프에 남아있게 하려고 설득해 보았으나 그는 이를 원치 않았다. 그는 페체네그인들을 초원지대로 쫓아버린 다음 다시 불가리아로 돌아가려고 채비를 차렸다. 그러나 이때까지 아들을 대신하여 키예프에서 나라를 다스리고 있던 연로한 어머니 올가가 자신의 여생이 얼마 남지 않았음을 예감하고, 자기의 죽음에 임종을 하라고 스뱌토슬라프를 붙들었다. 실제로 그녀는 얼마 있지 않아서 세상을 떠났다. 스뱌토슬라프는 자신의 맏아들인 야로폴크를 키예프 공으로 앉히고, 다른 아들 올렉을 드레블랴네 땅인 오브루치에 공으로 앉혔다. 이고리 공 생전에 스뱌토슬라프 자신의 통치를 직접 받기도 했던 노브고로드 사람들은 스뱌토슬라프가 자기네를 위해서도 아들 중 하나를 공으로 앉혀 주었으면 하고 바라서 이리저리 애를 썼다. 그러나 야로폴크도 올렉도 노브고로드에 가고 싶어 하지 않았다. 그때 스뱌토슬라프의 첩으로서 그의 아들 볼로디미르(블라디미르)를 낳은 말루샤의 남자 형제이며 키

54) 1968년 이후로는 누파루라 불린다.

55) 스뱌토슬라프와 관련해 페레야슬라베츠라는 지명이 등장하는데, 앞에서 그가 상품들의 집결지로서 언급한 도나우 강변의 페레야슬라베츠와 그가 새로 정복하여 정착한 페레야슬라베츠가 그것이다. 흐루셰브스키의 견해로는 전자는 제1차 불가리아 제국의 수도 벨리키 프레슬라프를 말하고 후자는 스뱌토슬라프가 새로 수도로 삼은 프레슬라프를 말한다.

예프의 보야린 중 한 사람인 도브리냐가 노브고로드인들에게 조언했다. 볼로디미르를 노브고로드의 공으로 앉혀달라고 스뱌토슬라프에게 부탁하라는 것이었다. 스뱌토슬라프는 이에 동의했고 볼로디미르는 바로 이 도브리냐와 함께 노브고로드로 갔다. 도브리냐는 볼로디미르의 이름으로 노브고로드를 다스렸음에 틀림없다. 다른 보야린들이 나이 어린 야로폴크와 올렉의 이름으로 각기 키예프와 오브루치를 다스렸음에 틀림없듯이.

이렇게 체제를 정비해 놓은 다음 스뱌토슬라프는 또다시 불가리아로 떠나갔다. 연대기가 이 두 번째 원정에 대해 기술하고 있는 내용은 키예프에서 이 사건을 두고 사람들이 이야기한 것을 옮긴 것이다. 불가리아인들은 스뱌토슬라프가 부재한 틈을 타서 페레야슬라베츠에 버티고 앉아 있던 참이었으며 그에게 복종하지 않으려 했다. 전투가 벌어지게 되었고 처음에는 불가리아인들이 우세를 보이기 시작했으나 스뱌토슬라프는 다음과 같은 말로 자기 드루쥐나의 사기를 북돋웠다. "우리는 모두 하나가 되어 쓰러져야 하오. 용감하게 돌격합시다. 형제들 드루쥐나여!" 군사들은 사기 충전해져서 대담무쌍하게 싸웠으며 불가리아인들을 격퇴하고 도시를 손에 넣었다. 그런 다음 스뱌토슬라프는 그리스인들에게 도전장을 보냈다. "나는 당신들에게 가서, 이 도시를 점령했듯이 당신들의 도시를 점령하고자 한다." 그리스인들은 계책으로써 그를 이겨 넘기겠다고 생각했기에 그에게 사람을 보내 다음과 같이 말하게 했다. "우리는 당신에게 대적할 힘이 없습니다. 당신과 당신 드루쥐나를 위한 공물을 우리에게서 받아 가십시오. 얼마를 원하는지 말씀만 하시면 각 군사에게 그만큼씩 납부하겠습니다." 그런데 연대기 저자가 설명하기로는 그리스인들이 이를 교묘하게 말했기 때문에 스뱌토슬라프는 이를 알아차리지 못한 채 자기에게는 이만 명의 병력이 있다고 말했다. 그런데 이것도 그가 더 많은 공물을 받아내기 위해 과장해서 말한 것이었다. 왜냐하면 그가 실제로 가진 병력은 만 명뿐이었기 때문이다. 그리스인들은 곧 십만 명의 병력을 모아서 스뱌토슬라프를 치기 위해 진군했다. 이러한 대병력을 보자 스뱌토슬라프의 군대는 두려움에 빠졌지만 그는 다음과 같은 말로 그들의 사기를 지탱했다. "우리는 아무데도 숨을 데가 없소. 싫든 좋든 우리는 저들에 맞서서 싸우지 않으면 안 되오. 루스 땅을 욕되게 하지 말고 뼈가 되어 이곳에 누웁시다. 죽는 자에게는 치욕이 없지만 우리가 도주한다면 우리에게는 치욕이 따를 것이오. 도주하지 말고 강하게 버팁시다. 내가 여러분들의 앞장을 서서 나아가겠소. 내 머리가 땅에 떨어진다면 그때는 각자 알아서 하기 바라오." 그러자 군사들이 소리쳤다. "공이시여, 당신 머리가 놓이는 곳에 우리도 우리 머리를 놓겠습니다." 그런 다음 군대가 진격했는데 그리스인들이 포위해 대규모 전투가 벌어졌다. 스뱌토슬라프가 이겨서 그리스인들이 도주했다. 스뱌토슬라프는 차레흐라드를 향해 진군했고, 도중에 도시들을 파괴했는데 파괴의 정도가 너무나 심해 이 도시들은 오늘날까지 무인지경이 되어 있다. 이때 차르(비잔티움 황제)는 경악에 휩싸였고 어떻게 해야 할지 의논하기 위해 자기 주변의 귀현들을 소집했다. 귀현들은 스뱌토슬라프에게 선물을 보내 그가 가장 좋아하는 것이 무엇인지를 알아내라고 권고했다. 그들은 어떤 똑똑한 사람을 딸려 금과 값진 직물을 보내면서 스뱌토슬라프가 이 선물들을 어떻게 받는지 살펴보기로 했다. 사신들은 금과 값진 직물을 스뱌토슬라프 앞에 내려놓았는데 그는 이 선물들을 쳐다보지도 않고 하인들에게 단지 이렇게 말했다. "갖다 치워버려" 그러자 하인들이 이를 거두어 갔다. 사신들은 돌아와서 황제에게 말했다. "쳐다보지도 않았사옵니다. 하인들에게 거두어 가라고 명했을 뿐이옵니다." 그러자 한 사람이 이런 조언을 내 놓았다. "황제시여, 다시 한번 시도해 보십시오. 그에게 무

그림 63 키예프의 군대(선두의 인물은 보리스 공. 보리스와 글렙의 생애전 삽화)

기를 보내옵소서!" 그리하여 사신들이 검과 다른 무기를 가지고 왔다. 그러자 스뱌토슬라프는 대단히 만족스럽게 이를 받아들이고 애지중지 다루었으며 황제에게 감사의 뜻을 전해달라고 명했다. 사신들은 돌아와서 황제에게 이 이야기를 했다. 그러자 황제의 측근 귀현들이 말했다. "무자비한 인간입니다. 재물에 신경 쓰지 않고 무기만 붙잡는군요. 할 수 없습니다. 그에게 공물을 바쳐야겠습니다." 그래서 황제는 스뱌토슬라프에게 사신을 보내 다음과 같이 말했다. "수도로 올 것도 없으니, 원하는 대로 공물을 받아가시오." 그래서 그리스인들은 그에게 공물을 바쳤는데 스뱌토슬라프는 여기에 더해 죽은 군사들 몫으로도 공물을 바치라고 명하면서 이렇게 말했다. "이것은 그의 씨족들이 가질 것이다." 이리하여 공물과 풍성한 선물을 받아든 스뱌토슬라프는 크나큰 명성을 떨치며 페레야슬라베츠를 향해 출발했다.

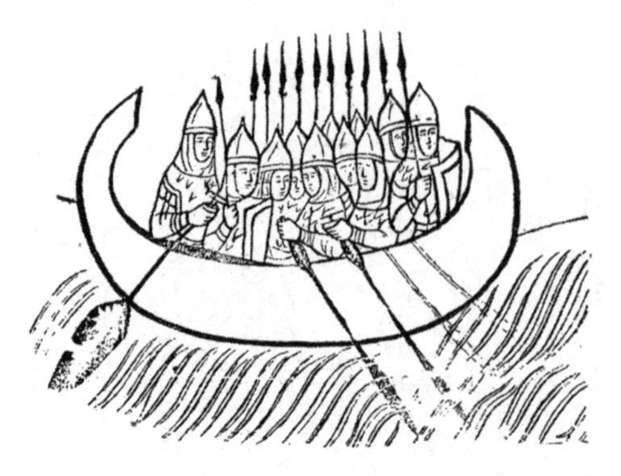

그림 64 강을 이용한 원정(보리스와 글렙의 생애전 삽화)

연대기는 스뱌토슬라프에 대한 키예프의 전승을 위와 같이 개작해서 이야기했다. 그런데 실제로는 이 제2차 불가리아 전쟁은 스뱌토슬라프 입장에서 그렇게 성공적이지 못했다. 그는 아마도 불가리아를 또다시 정복할 필요도 없었을 것이다. 왜냐하면 키예프로 떠날 때 그곳에 자기 부하들과 군대를 남겨놓았었기 때문이다. 불가리아로 돌아온 그는 발칸 산맥 너머 남부 땅을 정복하는 데 몰두했으며, 불가리아인들의 복종을 계속 받아내기 위해 가혹한 형벌과 사형으로 그들에게 두려움을 안겨주려고 노력했다. 적어도, 불가리아에서 스뱌토슬라프를 몰아내기 위해 이제 불가리아인들의 친구요 수호자라는 가면을 쓰게 된 그리스인들은 그런 식으로 이야기하고 있다.

비잔티움의 새로운 황제가 된 이오안네스 치미스케스[56]는 니케포로스

56) 이오안네스 1세 치미스케스(Ιωάννης Α΄ Τζιμισκής, 925–976. 재위: 969–976). 동로마제국의 장군이자 황제. 아르메니아계 유명한 무인 가문에서 태어났으며 어머니는 니케포로스 2세 포카스 황제의 여동생이었다. 치미스케스는 젊은 나이에 군대에 입대하여 무공을 쌓았으며 특히 뛰어난 장군이었던 외삼촌 니케포로스 포카스는 멘토로서 그에게 큰 도움을 주었다. 963년 로마노스 2세 황제가 사망하자 외삼촌을 설득하여 황제 자리에 오르게 하였으나, 권력투쟁 끝에 니케포로스 포카스를 암살하고 969년 자신이 황제 자리에 올랐다. 황제가 된 후 콘스탄티노스 7세 포르퓌로겐네토스 황제의 딸과 결혼하였으며 일련의 군사적 행동을 성공적으로 수행하여 제국의 경계를 공고히 하였다. 그는 확장되고 있던 키예프 루스의 세력을 저지하는 데도 신경을 썼는데, 키예프 공 스뱌토슬라프의 불가리아 지배 시도에

황제를 도와주면 얻기로 약정되었던 대가를 받아들고 불가리아 땅을 떠나라고 스뱌토슬라프에게 제안했다. 스뱌토슬라프는 그 같은 제안에 극도로 격분하여 콘스탄티노플 자체에 원정을 하겠다고 위협했으며, 실제로, 차레흐라드에 바로 인접한 지역인 트라키아로 진군했다. 그리스인들은 치미스케스 황제가 다른 일을 끝내고 나서 전 병력을 이끌고 스뱌토슬라프에 맞서 진군할 수 있게 되기 전까지는 방어에만 전념했다. 치미스케스는 "그리스 불"을 실은 전함들을 도나우 강 하구로 파견했는데 이는 루스로부터 원병이 오는 것을 허용하지 않기 위해서였다. 그리고 황제 자신은 바로 스뱌토슬라프가 부주의하게도 무방비 상태로 남겨놓았던 발칸 통행로를 통해서 불가리아 땅으로 들어갔다. 그는 전투 준비가 되어 있지 않았던 스뱌토슬라프의 군대를 덮쳐서 페레야슬라베츠를 포위했으며 단기간의 포위 끝에 이 도시를 장악했다. 불가리아의 황태자 보리스를 체포한 치미스케스 황제는 그를 불가리아의 차르로 선포했다. 이 일이 있고 난 후 불가리아의 도시들은 불가리아인들의 옹호자이자 수호자로서 치미스케스 황제에게 항복하기 시작했다. 그러자 치미스케스는 지체하지 않고 도로스톨(실리스트라)에 체류하고 있던 스뱌토슬라프 본인을 향해 진군해 갔다. 이곳에서 벌어진 치열한 전투에서 그리스인들이 승리를 거두었다. 스뱌토슬라프는 성문을 닫아걸고 그 안으로 피신했으며 이리하여 석 달 동안 계속된 도로스톨 포위전이 시작되었다. 이 포위전의 전말은 그리스 역사가들의 필치로 상세하게 기술되어 있다.

루스는 완강하게 방어했다. 그들은 여러 차례 도시 안에서 성 밖으로 기습공격을 가해서 그리스인들의 포위전 장비들과 수송군단을 궤멸시키고

맞서 루스 군대가 도나우 강 하류 유역으로 내려오지 못하게 막아내는 데 성공하였다. 그는 그 후에도 수많은 군사적 성과를 거두었으나 976년 갑자기 사망하였다.

자 애썼다. 그리스인들은 많은 손실을 겪었다. 그러나 루스에게도 포위전 동안 상황이 점점 더 어려워졌다. 왜냐하면 그들은 새로운 보급품을 받을 수가 없었기 때문이다. 마침내 스뱌토슬라프는 마지막으로 한 번 더 전투를 시도해 보기로 결정했다. 그래서 대규모 전투가 벌어졌지만, 이것이 성공적이지 못하게 되었을 때 그는 그리스인들과 강화를 맺기로 결정했다. 그는 방해받지 않고 귀국하는 것만 보장받는다면 포로들을 돌려주고 불가리아에서 떠나겠다고 약속했다. 이 조건으로 강화가 체결되었고, 키예프 연대기에 수록되어 있는 협정문이 작성되었다. 스뱌토슬라프는 불가리아에 대한 권리를 포기했고 크림 반도에 있는 그리스 영토를 건드리지 않으며 그리스의 동맹자가 되겠다고 약속했다. 그 대신 그리스인들은 그에게 자유로운 귀국길을 열어주었으며, 귀로에 사용할 보급품을 제공해주었다. 한 그리스 역사가의 기술에 의하면, 모두 합쳐서 스뱌토슬라프의 군대에게는 22,000명분의 곡물이 제공되었고, 지난 전투에서 이 군대가 겪은 손실은 38,000명 병력이었다.

조약을 체결한 다음 스뱌토슬라프는 황제를 만나보고 싶어 했다. 황제는 대규모 기마 수행원단을 거느리고 호사스럽고 번쩍번쩍 빛나는 황금 갑옷을 입고 도나우 강으로 왔다. 그리고 스뱌토슬라프는 다른 쪽 강안으로부터 작은 배를 타고 부하들과 함께 노를 저어 다가왔다. 그는 아주 소박한 옷차림을 하고 있었고 다른 사람들과 전혀 다를 바가 없었다. 다만 그가 입고 있는 베옷이 다른 사람들 것보다 좀 더 깨끗했을 뿐이었다. 그가 지닌 유일한 장식품은 귀에 건 금 귀걸이였다. 한 목격자[57]는 그의 외모

57) 스뱌토슬라프와 치미스케스의 만남에 대해 기록한 목격자는 10세기 비잔티움의 역사가인 레온 호 디아코노스(Λέων ο Διάκονος, 라틴어식으로는 레오 디아코누스 Leo Diaconus)이다. 950년 무렵 소아시아에서 태어난 그는 콘스탄티노플에서 교육을 받은 후 황제의 궁정

를 이렇게 묘사하고 있다. '그는 중키였고 다부지고 억셌다. 코는 짧았고 눈은 푸른빛이었으며 눈썹은 숱이 많았다. 턱수염은 말끔히 밀어버렸고 콧수염은 길었으며 머리에는 변발을 하고 있었다. 그는 매서워 보였다. 스뱌토슬라프는 작은 배에 앉은 채 황제와 잠시 이야기를 나눈 다음 뱃머리를 돌려 돌아갔다.'

그림 65 볼로디미르의 금화. 그의 모습과 그리스도 상이 새겨져 있다(비잔티움의 모범에 따른 것)

그림 66 같은 모범을 따른 볼로디미르의 은화(초상 둘레에 "볼로디미르, 이는 그의 은화이다"라는 문구가 새겨져 있다).

불가리아를 포기했더라도 스뱌토슬라프는 그의 수중에 남겨진 풍성한 전리품으로 위안을 삼을 수 있었다. 그리고 어쩌면 루스에 가서 새로운 군대를 모은 다음 불가리아에서 새로운 행운을 시험해 볼 수 있으리라고 기대했을지도 모른다. 그러나 불가리아에서 루스로 돌아가는 길에서 그를 기다린 것은 그의 최후였다. 루스 상인들을 습격하려는 목적으로 매복이 이루어지곤 하던 드니프로 강의 급류에서는 페체네그인들이 스뱌토슬라프를 노려 매복하고 있었다. 그들은 그가 가지고 오는 풍성한 전리품에 대한 소식을 이미 들어 알고 있었다(어쩌면 위험

에서 집사로 일하였으며 (집사라는 뜻을 가진 디아코노스라는 그의 별명은 이로부터 비롯되었다) 로마노스 2세, 니케포로스 2세, 이오안네스 치미스케스 황제의 치세 및 바실레이오스 2세 치세 초기에 대한 기록을 남겼다. 그는 자신이 목격하고 경험한 내용을 고전적인 문체에 담아 전하고 있는데, 스뱌토슬라프의 외모에 대한 묘사는 그의 저서 내용 중에서도 특히 유명하다.

한 적을 제거하기 위해 그리스인들이 페체네그인들에게 이를 알려주었을 수도 있다). 거대한 화물수송단을 거느린 채 이를 뚫고 지나가는 것이 불가능해지자 스뱌토슬라프는 방향을 되돌려 드니프로 강 하구로 되돌아갔다. 그리고 사태가 어떻게든 호전되기를 기다리면서 그곳에 남아 겨울을 나기로 했다. 그러나 그곳에서는 군대의 물자가 충분하지 않아 기근이 시작되었다. 그래서 스뱌토슬라프는 이른 봄이 되자 급류를 뚫고 지나가는 모험을 하기로 결정했다. 그의 이 시도는 성공적이지 않았다. 그 자신이 페체네그인들과의 전투에서 머리를 땅에 눕혀야 했다. 그의 적들은 그의 수급을 베어 두개골로 큰 술잔을 만들었다. "남의 땅을 얻으려다가 자기 땅을 잃어버린"[58] 이름 드높은 한 전사에게 거둔 승리를 기념하기 위해서였다.

24. 볼로디미르(블라디미르)

스뱌토슬라프의 죽음은 길고도 피비린내 나는 골육상쟁의 시작을 알렸다. 스뱌토슬라프가 자기 아들들 사이에 나누어 준 키예프 국가의 땅은 이전에도 이미 나뉘었다가 가장 정력적인 혹은 가장 운 좋은 공자(公子)의 수중에서 다시 합쳐지곤 하는 일을 여러 차례 거듭했음에 거의 틀림없다. 그런데 이제 스뱌토슬라프가 죽고 나자 곧바로 그의 아들들 사이에서 혹은 그들의 이름으로 다스리는 통치자 보야린(боярин−правитель)들 사이에서 전쟁이 일어나기 시작했다. 각자가 부친의 유산을 자기 수중에 한데 모으

58) 스뱌토슬라프에 대한 후대의 전승에서 이야기하기로는, 그의 두개골로 만든 술잔에 "남의 것을 얻으려다 자기 것을 잃었도다"라는 제명이 새겨졌다고 한다. 이것이야말로 연대기 가운데 스뱌토슬라프에 대한 이야기를 시종일관 꿰뚫고 있는 생각이다. (원저자 주)

기를 바랐다. 키예프의 야로폴크는 드레블랴네의 올렉을 상대로 전쟁을 시작했다. 일이 여기까지 오게 된 것은 야로폴크의 보야린인 스베넬드가 들쑤셨기 때문이라는 말이 있다. 왜냐하면 스베넬드의 아들이 올렉의 숲에서 사냥을 하는 것을 올렉이 보고 그를 죽였기 때문이다. 오브루치 부근에서 교전이 벌어졌다. 올렉이 전투에서 패했는데 그의 군대가 도주를 할 때 다리 위에서 너무나 심한 혼잡이 벌어져 수많은 사람이 참호 속으로 떨어지거나 압살당했다. 다리 위에서 떨어진 사람 중에는 올렉 공도 있었는데 그는 자기 위로 떨어진 사람들이며 말들에 짓눌려 이곳에서 죽음을 맞이했다. 이리하여 드레블랴네 땅은 야로폴크의 차지가 되었다.

이 소식을 들은 볼로디미르(블라디미르)는 바랴기에게서 도움을 얻기 위해 노브고로드를 떠나 바다 너머로 달려갔다. 왜냐하면 그는 올렉을 제거한 야로폴크가 자기에게도 마찬가지 일을 하려 할 것이라고 두려워했기 때문이다. 그러자 야로폴크는 노브고로드를 가로채고 이곳에 자기 보야린들을 앉혔다. 그는 다른 땅들도 자기 수중으로 합치고 그곳을 다스리던 공들이나 총독들도 자기 권력 아래 복속시키기 시작했다. 그러나 얼마 안 있어 볼로디미르가 바랴기 부대를 이끌고 바다 너머에서 돌아와서 야로폴크가 앉힌 군정사령관들을 쫓아낸 후 자기 형과의 전쟁을 준비하게 되었다. 그러나 그는 이에 앞서, 야로폴크 편을 들고 있던 이웃 땅 폴로츠크의 공을 징벌했다. 이것은 슬픈 이야기로서, 훗날 폴로츠크 공들과 키예프 공들 사이에 대대로 이어지는 적의가 어디에서 시작되었는지를 다루는 노래들 속에서 그 사연이 읊어지게 되었다. 이들 노래와 이야기에 전하기로는, 폴로츠크의 공 로그볼드에게는 딸 로그네다가 있었다. 야로폴크와 볼로디미르가 나란히 로그네다에게 구혼하였는데, 로그네다는 볼로디미르에게 시집가고 싶지 않아했다. "여자노예 아들의 신발을 벗겨주고 싶지 않아서"였다(결혼식에서 아내가 남편의 신발을 벗겨주는 것이 관습이었다). 이 말이 도브리냐에게 전해지자 그는 자기 씨족에 대한 그 같은 모욕[59]에 격분해 복수를 결심하게 되었다. 그는 볼로디미르를 설득하여 폴로츠크를 상대로 한 원정에 나서게 했고 이 전쟁은 연로한 로그볼드의 죽음과 그의 딸에 대한 능욕으로 귀결되었다. 셰브첸코[60]는 이 슬픈 이야기를 다음과 같이 자기의 말로 표현했다.

그들은 와서 도시를 포위했네.
물샐 틈 없이. 그리곤 이 도시 불태웠네.
블라디미르 공은 인민들 앞에서
연로한 로그볼로드[61]를 죽였네,

59) 도브리냐가 볼로디미르의 어머니의 남자형제, 곧 외삼촌이라는 것을 생각하면 그의 격분을 이해할 수 있다.

60) 우크라이나의 국민시인이라 일컬어지는 타라스 흐리호로비치(그리고리예비치) 셰브첸코(1814~1861)를 말한다. 그는 러시아 제국의 지배를 받던 우크라이나의 키예프 근처 키릴리브카에서 농노신분으로 몰락한 옛 코자크의 후손 집안에서 태어났다. 농노신분으로 태어났으나 교육을 받았고, 귀족 집안의 시동으로 주인을 따라 러시아 제국 내 여러 곳을 다니다가 상트페테르부르크에서 미술교육을 받게 되었다. 미술가로서의 그의 재능을 알아본 화가 소셴코의 적극적 주선과 주변 사람들의 도움으로 농노신분에서 해방된 그는 상트페테르부르크 미술 아카데미에서 본격적인 미술교육을 받는 한편, 시의 아름다움에 눈을 떠서 우크라이나어로 시를 쓰기 시작했다. 그의 시는 우크라이나의 민속과 역사, 특히 코자크의 역사에서 많은 소재를 따왔기에 그는 코자크 시인이라 불리기도 한다. 우크라이나어가 훌륭한 시어가 될 수 있음을 입증한 그의 시는 당대 우크라이나인들의 열광적 반응을 이끌어냈다. 그의 많은 시가 우크라이나 역사와 현실에 바탕을 두고 깊은 애국주의적 정서를 담고 있을 뿐 아니라 그 자신이 비밀결사인 성 키릴-메포디(키릴로스-메토디오스) 형제단 활동과 관련하여 장기간에 걸친 심한 고초까지 겪어야 했기에 그의 문학과 그의 삶에 대한 기억은 우크라이나인들에게 강렬한 영향을 미치게 되었다. 그는 우크라이나인들의 민족의식 형성과정에서 촉매 역할을 했다고 해도 과언이 아니다. 그의 활동과 시에 대해서는 제6부에 좀 더 자세한 서술이 나온다.

61) 로그볼드를 말한다.

인민을 '사슬에 묶고' 공의 따님을 '사슬에 묶어'
'자기 영지로 끌고 갔네.'[62]

로그네다는 볼로디미르의 부인이 되어야 했다. 그녀의 가련한 머리 위에 그토록 가혹하게 쏟아져 내린 이 모든 불행 때문에 사람들은 그녀를 고리슬라바(Горислава)[63]라 불렀다. 그녀는 볼로디미르에게서 아들 이쟈슬라프를 낳았다. 그러나 다른 부인들도 두었던 볼로디미르는 로그네다를 경멸하기 시작했다. 그는 그녀에게 싫증이 났다. 그러자 로그네다가 볼로디미르에게 품어왔던 그 모든 쓰라린 감정들에다 질투심까지 더해졌다. 그리고 복수를 해야겠다는 맹렬한 욕구가 그녀를 사로잡았다. 어느 날 밤 볼로디미르가 그녀의 방에서 잠을 자고 있을 때 로그네다는 그를 죽이기로 결심했다. 그녀가 그의 몸 위로 이미 칼을 빼들었을 때 그 순간 볼로디미르가 잠에서 깨어나 그녀의 팔을 붙잡았다. 로그네다는 볼로디미르가 그녀와 그녀의 아이를 사랑하지 않게 된 때부터 아버지를 위한 복수를 하려고 마음먹어 왔다고 자백했다. 볼로디미르는 이 같은 범의를 품은 것에 대해 그녀를 죽음으로써 벌하기로 결심했다. 그는 그녀에게 결혼식 때처럼 '가장 성대한 황후의 복장으로' 성장(盛裝)하고 침대 위에 앉아 그를 기다리라고 명했다. 그러나 로그네다는 자기의 어린 아들 손에 검을 쥐어주었고 볼로디미르가 그녀의 내실로 들어왔을 때 아이는 앞으로 썩 나서며 자

62) 타라스 셰브첸코의 시 「왕들(Царі)」 IV(1848)에서. 이 시에서 셰브첸코는 로그네다에 대한 볼로디미르의 처사를 격렬히 비판하고 있다. "블라디미르는 들소처럼 멧돼지처럼 로그니다를 찾아 왔으며", 로그네다를 폴로츠크에서 키예프로 끌고 간 후에는 "그녀를 능욕하고/ 젊은 로그니다를/ 능욕하고 내쫓았네. 공작 따님인 그녀는/ 세상을 혼자 떠돌아야 했으니/ 누가 그녀를 도울 것인가. 이런 자들이/ 왕관 쓴 성스러운/ 군주요 왕들이네."
63) '슬픔의 영광'이라고 옮길 수 있다.

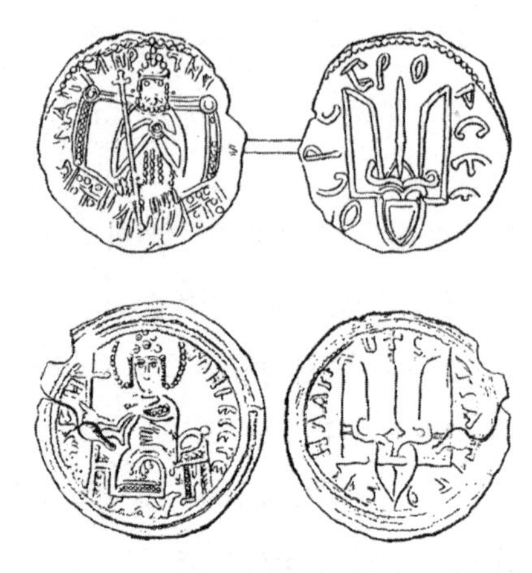

그림 67~68 볼로디미르의 이름과 그의 초상 및 문장 징표를 새긴 은화. 그림 설명으로 "옥좌에 앉은 볼로디미르. 이는 그의 은화이다"라는 명문이 새겨져 있다.

기 엄마가 가르쳐 준대로 이렇게 말했다. "아빠. 아빠는 지금 여기 혼자 계시다고 생각하셔요?" 이 조그만 목격자이자 방어자, 어머니를 위한 미래의 복수자의 모습을 보자 볼로디미르는 로그네다를 죽이려고 준비해왔던 검을 내려놓고 아들에게 대답했다. "너를 이곳에서 볼 줄이야 누가 예상했겠니?" 그는 자기 보야린들에게 조언을 구했는데, 그들은 아들을 봐서 어머니에게 자비를 베풀어주고 그들에게 자기네 가산(家産)인 폴로츠크 땅을 내려주라고 조언했다. 볼로디미르도 그렇게 실행했다. 바로 이 이쟈슬라프로부터 폴로츠크 공들의 가문이 시작하는데, 이들은 후일 볼로디미르의 또 다른 아들인 야로슬라프로부터 가문을 이어받은 키예프 공들과 여러 차례에 걸쳐 격렬한 전쟁을 벌였다. "이 때부터 로그볼드 손자들의 검이 야로슬라프 손자들을 향해 치켜들어졌나니," 로그네다에 대한 이 이야기는 이렇게 끝난다.

그러나 이것은 나중의 일이다. 지금 볼로디미르는 로그볼드를 해치웠고, 그리고 어쩌면 야로폴크 편을 들고 있던 인근 지역의 어떤 공들도 처치했을 수도 있는데, 그렇게 한 다음 키예프로 향해 출발했다. 야로폴크는 전투 준비를 하지 않은 채 키예프에 몸을 숨기고 있었다. 그러나 볼로디미르는 키예프의 보야린들 중에서 자기 공모자를 찾아냈다. 그의 이름은 블

그림 69 헤르손네소스의 폐허. 중앙대로의 현재(흐루셰브스키가 저술하던 시기를 말한다—옮긴이) 모습.

루드였다. 볼로디미르는 블루드에게 온갖 영화를 다 주겠다고 약속했고 블루드는 야로폴크를 넘겨주는 데 동의했다. 야로폴크를 볼로디미르 손에 좀 더 손쉽게 넘겨주기 위해 블루드는 야로폴크에게 키예프를 벗어나 작은 방벽도시 로드냐(지금의 카니브 부근에 있었다)로 도망가라고 설득했다. 그곳에 가 있으면 더 안전할 것이라는 장담을 곁들여서였다. 야로폴크는 이 조언을 따랐지만 더 가혹한 재난에 빠지게 되었다. 왜냐하면 로드냐에서는 곧 물자가 동이 났고 심한 기아가 시작되었기 때문이다. 그래서 심지어 "로드냐에서와 같은 재난"이라는 속담이 생겨났을 정도였다. 블루드는 이제 야로폴크에게, 무슨 수를 써도 출구를 찾을 수 없는 상황이 되었으니 동생에게 항복하라고 설득했다. 야로폴크는 그의 조언을 따랐다. 그에게 충성을 다하는 다른 보야린이 페체네그인들에게 가서 거기서 도움을 구하라고 조언했지만 헛일이었다. 야로폴크는 볼로디미르에게 가서 항복하고 무슨 영지(볼로스치)라도 하나 달라고 그에게 부탁하기로 결심했다. 블루드는 곧장 볼로디미르에게 그의 소원이 실현될 것이고 자기가 그에게 야로폴크를 데리고 갈 것이라고 알렸다. 볼로디미르는 형의 방문을 맞을 채비를 했다. 야로폴크가 그에게 왔을 때 문간에는 두 명의 바라기가 서 있었다. 블루드는 야로폴크가 문 안으로 들어서자 문을 잠가 버렸다. 그의 부하들이 그를 도우러 달려 들어오는 것을 막기 위해서였다. 그리고 바랴기는 야로폴크에게 검을 겨누고 그를 찔러 죽였다.

이렇게 해서 볼로디미르는 형들의 영지를 차지했고 그 후에는 다른 땅들도 자기 권력 아래 모아들이기 시작했다. 이렇게 루스 국가의 영토를 결집하는 데 몇 년이 지나갔다. 연대기에는 그중 단지 몇몇 원정에 대한 보고만이 수록되어 있다. 뱌티치인들에 대한 원정, 라디미치인들에 대한 원정, 볼로디미르가 키예프 국가와 좀 더 긴밀하게 결합시키려고 애썼던 오늘날의 할리치나에 대한 원정,[64] 그리고 이웃 여러 종족들에 대한 원정 등이 그것이다. 볼로디미르가 자기 아들들에게 나누어준 영지들에 대한 보고만 보더라도 이 시기에 얼마나 창대한 일이 볼로디미르에 의해 완수되었는지를 알 수 있다. 그는 키예프에 복속하고 있던 지방과 영지들을 모아서, 이들 지역을 다스리되 키예프 공들의 의지에 별로 순종적인 태도를 보이지 않아왔던 여러 '빛나는 위대한 공들'을 제거한 다음, 그들 자리에 자기 아들들을 앉혔다. 그는 또한 복종하지 않는 종족들을 '장악하고' 최근에 이웃 세력이 점령했던 지방들을 반환해주었는데, 그의 이 조치는 사람들 마음속에 합당한 존경심을 불러 넣었다. 그리고 루스 국가의 땅들을 더욱 긴밀하게 결합시키기 위해서 그는 자기 아들들에게 이들 땅을 다스리라고 나누어 주었다. 그에게는 부인과 첩이 많았기 때문에 아들도 많이 있었다. 그는 자기가 젊은 시절에 노브고로드를 다스렸듯이, 아들들도 젊은 시절부터 믿을 만한 보야린의 후견 아래 두고 각지에 배치했다. 그래서 우리가 가진 사료가 전하는 바로는 그는 노브고로드에는 야로슬라프를 앉혔다가

64) 연대기 『지나간 시절의 이야기』에는 볼로디미르가 6489년(서기 981년)에 폴란드인들의 땅에 원정하여 페레미실, 체르벤을 비롯한 도시들을 점령했다고 기록되어 있다. 이들 도시가 위치한 지방이 할리치나이다.

그림 **70** 헤르손네소스 성벽 유적.

그 다음에는 비셰슬라프를 앉혔고, 프스코프에는 수디슬라프를, 폴로츠크에는 이쟈슬라프를, 스몰렌스크에는 스타니슬라프를, 투로브에는 스뱌토폴크를, 볼린 강가의 볼로디미르(이것은 아마도 할리치나와 폴란드 접경지대를 합친 지역을 말하는 것 같다)에는 브셰볼로드를, 트무타라칸(돈 강 유역 지방, 크림 지방, 카프카스 접경 지역을 합친 것)에는 므스티슬라프를, 로스토프(볼가강 상류지방)에는 야로슬라프를 앉혔다가 그 다음에는 보리스를, 무롬(오카 강 유역 지방)에는 글렙을 각각 앉혔다. 볼로디미르 자신이 다스릴 지역으로는 우크라이나 땅의 중심인 드니프로 강 중류 유역지방이 남아 있었고 여기에다 아마도 새로 합병한 몇몇 지방들이 덧붙여졌을 수도 있다.

이 '루스 땅 모아들이기'라는 과제는 수많은 전쟁과 수많은 피흘림을 대가로 치러야만 하는 일이었다. 우리는 볼로디미르의 젊은 시절, 그의 정치

그림 71 이른바 모노마흐의 관.

활동의 초창기 행적들에 대한 이야기에서 그가 얼마나 냉엄하고 심지어 잔인하기까지 한 인물로 그려지고 있는지 이미 보았다. 이는 부분적으로는, 볼로디미르가 기독교로 개종한 후 그가 온유하고 상냥한 군주가 되었을 때 그에게서 일어난 변화를 더욱더 선명하게 부각시키려는 의도에서 일부러 강조된 것이기도 하다. 그러나 어쨌건 볼로디미르의 통치 전반기는 대단히 피비린내 나는 것이었음에 의심의 여지가 없다. 그 대신, 폭력과 공포, 살인과 전쟁으로 국가조직을 일단 공고히 해 놓은 다음에는 그는 이것으로 만족하지 않고 국가의 뭇 지방들을 상당히 자유롭고 비강제적인 내적 유대로써 결합하는 일에 신경을 썼다. 그가 혈연관계가 없는 총독이나 공, 혹은 키예프 공의 가문과의 연관관계가 약화되거나 망각되거나 한 먼 친척들 대신 키예프의 각 영지들마다 자기 친아들들을 앉혔다고 하는 이 한 가지 사실만 해도 이미 추후의 관계를 위해 큰 의미를 가지고 있었다. 이 순간부터 키예프 국가의 뭇 지방에서는 왕조적 이념이 역사를 이끌어가게 된다. 볼로디미르의 후손인 공들은 그들 나름대로 그들 자신의 이익이라는 관점에서, 그리고 상층사회와 드루쥐나는 그들 나름대로 (그리고 일정한 정도까지는 역시 그들 자신의 이익이라는 관점에서), 루스 국가의 뭇 지방은 볼로디미르 가문의 공유재산이며 이 가문은 이 국가를 돌볼 의무가 있되 이를 지배할 수 있는 사람은 오로지 볼로디미르의 후손들뿐이라는 생각을 전파하고 발전시키고 강화시켰다. 그것은 다시 말해 여기서는 볼로디미르 성인의 후손 이외에는 어떤 다른 공도 존재할 수 없으며, 그의 후손인 공은 각자 이 키예프 국가의 지방들 가운데서 어떤 것이건 자기 영지를 가져야 한다는 생각이었다. 이 '왕조 이념'은 큰 의미를 가졌으며 몇 세기가 흐르는 동안 실제로 이 지방들을 일정한 내적 유대로, 통일과 연대의 감정으로 연결시켜 주었다. 그러나 이 외에도 볼로디미르는 국가적 삶에 또 한 가지 강력한 유대, 곧 종교적이고 문화적인 유대를 도입했다. 이는 새로운 종교인 기독교의 전파를 통해 달성되었으니, 기독교는 키예프 국가의 뭇 지방들을 위해 국가종교이자 정부종교가 되어 주었다.

25. 기독교

기독교는 이미 기원후 첫 세기에 흑해 연안의 그리스 도시들과 도나우 강변 지역에 전파되기 시작했고 상인들이나 다양한 여행자들에 의해 이들 지역으로부터 우리 땅으로도 도입되었다. 9세기가 되면 그 같은 이동성 인구가 많았던 우크라이나의 최대 도시들에서는 기독교가 이미 상당히 일반적인 현상이 되었고 사회 최상층을 장악하고 있었음에 틀림없다. 우리는 860년대에 루스에 사신으로 왔던 그리스 성직자들이 많은 사람들에게 세례를 주었다는 사실도, 그리고 그 후에는 이곳의 기독교인들을 위한 전담 주교가 비잔티움 제국에서 루스에 파견되어 왔다는 사실도 이미 알고 있다. 10세기 전반에는 이고리와 그리스인들이 맺은 협정문 속에 키예프의 포딜 지구에 있는 성 일리야 교회가 언급되고 있다. 그리고 이 협정문 속

그림 **72** 십일조 성모 (데샤티나야) 교회 폐허에서 발견된 벽돌. 볼로디미르 주화에 새겨진 것과 유사한 문장 징표가 새겨져 있다.

에서는 이고리의 드루쥐나 가운데 기독교도인 루스와 이교도인 루스가 구분되고 있다. 공의 궁정과 보야린 집단 내에도 상당히 많은 기독교인들이 있었으며, 이고리의 부인인 올가 여공 또한 세례를 받았다는 것은 놀라운 일이 아니었다. 키예프에서는 훗날, 그녀가 차레흐라드에서 세례를 받기 위해 그곳까지 여행을 했으며, 비잔티움 황제 자신이 그녀의 대부가 되어 주었다는 이야기가 퍼졌다. 그러나 올가의 영접 행사를 상세하게 기술하고 있는 콘스탄티노플의 황제 궁정 기록[65]에는 그녀의 기독교 세례에 관한 언급이 없다. 이것으로 볼 때 그녀가 실제로는 다름아닌 키예프에서 세례를 받았다는 것이 분명해진다. 올가는 자기 아들 스뱌토슬라프에게도 세례를 받으라고 설득했으나, 그는 이것이 자기에게 어울리지 않는다고 생각했다. 그 대신 키예프에서 할머니 보살핌 아래 자란 스뱌토슬라프의 아들들은 어린 시절부터 기독교에 대한 지식을 가질 수 있었는데, 볼로디미르(블라디미르)도 그 가운데 하나였다. 그러나 그가 국가의 일들을 정비한 다음이 국가 안에 기독교를 전파하는 일에 마음을 쓸 수 있게 되기까지는 오랜 세월이 걸렸다.

65) 콘스탄티노스 포르퓌로겐네토스 황제의 저서 『비잔티움 궁정 의례(*De cerimoniis aulae Byzantinae*)』에 올가와 관련된 행사일정이 상세히 기록되어 있다.

연대기의 이야기는 사정을 이렇게 그려놓고 있다.[66] 볼로디미르에게 여러 나라에서 선교사들이 찾아와 그를 자기네 종교로 개종시키려고 애썼다. 불가르인들은 마호멧교로,[67] 하자르인들은 유대교로, 독일인들은 가톨릭으로, 그리스인들은 정교로 개종시키려 했다. 볼로디미르는 어떤 종교가 가장 훌륭한지를 자신이 직접 시험해보고자 했다. 그래서 그는 여러 종교들을 직접 눈여겨보라고 자기 사절들을 여러 나라에 파견했다. 사절들은 돌아와서 그리스 신앙이 가장 마음에 들었다고 이야기했다. 보야린들도 역시, "뭇 사람들 가운데 가장 현명한" 올가가 그리스 신앙을 받아들인 것을 보면 어쨌거나 그리스 신앙이 가장 훌륭한 것이 아마 사실인 것 같다고 말했다. 볼로디미르는 세례를 받기로 결심했으나, 이를 위해 그에게 성직자를 보내 달라고 그리스인들에게 부탁을 하고 싶지는 않았다. 그래서 일을 다른 식으로 추진했다. 그는 군대를 이끌고 코르순(헤르손네소스)으로 가서 이 도시의 항복을 억지로 받아낸 다음, 공동으로 통치하고 있던 비잔티움 황제 바실레이오스와 그의 동생 콘스탄티노스를 향해 그들의 여동생을 그에게 시집보내 달라고 요구하면서, 그렇지 않으면 차레흐라드로 직접 쳐들어가겠다고 통보했다. 황제들은 여동생을 이교도에게 시집보낼 수 없다고 답했다. 볼로디미르는 자신이 이미 기독교를 알고 있으며, 기독교가 마음에 들었기 때문에 세례를 받을 준비가 되어 있다고 천명했다. 그러자 황제들은 여동생 안나를 코르순에 있는 볼로디미르에게 보냈다. 그러나 볼로디미르는 세례받기를 미루기 시작했다. 그런데 그가 눈병에 걸렸고 안나 공주는 그에게 건강을 되찾기 위해서는 될수록 빨리 세례를 받으라

66) 『지나간 시절의 이야기』 6494~6496년(서기 986~988년) 항의 내용이다.
67) 발칸반도의 불가리아는 9세기에 이미 기독교를 공인하였으므로, 여기에서 불가르인은 볼가 강 유역의 불가르인을 말하는 것으로 보인다.

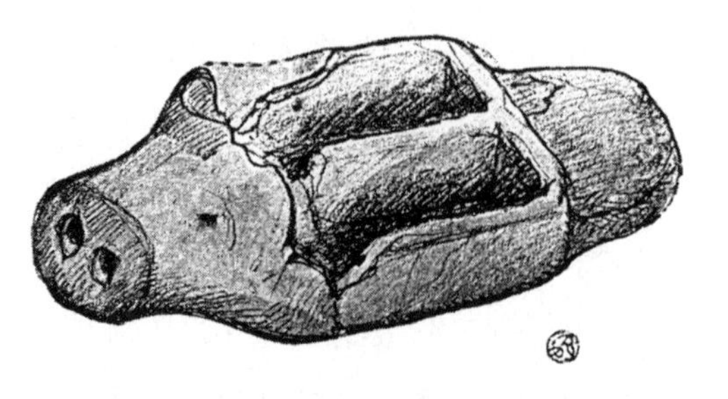

그림 73 두 가지 색으로 장식하게 되어 있는 램프 받침대 (십일조 성모 교회 폐허에서 출토)

고 설득했다. 그가 세례를 받고나자 정말로 건강이 회복되었다. 볼로디미르는 공주와 결혼식을 올린 다음, 그리스 성직자들을 대동하고 코르순에서 키예프를 향해 떠났다. 이는 키예프인들과 전 국민들에게 세례를 주기 위해서였다.

이 이야기에는 실제로 일어난 일 가운데 일부만이 담겨 있다.

볼로디미르와 비잔티움 공주 사이의 혼담이 오고가기 시작하던 그 시기에 그는 마침 국가의 통일을 회복한다는 자신의 과업을 막 완수한 참이었다. 이 국가기구를 공고히 하고 국가에 대한 자신의 권력과 전반적인 키예프 대공 권력을 공고히 할 방안을 궁리하던 차에 볼로디미르는 이 목적을 위한 수단을 비잔티움 제국에서 구하기로 결심했음에 틀림없다. 비잔티움 제국과 새로운 로마라고도 불리던 그 수도 콘스탄티노플은 이 무렵 당대 세계의 눈으로 보았을 때 광채와 문화, 영광과 힘의 정점이었다. 이는 과거에 로마 황제들의 수도인 옛 로마가 당대 세계인들에게 그렇게 비쳤던 것과 비슷했다. 그 당시에 생겨난 이러저러한 새로운 국가의 창시자들, 건설자들은 세계의 등불인 이 비잔티움의 광채와 영광으로 자신과 자기 권력을 치장하려고 애썼으며, 또 이를 위해 비잔티움 황제 궁정과 인척 관계를 맺고 이로부터 여러 가지 귀중품 –권력의 징표, 그 무슨 왕관이나 황제의 의복 같은 것– 을 얻으려고 애썼다. 이고리와 같은 시대를 살았던 콘스탄티노스 포르퓌로겐네토스 황제의 기록을 따르면 하자르의 군주와 헝가리, 루스 및 기타 나라의 지배자들이 비잔티움 황제에게 무슨 일이건 봉사를 할 테니 그 대신 보수로 비잔티움의 왕관이나 다른 제왕 징표를 달라는 부탁을 자주 해왔고, 비잔티움의 공주를 그들에게 시집보내거나 혹은 누구라도 좋으니 비잔티움의 왕자를 자기네 출신 여성과 결혼시켜 달라는 부탁도 해오곤 했다 볼로디미르도 그러한 경우였다.

이를 위한 계기를 제공한 사람은 다름 아닌 황제들 자신이었다. 그들은 이 시기에 대단히 어려운 상황에 놓여 있었다. 제국의 최고위 관리 중 한 사람인 바르도스 스클레로스[68]가 봉기를 일으켜 군대를 이끌고 다름 아닌 콘스탄티노플로 다가오고 있었다. 다른 출구를 찾지 못하고 있던 황제들은 볼로디미르에게 지원을 요청했다. 볼로디미르는 지원을 제공하는 데는 동의했지만, 그도 자기 나름대로 황제들에게 여동생을 그와 결혼시켜 달라고 요구했으며, 그 외에 아마도 왕관과 제왕징표 역시 보내달라고 요구한 것으로 보인다. 후대의 전승에는 황제가 차레흐라드에서 볼로디미르 공에게 황제의 관을 보냈고 볼로디미르가 이 관으로 대관식을 올렸다는 이야기도 있다. 이 전승은 모스크바 대공의 관인 이른바 모노마흐의 관과 결부되어 있고, 이 전설상의 볼로디미르(블라디미르)는 성 볼로디미르의 증손자인 볼로디미르 모노마흐인 것으로 추측된다. 모노마흐의 관 자체는 거의 틀림없이 후대의 제작품인 것으로 보이지만,[69] 차레흐라드로부터 그

68) 바르다스 스클레로스(Βάρδας Σκληρός, ?–991). 비잔티움 제국의 장군. 소아시아 동부의 대부호 집안 출신이며 무인으로서 성공을 거두었다. 특히 970년에 키예프 공 스뱌토슬라프의 콘스탄티노플 공격을 막아냄으로써 큰 명성을 얻었다. 그와 긴밀한 관계를 유지했던 이오안네스 1세 치미스케스 황제가 사망한 후 섭정이 되었고 스스로 황제가 되고자 했으나 궁정음모에 의해 밀려났다. 황제 바실레이오스 2세 재위 시기인 976–979년에 소아시아에서 세력을 규합하여 대대적인 반란을 일으켰다. 이 반란이 실패로 끝난 후 여러 해 동안 칼리프의 비호를 받다가 비잔티움 제국으로 돌아와 재차 반란을 기도했으나 이 역시 실패로 끝났다.

69) 16세기 중반부터 17세기 말까지 모스크바 대공–차르들이 대관식을 올릴 때 썼던 유명한 모

리스 황제의 관이 보내져왔다는 전승은 십중팔구 성 볼로디미르에게로 거슬러 올라가며 후대에 가서야 비로소 이 전승이 그와 이름이 같은 증손자 볼로디미르 모노마흐와 결부되었을 것이다. 이는 모노마흐가 모스크바 대공들에게 가장 가까운 선조였기에 생겨난 일이다.

볼로디미르는 비잔티움에 6,000명 병력의 군대를 보냈는데, 이 군대는 반란자들을 진압하는 데 도움을 주었고 그 후에는 그곳에 계속 남아 황제에게 복무하게 되었다. 그러나 위기가 지나가자 황제들은 볼로디미르에게 주었던 약속의 이행을 회피하기 시작했다. 아무리 세례를 받았다고 하더라도 키예프 공은 그리스인들에게 오랑캐 군주로 여겨지고 있었는데 그런 오랑캐 군주에게 자기네 여동생을 준다는 것은 비잔티움의 황제로서는 큰 치욕인 셈이었다. 그러자 볼로디미르는 비잔티움의 아픈 곳을 찔러서, 크림 반도의 그리스 영토를 습격했다. 루스의 공들은 이미 오래전부터 이 땅들을 차지하려고 애써 왔으며, 과거에 작성된 협정문들을 통해 그리스인들은 루스가 크림 반도 도시들을 공격하지 않도록 끊임없이 보장받아왔다. 그런데 이제 볼로디미르가 크림 반도 내 비잔티움 영토의 수도인 헤르손네소스 –혹은 슬라브식으로 부르자면 코르순– 을 포위했다. 이 도시는 단단한 성벽으로 잘 요새화되고 방어되고 있었으며 이를 점령하는 것은 어려운 일이었다. 그러나 어떤 코르순 사람이 배신을 해서 볼로디미르에게 어떻게 하면 물의 공급을 중단할 수 있는지 알려 주었다. 물이 없이는 코르순은 오래 버틸 수 없었다. 황제들은 코르순에 도움을 보내줄 수 없었

노마흐의 관은 공식적으로는 볼로디미르 모노마흐 대공이 '외조부'인 비잔티움 제국 황제 콘스탄티노스 9세 모노마호스 황제에게서 선물로 받은 것이라고 규정되었다. 그러나 학자들의 연구에 따르면 이 왕관은 13세기 말 무렵에 금장한국의 칸(우즈벡 칸일 수도 있다)이 모스크바 대공에게 선사한 것일 가능성이 크다.

다. 왜냐하면 비잔티움에서는 또다시 위험한 봉기의 불길이 일어났기 때문이다. 볼로디미르는 코르순을 정복했고 이와 더불어 크림 반도 전체를 장악했다. 이 영토들을 되돌려 받기 위하여 황제들은 볼로디미르에게 주었던 약속대로 안나 공주를 코르순으로 보낼 수밖에 없었다. 이곳에서 그녀와 볼로디미르의 결혼식이 거행되었고 그는 결혼식 후 코르순을 '공주를 위한 신부매입금(вен)' 조로 그리스인들에게 되돌려 주었다.

볼로디미르의 세례 자체는 이 사건들 와중에서 눈에 띄지도 않게 이루어졌다. 심지어 그것이 어디에서 거행되었는지, 코르순에서였는지, 키예프에서였는지조차도 알려지지 않고 있다. 볼로디미르가 키예프 부근의 바실레브, 곧 오늘날의 바실코브에서 세례를 받았다고 이야기하는 사람들도 있다. 또 어떤 보고를 따르면, 볼로디미르의 코르순 원정은 그가 세례를 받은 후 3년째 되는 해에 벌어졌다고도 한다. 실제로 그는 원정 이전에 이미 세례를 받았음에 거의 틀림없다. 세례를 받으면서 그는 바실리라는 세례명을 택했는데, 이는 처남인 바실레이오스 황제의 이름을 딴 것이다.

26. 새로운 문화

볼로디미르(블라디미르)는 세례를 받은 다음 자기가 다스리는 국가의 방방곡곡에 기독교를 전파하는 데 온 힘을 기울였다. 자기 국가를 비잔티움과 가까워지게 하고 비잔티움 문화와 교양의 광채로 나라를 장식하려는 생각을 해낸 이상, 그는 당연히 가능한 한 현지의 생활방식을 비잔티움의 생활형태와 가까운 것으로 만들고자 하는 열망을 가질 수밖에 없었다. 다른 한편으로, 탁월한 정치인이었던 그는 으리으리한 의전절차, 완성된 형식, 견고하게 형성된 성직자 집단을 갖춘 새로운 종교가 전파되고, 교회와 밀접히 연결된 서책 문화, 학식 및 예술이 발전한다면 그의 나라의 여러 지방이 얼마나 단단한 매듭들로 서로 연결될 것인지 상상할 수 있었다. 그는 자기 땅에서 이 새로운 교회와 고위 성직자층이 형성되면 공의 권력으로부터 도움을 받고 보호와 후견을 받으면서 교회와 고위 성직자층이 정치적 유대를 얼마나 공고하게 해줄 것인지도 머릿속에서 그려 볼 수 있었다. 그와 같은 국가교회는 다른 나라에서와 마찬가지로 이 나라에서도 정치권력의 동맹자가 되어서 공의 권력의 세력을 강화하는 데 협력하고 교회 자신의 영향력으로 공의 권력의 권위와 중요성을 공고하게 해주는 것이어야 했다. 그리고 그 후에 일어난 일은 실제로 이와 같았다.

연대기 기록에 따르면, 볼로디미르는 크림 원정에서 키예프로 돌아온 후 공의 궁정과 가까운 언덕 위에 세워져 있던 자연종교 신들의 형상인 우상들을 파괴하라고 명령했다. 어떤 것들은 부수고 또 어떤 것들은 불에 태우라고 했으며, 페룬의 우상은 말의 꼬리에 매달아서 그런 모습으로 드니프로 강까지 끌고 가라고 명했다. 그리고 가는 길에 사람들은 페룬 우상에 다가와서 막대기로 때려 모욕해야 하며 그런 다음 이를 드니프로 강 속으로 던져 넣되, 절대로 기슭에 닿지 않도록 잘 추적하라고 했다. 볼로디미르는 우상들을 파괴한 다음, 키예프의 모든 주민들에게 그 다음 날 드니프로 강가에 모이라고 명했으며 말을 듣지 않는 자는 벌을 받는다고 위협했다. 사람들이 모이자 그들에게는 옷을 벗고 강물에 들어가라는 명령이 내려졌고, 성직자들이 기슭에 서서 세례용 기도를 외웠다. 이렇게 해서 한꺼번에 도시 전체가 세례를 받았다. 연대기 저자는 이렇게 이야기하고 있는데, 연대기에 서술된 것처럼 그렇게 간단하게 그리고 그렇게 갑작스럽게 진행되지는 않았다고 하더라도 무엇인가 이 비슷한 일이 키예프와 다른 대

그림 **74** 그리스(비잔티움 제국) 삽화에 등장하는 페체네그인들(오른쪽이 페체네그 군대).

도시들에서 실제로 일어났음에는 틀림이 없다. 십중팔구, 주민들이 어쨌든 처음으로 새로운 신앙을 알아가는 과정을 거쳤을 것이다. 이미 그 이전부터도 대도시에는 성직자들이 와 있었고 이들이 새로운 종교의 가장 중요한 내용에 대해 설명하는 일을 할 수 있었기에 더욱 그러했다. 이 사건들에 대한 기억을 간직하고 있었음에 틀림없는 연대기 저자들은 그 당시 볼로디미르 치하에서 '온 나라'가 세례를 받았으며, 주민들이 호의적인 태도를 보이지 않는 곳이 있으면 그런 곳에서는 보조수단으로 위해(危害)의 위협이 가해지기도 했다고 알려주고 있다. "사랑으로 세례를 받는 경우가 아니라면 두려움 때문에 세례를 받았다"라고 연대기는 기술한다. 세례가 끝난 다음에는 교회가 지어졌고 성직자들이 배치되었으며 아이들을 성직자들에게 위탁하여 그들에게서 배우게 했다. "볼로디미르는 뛰어난 사람들 사이에서 자녀를 선발하여 서책을 학습하라고 (성직자들에게—옮긴이) 그들을 맡기기 시작했다"라고 연대기 저자는 말한다. 교회를 짓고 장식하기 위해 그리스 계열 국가들에서 장인과 예술가들, 곧 건축가, 화가, 금은세공사 등이 초빙되어 왔다. 현지인들은 그들에게서 그들의 예술을 받아들였고 이리하여 비잔티움 예술, 특히 교회 예술이 전파되었다.

물론 이 모든 것은 주로 웬만큼 큰 도시들에서 일어났다. 이런 도시들을 벗어나면, 그중에서도 특히 좀 더 궁벽한 지역에서는 새로운 종교는 시간이 흐르면서 점진적으로, 심지어는 상당히 느린 속도로 침투해 들어갔을 뿐이다. 그러나 전체적으로 '나라(земля)'는 기독교화했으며, 이렇게 해서 정치적 유대와 나란히 이 나라 안에는 문화적 유대가 형성되고 있었다. 여러 지방들과 종족들을 통합시켜 주는 것은 단지 왕조적 유대, 즉 공통된 공의 가문과 키예프로부터 전 지역으로 퍼져나가는 공통된 드루쥐나, 그리고 이와 아울러 공의 총독들, 관리들, 재판관들에 의해 온 나라에 보급된 공통된 키예프의 제도와 법률만이 아니었다. 이제는 공통의 신앙과 교회, 키예프 수도대주교 산하에 위치하는 공통의 고위 성직자층과 성직자 집단, 서책 문화와 강력한 교회적 색채를 띤 학식, 그리고 예술도 역시 이들을 한데 연결시켜주고 있다. 이때까지는 동방의 예술 곧 페르시아-아랍 예술이 강한 영향력을 가지면서 그리스 예술의 영향과 경쟁하고 있었다. 이제는 새로운 국가종교와 결부된 비잔티움 문화와 예술이 우위를 차지하게 된다. 새로운 '루스-비잔티움' 문화가 우크라이나 땅에서, 그리고 일반적으로 말해 키예프 국가에 속한 동유럽 지역 전역에서 오랫동안 지배적 위치를 가지게 된다.

일반적으로 말해 키예프 국가에 의해 그것도 주로 볼로디미르 시기에 추가된 이 모든 새로운 유대는 우크라이나 땅과 우크라이나의 종족들을 서로 통합시켜 준 것으로만 그치지 않고 오늘날의 벨라루스 땅과 대러시아 땅도 역시 감싸 안았으며, 종족적, 민속지적 차이들을 지우고 약화시켰다. 이 같은 차이들은 신앙과 교회 고위 성직자층, 서책 문화, 법률의 공통성과 루스라는 공통의 이름 때문에 오랜 시간이 흐른 후에는 이미 느낄 수 없게 되었다. 성직자 집단과 공의 세습적 지배가문은 그들 나름대로, 이 인민 집단들을 갈라놓던 모든 요소를 다 누르고 그들 사이에 통일의 감정을 강화시키고자 노력했다.

그림 75~76 스뱌토폴크의 주화. 그의 초상과 문장 징표가 새겨져 있다.

앞에서 말한 모든 이유들 때문에, 볼로디미르의 치세는 우리 인민의 삶에서 지극히 중요한 순간이자 참된 시기였다. 그가 시작한 과업이 그 후 부친의 발걸음을 따라 간 그의 아들 야로슬라프에 의해 계속되고 강화되었기 때문에 더욱 그러했다.

연대기 저자들이나 다른 저자들은 세례를 받은 후 볼로디미르에게서 일어난 변화를 강조하곤 한다. 즉 그의 성격이 완전히 바뀌어서, 그는 이미 냉엄하고 잔인하고 음탕했던 과거의 그 공과는 전혀 다른 사람이 되었다는 것이다. 그러나 그의 개인적 성격에서 일어난 변화는 우리에게는 가장 흥미로운 문제는 아니다. 더 중요한 것은 볼로디미르가 자기의 국가적 구조물 아래 문화적이고 종교적이며, 외적 강제와 폭력으로부터 좀 더 자유로운 새로운 기반을 다져 놓으면서 이와 함께 권력과 사회 사이에도 좀 더 부드러운 관계를 수립하고자 노력했으며, 사회와의 관계를 더 가깝게 하고 사회 대표자들과 협력하는 일에 배려를 기울이고자 애썼다는 사실이

그림 **77** 보리스와 글렙. **1619**년 키예프의 판화(전래의 형상에 바탕을 둔 것).

다. 연대기 저자들이 이야기하고 있는 바로는, 볼로디미르는 그의 치세 후반기에는 전쟁을 별로 하지 않았고 인근 세력들과 평화롭게 지냈으며 국가 내부의 질서에 좀 더 많은 배려를 기울였고 최선의 법률과 제도에 대해, '나라의(землений) 뼈대와 나라의 법규에 대해' 드루쥐나, 성직자 집단, '원로들', 곧 가장 명망이 높은 시민들과 자주 상의를 했다. 볼로디미르 치세기 공의 궁정에서는 그가 있건 없건 매일 주연이 개최되어 보야린들, 드루쥐나 무사들, 여러 관리들 및 '뛰어난 도시상층민(무슈, муж)들'이 여기로 모여들곤 했다. 그야말로 축제일만 되었다 하면 전체 인민을 위한 대규모 주연이 개최되어 수백 대의 솥을 걸고 꿀술을 끓였으며, 이런 잔치는 며칠 동안 계속되곤 했다. 가난한 사람들에게는 돈을 나누어 주었고 환자들이나 장애인들에게는 집으로 온갖 음식물을 가져다주었다. 일반적으로 말해 이 시기 볼로디미르는 주민들, 특히 가난한 사람들에게 대단히 친절한 태도를 보여주었다. 그는 그들이 언제든지 공의 궁정에 들어와서 여러 가지 필수품이나 금전적 지원을 받을 수 있도록 허용해주었고, 공의 궁정에 오기가 너무 힘든 환자들이나 장애인들을 위해서는 도시 전체에 걸쳐 빵, 고기, 생선, 채소, 꿀, 나무통에 든 크바스 등 온갖 음식들을 나누어 배치해 놓고 그들에게 나누어주라고 명했다.

연대기 저자는 이 모든 것을 볼로디미르의 세례 이후 기독교 교리가 그에게 미친 영향 덕분으로 돌린다. 그러나 그의 궁정에서 형성된 이 새로운 관습에는 심층적인 정치적 이념과 국가생활의 새로운 방향이 깃들어 있다. 이 같은 의미를 가장 잘 보여주는 증거는 이 같은 볼로디미르의 술잔치에 대해, 그리고 다른 사람들에게 그가 보여준 자비심에 대해 민중들 사이에서 보존되어 온 기억이다. 그가 치렀던 수많은 전쟁들과 피비린내 나는 일들은 잊혔고, 오늘날까지 머나먼 대러시아 북부지방에 전해져 내려오는 볼로디미르 시기에 관한 노래들에서 민중이 기억하고 있는 그는, 그저 수도 키예프에서 자기 부하들 사이에 앉아 종일토록 술잔치를 벌이면서 모든 업무는 자기의 '강력한 용사들에게' 맡겨버리는 '붉은 태양 같은 상냥한 공' 일 뿐이다. 다음에 소개하는 것은 그런 노래들에서 흔히 찾아 볼 수 있는 모두(冒頭)독창(запевы) 부분이다.

으뜸가는 도시 키예프에서 말일세,
상냥한 블라디미르 공의 궁정에서 말일세,
술잔치가 벌어졌지, 명예로운 술판이,
공들이 많이 오고, 보야린도 많이 왔지.
이 모든 손님은 초대받고 뽑힌 분들.
초대받고 뽑혀서 왕림한 손님들.
술판의 손님들 모두 실컷 먹었지,
명예로운 모든 손님들, 실컷 마셨지.
술판의 모든 손님들, 자랑을 시작했어:

어떤 이는 훌륭한 준마를 자랑했어,

어떤 이는 값진 옷 비단 옷을 자랑했어,

어떤 이는 읍내와 동리를 자랑했어,

어떤 이는 도시와 근교를 자랑했어,

낮도 한낮이 되겠지,

술판도 무르익어 가겠지,

블라디미르 공은 흥겨워했어.

햇빛 밝은 손님맞이 방을 거닐며,

그런 말들을 나누곤 하지……

27. 유목민 집단들과의 싸움

볼로디미르(블라디미르) 대공[70]은 루스의 세례를 치하해 교회가 인정해 준 대로 하자면 성 볼로디미르 공이라고 불리기도 하는데, 그의 치세는 민중의 기억 속에 밝고 즐거웠던 민중생활 시기로 남아 있다. 그러나 실제로는 이 시기는 극심하게 음울한 시기였다. 볼로디미르가 수행한 그 모든 성공적인 전쟁과 원정에도 불구하고, 또 그가 지배자들 사이에서 누리던 권위 있는 지위, 비잔티움 궁정과의 찬란한 인척관계, 새로운 교회의 설립 및 비잔티움 문화의 전파에도 불구하고 그러했다. 무자비한 적이 우크라이나를 압박했으니, 그의 모든 힘과 정력에도 불구하고 볼로디미르는 그들을

70) 이때의 대공은 위대한 공이라는 의미이다. 볼로디미르 이후 키예프 공들이 루스의 여러 공들 가운데 으뜸이라는 뜻에서 공식적으로 대공이라고 불렸던 것과는 다른 차원의 칭호이다. 즉 그는 '위대한 볼로디미르 공'이라고 불렸다.

도저히 어떻게 할 수 없었고 그들의 파괴적 힘으로부터 자국 땅을 지키지 못했다.

이는 페체네그 유목민 집단이었다. 짧은 소강기가 지난 후 9세기부터 흑해 연안 초원지대에는 또다시 약탈적인 유목민 집단들이 이동해왔다. 9세기에는 거칠고 호전적인 우그르인들(헝가리인들)의 무리가 이동해 와서 흑해 연안 초원지대에 상당히 오랫동안 머물렀는데, 이들은 우크라이나의 정주촌락들을 습격하고 사람들을 포로로 잡은 다음 이들을 그리스 상인들에게 팔아넘기곤 했다. 그런 후 860년에서 880년에 이르는 기간에는 페체네그 유목민 집단이 볼가 강 너머에서부터 출발하여, 이미 더 이상 그들을 막을 힘이 없어져 버린 하자르인들의 영토를 지나 불시에 쳐들어왔다. 이들은 헝가리인들보다 더 약탈적이고 호전적인 종족이었다. 페체네그인들은 흑해 연안 초원으로부터 헝가리인들을 몰아내 그들로 하여금 도나우 강 중류 평원, 곧 오늘날의 헝가리로 이동하지 않을 수 없게 만든 다음 돈 강에서 도나우 강에 이르는 초원지대를 차지했으니, 이들은 인근의 정주촌락민들에게 자기네는 먼저 왔던 유목민들보다 한층 더 강한 존재임을 실감케 했다. 키예프의 연대기들에는 이 페체네그인들이 자행한 황폐화에 대한 상세한 보고는 수록되어 있지 않다. 그러나 올렉과 이고리의 통치시기였던 10세기 초에 이미 주민들이 보호를 찾아, 좀 더 평온한 삶을 찾아, 흑해 연안의 광활한 초원지대로부터 서쪽으로, 북쪽으로, 떠나왔다고 하는 사실만은 지적할 수 있다. 키예프 공들이 이 페체네그인들의 강습에 별로 주의를 기울이지 않았는지 (왜냐하면 페체네그인들의 공격은 일차적으로 좀 더 멀리 떨어진 곳에 위치해서 키예프에 긴밀하게 복속되어 있지는 않은 그런 지역들에 집중되고 있었기 때문에), 혹은 유목민들을 제어할 능력이 없었는지는 말하기 어렵다. 어쨌건 결과적으로 페체네그인들은 흑해 연안의 루스를 이리저리 흩어 쫓아냈고 그러면서 스뱌토슬라프 시기부터는 더 멀리 북쪽 바로 키예프 일대까지 자기네 존재를 과시하기 시작했다. 키예프의 보야린들이 호소했듯이 스뱌토슬라프의 제1차 불가리아 원정 시기에는 그들이 하마터면 바로 키예프에서 페체네그인들에게 포로로 잡힐 뻔한 일까지 벌어졌다. 페체네그인들은 드니프로 강의 수로를 철저히 가로막았기에 상인들의 카라반이 길을 뚫고 나아가기가 극도로 어렵게 되었다. 그뿐 아니라, 스뱌토슬라프의 이야기가 말해주듯이 강력한 군사력을 가지고도 언제나 무사히 초원을 통과할 수 있다고 장담하기 어려워졌을 정도였다.

타국 땅의 일에 몰두했던 스뱌토슬라프는 페체네그인들을 제어하는 데 신경을 쓰지 않았지만, 볼로디미르 치세 때도 사정은 더 낫지 않았다. 연대기 저자는 "그들과는 쉴 새도 없이 싸웠다"라고 회상하면서 이 페체네그 재앙 시절부터 전해지는 갖가지 민간전승을 옮겨 이야기해주고 있다. 한번은 페체네그인들이 거의 키예프에 들어올 뻔한 적이 있었다. 볼로디미르는 그들을 트루베제, 곧 지금의 페레야슬라브에서 맞이했으나 전투 대신 결투를 마련하기로 했다. 페체네그인들은 그들의 전사를 내세웠고 우리 쪽에서는 젊은 무두장이가 나서 페체네그인을 때려눕혔다. 볼로디미르는 이 싸움이 벌어진 장소를 페레야슬라브라 부르기로 했는데, 왜냐하면 루스의 전사가 페체네그인들에게서 '페레얄 슬라부', 즉 '영광을 거머쥐었기' 때문이다. 또 한번은 페체네그인들이 키예프 부근의 빌호로드를 포위했는데 빌호로드 주민들이 순전히 거짓말만으로 그들을 물리쳤다. 즉 빌호로드 사람들은 페체네그인들에게 자기네는 땅에서 밀가루죽을 얻으며 그렇기 때문에 기근을 두려워하지 않는다고 주장했다. 사람들은 땅에서 음식을 캐낼 것이고 기근을 겪을 일이 없을 것이니, 페체네그인들이 10년 동안 그들을 포위한다고 하더라도 이로써 달라지는 것은 아무것도 없다는 것이었

그림 78 야로슬라프와 그의 아들들(키예프 소피아 사원의 프레스코화. 현재는 소실되었다.)

다. 또 한번은 볼로디미르 자신이 소규모 드루쥐나를 거느리고 오늘날 바실코브라 불리는 곳에서 페체네그인들과 대적했는데, 그는 자신이 극도로 위험한 상황에 처했음을 깨닫게 되었다. 그는 녹초가 되었고 도망을 치면서 페체네그인들을 피하여 다리 아래에 숨었다. 그 후 그는 바실코브에 교회를 세웠다. '신이 페체네그인들로부터 그를 구해주어서 그들이 그를 붙잡지 못한 것'에 대한 감사의 표시였다.

이 이야기들로부터 명백히 알 수 있는 것은, 그 당시 이미 이 무시무시한 적 때문에 키예프 부근에서는 거주지가 존재할 수 없었다고 하는 사실이다. 사람들은 그곳으로부터 도망쳐 좀 더 안전한 장소, 곧 숲으로 흩어져 숨어 들어갔다. 볼로디미르는 자기의 수도를 방어하기 위해 키예프 주변에 높은 토성을 쌓았다(그 같은 토성들은 스투그나 강변과 페레야슬라브 부근에 오늘날까지도 남아있다). 그 당시 키예프를 지나 페체네그인들에게 이르는 길을 거쳐 가고 있던 어느 체크인 선교사는 볼로디미르의 명령으로 쌓은 이 토성에 대해 이야기하고 있다. 이 토성을 통과하는 사람들을 위해서는 경비병이 지키는 대문을 세웠다. 스투그나 강, 세임 강, 트루베그 강,

술라 강의 기슭에는 강력한 요새가 건설되었으며, 이 요새들을 지키기 위해서 주민들이 북쪽 땅으로부터 이 지역으로 이주되었다. 이곳에서도 이미 인구는 부족했고 우크라이나의 드니프로 강 유역 지방은 무인지대가 되었으니, 이는 바로 이 드니프로 강 유역 지방에 의존하고 있던 루스 국가에는 결코 좋은 일이 아님을 예고하는 것이었다.

볼로디미르는 이 같은 페체네그 우환의 와중에서 사망했다. 그는 페체네그인들이 술라 강 저편에서 이동해오고 있다는 소식이 전해졌을 때 병으로 누웠다. 그는 그들에 대적해 아들인 보리스가 이끄는 군대를 파견했으며, 그에게서 소식을 받지도 못한 채 숨을 거두었다.

28. 볼로디미르(블라디미르)의 아들들

볼로디미르(블라디미르)는 아들들에게 땅을 분배해주면서 그들과 키예프의 긴밀한 유대가 유지되기를 원했고 이를 어느 정도까지는 달성할 수 있었다. 그러나 한때 스뱌토슬라프의 아들들 사이에서 그러했던 것처럼, 이제는 볼로디미르의 아들들 사이에서도, 아버지 자신이 성공적으로 수행했던 바로 그 일을 실현하고자 생각하는 사람이 여럿이었다. 그 일이란 형제들의 땅을 빼앗아서 이를 자기 자신의 수중에 더욱 강하게 통합하는 것을 말했다.

그림 79 성 게오르기 상이 함께 새겨져 있는 야로슬라프 주화.

볼로디미르의 아들들 중 몇몇은 이미 아버지의 생전에 그에게 복종하기를 거부하고 그에게 맞서서 반기를 들었다. 우리는 드레고비치인들의 땅인 투로브에 공으로 임명되었던 스뱌토폴크의 경우와 노브고로드에 공으로 앉았던 야로슬라프의 경우가 이러했음을 알고 있다. 그들은 부친이 사망하자마자 즉각 전쟁을 기도했다. 둘 다 아버지의 자리를 자기가 차지하여 전체 루스 국가의 통치자가 되고 싶어 했다.

부친이 사망할 때 비쉬호로드에 있던 스뱌토폴크는 자기 형제들에게 자객을 보내 그들을 몰살하기 시작했다. 그리하여 그의 부하들이 보리스를 살해했다. 보리스는 볼로디미르가 자기 곁에 두고 있던 아들이어서, 키예프에서는 볼로디미르가 자기 사후 다름아닌 보리스에게 키예프의 옥좌를 넘겨주고자 한다고들 생각했다. 스뱌토폴크는 키예프를 점령한 다음, 보리스와 함께 페체네그인들을 치러 가고 있던 부대에 자기 부하들을 보냈다. 부대는 보리스를 버린 채 스뱌토폴크의 편으로 넘어왔고 스뱌토폴크의 부하들은 보리스 본인을 살해해 버렸다. 그런 다음 그들은 보리스와 같은 어머니에게서 태어난 동생인 글렙과 드레블랴네 땅의 공인 스뱌토슬라프도 살해했다. 스뱌토슬라프는 헝가리로 도주하려고 했으나 자객들은 카르파티아 산맥까지 그를 쫓아가 죽였다. 지금도 오포르 강 상류 그레베노비 부근에 그의 무덤이 있다.

그러나 야로슬라프가 자신은 살해당한 형제들을 위한 복수자임을 선언하면서 스뱌토폴크에 맞서 분기했다. 그는 아버지의 선례에 따라 바랴기 부대를 이끌고 스뱌토폴크를 치기 위해 키예프로 진군했다. 스뱌토폴크는 폴란드에서, 즉 자기 장인

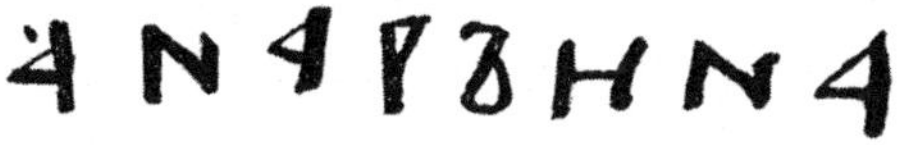

그림 80 안나 야로슬라브나 프랑스 왕비의 서명

인 폴란드의 군주 볼레스와프 용감공[71]에게서 지원을 얻고자 하여, 그를 키예프로 모셔왔다. 이곳에서 야로슬라프를 몰아내기 위해서였다. 그는 페체네그인들도 원병으로 데리고 왔다. 전쟁은 3년 반 동안 계속되었다. 키예프는 이 사람 손에서 저 사람 손으로 왔다 갔다 했고, 이 싸움으로 인해 심한 고통을 겪었다. 이 도시는 파괴되었고, 약탈도 여러 번 당했다. 마침내 페레야슬라브 부근, 보리스가 살해당했던 바로 그 알타 강변에서 벌어진 결전에서 야로슬라프는 스뱌토폴크의 군대와 그의 페체네그 원병들을 최종적으로 궤멸시켰다. 스뱌토폴크는 서쪽 어딘가로, '챠히와 랴히 사이로', 즉 체크인들과 폴란드인들 사이로 도주했고 이제 다시는 루스로 돌아오지 않았다. 그리하여 키예프는 야로슬라프의 수중에 장악되었다. 자기 과업에서 패배자가 된 스뱌토폴크는 이제 사악한 형제살해자라고 선포되었다(그가 승리자의 지위에 남아 있었다면 십중팔구 시간이 지나면서 그의 모든 악행도 잊혔을 것이다. 마치 그의 아버지가 초년 시절 저지른 피비린내 나는 일들이 잊혔듯이). 보리스와 글렙은 성스러운 순교자로 인정되었고 그들의 생애전[72]이 작성되었다. 신을 공경하는 마음이 두터운 사람들이 스뱌토폴크를 상대로 한 야로슬라프의 승리에 대해 이야기하면서 야로슬라프를 도와주는 천사들을 자기네가 목격했노라고 주장했다. 스뱌토폴크에 대해서는, 카인이 그러했듯 그 또한 두려움 때문에 격파되었다고들 말했다. 그는 겁에 질려 떨었으며 어디서도 자기가 머물 곳을 찾지 못했다는 것이다.

71) 볼레스와프 1세 용감공(Bolesław I Chrobry, 966~1025). 폴란드의 공이자 최초의 국왕. 폴란드 공 미에슈코 1세의 아들로 유능한 통치자였다. 폴란드 국가의 기반을 다진 초기 통치자의 한 사람이다. 그는 1025년 4월에 왕의 칭호를 받았으며 그해 6월에 사망했다.

72) 여기서는 성인들의 생애를 담은 성인전기를 말한다. 루스-러시아의 정신사, 특히 정교회의 역사에서 보리스와 글렙은 중요한 의미를 가진다. 즉 그들은 형제의 악과 폭력에 맞서 악과 폭력으로써 대항하지 않고 온유함의 정신으로 스스로를 희생시킨 존재로 여겨진다.

그림 **81** (왼쪽 그림) 황제가 볼로디미르를 향해 자기 해군 선박을 파견하고 있다. (오른쪽 그림) 그리스인들이 볼로디미르의 해군선박을 격파하고 있다.

아마도 이 사건들에 대해서는 많은 노래와 이야기가 지어진 것 같다. 머나먼 북쪽 나라 아이슬란드에서도 야로슬라프와 형제들 사이의 이 전쟁에 대한 스칸디나비아 노래가 전해지고 있다. 이 노래에서 읊고 있는 것은 바략[73] 전사 에이문드 이야기인데, 그는 당시 많은 그의 동포들이 그러했듯이 검으로써 행운을 얻기 위해 루스 땅으로 떠나갔다. 그는 루스 땅에서 더 많은 보수를 주는 대로 야로슬라프에게 봉사하기도 했다가 그의 형제들에게 봉사하기도 했고 전쟁에서 그들을 도왔다. 키예프의 연대기에서도 노래의 몇 가지 흔적들이 남아 있는데, 예를 들어 알타 강변에서 벌어진 전투에 대한 이야기에서 이를 찾아볼 수 있다.

마지못해서 온 그들, 레트시케 들판을[74] 많은 군사로 뒤덮었도다.

73) 바랴기의 단수형.
74) 알타 강변 들판을 말한다.

금요일, 해가 지고 있었도다,[75] 이 순간 스뱌토폴크가 도착했도다.[76]
양쪽은 맞붙었도다, 처절한 전투, 루스에 일찍이 없었던 처절한 전투였도다.
팔을 붙잡고 칼로 서로 내려치니, 핏물이 골짜기 따라 흘렀도다.
세 번이나 서로 붙어, 해거름 녘까지 계속 싸웠도다.

그러나 이 알타 강변 전투로도 루스 국가의 지배권을 둘러싼 투쟁은 아직 끝나지 않았다. 또 한 명의 적수가 야로슬라프에 대항해 일어났으니 그는 볼로디미르의 또 다른 아들이며 트무타라칸의 공이었던 므스티슬라프였다. 그는 대담하고 호전적인 공이었고 자기 할아버지 스뱌토슬라프를 생각나게 하는 용사이자 전사였다. 연대기에는 그에 관한 이야기가 수록되어 있는데, 어쩌면 이는 그 무슨 드루쥐나의 노래 가운데 일부일 수도 있고 어쩌면 이 므스티슬라프에 대해 노래를 지었던 바로 그 보얀(Боян)[77]의 작품 중 일부일 수도 있다. "그이는 몸이 탄탄하니, 얼굴은 붉었더라, 눈은 부리부리했더라. 싸움에선 용감했고 자비로웠고 드루쥐나를 좀 심하게 사랑했더라. 영지도 아까워 않고 먹을 것, 마실 것 누구에게도 금하지

75) 이 부분은 흐루셰브스키가 인용한 노래의 원문대로 하면 "해가 지고 있었도다"이다. 그런데 산문으로 이 상황을 묘사한 『지나간 시절의 이야기』 라프렌티판 6524년(서기 1016년) 항에는 "야로슬라프가 아침부터 드루쥐나를 집합시킨 후 빛 쪽을 향해 호수를 가로질러 갔다"라고 되어 있고 이 라프렌티판의 현대 러시아어본(리하초프 본)에서는 "빛 쪽을 향해"라는 부분을 "여명에"라고 옮기고 있다. 노래이건, 『지나간 시절의 이야기』의 이야기이건 정확한 역사적 사실을 보여주지는 못한다. 그러나 싸움이 치열하게 오래 계속되었고 그래서 해거름 녘까지 이어졌다는 그 다음 구절을 볼 때 앞부분을 "해가 지고 있었도다"라고 하면 잘 연결이 되지 않는다. 그래서 이 부분을 『지나간 시절의 이야기』 현대 러시아어 번역에서처럼 "해가 떠오르고 있었네"라는 의미로 받아들여야 하지 않을까 생각한다.
76) 스뱌토폴크가 페체네그 원병들과 함께 도착한 것을 말한다.
77) 옛 루스에 있었다고 하는 서사시인으로 역사적인 소재를 노래로 읊었다. 보통명사로 쓸 때는 바얀(баян)인데, 『이고리 원정기』에는 보얀이라는 고유명사를 가진 인물로 등장한다.

않았더라."

연대기에 수록된 므스티슬라프에 대한 이야기는 어쩌면 보얀의 노래에 따른 것일지도 모르겠는데, 그는 카소그인들과 맞서 싸우다가 카소그인들의 공 레데데야와 결투를 하게 되었다. 레데데야는 키가 크고 힘이 장사였는데 므스티슬라프는 그를 쳐서 땅에 눕히고 카소그인들의 부대가 지켜보는 앞에서 칼로 난도질했다.

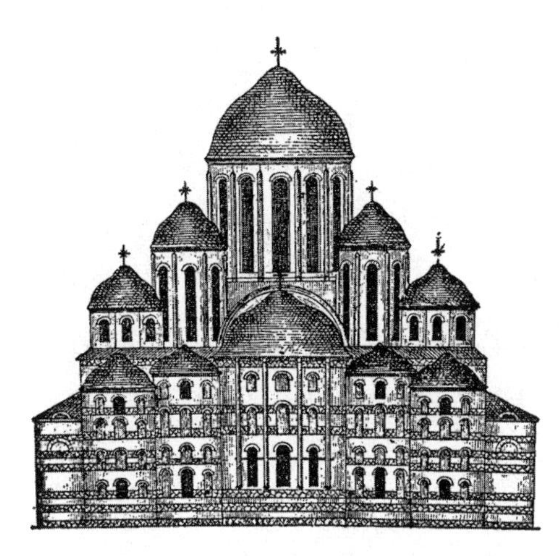

그림 **82** 성소피아 사원 – 최초의 모습대로 복원한 것 (현재는 필요 없이 많은 증축이 이루어져 있다)

이 므스티슬라프는 야로슬라프가 아버지의 영토들을 그러모으는 것을 보고 참을 수가 없었다. 그는 야로슬라프가 키예프를 떠나 노브고로드 영지에 간 틈을 타서 자신의 부대와 하자르인 및 야스인으로 구성된 지원부대를 이끌고 키예프 부근에까지 왔다. 그러나 키예프는 야로슬라프에 대한 충성을 지켰기에 므스티슬라프는 이를 손에 넣을 수 없었다. 그 대신 그는 드니프로 강 동쪽 지역을 차지하고 체르니히브를 수도로 삼았다. 이 소식을 들은 야로슬라프는 바랴기 부대를 이끌고 와서 므스티슬라프를 치러 진군했다. 체르니히브 근처에 있는 리스트빈에서 대접전이 벌어졌는데, 이는 옛 노래에서 읊어졌고, 연대기에서도 이에 바탕을 두어 기술되고 있다.

므스티슬라프는 저녁부터 군대에 준비태세를 갖추게 했다. 대형 중앙에는 세베랴네인 부대와 체르니히브 부대를 배치했고 자신의 드루쥐나는 좀 더 안전한 장소인 외곽에 배치했다. 뇌우가 몰아치는 밤이 닥쳤다. 천둥, 번개가 치고, 비가 쏟아졌다. 그러자 므스티슬라프는 드루쥐나에게 말했다. "적들을 공격하세나. 우리에게 이익이 많을 걸세." 처절하고 무시무시한 회전(會戰)이 시작되었다. 번개가 번쩍일 때면 무기도 빛을 발했고 사람들은 번갯불 아래 검의 광채에 따라 서로 살육했다. 바랴기 군대의 온 힘은 세베랴네 부대를 향해 집중되었고, 바랴기는 그들을 치느라 기진맥진해 버렸다. 그러자 므스티슬라프는 자기 드루쥐나와 함께 바랴기를 공격하여 그들을 살육하기 시작했다. 야로슬라프는 그들이 자기편을 이긴 것을 보고 자기가 함께 데려온 바랴기 공인 야쿤(하콘)과 함께 도주했는데, '야쿤은 자기 황금 망토를 잃어버렸다.' 날이 밝자 므스티슬라프는 새벽빛에 들판을 둘러보았다. 그는 전사한 세베랴네인들과 바랴기를 보더니 말했다. "이걸 보고 기뻐하지 않을 사람이 있으랴. 저기는 세베랴네인이, 여기는 바랴기가 쓰러져 누웠지만 나의 드루쥐나는 온전하니 말이야."[78]

이 이야기는 아마도 드루쥐나에 대한 그의 사랑이 그토록 극진했다는 이유로 므스티슬라프를 찬양하는 뜻을 담고 있었던 것 같다. 그리고 여기에는 자기의 충성스러운 신민들도 소중히 여기지 않고 오로지 드루쥐나만을 마치 눈동자 아끼듯 애지중지했던 그 당시의 '드루쥐나 무인으로서의 공'들의 모습이 잘 그려져 있다.

이 전투 후 므스티슬라프는 야로슬라프에게 부친의 영토를 나누자고 제

78) 이상은 『지나간 시절의 이야기』 6532년(서기 1024년) 항에 나오는 내용이다. 이 연대기의 라프렌티판 원문에는 야로슬라프가 야쿤과 같이 도주하여, 야로슬라프는 "노브고로드로 왔고" 야쿤은 "바다 건너 갔다"는 구절이 있다. 그러나 흐루셰브스키는 이 부분을 빼고 바로 므스티슬라프가 기뻐했다는 내용을 담고 있다. 흐루셰브스키가 키예프공과 노브고로드와의 관련을 가능하면 무시하려 했음을 보여주는 한 사례로 생각할 수도 있지 않을까 한다.

그림 **83** 소피아 대사원의 제단 – 모자이크 형상.

안했다. 키예프와 드니프로 강 서쪽의 영토는 야로슬라프 자신이 차지하고 므스티슬라프는 드니프로 강 동쪽 지역을 차지한다는 것이었다. 야로슬라프는 이에 동의했고 두 사람은 그렇게 영토를 배분한 후 평화롭게 잘 살았으며, 원정도 함께 다니곤 했다. 므스티슬라프의 수도는 체르니히브였는데 그는 이곳에 성 구세주 대사원을 짓기 시작했다. 이는 우크라이나에 지금까지 남아 있는 교회 중 가장 오래된 것이다. 그러나 그는 대사원의 완성을 보지 못한 채 죽었고 그의 외아들은 그전에 이미 사망하고 없었다. 그리하여 부친의 영토 거의 전부가 야로슬라프의 수중에 모이게 되었다. 다만 폴로츠크에서는 이쟈슬라프의 후손들이 살아남아서 볼로디미르의 영토 중 서북부 지역을 공으로서 통치했다. 야로슬라프는 다른 모든 영토를 지배했으며, 그 후에는 이를 자기 자손들에게 물려주었다.

29. 야로슬라프

마침 므스티슬라프의 죽음으로 부친의 영토 중 절반 전체가 야로슬라프의 손에 들어오게 되었던 바로 그 무렵에 또 다른 사건들이 일어나 그의 지위와 지배 판도를 더욱 공고히 해주게 되었다. 곧, 남쪽에서는 페체네그인들의 세력이, 그리고 서쪽에서는 폴란드 세력이 분쇄되었다. 동쪽으로부터 이동해온 새로운 투르크계 유목민 집단인 토르크인들과 그들을 뒤이어서 폴로베츠인들이 페체네그인들을 향해 밀려왔는데, 페체네그인들은 이들의 강습을 견뎌낼 수 없었다. 므스티슬라프가 사망한 해인 1036년에 페체네그인들은 엄청난 대병력을 동원해 키예프를 공격했다. 이는 아마도 서쪽으로 이동해 가고 있던 페체네그인 무리 전체가 가한 공격이었던 것 같다. 키예프 부근에서 벌어진 치열한 전투는 페체네그인들이 학살(포그롬)당하는 것으로 끝났고, 야로슬라프는 그 후 이곳에 키예프 신도시를 건설했다(오늘날 황금의 대문, 성소피아 대사원 등이 세워져 있는 지구). 페체네그인들은 도나우 강 쪽으로 떠나서 이 강을 건너갔고 우리의 초원지대로부터 사라졌다. 그리고 그들이 있던 자리에는 토르크인들이 자리를 잡았고 그 다

그림 84~85 소피아 대사원의 흰 대리석관(앞에서 본 것과 옆에서 본 것). 이것은 야로슬라프의 관이라고 여겨진다.

음에는 폴로베츠인들이 들어와 살았다.

남쪽에서 상대적으로 안전이 확보된 틈을 이용해 야로슬라프는 서쪽 국경지대에 신경을 기울일 수 있었다. 이곳에서는 10세기 후반에 강력한 폴란드 국가가 형성되어 폴란드 땅의 수합만으로 만족하지 못하고 국경에 인접한 우크라이나 땅과 폴란드-우크라이나 혼합지대를 차지하려고 호시탐탐 노리고 있었다. 이 때문에 이미 볼로디미르(블라디미르)도 폴란드의 군주인 볼레스와프 용감공과 전쟁을 해야 했으며 볼로디미르 사후에 벌어진 내란 시기에는 볼레스와프가 스뱌토폴크를 지원하면서 우크라이나 서부 국경지대, 곧 연대기에서 "체르벤 도시들"[79]이라 부르고 있는 곳을 점령했다. 스뱌토폴크에게 승리를 거둔 후 야로슬라프는 즉각 잃어버린 영토들에 관심을 기울이기 시작했지만, 므스티슬라프와 화해를 한 후에야 비

79) 체르벤 도시들(Червенские города)은 서 부흐강 동쪽 기슭의 일군의 도시들이다. 체르벤 시에서 이 명칭이 유래했다. 체르벤, 볼린, 홀름(헤움), 보르디, 수테이스크, 루체스크, 야로슬라블, 우그로베스크, 스톨피예, 브세볼로즈, 베레쉰 및 그 외 몇 도시들이 이 그룹에 속한다.

그림 86　그림 84~85와 같은 관의 덮개.

로소 더 큰 힘을 쏟아 이 과업에 달려들 수 있었다. 이 시기의 상황은 현저히 변화해 있었다. 볼레스와프는 사망했고(1025), 폴란드에서는 내전이 시작되었는데, 이는 볼로디미르 사망 후 루스에서 벌어진 일과 마찬가지였으되, 루스에서보다 더 치열하고 더 오래 계속되었을 뿐이다. 야로슬라프와 므스티슬라프는 볼레스와프가 점령했던 영토를 되찾아올 수 있었을 뿐 아니라 폴란드 영토를 유린함으로써 노획물과 포로들로 부를 늘리기까지 하였다. 1030년대에 폴란드는 격렬한 동란의 장이 되었다. 주민들은 공들과 성직자 집단을 몰아냈고 기독교의 흔적을 파괴했다. 1039년 무렵이 되어서야 볼레스와프의 손자이며 '부흥자'라는 별칭으로 불리게 될 카지미에시[80]가 폴란드로 돌아와서 그 이전의 관계들을 점차 복원하기 시작했다. 그는 이를 추진하면서 이웃 국가인 독일과 루스에 도움을 청했다. 야로슬라프는 실제로 카지미에시를 자기 비호 아래 두었고, 그에게 자기 딸을 시집보냈으며, 카지미에시에게 복종하고자 하지 않는 여러 폴란드 원로들

80) 폴란드 공 카지미에시(Kazimierz) 1세.

및 영주들에 맞서서 자기 군대를 동원해 그를 도와준 것도 여러 번이었다. 폴란드는 그 당시 그토록 지리멸렬해 있는 것으로 보였기에 야로슬라프는 이렇게 함으로써 바로 그 자신이 자기 발아래 위험한 적을 끌어들이고 있다는 생각은 꿈에도 할 수 없었다.

야로슬라프는 그 당시 스스로 너무나 힘이 세고 너무나 강력하다고 느껴서 아마도 상황이 바뀔 수 있음은 생각하지도 못했던 것 같다. 그는 폴로츠크 땅을 제외하고는 부친의 영토를 거의 전부 다 모으고 아마도 여기에다 국경지대의 일부 영토까지 합쳤던 것 같은데 이렇게 함으로써 야로슬라프는 당시 유럽에서 가장 강력한 군주 가운데 한 사람이 되어 있었으며 당시의 여러 지배자들과 가까운 동맹자적 관계를 맺고 있었다. 무엇보다 긴밀한 유대로 이어지고 있었던 것은 그와 스칸디나비아 세계, 곧 바랴기 나라 사이의 관계였다. 그는 어려운 순간이면 항상 그곳에 원조를 청했고 루스에 있는 자기 적들에 대항하여 바랴기 부대를 갖추고 있었다. 그 자신도 스웨덴 국왕 올라프의 딸인 잉기게르드(그녀의 기독교식 이름은 이리나[81]이다)와 결혼했다. 노르웨이 왕자인 하랄 하르드라다[82]는 유명한 무사이고 나중에 노르웨이 국왕이 되었는데 루스에서 오랫동안 살았으며 야로슬라프의 딸인 옐리사베타와 결혼했다. 스칸디나비아의 사가(이야기)에 수록된 이야기에 따르면, 야로슬라프는 하랄처럼 영지도 없고 가난한 왕자는 무슨 일을 통해서건 이름을 날려야 하며 그래야 이 결혼이 낙혼(落婚)으로 여겨지지 않을 수 있다고 지적하면서 하랄에게 딸을 주기를 거절했다. 그러자 하

81) '평화'를 뜻하는 그리스 여성 이름 에이레네를 슬라브식으로 변형한 것임.
82) 하랄 하르드라다(Harald Hardrada, 1015 무렵~1066)는 "강인한 마음의 하랄"이라는 뜻이다. 흐루셰브스키는 "용감한 하랄"이라고 부르고 있다. 하랄 하르드라다는 뛰어난 무인으로 비잔티움 황제의 근위대장직을 맡으면서 시칠리아 공격을 주도하기도 했다. 나중에 노르웨이 국왕 하랄 III세가 되었다(재위: 1046~1066).

랄은 영광을 찾아 세상으로 떠났으며, 이 여행길에서 '야로슬라프의 따님(야로슬라브나)'에 대한 노래를 지었다. 이 노래는 열여섯 연으로 이루어져 있는데 각 연마다 하랄은 자신의 공적과 영광 그리고 여러 가지 장점들을 묘사한 다음 끝에 가서는 후렴으로 다음과 같은 구절을 되풀이하고 있다. "그런데도 황금 목걸이를 한 루스의 아가씨는 – 날 원하지 않는구나……"

이와 같은 바랴기 모험가들은 당시 루스에 수두룩했으며, 이는 그들의 마지막 유입물결이었다. 이 유입현상과 오래전에 일어났던 바랴기의 쇄도에 대한 기억의 영향 아래서, 루스와 루스 공(公)들이 바랴기에서 유래했다고 하는, 우리가 지금 연대기에서 읽고 있는 이야기가 지어졌다.

야로슬라프의 또 다른 딸인 안나는 프랑스로 시집가서 프랑스 국왕 앙리[83]의 부인이 되었다. 그녀는 남편보다 오래 살았으며(그녀는 남편의 두 번째 부인이었다), 자기 아들인 필립 왕[84]의 치세를 지내면서 국정에 참여했다. 한 문서에는 슬라브 문자로 된 그녀의 자필서명이 남아 있는데, 그것을 여기에 옮겨 적으면 다음과 같다. Ана ръина(아나 르이나), 즉 안나 여왕(Anna Regina)이다.

키예프 공의 가문은 또한 많은 독일 통치자 가문, 헝가리와 비잔티움 통치자 가문과도 친척관계에 있었다. 비잔티움과는 항상 아주 활기찬 관계를 유지했다. 그런데 1040년대에 충돌이 일어났다. 당대의 그리스 저자는 루스 상인이 차레흐라드에서 피살된 것이 그 원인이었다고 말한다. 야로슬라프는 십중팔구, 이를 계기로 삼아 그전에 그랬던 것처럼 그리스인들을 조금 위협하고 그래서 루스 상업을 위한 여러 가지 혜택을 얻어내려고 생각했을 것이다. 그는 자기 아들 볼로디미르를 바랴기 병사 및 루스

83) 카페 왕조의 프랑스 왕 앙리 1세를 말한다.
84) 필립 1세를 말한다.

병사로 구성된 대규모 군대와 함께 바다를 통해 차레흐라드로 파견했다. 그러나 이 원정은 성공적이지 못했고 그리스인들은 '그리스 불'로 볼로디미르 선단의 배를 여러 척 불태워버렸다. 볼로디미르는 큰 손실을 입은 채 되돌아와야만 했다. 비잔티움과의 친선관계는 나중에 가서야 다시 회복되었다. 그리고 이것이 차레흐라드를 목표로 한 루스의 마지막 원정이었다.

그러나 대외관계의 영역에서보다 더 큰 중요성을 가진 것은 자기 나라의 내부생활을 위한 야로슬라프의 통치였다. 이 영역에서 그의 다스림은 볼로디미르 대공이 그의 통치 후반기에 키예프 국가의 내부생활에 부여했던 그 방향을 계승하는 것이었음은 앞에서 이미 언급했다. 그리고 볼로디미르 대공은 시작만 해놓았던 것이 야로슬라프 시기에 발전을 이루어 그에게 자자손손 이어지는 영광과 기억을 가져다주게 되었다. 그는 기독교 신앙의 계속적 전파와 교회의 조직, 학식과 비잔티움 문화의 보급을 위해 마음을 썼고 호사스러운 교회들을 지었고 다른 건축물들도 축조했다. 므스티슬라프가 사망한 직후 루스 국가의 '유일지배자(사모데르좌베츠, самодержавец)'[85]가 된 야로슬라프는 페체네그인들에게 혁혁한 승리를 거두었던 곳에 키예프 신도시를 건설하고 이를 토성과 요새로 둘러쌌으며, 화강암 대문들을 세우고 그 상층부에 수태고지(블라고베셰니예) 교회를 건설했는데, 이 대문들은 지붕에 황금빛 금속판을 입혔기에 이로부터 '황금의 대

85) 이 용어는 후일 모스크바-러시아 역사에서 군주의 전제적 지배를 의미한 용어인 사모데르줴츠 самодержец(전제군주)와 거의 유사한 형태를 가지고 있으며, (참고로 이 책의 우크라이나어본에서는 '사모데르줴츠' 형을 쓰고 있다) 고대 슬라브어나 우크라이나어에서 그 용례를 찾아 볼 수 있다. 여기에서 이 말은 야로슬라프가 키예프 국가 내에서 다른 통치자와 공동으로 통치하지 않는 단독통치자라는 의미를 가지고 있고, 후대 러시아 황제권력을 의미하는 것과 같은 절대적, 전제적 지배자를 의미하지는 않는다.

그림 87~88 11-12세기 키예프 공령의 공비(公妃)가 썼던 영관.

문'이라는 이름을 얻게 되었다. 야로슬라프는 그 당시의 관습에 따라 이 새로운 도시에 자기 가족의 수호성인들인 성 게오르기와 성 이리나(야로슬라프 자신이 게오르기라는 이름을 세례명으로 가지고 있었고, 이리나라는 이름은 그의 부인의 세례명이었다)의 이름을 딴 수도원들을 세웠다. 그는 새로운 본당 교회인 성 소피아 대사원도 지었는데, 이 대사원은 그의 시대와 당대 예술의 위풍당당한 기념물로 남아있다. 성 소피아 대사원은 그리스 장인들이 짓고 장식했다. 제단과 중심 돔은 '무시야'[86]라고 불리는 모자이크 그림들로 덮였고 교회의 다른 부분들은 채색벽화로 장식되었다. 이 형상물들은 오늘날까지도 다수가 보존되고 있지만, 다만 19세기 중반에 이루어진 가장 최근의 중건(重建)사업에서 복원이 성공적이지 못했다. 성 소피아 대사원은 우크라이나의 순수 비잔티움적 예술의 가장 중요한 기념물이다. 키

86) 러시아어와 우크라이나어로 모자이크를 가리킨다. 시의 여신 무사이의 신전을 뜻하며 뮤지엄(museum, 박물관)이란 단어의 어원이 된 그리스어 무세이온(μουσεῖον)에서 비롯되었다고 한다.

예프와 다른 도시들에 남아 있는 후대의 교회들은 이미 주로 현지인 장인들이 짓고 장식한 것들로서, 이들은 그리스인 장인들의 제자들이었다. 이 점을 고려할 때 이들 교회는 우리 자신의 장인들이 이루어낸 창조물로서 우리에게 더욱 큰 관심거리가 될 법도 하지만, 유감스럽게도 이들 교회는 소피아 대사원만큼 그렇게 (상대적으로) 잘 보존되어 있지 않다.

야로슬라프가 기독교의 보급을 위해 기울인 배려에 대해서는 키예프의 연대기 저자가 다음과 같이 쓰고 있다. "그의 치세에 기독교 신앙은 루스에서 번성하고 확대되기 시작했으며 수도사가 늘어났고 수도원이 등장했다. 야로슬라프는 교회 규범과 성직자, 그중에서도 수도승을 특히 좋아했으며, 서책에 열중했다. 주야를 가리지 않고 독서를 하는 일이 잦았다. 서기들을 많이 불러 모아 그리스어에서 슬라브어로 책을 번역하게 했다. 그리하여 많은 책이 쓰였고, 또한 신자들이 학습할 수 있도록 책이 집성되었다. 마치 한 사람이 땅을 쟁기로 갈고 또 한 사람이 씨를 뿌리면 다른 사람들이 거두고 배불리 먹듯이, 야로슬라프의 경우가 꼭 그러했다. 그의 부친 볼로디미르는 땅을 갈아 부드럽게 했다. 즉 세례로써 빛을 밝혔다. 야로슬라프는 책에 있는 말씀들로 신자들의 마음에 씨를 뿌렸다. 그리고 우리는 책의 가르침을 받아들이면서 그 결실을 거두는 것이다."[87]

다른 연대기에는 야로슬라프가 노브고로드에 와서 수령방백과 성직자의 아이들 300명을 불러 모으고서 그들에게 "책을 가르치라"라고 명령했다는 이야기가 나온다. 아마 거의 틀림없이 이와 똑같은 일이 이 시기에 모든 대도시들에서 일어났을 것이다.

사회생활에서 야로슬라프의 이름은 행정, 사법, 율령(законы и права)의

87) 『지나간 시절의 이야기』 6545년(서기 1037년) 항에 나오는 내용이다.

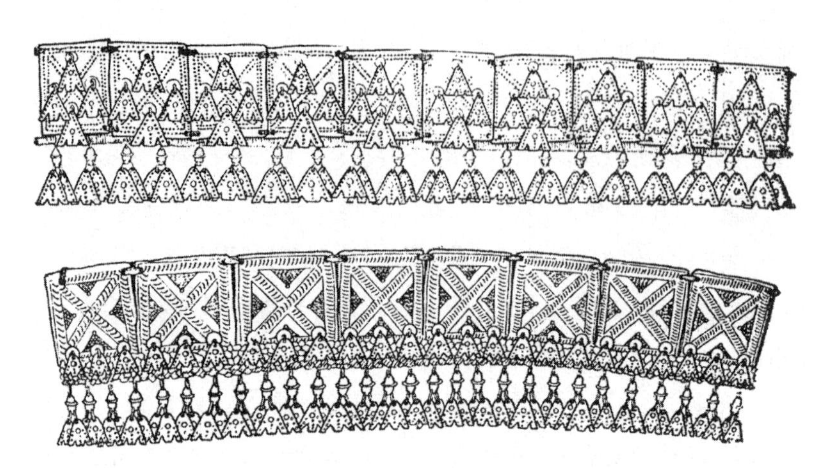

그림 89~90 옛 왕관과 비교하기: 오늘날 후출 지방(동부 카르파티아) 젊은 농촌 여인이 쓰는 머리장식띠(чильца).

확립에 대한 기억과 결부된다. 예를 들어 그의 이름으로 내려진 한 흥미로운 규정(устав)이 지금까지 전해지고 있는데 이는 어떤 영지에 출장 가는 공의 관리가 그곳 주민들에게 자신을 위한 몫으로 무엇을 요구할 수 있는지 정해두고 있다. 이 규정은 분명히 공의 관리들이 지나친 중세를 거두는 것으로부터 주민들을 보호하는 것이었음에 틀림없다. 이 비슷한 다른 몇몇 명령들도 남아 있다. 우리의 가장 오래된 법전인 이른바 『루스 법전』[88] 전체가 야로슬라프의 이름을 달고 있기는 하다. 그러나 실제로는 그의 시대에 제정된 것은 단지 이 법전의 첫 부분, 곧 복수의 권리가 제한되고 살인과 신체손상에 대한 금전적 배상 제도가 확립된 그 부분뿐일 수도 있다.

88) 동슬라브인들 역사에서 최초로, 11세기에 편찬된 법전인 『루스카야 프라브다(*Русская Правда*)』를 말한다. 이 법전에서는 인명의 살상에 대해 벌금형(인명배상금)을 부과하고 있는데, 피해자의 신분에 따라 가해자가 납부하는 인명배상금 액수에 차이가 있다. 이를 통해 키예프 루스 사회의 신분구조를 어느 정도 파악할 수 있다. 야로슬라프 공의 아들들은 이 법전을 증보한 법전을 펴냈다.

심지어 이 법전 자체가 야로슬라프 자신이 편찬한 것이 아니라 그 어떤 알려지지 않은 사람이 그 당시의 재판 관행에 바탕을 두고 편찬한 것일 수도 있다. 그러나 이 법전이 야로슬라프가 편찬한 것이라고 알려져 있다는 사실 한 가지만으로도 이미 야로슬라프의 입법활동과 행정 및 재판의 확립을 위해 그가 기울인 배려에 대한 생생한 기억을 가리켜 주기에 충분하다. 그는 실제로 이 영역에서 깊은 주의와 관심을 보여주었음에 틀림없고, 그 외에도 후대의 통치자 가문의 시조라는 그의 역할 또한 그가 제정한 법규들에 각별한 중요성을 부여할 수밖에 없었다. 그래서 그의 시대, 그의 법, 그의 제도들이 기나긴 세월 동안 후대 전체의 법규를 위한 모범이 되고 방침이 되고 바탕이 되었으며, 그의 치세 전체는 그가 물려준 가산을 덮쳤던 후대의 불행들에 비하면 환하게 빛나는 행복한 시기였던 것이다.

30. 야로슬라프의 아들들

야로슬라프는 부친의 모범을 따라, 루스 국가의 땅을 수합한 다음에는 이를 자기 아들들에게 골고루 나누어주었다. 죽음은 볼로디미르(블라디미르)에게 갑자기 찾아들었듯이 그렇게 불시에 그를 덮치지는 않았기에 그는 죽기 전에 모든 것을 정비할 만한 가능성을 가지고 있었다. 그러나 그가 실제로 할 수 있었던 일이란 고작, 맏아들인 이쟈슬라프에게 키예프를 주고, 총애하는 아들인 브세볼로드에게는 그도 키예프 공이 될 수 있으면 좋겠지만 다만 폭력이 아니라 합법적인 방식으로 그렇게 하라는 소원을 내려주는 것뿐이었다. 그는 자기 영토를 아들들에게 나누어주고서 같은 부모에게서 태어난 아들들이라면 응당 그렇듯이 화목하게 살라고, 그리고 맏형인 키예프 공에게 순종하라고 명했다.[89] 적어도 연대기 저자는 이 조치를 이렇게 서술하고 있다. 이 이야기 속에 야로슬라프의 실제 조치와 당대 사회의 소망 가운데 어느 쪽이 더 크게 반영되어 있는지는 말하기 어렵다. 야로슬라프와 마찬가지로 당대 사회도 공들이 가까운 육친들답게 실제로 화목하게 살고 상부상조하며 적으로부터 유산을 공동으로 방어하며, 한 사람이 다른 공의 영지를 마음대로 빼앗지 말고 합법적인 방식으로 차례차례, 형 다음에 동생이 옥좌를 계승할 것이며 이를 무력으로 차지하지는 말았으면 하는 그런 소망을 가지고 있었던 것이다.

실제 삶에서는 사태가 정반대로 진행되었다. 아무도 자기 몫에 만족하지 않았고, 각기 웬만큼은 능력도 있었고 원기도 왕성했던 공들은 각자가 아버지와 할아버지가 성공적으로 달성했던 일, 곧 루스 국가의 영토를 통일하고 이를 자기 수중에 장악하는 일을 자기라고 성공적으로 달성할 수 없을쏜가 하는 것만 생각할 뿐이었다. 그 누구도 키예프 공의 자리에 오르는 데 자기 차례가 될 때까지 기다리고 싶지 않았다. 수석 옥좌(玉座)인 키예프 공의 옥좌가 공에서 공으로 어떻게 전해지는가, 아버지에게서 아들로 전해지는가, 아니면 형에게서 동생으로 전해지고 동생들 다음에는 다시 장조카에게로 전해지는가 하는 데 대한 무엇이건 분명하고 확실한 계승규칙이 다듬어지지 않았기 때문에 더욱 그러했다.[90] 이 때문에 끊임없이 피비린

89) 『지나간 시절의 이야기』 6562년(서기 1054년) 항의 내용을 흐루셰브스키가 자신의 말로 축약한 것이다. 야로슬라프 현공은 1054년에 사망하였다.

90) 야로슬라프의 아들들 사이에서 행해진 루스 공령들의 계승방식은 후대의 일부 역사가들이 '사다리식 계승'이라 부르기도 한, 매우 복잡한 방식이었다. 아들들, 손자들 사이에 순위를 정하고, 이들이 차지하게 되는 공령에도 순위를 매겨, 순위 높은 형제가 죽으면 그 아래 형제들이 차례로 앞 순위 공령의 통치자 자리로 올라가고, 손자들도 그 뒤를 이어 차례대로 공령을 물려받는 식이었다. 이 같은 순위는 실제로는 무시되는 일이 많았고, 그래서 분쟁이 빈발했다.

내 나고 파괴적인 전쟁이 터져 일어나서 주민들을 몹시 슬프게 했다. 주민들은 공들을 향해 그들이 루스 땅을 돌보지 않으며 그들 스스로가 골육상쟁 시기 동안 적들, 특히 폴로베츠 유목민 집단을 루스 땅에 불러들인다고 불만을 터뜨렸다. 공론층과 교회, 성직자 집단의 대표들은 공들의 이 같은 골육상쟁을 막기 위해 노력했으나 이 모든 노력은 보람이 없었다. 공들은 영토의 통일을 위한 자기네 시도를 완강하게 계속했다. 그러나 그들의 선조가 성공적으로 달성했던 과업, 곧 '루스 땅을 수합하기'는 공들 가운데 가장 원기 왕성하고 능력 있는 이라고 할지라도 성공해낼 가능성이 점점 적어지고 있었다. 이미 야로슬라프만 하더라도 아버지의 유산 전부를 수합하는 데는 성공하지 못했었다. 왜냐하면 폴로츠크에서는 이쟈슬라프의 세습 지배가문이 유지되고 있었기 때문이다. 야로슬라프에게서는 이미 다섯이나 되는 공의 계열이 벋어 나왔으며 그의 아들 중 가장 성공적인 사람조차 전체적으로는 아버지의 영토 가운데 절반 조금 넘는 부분을 수합할 수 있었을 뿐이다. 그의 손자 대에 이르면 이보다도 더욱 줄어들 수밖에 없었다.

공의 수가 많아질수록 이런 현상이 심화되었다. 그들의 수는 십 단위, 백 단위로 늘어났으며, 공의 영지는 더욱 잘게 나뉘어졌다. 이미 이 시기의 공들은 볼로디미르 대공이나 스뱌토폴크처럼 자기 형제를 찔러 죽이는 일은 양심상 차마 할 수 없었다. 기독교적 관념이 전파됨에 따라서 이는 이미 사악한 일, 신을 모르는 자의 짓으로 여겨졌다. 단지 전쟁만은 허용되었고 전투에서의 죽음만은 용납되었다. 공들을 그들의 분령지에서 제거하는 것이 점점 더 어려워지게 된 데는 또 하나의 이유가 있었으니, 그것은 그들이 자기네 공령(제믈랴, земля)[91]에서, 그 주민들에게서 도움과 보호

91) 동슬라브 역사에서 제믈랴는 다양한 뜻을 가지고 있었다. 제믈랴의 가장 기본적인 의미는 땅, 토지이고, 이 말이 중앙과 대비되는 '지방'을 가리킬 때도 자주 있지만 정치사적으로는

그림 91 스뱌토슬라프의 가족(당시의 그림). 스뱌토슬라프, 그의 부인과 아들들인 글렙, 다닐, 올렉, 야로슬라프.

를 받고 있었다는 사실이다. 공령(주민들)이 전적으로 독자적으로 살고 자율적으로 행정과 재판을 행하며 공들에게는 단지 조공만을 바치면 되던 그런 시절은 지나갔다. 공의 권력, 공의 상층민(муж)들과 총독들이 담당하는 재판과 행정은 주민들의 삶 속으로 점점 더 깊숙이 들어갔으며, 이로부터 벗어나는 것은 불가능했다. 주민들은 공의 활동과 그가 형성하는 관계들에 점점 더 큰 관심을 가질 수밖에 없게 되었으며, 공들 사이의 전쟁이나 보좌

지배자인 공이 다스리는 영역 전체를 제믈랴라고 하기도 하고, 공령의 외곽지대를 제믈랴라고 하기도 했으며 한 지역, 나라의 주민 전체를 제믈랴라고 하기도 했다. 이 책에서 제믈랴라는 말은 일관된 의미로 쓰이지 않는다. 흐루셰브스키는 가장 기본적으로는 키예프 시대에 루스의 공이 다스리던 지배영역을 제믈랴라고 부르고 있다. 이 시기에는 제믈랴와 공령이 일치한 셈이다. 그러나 시간이 갈수록 공령이 세분되어서 하나의 제믈랴 안에 여러 공령이 존재하게 되었다. 저자는 이때 영세한 공령도 제믈랴라고 부르고 있다. 이때의 제믈랴는 지배영역 정도의 의미를 가지고 있다고 보면 될 것이다. 체르니히브, 키예프 같은 큰 제믈랴 안에 또 작은 공령으로서의 제믈랴가 존재하는 것이다. 위 본문에서는 공이 영지로서 다스리는 땅, 지방 등을 의미하는데, 이 번역서에서는 이런 의미의 제믈랴를 공령이라고 옮긴다. 제믈랴가 단순히 어떤 지방을 가리킬 때는 그에 상응하게 번역하기로 한다.

에 앉는 공들의 뻔질난 교체를 방관하는 단순한 구경꾼의 처지에 더 이상 머무르지 않고 가능한 한 그러한 혼란과 변화로 인한 고통을 덜 받기를 소망했으며, 공령을 자신의 재산으로서 아끼고 주민의 소원과 주민의 필요를 고려해줄 만한, 현지 자체의 독자적인 공의 일가가 존재하는 것을 더 강력히 원하게 되었다. 그렇기 때문에 주민들은 이미 그들이 자기네 현지의 세습지배가문(династия)이라고 여기고 있던 그런 가문 출신의 공들을 옹호하고 지켜주었으며, 새로운 골육상쟁, 새로운 혼란이 일어나는 것을 막기 위해 가능한 한 다른 공들이 이 공들을 해당 지배영지로부터 몰아내는 것을 용납하지 않으려 했다. 그 결과 루스 국가는 다만 명목상으로만 키예프 공을 수석으로 인정할 뿐 실제로는 키예프 공에게서 완전히 독립해서 독자적으로 살고 지배하는 독자적인 공의 가계(род), 곧 세습지배가문의 다스림을 받는 개별적 공령들로 결정적으로, 그리고 돌이킬 수 없이 세분되었다.

야로슬라프의 아들들, 손자들은 아직 이 과정의 불가피성을 명확히 인식하지 못했으며 그들은 모든 힘을 다해 이 세분화 과정을 저지하려고 애썼다. 다시 말해 형제들, 친척들의 수중으로부터 땅을 모아들여서 온전한 하나로 통합시키고자 했다. 야로슬라프의 맏아들 이쟈슬라프는 부친의 사망 후 키예프를 얻기는 했으나 이를 위해 필수적으로 요구되는 에너지를 가지지도 못했고 이 일을 스스로 떠맡을 만한 능력을 가지고 있지도 못했다. 그런 까닭에 처음에는 위의 세 형제들, 즉 맏형인 키예프 공 이쟈슬라프와 아마도 그들 가운데 가장 에너지가 왕성하고 능력

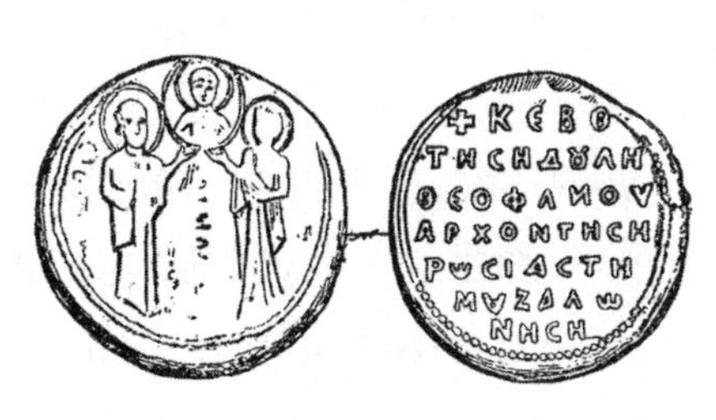

그림 92 "루스의 공비(公妃) 테오파니야 물라돈"의 인장 (그녀는 올렉 야로슬라비치 공의 부인으로 여겨진다)

도 많았을 체르니히브 공 스뱌토슬라프, 그리고 신중하고 끈기 있는 페레야슬라브 공 브세볼로드가 힘을 합쳐서, 젊고 세력 약한 공들에게서 영지를 빼앗아 모으기 시작했다. 그러나 다른 이들에게서 영지를 빼앗고 나자 이번에는 다름 아닌 그들 사이에서 싸움이 시작되었다. 한 일화는 이쟈슬라프가 자기 자신의 영지에 불안정하게 앉아 있는 바람에 스뱌토슬라프와 브세볼로드가 그를 몰아내고 자기네들끼리 그의 지배영지를 나눠가지고 싶다는 욕구를 가지게 되었던 사태의 전말을 보여준다. 이 일의 계기를 제공한 것은 초원지대였다. 이미 이야기한 대로 흑해 연안 초원지대에는 페체네그인들 대신에 토르크인들이 와 있었다. 그러나 이는 세력이 약한 유목민 집단이었기에, 또 다른 유목민 집단인 폴로베츠인들이 뒤에서부터 토르크인들을 밀어붙여서 빠른 속도로 궤멸시켰고 1060년대에는 폴로베츠인들이 우크라이나인들의 정주 지역에까지 바짝 다가왔다. 이들은 1062년에 이미 페레야슬라브 땅을 공격해 브세볼로드 군을 궤멸시켰고 1068년에는 또다시 공격을 감행해왔다. 쓰라린 경험을 통해 배우게 된 브세볼로드는 이번에는 형제들의 지원을 호소했으며 모두가 함께 폴로베츠인들을 치러 갔다. 그럼에도 폴로베츠인들은 이들을 격파하고 드니프로 강 양쪽 유역을 따라가며 우크라이나 땅을 약탈하기 시작했다. 브세볼로드를 도우러 갔던 키예프 사람들은 이 성과 없는 원정에서 돌아와 시장광장에 민회를 소집한 다음, 그들의 땅을 약탈하기 시작한 폴로베츠인들에 맞서서 다시 한 번 진군하기로 결정했다. 그들은 자기네 공인 이쟈슬라프에게 사람을 보내, 폴로베츠인들을 치는 새로운 원정을 위해 그들에게 말과 무기를 달라고 청했다. 그러나 이쟈슬라프는 이에 동의하지 않았다. 아마도 그는 인민들이 무장을 하고 나면 그 다음에는 바로 이쟈슬라프 자신에 대항하여 봉기를 일으킬 것이라고 두려워했을 것이다. 왜냐하면 이쟈슬라프와 인민들 사이에는 그렇지 않아도 불화가 심했고 적지 않은 키예프 사람들이 그 당시 공의 '감옥'에 갇혀 있었기 때문이다. 공이 무기를 주지 않는다는 소식이 민회에 알려지자 이자슬라프와 그의 보좌관인 천인대장[92](千人隊長. 도시에서 공의 다음가는 지위에 있는 시장이었다) 코스냐치코를 향해 심한 불평이 일어났다. 일부 사람들은 코스냐치코와 논쟁을 하러 떠났고 다른 일부 사람들은 공의 감옥을 부수어 자기네 동료들을 해방시키러 달려갔다. 그리고 또 다른 사람들은 공의 궁정으로 와서 여기서 공 및 그의 보야린들과 논쟁을 하기 시작했다. 그 당시 키예프에는 로그네다의 아들 이쟈슬라프의 손자인 폴로츠크 공 브세슬라프가 포로로 잡혀와 있었는데, 그는 마법사요 요술쟁이라고 여겨지고 있었다. 자기네 공에게 화가 난 키예프 사람들은 차라리 브세슬라프를 키예프 공으로 세우는 것이 자기들에게는 더 낫겠다고 소문을 내기 시작했다. 이를 들은 이쟈슬라프의 보야린들은 사람들이 정말 브세슬라프를 풀어주고 자기네 공으로 세우는 일이 벌어지지 않도록 빨리 누군가를 보내 그를 처치하라고 이쟈슬라프에게 조언하기 시작했다. 그러나 이쟈슬라프는 죄짓는 일을 두려워했다. 그런데 사람들은 공에게서 아무것도 얻어내지 못하자 정말로 감옥을 부수고 브세슬라프를 풀어주기 위해 돌입했다. 이를 보고 이쟈슬라프는 냅다 도망쳤으며, 사람들은 브세슬라프를 풀어주고 그를 공의 궁정 한가운데 세운 다음 자기네 공으로 선포했다. 브세슬라프는 키예프에서 공으로서 통치하기 시작했으나 오래 가지 않았다. 이쟈슬라프는 자기 처남인 폴란드 공 볼레스와프에게 도움을 청하러 갔고 봄이 되자 그와 함께 키예프로 진군해왔다. 키예프 사람들은 브세슬라프와 함께 그들에 맞서 싸우기 위해 나아갔다. 그러나

92) 트이샤츠키(тысяцкий 우크라이나 철자로는 тисяцький)의 역어로서, 천(千)을 뜻하는 트이시치(тысяча; тисяча)에서 비롯된 말이다.

예상치 않게 브세슬라프가 야음을 틈타 진영을 벗어나 도망치더니 키예프 땅을 벗어나 자기의 폴로츠크 땅으로 가버렸다. 그는 키예프 공의 자리를 위해 자기 목을 걸고 싶지 않았으며 그래서 키예프 사람들을 배신한 것이다. 유명한 『이고리 원정기』에는 이 사건을 다룬 노래의 후렴구가 실려 있다.[93)]

브세슬라프 공은 사람들에게 재판을 해주고 / 공들에게 도시를 나누어도 주더니만. / 자기는 밤을 타서 늑대 걸음으로 달아나, / 키예프 떠나 첫 닭 울기도 전에 트무타라칸에 벌써 닿았더라. / 위대한 호르스(태양)의 길을 늑대 걸음으로 따라잡았구나. / 폴로츠크 성 소피아 교회에선 이른 아침 그에게 종소리 울려 보냈거늘, / 그이는 키예프에서 이 종소릴 들었더라.[94)] / 신통한 재주로 말에 바짝 붙어 앉아 키예프 도시 향하여 도약하더니 / 창끝으로 키예프의 황금보좌를 차지하도다. / 사나운 맹수인 양 한밤중에 벨고로드 벗어나 / 푸른 안개 속에서 도약했도다.[95)]

공이 궐석인 상태로 남겨진 키예프 사람들은 자기네에게 오라고 스뱌토슬라프와 브세블로드를 초빙했지만 이들도 역시 위험을 무릅쓰고 싶은 기

93) 다음에 나오는 인용문에는 『이고리 원정기』 가운데 159~160행과 154~155행이 차례로 실려 있다. 즉 『이고리 원정기』의 순서와는 다르게 행이 배치되어 있다. 흐루셰브스키는 본문에서 이 인용문이 유명한 노래의 후렴구라고 썼다. 그렇다면 이 노래의 원래 순서가 그러한 것이었지만 『이고리 원정기』의 저자가 이 후렴구를 순서와 맥락을 달리해서 이렇게 배치한 것이라고 추정할 수 있다. 옮긴이는 이 점은 아직 확인하지 못했다.

94) 『이고리 원정기』, 159~160행. 브세슬라프가 키예프를 탈출하는 장면에서 이 구절이 노래된다.

95) 『이고리 원정기』, 154~155행. 브세슬라프가 키예프에 와서 키예프 공의 자리에 오를 때까지의 상황과 관련하여 이 구절이 노래된다.

분은 들지 않았다. 키예프 사람들은 이쟈슬라프를 다시 받아들이지 않으면 안 되었고, 그는 봉기 참가자들에게 무자비하게 복수했다. 그러나 스뱌토슬라프는 이 사건을 통해 이쟈슬라프가 자기의 키예프 보좌에 얼마나 불안정하게 앉아 있는가를 확실하게 안 다음 브세볼로드와 협의하기 시작했고 얼마 후 군대를 이끌고 이쟈슬라프를 치러 나섰으며 그를 키예프에서 쫓아내고 그의 영토를 브세볼로드와 함께 나누어 가졌다(1073).

그림 93 성경의 장식 테. 키예프 공인 므스티슬라프(모노마흐의 아들)의 주문으로 제작되었다.

하지만 스뱌토슬라프도 키예프를 비롯한 형의 영토를 오래 다스리지는 못했다. 그는 1076년 사망했다. 그러나 그의 행보를 브세볼로드가 이어, 키예프의 보좌를 차지한 다음 가능한 한 많은 영토를 자기 수중에 모으고 자기보다 일찍 죽은 형제들의 자손인 다른 공들의 수중에는 가능한 한 적은 영토만을 남겨 놓으려고 애썼다. 다른 공들은 이를 고분고분하게 받아들이지 않고 그럴만한 기회만 있으면 브세볼로드에게 타격을 입히려고 애썼고 폴로베츠인들을 끌어들여 아버지의 영토를 되찾아오려고 분투했다. 이때 그들은 자기네 공령 주민들에게서 도움을 받곤 했는데, 주민들도 자기네 '세습적' 군주, 즉 선대(先代) 공의 아들들을 공으로 받들기를 더 강력히 바랐지, 이 손에서 저 손으로, 이 군주에서 저 군주로 계속 옮겨 다니는 것은 바라지 않았다. 브세볼로드가 키예프에서 공으로 통치한 15년 세월은 분배에서 제외된 공들, 즉 '이즈고이(изгой)'[96]라 불리는 사람들과의 끊임없는 싸움으로 점철되었다. 이즈고이들은 사방에서 브세볼로드를 공격했는데, 그 선두에 서 있던 인물은 스뱌토슬라프의 아들 올렉이었다. 그는 브세볼로드가 올렉 자신이나 스뱌토슬라프의 모든 후손들에게서 빼앗아 간 세습 영지를 되찾기 위해 우크라이나 땅에 폴로베츠 유목군단을 끌어들였는데, 올렉 자신과 폴로베츠인들이 초래한 고통, 즉 '고례(горе)' 때문에 고리슬라비치[97]라는 별명으로 불리기도 했다.

트로이 사람들의 세월 지나고, 야로슬라프 군주 시절 지나고
올렉의 군대(전쟁)도 지나갔도다, 스뱌토슬라프 아들 올렉의 군대도.
이 올렉은 검으로 반란을 일으켰도다, 들판 가득 화살을 뿌렸도다.
그가 트무타라칸 도시에서 황금 등자에 발 올리니
야로슬라프의 위대한 아들 브세볼로드에겐 벌써 경종 소리 들렸도다.
볼로디미르는 체르니히브에서 날마다 귀를 틀어막았도다.[98][99]

96) 키예프 루스 시기에 '이즈고이'는 자기 신분에 부합하는 실제적 직책이나 지위를 가지지 못한 사람을 가리켰다. 신분을 막론하고 사용된 개념이긴 하지만, 특히 지배 신분 사이에서는 공령을 가지지 못한 공을 가리켰다. 성년이 되기 전에 부모가 사망하는 바람에, 부친이 가졌던 공령이 다른 공에게로 넘어간 공자(公子)들이 그 대표적인 경우이다.
97) '고통의 영광의 아들'이라는 뜻.
98) "트로이 사람들"부터 "틀어막았도다"까지는 『이고리 원정기』, 57~61행.
99) 세습영지를 빼앗긴 올렉은 그 당시 이러한 정처 없는 이즈고이 공들을 위한 피난처가 되어 주고 있던 트무타라칸에서 살고 있었다. 시인은 올렉이 브세볼로드의 영토를 치는 원정에 나서기 위해 단지 등자에 발을 걸었을 뿐인데도 브세볼로드는 두려움 때문에 벌써 경종소

이때 올렉 고리슬라비치는 골육상쟁의 씨 뿌리고 키웠나니,
다쥐보그 손자들[100]의 삶이 파멸했도다.
공들의 반란 속에서 사람의 일생도 하루살이 되었나니.
그때 루스 땅에선 농부의 '여어이' 소리 울려 퍼지는 일 드물고
그 대신 주검을 노리는 까마귀 소리 자주 까악거렸나니.
갈가마귄 자기들 말로 왁자지껄했나니, 푸짐하게 먹으러 날개쳐 날아가며.[101]

31. 폴로베츠 우환

브세볼로드는 자기가 점령한 땅을 가능한 한 더 많이 수중에 남겨두고자 애쓰면서 필사적으로 싸웠다. 그러나 그의 사망 후 곧 그의 아들인 볼로디미르(블라디미르) 모노마흐와, 이쟈슬라프의 아들로서 브세볼로드의 자리를 이어받아 키예프로 이동해온 키예프 공 스뱌토폴크는 이런 상황은 더 이상 계속될 수 없음을 확신하게 되었다. 이즈고이 공들을 만족스럽게 대우하여 그들에게 부친의 가산을 줌으로써, 루스가 파멸하지 않고 존속하는 동안 이 땅에 평화를 확립하지 않으면 안 되었다. 폴로베츠인들은 공

리로 귀가 윙윙 울렸으며, 역시 올렉의 세습영지인 체르니히브를 차지하고 앉았던 볼로디미르는 이 경종 소리에 귀가 먹지 않으려고 귀를 틀어막고 앉아 있었다고 말한다. (원저자 주)

100) 루스 사람들을 시적으로 일컫는 말. 다쥐보그는 그리스도교 도입 이전에 동슬라브인들이 숭상한 태양과 바람의 신이다. 『이고리 원정기』가 기독교 도입 이후에 쓰인 서사시임에도 루스인을 칭하며 '다쥐보그의 손자들'이라는 표현을 쓰고 있음은 전통적 자연종교의 영향 혹은 이와 결부된 심층적 문화요소가 여전히 강력히 남아있었음을 보여준다.

101) "이때 올렉 고리슬라비치에게서"부터 "날개쳐 날아가며"까지는 『이고리 원정기』, 64~65행.

들 사이의 골육상쟁을 틈타 때로는 이즈고이 공들의 동맹자 자격으로, 또 때로는 자기들 자신의 주도로 드니프로 강 유역을 끊임없이 습격하여 이 지역을 파괴하고 짓밟았으며 마침내 황폐하게 만들어버렸다. 그래서 키예프 공령 남부와 체르니히브 공령 남부 그리고 페레야슬라브 공령 전역은 단 한순간도 평온할 수 없었고 그 어떤 경제도 영위할 수 없는 지경에까지 이르렀다. 심지어 도시에서도 숨을 수가 없는 지경이었으니, 왜냐하면 폴로베츠인들이 도시에까지 쳐들어오기 시작한데다, 이들은 항복을 받아내지 못하는 한 계속 도시를 포위했기 때문이다. 우크라이나가 페체네그인들로 인해 겪곤 했던 오래된 참화는 얼마간의 소강 상태가 지난 후 폴로베츠인들의 이 같은 끊임없는 공격으로 말미암아 새로운 기세로 되풀이되었다.

브세볼로드가 죽던 바로 그 해 폴로베츠인들은 새로운 키예프 공을 위한 축하로 우크라이나를 침입했다. 그들은 트리필랴 근처에서 스뱌토폴크, 볼로디미르,[102] 그리고 그의 동생 로스티슬라프가 이끌고 온 군대를 궤멸시켰다. 로스티슬라프 자신도 도주하던 중 스투그나 강에 빠져 사망했다. 이 일화는 『이고리 원정기』에서 심금을 울리는 가락으로 읊어지고 있다.[103]

스투그나 강은 그렇지 않았다고 말하도다,[104]
물줄기 다해서 얼마 되지도 않으면서
다른 지류들 받아들이고 하구에서 널리 퍼져

102) 볼로디미르 모노마흐를 말한다.
103) 다음에 나오는 한국어 번역은 『이고리 원정기』에 대한 수많은 해석 중 드미트리 리하초프의 현대 러시아어 번역을 따른 것이다.
104) 『이고리 원정기』에서 이렇게 말하고 있는 사람은 주인공 이고리 공이다.

젊은 공 로스티슬라프에게
짙푸른 강기슭에 죽음자리 만들었도다.
로스티슬라프의 어머니가 울도다.
젊은 공 로스티슬라프 죽음 위에 울도다.
꽃들도 구슬퍼하여 시들었도다.
나무들도 서러움에 땅으로 고개 숙였도다.[105]

그러나 키예프의 성직자 사회에서는 이것은 로스티슬라프가 자신의 죽음을 예언한 동굴 대수도원 수도사를 자기 드루쥐나를 시켜 물에 던져 죽이게 한 것 때문에 신이 내린 벌이라는 이야기가 돌아다녔다.

폴로베츠인들은 키예프 일대를 짓밟았고 토르체스크 시를 포위했으며 주민들이 항복하지 않는 한 몇 달이고 물러나지 않았다. 폴로베츠인들은 엄청난 전리품을 챙기고 포로들을 끌고서 자기네 땅으로 돌아갔다. "괴로움에 지치고 배고픔, 추위, 갈증으로 기진맥진하고 슬픔으로 수척해지고 살갗조차 검게 탄 채, 그들은 낯선 나라 땅, 야만민족 사이를 걸어갔다. 헐벗고 맨발인 채, 가시에 찔린 발을 끌고, 그리고 눈물 흘리며 말하곤 했다. '나는 이런 도시 사람이오', '나는 이런 촌락 사람이오.' 그렇게 한 사람 또 한 사람씩 붙들고 캐물었고 눈물을 흘리며 자기 고향 이야기를 했다."[106] – 이렇게 연대기 저자는 절절한 비탄의 심정으로 이 불행에 대해 이야기하고 있다.

올렉과 폴로베츠인들은 이 일로 사기가 고취되어 체르니히브 부근까지 쳐들어왔고 이 도시의 점령에 착수했다. 모노마흐는 체르니히브를 두고

105) 『이고리 원정기』, 197~199행.
106) 『지나간 시절의 이야기』 6601년(서기 1093년) 항의 내용이다.

그림 94 그리스도가 볼린과 할리치나의 공인 야로폴크와 그의 부인에게 왕관을 씌워주고 있다(야로폴크 어머니의 기도서의 삽화)

떠나서 페레야슬라브로 후퇴했다. 그러나 이곳에서도 평온을 찾을 수 없었다. 그와 스뱌토폴크는 드니프로강 이쪽을 기습했다 저쪽을 기습했다 하는 폴로베츠인들의 공격으로 기진맥진해졌다. 나라는 황무지가 되어갔다. 사람들은 때를 포착하면 도시 전체를 비우고 더 안전한 곳을 찾아 멀리 북쪽으로 도망쳤다. 마침내 모노마흐와 스뱌토폴크는 이즈고이 공들과 화해하기로 결심했다. 그들은 키예프 근처에 있는 류베치 호숫가에 모든 공들을 다 불러 모은 다음(1097), 각자 자기의 영지(볼로스치)를 안심하고 지배하며 공들 사이에 전쟁이 일어나는 일이 없도록 하기 위해 앞으로는 각 공의 지파는 각기 자체의 세습 분령지(отчина)를 가지게 될 것이라는 규정을 확립했다. 사실, 이 결정도 공들 사이에 화목한 관계를 정착시키지는 못했다. 바로 이 회합이 끝나자마자 스뱌토폴크와 다비드는 테레보블공 바실코(Василько теребовльский)를 체포했는데, 바실코와 모노마흐가 그들에 맞서는 음모를 꾸미고 있다는 소문을 그들이 믿었기 때문이다. 그들은 무자비하게도 바실코의 눈을 빼내서 그를 맹인으로 만들어버린 후 집으로 돌려보냈다. 이 때문에 새로운 전쟁이 벌어져 몇 년 동안 계속되었다.

그러나 결국 공들은 안정을 찾았고, 폴로베츠인들에 대항하여 함께 싸우기로 결정했다. 1103년부터 1111년까지 몇 년이 흐르는 동안 거의 매해 그들은 초원지대 폴로베츠 유목민들을 치기 위한 원정에 군대를 보냈고 그들 자신도 직접 원정에 다녀오곤 했다. 그들은 이 같은 공격으로 폴로베츠 유목민 집단에게 실제로 두려움을 안겨주어 이들을 초원 깊숙한 곳으로 물러나게 했으며 이들에게서 우크라이나 땅을 공격하고 싶다는 열망을 제거해버렸다. 우크라이나 주민들은 공들이 마침내 힘을 한데 합쳐서 나라를 지키기 시작한 데 대해 말할 수 없이 흡족해했다. 폴로베츠인들을 치기 위한 이 원정에 누구보다도 열심히 몰두했고 다른 공들도 이에 참여하도록 불러들이곤 했던 모노마흐에게 특히 많은 찬양이 쏟아졌다. 스뱌토폴크의 사망 후 키예프인들은 모노마흐를 키예프 공의 자리에 옹립했다. 이는 각 공의 지파가 각자의 세습 분령지를 지배한다는 공들 간의 결정에 반하는 것이었음에도, 폴로베츠인들과의 싸움에서 그가 끼친 공훈을 고려하여 그렇게 한 것이다.

연대기에는 폴로베츠 유목민집단을 격파한 일에 대한 아주 멋진 노래가 수록되어 있는데,[107] 이때 폴로베츠인들은 모노마흐의 공격을 받고 먼 땅으로 도망가야만 했다. 노래는 다음과 같다.

에루화, 볼로디미르 모노마흐는 황금 투구로 돈 강의 물을 떠 마셨노라.

107) 이 노래는 루스의 연대기들 중 키예프 연대기를 포함하고 있는 판본인 『이파티예프 연대기』에 수록되어 있다. 『우크라이나의 역사』 러시아어본에는 산문형식으로 수록되어 있으나, 이 번역서에서는 우크라이나어본에 바탕을 두고 운문형태를 복원하여 번역하였다.

이슬람인[108]들의 땅을 얻고 그들을 쫓아내었음이라.

그는 오트록 칸[109]을 잘리즈니 보로타[110] 너머로, 오베즈이[111]로 쫓아보냈노라.

스이르찬[112]은 돈 강변에 남아 물고기로 식량을 삼았노라.[113]

볼로디미르가 사망한 후 스이르찬에게 남은 이는

단 한 명의 "악사(гудец)" 오레프뿐.

스이르찬은 오레프를 오베즈이로 보내 전하게 했도다.

"얼싸, 볼로디미르는 이미 죽었네.

형제여, 그대의 땅으로 돌아오게"

더불어 그는 이렇게 명했도다.

"그에게 전하라, 나의 이 말을.

그에게 폴로베츠 노래를 불러주어라.

노랠 원치 않거든 젤리에 에브샨[114](зелье эвшан)을 주어 향기 맡게 하라."

108) 원문은 아가라녜(агаряне)이다. 아브라함의 둘째 부인 하갈에서 나온 말로(하갈의 후손이란 뜻) 원래는 아랍인을 의미한다. 유럽 기독교인들이 12세기 무렵부터 이슬람교도를 일반적으로 사라센인이라 부르게 되었듯이, 동슬라브어에서 이 아가랴네라는 말은 이슬람교도를 칭하는 용어가 되었다. 폴로베츠인들은 투르크계 유목민이며 아랍인은 아니지만, 키예프 시대 저자들은 폴로베츠인들이 기독교 신자가 아니라는 이유로 그들을 아가랴네로 칭하고 있다.

109) 11세기 초 폴로베츠인들의 칸. 그루지야(조지아)에서는 아트락이라고 부른다. 볼로디미르 모노마흐의 폴로베츠인 격퇴 정책에 밀려 그루지야로 피신했고 그곳에서 그루지야 국왕과 밀접한 관련을 맺으며 셀주크 세력을 막아내는 데도 기여했다. 그루지야 국왕 다비드 4세는 그의 딸과 결혼했다.

110) '철의 대문'이라는 뜻으로 데르벤트를 가리킨다.

111) 그루지야를 말한다.

112) 오트록의 동생.

113) 가축이 제공하는 생산물을 먹고 사는 관습을 가지고 있던 유목민들의 입장에서 이것은 가련한 운명이다! (우크라이나어본 원저자주)

114) 예브샨 젤리예라고도 한다. 초원지대에서 자라는 향기로운 풀의 일종이다.

오트록은 귀향도 오레프 노래 듣는 것도 원하지 않았도다.
오레프가 그에게 젤리예를 주었도다.
오트록이 그 향기 맡더니 흐느껴 울고 말했도다.
"자기 땅에 뼈가 되어 눕는 것이 남의 땅에서 영광 얻는 것보다 나으리."

그리하여 그는 자기 땅에 돌아왔고 그에게서 콘차크[115]가 태어나 세력을 결집하게 되었다(콘차크는 12세기 말 우크라이나 땅을 유린하였다).

그래도 역시 폴로베츠인들이 공격해왔던 이 힘겨운 시기는 흔적 없이 지나가지는 않았다. 그 이전에도 이미 페체네그인들이 자행한 파괴가 드니프로 강 중류유역 지방, 곧 이 시기 우크라이나의 정치적 · 문화적 생활의 가장 중요한 온상이었던 이 지역의 번영을 심하게 훼손시켰는데, 이제 폴로베츠인들이 이 파괴를 완수했다. 많은 사람들이 아예 흩어져 도망갔고 많은 것이 철저하게 파괴되어 버렸다. 이 같은 유린으로 특히 심한 영향을 받은 것은 그 당시 나라의 생활 전체를 버텨주는 기둥이었던 농민, 곧 이른바 스메르드(смерд)[116] 집단이었다. 농민들은 독자적 농경활동을 박탈당하고 부채를 짊어졌으며, 부채노예(카발라, кабала) 상태로 빠져들었다. 그 당시에는 차용금에 대해 고율 이자를 취하곤 했는데, 누구든 일단 빚을 지면 그 다음에는 여기서 빠져나오기가 대단히 어려웠다. 채무자는 노동을 해서 이자와 원금을 갚아야 했는데, 그의 노동은 저렴하게 평가되었으며, 채권자는 빚의 액수를 더욱 불려서 자기 채무자를 영원한 예속 상태로 전환시키기 위해 갖은 구실을 다 이용했다. 과거의 자유로운 주민들 대신에 '예속민'(홀로프, холоп), 노예, 그리고 노동으로 부채를 갚아야 하는 이른

115) 『이고리 원정기』에서도 언급된 폴로베츠인들의 강력한 칸.
116) 키예프 루스의 일반 농민을 말한다. 이들은 원래 예속민이 아닌 자영농민이었다.

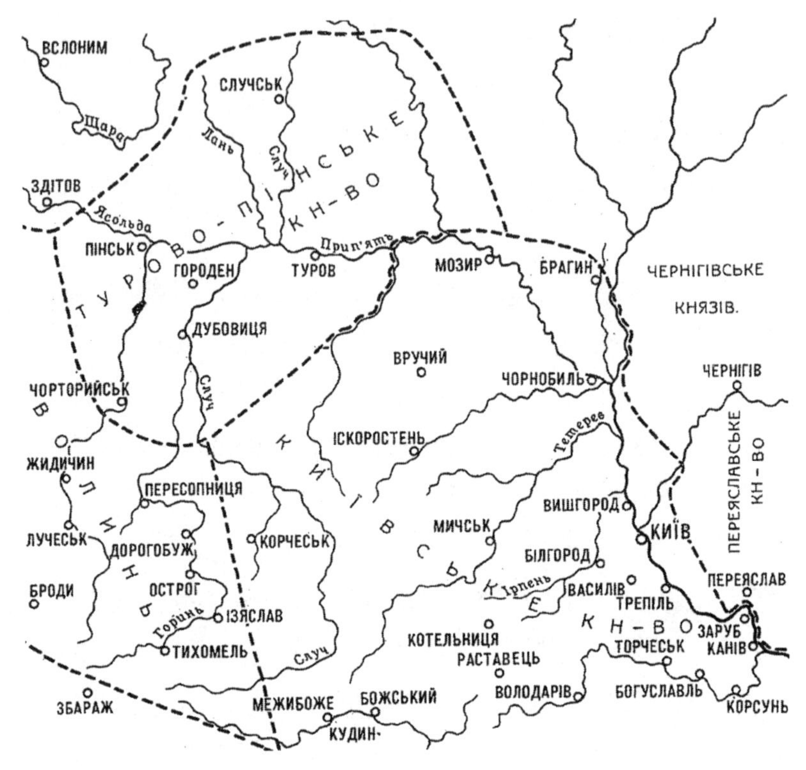

그림 95 12–13세기의 공령들.

바 '부채변제 예속민'(자꾸프, закуп) 같은 부자유민의 수가 늘어나게 되었다. 소규모 농업경영 대신 홀로프와 자꾸프의 노동력을 광범하게 이용하는, 공들과 보야린들의 대경영이 발전했다. 예를 들어 어떤 한 경우에 공들은 푸티블에서 공의 궁정을 약탈하고 이곳에서 700명이나 되는 '첼랴디'(челяди, 노예)를 체포했다는 이야기가 나온다! 1120년 무렵에 편찬된 최신판 『루스 법전』(루스카야 프라브다)에는 이 시기의 새로운 경제적 · 사회적 관계가 노골적으로 반영되어 있었다. 이 법전에서는 한 발자국 옮길 때마다 노예에 대한 법규, 노예화의 합법적 · 비합법적 방법, 합법적·비합법적

고리대, 부채변제 예속민과 노동을 통한 부채의 변제, 노예의 도주와 도주노예 추쇄(推刷)의 방법 등에 대한 언급을 만나게 된다. 부채와 노예화가 이 시기의 징표가 되었음이 분명하다.

그림 96 할리치나 즈베니호로드에서 제작된 납 인장. 성 바실리의 상이 새겨져 있고 다른 면에는 "주님, 당신의 종인 바실리를 도와주소서."라는 명문이 새겨져 있다(테레보블 공인 바실코라고 추정된다.)

이는 주민들 사이에 심한 불만을 불러일으켰다. 스뱌토폴크가 죽었을 때 키예프에서는 봉기가 일어났다. 사람들은 고인이 된 공의 주도로 다양한 사업을 함께 해왔던 유대인들을 두드려 패기 시작했고 공의 관리들의 집과 부자들의 집도 전반적으로 파괴했다. 이 같은 움직임에 경악한 보야린들은 민중이 가장 사랑하는 공으로서 볼로디미르 모노마흐를 키예프 공의 보좌에 옹립했다. 그가 평화를 확립해주기를 바라서였다. 모노마흐는 키예프에 온 다음 첫 번째 조치로서 부채 이자율의 감소에 관한 규정을 발표했다. 이는 부자들에 대한 민중의 이 불만이 어디에서 비롯된 것인지를 잘 보여준다. 사실은, 모노마흐의 이 이자율 감소 조치 이후에도 이자율은 엄청나게 치솟았다(이는 오늘날의 계산법으로 20퍼센트로 계산하기는 하는데, 정확하게 산정하기는 어렵다. 그 당시의 화폐체계가 우리에게 명확하게 알려져 있지 않기 때문이다).

이 모든 것은 드니프로 강 유역 지방의 경제력을 심각하게 파괴했고 우크라이나의 옛 중심지의 문화적 · 정치적 몰락을 예비하고 있었다.

32. 공령(제믈랴)들의 개별화와 그 체제

비록 1097년의 류베치 규정이 완벽하게 실현되지는 못했다고 하더라도 이는 정치적 관계들을 보여주는 중요한 증거이다. 이 규정에는 루스 땅의 수합을 향한 오랜 노력의 몰락과 파탄이 표현되어 있다. 원로 세대의 공들은 개별적인 공 각자가 자신의 세습 분령지를 지배해야 한다고 규정했으며, 바로 이렇게 함으로써 연소한 세대의 공들을 그들의 영지에서 몰아내고 한때 볼로디미르(블라디미르) 대공이나 야로슬라프 현공이 토지를 수합했던 것처럼 그렇게 토지를 한데 모으는 것은 이제 더 이상 생각할 수도 없다는 것을 인정한 셈이었다. 사실 보다 강력한 공들은 그 후에도 기회만 있으면 결코 놓치지 않고 어떤 구실을 대서라도 보다 약한 친척들에게서 영지를 빼앗고 그들에게는 아무것도 남겨주지 않곤 했다. 그러나 이와 동시에 공 각자는 공의 가문 전체의 공통의 유산 가운데 어떤 몫이라도 가져야 하며, 무엇보다도 자기 아버지의 지배영지에 대해 권리를 가진다고 하는 일반적 규칙이 점점 더 깊이 뿌리를 내리게 되었다. 이 원칙은 현지 공의 가문의 다스림을 받으면서 점점 더 개별적인 성격을 띠어 가고 있던 각 공령들의 지향성에 잘 호응하는 것이기도 했다. 공령들은 일정한 공의 가문에 의지하고 다른 누구도 허용하지 않으면서 그들의 "세습군주"에게서 조상의 공령을 빼앗는 것을 용납하지 않았으며 이렇게 함으로써 스스로 개별성을 획득하게 되었다. 개별 공령은 다른 공들이 자기네 일에 간섭하지 않을 것이고 현지의 직책에는 다른 공령 출신의 보야린들이 부임하지 않을 것임을 믿을 수 있었다. 이러한 공령은 또한 현지의 공들과 보야린들은 공령이 그들에게 냉담해지고 다른 공을 불러오려고 탐색하는 일이 없도록 하기 위해 주민들과 공령의 소망을 고려하면서 그들에게 순응하고 적응할 것이라는 확신을 가질 수 있었다. —이는 그 당시의 상황 아래서는 전혀 어려운 일이 아니었다.

이렇듯, 공의 수가 많아지고 이들이 일정한 공령에서 공고하게 지위를 굳히게 됨과 동시에 공과 공령, 즉 공령 주민들 사이에 이러한 새로운 관계가 발전해 가고 있었다. 공들은 이제 과거처럼 현지 주민들에게 무슨 일이든 저지를 수 있는 잡다한 외지 사람들인 바랴기와 온갖 종류의 외래인들 가운데서 선발된 자기네 군사력에 의지하는 것이 불가능해졌다. 드루쥐나는 이제 규모가 크지 않았다. 왜냐하면 크지 않은 영지에서 나오는 소득으로는 대규모 군대를 유지하는 것이 불가능했고 공들이 한군데 공고하게 자리를 잡음과 함께 이 드루쥐나도 하나의 공령에 매이게 되었기 때문이다. 드루쥐나 전사들은 편력무인 겸 상인에서 영주 겸 지주(포메쉬취키)[117]로 전환되었다. 왜냐하면 이 시기에는 남부 초원지대 상업로를 상실하는 바람에 상업 일반이 쇠퇴할 수밖에 없었고 농민층의 경제적 몰락으로 부자유 혹은 반자유 농노 노동력이 풍부하게 제공되었으며 이들을 활용하여 대경영을 운영하는 것이 가능했기 때문이다. 드루쥐나는 현지의 보야린층과 한데 섞이고 그들과 함께 현지 사회의 최상층으로 전환되어 갔다. 공은 이 계급의 힘을 실감하고 있었기에 이들의 비위를 맞추어 주려 애썼다.

주민들은 공에 대해 큰 힘을 가지게 되었고 공의 통치가 마음에 들지 않으면 가차 없이 관계의 변화를 요구하곤 했다. 그렇지 않으면 사람들은 공을 거부하고자 했다. 일부 공령에서는 현지의 업무에 관한 이 같은 영향력을 좀 더 광범한 사회 집단들 —특히 보야린층과 대도시의 시민들— 이 차

117) 포메쉬취키라는 용어는 15세기 말에 모스크바국 법전에서 처음으로 사용되었다. 이 말은 원래 군사적, 행정적으로 공에게 봉사하고 그 보수로서 조건부로 토지를 받아 보유하는 봉토보유자를 의미한다. 그러나 여기서는 토지소유자의 개념으로 쓰이고 있다.

그림 97 체르니히브의 성 구세주 대사원. 현존하는 우크라이나 교회 중 가장 오래되었다(양 옆의 탑은 후대에 세워진 것이다)

지하게 되었던 반면, 다른 공령에서는 나머지 모든 주민들을 뒷전으로 밀어붙인 채 단지 보야린층만이 모든 것을 처리하곤 했다. 공과 공의 통치에 대한 사회적 통제의 기관 역할을 하는 것은 민회, 곧 인민집회였다. 민회에는 해당 도시와 공령 전체의 모든 자유신분 주민들이 참석할 수 있었지만, 대개 회의를 좌우하는 것은 현지의 보야린층이었다. 어떤 계기가 있어서 모였건 이러한 민회는 다양한 안건들을 논의했으며, 공에게 그들의 요구를 제시했고, 때로는 공을 내쫓고 다른 공을 초빙하기도 했다. 어디 주인 없는 빈 영지가 없는지, 웬 조무래기 공이 자기 영지에 좌불안석으로 앉아 있지는 않은지, 어떻게 하면 그를 끌어내리고 자기가 그의 자리를 차지할 수 있을지 호시탐탐 추적하고 있는 공들이 수두룩하던 그 당시 상황에서 이는 조금도 어려운 일이 아니었다. 앞에서 이쟈슬라프에 대항하는 키예프 봉기의 역사를 서술했는데, 이는 민회가 격렬하게 의사를 표현한 첫 번째 사례였다. 그 후 이러한 의사표현은 상당히 일반적인 현상이 되었다.

몇몇 공령에서는 주민들이 일부러, 공이 위상을 확립할 틈을 주지 않고 가능한 한 자주 공을 교체했는데 이들은 그 대신 공령의 통치에 관한 모든 업무를 민회와 민회에서 선출된 대표자들에게 넘기고 공에게는 단지 군대 통수권만을 남겨주었다. 예를 들면 노브고로드에서 그러했다. 우크라이나의 공령들에서는 이런 상황에까지 이르지는 않았다. 재판, 행정, 모든 업무가 공과 공의 관리들 담당으로 남아 있었다. 그러나 민회는 그들의 활동에 대한 감독권을 가지고 있었고 공에게 자신의 요구를 제시했으며 공들은 대개 주민들을 자극하지 않기 위해 민회의 요구들을 참작하곤 했다. 우크라이나의 여러 공령들 중에서는 키예프의 민회에 대한 보고가 상대적으로 많이 남아 있다. 그러나 물론 다른 공령들에서도 민회의 존재의미는 뚜렷이 감지될 수 있었다. 다만 보야린층이 지나치게 큰 중요성을 차지하게 되어 공을 자기네 영향력 아래 장악해 버리고 나머지 주민들은 업무에 대한 그 어떤 참여로부터도 완전히 밀어내버린 그런 공령들은 예외였다. 할리치나가 바로 그런 경우였다.

일반적으로 말해, 공령들의 개별화가 진행됨에 따라 각 공령은 각기 개별적인 생활을 영위했고 각각의 공령에서는 현지의 관계가 각기 다양한 방향으로 전개되었다. 그렇기는 하지만 이와 동시에 체제와 생활방식의 공통적 특징들도 강화되면서 현지의 생활에 깊숙이 침투해 들어갔다. 키예프의 법은 공들과 드루쥐나들에 의해 모든 공령에 보급되었고, 현지의 재판과 행정에 도입되었다. 『루스 법전』의 초기 판(대략 11세기 후반에 편찬된 것)과 후기 판(모노마흐 시대의 것)에 담긴 키예프 법을 현지 법 기록에 반영되

그림 98~99 벨고로드에서 발굴된, 유약을 칠한 작은 판(2분의 1로 축소)

어 있는 대로 여러 공령에서 가장 후대에 통용되었던 법과 비교해볼 때 이들 사이에 큰 유사성이 있음을 알 수 있으니, 이는 곧 키예프 법의 기본이 어디에서나 받아들여졌음을 말해준다(『루스 법전』과 후대에 작성된 리투아니아 기본법(статут)[118] 사이의 유사성은 특히 두드러진다. 리투아니아 기본법은 키예프 국가에서 가장 고립된 지역, 곧 폴로츠크 공령의 법에 바탕을 두고 발전해 나

118) 16세기에 간행된 리투아니아-루스의 법전으로 제1, 제2, 제3판이 있다. 리투아니아 기본법 이전의 우크라이나 법은『루스 법전』, 우크라이나와 리투아니아의 관습법 등에 바탕을 두고 있었다. 리투아니아 기본법은 당대의 법규범을 반영하여 귀족층의 주도로 편찬된 것이다. 1529년의 제1판은 243개 조로 되어 있으며 민법, 형법, 상법, 행정법상의 규정들을 두루 구비하고 있다. 이 제1판은 귀족들의 이익 수호에 주된 초점을 맞추고 있다. 1566년에 인준된 제2판은 볼린 판본으로도 불리는데 367개조로 이루어져 있고 행정구역 개편에 대한 내용, 하급 귀족의 특권 확대 등의 내용을 담고 있다. 제3판은 1569년의 루블린 조약으로 리투아니아가 폴란드에 합병된 후에 편찬되었으며 1588년에 폴란드 국왕의 재가를 받았다. 제3판은 488개조로 되어 있으며 폴란드 법의 개념들을 상당수 받아들이고 있다. 제1판과 제2판이 개별적인 지방법들을 편찬한 것임에 반해 제3판은 전국적으로 적용되는 법령의 집성이라는 특징을 가지며, 역시 귀족 중심적 성격을 가진다. 이 3판에서는 농민의 농노화를 법적으로 규정하고 있다. 루스 관청어로 작성된 리투아니아 법전은 당시로서는 매우 선진적인 내용을 담고 있으며 여러 세기 동안 우크라이나의 가장 기본적인 법률집 역할을 했다.

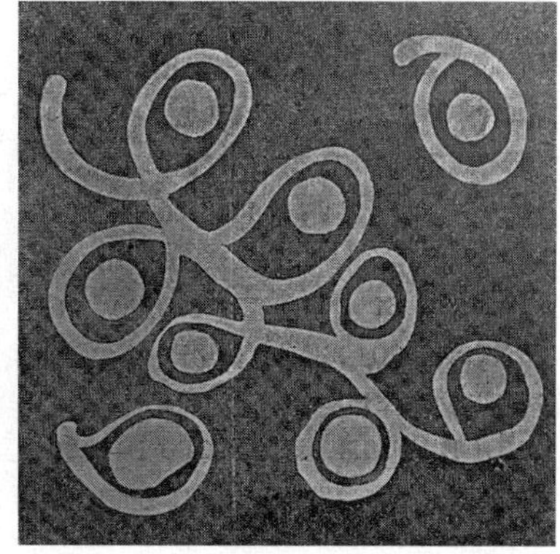

그림 **100~101** 그림 **98~99**와 같은 곳에서 발굴된 작은 판(아마도 류릭 공의 저택에서 나온 것으로 보인다.)

왔다). 가장 중요한 특징들을 놓고 볼 때 체제와 행정 역시 상당히 일률적이었다. 여기에는 그 중심 본거지인 키예프로부터 그 몰락 바로 직전까지 두 세기에 걸쳐 전파된 단일한 비잔티움적-루스적 서책, 문화, 예술이 존재했다. 단일한 종교와 교회가 존재했고, 교회와 고위성직자 집단의 통일성 덕분에 공령들의 내적 유대가 단단해졌다. 왜냐하면 그들은 모두 키예프 수도대주교(미트로폴리트)[119]의 휘하에 있었으며 주교와 고위 성직자층은 대부분 키예프 출신이었기 때문이다. 동굴(페체르스카) 대수도원(이 대수도원은 11세기 후반에 설립되었으며 페오도시 대수도원장의 재직 시기에 특히 장족의 발전을 이루었으니, 그는 이곳을 키예프 국 전체의 수도생활의 가장 창대한 중심지로 만들었다) 한 곳에서만도 루스 국가의 여러 주교구에 수십 명의 주교들이 파견되어 갔다. 이 모든 것들은 공령들의 개별화가 진행되고 공령

119) 키예프 루스 시기 루스 정교회의 최고 성직자. 루스가 그리스도교를 받아들인 후 처음에는 비잔티움에서 온 그리스인 성직자가 키예프 수도대주교가 되었으나, 루스인들 사이에서 정식으로 신학교육을 받은 성직자가 배출되면서부터는 루스인이 이 직위를 맡았다.

생활에서 다양한 차이가 나타났음에도 불구하고 루스 국가의 개별적 공령들, 특히 우크라이나의 공령들을 일정한 내적 유대와 일률성으로 계속 연결시켜 주었다. 공령들은 그 외에도 종족적 유대, 지리적 근접성 및 다양한 다른 여건들 덕분에 통일을 이루고 있었다. 정치적 세분화와 공령들의 개별화가 진행되고 키예프 공이 과거에 이 공령들에 대해 가졌던 권력이 약화되었음에도, 11세기 후반부터 13세기 중반에 이르는 두 세기 동안 이 공령들의 내적 유대와 결합은 증대하고 강화되었다.

11세기 후반과 12세기 전반에 키예프 대공의 보위를 차지하고 있던 야로슬라프의 자손들은 가능한 한 키예프 국가의 이 같은 해체를 막고 공령들의 개별화를 방지하려고 애썼다. 그들의 이 같은 노력은 실제로 공령 개별화를 어느 정도는 저지했다. 그러나 전체적으로 볼 때 개별화는 계속 진행되었다.

33. 공령들

우크라이나의 공령들 가운데 첫 번째로, 그리고 가장 단호하게 분리해 나간 공령은 할리치나였다. 이 공령은 차레흐라드에 대한 마지막 원정을 이끌었던 볼로디미르 야로슬라비치[120]의 손자들인 로스티슬라비치들(로스티슬라프의 아들들-옮긴이)의 지배 아래 있었다. 아마도 로스티슬라프는 부친 볼로디미르의 사망 후 할리치나 영지를 얻었지만 그 후에 백부가 그를 이곳에서 내쫓았고 그는 머나먼 트무타라칸에서 죽었던 것 같다. 할리치

120) 야로슬라프 현공의 아들인 볼로디미르를 말한다. 그는 비잔티움 원정을 시도했으나 실패했다. 29장 참조.

나는 볼린과 함께 키예프 공 이쟈슬라프의 아들인 야로폴크의 수중에 들어갔다.

그러나 로스티슬라프의 아들들인 류릭, 볼로다르, 그리고 바실코는 성장하자 아버지의 영지를 손에 넣고자 노력하기 시작했고, 끝끝내는 브세볼로드가 이들의 닦달에 하도 질려서 야로폴크 이쟈슬라비치에게서 그들 몫의 공령을 거두어들여서 로스티슬라비치들에게 건네주었다(1085년 무렵). 그 후 로스티슬라비치들은 부친의 공령에 확고하게 기반을 잡고 이를 자기네들 사이에 나누어 가졌다. 페레미쉴 서쪽은 류릭이 차지했고 중간 부분(즈베니호로드를 수도로 하는 지역)은 볼로다르가 가졌으며 남쪽(테레보블에 수도를 두었다)은 바실코[121]의 손에 들어갔다. 야로폴크는 그들과 싸우려고 시도해 보기도 했지만, 그는 살해당했다. 로스티슬라비치 가운데 누군가가 그에게 자객을 보냈다는 이야기가 사람들 사이에 오르내렸다.

로스티슬라비치들은 원기 왕성하고 대담하고 재능 있는 사람들이었으며, 그 모든 욕심 사나운 이웃들의 수중으로부터 이 변방 지역을 지켜낼 수 있었다. 폴란드인들, 헝가리인들뿐 아니라, 그들 자신의 친척들로서 할리치나를 다시 볼린과 키예프 공령에 합치기를 소망하고 있던 볼린 공, 키예프 공 등이 바로 그런 이웃이었다. 볼로다르의 아들 볼로디미르코는 원기 왕성하고 교활한 공으로 조카들을 쫓아내고 이 공령을 온전하게 자기 수중에 모아 쥠으로써 이를 한층 더 강력하게 만들었다. 할리치나는 그렇지 않아도 규모가 크고 부유한 지역이었다. 왜냐하면 이 지역은 폴로베츠인들의 공격을 받은 적도 없고 공들의 골육상쟁을 겪지도 않았으며 그 덕분에 많은 인민이 우크라이나의 다른 땅에서 이곳으로 이주해왔기 때문이

121) 류베치 회합 후 스뱌토폴크와 다비드에 의해 눈이 멀게 된 바로 그 바실코이다(31장 서술 참조).

다. 한 사람의 수중에 모두 장악된 지금, 그야말로 이 공령은 우크라이나의 여러 공령들 가운데 가장 강력해졌다. 할리치나의 공들은 따로 지냈고 다른 공들이 자기네 일에 개입하는 것을 용납하지 않았으며, 그들도 다른 공령의 일에 개입하지 않았다. 그러나 할리치나에서는 그 대신 보야린들이 강한 세력을 장악하여 주민들에게나 공들 자신에게나 그들의 존재를 인정하지 않을 수 없게 만들었다. 볼로디미르코의 아들 야로슬라프는 우크라이나의 모든 공들 사이에서 명성과 존경을 누리고 있었다. 『이고리 원정기』의 가인(歌人)은 그를 다음과 같은 모습으로 그려서 찬양하고 있다. "그는 황금으로 만든 자기 보좌에 높이 앉아 있도다./그는 자신의 철갑부대로 헝가리의 산들을 떠받치고,/헝가리 왕의 행군로를 가로막고 도나우의 대문을 닫아걸었나니." 그러나 자기 공령 내부에서는 그는 자기의 가사 일과 가족 일에까지 간섭하는 보야린들 앞에서 나긋나긋하게 굴어야 했다.

할리치나 공령의 뒤를 이어 체르니히브 공령도 분리되어 나갔다. 므스티슬라프 생전에도 이미 그러했지만 그 후 스뱌토슬라프 야로슬라비치의 재위시기에 체르니히브 공령은 크고 강력한 공령(княжество)으로서 키예프로부터 떨어져 나갔다. 그러나 브세볼로드는 이를 자기 수중에 장악하고, 스뱌토슬라비치들(스뱌토슬라프의 자손들-옮긴이)에게 이를 양보하지 않으려 했다. 그러나 스뱌토슬라비치들은 결국 자신들의 세습영지를 획득했으며, 류베치 회합 후에는 이곳에 확고하게, 공고하게 정착했다. 공으로 재위한 사람들은 주로 고리슬라비치라는 별명을 가진 올렉 스뱌토슬라비치의 후손들이었다. 이들은 능력 있고 원기 왕성한 공들이었으며, 공령은 그들을 확실하게 지탱해주었다. 그들을 해친 것은 단지 그들 자신의 크나큰 명예욕뿐이었다. 그들은 자기네 체르니히브 영지들에만 만족하지 않고 키예프와 페레야슬라브에서도 지배권을 행사하고자 했으며 나중에는 할리치나에서도 지배자가 되고 싶어 했다. 이 때문에 전쟁이 일어나곤 했고 이로 말미암아 체르니히브 공령은 때때로 아주 심한 고통을 겪곤 했다. 올레고비치(올렉의 후손들-옮긴이)들에게는 체르니히브 땅은 좁았다. 가문 구성원은 수가 많아졌고 공령은 점점 더 소규모의 분립영지로 쪼개져서 세력과 중요성을 상실해 버렸다. 하지만 올레고비치들은 공령 내부 자기네들 사이에서는 연장자에서 연소자로 영지를 물려주어가며 상당히 화목하게 살기는 했다. 수석 공의 옥좌는 체르니히브 공이 차지했고 차석은 노브고로드 세베르스키 공의 자리였다. 키예프를 차지할 순서가 되면 체르니히브 공은 대개 키예프 공의 옥좌로 옮겨갔으며 체르니히브는 노브고로드 세베르스키에서 다스리는 자기 다음 연장자에게 넘겨주었고 노브고로드 세베르스키는 그 다음 연장자에게 넘어가고 하는 등등으로 계속되었다. 물론 이렇게 하는 과정에서도 전쟁과 분쟁이 없지는 않았다.

그 후 12세기 중반에 키예프를 둘러싼 싸움이 절정에 달했을 때 두 개의 공령이 더 떨어져 나갔다. 이는 그때까지 키예프 공령(княжество)의 관할 영지라는 역할을 하고 있으면서도 정치적 자립성을 열렬하게 갈망해왔던 페레야슬라브 공령(제믈랴)과 투로브-핀스크 공령(프리퍄트 강변의 폴리시아)이었다. 규모도 작은 데다 여러 차례의 폴로베츠 원정으로 기진맥진해 있던 페레야슬라브 공령은 그들의 힘으로는 자립성을 획득할 수 없었다. 한편으로는 키예프 공들이 페레야슬라브를 관리하고 싶어 했고, 다른 한편으로는 체르니히브가 역시 이 공령을 차지하고 싶어 안달이 난 상황이었기 때문이다. 그도 그럴 것이 페레야슬라브 지역은 세베르스키 영토의 남쪽 부분에 다름 아니었으니 말이다.[122] 그래서 페레야슬라브 사람들은 수

122) 페레야슬라브는 체르니히브 공령과도, 키예프 공령과도 경계를 맞대고 있었다. 체르니히브 공령의 남쪽 경계 및 이 공령의 분립공령인 노브고로드 세베르스키의 남쪽 경계와 페레

그림 **102** 오브루치의 성 바실리 교회 폐허(류릭 로스티슬라비치 공의 명으로 건립된 건물이다)

즈달 세습지배가문(모노마흐 후손들 중 막내아들 계열)에서 자기네 공을 모셔 오는 편을 선호했다. 이 수즈달 공들은 페레야슬라브 땅을 자기네 영지에 합칠 수 없는 노릇이었던지라, 페레야슬라브 사람들은 수즈달 지배가문 출신 공들의 다스림을 받으면서 별개의 생활을 했다. 이는 큰 불편함을 안고 있었다. 즉 초원민족들과의 싸움에서건 다른 경우에건 페레야슬라브 공령은 이웃한 키예프 공들이나 체르니히브 공들의 도움을 기대할 수 없

야슬라브의 북쪽 경계가 맞닿아 있었고, 키예프 공령의 동쪽 경계 일부와 페레야슬라브의 서쪽 경계가 서로 겹쳤다.

었다. 그러나 페레야슬라브 사람들은 자립적인 삶을 살 수만 있다면, 폴로베츠인들이 그들에게 자기네 존재를 아무리 강력히 주장할지라도 이 폴로베츠인들과도 더불어 살 준비가 되어 있을 정도였다.

투로브-핀스크 공령의 폴리시아 숲과 늪지대 사이로 들어가면 왕래가 끊기거나 종적을 감추기가 쉬웠다. 가난하고 척박한 지역이었던 이 공령은 그 자연조건 덕분에 내외의 적들로부터 보호되고 있었으며 이 공령이 독립을 지키는 것은 그리 어려운 일이 아니었다. 키예프 공들이 이 사람을 공으로 보냈다가 또 다른 사람을 보냈다가 하면서 자기네를 이 손에서 저 손으로 바꾸어 던져버리는 데 신물이 난 투로브 사람들은 1150년 자신들의 '세습군주(отчич)'를 찾아냈다. 그는 한때 투로브의 공으로 재위한 적이 있는 스뱌토폴크 이쟈슬라비치의 후손이었다. 이 '세습군주'는 투로프에 확고하게 자리를 잡았으니 키예프 공들이 아무리 그를 이 자리에서 쫓아내려고 용을 썼어도(그들은 이 목적으로 두 번이나 대규모 원정을 감행했다), 끝내 축출할 수 없었다. 투로브 사람들은 완강하게 버텼고 너무나도 확고부동하게 자기방어를 했기 때문에 이 일이 있은 후 다른 공들은 그들을 가만내버려 두었다. 다만 그 후에도 리투아니아만은 공격을 해 와서 이들의 평온을 흔들어놓게 되었다.

이 비슷한 시기에 볼린도 개별화의 길을 갔다. 이 광대하고 부유하고 강력하고 그동안 방어도 상당히 잘 되었던 지역은 옛 모노마호비치들(모노마흐의 후손들-옮긴이)을 지지해주고 있었다. 그러나 그들은 키예프에서 지배자가 되기를 원하였기에, 볼린의 공으로 있으면서도 키예프를 장악하려 애썼으며, 키예프의 보좌로 옮겨가면서는 볼린 공령을 동생 가운데 누군가에게 넘겨줘 버리곤 했다. 그들은 키예프가 쇠퇴하기 시작한 12세기 후반이 되어서야 비로소 키예프에 점점 덜 집착하고 자기네 볼린 공령에 점점 더 오래 머물렀으며 이 땅을 이웃의 무리한 요구로부터 방어하곤 했다(특히 폴란드인들로부터 방어했다. 나중에는 리투아니아도 볼린을 공격하기 시작했다). 이 공령은 두 개의 근간 부분으로 나뉘었다. 하나는 볼로디미르 공령이었고 다른 하나는 루츠크 공령이었다. 나중에는 다시 더 자잘한 (벨즈스크, 페레소프니츠크, 베레스테이스크, 도로히친스크 등) 부분들로 나뉘었다. 그러나 12세기 말에 볼로디미르 공 로만은 볼로디미르 공령을 할리치나와 합쳤으며, 그의 후손들은 볼린 공령 전체를 통일한 후 이를 할리치나와 밀접하게 연결시켜 하나의 강력한 국가를 이루었다.

34. 키예프를 둘러싼 싸움과 이 도시의 쇠퇴

1113년에 키예프 공의 보좌에 초빙된 볼로디미르(블라디미르) 모노마흐 이래 그를 시조로 하는 종가의 다스림을 받으면서 키예프 및 키예프 공령도 역시 개별적 정치단위로 살기를 원했다. 모노마흐는 키예프 영지를 확고하게 자기 수중에 장악할 능력을 가진 강력한 공이었고 재능 있는 정치인이었으며, 그의 아들 므스티슬라프도 그러했다. 그러나 므스티슬라프가 사망한 후 모노마호비치 자신들 사이에서 불화가 일어났다. 왜냐하면 키예프 공의 보좌를 계승하는 데 대한 확고한 규칙이 없었기 때문이다. 므스티슬라프 계는 키예프를 자기네 수중에 넣고 싶어 했지만 모노마호비치들 중 기차(其次) 계는 이에 동의하지 않았다. 그들 사이에서 유혈 전투가 벌어졌으며 이 틈을 타서 체르니히브 공 브세볼로드 올고비치가 키예프를 자기 손에 넣어버렸다. 키예프 공의 보위를 둘러싼 이 싸움은 갈수록 실타래 엉키듯 복잡해졌으며 키예프를 노리는 사람들은 점점 더 많아졌다. 왜냐하면 키예프 대공 보좌의 옛 영광은 키예프와 결부된 것이었으며 키예프 공은 여러 공들 중에서도 수석으로 여겨지고 있었기 때문이다. 이리하여 이제 키예프는 자신이 과거에 누리던 영광의 대가를 치르게 되었다.

키예프 사람들은 처음에는 온 힘을 다해서 므스티슬라비치들(므스티슬라프의 아들들–옮긴이)을 지지했고 한 사람 한 사람 모두 원정에 출정했다. 그렇게 함으로써 므스티슬라프의 아들들로서 차례로 즉위한 이쟈슬라프와 로스티슬라프의 지위가 공고해지고 키예프 일대가 그들의 영지가 되는 데 도움이 되리라고 소망했기 때문이다. 그러나 이렇게 한 결과가 전쟁과 파괴 외에 아무것도 없는 것을 보자 키예프 주민들은 이탈하기 시작했다. 그들은 공들의 전쟁과 분쟁에 참여하기를 점점 더 거부하게 되었고 공들이야 자기네들끼리 싸우게 내버려두고 공령 전체주민(제믈랴)을 이 분쟁에 개입시키지는 않게 하려고 애썼다. 그러나 그 같은 비개입 전술은 별로 도움이 되지 않았다. 다만, 상당히 강력하고 영향력 있는 군주가 키예프 공의 보위에 오르게 되어 다른 사람들도 그의 앞에서 겁을 먹고 더 적당한 시기가 올 때까지 자기의 보위 계승권 주장을 한쪽에 밀어두게 되는 그런 때에나 이따금씩 몇 년 동안 평온이 깃들곤 했다. 그러나 그 대신 어떤 때에는 공이 해마다 바뀌는 정도가 아니라 몇 달 만에 한 번씩 아니면 심지어 몇 주 만에 한 번씩 바뀔 만큼 심한 혼란이 일어나기도 했다. 그리고 그들은 모두 군대를 이끌고 와서 키예프에서 진을 쳤으며 경제를 황폐하게 만들고 주민들

그림 103 할리치나의 주교 쿠지마의 그리스어 인장(12세기 후반).

을 약탈했으며 상업을 어지럽혔다. 엎친 데 덮치는 격으로 공들이 폴로베츠인들을 지원군으로 끌어들이는 경우도 있었다. 폴로베츠인들은 과거에도 이미 누구도 사정 봐주는 일이 없이 무자비하게 약탈했으며 닥치는 대로 포로를 잡아들였었다. 그런데 그 후에는 공들의 골육상쟁에 고무되어 그들 스스로 우크라이나 땅, 그중에서도 특히 키예프와 페레야슬라브 땅에 대한 공격을 재개했다. 모노마흐의 폴로베츠 원정 이후 이 같은 공격은 중단되었었다. 그런데 이제 폴로베츠인들은 다시 습격하기 시작했다. 재개된 습격은 처음에는 꽤 조심스러웠으나 그 다음에는 점점 더 강력해지고 저지할 수 없는 것이 되어버렸다. 1170~1180년대에는 그들 때문에 우환밖에 없게 되었다. 폴로베츠인들의 공격으로부터 상인들의 카라반을 보호하고 기습으로부터 국경을 지키기 위해서는 군대 전체가 초원지대로 나가야 했다. 좀 더 젊고 용감한 공들은 모노마흐 시절처럼 초원지대로 원정하여 폴로베츠인들을 평정하려고 시도하기도 했다. 예를 들어 1185년에는 노브고로드 세베르스키 공인 이고리가 형제들과 함께 폴로베츠인들을 치기 위한 원정에 나섰다. 이것이 『이고리 원정기』에서 읊어진 그 유명한 원정이다. 이 원정은 이고리의 군대가 궤멸당하고 그 자신도 포로로 잡히는 것으로 귀결되었다. 키예프 공인 스뱌토슬라프와 류릭도 몇 차례 원정을 갔고 류릭의 아들인 로스티슬라프도 폴로베츠인들을 자주 공격했다. 그러나 이때의 공들은 모노마흐 시대의 공들이 더 이상 아니었다. 모노마흐는 스뱌토폴크와 함께 전 우크라이나 땅을 다스렸었다. 그런데 지금은 공들이 서로 갈라지고 개별화되고 약화되었으며, 정녕 우크라이나 자체가 약화되어 있었다. 상공업은 쇠퇴했고 주민들, 그중에서도 특히 부유하고 유복한 주민들은 불안한 곳들을 버리고 북쪽 지방 혹은 볼린이나 할리치나 같은 서쪽으로 떠나갔다. 폴로베츠인들을 평정하는 일은 성공하지 못했으며, 지극한 슬픔을 담은 『이고리 원정기』의 구절들은 마치 우크라이나의 정치적 삶의 종언에 바치는 장송곡처럼 울렸다.

카얄라 강 위에선 안개가 빛을 덮었도다.
루스 땅 가득 폴로베츠인들이 약탈적 둥지를 펼쳐놓았도다.
이미 찬양을 덮으며 비난 소리 드높아졌고
이미 강제가 자유를 부수었도다.[123)]

설상가상으로 모노마흐의 막내아들 유리[124)]의 자손들(후일의 모스크바 왕조의 조상들)은 볼가 강 유역지방에서 뿌리를 내린 후, 그들 스스로 공들 중에서 최고 지위를 확보하려는 야심을 품게 되었고 이를 위해 키예프를 더욱 약화시키고 키예프 공을 전혀 중요치 않은 존재로 만들어 버리려고 의도적으로 노력했다. 유리의 아들 안드레이[125)]는 우크라이나에서 공들이 서

123) 『이고리 원정기』, 104~107행.

124) "돌고루키"(Долгорукий, '팔이 긴'이라는 뜻)라는 별칭으로 알려진 수즈달 공 유리 블라디미로비치(Юрий Владимирович, 1099~1157)를 말한다. 유리 돌고루키는 모스크바 공국의 창시자이며 1149년에서 1151년 사이, 1155년에서 1157년 사이에는 키예프 대공으로 재위하기도 했다. 키예프의 정치적 위상이 크게 기울어지던 시기에 류릭 가문의 공으로서 로스토프-수즈달 영지를 받은 그는 수즈달로 수도를 옮겨 이를 강성하게 만들었다. 그의 통치 아래서 키예프 루스의 패권은 키예프에서 수즈달로 차츰 옮겨갔다.

125) 보골류프스키(Боголюбский, '신을 사랑하는'이라는 뜻)라는 별칭으로 알려진 수즈달 공 안드레이 유례비치(Андрей Юрьевич, 1111 무렵~1174)를 말한다. 안드레이 보골류프스키는 유리 돌고루키 공의 아들로 1157년부터 블라디미르-수즈달의 대공이 되었다. 루스 땅 전체를 통합하여 지배하고자 하는 야심을 품고 노브고로드 정복을 꾀했으며 특히 1169년에는 키예프를 유린하였다. 그는 자기 동생인 글렙을 키예프 공으로 앉혀 두고 자기는 블라디미르-수즈달로 돌아왔는데 이때 그곳의 많은 종교적 귀중품을 자기 공령으로 가져왔다. '신을 사랑하는 안드레이'라는 별칭은 그가 뛰어난 종교적 기념물의 건축을 주도했기 때문에 붙여졌다. 보야린들과의 갈등 끝에 피살되었다.

로 싸우는 틈을 이용하여 이 분쟁에 개입했고 1169년 키예프를 짓밟으려는 목적으로 일부러 키예프에 자기 군대를 보냈다. 그리고 이 군대는 실제로 키예프를 점령한 후 이 도시를 무자비하게 유린했다. 며칠 동안 아무것도 사정 봐주는 법 없이 도시, 교회, 수도원을 약탈했다. 교회로부터 성상화, 책, 성의 등을 몰수해 갔고 심지어 종까지 빼앗아서 북쪽 지방에 있는 자기네 공령으로 가지고 갔다. 사람들을 몰살하고 포로로 붙잡았다. 이 일이 있은 후 안드레이는 일부러 키예프에 신통치 않은 공들을 세웠다. 이로써 키예프에 창피를 주기 위함이었다. 나중에 우크라이나에서 내란이 어느 정도 가라앉고(1180년대), 키예프 공위 계승권을 주장하는 가장 중요한 요구자들인 체르니히브의 스뱌토슬라프와 류릭 로스티슬라비치(그는 므스티슬라비치들에 속한다)가 자기네 사이에 키예프 공령 지역을 나누어 가진 후 화목하게 살기 시작했을 때 안드레이의 동생인 브세볼로드는 의도적으로 우크라이나의 공들을 다시 서로 싸우게 만들었고 류릭에 맞서서 그의 사위인 로만과 체르니히브 공들의 반항을 부추겼으며, 이리하여 지독한 혼란을 다시 불러일으켰다. 키예프는 다시 무자비하게 약탈당하고 유린당했으며(1203), 키예프 주변에서는 너무나 격심한 전투가 벌어지는 바람에 실제로 누구라도 키예프 공령 지역에 눌러 사는 것은 어려운 일이 되었다.

이 일이 있은 후에는 이미 키예프의 전면적인 쇠퇴가 시작되었다. 훗날 타타르인들에 의해 저질러진 살육은 앞서 일어난 이 대혼란에 무엇인가를 조금 더 추가한 것에 지나지 않았다.

드니프로 강 유역에서 우크라이나의 삶은 일반적으로 쇠퇴의 길에 들어섰다.

어와, 형제님들, 키예프는 슬픔에, 체르니히브는 재앙에 신음하기 시작했소.

루스 땅 가득 근심이 펼쳐져 있소.
크나큰 비탄이 루스 땅 가득 흐르는데,
스스로 내란을 불러일으킨 건 공들이라오.[126]

『이고리 원정기』의 가인은 이 몰락을 묘사하며 다음과 같이 노래한다.

악당들은 승리하여 루스 땅을 뛰어다니누나.[127]
형제님들, 이제 이미 불행한 시간이 찾아왔소.
이제 이미 황야가 우리 군대를 뒤덮었소.
다쥐보그의 손자들이 크나큰 굴욕을 겪고 있소.
공들은 악당들에 맞선 싸움에서 꺾여버렸소.
형제가 형제에게 이렇게 말하나니, 이것은 내 것이고 저것도 내 것이라.
시시한 것을 두고 '이 큰 것'이라 공들이 지껄이기 시작하니
공들은 스스로 내란을 불러일으키고
악당들은 승리하여 사방에서 루스 땅으로 왔소.[128]

35. 할리치나-볼린 국. 로만 공

그러나 아무리 수즈달 공들이 키예프 공과 키예프 자체가 지녔던 힘과

126) 『이고리 원정기』, 84~86행.
127) 『이고리 원정기』, 87행.
128) 『이고리 원정기』, 75~78행. 76행 중 일부가 생략되었다. 이 부분에서도 흐루셰브스키는 『이고리 원정기』 구절들을 순서대로 인용하지 않고 뒤의 행을 앞에, 앞의 행을 뒤에 붙여 별개의 연을 만들어 인용하고 있다.

중요성을 아래에서부터 분쇄해 버렸어도 그들의 계획은 단지 부분적으로밖에 실현되지 않았다. 왜냐하면 그들이 키예프에 최후의 혹독한 타격을 가했던 바로 그때 우크라이나 땅에서는 서쪽에서 새로운 정치적 세력이 형성되었기 때문이다. 비록 이 세력은 키예프처럼 우크라이나 전체를 통일하지는 못했으나 그래도 그 당시 더 강력하고 주민들도 더 많이 살고 있던 우크라이나 서부 지방에서 독자적인 국가생활이 100년 이상이나 더 지속되는 것을 보장해주었다. 이 국가를 형성한 사람은 로만 므스티슬라보비치 공으로, 그는 우리가 이미 잘 알고 있는 키예프의 총아 이쟈슬라프 므스티슬라비치[129]의 손자였으며 볼로디미르-볼린의 공이었다.

키예프가 이미 정치적으로 심각한 쇠퇴의 길에 들어선 시기에 정치의 장에 들어선 로만은 아버지 므스티슬라프와 할아버지 이쟈슬라프처럼 키예프 공의 보좌를 얻으려 애쓰지 않고 인접한 할리치나에 주의를 기울였다. 할리치나에서는 막강한 세력을 가진 보야린 층이 공(公)인 야로슬라프의 아들들과 투쟁하면서 그들의 내정상의 업무나 꼴사나운 가정생활 등에 개입하고 있었다. 로만은 할리치나의 보야린들과 교섭하기 시작했고 보야린들은 봉기를 일으켜 자기네 공인 볼로디미르를 내쫓고 그의 자리에 로만을 초빙했다(1189). 할리치나를 염두에 둔 로만은 이제 볼로디미르 공령은 자기에게 필요 없을 것이라고 생각하게 되었고, 이를 자기 동생에게 내주었다. 그러나 이번에는 일이 그렇게 매끄럽게 진행되지 않았다. 할리치나 공 볼로디미르는 헝가리 국왕에게 지원을 호소했는데 헝가리는 이미 오래전부터 할리치나에서 세력을 확립하기를 열망하던 참이라 이제 이 안성맞춤의 기회를 활용하려고 했다. 헝가리 국왕은 볼로디미르 공의 권력을 할리

129) 34장, 키예프 사람들이 므스티슬라프의 아들 이쟈슬라프와 로스티슬라프를 차례로 지지한 것에 대해 서술한 부분을 참조하시오.

치나 공령에 확실히 세우겠다는 명분으로 볼로디미르의 동맹자 자격으로 그와 함께 진군해왔다. 그러나 할리치나를 점령한 다음에는 볼로디미르를 투옥시키고 할리치나에 자기 아들을 앉혔다. 하지만 볼로디미르는 그 후, 아마포를 길게 잘라 그것으로 밧줄을 꼬아 만든 후 감옥에서 탈출하는 데 성공했다. 그는 독일인들과 폴란드인들의 도움을 받아 할리치나로 돌아왔으며, 헝가리인들의 지배를 겪어 보았던 이곳 주민들은 볼로디미르를 기쁘게 맞아들였다. 그 후 그는 죽을 때까지 이곳에서 공으로 통치했다. 그러나 그가 죽자 로만은 할리치나를 지배하겠다는 자기의 생각으로 다시 돌아왔다. 그런데 이번에는 보야린들이 그를 초빙하지 않았다. 십중팔구, 그의 통치방식을 좀 더 가까이 알게 된 후 그들은 로만을 또 한 번 초빙하고 싶은 기분이 다시는 들지 않았을 것이다. 왜냐하면 로만은 보야린들의 영향력에 휘둘리고 싶은 생각이 없었기 때문이다. 그러나 로만은 자기 친척인 폴란드의 공들에게서 지원군을 얻게 되었고 이 군대와 함께 1199년 할리치나에서 공으로서의 지위를 확보했다. 하지만 그는 이번에는 이미 좀 더 신중해져서 볼로디미르 공령을 손에서 놓지 않았으며, 시간이 흘러 다른 공들의 가계가 끊어지자 1230년대에 볼린 전체가 할리치나와 함께 로만의 아들들 수중에서 한데 합쳐져서 크고 강력하고 부유하고 결속력 강한 하나의 국가를 이루게 되었다. 그리고 이 국가는 예견치 못한 새로운 장애만 등장하지 않았다면 우크라이나의 나머지 땅들도 끌어들일 수 있을 만했다.

로만 자신에게도 키예프를 손에 넣을 수 있는 적당한 기회가 제시된 적이 있었다. 이는 브세볼로드의 계략[130]으로 우크라이나에서 골육상쟁이 일어났을 때의 일이었다. 그 후 로만이 할리치나에서 공고한 지위를 굳히게 되자

130) 수즈달 공 브세볼로드의 계략으로 우크라이나의 공들 사이에서 내분이 일어난 것에 대해서는 앞 장을 참조하시오.

우크라이나 땅에서는 용감하고 원기 왕성하고 성공적인 공으로서 그에게 큰 기대를 걸게 되었다. 그는 당시 우크라이나 북쪽 영토를 어지럽히고 있던 리투아니아와 폴로베츠인들에 대한 원정을 승리로 이끌어 명성을 떨쳤다. 그가 리투아니아에 대해 거둔 승리에 대해서는 그 후 오랫동안 여러 가지 이야기가 사람들 입에서 회자되었다. 후대의 리투아니아 역사가인 스트리코프스키[131]가 기록한 한 전승에 따르면, 로만이 리투아니아에 보복을 하면서 리투아니아 포로들에게 중노동을 강요하고 강제로 토지를 경작하게 했기 때문에 어떤 리투아니아 사람이 우크라이나 말을 배운 다음, 다음과 같은 재담을 말했으며 이것이 그 후 오랫동안 기억되었다. "오호라, 로만이여, 로만이여, 악하게 사누나, 리투아니아를 갈아엎누나(오이, 로마네, 로마네, 리힘 지뵤쉬, 리트보유 오료쉬)". 폴로베츠인들을 상대로 한 로만의 원정에 대해서는 여러 노래가 지어졌는데, 그 메아리만 우리에게 전해진다. 할리치나 연대기에 수록된 단편 같은 것이 그 예이다.

> 악당들을 향해 돌진하네-사자와도 같이
> 그는 진노해 있었네-살쾡이와도 같이,
> 악당들을 죽였네-악어와도 같이.
> 그들의 땅을 돌아다니네-독수리와도 같이

131) 마치에이 스트리코프스키(Maciej Stryjkowski, 1547~1586에서 1593 사이). 폴란드, 리투아니아의 역사가, 시인, 문필가, 외교관, 가톨릭 성직자. 폴란드에서 몰락한 귀족 혹은 도시민 집안 출신에서 태어나 교구학교에서 9년 동안 수학했다. 그 후 리투아니아 대공국으로 가서 군대에서 복무하며 여러 전투에 참가했다. 1570년대 초부터 역사서를 집필하기 시작하여 폴란드, 루스, 리투아니아 대공국의 역사를 서술했다. 『폴란드, 리투아니아, 즈무드지, 전체 루스 연대기(*Kronika Polska, Litewska, Żmudzka i wszystkiej Rusi*)』(*Königsberg,* 1582)가 대표적 저작이다.

그는 용맹했네—들소와도 같이.

그림 104 할리치의 성 판텔레이몬 교회 현관. 12-13세기 할리치나 건축의 기념물이다(현재는 성 스타니슬라브 성당으로 쓰인다)

로만은 할리치나 땅을 두 번째로 정복한 후 보야린 계층과 맹렬하게 싸우기 시작했다. 그 당시의 폴란드인 연대기 저자였던 카들루벡은 로만이 보야린들의 소유영지(포메스치예)[132]를 거두어들이고 보야린들 자신을 죽이거나 다양한 방식으로 고문하는 일이 어떻게 진행되었는지를 강렬한 표현으로 서술하고 있다. 이런 과정 속에서 로만은 "벌을 죽이지 않으면 꿀을 먹지 못해"라고 말했다고 한다. 십중팔구 로만의 잔인한 행동에 대한 카들루벡의 이 같은 이야기들 속에는 지어낸 것도 많을 것이다. 그러나 보야린들에 대한 로만의 혹독한 징벌은 로만의 명성과 그에 대한 민중의 호감을 강화하는 데 기여했을 뿐이다. 할리치나의 보야린들은 공령 지역에서 너무나 큰 세력을 장악했고, 자기네 권력을 이용하여 평민들을 압박하고 농노로 삼

132) 앞에서도 지적했듯이 모스크바 공국에서는 포메스치예란 군주들이 군관직 봉사자들에게 내려준 복무조건부 보유지를 일컫는 말이었다. 따라서 그것은 대개 세습가산을 절대소유지로 가지고 있던 공이나 귀현들의 소유지에 대해 적용할 수 있는 말은 아니다. 흐루셰브스키는 이 말을 귀족의 소유지라는 의미로 다소 느슨하게 쓰고 있는 듯하다.

그림 **105** 어느 볼린 공(**17**세기 초의 그림. 당시 볼로디미르에서 발견된 초상화에 바탕을 두고 그린 것이다).

았던 반면, 보야린에 대해서는 재판도 행정 처분도 적용되지 않았다. 자체의 대규모 드루쥐나를 거느리고 수중에 모든 직책을 장악한 채 조금도 자제할 줄 몰랐던 보야린 두목들의 거만함과 탐욕에 대해 주민들은 불만을 호소했다. 보야린들은 일부러 공들을 자주 교체하려고 애썼는데, 이는 사실상 모든 통치를 자기들 수중에 장악하기 위함이었다. 보야린에게 적대적인 공(公) 중심적 정신으로 쓰인 할리치나 연대기에서는 한 걸음을 옮길 때마다 보야린의 음모, 자기애, 오만방자함에 대한 불평을 읽을 수 있다. 다음과 같은 장면을 읽는 것은 흥미롭다. 보야린인 도브로슬라프는 할리치[133]를 거쳐 격식도 전혀 차리지 않고 잠옷만 입은 채 말을 달려 공에게 가곤 하는데, "그는 너무나 기고만장해서 땅을 내려다보지도 않는다", "할리치나 사람들은 그의 등자를 보면 달아난다". 로만이 보야린층과 싸울 때 어찌해서 민중의 호감과 동감이 모두 로만에게만 몰렸는지는 이 같은 관계로써 잘 설명된다.

힘 있고 준엄하고 강력하며 그 누구도 자기를 깔보는 것을 용납하지 않

133) 할리치나의 중심도시.

는 공이라는 로만에 대한 명성은 우크라이나 전역에 널리 퍼졌을 뿐 아니라 이웃 국가들에도 전파되었다. 그 당시의 그리스인, 폴란드인 저자들도 로만에 대해 그러한 평을 해 놓고 있다. 그리고 이 같은 명성은 우크라이나에 희망을, 마지막 희망을 불러일으켰다. 그것은 우크라이나에 질서를 확립하고 자기 수중에 공들을 장악하여 그들의 분쟁을 끝내고, 수즈달 공 브세볼로드 같은 외부의 음모자가 우크라이나의 일에 개입하는 것에 한계를 긋고, 폴로베츠인들과 다른 적들을 평정하고 지리멸렬해진 우크라이나의 삶을 마침내 개선해줄 사람이 드디어 여기, 로만이라는 인물 속에서 출현하고 있다는 희망이었다. 로만이 자기 장인이자 키예프 공인 류릭을 치러 키예프 원정에 나섰을 때 키예프 주민들은 공들 간의 내전에 개입하지 않는다는 그들의 평상시의 원칙을 무시하고 로만 앞에 키예프 대문을 열어주었고 그를 자기들의 공이라고 선포했다. 그들은 필시, 이 준엄하고 강력한 공이 자기 아버지와 할아버지의 수도였던 도시를 장악하면 키예프의 산산이 부서진 힘을 다시 들어 올려주며 그 영광스러운 과거를 다시 소생시켜 줄 것이라는 희망을 품고 있었을 것이다. 그러나 이 희망은 실현되지 못했다. 로만은 이 순간에 자기가 직접 키예프 공의 보위를 차지하는 것은 자기를 위해 적절하지 못하다고 생각했고 여기에 자기 사촌형제인 야로슬라프를 앉혔다가 그 다음에는 류리코비치에 속하는 로스티슬라프를 앉혔다. 그래도 어쨌거나 키예프는 로만에게 전적으로 의존하고 있었으며, 로만 자신도 아마 시간이 좀 흐르면 반드시 키예프 공령을 자신의 직접적 권력 아래 장악했을 것이다. 당대 사람들도 이를 느끼고 있어서 로만을 전 루스 공령들의 우두머리, '대공' 혹은 '차르(царь)',[134] '온 루스의 유일지배자

134) 슬라브 국가에서 통치자를 황제로 칭할 때 사용한 칭호. 어원적으로 고대 로마의 카이사르라는 칭호와 밀접한 관련이 있으며, 중세 슬라브 사회에서 차르 칭호는 최고 통치자, 특

(사모데르줴츠, самодержец)'[135]라 불렀는데, 이는 그가 우크라이나에서 차지하고 있던 그 결정력 있는 지위를 적시(摘示)하고 싶은 소망을 담은 말들이었다. 그러나 로만의 계획은 실현되지 않았다. 그는 1205년 폴란드 공들을 치기 위한 원정에 나섰다가 전혀 예기치 못하게 전사했다. 우크라이나의 정치생활을 부흥시키려는 희망은 사라졌고, 할리치나-볼린 국가 자체도 로만의 죽음과 더불어 그 가장 밑바닥에서부터 흔들리는 것으로 보였다.

36. 로만의 아들들

로만이 사망한 후 그의 어린 아들들이 남았다. 큰 아들 다닐로는 겨우 세 살이었고 막내아들 바실코는 돌잡이 아기였다. 통치권을 손에 넣은 사람은 그들의 어머니로서 로만의 젊은 공비(公妃)였던 여인이었는데 그녀는 로만의 친구이자 동맹자였던 헝가리 국왕 앙드라슈[136]의 후견과 보호 아래 놓여 있었다. 우리가 알다시피 헝가리는 이미 오래전부터 카르파티아 산맥

히 비잔티움 제국의 황제를 지칭하는 것이었다. 슬라브인 중에서는 제1차 불가리아 제국의 통치자 시메온 1세가 차르로 대관식을 올렸다(911년). 러시아 역사에서는 트베르의 미하일 공이 금장한국에 대한 복종을 거부하면서 루스의 차르를 칭한 선례가 있고, 모스크바 대공 이반 3세(재위: 1462~1505)가 '차르'라는 용어를 사용하여 독립국 군주의 권위를 과시하고자 했다. 이 칭호는 이반 4세 때부터 국내외적으로 공식적으로 사용했고, 1917년 혁명으로 제정이 붕괴될 때까지 러시아의 통치자들은 일반적으로 계속해서 '차르'라고 불렸다. 반면 우크라이나에서는 이 칭호가 그리 자주 사용되지는 않았는데, 사람들이 로만을 '차르'라 불렀다는 것은 그에게 그만큼 큰 기대를 보냈다는 것을 말해준다.

135) 야로슬라프에게는 '사모데르좌베츠'라는 칭호가 사용되었다고 했는데, 이는 '사모데르줴츠'와 같은 의미를 가진다. 즉 이 두 칭호는 모두 '유일지배자'를 뜻한다.

136) 헝가리 국왕과 크로아티아 국왕을 겸했던 앙드라슈(András) 2세(재위: 1205~1235)를 말한다.

을 넘어서서 카르파티아 동쪽의 우크라이나 땅인 할리치나도 합병하고자 열망하고 있었다. 카르파티아 산맥 서쪽 기슭의 헝가리령 우크라이나를 이미 지배하고 있었던 것처럼 말이다. 이제 헝가리 국왕은 할리치나의 최고 지배자라는 역할을 거머쥐기 위해, 로만 가족과 이 가족 지지자들의 청원을 이용했다. 그는 헝가리 군대를 이끌고 할리치나로 들어가서 '할리치나와 볼로디메리아의 국왕(Galiciae Lodomeriaequae rex)'이라는 칭호를 스스로 채택했다. 로만의 부인과 그녀의 보야린들은 그의 최고 지배권 아래서 로만의 어린 아들들의 이름으로 할리치나를 다스려야 했다.

그러나 로만의 지배 아래서 억압을 받았던 할리치나의 보야린층은 무서운 군주가 사라지자 다시 고개를 들기 시작했다. 보야린들은 할리치나 공의 보위를 염두에 두고 있던 여러 공들과 교섭하는 데 착수했고 그들을 할리치나로 불러들이기 시작했다. 그들 가운데 특히 두각을 드러낸 사람들은 저 유명한 『이고리 원정기』의 주인공인 이고리 스뱌토슬라비치의 아들들이었다. 그들은 보야린들의 도움을 받아 로만의 공령들을 다스리기 시작했으나 그들 역시 보야린들의 전횡과 박자를 맞추지는 못했다. 보야린들은 그들에 맞서 음모를 꾸미기 시작했고 이고리예비치들(이고리의 아들들-옮긴이)은 이를 눈치 채고 그들을 몰살하려고 생각하게 되었다. 어떤 계기가 왔을 때 그들은 많은 -연대기 저자의 기록을 따르자면 수백 명에 이르는- 보야린들을 집단적으로 죽이는 데 성공했다. 이때 살아남은 보야린들이 헝가리인들로 하여금 이고리예비치들에게 대적게 했고 이들을 잡아들인 후 교수형에 처해 버렸다(1211). 이는 우크라이나에서 일찍이 일어난 적이 없는 사건이었다. 왜냐하면 이 나라에서는 심지어 민중봉기가 일어났을 때에도 공의 인신은 불가침의 것으로 여겨졌기 때문이다. 그런데 이 사건 이후 보야린 집단은 할리치나 공국에서 공의 권력이 공고해지는 것을 허용하지 않기로 결정하고 일부러 공들을 갈아 치우곤 했다. 즉 한 사람을 초빙해 그가 공의 보위를 차지하도록 돕고 나서 그 다음에는 다른 사람을 불러들여 그의 편으로 넘어가서 선임자가 물러나지 않을 수 없게 만들곤 했던 것이다. 공들을 그렇게 농락함으로써 보야린들은 공령을 실질적으로 자기네 수중에 휘어잡고 이를 자기네 멋대로 지배하고자 했다. 다른 사람들은 이 계획은 헝가리 국왕의 통치 아래서 더 멋들어지게 실현될 수 있으리라고 생각했다. 왜냐하면 헝가리 국왕은 명목상으로는 지배자이지만 실제로는 보야린들에게 자기 이름으로 통치하라고 위임할 것이기 때문이었다. 할리치나 공의 보위를 자기가 직접 차지하리라고 기대하는 허영꾼들도 있었고 때로는 그들이 뜻을 이루기도 했다.

로마노비치들(로만의 아들들—옮긴이)이 처한 그 같은 동란과 고립무원의 처지를 보고 헝가리 국왕은 마침내 그들을 자기네 운명에 내맡기고 할리치나를 직접 자기 통치권 아래 두기로 결정했다. 이를 위해 그는 1241년, 역시 로만의 계승자가 될 것을 염두에 두고 있던 폴란드 공 레셱(Leszek)[137]과 조약을 맺었다. 그래서 앙드라슈의 아들인 어린 왕자 콜로만을 레셱의 딸과 결혼시키고 그에게 로마 교황이 보내준 관으로 대관식을 올려준 다음 그를 할리치에서 왕으로 앉혔다. 레셱은 이때 페레미쉴 분령지와 베레스테 분령지를 자기가 차지했고 로마노비치들에게는 볼로디미르 공령을 주었다. 그러나 이 협의는 오래 계속되지 않았다. 앙드라슈 국왕은 곧 레셱과 사이가 틀어졌고 할리치나를 로마 교황에게 종속시키고자 하는 앙드라슈의 노력은 할리치나에서 봉기를 불러일으켰다. 앙드라슈는 로마교황이 그의 아들에게 할리치나의 국왕으로 대관식을 올려주는 데 대한 대가로 할

137) 백공(白公)이라는 별명을 가졌던 레셱 1세(1186년 무렵~1227년)를 말한다.

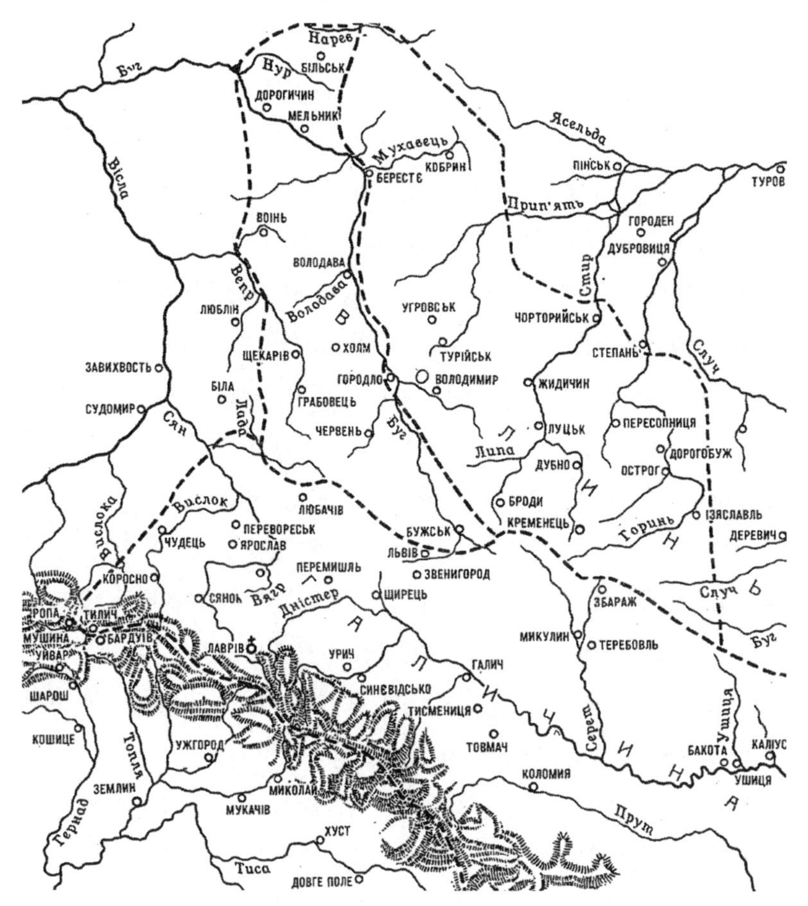

그림 **106 13–14**세기의 할리치나–볼린 국.

리치나를 가톨릭교회와의 통합으로 인도하겠다고 교황에게 약속했다. 그러나 할리치나 주민들은 교회통합을 원하지 않았다. 레섹은 이름 높은 전사 류릭 용맹공(Рюрик Удалой)의 조카인 므스티슬라프를 부추겨 콜로만에게 맞서도록 했고 므스티슬라프는 헝가리인들을 할리치나에서 쫓아내버렸다. 그러나 이 짧은 헝가리 지배는 흔적 없이 지나가버리지 않았다. 100

년 후에는 할리치나-볼린 공령들을 정복할 목적으로 바로 이 비슷한 헝가리-폴란드 동맹이 되살아났고 이것이 오랜 기간에 걸친 폴란드의 할리치나 지배로 이어졌으며, 로마노비치 시절에 헝가리가 할리치나를 점령한 것에 기원을 두는 헝가리의 할리치나 영유권 주장은 마침내 '역사적 권리' 구실을 하면서 할리치나가 1772년 오스트리아에 합병[138]되는 근거가 되었다.

이때 끊임없는 전쟁, 모반과 음모의 와중에서도, 상존하는 불안과 위험의 소용돌이 속에서도, 로마노비치들은 자라났다. 그들은 적들을 피해 아버지의 공령을 벗어나 몸을 숨기거나 이웃 지역 지배자들의 궁정을 떠돌아다니고 추방의 쓰디쓴 빵을 먹어야 했던 적이 한두 번이 아니었다. 그러나 어디를 가든 젊은 공자들을 위해 선친의 충성스러운 보야린들이 와 주었으니 그들은 로만의 아들들의 찬란한 미래에 대한 믿음으로 가득 차 있는 사람들이었으며 로마노비치들이 자기 이름과 권리를 높이 존중하도록 교육했다. 그리고 비범한 끈기와 인내심을 가진 로마노비치들은 성장하자 자신들의 세습 공령들을 수합하기 시작했다. 그들은 그 어떤 실패와 방해에도 사기를 잃지 않았으니, 마치 거미가 자기의 표시지점을 붙잡은 다음 천장에서 여섯 번을 무너져 내려도 일곱 번째에는 마침내 그곳에 자기 거미집을 견고하게 짓는 데 성공하는 것을 방불케 했다.

폴란드-헝가리 조약에 따라 로마노비치들은 볼로디미르를 지배했고 무엇보다 이곳에서 확고하게 세력을 굳혔다. 이곳의 보야린 집단은 그들에게 충성을 바쳤다. 이곳 보야린들은 민중과 함께 로만에 대한 기억을 신

138) 할리치나는 14세기에 폴란드 지배 아래 들어간 후 18세기 후반까지 폴란드의 지배를 받고 있었고 헝가리는 오스트리아-합스부르크 제국의 지배를 받고 있었다. 18세기에 폴란드 세력이 약화되어 프로이센, 러시아, 오스트리아 세 나라 사이에 폴란드 영토의 분할합병이 이루어졌을 때 당시 폴란드령이었던 할리치나는 오스트리아의 지배 아래 들어갔다. 이때 근거가 된 것이 바로 13세기에 헝가리 왕실이 할리치나를 지배했다는 역사적 사실이었다.

성하게 받들었고 그의 가족들을 굳건하게 지지해주었다. 볼린의 다른 공들은 더러는 죽기도 했고 또 더러는 할리치나의 동란에 개입해 로마노비치들과 맞서 싸우다가 자기네 영지를 상실하기도 했다. 1230년대에 이르러 로만의 아들들은 이미 볼린의 거의 전역을 지배했고 이는 그들에게 큰 힘이 되어주었다. 그들은 므스티슬라프가 사망하자 볼린에 거점을 두고 헝가리 국왕 및 적대적 경향을 지닌 할리치나 보야린 집단에 맞서서 할리치나를 차지하기 위한 본격적인 투쟁에 들어갔다. 민중의 동정은 이곳에서도 다닐로 편에 모아졌다. 보야린 권력자들은 민중에 대한 불의, 전횡, 행정상의 무질서 때문에 사랑받지 못했다. 이곳의 민중과 소시민들은 다른 공령에서와 같은 중요한 역할을 하지 못하고 있었다. 민회는 보야린 집단에 의해 박해받았다. 그러나 도시의 주민들은 적절한 기회만 있으면 언제나 다닐로 편으로 결집했고 싸움의 승기가 그의 편으로 기울어지도록 기여한 적도 한두 번이 아니었다. 곧이어 로마노비치들의 우세는 이곳에서도 감지되기 시작했다. 이와 함께 그들은 선친의 선례를 따라 동쪽, 키예프 방면으로 권력과 영향력을 확대하기 위해 노력했다. 1240년, 타타르 침입의 시기에 키

그림 **107** 홀름 인근 스톨피 마을 가까이에 있는 다닐로의 성탑 폐허.

예프에는 다닐로의 총독이 주재하고 있었다. 다닐로는 그 후에도 타타르인들과 싸울 준비를 하면서 키예프와 동부 우크라이나로 나아갈 태세를 갖추었다. 다닐로가 할리치나-볼린의 자기 세습영지를 수합한 후에는 자기 동생과 함께 동부 우크라이나 영지들의 수합으로 나아갈 것이라고 기대할 만했다. 그들이 볼린의 공령들을 모두 지배하고 있었던 반면 동부 우크라이나의 공들은 지난 4반세기 동안 더욱 분열되고 약화된 상황인지라 다닐로 형제의 세력이 이제는 훨씬 더 강력해져 있었기에 그런 기대는 더욱 할 만했다.

그러나 이를 방해하는 세력으로 타타르인들이 등장했다.

37. 타타르인들의 학살

중앙아시아의 초원지대는 한 유목민 집단이 우크라이나 주민들과의 싸움으로 약화되고 그들과 교류함으로써 자신들의 사나운 성격도 상실해 버리고 나면 그런 유목민들 대신 또 다시 새로운 약탈적 유목민 집단을 쉴 새 없이 흑해 연안 초원지대에 던져 넣음으로써 우크라이나의 삶과 문화에 이미 그토록 여러 차례 심각한 타격을 입힌 바 있다. 그런데 우크라이나의 삶에 이루 헤아릴 수 없는 재난을 초래할 또 하나의 약탈적이고 사나운 유목민 집단이 중앙아시아 초원지대로부터 돌진했다. 이들은 1230년대에 우크라이나로 쳐들어온 몽골-타타르인들이었다.

이 새로운 움직임은 우리에게 그 첫 단계부터 상세하게 알려져 있다. 그 출발점의 상황을 우리가 대개 알지 못하고 있는 과거의 유목민 집단들의 공격과는 다르다. 새로운 이동의 첫 계기를 제공한 것이 아무르 강 계곡

남부 지방의 몽골 유목민 집단들이었음을 우리는 알고 있다. 이들 종족은 오랫동안 그 어떤 중요한 역할도 한 적이 없이, 자기네 서쪽 이웃인 동부 투르크인들의 지배를 받고 있었다. 12세기 말에는 부족 지도자 중 한 사람인 테무친이 몽골인 유목 집단들을 통일하더니 그 다음에는 인근의 투르크인 종족들과 타타르인 종족들도 자기 휘하에 복속시키기 시작했다(이웃 민족들은 몽골계 종족들 및 이들과 접경한 지역의 종족들을 통칭해서 타타르인들이라 부르고 있었다. 몽골인들은 그들에게 복속된 유목민 집단들과 함께 이 타타르인이라는 이름으로 동슬라브인들의 사료 및 유럽 일반의 사료에 등장한다). 테무친은 '칭기스칸' 곧 유일 지배자로 선포되었다. 칭기스칸은 인근 국가인 탕구트인들의 나라와 북중국을 복속시켰고, 그런 다음에는 투르케스탄 혹은 그 당시 명칭으로 하자면 호레즘의 칸과 전쟁을 하기 시작해서 그를 격파했는데, 이것과의 연관 속에서 투르케스탄 초원지대와 이어져 있는 카스피해–흑해 연안 초원지대로 원정한다는 문제가 떠올랐다. 그 외에도 폴로베츠인들이 테무친 군대와 맞서는 투르케스탄의 전쟁에 가담했으며 이로써 그의 공격을 자초했다는 보고가 있다. 테무친은 자기 아들 쥬치를 이 원정에 파견하고자 했다. 그러나 쥬치는 이를 회피했고 그래서 유목민 집단의 탁월한 지도자 가운데 한 사람인 수부타이가 원정에 파견되었다. 1220년, 수부타이는 카프카스 이남지방을 유린한 다음 데르벤트를 넘어 북 카프카스 지방을 거쳐 진군했다. 폴로베츠인들은 야스인, 체르케스인 등등 다양한 인근 종족들과 함께 수부타이를 대적하러 나섰다. 그러나 수부타이는 폴로베츠인들을 설득하여 그들의 동맹자들을 내버려두게 한 다음 동맹자들을 분쇄했고 그런 후에는 바로 폴로베츠인들 자신을 향해 공격의 화살을 돌려 돈 강 유역 초원지대에서 이들의 군대를 완전히 궤멸시켰다(1222).

그림 108 페레미쉴 주교의 예관(이 예관에 대해서는 다닐로 왕의 왕관을 고쳐 만들었다는, 신빙성 적은 전승이 전해지고 있다).

그러자 폴로베츠인들은 우크라이나 공들에게 원조를 청해왔다. 최근에 들어와서 공들은 폴로베츠인들과 아주 사이좋게 지내고 있었다. 므스티슬라프 용맹공(Мстислав Удалой)은 폴로베츠 칸인 코탄의 딸을 아내로 두고 있었는데, 폴로베츠인들을 돕지 않으면 그들이 타타르인들과 결탁하게 될 것이고 그렇게 하면 타타르인들은 더욱 큰 세력으로 루스를 습격할 것이라는 예상도를 제시하면서 폴로베츠인들을 돕도록 다른 공들을 설득하려 애썼다. 이는 일리가 있는 말이었다. 그러나 공들은 폴로베츠인들을 돕기로 결정하면서 이 역할에 지나치게 매료되었고 친절을 베풀면서 지나치게 멀리 나아갔다. 그들은 전 우크라이나 공령들에서 군대를 모은 다음 이들을 이끌고 초원지대 깊숙이 들어갔다. 타타르인들을 찾아내기 위해서였다(1224). 그리하여 칼카 강변에서 전투가 벌어졌다. 우크라이나 군대는 용감하게 싸웠으나 폴로베츠인들은 버티지 못한 채 갑자기 도주하기 시작했고 이는 우리 쪽 군대 내에 혼란을 초래했다. 우크라이나 군대도 역시 도주 태세로 돌아섰고 완전히 궤멸되었다. 수많은 사람이 전사했다. 키예프 공 므스티슬라프만이 자기 군대와 함께, 도주하지 않은 채 방어했다. 그러나 그는 타타르 군대에 있던 브로드니키(бродники, 초원지대 우크라이나인들)[139]의 말을 신뢰하여 그들에게 항복했지만 이들은 맹세를 지키지 않았다. 이들은 그를 다른 공들과 함께 타타르인들에게 넘겨버렸다. 타타르인들은 포로가 된 공들을 나무 판 아래 눕힌 다음 그 위에 앉아 식사를 했으니 공들은 이리하여 질식당해 죽었다!

이 일이 있은 후 타타르 군대는 투르케스탄 쪽으로 되돌아갔으며, 도중에 볼가 강 유역지대를 쑥대밭으로 만들었다. 얼마 있지 않아서 우크라이나에서는 타타르인들에 대해 생각조차 하지 않게 되었다. 그런데 이 원정 이후 타타르인들에게는 흑해 연안 지역과 인접지방들을 점령한다는 것이 이미 기정사실이 되었으며 단지 최초의 적절한 기회가 올 때까지 그 시기만 미루어지고 있을 뿐이었다. 1227년 테무친이 사망하고 그의 국가는 그의 아들들 사이에 분할되었다. 그들은 대칸의 종주권 아래서 각기 자신의 분국(分國)을 다스려야 했는데, 대칸은 그들 중에서 선출되어야 했다. 여기서 서쪽 나라들은 쥬치의 아들인 바투(혹은 루스의 연대기 저자들이 부르는 대로 하자면 바트이)에게 주어졌는데, 그는 아버지의 뜻에 따라 흑해 연안 지역 점령에 종사하지 않으면 안 되었다. 그는 1236년 대군을 이끌고 이곳으로 이동해왔으며, 연로한 수부타이도 그를 수행했다. 원래 그의 군대에 몽골인들은 많을 수가 없었고 주력을 이루는 것은 투르크계 병력이었다. 이들을 루스의 사료에서는 타타르인들이라 부르고 있다.

원정은 카스피 해와 우랄 산맥을 잇는 초원지대에서부터 시작되었다. 타타르인들은 볼가 강 유역의 불가리아,[140] 모스크바-수즈달 공령 및 랴잔 공령을 유린했고 모든 것을 절멸시키고 파괴하면서 자그마치 볼가 상

139) 보르드니키 혹은 프로드니키, 보로니키 등 다양한 이름으로 불린다. 슬라브인과 초원민족들 사이의 혼혈민족으로 주로 볼가 강 유역 초원지대에 거주했다.

140) 볼가 불가르인들의 땅을 말한다.

상류 유역으로까지 행군해갔다. 이곳에서 그들은 흑해 연안 초원지대를 향해 떠나갔는데, 이는 폴로베츠인들을 끝장내기 위해서였다. 타타르인들은 흑해 연안에서 거의 2년을 머무르면서 폴로베츠인들을 완전히 궤멸시켰다. 이들 가운데 살아남은 사람들은 그 후 서쪽, 주로 헝가리로 이동해갔다. 그런 다음 타타르인들은 북카프카스 지방을 정복했고 1239년 가을부터는 우크라이나의 공령들을 공격하기 시작했다. 그들은 돌격으로 페레야슬라브를 점령한 다음 걸리는 사람은 모두 약탈하고 죽였다. 심지어는, 그들이 대체로 성직자는 건드리지 않는다는 관습을 가지고 있었음에도 주교를 살해하기까지 했다. 타타르인들의 두 번째 부대는 체르니히브로 접근해갔다. 체르니히브 공은 온 힘을 다해 이들에 맞서 싸웠으나 전투에서 버티지 못하고 큰 손실을 입은 채 후퇴할 수밖에 없었다. 이 일이 있은 후 도시는 함락되었고 불태워졌다. 이것이 우리의 유일한 사료인 할리치나 연대기가 말해주고 있는 것 전부이다. 연대기는 또 한 가지, 이 원정 당시 뭥케 칸이 키예프로도 접근했었다는 것도 언급하고 있다. 그는 드니프로 강가에서 행군을 멈추고 쉬는 동안 키예프의 크기와 아름다움에 감탄하면서, 항복하라는 제안을 이 도시에 보내왔다. 키예프 사람들은 이 제안을 거절했으나, 그 당시 키예프를 차지하고 있던 미하일로 공은 페레야슬라브와 체르니히브를 덮친 운명을 보고 용기를 잃은 채 키예프를 떠나 버렸다. 일반적으로 말해, 이 제2차 타타르 침입 시기에는 공들이 자기 한 몸만 생각한 채 사방팔방으로 흩어져 도망가 버렸다. 제1차 타타르 침입 시기에는(1223) 단결하여 버티는 데 성공했었던 것과 대조되는 사태였다.

1년이 지나갔다. 1240년 말, 초원에서 휴식을 취하고 난 타타르인들은 서쪽으로 이동하여 무엇보다도 키예프로 접근해왔으며 엄청난 진영을 배치하여 이 도시를 포위했다. 이 약탈적이고 사나운 유목민 집단은 무시무시한 인상을 불러일으켰다. 짐수레에서 나는 삐거덕 소리, 낙타가 으르렁거리는 소리와 말의 무리가 내는 히힝거리는 소리 때문에 시내에서는 말소리를 알아들을 수도 없었다고 연대기 저자는 쓰고 있다. 그러나 이러한 억눌린 상황 속에서도, 그들을 기다리고 있는 것이 무엇인지를 페레야슬라브 사람들이나 체르니히브 사람들의 선례를 통해 알고 있던 키예프 사람들은 군정사령관 드미트로의 지도 아래 씩씩하게 방어에 나섰다. 드미트로는 할리치나-볼린 공 다닐로가 이곳으로 보낸 사람이었다. 바투는 드니프로 강 쪽에서 접근해 와서 성벽을 부수기 위해 이곳에 자기의 성벽파쇄용 공이를 배치했다. 일반적으로 타타르인들은 도시를 포위하는 데 그들 나름의 기술을 가지고 있었다. 그들은 밤낮을 가리지 않고 쉴 새 없이 성벽을 쳐댔다. 성벽이 부수어지기 시작했으며 사람들은 드미트로의 지휘 아래 성벽의 뚫린 틈을 방어하기 위해 분연히 나섰다. 창이 부러지고 방패가 박살나며 빽빽한 화살이 햇빛을 가려 어두워지는 모습은 보기에도 끔찍했노라고 당대인은 쓰고 있다. 포위당한 키예프 사람들은 패배했고 타타르인들이 성벽을 장악했다. 고된 전투에 지친 타타르인들은 그 후 꼬박 하루 동안 휴식을

그림 109 할리치나 공의 인장. 레프 다닐로비치 공의 모습을 담은 것으로 보이며 그의 손자가 사용했다.

취했다. 이 소강기를 이용하여 키예프 사람들은 온 힘을 모으고 성 볼로디미르(블라디미르)의 옛 본당 교회인 십일조 성모교회 주변에 보루를 구축했다. 끝까지 방어하기 위해 사람들이 이곳으로 모여들었다. 그러나 보루는 튼튼하지 못했고 타타르인들은 다음날 이를 금방 점령해 버렸다. 그러자 사람들은 절망에 빠진 채 십일조 교회의 높은 합창석으로 몰려들기 시작했다. 위풍당당하던 건물은 그토록 많은 사람들의 무게를 감당하지 못하고 무너져 내렸으며 자신의 잔해로 사람들을 내리덮어버렸다. 이 일이 일어난 것은 1240년 12월 6일이었다. 고(古) 키예프 공국의 역사는 이렇게 막을 내렸다. 살아남은 키예프 사람들에게 무슨 일이 일어났는지, 사료는 말해주지 않는다. 사료에는 단지, 바투가 드미트로에게 "그의 용감함을 봐서" 사면을 베풀어 주었다는 것만 언급되어 있다. 후대에 와서는 키예프의 파괴가 모두 바투의 이 학살 때 일어난 것으로 돌리는 것이 일반적이다. 그러나 실제로는 키예프는 이미 그 이전 100년 동안 두 번의 무시무시한 유린과 여러 번에 걸친 좀 더 작은 규모의 파괴를 겪었다. 또 다른 한편으로, 타타르 학살 때 무사히 보존되었던 것들이 그 후에 많이 파괴되기도 했다.

키예프 부근에서 상당히 많은 시간을 허비했던 바투는 키예프 공령, 볼린, 할리치나를 빠른 속도로 통과한 후 폴로베츠인들을 추격하여 헝가리로 걸음을 재촉했다. 그 누구도 그에게 이렇다 할 만한 제대로 된 저항을 해보지 못했다. 키예프가 함락되었고 타타르인들이 서쪽으로 계속 오고 있다는 소식이 이곳에서 모든 사람을 너무나 대경실색케 하는 바람에, 공이건 보야린이건 일반 평민이건 할 것 없이 모든 사람들이 닥치는 대로 뿔뿔이 도망가 버렸다. 바투는 손쉽게 항복한 도시들을 차지하거나, 항복하라고 주민들을 설득하거나 했고, 주민들이 항복하면 그들을 몰살했다. 완강하게 버티는 도시들은 그대로 내버려 둔 채 계속 이동해 갔다. 그래서 볼린의 수도인 볼로디미르가 기습공격으로 점령되었고 수많은 민중이 떼죽음을 당했다. 볼로디미르에서는 산 목숨 하나 찾아 볼 수 없었고 교회는 주검으로 가득 찼다고 연대기는 기록하고 있다. 할리치를 비롯해서 다른 많은 도시들도 마찬가지로 점령되었다. 별도의 타타르 부대가 폴란드, 실레지아, 모라비아를 유린했고 그들에게 대적하고자 시도하는 군대들을 분쇄했다. 바투는 주력부대를 이끌고 '루스키 보로타(Руські ворота)'[141]를 지나, 즉 스트리 강[142] 상류에서 라토리차 강[143] 상류로 나아가 헝가리로 행군해 들어갔다. 그는 솔레나 강변에서 헝가리 군대를 격파했고 헝가리를 점령했으며, 아마도 이곳에서 정착하려는 소망을 품고 있었음이 거의 틀림없다. 그러나 이때 대칸[144]이 사망했다는 소식이 전해졌으며, 바투는 그의 자리를 차지하기를 바라는 마음에서 대칸 선출 때 자리를 지키고 있기 위해 귀국길에 올랐다. 1242년 봄, 그는 우크라이나를 거쳐 질풍처럼 빠른 속도로 되돌아갔다. 아무 데도 머무르지 않은 채 동쪽으로, 동쪽으로 계속 달려갔다.

그러나 바투는 대칸이 되지 못했고 자기 무리와 함께 카스피 해 연안 일대와 아시아 초원지대에 자리를 잡았다. 칸의 궁정은 볼가 강 하류에 터를 잡았는데, 이곳에서 그 후 사라이(오늘날의 도시 차레프(Царев)[145] 부근이다)

141) '루스의 대문들'이라는 뜻이며, '베레츠키 페레발'(베레츠 통로)이라는 통칭으로 더 자주 불린다. 우크라이나어로는 보리트스키 페레발(Ворiтський перевал, 대문 통로라는 뜻)이라고도 한다. 동북 카르파티아 산맥 능선, 우크라이나의 르비브 오블라스트와 자카르파티아가 만나는 지점에 위치하고 있다. 이 통로 양쪽으로 라토리차 강과 스트리 강이 나뉘어 흐른다.

142) 카르파티아 산맥에서 발원해 드니스테르 강과 합쳐지는 서부 우크라이나의 강.

143) 우크라이나와 슬로바키아에 걸쳐 흐르는 강. 카르파티아 산맥 동쪽, 서부 우크라이나에서 발원해 슬로바키아에서 넓어진다.

144) 칭기스칸의 아들로 그의 뒤를 이어 대칸(khan)의 자리에 올랐던 외게데이(우구데이 혹은 오고타이, 재위: 1229~1241)를 말한다.

145) 러시아 남부 볼고그라드 주 레닌스키 지구의 작은 마을.

라는 온전한 도시가 형성되어 나왔다. 그 휘하의 여러 유목민 집단들은 드니프로 강까지 이르는 초원지대에 자리를 잡았다. 바투는 복종의 표시로 자기에게 와서 알현하라는 초청장을 루스의 공들에게 보냈으며, 자기 신하들을 사방으로 내보내 '울루스들' 곧 그가 자기 지배 아래 있다고 간주하던 나라들로부터 조공을 징수하게 했다. 동부 우크라이나에도 대러시아 땅에도 음울하고 고통스러운 타타르 지배 시기가 시작되었다.

38. 타타르 지배기

타타르인들이 도착한다는 소식이 전해지자마자 도시의 성문이 닫히고 공들과 보야린들은 어디든 도망가서 살아남으려고만 하던 시절에 이 같은 대격변, 옛 생활의 이 같은 파국을 이용해 자신들의 처지를 향상시키고자 도모하는 사람들, 마을들, 심지어 전 지역들이 있었다. 그들은 타타르인들이 불러일으킨 공황 사태를 이용하여 공-드루쥐나가 지배하는 낡아빠지고 고통스럽고 견딜 수 없는 옛 체제의 족쇄를 부수어버리기를 열망했다. 그들은 억압적인 공의 관리들도, 토지 소유권을 가진 보야린 계급도, 농노제도, 갚지 못한 부채도, 괴로운 중노동도 없는 세상에서 살고 싶어 했고, 끝도 없이 이어지는 공들 간의 골육상쟁이나 공의 군대의 폭력과 징발 때문에 고통받지 않게 되기를 원했다…….

추정컨대 이 사람들은 바투가 처음으로 우크라이나를 가로지르며 다녔을 때(1240~1241년 겨울) 이미 공동체 전체단위로 타타르인들에게 투항했던 것으로 보인다. 그들은 타타르인들에게 곡물로 조공을 바치고 그들의 직접적 권력 아래 복종하며 절대로 고분고분하게 살겠다고 약속했는데,

그 대신 공들은 섬기지 않고 그들 스스로의 권력, 그들 스스로의 원로, 혹은 지방마다 무엇이라 불렀건 그러한 사람들의 다스림을 받기를 원했다.

공들에게서 벗어나고자 하는 주민들의 이 같은 움직임, 이 같은 열망은 타타르인들에게 유리한 것이었다. 그들은 공들의 권력과 일반적으로 말해 인민의 저항의 힘을 약화시켰고, 타타르인들이 이들 지역을 안심하고 지배하는 것을 보장해주었다. 왜냐하면 드루쥐나와 공들이 제거된 고립된 공동체는 그 어떤 진지한 저항도 할 능력이 없었기 때문이다. 연대기 저자의 말에 따르면 타타르인들은 그들에게 곡물 조공을 부과하고 나머지 점에서는 그들을 조용히 내버려두었다. "타타르인들은 그들이 밀과 귀리를 경작하도록 내버려 두었다"라고 그 당시에 생존했던 연대기 저자는 말하고 있다.

우리는 이러한 움직임이 얼마나 널리 전개되었는지 정확하게 알지 못한다. 연대기는 공의 지배체제를 위협하는 이 위험한 움직임을 진압하고자 열망하던 다닐로가 이들에 맞서서 전개한 원정 이야기를 할 때 이들을 '타타르파 사람들(люди татарские)'이라 부르며 잠깐 언급하고 있을 뿐이다. 우리는 볼린 국경지대와 키예프 공령에서 이러한 사람들의 존재를 볼 수 있는데, 다닐로가 이들 지역에서 이들과 맞서 싸웠다. 이는 슬루치 강 유역, 고린 강 유역, 테테레브 강 유역, 부흐 강 유역 등지이다. 그러나 추정컨대 이 움직임에는 키예프 공령 동부지방도 역시 포함되었던 것으로 보인다. 타타르인들은 이 움직임이 공의 힘과 권력, 옛 드루쥐나 체제를 얼마나 심하게 뒤흔들어 놓는지를 염두에 두면서 가능한 한 이 움직임에 포함되는 지역의 범위를 확대시키려고 그들 스스로도 노력했다. 그러나 이 시기 드니프로 강 유역지방에 관해서는 상세한 자료를 전혀 찾아볼 수 없다.

그렇지 않아도 이미 흔들리고 있던 드니프로 강 유역지방의 공-드루쥐나 지배체제는 공들과 보야린들에 대항하는 공동체의 이 같은 움직임과 타타르 상급 지배권의 동시적 작용에 의해 최종적으로 와해되고 말았다. 타타르 통치 초기에만 하더라도 루스의 공들은 바투에게 자신들의 영지와 함께 키예프의 지배권도 인정해 달라고 요청하곤 했다. 수즈달 공 야로슬라프가 맨 처음으로 바투에게 찾아가 자기 권리를 인준해 달라고 요청했고 키예프에 대한 권리도 달라고 탄원하여 이를 얻어냈다. 전체적으로, 공들은 다른 사람이 바투에게서 분령지를 얻어내는 것을 막기 위해 서둘러 이 같은 인준을 받았다. 그들은 어쩌면 자신들에게 적대적인 공동체의 움직임을 두려워하면서, 타타르인들이 이 같은 움직임을 수용해주고 공의 지배권을 철폐하고 도시와 읍락영지들을 타타르인들의 직접 지배 아래 두지 않을까 하는 위협감을 느꼈을 수도 있다. 우크라이나의 공들 가운데 체르니히브 공 미하일로가 체르니히브에 대한 지배권을 보장받기 위해 바투를 찾아갔으나 바투의 궁정(орда)에서 사망했다. 그가 타타르 관습에 따라 불로 정화되는 의식과 칸의 선조들의 초상 앞에 절하는 의식을 거부했기 때문에 타타르인들이 그를 살해했다. 그러나 키예프에 관한 한 공들은 눈앞의 현실적 조건 아래서는 키예프를 어떻게 해볼 도리가 없다는 것을 곧 깨닫게 되었으며, 키예프는 오랫동안 지배자로서의 공을 한 사람도 가지지 못했다. 페레야슬라브도 공이 없는 지역이 되었다. 체르니히브 공령 남부 지역의 경우 스스로 체르니히브 공이라 자칭하는 공들이 아직 존재하기는 했지만 그럼에도 이 지역 자체는 완전히 몰락했다. 이 지역의 공들은 멀리 북부로 이주하여 타타르인들에게서 멀리 떨어진 옛 뱌티치 공령으로 들어갔다. 이들의 후예는 이곳 뱌티치에서 13세기 후반, 14세기에 들어 엄청나게 수가 많아졌지만 그와 함께 거의 모든 정치적 중요성을 잃어버리고 점차 단순한 대지주로 변해갔다. 점점 더 많은 공, 보야린, 고위성직자 집단이 우크라이나의 드니프로 유역지방을 떠나 다른 지역으로 이주해 갔다.

타타르 지배 아래서 일반 주민들의 생활은 루스인 공이나 보야린 지배 아래 있을 때보다 그렇게 더 힘들지 않았다. 특히 타타르 지배 초기, 금장한국에서 칸의 권력이 강성해서 휘하 타타르인들을 단속하면서 그들이 '타타르파 사람들'을 못살게 구는 것을 용납하지 않았던 시기에 대해 그렇게 말할 수 있다. 세금, 농사 등의 면에서는 아마 루스 공이나 보야린들의 지배 아래 있을 때보다 타타르인들의 지배하에서 형편이 더 수월한 면도 있었던 듯하다.

그림 110 카미네츠 리토프스크(베레스테이스크 지방) 인근의 성탑. 볼로디미르 바실코비치 공의 명으로 건립되었다.

그러나 공과 드루쥐나의 특별한 후견과 보호 아래 생활하는 데 익숙해 있던 보야린들, 고위 성직자들, 부자들은 타타르 지배 아래서 공-드루쥐나 체제가 몰락함에 따라 힘겹고 불안한 삶을 살 수밖에 없었다. 그들은 공의 지배 체제가 계속 유지되고 있는 북부 혹은 서부 우크라이나 공령으로 이주했으며, 떠나면서 서적, 성상화, 예술품, 이 지역 문화생활의 기념품들을 함께 가지고 갔다. 비록 드니프로 강 유역 지역이 끝까지 사람 없는 무인지대가 되지는 않았고 노동에 종사하는 일반 주민들은 이곳에 계속 남아 살았지만, 문화생활은 고갈되고 말았다. 문화생활은 웬만큼 큰 수도원들에서 깃들 곳을 얻어내면서 간신히 명맥을 유지했다. 주민들이야 그들의

그림 111 1324년의 편지에서 사용된 볼로디미르 시의 인장.

관심 영역이 먹고사는 일상사의 수준을 넘어서지 못했다. 서적, 성상화, 장식품, 귀중한 건축물들을 보여줄 만한 사람이 아무도 없었다. 이 지역 사람들의 삶에는 아무도 관심을 가지지 않았으며, 그래서 이에 대해 남아 있는 기록도 그렇게 희소하다.

39. 다닐로 왕

드니프로 강 유역지방이 몰락한 후 우크라이나 땅 중에서 옛 시절의 정치, 사회, 문화생활이 보호되고 깃들게 된 곳은 서부 지역인 할리치나-볼린 국가뿐이었다. 마침 바로 이 시기에 이 나라에서는 내부적 혼란이 종식되어 나라는 강력해지고 통합되었으며 단결력이 강해졌다. 바투의 원정이 있은 지 얼마 지나지 않은 1245년 다닐로는 바실코와 함께, 헝가리 국왕의 사위이자 로마노비치들에 대항할 적수로서 헝가리인들의 지원을 받고 있던 최후의 할리치나 왕위 요구자인 로스티슬라프 공을 격파했고, 그 후로는 나라 안에 평안한 분위기가 확립되었다. 다닐로는 할리치나를, 바실코는 볼린을 차지했는데, 두 형제는 이렇게 땅을 나누기 전에도 나눈 후에도 보기 드물 만큼 의좋게 화합하며 살았기 때문에 통치령을 나누었다는 것이 전혀 아무런 눈에 띄는 변화도 가져오지 않았으며, 엄밀히 말해

두 공령은 하나의 강한 국가를 이루었다. 타타르인들의 살육은 그들의 공령 위쪽 지방에서 진행되었고 수많은 파괴를 초래했지만 할리치나-볼린의 체제와 상황에는 깊은 영향을 미치지 못했다. 심지어 타타르 칸이나 타타르 한국이 서부 우크라이나에 대해서도 지배권을 가지는가 하는, 타타르의 상급 지배권과 관련된 문제조차 한동안은 명확히 규정되지 않은 상태였다. 하지만 이 상태는 오래가지는 않았다. 1245년 무렵에 타타르인들은 할리치나 공령 지배 인준서를 금장한국에 간청해 얻어낸 어떤 다른 공에게 할리치를 양도하라고 다닐로에게 요구했다. 다닐로는 자신이 칸에게 복종하지 않고 자기에 대한 칸의 상급자배권을 인정하지 않으면 금장한국이 자기 대신에 다른 공령지배권 요구자를 찾아낼 것이고 자기를 가만 내버려 두지 않을 것임을 깨달았다. 그는 수치스럽고 처연한 기분으로 금장한국으로 가서 칸에게 복종의 예를 바칠 수밖에 없었다. 칸은 예우를 갖춰 그를 맞기는 했지만 자기가 그의 지배자라는 것은 다닐로가 확실히 실감하게끔 했다. 다닐로에게 충성을 다했던 한 연대기 저자가 깊은 통한을 담아 쓴 기록에 따르면 타타르 칸은 다닐로에게 마유주(馬乳酒, 쿠무스)를 대접하면서 이렇게 말했다. "그대는 이제 우리 사람이구려, 타타르인이여. 어서 우리 음료를 드시게나."

다닐로는 칸에게서 자기 공령에 대한 지배권을 인준받았지만 그 대신에 자기가 타타르의 신민이요 칸의 신하임을 인정해야만 했다.

"그렇게 다닐로는 자기 공령으로 와서 형제와 아들들의 마중을 받았다. 그들은 다닐로가 받은 굴욕 때문에 비탄에 빠졌지만 그보다는 그가 살아 돌아왔다는 것을 더 기뻐했다."

실제로 타타르인들에게 예를 바치는 일은 다닐로에게 쓰라리고 수치스러운 일이었지만 그 대신 이 여행 덕분에 그의 지위는 아주 공고해졌다. 이제는 인근 세력 중에서 그 누구도 감히 다닐로를 건드리려 하지 않았다. 이렇게 했다가 자칫하면, 그 당시 전 유럽으로 하여금 이들이 서방으로 새로운 원정을 준비하고 있지나 않을까 두려움에 떨며 귓속말을 주고받게끔 만든 당사자였던 타타르인들의 침공을 스스로 받을 수 있기 때문이었다.

그러나 다닐로는 타타르인들에 대한 종속에 순응하지 않고, 스스로 이 예속을 벗어던지고 키예프 공령에 대한 타타르인들의 지배를 타파할 수 있는 적절한 기회가 오기를 기다렸다. 그는 그 지역에서 벌어지고 있던 공-드루쥐나 체제에 대항하는 공동체 주민들의 운동을 대단히 위험하게 여겼다. 타타르인들이 할리치나-볼린 공령에서도 이 같은 운동을 불러일으키려 시도하고 있었고 이것이 지방별로 호응을 얻고 있었기 때문에 더욱 그러했다. 따라서 다닐로는 이 같은 운동을 어떤 일이 있어도 진압하고 이 운동에 기대고 있는 타타르 지배를 철폐하지 않으면 안 된다고 생각했다. 타타르인들을 만나기 위해 여행하던 도중 그는 역시 칸에게 가고 있던 로마 교황의 사절들[146)]을 만나게 되었는데, 사절들은 서방의 모든 기독교 국가들을 불러일으켜 타타르인들을 물리치기 위한 투쟁에 동참시키고자 하던 교황의 의도에 대해 많은 이야기를 해주었다. 그들은 다닐로에게 로마 교황의 보호 아래 들어오라고 조언했으며 실제로 다닐로 형제는 반(反)타타르 투쟁에서 지원을 얻을 수 있을까 하는 희망을 가지고 로마 교황과 협상을 하기도 했다. 그러나 로마 교황은 지원을 제공할 수 없는 형편이었던 데다, 그러기는커녕 가톨릭과 정교의 교회통합을 받아들이고 교황에게 복종

146) 영어식으로는 흔히 플라노 카르피니의 존(John of Plano Carpini)이라고 불리는 이탈리아 출신의 프란치스코파 수도사 조반니 다 피안 델 카르피네(Giovanni da Pian del Carpine, 1182~1252)가 이끌었던 사절단. 카르피니 일행은 몽골제국에 들어가 대칸을 알현한 최초의 서유럽인들이었던 것으로 알려져 있다. 카르피니는 우크라이나, 중앙아시아를 비롯해서 그의 일행이 지나가는 길에 있던 몽골제국 지배 하 여러 지역의 상황을 기록하였다.

하며 정교 신앙과 차이 나는 가톨릭 교리에 동의하라고 제안했다. 그리고 이에 대한 다닐로의 동의를 끌어내기 위해 그에게 국왕으로 대관식을 올려 주겠다고 약속했다. 다닐로는 왕관에 크게 솔깃하지 않았던 데다 이 때문에 타타르인들의 분노를 사지 않을까 염려했지만 친족들이 그렇게 하라고 그를 설득했다. 1253년 교황 특사(사절)가 왕관을 가지고 와서 도로히친[147]에서 다닐로에게 대관식을 올려 주었다. 그러나 교황에게서 아무 도움도 얻을 수 없음을 알게 된 다닐로는 곧 교황과의 일체의 관계를 끊어 버렸다. 게다가 우크라이나인들을 가톨릭교회에 귀속시키는 것에 관한 협상이 주민들 사이에서 불만을 불러일으켰기 때문에 더욱 그럴 수밖에 없었다. 세간에서는 다닐로와 교황–다닐로 간 협상을 비난하면서 다닐로의 아버지인 로만 이야기를 자주 입에 올렸다. 교황은 로만에게도 왕관을 제안하며 '성스러운 베드로 사도의 검'으로 지원할 것을 약속했지만 로만은 이 유혹에 넘어가지 않았다는 것이다. 그는 교황 사절에게 자기 자신의 검을 보여주면서, 자기의 검이 있는 한 타인의 검은 필요 없다고 말했다고 한다.[148]

그러는 동안 다닐로와 타타르인들의 관계는 이미 너무나 심하게 훼손되어 다닐로는 인근 세력인 헝가리인들과 폴란드인들의 지원을 얻을 희망을 잃은 상태였으면서도 자력으로 타타르인들과 싸우기로 결정했다. 그는 1254년 '타타르파 사람들'에게 대적하기 위해 부흐 강변 지역과 고린 강변 지역에 군대를 보냈으며 다음 해에는 슬루치 강변과 테테레브 강변에서 타타르 권력을 따르는 공동체들과 전투를 했다. 그러나 이 공동체들은 항복

147) 부흐강 하류 유역의 유서 깊은 도시. 볼린 공령에 속해 있다가 다닐로 시기에 할리치나에 귀속되었다. 현재는 폴란드에 속하며 드로히친(Drohiczyn)이라 불린다.

148) 이 이야기는 후대의 기록에 전해진다. 그 당대의 사료에는 로만과 교황의 교섭에 대한 기록이 없다. 그러한 교섭이 있었다는 것 자체는 가능한 일이겠지만, 교황이 로만에게 왕관을 제안했을지는 확실하지 않다. (원저자 주)

하려 하지 않았고 항복을 했더라도 다시 떨어져 나갔다. 다닐로는 자기가 이 운동을 막지 못한다면 이 운동은 우크라이나의 정치생활을 완전히 파괴시켜 버리고 말 것이라는 두려움을 느꼈고 그래서 무슨 일이 있더라도 이를 제압하기로 결심했다. 그는 심지어 가장 가혹한 조치도 마다하지 않았다. 순종하지 않는 도시들은 불태워 버렸고 그 주민들은 포로로 넘겼다. 그는 동맹자인 리투아니아공 민다우가스[149]의 지원을 받아 나중에는 더욱 동쪽으로 키예프까지 진군하려는 마음을 먹었고 그래서 스스로 키예프 공령을 점령할 생각을 했다. 그러나 리투아니아 군은 적시에 신속하게 와 주지 않았고 다닐로는 진격을 연기했다. 그런데 그가 다시 원정을 준비하는 동안 상황은 너무나 급변해 타타르인들과의 전투는 생각조차 할 수 없게 되어 버렸다.

다닐로의 진격에 대한 응답으로 타타르 군의 국경 수비대 장군(투멘바쉬, тумэнбаши)[150]인 쿠레마는 볼린 땅에 대한 공격을 기도했다. 그러나 이렇게 하기에는 그의 병력이 너무 미약했다. 그러자 금장한국으로부터 또 다른 군사 지도자인 부룬다이[151]가 대규모 병력을 이끌고 도착했다. 그러나 그는

149) 민다우가스(Mindaugas, 1203년 무렵~1263년). 동슬라브식으로는 멘도브그(Мендовг). 리투아니아의 대공. 1236년에 리투아니아 전체의 통치자가 되었으며 그 이후로도 계속 영토를 확대해갔다. 발트 해 연안 부족들은 튜튼 기사단과 리보니아 기사단의 위협에 직면하자 1230년대에 민다우가스를 중심으로 힘을 합치기 시작했고 동남쪽으로 세력을 팽창해 가게 되었다. 민다우가스는 전략적 이유에서 로마 가톨릭을 받아들이고 로마교황으로부터 국왕 칭호를 받았으며 리보니아 기사단과도 협력했으나 그 후 가톨릭신앙을 철회했고 리보니아 기사단과도 결별했다. 1263년 그가 조카인 트레니오타(Treniota)에게 암살당한 후 리투아니아 정국은 혼란에 싸이게 되었다. 그는 리투아니아 역사상 최초의 이름 높은 통치자로서 19~20세기에는 리투아니아 민족주의자들에게 높이 평가받게 되었다.

150) 투멘바쉬는 금장한국의 군사 지휘관의 칭호. 만 명 정도의 병력을 지휘했고 칸에게 직속된 지휘관이었다. 러시아어로는 템닉(темник)이라고 한다.

151) 보롤다이(Boroldai)라고도 한다(1262년 사망). 몽골의 뛰어난 군사지도자로 몽골군대의 1차

자기 병력을 믿지 않고 계략으로 로마노비치들을 패배시키려고 계획했다. 그는 그들에게 친절한 태도로 접근해 그들을 금장한국의 신하라고 부른 것이 아니라 '미르닉(мирник)', 곧 동맹자라고 불렀다. 이런 식으로 그들의 주의를 마비시켜 놓은 다음 그는 볼린 땅을 거쳐 폴란드로 진격할 계획을 하고 있다는 소문을 퍼뜨렸다. 그리고 갑자기 볼린 국경으로 다가오더니 볼린과 할리치나의

그림 **112** 유리 르보비치의 모습이 새겨진 인장. 유리 볼레스와프가 사용했다.(가장자리에는 **s. domini georgi regis rusis**, 즉 "루스의 왕 게오르기 전하의 인장"이라는 명문이 새겨져 있다).

공들에게 사람을 보내서, 자기를 그들의 수장으로 맞아야 할 것이라고, 그렇지 않으면 그들을 적으로 간주하겠다고 요구했다. 로마노비치들은 이제야 비로소 타타르의 계략을 알아차렸다. 하필이면 바로 이때 바실코의 딸이 결혼식을 올렸기에 그들은 유쾌하게 즐기고 있던 참이어서 전쟁을 할 준비가 되어 있지 않았다. 그들은 부룬다이에게 가서 머리를 조아릴 수밖에 없었다. 그런데 부룬다이는 로마노비치 형제 지배하의 도시들을 장악하고 나자, 이 땅을 타타르 공격 앞에 무방비 상태로 만들어 버리기 위해 도시의 요새시설들을 파괴하라고 요구했다. 자기들이 부룬다이에게 굴복하고 있음을 실감한 로마노비치 형제들은 감히 저항하지 못하고 사람들을

공격(1236~1242) 때부터 러시아·우크라이나 공격을 이끌었다. 바투의 신하로서 당시 슬라브인들에 대한 몽골의 군사적 우위를 보여주는 데 큰 역할을 했다.

그림 113 삽화112) 인장의 뒷면(가장자리에는 **s. domini georgi ducis ladimerie**, 즉 "볼로디미르 공 게오르기 전하의 인장"이라는 명문이 새겨져 있다.

보내 요새시설들을 파괴할 수밖에 없었다. 다닐로가 사랑한 도시 홀름(헤움) 하나만이 파괴를 면하고 살아남았다. 다닐로는 이 도시를 자기가 특별히 애호하는 곳으로 선택하여 많은 건물을 지어 장식했으며 강력한 요새시설로 도시의 수비를 강화한 바 있다. 로마노비치 형제들은 홀름 총독에게 자기네가 보낸 사절의 말을 듣지 말라는 암시를 보냈으며, 총독은 이를 알아차리고 도시를 타타르인들에게 넘기지 않았다.

이 타격은 다닐로를 완전히 파멸시켰다. 타타르인들과 싸우겠다는 그의 용감한 계획은 수포로 돌아가 버렸다. 그는 인근국가들에 도움을 청했으나 헛일이었고 인근 폴란드 땅과 리투아니아 땅을 병합해 자기 세력을 강화하고자 했으나 성과가 없었다. 그는 자기 아들들에게 줄 양으로 폴란드의 몇몇 큰 도시들(예를 들어 루블린)과 리투아니아의 몇몇 읍락들을 정복하기는 했지만, 그의 원대한 계획은 타타르의 공격으로 무너져 이곳에서도 실현되지 못했다.

타타르의 지배에 적응하면서 타타르의 상급 지배권 아래서 자신들의 세력과 권력을 강화했던 모스크바 공들과는 달리 다닐로는 타타르의 지배라는 생각에 적응하지 못했다. 그는 부룬다이에게 참패를 당한 직후 병을 얻어 1264년 세상을 떠났다.

40. 다닐로비치 지배기의 할리치나-볼린

다닐로가 이루지 못한 것을 그의 후계자들도 역시 이루지 못했다. 할리치나-볼린 국가는 그 후로도 오래 존속했으며 때로는 괄목할 만한 세력과 영향력을 가지기도 했다. 그러나 이 국가는 동부 우크라이나를 획득하는 데 실패했으며, 서쪽 인근 세력들의 영토를 잠식하여 자국의 지배권을 어느 정도라도 공고히 확대하려는 계획을 몇몇 통치자들이 정력적으로 실천에 옮겨보려 했지만 이것에는 더 크게 실패했다. 동쪽으로는 타타르 국가가 계속 방해물이 되고 있었으며, 서쪽 영토들은 너무나 낯설어 어느 정도라도 확고하게 이를 통합한다는 것이 불가능했다. 다닐로의 후손들은 단지 리투아니아 땅에서만 행운을 누릴 수 있었다. 그 가운데 한 사람인 슈바르노(Шварно)[152]는 심지어 리투아니아 대공좌까지 획득했다. 그러나 그는 그 후 얼마 지나지 않아 사망했고, 할리치나의 영토와 리투아니아 영토 양자의 결합은 그의 죽음으로 무너졌다. 그 후 할리치나의 공들은 리투아니아 땅에서 영향력을 완전히 상실했으며, 그보다도 조금 더 시간이 지난 후에는 리투아니아 공령이 할리치나-볼린 국가의 가장 위험한 주변 국가가 되어 할리치나-볼린 영토에도 손을 뻗치기 시작했다. 타타르인들도 가끔씩 자기 존재를 과시하곤 했는데, 특히 금장한국 내부에서 혼란이 일어나 타타르인 지도자들 여러 명이 권력 투쟁을 벌일 때면 더욱 그러했다. 그러나

152) 슈바르노 다닐로비치(Шварно Дани́лович, 1230~1269 무렵). 리투아니아 대공. 할리치나 공 다닐로 로마노비치의 셋째 아들로 태어나서 아버지를 도와 1245년 산 강변의 전투에서 체르니히브 공령-헝가리-폴란드 연합군을 격파했다. 민다우가스의 딸과 결혼하고 바이셸가와 동맹을 맺은 후 바이셸가에게서 리투아니아 공국 전체를 물려받았으나 바이셸가가 암살당하는 바람에 그의 위치가 크게 흔들리게 되었다. 그는 1269년 무렵에 사망했는데 정확한 사인은 밝혀지지 않았다.

전반적으로 볼 때 타타르 지배는 모스크바[153] 공령들이나 동부 우크라이나 공령들에 비하면 이곳에서는 그리 가혹하지 않았다. 타타르인들은 내정에 간섭하지 않았으며, 가끔씩 일정액의 돈을 거둬가는 것으로 그치곤 했다.

다닐로가 죽은 후 그의 동생인 바실코가 한동안 가문의 수장 역할을 했으나 그 또한 얼마 지나지 않아 형의 뒤를 따랐으며, 바실코가 죽고 나자 로마노비치들 사이에서 과거의 화합도 사라지게 되었다. 그들 가운데서 특히 레프(Лев) 공이 발군이었는데 그는 원기 왕성하고 권력욕이 강한 인물이었다. 그는 인근의 폴란드 땅을 차지하려 애썼고 심지어 크라쿠프의 왕좌에 대해서까지 권리를 주장하고 나섰지만[154] 이 계획은 실현되지 못했다. 그는 헝가리의 내분을 이용해 카르파티아 서쪽, 헝가리 국경 내에 있는 우크라이나 땅[155]도 지배하고자 했는데 베레그 중심구역(군)의 수석 군수(나드쥬판)[156]인 그리고리가 한 문서에서 스스로 '레프의 대리인'이라고

153) 흐루셰브스키는 러시아라는 명칭을 18세기 러시아 제국 성립 이후부터만 쓰고 있고 그 이전 시기에 대해서는 거의 일관되게 모스크바라는 명칭을 사용하고 있다. 나라 이름으로서의 모스크바는 모스크바 공령–공국이라는 칭호에서 비롯된 것인데 모스크바국이라고 명기될 때도 있지만 그냥 모스크바라고만 한 경우가 대부분이다. 따라서 수도 모스크바를 칭하는 특정한 경우를 제외하고는 흐루셰브스키가 말하는 모스크바는 모스크바국가를 가리키는 것임을 염두에 두어야 한다. 흐루셰브스키가 18세기 초 이전 시기를 서술할 때 결코 러시아라는 명칭을 쓰지 않는 것은, 우크라이나라는 명칭이 등장하기 훨씬 전 시기부터 일관되게 우크라이나라는 나라 이름을 쓰고 있는 것과는 상당히 대조된다. 러시아라는 말은 루스의 땅이라는 의미인데, 흐루셰브스키는 루스의 정통성을 우크라이나에 두고자 하였기에 루스, 루스적이라는 말에서 나온 러시아, 러시아적 등의 말을 쓰면 루스라는 고유명사를 러시아에 빼앗긴다고 생각하였던 것으로 보인다. 이 번역서에서도 저자의 의도를 살려 저자가 러시아 역사와 관련된 사항을 서술할 때 명백히 러시아라는 고유명사를 쓰고 있는 경우에 한해서만 러시아라는 말을 쓰기로 한다.

154) 크라쿠프는 이 당시 폴란드의 수도였다. 레프가 폴란드 국왕이 되고자 했음을 뜻한다.

155) 이를 일컬어 이른바 자카르파티아라고 한다.

156) 나드쥬판(наджупан)은 자카르파티아(Закарпаття)의 고위 지방행정관 명칭이다. 자카르파티아는 카르파티아 산맥 서남부 사면과 인접한 티사(Tisza) 저지대를 포함하는 서남부

자칭한 것을 보면 한때는 이를 실제로 지배하기도 했던 것으로 보인다.

볼린은 볼로디미르 바실코비치가 통치했는데 그는 대단히 부드러운 통치자로서 서적과 예술의 애호가였다. 연대기 저자는 그를 일컬어 "온 나라를 통틀어 일찍이 유례가 없었고 앞으로도 그런 예가 없을 위대한 서적인이요 철학자"라고 평하고 있다. 그는 워낙 조용한 성품이 특징이었던 데다 병약했기 때문에 원기 왕성한 활동을 펼칠 수 없었다. 후일 14세기 초가 되면서 볼린의 로마노비치 가계는 단절되었고 할리치나–볼린의 전 영토는 레프 다닐로비치의 아들인 유리 공 한 사람의 수중에 다시 통합되었다. 유리는 강력한 공이었고 훌륭한 통치자였으며 영토는 그의 지배 아래서 태평성대를 누렸다. 폴란드 사료에 보존되어 있는 기록에서 그렇게 말하고 있으며, 그의 시대에 대한 후대의 몇몇 회상도 동일한 내용을 담고 있다. (이 시기의 할리치나 혹은 볼린의 연대기는 현존하지 않으며 이 지역의 삶에 대해서는 전체적으로 알려진 바가 매우 적다.) 후대인들은 유리 공의 재위시기를 할리치나–볼린 국의 광채와 부와 영광의 황금기로 기억하고 있다. 흥미롭게도 그는 자기 인장(印章)에서 그의 할아버지 다닐로가 그랬던 것처럼 '루스의 왕'이라는 칭호를 쓰고 있다. 이 인장에는 유리 자신의 모습이 새겨져 있는데, 여기서 그는 긴 수염을 휘날리며 왕관을 쓰고 왕홀을 손에 들고 옥좌에 앉아 있는 존경스럽고 위대한 노(老)통치자로 그려져 있다.

그의 시대(어쩌면 그보다 앞선 레프의 통치 시기였을 수도 있다)에 우크라이나 교회의 분열이라는 중대한 사건이 일어났다.

우크라이나 지역으로, 러시아식으로는 자카르파티예, 영어식으로는 트랜스카르파티아(Transcarpathia)라고 한다. 이 지역은 11세기에 헝가리에 의해 점령된 후 네 개의 쥬프(жуп)로 나뉘었는데, 쥬프의 행정책임자는 쥬판이라 불렸다. 그의 위에는 나드쥬판이, 그의 아래에는 포드쥬판이 있었다. 나드쥬판은 둘 이상의 쥬프를 담당하는 책임자였다.

그림 114 루스의 왕 유리(인장에 새겨진 모습)

키예프의 함락 후 키예프 수도대주교들은 점점 더 많은 시간을 북부의 수즈달-모스크바 공령에서 지내기 시작했으며, 1299년 타타르인들의 살육이 벌어진 후에는 수도대주교가 그리로 완전히 이주해 가버렸다. 그러자 할리치나의 공들이 콘스탄티노플 총대주교와 비잔티움 제국 황제에게 청원하여 1303년부터 독자적인 수도대주교를 세우게 되었고 이로써 동서부 우크라이나를 이어주던 또 하나의 연결 끈이 끊어지게 되었다. 왜냐하면 드니프로 강 유역 지역은 계속 종전의 수도대주교 관구로 남아 있었기 때문이다.

유리 공이 죽은 후 남은 두 아들 안드리와 레프는 1320년대까지 이 나라를 통치했다. 1320년대 초에는 두 사람 모두 생존해 있지 않았는데, 두 사람은 남계 후손을 남기지 않았다. 무슨 혼란이 일어나면 그 덕이나 좀 볼까 학수고대하고 있는 질시어린 사방의 이웃들로 둘러싸인 할리치나-볼린 국가의 처지에서 이는 대단히 위험한 순간이었다. 할리치나-볼린 공들에게 영토 획득의 희망으로 부푼 마음을 품게 하곤 했던 헝가리, 폴란드, 리투아니아의 내분은 이 시기에는 가라앉았다. 이들 국가에서는 모든 것이 정상적 질서를 찾았으며, 이제는 할리치나-볼린에서 여차하면 이들 인근국가들이 침입해 오지 않을까 걱정해야 하는 형편이 되었다. 그러나 이번에는 할리치나에서도 볼린에서도 이렇다 할 만한 혼란이 발생하지 않았음이 분명하다. 보야린들은 작고한 유리예비치(유리의 아들)들의 조카이자 마리야 유리예브나[157]와 폴란드 마조프셰(Mazowsze)[158]의 공(公) 트로이덴 사이에서 태어난 아들을 통치자로 모셔왔다. 새로 즉위한 공은 가톨릭 세례를 받아서 볼레스와프(Bolesław)라는 이름을 가지고 있었으나 이제 정교 신앙을 받아들이고 외할아버지를 기리는 뜻에서 유리라는 두 번째 이름을 채택했으며 1325년 할리치나-볼린의 통치권을 획득했다.

그러나 그의 처지는 수월하지 않았다. 어쨌거나 그는 이 땅에서 낯선 사람이었고 모든 사람들이 의심의 눈초리로 그를 지켜보고 있었으며 보야린들은 그가 자기들 덕분에 통치자가 되었으므로 그의 이름으로 모든 것을 좌지우지하려 했다. 유리는 이것이 마음에 들지 않아서 체크인, 독일인을 비롯하여 여러 외국출신 인물들로 구성된, 자기가 신임하는 사람들을 주변에 배치했으며 이는 새로운 불만의 구실이 되었다. 세간에서는 그가 가톨릭 신자들만을 비호하고 있으며, 가톨릭 신앙을 도입하고 정교 신앙을 근절하기를 바라고 있다고 쑥덕거렸다. 유리 볼레스와프에 불만을 품은 보야린들은 그들 스스로, 새로운 공은 독일인들을 불러오네, 그들에게 모든 특권을 주네, 토착 주민들을 멸시하네 등등, 유리에 대해 이 비슷한 소문을 퍼뜨리면서 주민들 사이에 그에 대한 불만을 불러일으켰다.

폴란드와 헝가리는 이러한 불만을 눈치 채고 이 나라 내부의 혼란을 이용하여 할리치나-볼린 땅을 빼앗기로 결정했다. 1339년에 폴란드 국왕 카지미에시 3세와 헝가리 국왕 사이에 조약이 체결되었을 때 이미 그들은 할리치나를 상대로 하여 공동 군사행동을 하자는 약속도 했던 것으로 보

157) '루스의 왕' 유리의 딸.

158) 영어식으로는 마조비아(Mazovia)라고 한다. 폴란드 중부 비스와 강변 지역. 바르샤바가 이 지역에 포함된다.

인다. 이는 1214년에 맺어진 핀스크 협정을 반복한 것이었다. 헝가리 국왕은 할리치나에 대한 권리가 자기에게 있다고 생각했다. 다닐로 시대에 헝가리 국왕이 한동안 그 땅을 지배한 적이 있다는 것이 그 근거였다. 그러나 그는 카지미에시 3세와 공동 상속 조약을 맺어서, 그들 중 한사람에게서 남계 후손이 끊어질 경우, 가령 폴란드 왕이 그런 상황에 놓일 경우 그의 사후 폴란드 왕국은 헝가리 국왕에게 넘어가고, 그 반대의 경우도 성립한다고 정해 둔 터였다. 그러므로 이와 관련해 헝가리 국왕은 카지미에시가 할리치나-볼린 땅을 정복하는 데 지원을 제공하겠다고 약속했으며 그가 이 나라를 지배하는 것도 허용했고 헝가리를 위해서는 단지 매입권(выкуп)[159] 만을 유지했다. 그와 같은 조약이 헝가리 국왕과 폴란드 국왕 사이에 나중에 존재했던 것은 확 실한데, 어쩌면 1339년에 이미 두 사람 사이에 그 같은 협정이 맺어졌을 수도 있다.

그 사이에 유리-볼레스와프에게 불만을 품은 보야린들은 할리치나-볼린 공의 가문 출신인 여성과 결혼한 리투아니아 공자 류바르트[160]와 교섭하고서 그를 자기네 군주로 옹립하겠다고 제안했다. 그가 동의하자 보야린들은 유리-볼레스와프에 대한 음모를 꾸몄고 1340년 4월 7일 볼로디미르에서 그를 독살했다. 그러자 곧 주민들 사이에서 정치적 격동이 일어났으니, 그들은 유리-볼레스와프가 데리고 와서 미움의 대상이었던 외국인 가톨릭 신자들을 살해했다. 류바르트는 볼로디미르에서 공으로 옹립되고

159) 폴란드 국왕에게 남계혈통이 끊어졌을 때 헝가리 국왕이 할리치나-볼린을 차지하는 권리를 말한다.

160) 류바르트 게디미노비치(Liubart Gediminovich, 1300~1383). 리투아니아 대공 게디민의 막내아들. 정교로 개종한 다음에는 드미트리(드미트로)라고 불렸다. 할리치나 공(왕) 안드리 유리예비치의 딸과 결혼했다. 유리 볼레스와프가 살해된 후 할리치나-볼린의 지배자가 되었다.

즉위했다. 할리치나는 류바르트를 공으로 인정하였지만 사실상 이곳은 드미트로 데드코(Дмитро Дедко)가 주도하는 보야린 행정부가 다스렸다. 데드코는 그가 작성한 한 명령서에서 스스로 "루스 땅의 부양자이자 수장(Provisor seu capitaneus terre Russie)"이라고 자칭한 바 있다. (삽화 126번을 보시오.)

그러나 유리 볼레스와프의 사망 소식이 전해지자마자, 앞서 체결되었던 조약을 근거로 내세우고서 헝가리 군대와 폴란드 군대가 할리치나에 진격했다. 헝가리 군대는 빌레름의 지휘를 받았고 폴란드 군대는 국왕 본인[161]이 이끌고 있었다. 데드코는 폴란드 군과 헝가리 군의 진격 소식을 듣자 타타르인들에게 도움을 청했다. 이를 보고 헝가리인들은 아마도 회군을 했던 것으로 보인다. 카지미에시도 타타르인들에 대해 듣게 되자 역시 대경실색하여, 일껏 점령해두었던 국경지대 성채를 버리고 그동안 노획한 전리품을 챙겨들고 최대한 신속히 되돌아갔다. 그러고 나자 폴란드가 할리치나를 침공한 것에 복수를 하기 위해 타타르인들이 대대적인 폴란드 원정을 준비하고 있다는 소식이 들려왔다. 카지미에시는 이 소식을 듣자 심한 불안에 빠졌고 타타르인들의 공격을 막기 위해 데드코와 협상을 벌였다. 그들 사이에서는 합의가 이루어졌다. 카지미에시는 할리치나를 건드리지 않을 것을 맹세로써 약속했고 데드코는 폴란드를 건드리지 않겠다고 약속했다. 할리치나-볼린 국가는 새로운 위기를 다행스럽게 넘겼다고 생각할 만했다. 그러나 할리치나에 눈독을 들이고 있던 카지미에시는 맹세를 했음에도 이에 전혀 구애받지 않았다. 타타르의 위협이 지나가자마자 그는 곧 자기의 그 전 계획으로 되돌아와서, 맹세를 어겨도 좋다는 허락을

161) 대왕이라 불렸던 카지미에시 3세를 말한다.

교황에게 간청하여 얻어낸 후 또다시 할리치나를 공격할 적당한 기회만을 노리고 있었다. 그러나 카지미에시가 이 기회를 얻기까지는 몇 년이 지나갔다. 1345년 무렵 그는 전쟁을 시작했지만 샤니크(Сянік)[162] 국경지대만을 점령했던 것으로 보이며 류바르트와 강화를 맺을 수밖에 없었다. 류바르트는 할리치나를 1349년까지 계속 지배했다. 1349년이 되어서야 카지미에시는 금장한국의 칸을 설득하여 할리치나 일에 개입하지 않겠다는 약속을 얻어냈으며 그 후 기습공격으로 할리치나와 볼린 일부를 점령했다. 이로써 그와 류바르트 사이에 결정적인 새로운 싸움이 시작되었으니, 이 전쟁은 할리치나-볼린 국가를 몰락시키고 우크라이나 인민의 삶에서 새로운 시기, 곧 리투아니아-폴란드의 지배시기를 열게 되었다.

41. 키예프 · 할리치나 시기 우크라이나 생활 개관

이리하여 14세기 중반에 우크라이나 땅의 정치적 자립성은 종식되었다. 할리치나는 폴란드가 점령했고 볼린은 점차 리투아니아의 일개 지방으로 전환되었다. 키예프 지방과 체르니히브 지방에 있던 다른 공령들도 역시 리투아니아 출신 공들의 지배 아래 들어갔다. 국가생활은 종식되었다.

우크라이나가 국가를 운영하고 있던 시기의 정치 · 사회 체제에 대해서는 이미 앞에서 언급했다. 우크라이나는 규모와 연륜이 다양한 공령들로 이루어졌고 공의 가문 구성원들이 증가함에 따라 공령들은 점차 세분화하고 영세화했음을 알 수 있었다. 키예프 공은 공들 가운데 '아버지를 대신하

162) 폴란드식으로는 사녹(Sanok).

그림 **115** 옛 우크라이나 기술이 이루어낸 전형적 제품(**14**세기 중반 할리치나 소장품의 일부) 은팔찌.

는' 수석 군주로 여겨졌고 다른 공들은 그에게 복종할 의무를 가지고 있었다. 한동안은 그렇게 운영이 되었다. 원기 왕성하고 강력한 군주가 키예프 공의 자리에 있을 때는 특히 그러했다. 그러나 12세기 후반부터 수즈달 공들이 우위를 차지하기 위해 기를 쓰면서 고의적으로 키예프 공들의 권위를 깎아내렸고[163] 12세기 말부터는 할리치나의 공이 서부 우크라이나 전체의 수석군주가 되었다. 키예프는 얼마 동안 여전히 드니프로 강 유역 지방의 중심이라는 자리를 유지했지만 그 후에는 차츰 이곳에서도 중요성을 잃어버렸다.

모든 공들은 내정에서는 전적으로 자율성을 가지는 존재로 여겨졌다. 한 공은 다른 공의 통치에 간섭할 수 없었다. 공은 자기를 위해 거둬들이는 공물과 소득을 비롯한 자기 재원으로 유지하는 드루쥐나를 세력기반으로 삼아 통치했다. 처음에는 이 같은 드루쥐나는 이동성이 유난히 심했다.

163) 이러한 서술에서도 역시 동북부 루스, 곧 후일 러시아 국가권력의 중추부가 될 지역의 통치자들에 대한 흐루셰브스키의 반감이 잘 드러난다. 수즈달 공들은 모스크바 대공의 직계 선조들이었다.

공들과 마찬가지로 드루쥐나도 한 공령에서 다른 공령으로 이동해 다녔는데, 이동할 때에는 공들과 행동을 함께하는 경우도 있었지만 공들과 별개로 움직이는 경우도 있었다. 나중에는 그들도 정착하여 토지에 단단히 결부되었고 토착 보야린들과 융합되었다. 모든 행정, 입법, 정책, 재판, 조세의 부과 및 징수는 공과 그의 대리인으로서 지역을 다스리는 드루쥐나의 수중에 장악되어 있었다. 주민들은 난맥상이 드러나는 경우 가끔씩 행정 영역에 개입하기도 했고, 일부 공령에서는 모든 종류의 문제가 검토되고 논의되는 기구인 "민회"(베체)가 상당히 관례적인 현상으로 존재했으며, 공들은 민회가 그들에게 요구를 내세울 권리뿐 아니라 심지어 공들을 교체할 수 있는 권리까지 가진다고 인정해주었다. 그러나 공들이 자기 힘이 충분히 강하다고 느끼는 경우 그들은 주민들의 소원에 특별한 주의를 기울이지 않았고 민회의 활동을 억압하고자 노력했다. 그런데 민회도 역시 주민 전체의 정서를 표현한다기보다는 주민 상층, 특히 도시 보야린들의 정서를 표현하는 기구였다.

일반 민중은 공령 내부 상황에 영향을 미칠 길이 전혀 없었다. 공의 통치는 보야린들의 영향력 아래 들어 있었고 농민들과 도시 하층주민들은 우크라이나가 겪고 있던 무질서 때문에 점점 더 심하게 보야린 계급에게 종속되게 되었다. 자유민 대신에 점점 더 많은 비자유민(홀로프, 첼랴디), 반자유민들이 출현했다. 반자유민이란 삯일꾼(나이미트, наймит)과 부채변제예속민(자꾸프) 같은 사람들을 말하는 것인데, 부채변제 예속민들은 자신들의 부채와 의무를 노동으로 변제하지만 결국은 영구적인 부채노예(카발라) 상태로 떨어져버리는 일이 아주 흔했다. 공의 조치들은 일반 민중보다는 보야린층, 자본가들, 부유한 토지소유자들의 이익과 편의에 더 신경을 썼고 일반민중의 이익을 위해 나서는 경우가 있더라도 이는 단지 봉기가 닥쳤다거나 혹은 민중의 불만을 표현하는 또 다른 격렬한 움직임을 눈앞에 두었을 때뿐이었다. 교회도 비잔티움의 사회적 관계 속에서 성장해왔던 터라, 민중을 옹호하기 위해서는 그리 강경하게 자기 목소리를 드높이지 않았다. 교회는 강자와 권력자에게 자기 힘을 남용하지 말라고 충고하는 것이 아니라 약자와 종속민에게 복종과 순종을 주입시키는 쪽을 선호했다.

경제적 종속으로 억압받고, 정치생활에서 목소리를 내서 불리한 사회적·정치적 조건들을 바꿀 만한 가능성도 가지지 못했던 인민 대중은 그들의 국가생활을 그다지 소중하게 여기지 않았다. 공동체들이 오직 공들과 보야린층의 손아귀를 벗어나겠다는 목적으로 타타르인의 직접적 지배 아래로 넘어갔다고 하는 사실, 그리고 아무 저항 없이 그야말로 순종적으로 리투아니아 대공의 권력 아래 복속되었다고 하는 사실은 이로써 설명된다. 그들은 사회적·경제적 무질서로 고통받았기 때문에 독자적인 국가생활이 가지는 민족적 의미를 높이 평가하지 않았다. 민족적 관점에서 볼 때는 국가적 독자성에 바탕을 두고 주민이 다른 민족에게 예속되지 않게 보호하고 또한 주민의 경제적·문화적 역량이 국가를 가진 어떤 다른 지배 민족의 문화발전과 문화확립을 위해 착취당하지 않도록 지켜줄 수 있는 여건을 확보하는 것이 아주 중요했다. 자체의 국가체제가 존속하는 동안에는 공들도 보야린들도 교회도 인민대중과 동일한 인민 집단적(народ) 바탕 위에 서서 국가의 힘과 수단을 동원하여 민족 문화(националиная культура)를 준비하고 발전시켰다. 이 같은 문화는 그 당시에도 어느 정도는 인민대중의 이익에 보탬이 되어 주었고, 인민생활의 계속적 발전과 문화 자체의 발전이 이루어지면 앞으로도 더 크게 보탬이 되어줄 수밖에 없었을 것이다. 앞에서 이미 살펴보았듯이 이 시기에 학식, 학교, 문학, 예술 창조 등 문화생활은 강력한 교회적, 비잔티움적 영향 아래 들어갔고 이 때문에 상당한 정도로 인민생활로부터 유리되었고 인민에게서 멀어졌다. 그러나 이 시기에도 외래적·교회적 외피 아래서 토착적 색채로 강하게 채색된 경향들이 이미 출현했던 것이니, 만일 이 같은 인민생활이 국가생활의 붕괴가 초래한 파탄과 격변을 겪지만 않았더라면 인민생활이 계속 발전함에 따라 토착적 경향이 외래적 문화요소에 비해 점점 더 확고한 우위를 지켜갈 수밖에 없었을 것이다.

42. 이 시기 우크라이나의 문화생활과 그 의미

앞에서도 이미 언급했듯이, 우크라이나에 기독교가 도입되고 비잔티움의 영향이 미치기 시작한 것은 아마도 볼로디미르(블라디미르) 대공 시기보다 훨씬 이전이었을 것이다. 그 후 비잔티움의 영향과 비잔티움 문화는 국가권력의 작용 아래 루스 국가의 전역으로 퍼져나갔고 동방적, 페르시아-아랍적 영향을 비롯한 다른 경향에 대해 절대 우위를 지켰으며, 우크라이나의 문화생활은 오랫동안 강한 교회적 색채를 띠게 되었다. 교회적 색채는 학식에도 문학에도 예술 창작에도 강하게 스며들었다. 학식과 서책 문화는 기독교적 경건성이 대성공을 거두기 위한 지원수단으로 여겨졌다. 사람들은 교회서적을 읽음으로써 기독교적 지침을 내면화해야 한다는 것이었다. 문자 문화는 주로 성직자 집단의 수중에 장악되어 있었다. 예술도 역시 거의 대부분 교회와 기독교예배 의식(儀式)을 위해 봉사하고 있었다. 그러나 이러한 현상은 우크라이나뿐 아니라 이 시기 서유럽에서도 지배적이었다. 서유럽에서는 시간이 지남에 따라 세속적이고 현세적인 요소들이 교회적 외피를 벗어던졌고 우크라이나에서도 필시 그렇게 될 수밖에 없었을 것이다.

학식은 오랫동안 성직자 집단을 위주로 한 좁은 범위에 국한되어 있었다. 학교 교육의 부족 때문에 광범한 인민 대중 사이에 학식을 보급하는 것은 저해되었다. 현지의 성직자 집단은 비잔티움에서 실시되던 훈육 형태를 빌려왔다. 비잔티움에서도 학교 교육 형태의 훈육은 단지 일부 지역에서, 큰 수도원과 본당 교회의 부속활동으로 조직되었다. 부모들은 자식에게 글을 가르치기 위해 대개 성직자이기 마련이었던 어떤 식자(識者)에게 아이를 맡겼으며 이 사람은 위탁받은 아이를 일대일로 가르쳤다. 가장 큰 규모라 해봐야 그런 학생들 몇 명으로 이루어진 무리였다. 루스에서도 대개는 학교 교육이 아니라 그 같은 일대일 훈육이 행해졌으며, 그렇기 때문에 학식과 서책 문화는 아주 느린 속도로 보급되었다.

훈육은 주로 읽기에 국한되어 있었고 쓰기와 셈하기 교육은 이보다 드물게 행해졌다. 책읽기를 통해서 다른 지식도 획득되었다. 그러나 책은 희소했고 대개는 기도서였다. 단지 그 당시 학식의 가장 큰 중심지에서나 고등교육을 받을 수 있었다. 고등교육이란 그 시기의 관념에 따라 문학적으로 글 쓰는 법을 배우고, 번역 없이 그리스어 책들을 활용할 수 있기 위해 그리스어를 배우는 것을 말했다. 기독교 세례 후 첫 세대에서 이미 당대 그

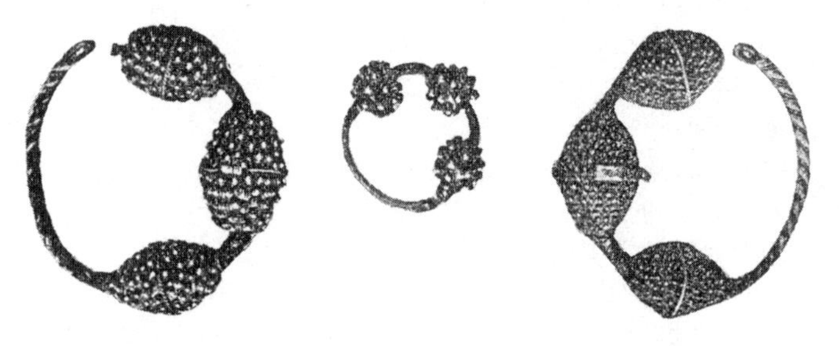

그림 116~118 은제 펜던트와 귀걸이(14세기 중반 할리치나 소장품의 일부)

리스의 학식과 어깨를 나란히 하는 수준에 있는 사람들이 나타났다. 예를 들면 수도대주교 일라리온(Иларион)[164]이 그중 하나였고 그 후대로 가면 12세기에 투로브 주교였던 키릴[165]도 그러했으며, 그 밖에 몇몇 다른 저작들을 남긴 성명미상의 저자들도 그러한 예를 보여준다. 그러나 어쨌건 그들은 소수였고 그 시기 필자들은 대부분 '그냥' 글을 썼던 독학자들이었다.

그리스어 문헌들도, 루스 땅에서 번역되었거나 불가리아나 세르비아에서 번역되어 루스 땅에 도입된 번역서들도 대개는 기독교 정신을 습득하게 하고 경건한 기독교적 삶을 교시하는 목적을 가진 교회 관련, 종교 관련 저작들이었다. 우크라이나 땅에서 발전한 독자적 문필활동도 주로 이와 동일한 방향으로 전개되었다. 설교문, 경건함을 교육하는 책, 현지 성인들의 생애전 등이 쓰였다. 그런 저술활동을 한 사람으로는 11세기에 볼로디미르(블라디미르) 성인[166] 찬양서[167]를 쓴 수도대주교 일라리온이 있고 교훈서를 쓴 페오도시 페체르스키[168]가 있으며, 더 나아가 볼로디미르 성

164) 루스 정교의 고위 성직자이자 저술가. 당대 최고의 지식인으로 루스 주교 회의에서 현지인으로는 최초로 키예프 수도대주교로 선출되었고 야로슬라프 현공의 강력한 후원 아래 1051년 이 직위에 취임했다. 운문으로 된『법과 천복(天福)에 대한 글(*Слово о Законе и Благодати*)』의 저자이며 이 글에서 루스를 기독교화한 볼로디미르 대공을 찬양하고 있다. 1054년 이후의 행적에 대해서는 기록이 없다.

165) 키릴 투로브스키(Кирилл Туровский, 1130~1182년 무렵), 루스의 교회활동가이자 저명한 저술가. 투로브에서 유복한 가정에서 태어나 가정에서의 교육과 그리스인 교사들의 지도로 신학, 고대 슬라브어, 그리스어, 비잔티움 문화 등에 대한 훌륭한 교육을 받았다. 1161년 수도사가 되었고 오랫동안 수도원의 독방에서 칩거하며 저술활동에 전념해 많은 저술을 남겼다. 독방저술가의 원조 중 한 사람이다. 1169년 투로브의 주교가 되었다. 그 후 주교직을 내려놓고 은거하며 종교적 저술활동에 전념했다.

166) 루스에 기독교를 정식으로 도입한 볼로디미르 대공을 말한다.

167) 앞의 각주에서 소개한 일라리온의『법과 천복(天福)에 대한 글』을 말한다.

168) 페오도시 페체르스키(Феодосий Печерский, 1008~1074)는 11세기 루스 교회의 고위 성직자이며 키예프 동굴 대수도원의 창건자 중 한 사람이다. 그의 이름 자체도 동굴 대수도원의 페오도시라는 의미를 가진다. 청빈하고 금욕적인 삶의 태도로 이름 높았다.

인, 보리스와 글렙, 페오도시 성인 등 여러 성인의 생애전을 쓴 야콥 수도사[169]와 성 네스토르[170], 그리고 성지 여행기를 쓴 다니일 수도원장 등이 있었다. 12세기에 이러한 역할을 한 사람들로는 유명한 수도대주교인 클림을 비롯하여, 투로브의 주교이며 기도서와 설교문의 저자인 키릴과 게오르기 자루브스키 등이 있었다. 13세기에는 동굴 대수도원 성인들의 생애전을 쓴 시몬과 폴리카르프가 있었고, 그 외에 설교자 세라피온도 있었다. 우리는 이 사람들을 이름으로 알고 있다, 이보다 훨씬 더 많은 저자들은 이름이 알려져 있지 않으며 그들의 저술 자체도 사라져 버렸다. 남아 있는 것들은 주로 북쪽 대러시아 땅으로 운반되어 가서 그곳에서 보존된 것들이다. 그런데 12세기, 그중에서도 후반부터는 키예프와 북부 지역과의 연관 관계가 점점 약해졌고 키예프의 문자활동의 저작물들이 북쪽으로 전파되는 일도 점점 드물어졌으니, 정작 우크라이나 땅에서는 후대에 발생한 혼란 때문에 이들 저작 가운데 보존되어 있는 것이 극소수이다. 이 때문에 우리는 우크라이나의 옛 문헌에 대해 전혀 온전한 지식을 가지지 못하고 있다.

종교적 문헌을 제외하고는 무엇보다도 역사적 · 연대기적 문헌이 발달했다. 비록 이 분야에서도 주로 성직자들이 활동했고 교회생활에 많은 분량이 할애되고 있기는 하지만 그럼에도 옛 역사문헌들은 그 시대의 생활

169) 야콥 므니흐(Яков Мних)라 불린다. 11세기에 생존했으며 『블라디미르 공 생애전(*Житияя князя Владимира*)』, 『보리스 글렙 이야기(*Сказания о Борисе и Глебе*)』 등을 썼다고 한다. 저명한 교회사가이며 수도대주교였던 마카리 불가코프(Макарий Булгаков)는 동굴 수도원 원장 페오도시가 자신의 사후 수도원장직을 넘겨주고자 한 수도사가 바로 이 야콥 므니흐라고 보고 있다.

170) 성 네스토르(Нестор, 1056~1114 무렵). 12세기 키예프의 저명한 정교성직자. 『원초연대기』인 『지나간 시절의 이야기』를 오늘날과 같은 형태로 집성하는 데 큰 역할을 한 것으로 알려져 있고 그래서 한때 이 연대기는 『네스토르 연대기』라 불리기도 했다. 이 연대기는 그 후 다른 수도사들에 의해 크게 수정되고, 증보되었다.

그림 **119** **1073**년에 키예프의 스뱌토슬라프 공을 위해 쓴 문집의 세밀화.

을 연구하는 데 가장 풍부한 자료를 제공한다. 문화·경제·사회 생활에 대해 우리가 알고 있는 모든 지식은 주로 연대기에서 얻은 것이다. 연대기에는 민담이나 민요의 단편들, 문학적 저작, 문서 들이 수록되고 보존되어 있다. 이는 우크라이나 문화생활의 진정한 문서고이다. 연대기의 몇몇 부분은 유례가 없을 만큼 신선하고 직접적이며 당대 정신의 생생한 표현으로 빛나고 있다. 세상의 모든 민족 중에서도 그처럼 흥미로운 연대기를 자랑할 수 있는 민족은 많지 않다. 그런데 우리가 가진 것은 옛 시대의 역사적 문헌 가운데 일부 편린들이 연대기 편찬서에 포함되어 오늘날까지 전해지고 있는 것일 뿐이다.

그 같은 편찬서 가운데 하나가 12세기의 첫 사분기에 키예프에서 작성되었는데, 여기에는 11세기 키예프 연대기의 기념비적 문건들이 수록되어 있다. 이것이 이른바『원초 연대기(*Начальная летопись*)』[171]이다. 13세기 말 볼린 북부 어디에선가 두 번째 편찬서[172]가 작성되었는데, 이 편찬서에는

171) 이 번역서의 역주에서『지나간 시절의 이야기』라는 다른 제목으로 자주 소개한 연대기이다.
172)『이파티예프 연대기(*Ипатьевская летопись*)』를 말한다. 이 연대기는 17세기에 러시아 코스트로마 강변의 이파티예프 수도원에서 발견되었기에 이같은 이름을 얻게 되었다.

『원초 연대기』에 더해 12세기에 주로 키예프에서 작성된 기록들과 그 다음 다닐로 시기에 작성된 할리치나 연대기, 13세기 후반(1280년까지)의 볼린 기록들이 수록되어 있다. 이 소중한 문집이 없었다면 우리는 이 몇 세기 동안의 우크라이나 역사에 대해 거의 아는 것이 없을 것이다.

다른 비종교적 저작들 중에서 큰 흥미를 끄는 것은 볼로디미르(블라디미르) 모노마흐 공이 아들들에게 주는 교훈인데, 이 글에서 모노마흐는 자기 삶에 대해 이야기하면서 여러 가지 가르침을 주고 있다. 시 작품 중에서는 1185년의 원정을 소재로 한 소중한 『이고리 원정기』가 보존되어 있다. 이 작품은 드높은 시적 가치를 특징으로 하기도 하거니와 그와 아울러 민요 작품의 요소와 서책의 영향을 통합한 세속적 무훈시의 계속적이고도 광범한 발전을 보여주는 미문(美文)의 증거물로서 지극히 중요하다. 『이고리 원정기』는 시적 가치라는 면에서는 그 분야에서 유일한 작품이지만, 다른 한편으로는 12세기 말, 13세기 초의 다른 작품들과 많은 공통점을 가진다. 그런 작품들로는 『키릴 투로브스키 이야기』, 1200년에 있었던 일을 소재로 한 『브이두베츠키 수도원의 담벽 건축 이야기』, 『다니일의 간구』, 『할리치나 연대기』 등 당대의 식자들이 쓴 운문이나 예술적 산문들이 있다. 이들 작품은 문체와 오랜 문학적 전통의 괄목할 만한 발전과 정련을 입증해준다.

조형 예술 분야에서는 수많은 기념비적 교회건축물, 소수의 회화작품, 상당히 많은 세밀화(필사본의 채색삽화), 조각 장식과 에나멜로 화려하게 꾸며진 많은 보석 공예품들이 남아있다. 이 모든 예술 분야에서는 그리스 장인들뿐 아니라 현지 예술가들도 함께 작업했는데, 현지 예술가들은 숙련도에서 사람마다 차이가 있었지만 때로는 지극히 높은 수준의 비잔티움 기술을 놀랍도록 성공적으로 습득하기까지 했고 그리스 창작품들의 모티브와 양식에 어느 정도의 독자성과 독창성을 가미하기도 했다. 아마도 키예프 시대의 건축에서는 이 같은 독창성이 비교적 덜 두드러진다고 하겠는데, 그래도 이 분야에서도 현지 출신 장인들은 그리스식 정형에서 벗어날 때도 있었다. 할리치나의 건축물들은 훨씬 더 큰 독창성을 보여주었지만 유감스럽게도 이러한 건축물 중에서는 아주 미미한 편린들만이 남아 있다. 몇몇 키예프 시대 서적 삽화(세밀화) 기념물들은 뛰어난 예술성을 특징으로 한다. 그러나 다른 무엇보다도 더 강하게 자유와 독창성을 드러내 보여주는 것은 그래도 역시 현지의 보석공예품들이다. 이 분야에서는 처음부터 비잔티움의 영향으로부터 벗어난 자유로운 경향이 다른 어떤 분야보다 더 강하게 현지의 장인 집단 내에서 유지되었으며 나중에는 동방적 모티브들과 비잔티움적 모티브들이, 그리고 옛 전통과 새로운 형태들이 독창적으로 결합되었다. 비록 이 분야에서도 에나멜 공예와 같은 좀 더 섬세한 작업에서는 현지 장인들이 비잔티움 장인들을 따라올 수 없었던 것이 사실이지만, 어쨌거나 현지 장인들의 숙련도도 대단히 높은 수준에 올라 있었으며, 당대 서유럽의 기술과 비교해 볼 때 이 높은 수준은 특히 두드러진다. 전체적으로 보아 11세기에서

그림 120 볼린 할리치나 공 야로슬라프와 그의 부인 및 어머니: 야로폴크 어머니의 라틴어 성경 시편에 현지 예술가가 그려 넣은 그림(우크라이나에서 서방의 영향과 비잔티움의 영향이 결합한 것을 보여주는 흥미로운 모범 사례).

그림 121 키예프 소피아 대사원의 부조 판석.

13세기까지 우크라이나의 문화생활은 서유럽과 같은 수준이었다. 우크라이나 문화는 다른 영향을 받았기 때문에 다른 특징을 보이기는 했지만 서방 여러 나라에 비해 그 수준이 더 낮은 것은 아니었다.

시간이 흐르고 교류가 약화됨에 따라서 비잔티움의 영향은 그 힘을 잃기 시작했고, 우크라이나의 정치생활의 중심지가 서쪽에 있는 볼로디미르와 할리치나로 옮겨감에 따라 우크라이나의 생활은 서방의 생활과 더욱더 가까워졌다. 12세기에서 14세기에 이르는 할리치나 생활에서 살아남은 것은 전반적으로 대단히 적지만, 보존되어 있는 자료들과 우리의 지식에 입각해 볼 때 우크라이나적-비잔티움적 생활기반과 서방의 영향이 특징적으로 결합되었다는 것을 추적해 볼 수 있다. 이곳의 우크라이나 사회는 인근의 서방 사회들을 멀리하지 않고 그들과 밀접하게 교류하며 생활하였다. 그렇기 때문에 이곳에서는 동부 우크라이나의 그리스 성직자 집단이 주입시키려고 애썼던 것과 같은 그런 식의 가톨릭교회 공포증은 나타나지 않았다. 공들은 서방 나라들과 교류하기 위해서 자기 궁정에 라틴어를 사용하는 집무청을 도입했고 라틴어 인장도 만들었다. 대도시에는 독일인 거류민단이 독일법에 바탕을 두고 정착하여 우크라이나 생활에 서방적 형태를 접목시켰다. 이곳 교회의 기록물에서는 서방 제작품과 서방적 형태의 물품에 대한 언급들을 끊임없이 발견하게 된다. 그러나 현지의 예술은 그럼에도 전반적으로 루스적-비잔티움적 바탕 위에 서 있었고 주민들은 그들 고유의 것을 확고하게 지키고 있었으며 공들은 라틴어로 된 그들의 문서에서 "소(小)루스 (Малая Русь)[173] 전체의 공"이라 자칭함으로써 자신의 민족의식을 강조하였다.

전체적으로 보아 11세기에서 14세기까지의 우크라이나의 문화생활은 대단히 흥미로운 모습으로 그려진다. 그것은 삶, 움직임, 활력으로 가득 차 있었고 풍부한 민중성과 아울러 전체적으로 문화적 생활의 발전 가능성까지 약속하는 것이었다. 국가체제가 몰락함으로써 우크라이나 문화생활이 발전할 기회를 가지지 못하고 그 뿌리에서부터 무너져 버린 것은 안타깝기 짝이 없는 일이었다. 사실 일반 민중은 같은 민족 출신인 공들과 보야린들의 지배 아래서 살기가 힘겨웠고 이 같은 문화적 창업들도 그들에게는 별다른 기쁨을 주지 못하기는 했다. 그러나 자기네 지배자 대신 이민족 지배자들이 왔을 때도 그들의 삶은 좋아지지 않았다. 외국인 지배는 사회적 · 경제적 조건의 향상이 아니라 악화를 초래했고 민중의 상태도 역시 악화하였다. 그리고 민족적 · 문화적 생활에 가해진 타격은 너무나 심각하여 우크라이나는 지금까지도 이 타격에서 회복되지 못하고 있다.

173) 우크라이나를 일컫는 또 다른 명칭이 소루스 혹은 소러시아이다. 소러시아라는 명칭이 러시아인들에 의해 약간 비하적인 함의를 띤 명칭으로 사용되면서부터 민족의식이 있는 우크라이나인들은 이 명칭을 거부하는 경향이 있었으나 원래는 이 명칭은 비하적인 개념이 전혀 아니었다. 이 명칭의 기원은 교회사와 관련되어 있다. 그리스 정교의 총본산이었던 콘스탄티노플 총주교구는 14세기에 할리치나 수도대주교구를 건설하면서 콘스탄티노플에 더 가까운 할리치나 수도대주교구를 소(小)러시아(Μικρὰ Ῥωσία) 교구, 더 멀리 있던 모스크바 교구를 대(大)러시아(Μεγάλη Ῥωσία) 교구로 불렀는데, 그것은 키예프 교구에서 비롯된 루스 교회가 모스크바까지 확장되었음을 의미하는 명칭이었다.

제3부

리투아니아-폴란드 연합왕국 지배시대

43. 우크라이나 공령들이 리투아니아 출신 공들의 권력 아래 넘어가다

13세기 후반과 그 후 14세기는 리투아니아 공들의 권력이 이웃한 벨라루스 공령들과 그보다 더 먼 우크라이나 공령들에까지 엄청나게 빠른 속도로 확대되는 데 성공한 시기였다. 리투아니아족은 깊은 숲 속 오지에 살고 있어서 같은 종족군에 속한 모든 집단들 가운데 발전이 가장 늦었는데 바로 이 시기에 극히 심각한 위험에 부딪히게 되었다. 독일인들이 리투아니아 땅을 잠식하기 시작한 것이다. 리투아니아 종족은 온 힘을 다해 독일인들과 싸우는 과정에서 아주 활기 넘치는 조직활동을 발전시키게 되었으며, 이와 동시에 마치 문화적 수단으로 자신들의 세력을 강화하기라도 하려는 듯 이웃한 슬라브인 지역들에 대한 지배권을 확대하기 시작했다. 슬라브인 지역은 문화적으로는 더 높은 단계에 있었으나 정치적으로는 이미 수명이 다한 땅이었다. 이 같은 현상은 13세기 중엽 리투아니아 공 민다우가스의 재위시기에 명백히 드러났고 그리하여 자기도 나름대로 가능한 한 이웃 나라 땅

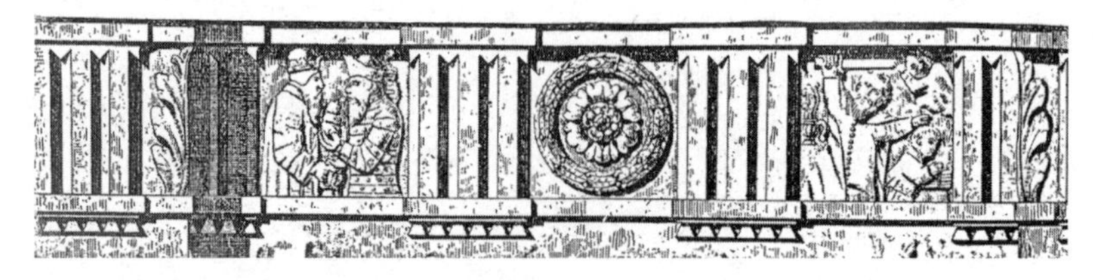

그림 **122** 르비브 형제단 교회의 프리즈.

에 대한 지배권을 확대하려는 꿈을 가지고 있던 다닐로 왕을 불안으로 몰아넣었다. 다닐로 왕은 폴란드 공들뿐 아니라 십자기사단[1]과도 동맹을 맺어 민다우가스를 격파하려는 마음을 먹고 그와 전쟁을 하기 시작했다. 민다우가스는 다닐로의 주의를 돌려놓기 위해 다닐로의 아들 로만에게 자기가 지배하고 있던 몇몇 공령을 넘겨주었다. 그런 다음 민다우가스의 아들인 바이셀가[2]는 다닐로의 다른 아들인 슈바르노에게 리투아니아 공국 전체를 넘겨주었다. 그러나 바이셀가가 그 후 얼마 지나지 않아 죽는 바람에 다닐로의 아들들은 차려진 밥상도 챙겨먹을 수가 없었다. 민다우가스의 유산은 리투아니아의 다른 공들이 차지했는데[3] 이들은 또다시 이웃 공령들 위

1) 발트 해 연안의 식민과 기독교화에 주력하던 튜튼 기사단, 리보니아 기사단 등을 말한다. 십자군 원정에 참가했던 기사들이 원정에서 귀환한 후 기사단을 유지하면서 활동했다. 이들은 동유럽과 발트 해 연안 지역의 주민들을 가톨릭으로 개종시키기 위해 무력을 동원했다. 13세기 전반에 아직 기독교를 받아들이지 않았던 리투아니아 사회와의 갈등은 이로써 빚어졌다. 본문의 서술은 이러한 그들의 활동과 관련된다. 튜튼 기사단은 정교도들을 로마 가톨릭으로 개종시키기 위해 러시아를 공격하기도 했다.

2) 바이셀가(Vaišelga, 1223~1267). 동슬라브식으로는 보이셸크(Войшелк). 리투아니아의 대공. 루스 땅인 노브고로독에서 태어났고 정교 세례를 받았다. 부친 민다우가스가 암살된 후 리투아니아로 돌아가서 대공이 되었다. 여동생을 슈바르노 다닐로비치와 결혼시켰고 1267년 대공직을 매부인 슈바르노 다닐로비치에게 넘겨주고 수도사가 되었다. 그 얼마 후, 슈바르노의 형으로 리투아니아 대공직을 노리고 있었던 레프 다닐로비치에게 암살당했다.

3) 슈바르노 다닐로비치가 죽은 후 리투아니아 공국의 대공 자리는 트라이데니스(Traidenis,

로 권력을 확대해 가기 시작했다.

14세기의 첫 사분기에는 이미 벨라루스 땅 절반 이상이 리투아니아 공들의 지배를 받고 있었는데 이들은 더 나아가 이웃한 우크라이나의 공령까지 점령하려고 손을 대기 시작했다. 할리치나 최후의 다닐로비치 계열 공들이 지배하던 때였거나 아니면 그들이 사망한 직후였을 시기에 리투아니아 공들이 포부자(부흐 강 유역)에 있는 베레스테이스크-도로히친(Берестейско-Дорогичин)[4] 공령을 점령했다. 그들은 아마도 그에 앞서서 프리퍄트 공령과 투로브-핀스크 공령도 차지했던 것 같다. 이 시기에 드레블랴네 공령, 다시 말해 키예프 땅 폴리시아(Полісся)의 상당 부분을 점령했던 리투아니아 공 비다(Вида)라는 사람에 대한 기억이 후대까지 보존되었으니 말이다. 1320년 게디미나스[5] 공 지배시기에는 이미 키예프도 리투아니아 영향권에 포함되었다. 그렇기는 하지만 이곳의 공들은 형식적으로는 타타르 칸의 지배권 아래 놓여 있었다(이곳에서는 페도르(Федор)라는 이름을 가진 영세한 공과 그의 재위시기에 여기 와서 활동한 타타르 한국 바스카크(baskak)[6]에 대한 언

폴란드식으로는 트로이덴, 루스식으로는 트라이덴이라고도 한다)에게 넘어갔다. 그는 민다우가스의 가계와 무관한 인물이었으며, 1270년부터 1282년 무렵까지 대공으로 재위하여 리투아니아의 세력을 다시 공고히 했다.

4) 베레스테이스크와 도로히친 두 공령을 합친 땅. 베레스테이스크 공령의 중심도시는 베레스테 혹은 베레스티예(Берестье)로, 이 도시의 오늘날의 명칭은 브레스트이다. 벨라루스에 위치한 이 도시는 현대사에서 브레스트-리토프스크 조약의 체결장소로 잘 알려져 있다. 도로히친은 브레스트에서 서북쪽으로 약간 떨어진 곳에 있는 도시이며, 부흐 강가에 자리 잡고 있다. 오늘날에는 폴란드에 속한다.

5) 게디미나스(Gediminas, 1275 무렵~1341). 리투아니아의 대공. 1315년 무렵부터 대공이 되었으며 영토를 종횡으로 크게 확대했다. 오늘날의 우크라이나 땅의 상당 부분도 그의 지배 아래 들어왔다. 그는 '신의 도우심으로 리투아니아와 많은 루스 땅의 왕인 게디미나스(Gedeminne Dei gratia Letwinorum et multorum Ruthenorum rex)'라는 라틴어 칭호를 채택했으며, 그의 후손들은 그 후 오랫동안 리투아니아 공국, 폴란드의 지배자가 되었다.

6) 타타르 한국의 세금징수자. 이들은 루스의 여러 지방을 돌아다니면서 세금을 징수했는데,

급이 남아 있다). 이러한 사실에서도 알 수 있듯이 할리치나와 볼린의 보야린들이 1340년에 유리 볼레스와프 대신 류바르트 게디미노비치를 공으로 선출한 것은 우크라이나 공령들에서 진행되고 있던 리투아니아 공들의 이러한 움직임에 발을 맞춘 것일 뿐이다. 현지 주민들의 반응은 어떠했을까? 자기네 대표들이 스스로 원해서 리투아니아 공자(公子)들을 루스 지배자의 옥좌로 초빙하는 한 주민들은 상층에서의 이 같은 움직임에 거의 개의치 않았으며 이 같은 사실은 류바르트의 선출이 무엇보다도 잘 보여준다.

리투아니아의 공자들은 우크라이나와 벨라루스의 공령들에 일단 자리를 잡으면 현지의 생활과 체제, 문화에 모든 면에서 적응하려고 노력을 아끼지 않았으니, 주민들이 이러한 태도를 보인 것도 이해할 만하다. 리투아니아 공자들은 현지의 제도에 그 어떤 변화도 가져오지 않으려 노력했다. "우리는 옛것을 무너뜨리지 않고 새것을 들여오지 않는다," 이것이야말로 그들의 원칙이었다. 그들은 정교 신앙과 현지 문화, 언어를 받아들였으니, 한마디로 말해 우크라이나와 벨라루스의 공이 되었으며, 단지 새로운 지배가문인 리투아니아 출신이라는 점만 다를 뿐이었다. 그리고 그들은 가능한 한 현지생활의 관행 질서를 계속 유지하고자 노력했다. 다른 면에서 보면, 주민들은 리투아니아 출신 공들을 받아들이면서 옛 지배가문의 낡아버린 공령통치 관계를 종식시킬 수 있어서 기분이 좋을 때도 적지 않았다. 한때 공의 지배를 벗어나 타타르 지배 아래로 들어갔던 공동체들의 경우를 보더라도, 타타르 지배체제가 이들에게 불리한 면을 드러냈음이 분명하다. 13세기 말 타타르 유목 왕국에 무질서가 닥치면서 특히 이런 모습이 두드러졌다. 그런데 바로 리투아니아 공국은 이 시기에 전성기를 맞

피지배 지역에 상주하지 않고 세금 징수시기에만 현지에 왔다.

고 있었다. 주민들은 리투아니아 출신 공을 맞이하면서 비록 자신들이 온갖 불행을 겪고 있기는 하지만 이들에게서는 도움과 보호를 얻을 수 있으리라는 희망을 가졌을 수도 있다. 단지 루스의 옛 지배자인 공들만이 자기네 지배권을 포기하는 것 때문에 가슴이 쓰라렸다. 그러나 여기서도 과거의 공들이 자기네 지배영지[7]에 계속 남아있으면서 다만 자기네 땅의 최고 보위를 차지한 리투아니아 공의 권력을 상급권력으로 인정하기만 하면 되는 식의 새로운 관계가 형성되는 경우도 종종 찾아볼 수 있었다.

이 때문에 우크라이나 공령들은 전쟁이나 투쟁도 없이 조용하고 눈에 띄지도 않게 하나씩 차례로 리투아니아 공들의 권력 아래로 넘어갔는데, 심지어 우크라이나의 사료에서 이 같은 사실을 언급조차 하지 않는 경우도 있었다. 사실 이 시기에 우크라이나에는 지방별 연대기가 없었고 외국의 연대기에 이에 대한 소식이 날아드는 경우는 드물었다. 리투아니아 공들이 큰 힘 들이지 않고 공령들을 합병하곤 했기 때문에 그러했다.

이리하여, 앞에서 이미 살펴보았듯이 1340년에 류바르트 게디미노비치 공이 할리치나–볼린의 공위를 차지하여 카지미에시 3세의 원정이 있었던 1349년까지 할리치나 공으로 인정되었으며 볼린은 그가 죽을 때까지 40년도 넘는 세월 동안 오래 통치했다.

리투아니아 대공 알기르다스(올게르드) 게디미노비치[8]는 1350년대에 스

7) 원어는 '볼로스치(волость)'이다. 앞에서도 말했듯이 동슬라브어에서 이 말의 의미는 다양하다. 여기서는 공의 지배권 아래 있는 영토를 말한다.

8) 알기르다스 게디미노비치(Algirdas Gediminovich, 1296 무렵~1377). 리투아니아의 대공(재위: 1345~1377). 올게르드(Олгерд)는 슬라브식 이름이다. 게디미나스의 아들로 형제들과 힘을 합해 리투아니아 공국의 영토를 확장하였고, 그 결과 발트 해에서 흑해에 이르는 거대 판도를 다스렸다. 루스의 땅 가운데 드니프로 강 이동지역을 제외한 거의 대부분 지역은 이 때 리투아니아의 지배 아래 들어왔다.

그림 123~124 키예프 공 볼로디미르 올게르도비치의 주화.

몰렌스크 내정에 개입하여 옛 체르니히브 공령의 북부에 해당하는 인접 지역 브랸스크 공령을 점령했으며 그런 다음에는 남쪽 지방의 공령들도 복속시켰다. 체르니히브, 노브고로드 세베르스키, 스타로두브[9] 같은 중요한 도시들에서는 리투아니아 지배가문 출신 공들이 자리를 잡았고 작은 영지들에서는 리투아니아 공들의 권력 아래 구 지배가문 출신의 공들이 계속 자리를 유지했다.

1360년 무렵에 알기르다스는 페도르라는 이름을 가진 키예프의 마지막 공을 꺾고 키예프 공령을 자기 통치권 아래 두게 되었으며, 페도르 대신 자기 아들 볼로디미르를 그 자리에 앉혔다. 이 영역은 타타르의 지배 아래서 쇠락하고 심하게 황폐해지기는 했다. 그러나 그 막대한 규모로 중요한 전리품이 되어 주었다. 과거에 페레야슬라브 공령을 이루었던 드니프로 강 이동 지역(자드니프로비야) 전체가 키예프 공령에 속했으니 말이다.

드니프로 강 유역 지역을 자기네 울루스, 즉 자기네 지배권역이라고 여기고 있던 타타르 세력은 아마도 키예프의 페도르 공을 자기네 맹약자라 여겨 이 사람 편을 들고 싶어 했던 것 같다. 하지만 이 당시 타타르 한국은 완전히 지리멸렬해져 쇠약해진 상태였다. 알기르다스는 군대를 이끌고 키예프 공령 남쪽지방으로 진군하여 타타르 군대를 격파하고 키예프 공령을

9) 스타로두브(Стародуб). 러시아 서부 브랸스크 오블라스찌에 위치한 옛 도시.

손에 넣었을 뿐 아니라, 그때까지 타타르 한국의 지배 아래 있던 포딜랴(Поділля)[10] 땅까지 장악했다. 알기르다스의 조카이자 코리아트(카리요타스) 게디미노비치[11]의 아들인 공자들은 포딜랴의 여러 도시에 기반을 잡고는 타타르인들을 막기 위해 요새를 쌓고 주민들을 불러 모으기 시작했다. 이 일에 대해 15세기의 두 번째 사분기에 작성된 연대기의 기사는 이렇게 이야기하고 있다.

"알기르다스 대공은 리투아니아 공령의 군주가 되자 리투아니아 군대를 이끌고 '평원으로'(초원지대로) 출발하였으며 시니에 보드이(Синие воды)[12]에서 타타르인들을 격파했다.[13] 타타르 군대의 우두머리는 카치베이[14] 공, 쿠틀루부가 공, 드미트리 공 삼형제였다. 타타르의 공인 이 세 형제는 포딜랴 공령의 부친영토 상속자(오트치치(отчичи))와 조부영토 상속자(데디치(дедичи))였으며 오타만[15]들은 그들에게서 하명을 받아 이 땅을 다스렸고 이 오타만들에게서 명령을 받고 내려온 바스카크(세금 징수자)들은 포딜랴

10) 혹은 포돌리아(Подолия). 러시아식으로는 포돌리에(Подóлье)라고 한다. 역사적으로 유서 깊은 우크라이나 남서부의 지방이다. 키예프의 남서쪽에 위치하며 드니스테르 강 동쪽 유역 일대를 포함한다. 현재 우크라이나의 흐멜니츠키, 빈니챠 등의 도시를 포함하는 지역이다.

11) 코리아트(카리요타스) 게디미노비치(Koriat Gediminovich). 게디미나스 대공의 아들이며 알기르다스 대공의 동생이다. 벨라루스의 노브고로드스크와 볼코브이스크의 공이 되었다. 1358년 혹은 1364년에 사망했다.

12) 다른 이름으로는 시뉴하(Синюха)라고 한다. 시니에 보드이는 푸른 물이라는 뜻을 가진 우크라이나 남부의 강이다. 유즈니 부흐 강의 왼쪽 지류의 하나로 페르보마이스크 시에서 유즈니 부흐 강으로 흘러든다.

13) 1362년 9월 24일부터 12월 25일까지 알기르다스 대공 군대와 타타르 군대 사이에서 벌어진 시니에 보드이 전투를 말한다.

14) 또는 하체베이(Khachebei, Хачебей)라고도 한다.

15) 오타만(러시아어로는 아타만)은 우두머리라는 뜻을 가지며, 코자크 집단이 형성된 후에는 코자크 지도자, 지휘관을 가리켰으므로, 보통 이 의미로 알려져 있다. 여기서는 그런 의미는 아니고, 크지 않은 지역의 행정책임자를 뜻한다.

공령에서 조공을 거두어 들였다. 알기르다스에게는 노브고로드 리토프스크[16]를 소유한 형 코리아트 공이 있었는데, 코리아트 공에게는 네 아들이 있었다. 유리 공, 알렉산드라스 공, 콘스탄틴 공, 페도르 공이 그들이었다. 코리아트의 아들(코리아토비치)인 이 공자들 가운데 세 형제 곧 유리 공, 알렉산드라스 공, 콘스탄틴 공은 알기르다스 대공의 윤허를 받고 리투아니아 공국의 지원을 받아 포딜랴 공령으로 진군했다. 이때 포딜랴 공령에는 나무를 베어 요새를 만든 도시도 단 하나 없었고, 돌로써 요새를 만든 도시도 하나도 없었다.[17] 이때 코리아토비치 공자들은 포딜랴 공령으로 와서 오타만들과 친교를 맺고 포딜랴 공령을 타타르인들로부터 지키기 시작했으며 바스카크들에게 '브이히드'(조공)를 납부하지 않게 되었다. 그리고 무엇보다도, 그들은 스모트리치 강변에서 자신들이 쓰기에 안성맞춤인 성채를 발견하고 이곳에 스모트리치 시를 건설했다. 다른 곳에서는 수도사들이 산 속에서 살고 있었는데 그들은 이 장소에 바코타 시를 건설했다. 한번은 그들이 오늘날 카미네츠 시가 있는 섬에서 많은 사슴을 몰며 사냥을 하게 된 일이 있었는데 그들은 이곳의 숲을 베어낸 후 카미네츠 시를 세웠다. 그들은 이렇게 해서 포딜랴의 모든 도시를 세웠고 포딜랴의 모든 땅에 사람들을 거주하게 했다."

그래도 역시 이곳 사람들은 때로는 타타르인들에게 조공을 바치기도 했는데 이는 타타르인들의 간섭에서 벗어나기 위한 수단이었다. 그런데다 그

16) 리투아니아령 노브고로드라는 뜻.

17) 타타르 상급지배권 아래서는 실제로 포딜랴에 전혀 아무런 요새도 없었을 가능성이 있다. 왜냐하면 타타르인들은 요새를 좋아하지 않았기 때문이다. 그들은 주민들이 봉기를 했을 때 거점이 될 곳을 전혀 가지지 않기를 바랐다. 그러나 어떤 지역에서는 대규모 정주지들이 결코 완전히 사라지지 않았다(원저자 주. 1913년판 러시아어본에는 없고 1911년판 우크라이나어본에 있는 내용임-옮긴이).

후에도 한동안 이곳 공령들은 타타르 세력에 복속된 것으로 여겨지기도 했다. 그렇기 때문에 예를 들어 키예프 공이었던 볼로디미르 올게르도비치 재위시기에 주조한 화폐에는 타타르인들의 표시와 명문(銘文)이 새겨져 있다. 그러나 타타르인들은 이미 이곳의 일에는 간섭하지 않았고 리투아니아 지배가문 출신의 새로운 공들이 리투아니아 대공의 상급 권력 아래서 모든 것을 다스렸다.

44. 할리치나-볼린 공령들을 둘러싼 투쟁과 이 공령들의 분할

리투아니아 출신 공들이 동부 우크라이나의 공령들을 병합하려고 노력하면서 강력한 장애에 부딪히지 않았던 것은 그들에게 큰 행운이었다. 그들은 단지 수월하게 주어진 것을 낚아챌 수 있었을 뿐이다. 새로운 전리품을 위해 조금이라도 격렬한 싸움을 하는 것은 그들에게는 힘에 벅찬 일이었다. 리투아니아 공국은 그 거대한 규모에도 불구하고 짜임새는 대단히 어설펐으며, 게다가 그들에게는 독일 기사단, 프로이센 십자기사단, 리보니아 십자기사단과의 싸움이 어마어마한 짐으로 지워져 있었다. 리투아니아 공국이 맞서 싸워야 했던 이들 적대세력은 리투아니아의 프로이센족과 레트족을 정복하여 예속시킨 다음 리투아니아의 다른 종족들도 지배하고 싶어 했고, 걸핏하면 리투아니아를 침략해 이 나라 땅을 무자비하게 황폐화시키곤 했다. 더욱이 리투아니아 공들은 동쪽 국경에서는 모스크바 공들과도 대결해서 버텨야 했다. 모스크바 공들은 스스로 국경지대 땅을 차지하고자 했고 이 중간지대에 리투아니아의 영향력이 확산되는 것을 용납하지 않으려 애를 썼기 때문이다. 이런 이유로 리투아니아 공들은 우크라이나 공령들에 많은 정력을 기울일 수 없었으며 류바르트가 서부 우크라이나를 두고 폴란드 및 헝가리와 격렬한 싸움을 벌여 버텨내야 하는 상황이 되었을 때에도 리투아니아의 다른 공들은 그저 어쩌다 한 번씩 그에게 도움을 주는 일밖에 할 수 없었다. 폴란드와 헝가리라는 두 개의 불 사이에 끼어있던 할리치나는 류바르트에게서도 충분한 지원을 받을 수가 없어서 자력으로 방어를 해낼 수가 없었으며, 자기 자신을 지킬 희망을 가지지 못한 채 곧 무기를 내려놓았다. 류바르트가 할리치나를 폴란드의 수중에서 빼앗아내고자 시도했지만 뜻을 이루지 못하여, 이 공령은 계속해서 폴란드 지배 아래 남아있게 되었다.

앞에서 이미 살펴보았듯이, 카지미에시[18]가 할리치나 땅을 처음으로 공격했을 때는 '루스 땅의 수장(首長)'인 저 이름 높은 데드코의 지도 아래 현지 보야린들이 이를 막아냈고 카지미에시는 단지 서부 국경지대에 있는 샤니크 공령밖에 차지할 수 없었다.[19] 1349년 이전까지는 할리치나는 류바르트의 지배 아래 계속 남아 있었다. 이 해가 되어서야 카지미에시는 타타르인들에게서 중립을 지키겠다는 보장을 받아낸 후 기습공격을 감행하여 할리치나 전체와 이웃한 볼린 국경지대를 장악했다. 이 파국적 사태에 번쩍 정신이 든 리투아니아 공들은 류바르트를 돕기 위해 한걸음에 달려 왔으며 그들은 카지미에시가 점령한 볼린의 도시들을 되돌려 받을 수 있었다. 할리치나 도시들의 사정은 더 힘겨웠다. 카지미에시가 할리치나에 배치한 수비대는 몰아내지 못한 채, 리투아니아 공들은 고작 폴란드의 몇몇 지역을 황폐화시키는 것으로 카지미에시에게 앙갚음을 했을 뿐이다. 카지미에시는 이들을 완전히 끝장내기 위해 헝가리 왕과 맺은 조약을 되살려 냈다.

18) 폴란드 국왕 카지미에시 3세를 말한다.
19) 이 책 제40장을 참조하시오.

그는 로마교황에게 청원하여 재정지원을 얻어낸 다음 헝가리 군대와 합세하여 적어도 벨즈-홀름 공령이라도 정복하고자 시도했다. 그는 이를 위해 여러 차례 원정을 수행했으나 이에 대한 사료는 별로 남아있지 않다. 그중 가장 눈에 띄는 사건은 1352년의 벨즈 포위전으로, 여기서는 벨즈의 영웅적 방어가 눈부시게 펼쳐졌다. 카지미에시는 대군을 이끌고 진군했던 데다, 헝가리 국왕 류도비크도 그를 도와 합류했다. 그들은 함께 벨즈에 도착한 다음 이곳의 군정사령관에게 사람을 보내 항복하라고 제안했다. 벨즈의 군정사령관은 확실한 거절의 답을 하지 않았는데 이는 시간을 벌어서 도시의 방비를 강화하고 리투아니아 공들에게서 원군이 도착하기를 기다리기 위해서였다. 그는 일주일 내내 협상을 질질 끌면서 이 기간 동안 두 왕이 지켜보는 가운데 자기 성채의 방비를 강화했다. 그중 하나는 성채를 둘러싸고 있는 참호에 물을 채워 넣어 사방에서 물이 성채를 둘러싸게 하는 일이었다. 그러더니 그는 결국 항복에 동의하지 않는다고 선언했다. 카지미에시와 류도비크는 돌격으로 성채를 빼앗으려 시도했으나 실패를 맛보게 되었다. 폴란드 군대와 헝가리 군대는 이른 아침부터 한낮까지 참호를 가득 채우며 흐르는

그림 **125** 르비브 성 유리 대사원의 종. 류바르트 드미트리가 할리치나의 지배자였던 시절의 기념물.

차가운 물에 목까지 잠긴 채 서서 성채 안으로 돌진하려고 애를 썼으나 수많은 병력을 잃었을 뿐이다. 류도비크 왕의 조카가 목숨을 잃었고 류도비크 자신도 머리에 너무나 심한 타격을 받아서 말에서 굴러 떨어진 후 거의 죽을 뻔 했다. 폴란드 군대와 헝가리 군대는 결국 후퇴할 수밖에 없었다. 류도비크는 전투를 계속하는 데 오만 정이 다 떨어진 채 카지미에시를 남겨놓고 떠났으니, 카지미에시 또한 무슨 일이 있어도 되돌아갈 수밖에 없었다.

출정이 이렇듯 실패로 끝나고 나서 설상가상으로 리투아니아 공들이 타타르 세력까지 다시 자기네 편으로 끌어들이자 카지미에시는 이들과 휴전 협정을 맺었다. 그 내용을 볼 때 할리치나는 폴란드 수중에 남고 볼린은 류바르트에게 남는다는 것이었다. 이때도 할리치나를 폴란드 손에서 빼앗는 것에 실패했지만 그 후에도 계속 실패하게 된다. 카지미에시는 할리치

그림 **126** "루스 땅의 부양자이자 수장" 데드코가 토르나 시 공동체에 보낸 라틴어 편지.

나 공령을 장악했지만 이에 만족하지 않고 이곳에서 폴란드에 거스르는 모든 세력을 약화시키고 폴란드의 지배를 유리하게 해주는 인자(因子)를 가능한 한 많이 이곳에 들여놓으려 갖은 애를 썼다. 그는 류바르트 편에 섰던 보야린들에게서 소유지와 직책을 박탈하고, 폴란드인들과 폴란드 지배를 지지할 준비가 되어 있는 이러저러한 전입자들에게 토지를 나누어 주었으며 갖가지 혜택을 제공하면서 독일인들과 폴란드인들을 도시로 불러들였다. 카지미에시는 헝가리인들과 로마교황의 지원, 그리고 때로는 독일 기사단의 지원까지 받아가며 온 힘을 다해 새로운 정복 지역을 지켜내곤 했던 터라, 류바르트는 그에 비하면 너무나 세력이 약했고 그래서 할리치나를 그의 손에서 빼앗을 수가 없었다. 물론 이를 둘러싼 싸움이 앞으로도 꼬박 30년이나 계속되었던 것은 사실이다. 휴전이 성립한 후 얼마 안 있어서 전투는 곧 다시 시작되었으니 말이다. 리투아니아 공들은 폴란드 여러 지역을 공격하여 유린함으로써 카지미에시를 포위하기도 했고 타타르인들의 폴란드 습격을 부추기곤 하기도 했지만 이러한 것들은 사태에 별로 도움이 되지 않았다. 결국 카지미에시는 타타르 세력을 다시 자기편으로 끌어들이는 데 성공했으며 그 후 타타르 한국은 리투아니아 공들이 과거에 타타르 지배 아래 있었던 우크라이나 땅들을 점령하게 되는 것을 보고는 류바르트와의 관계를 완전히 끊어버렸다. 그런데 카지미에시는 프로이센 십자기사단 및 리보니아 십자기사단과 약조를 맺고 두 개의 전선을 형성하여 리투아니아를 공격했다. 1366년에는 십자기사단들이 리투아니아에 타격을 가하는 것과 때를 같이하여 그 자신이 직접 볼린으로 진격했다. 그는 벨즈, 홀름(헤움), 볼로디미르를 다시 차지하는 데 성공했다. 물론 벨즈와 홀름은 다시 폴란드 수중에서 떨어져 나오기는 했다. 하지만 이번 원정에서 카지미에시는 볼로디미르를 차지하고 죽을 때(1370)까지 이를 유지했

그림 **127** **1366**년 류바르트와 카지미에시가 맺은 휴전협정 문서.

다. 그가 죽고 나서야 겨우 류바르트는 볼로디미르를 다시 장악하고 폴란드의 국경 지역 땅들을 또다시 유린하기 시작했다. 이때 류도비크가 카지미에시 사후 폴란드 왕관을 얻고서[20] 류바르트를 공격하기 위해 출정했다. 그 결과 벨즈 땅과 홀름 땅이 할리치나에 병합되었다. 그래도 볼린의 다른 지방들은 류바르트 수중에 계속 남았다.

20) 헝가리 왕 류도비크는 피아스트 왕조 출신인 폴란드 왕 카지미에시 3세의 누이 엘리자베트의 아들이었다. 따라서 류도비크는 부계로는 프랑스 앙주 왕조 출신으로 간주되지만 모계로는 폴란드 피아스트 왕조에 연결되는 인물이다. 카지미에시 3세는 아들이 없어서 조카인 류도비크를 자신의 후계자로 선택했다.

류도비크는 폴란드 왕이 되고 나서도 자기 후손들에게 폴란드 왕관을 물려줄 수 있다는 기대는 가지지 않았고 그렇기 때문에 할리치나를 헝가리 영토로 확보하고자 노력했다. 이를 위해 그는 할리치나를 헝가리의 한 지방으로 삼아 자기 심복인 오폴레(Opole)[21] 공 브와디스와프(Władisław)에게 넘겨주었다. 실레지아의 폴란드계 공의 가문 출신인 이 브와디스와프는 헝가리 국왕의 상급 지배권 아래서 마지막 할리치나 공의 자격으로 할리치나를 6년 동안(1372~1378) 지배했다. 그런 다음 류도비크는 브와디스와프를 다른 직책에 임명해서 내보내고 할리치나에는 헝가리인 총독들을 임명했으며 헝가리 군대를 주둔시켰다. 그러나 그의 의도는 성공을 거두지 못했다. 류도비크가 사망한(1382) 후 폴란드 귀현들은 그의 막내딸 야드비가를 자기네 여왕으로 뽑았고 이렇게 해서 스스로 헝가리로부터 떨어져 나왔다.[22] 헝가리에서 혼란이 시작된 것에 편승하여 폴란드 귀현들은 자기네 젊은 여왕을 군대의 최고사령관으로 삼아 파견했으니 이는 할리치나를 헝가리 지배권으로부터 떼어내기 위함이었다. 그리고 이 계획은 실제로 성공

21) 오폴레는 폴란드 남부 오데르 강변에 위치해 있으며, 폴란드에서 가장 오래된 도시 중 하나이다. 상 실레지아(오버슐레지엔)의 수도로, 실레지아 독일인들의 중심지이기도 하다.

22) 야드비가가 폴란드 여왕이 되는 과정에서 류도비크와 폴란드 귀족들이 각기 수행한 역할에 대한 흐루셰브스키의 서술은 보완할 필요가 있어 보인다. 류도비크는 딸 셋만을 두었기 때문에 세 사위 가운데 누군가로 하여금 폴란드 땅을 통치하게 하려는 생각을 품었다. 그는 폴란드 귀족들이 이에 동의하게 하기 위해 1373~1374년에 헝가리에 있는 코시체에서 회의를 열어 국왕의 권한을 제한하고 귀족의 권리를 극대화하는 방향으로 폴란드 귀족들에게 중대한 양보를 하는 데 동의했다. 코시체 규약으로 불리는 이 협약은 국왕이 귀족에게 부과하는 전쟁비용을 엄격히 제한하고 귀족은 세금납부를 면제받으며 지방공직은 현지출신 귀족이 독점하고 스물 세 개 주요 요새의 성주 자리는 왕족 아닌 폴란드 귀족에게만 주어진다는 내용을 담고 있었다. 그런데 류도비크의 세 딸들 가운데 첫째 딸은 부왕이 아직 살아있던 1378년에 사망했고, 헝가리 여왕이 된 둘째 딸은 폴란드 귀족들이 원했던 대로 폴란드 수도 크라쿠프에서 통치하기를 거부하고 계속 헝가리에 머무르는 쪽을 택했다. 류도비크의 막내딸 야드비가가 폴란드 여왕이 된 것은 이같은 복합적 상황의 결과였다.

했다. 할리치나는 다시 폴란드에 합병되었고(1387) 헝가리 정부는 이에 항의했지만 할리치나 때문에 전쟁을 시작할 용기는 내지 못했다. 할리치나는 폴란드 수중에 계속 남았다.

45. 폴란드와 리투아니아의 연합

리투아니아 공들과 폴란드 사이에서 1380년까지 할리치나–볼린 공령들을 둘러싸고 벌어진 피비린내 나고도 끈질긴 싸움을 추적한 사람이 있다면 이 싸움이 어떻게 끝날 것인지 예견하기가 거의 불가능했을 것이다. 그 종막은 그처럼 갑작스러웠다. 그것은 곧 폴란드와 리투아니아가 리투아니아 대공의 통치권 아래 연합을 하되, 리투아니아 대공이 폴란드 왕관을 얻는 대신 리투아니아의 모든 영토를 폴란드에 합쳐 영원히 '통합시킨다'는 것, 다시 말해 리투아니아를 폴란드의 단순한 일개 지방으로 전환시키면서 두 나라를 통일할 의무를 지게 된다는 것을 말한다.

이 같은 결합방식을 고안해낸 사람들은 소(小)폴란드(Malopolska)[23]의 권문귀족들이었다. 그들은 헝가리로부터 분리되고 헝가리 궁정의 영향에서 벗어나기 위해 류도비크의 막내딸인 야드비가를 여왕으로 선택했으며,

23) 라틴어로는 폴로니아 미노르(Polonia Minor)라고 한다. 10세기에 초기 폴란드 국가 형성의 핵심을 이루었던 대폴란드(Major Polonia)에 대비되는 말이다. 소폴란드는 폴란드 남부 일대의 유서 깊은 역사적 지역으로 중세 후기에 폴란드 국가의 중심세력을 형성했으며 크라쿠프가 수도이다. 서쪽으로는 첸스토호바(Częstochowa)에, 동쪽으로는 루블린(Lublin)에 이른다. 소폴란드의 귀족층은 수세기에 걸쳐 폴란드의 국정을 좌우했으니, 이를테면 폴란드와 리투아니아의 국가연합을 가져온 크레보 연합, 그리고 폴란드 여왕 야드비가와 리투아니아 대공 요가일라(야가일로)의 결혼도 모두 바로 이들의 작품이었다. 소폴란드라는 명칭은 1493년에 처음으로 사료에 등장했다고 한다.

그런 다음에는 자기네 여왕을 위해 가장 적합한 신랑감을 찾기 시작했는데, 그 신랑은 자신의 힘과 재산으로 그들에게 이익이 되어 줄 수 있고 그러면서도 폴란드 국가의 일에는 간섭하지 않으며 사실상 그들, 곧 폴란드 귀족(pan)들이 지배하는 데 방해를 하지 않을 만한 그런 사람이어야 했다. 사실 야드비가는 이미 오스트리아의 왕자 빌헬름과 약혼을 한 사이였지만 빌헬름은 폴란드 귀족들의 마음에 드는 배필이 아니었다. 왜냐하면 그에게는 아무 재산이 없었기 때문이다. 그래서 그들은 결국 알기르다스의 아들인 젊은 리투아니아 대공 요가일라(야가일로)[24]에게 주의를 돌리게 되었다. 그들이 생각한 것은 이런 것이었다. 요가일라는 폴란드 왕이 되는 명예를 누리게 된 데 대해 그들에게 깊이 감사할 것이고 그들이 내거는 모든 조건에 동의할 것이며 그가 지배하는 리투아니아 국가의 힘과 재산 덕분에 그들에게 유용한 존재가 될 것이다. 그들의 판단은 그르지 않았다. 요가일라는 폴란드 지배자들이 요구한 것에

그림 **128** 최후의 할리치나 공이었던 브와디스와프 오폴스키의 인장. 라틴어로 다음과 같은 명문이 새겨져 있다. "신의 은총으로 지배하는 오폴스크, 벨륜스크, 루스 땅의 세습 지배자 브와디스와프".

24) 요가일라(Jogaila, 1351/1362~1434). 폴란드식 이름은 야기에우오(Jagiełło). 동슬라브식 이름은 야가일로(Ягайло). 리투아니아의 대공으로 있으면서 폴란드 여왕 야드비가와 결혼하여 폴란드 국왕 브와디스와프 2세 야기에우오가 되었다. 크레보 조약에 동의하여 리투아니아와 폴란드의 합병의 길을 텄고 폴란드의 야기에우오 왕조의 개창자가 되었다.

모두 동의했다. 그는 아직 기독교 세례를 받지 않은 상태로 남아있던 모든 리투아니아인에게 가톨릭 세례를 주고 그 자신도 라틴 교회로 넘어가겠다고 (그때까지 그는 정교 신자였다) 약속했으며, 폴란드가 상실한 토지를 자기 재산을 써서 돌려주겠다고 약속했을 뿐 아니라 가장 중요한 것으로 '그의 땅인 리투아니아 땅과 루스 땅을 폴란드 왕관에 영원히 합친다'는 의무를 지기로 했다. 그들 사이의 이러한 약정이 1385년 8월 15일 리투아니아의 크레보[25]에서 맺어졌다. 이것이 이른바 '크레보 연합조약'으로, 이는 우크라이나 땅뿐 아니라 동유럽 전체의 향후 역사의 방향을 결정적으로 바꾸어놓았다고 할 수 있는 지극히 중요한 조약이었다.

폴란드 지배자들은 요가일라와 조약을 맺고 나서 무엇보다도 먼저 그를 자기네 여왕과 진짜로 결혼시켜야 한다는 점을 생각하지 않을 수 없었다. 이는 적지 않은 어려움을 안고 있었다. 왜냐하면 야드비가의 어머니가 이 당시에 빌헬름에게 최종적으로 승낙을 해주었기에 빌헬름이 크라쿠프에 와서 야드비가와 결혼식을 올린 후 아내인 그녀와 함께 크라쿠프 성에서 살고 있었기 때문이다. 어떻게 하다가 일이 이렇게 진행되도록 방치했던 폴란드 지배자들은 이제 갑자기 정신을 차리고선, 어떤 일이 있어도 굴하지 말고 야드비가와 빌헬름의 혼인을 파기해야 한다고 결심했다. 그들은 완력으로 빌헬름을 체포해 크라쿠프에서 추방했다. 야드비가는 그를 쫓아가서 크라쿠프로 돌아오게 하고 싶어 했으나 귀현들은 그녀를 제지했다. 그녀와 빌헬름의 결혼은 무효로 선포되었고 다름 아닌 그녀의 성직자들이 나서서, 폴란드와 가톨릭교회의 번영을 위해 요가일라와 결혼해야 한다고 그녀를 설득하기 시작했다. 그들은 마침내 야드비가를 진짜로 설득해내

25) 크레보(Krewo, Krevo). 크레바라고도 하며 현재의 경계를 기준으로 하면 벨라루스에 속하는 크레우스키(Креускі)를 말한다. 크레바 성은 게디미나스와 알기르다스의 근거지였다.

그림 129~130 카지미에시와 류도비크가 할리치나를 위해 주조한 화폐들.

고 요가일라와 결혼시켰다. 이 일을 성사시키고 나서 그들은 무엇보다도 먼저 리투아니아 공들의 도움을 받아 할리치나에서 헝가리 군대를 몰아낸 후 이곳을 차지했다. 그런 다음 그들은 요가일라가 자기의 모든 땅인 리투아니아 땅과 루스 땅, 곧 벨라루스 땅과 우크라이나 땅을 영원히 폴란드에 합치겠다고 한 약속을 이행하기를 기다리기 시작했다.

이는 달리 말해 리투아니아 대공국은 별개의 국가로서 존재하기를 그만둘 수밖에 없으며 리투아니아 공들의 지배 아래 있는 모든 땅, 곧 우크라이나 땅, 벨라루스 땅, 리투아니아 땅은 이제부터 폴란드 왕국의 지방으로 전환되어야 한다는 것을 의미했다. 폴란드인들은 이를 이렇게 이해했고 또 이를 이루어내고자 애썼다. 요가일라는 그들의 소원을 들어주면서 우크라이나 땅과 벨라루스 땅을 지배하는 모든 리투아니아 공들에게 앞으로 요가일라와 그의 여왕, 그들의 자녀들에게 충성을 바칠 것이며 그들도 폴란드 왕국에 속할 것이라는 약정을 하라고 명령했다. 공들은 그렇지 않아도 요가일라를 자신들의 최상위자인 리투아니아 대공으로 인정하고 있었기 때문에 이 같은 약정은 처음에는 아무런 새로운 변화를 낳는 것이 아니었다. 따라서 요가일라에게 복속된 공들은 군말 없이 그 같은 약정을 해주었다. 그러나 시간이 지나면서 공들과 보야린들은 이 일이 장차 어디로 이어질 것인가 생각해 보기 시작했다. 크라쿠프에 있는 폴란드 지배자들이 그들을 지배하고 좌지우지할 것이 분명했다. 이런 전망은 그야말로 전혀 그들 마음에 들지 않았다.

비타우타스(비토프트)[26]는 그들의 불만을 이용하기로 결심했다. 그는 요가일라의 작은 아버지인 캐스투티스(케이스투트)[27]의 아들로, 캐스투티스는 요가일라가 대공의 자리에 올랐을 때 그의 명으로 죽임을 당한 인물이다. 비타우타스는 부친의 지배영지를 얻고자 하였기에 이미 두 번이나 요가일라에 대항하여 봉기를 일으킨 적이 있는데, 결국 요가일라는 그에게 리투아니아 대공국 전체를 자기의 총독으로서 다스리라고 내주었으니 이것은 비타우타스가 얻어낸 소득이었다. 이제 비타우타스는 크라쿠프 궁정[28]의 주제넘은 요구에 대한 공들과 보야린들의 불만을 이용하여 리투아니아의 공들과 보야린들이 그를 리투아니아의 왕으로 선포하는 결과를 얻어냈으며 요가일라에 대항하여 결전을 벌일 채비에 들어가게 되었다. 여기서 어쩌면 폴란드-리투아니아 연합도 끝나게 될 것 같았다. 그러나 사태는 예상치 못한 방향으로 전환되었다. 비타우타스는 이 시기에 자기가 내세운

26) 비타우타스(Vytautas, 비토프트(Витовт), 1350~1430). 리투아니아 대공(1392~1430), 흐로드나 공(1370~1382), 루츠크 공(1387~1389). 케이스투트의 아들인 비타우타스는 알기르다스의 아들인 요가일라와 사촌지간으로 일찍이 리투아니아에 대한 지배권을 놓고 요가일라에 맞서 튜튼 기사단과 연합했다. 이 때문에 요가일라는 폴란드 왕국에서 지원을 얻고자하였고 이는 결국 야드비가와 결혼에까지 이르게 되는 계기가 되었다. 비타우타스는 요가일라가 폴란드 왕이 된 후 크레보 연합에도 불구하고 리투아니아를 독자적으로 지배하기 위하여 분투했고, 결국 요가일라의 양보를 얻어 냈다. 본문에서는 이와 관련된 내용이 서술되어 있다. 비타우타스가 통치하던 시기의 리투아니아 대공국은 리투아니아인들과 루스인들을 포함하는 아주 넓은 영역에 걸치는 나라였다.

27) 캐스투티스(Kęstutis, 케이스투트(Кейстут), 1297 무렵~1382). 게디미나스의 아들이며 알기르다스의 형제. 게디미나스의 사망 후 알기르다스와 힘을 합쳐 새로운 대공이 된 동생 야우누티스를 몰아내고 알기르다스와 함께 리투아니아 영토를 나누어 통치했다. 알기르다스와는 화목하게 지냈으나 그가 사망한 후 새로운 대공이 된 요가일라와 알력을 빚은 끝에 그를 몰아내고 잠시 대공 자리에 올랐으며 빌니우스를 근거로 삼아 통치했다. 그러나 요가일라의 반격으로 체포된 후 의문스러운 상황에서 사망했다.

28) 크라쿠프는 이 당시 폴란드의 수도였다.

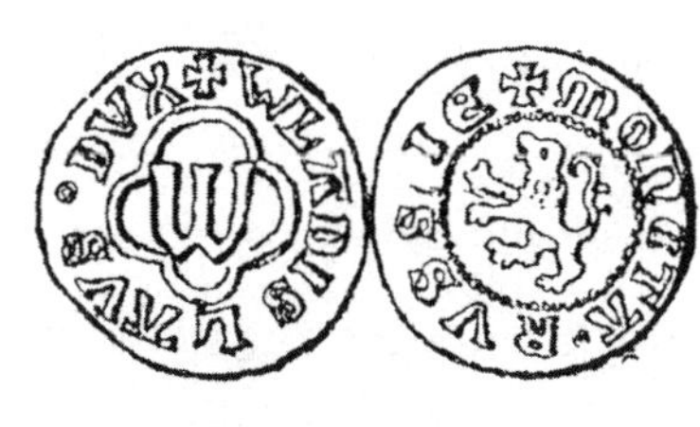

그림 **131~132** 브와디스와프 오폴스키 공의 명으로 주조된 할리치나 주화.

인물을 칸의 자리에 앉히기 위하여 타타르 한국에 대한 대규모의 원정을 감행했는데, 부주의하게도 초원 깊숙이 들어갔다가 강력한 타타르 군대에 맞부딪히게 되었다. 타타르 군대는 보르스클라 강변의 전투[29](1399)에서 비타우타스 군대를 무참하게 궤멸시켰다. 이 참극은 비타우타스의 힘을 꺾고 계획을 무산시키게 되었으며, 비타우타스가 폴란드 및 요가일라와 완전히 결별하는 일이 일어난 것이 아니라 그들 사이에 조약이 체결되었다(1400). 비타우타스와 요가일라는 다음과 같은 사항을 결정했다. 리투아니아 대공국은 독자적 대공의 다스림을 받는 별도의 국가로서 계속 존재해야 하며 비타우타스가 이제 리투아니아 대공이 될 것이다. 그러나 이 리투아니아 대공은 요가일라와 폴란드 왕위를 물려받는 그의 계승자들의 상급지배권을 용인해야 한다. 이는 폴란드-리투아니아 연합이 1385년의 크레보 조약과 비교해보면 완전히 다른 형태를 띠게 되었지만 그래도 완전히 휴지조각이 되어버리지는 않았음을 의미했다. 리투아니아 대공국은 어쨌거나 폴란드와 계속 연결되게 되었고 이는 대공국의 내부 생활과 상황에 대해 그리고 특히 우크라이나의 상황에 대해 큰 중요성을 가지는 것이었다.

29) 보르스클라(Ворскла) 강은 러시아 벨고로드 주에서 발원하여 드니프로 강으로 흘러들어간다. 우크라이나 폴타바의 약간 위쪽에서 1399년 보르스클라 강변 전투가 벌어졌다.

46. 리투아니아 대공국의 새로운 정책 방향

요가일라-야기에우오[30]는 이제 폴란드를 자기 것으로 가지게 되면서 비타우타스와 더불어 무엇보다도 리투아니아 대공국을 구성하고 있던 큰 공령들을 폐지하는 일에 착수했다. 우크라이나는 거의 전체가 이러한 큰 공령들로 구성되어 있었기에 이곳에서는 새로운 정치 노선으로 인한 영향이 특히 강하게 미치게 되었다. 크레보 연합조약이 체결되었던 무렵인 1380년대 말에 볼로디미르 공령과 루츠크 공령으로 구성된 볼린 땅은 류바르트가 죽고 나서 그의 아들인 페도르의 지배를 받고 있었는데, 볼린 사람들은 페도르를 자신들의 타고난 공으로 여기고 있었다. 포딜랴에서는 코리아토비치들(코리아트의 아들들-옮긴이) 가운데 마지막 남은 한 명인 페도르가 공으로서 다스리고 있었다. 키예프 공령과 드니프로 강 동안 지역은 볼로디미르 올게르도비치[31]에게 귀속되어 있었다. 프리퍄트 강 유역의 폴리시아는 그다지 눈에 띄지 않는 몇몇 공령들을 포함하고 있었다. 페도르 올게르도비치가 다스리는 라텐스크(Ратенськ) 공령, 야기에우오의 사촌 바실리 미하일로비치가 다스리는 핀스크 공령, 야기에우오의 조카인 바실리 콘스탄티노비치가 다스리는 초르토르이스크 공령 등이 그러한 것이었다. 체르니히브 땅에도 광대한 공령들이 있었다. 드미트로-코리부트 올게르도비치가 다스리는 체르니히브 공령, 또 다른 드미트로 올게르도비치에게 속한 브랸스크 공령, 알기르다스의 조카인 파트리키 나리문토비치가 지배하는 스타로두브 공령 등이 그것이었다. 이러한 광대한 공령들은 자체의 독

30) 요가일라가 폴란드 왕이 된 이후 시기를 다루는 아래 부분에서는 그의 이름을 폴란드식으로 야기에우오(Jagiełło)로 표기한다. 그는 야기에우오 왕조의 창시자가 되었다.

31) 알기르다스의 아들 볼로디미르. 43장을 참조하시오.

자적인 삶을 영위하고 있어서 심지어 자신이 리투아니아 대공국에 속한다는 느낌조차 별로 가지지 않을 정도였다. 이 공령들은 자체의 공을 받들고 있었고 이런 경우에 통치자인 공은 리투아니아 지배가문 출신이기는 하지만 몇십 년 동안 해당 지역에 거주해온 데다 또 어떤 경우에는 해당 지역에서 태어나고 성장한 사람이기도 했기에 자기 공령과 친숙해지고 그 생활과 그 주민들에게 익숙해질 수 있었다. 이러한 공의 상급지배권 아래서 공령의 행정을 실제로 수행한 사람은 현지의 보야린들이었는데 그들은 고래의 질서와 법제에 따라서 다스렸다. 그렇기 때문에 주민들이 새로운 지배체제 아래서 생활의 향상을 누리지는 못했을지 몰라도 어쨌거나 그들은 피부로 실감할 만한 변화를 느끼지는 않았다. 민족생활은 아무런 속박도 겪지 않았고 아무도 현지 주민들을 뒷전으로 내몰지 않았으며 현지 주민들의 언어와 서책 문화를 억압하지 않았다. 새로운 공들은 힘이 자라는 한, 그리고 가능한 한 우크라이나 문화와 교회에 협력하고자 노력했다.

이것이 지금까지의 상황이었다. 그런데 이제는 모든 면에서 급격한 변화가 들이닥쳤다. 비타우타스는 야기에우오와 합세하여 가장 강력한 공들을 그들 공위에서 내몰고 그들이 더 이상 중요성을 가질 수 없을 정도로 규모가 작은 공령으로 그들을 옮겨 앉혔다. 그들의 옛 영지는 곧바로 비타우타스 자신의 직접 관할권과 행정권 아래 두거나 아니면 몇 사람의 손을 거치며 넘기고 또 넘기고 해서 새로운 공들이 뿌리를 내릴 수 없게 만들어버렸고, 그래서 결국 이 강력한 공령들을 평범한 지방행정구역으로 전환시켜 버렸다. 그런 후 이를 자기 총독이나 대리인이 다스리게끔 나누어 주어 버렸다.

이리하여 비타우타스는 무엇보다 먼저 1393년 가을에 드미트로-코리부트에게서 체르니히브 공령을 박탈했다(두 번째 드미트로는 이미 그보다도 먼저 자기의 브랸스크 공령을 잃어버리고 모스크바 공국의 군대에 가담했다). 페도르 류바르토비치는 처음에는 루츠크 공령을 몰수당했다가 그 다음에는 볼린 전체를 박탈당했다. 그 대신 그에게는 체르니히브의 읍락들이 주어졌지만 이것은 페도르에게 너무나 한심한 대용물이어서 그는 이 체르니히브 영지들을 아예 받아들이지도 않았다. 그런 다음 비타우타스는 페도르 코리아토비치를 공격하기 위해 출병했는데 이는 그에게서 포딜랴를 빼앗기 위함이었다. 그는 우선 키예프 공령으로 향해 가서 볼로디미르 올게르도비치를 키예프에서 몰아냈고 그런 다음에는 진짜로 페도르를 치기 위해 이동했다. 페도르 코리아토비치는 루마니아인들과 헝가리인들의 도움을 받아 방어를 해보려 시도했다. 그러나 비타우타스는 그가 없는 사이에 포딜랴를 손에 넣었고 요새들을 점령하고 자기가 지명한 총독들을 이 자리에 앉혔다(1394).

이런 식으로 해서, 대략 2년 정도가 흐르는 사이에 웬만큼이라도 세력이 크다고 할 수 있는 공들은 모두 자기 영지에서 제거되었다. 사실, 키예프 공령은 스키르가일로 올게르도비치라는 또 다른 공에게 주어지기는 했다. 그러나 그는 그 직후 사망했다. 체르니히브 공령은 스비트리가일로에게 주어졌으나 그는 이곳에서 오래 머물지 않았다. 15세기 초 우크라이나에는 라텐스크 공령, 핀스크 공령, 초르토르이스크 공령, 스타로두브 공령, 오스트로흐 공령처럼 세력이 별로 없는 공령들만 남아 있었다. 이제 이 공령들은 한때 거의 독립적인 지위를 자랑하던 그런 공령국가(княжество-государство)가 아니라 규모가 큰 소유지(포메스치예)에 지나지 않았다. 이 공령들은 소유지라고 하기에는 아주 큰 규모여서 수십 베르스타[32]에 걸쳐 펼쳐져 있곤 했지만 정치적 의미는 가지지 못하였다. 우크라이나는 리투아니아 대공국의 지방행정구역이 되었으니, 정부의 모든 명령과 새로운 정부

32) 베르스타는 미터법 이전 러시아의 길이 단위로 1.067킬로미터에 해당한다.

정책의 작용에 종속된 채 대공국 정부의 직접적 권력 아래 놓여 있었다.

그런데 이 정책은 폴란드-리투아니아 연합 이후의 급격한 변화로 추진된 것이었다.[33] 사실, 정부는 그전과 마찬가지로, 옛 관습을 건드리지 않을 것이며 새로운 것을 도입하지 않겠다고 거듭 되풀이해 말했으나 실제로는 폴란드를 모범으로 삼아 국가를 그야말로 결정적으로 개조하기 시작했다. 옛것은 전혀 건드리지도 않는 것처럼 하면서 새로운 것을 도입했는데, 새로운 것은 옛것이 발전할 가능성을 허용하기는커녕 명이나 부지하고 존속할 수 있는 여지도 점점 줄여갔다.

야기에우오는 기독교 사회가 아니었던 리투아니아를 가톨릭으로 개종시킨 후 앞으로는 오직 가톨릭을 신봉하는 보야린들에게만 여러 가지 권리의 향유를 허용하겠다는 칙령을 반포했다. 그의 목적은 광범한 권리와 특권을 가진 특권적 지배계급을 창출하는 것이었으되, 이 특권은 오직 가톨릭교도들에게만 허용되었다. 가톨릭 신자들만이 공의 자문회의에 참석할 수 있었고 국가의 최상위 직책을 맡을 수 있었으며 그들에게만 가장 중요한 국가적 업무가 허용되었다(1413년의 고로델스크 법은 이렇게 규정했다). 그리하여 정교도 공과 보야린들은 이제부터 정교 신앙을 포기하고자 하지 않는 한 정치생활에 참여할 수 없게 되었으며, 심지어 벨라루스 땅과 우크라이나 땅에 정착하여 이곳 주민들에게 동화되어 살았던 리투아니아 지배가문 출신 공들이라 할지라도 이 점에 관한 한 예외가 아니었다. 도시에는 폴란드에서 시행되고 있던 것과 같은, 이른바 독일법 혹은 마그데부르크 법[34]에 따

33) 원문은 "그런데 이 정책은 크레보 연합 이후 급격하게 변화했다"라고 되어 있다. 이 구절은 요령부득으로 쓰여 있고 의미가 잘 통하지 않는다. 그러한 이유로 옮긴이가 앞뒤 단락의 내용이 연결되게끔 하기 위해 문장을 삽입하였다.

34) 마그데부르크 법(Magdeburger Recht)은 중세 독일에서 도시와 촌락 내부의 자치권을 규정하는 일련의 법이다. 독일 도시 마그데부르크의 이름을 따서 이렇게 불린다. 마그데부르크는 작

른 독일식 자치가 도입되었는데, 이 자치에 참여할 수 있는 권리도 역시 오로지 가톨릭교도들에게만 허용되었다. 정교를 믿는 우크라이나인 혹은 벨라루스인은 도시자치와 관련된 직책에 선출될 수 없었으며 때로는 심지어 완전한 권리를 가진 도시민으로 인정받지 못하는 경우조차 있었다. 왜냐하면 원래는 오직 가톨릭 신자만이 완전한 권리를 가진 도시민이 될 수 있었기 때문이다. 리투아니아뿐 아니라 우크라이나와 벨라루스에서도 아주 중요한 도시들에는 가톨릭 교구가 설치되었고 교구는 영지를 하사받았다. 그런데 때로는 정교 교회의 소유지도 가톨릭 교구에 주어진 영지에 포함된 경우가 있었다. 전반적으로, 정부의 보호와 후견 아래 사는 것에 익숙해져 있던 정교회는 이제 완전히 버림받았으며 기껏해야 단지 용인되고 있을 뿐이라는 느낌을 가지게 되었다. 그중에서도 폴란드에 직접 합쳐진 우크라이나 땅(할리치나, 홀름, 벨즈 땅)에서 정교 성직자들은 특히 심한 어려움을 겪게 되었다. 그리고 리투아니아 대공국에서도 똑같은 바람이 불기 시작했다. 할리치나의 경우를 보자면, 야기에우오는 1412년 가톨릭 신앙에 대한 자신의 열성을 가톨릭 성직자들 앞에서 자랑하기 위해 페레미실을 거쳐 여행하면서, 정교 신자들에게서 현지 본당교회를 철폐하고 능에 묻혀 있는 과거 페레미실 공들의 유해를 제거해 버리고 정교 교회를 가톨릭 성당으로 바꾸라고 명령했다. 정교 성직자들과 모든 주민들은 이 같은 능욕 앞에서 목을 놓아 통곡했으나 야기에우오의 명령은 그럼에도 이행되었다. 다른 경우도 있는데, 야기에우오는 정교 신자와 가톨릭 신자의 혼합결혼에서 태어

센-안할트의 수도로, 13세기에 번영하여 한자동맹을 주도하는 상업도시가 되었다. 마그데부르크는 자치적 도시 행정에 관한 법을 구비했으며 도시민들은 영주인 대주교와 갈등을 빚으면서 자치권을 강화시켰다. 마그데부르크 법이라 불리는 독일 도시법은 보헤미아, 헝가리, 폴란드 등 중동부 유럽 나라들의 여러 도시에서 채택되었다. 폴란드에서는 귀족 계층이 도시 상층을 형성하고 독일 도시법을 기반으로 하여 제약 없이 도시 행정을 담당하는 일이 많았다.

난 자녀에게 정교 의례에 따라 세례를 주는 것을 금지하고 이미 정교 세례를 받은 아이는 강제로 가톨릭으로 개종시키라고 명령하는 등등의 조치를 취했다. 리투아니아 대공국 자체에서는 야기에우오도 비타우타스도 그토록 가혹한 조치를 취하겠다는 결정은 내리지 않았지만 정교도들에 대한 다양한 방식의 권리 제한은 이곳에서도 차례로 잇따랐다.

47. 동등권을 위한 투쟁(스비트리가일로의 전쟁)

이 같은 정책 변화에 불만을 느낀 우크라이나인들과 벨라루스인들은 야기에우오의 동생인 스비트리가일로에게 희망을 걸었다. 비록 그 자신도 가톨릭 의례에 따라 세례를 받기는 했지만 그는 우크라이나와 벨라루스의 공들 및 권문귀족들과 좋은 관계를 맺고 있었다. 그는 리투아니아 대공국의 통치권이 비타우타스에게 주어졌다는 사실에 격노하여 자기가 대공 자리를 차지해야 한다고 요구했고 이 때문에 비타우타스에 맞서서 끊임없이 봉기를 일으켰다. 벨라루스와 우크라이나의 통치귀족층인 공들과 보야린들은 스비트리가일로가 리투아니아 대공이 되면 정교 신자와 가톨릭 신자의 지위를 동등하게 해줄 것이라는 희망을 가지고 온 힘을 다해 그를 지원했다. 그러나 뛰어나게 민활하고 원기 왕성한 인물이었음에도 불구하고 스비트리가일로는 전쟁에서도 정치 일반에서도 전혀 운이 없었다. 이러한 것에 아랑곳없이 우크라이나와 벨라루스의 공들과 보야린들은 그가 어디를 가든 따라다녔고 그의 과업을 위해 전투에서 싸웠으며 그의 여러가지 비밀 계획이 탄로 나면 처형대 위에 목을 내놓았다. 예를 들어 1409년 스비트리가일로는 비타우타스의 궁정에 체류하던 중 비타우타스의 적인 십

자기사단과 비밀리에 교섭하기 시작했다. 그러나 이 교섭 사실은 폭로되었고 스비트리가일로는 감옥에 갇혔으며 십자기사단과 이 교섭을 진행하는 데 다리를 놓았던 두 사람의 공이 참수형을 당했다. 그의 지지자들은 이제 스비트리가일로를 감금에서 해방시키는 데 온 힘을 기울였다. 이는 쉬운 일이 아니었다. 왜냐하면 그의 감금 장소가 드러나서 지지자들이 그를 해방시키는 일이 일어나지 않도록 하기 위해 스비트리가일로가 갇혀 있는 장소는 엄중한 비밀에 부쳐져 있었던 데다 비타우타스 측은 일부러 그를 끌고 이곳저곳으로 장소를 옮겨 다녔기 때문이다. 그러나 어쨌거나 그가 크레미네츠에 감금되어 있을 때 우크라이나의 다쉬코 오스트로즈키(오스트로즈스키) 공과 올렉산드로 노스 공은 이 사실을 알아내는 데 성공했고, 이 목적을 위해 크레미네츠 요새에서 근무하기 시작한 자기네 수하들을 통해 스비트리가일로와 교섭하게 되었다. 그들은 정해진 시간에 감옥을 습격하여 수비대를 격파하고 스비트리가일로를 해방시켰다. 그런 후 그와 함께 군대를 모아서 루츠크를 공격하고 이 도시를 점령했다. 그러나 비타우타스가 그들을 향해 군대를 이동시키자 그들은 후퇴하여 몰다비아에 몸을 숨길 수밖에 없었다. 그리고 그곳에서 헝가리 왕 지그몬드[35]에게 갔다. 지그몬드도 이때는 스비트리가일로에게 도움을 줄 수 없는 처지여서 다만 그로 하여금 야기에우오와 화해하게 하고 그런 후에는 비타우타스와도 화해하게 하려고 노력했다. 스비트리가일로에게는 체르니히브 공령이 왕자 영지(удел)로 제공되었는데 그는 여기서 뭔가 유리한 상황이 오기를 기다리면서 몇 년 동안 머물렀고 그와 함께 '루스' 전체도, 그러니까 우크라이

35) 지그몬드(Zsigmond, 1368~1437). 룩셈부르크 왕조 출신의 헝가리 · 크로아티아 국왕. 1419년부터는 보헤미아 국왕을, 1433년부터는 신성로마황제를 겸했다. 콘스탄츠 공의회의 개최에 결정적인 영향력을 미쳤던 신성로마황제 지기스문트(Sigismund)와 동일 인물이다.

나와 벨라루스의 공들과 보야린들도 기다리고 있었다.

그리고 실제로, 1430년 그들의 박해자인 비타우타스가 죽자 그들의 때가 온 것으로 보였다. 사실 야기에우오와 폴란드인들은 이 기회에 리투아니아 대공국의 독자성에 종지부를 찍고 리투아니아와 루스를 직접 종속시키려는 희망을 품고 있었다. 그들은 비타우타스가 죽으면서 자기 땅을 야기에우오에게 유증했다는 소문을 퍼뜨렸지만 리투아니아 대공국에서는 아무도 이런 이야기를 듣고 싶어 하지조차 않았으며 그곳 사람들은 스비트리가일로를 대공으로 선포했다. 우크라이나와 벨라루스뿐 아니라 리투아니아도 그의 뒤에 버티고 서 있었다. 왜냐하면 그는 리투아니아 대공국 독자성의 열렬한 옹호자로 잘 알려져 있었기 때문이다. 야기에우오는 스비트리가일로의 대공 선출에 동의할 수밖에 없었다. 그러나 그들의 관계는 곧 너무 험악해져서 연합은 이미 끝장난 것 같아 보였다.

폴란드인들은 비타우타스의 사망 후 리투아니아 대공국 땅 전체를 폴란드에 합치려고 생각했지만 이것이 성공할지 확신할 수 없었기에 그렇다면 최소한, 카지미에시 3세 치세에 폴란드인들이 정복하고자 했으나 실패했던 할리치나-볼린 국가의 땅이라도 리투아니아 대공국에서 분리시켜 내기를 원했다. 그 일순위에 오른 것이 포딜랴 공령이었다. 야기에우오는 이 땅을 할리치나에 합치기까지 했으나 그 후 비타우타스에게 되돌려주어야 했었다. 포딜랴 공령에서 소유토지(포메스치예)를 받은 폴란드인들은 비타우타스의 사망 소식이 전해지는 즉시 카미네츠 성채와 다른 포딜랴 요새들을 차지하여 이를 야기에우오 쪽 사람들에게로 넘겨주기로 약정을 맺었다. 포딜랴의 폴란드인 토지 소유자들은 실제로 그렇게 했다. 비타우타스가 죽는 순간에 야기에우오와 더불어 임종을 함께했던 폴란드 귀현들은 지체 없이 포딜랴의 자기네 공모자들에게 이를 알렸고, 이들은 아직 비타

그림 133 스비트리가일로(16세기의 판화).

우타스의 사망 소식을 알지 못하고 있던 카미네츠 주둔 리투아니아인 수비대의 대장을 꾀어서 자기네들에게 오라고 한 후 그를 체포하고 카미네츠 성채와 포딜랴의 다른 도시들을 점령했다. 스비트리가일로는 이를 알게 되자 격렬한 분노에 사로잡혀 야기에우오와 폴란드 영주들이 신의를 배신했다고 비난했고, 결국 야기에우오를 향해, 자기에게 포딜랴를 돌려주지 않는 한 그를 놓아주지 않겠다[36)]고 최후통첩을 했다. 야기에우오는 포딜랴를 되돌려주라는 명령을 내리겠다고 약속하면서 리투아니아를 떠났지만 폴란드 영주들은 그의 명령을 따를 의사가 없었기에 포딜랴 도시들을 돌려주지 않았다. 그러자 스비트리가일로의 지지자들은 스모트리치를 포위하고 폴란드인들이 볼린으로부터 떼어낸 변경지대 도시인 즈바라즈, 크레미네츠, 올레스코를 점령했다. 이리하여 리투아니아와 폴란드 사이에 공개적인 전쟁이 시작되었다.

폴란드인들은 포딜랴를 점령한 후 이 전쟁을 이용하여 볼린도 차지하려고 생각했다. 1431년 여름 야기에우오는 폴란드의 대군을 이끌고 부흐 강을 건너 볼로디미르를 점령한 후 루츠크로 접근해왔으며 스비트리가일로

36) 이때 야기에우오는 리투아니아 대공국에 와 있었고 스비트리가일로는 리투아니아 대공이 되어 있었음을 상기해야 한다.

그림 **134** 루츠크에 있는 류바르트의 성채 폐허.

군대를 물리친 다음 루츠크 성채를 포위하였다. 그러나 성채 안에는 스비트리가일로 쪽의 가장 뛰어난 군정사령관 중 한 사람인 유르샤가 지휘하는 막강한 수비대가 버티고 있었다. 폴란드 군대는 돌격으로 성채를 점령하려고 시도했지만 성공하지 못하였다. 유르샤는 휴전을 하자고 청한 후 이렇게 해서 번 시간 동안 보루를 수리하고 방어를 계속했다. 그는 이 계략을 그 후에도 여러 번 사용했고 그렇게 해서 자기 입지를 강화하였다. 포위는 오래 끌지 않았다. 그동안 스비트리가일로는 자기 동맹자들에게 지원을 호소했다. 마침내 폴란드 군대는 도저히 더 이상 참을 수 없게 되어 스비트리가일로와 2년 기한으로 휴전협정을 맺고는 만사를 제치고서 자기나라로 되돌아갔다. 그러나 스비트리가일로는 휴전협정을 맺음으로써 커다란 실책을 저질렀다. 왜냐하면 정확하게 바로 이때 그의 동맹자들인 십자기사단이 폴란드를 공격했으니 그는 이때를 틈타 폴란드인들에게서 확고하게 안전을 보장받을 수 있었을 것이기 때문이다. 그에게 이토록 유리한 기회는 이제 더 이상 주어지지 않았다.

휴전협정에 따라 폴란드인들이 점령한 포딜랴 서부지방(카미네츠, 스모트리치, 바코타, 스칼라, 체르보노호로드)은 폴란드 수중에 남았고 동부지방 – 브라츨라브 시와 빈니챠 시를 포함하는 유즈니 부흐 강 유역 지방(훗날 브라츨라브쉬치나라 불리게 되는 지역)– 은 스비트리가일로의 수중에 남았다. 이러한 상호관계는 그 후에도 계속되었다. 그래서 포딜랴라는 이름을 가진 서부지방은 폴란드에 속했고 브라츨라브 땅들은 리투아니아 대공국에 속했다. 볼린은 100년 남짓 리투아니아 영토로 남아 있었다.

그러나 폴란드인들은 스비트리가일로를 가만 놓아두지 않았다. 그들은 그를 자기네 영향권 아래 복속시키는 것이 가능하지 않을 것임을 믿게 되자 그를 제거할 방도를 생각하기 시작했다. 그들은 비타우타스 재위시기에 루스를 천대하는 데 익숙했던 리투아니아의 권문귀족들이 이제는 우크라이나와 벨라루스의 공들, 영주(pan)들과 직책도 영향력도 함께 나누어 가져야만 한다는 것 때문에 스비트리가일로에게 불만을 품고 있다는 것을 알았다. 크라쿠프 궁정은 그들의 이 같은 언짢은 기분에 기대를 걸고 리투아니아에 사절들을 보냈고 사절들은 리투아니아 권문귀족들에게 폴란드 측의 전면적인 지지를 약속하면서 그들 사이에서 스비트리가일로에 대항하는 음모를 조직했다. 스비트리가일로 대신에 비타우타스의 동생인 지기몬트(Жигимонт, 지그문트(Zygmunt))를 대공으로 선포하기로 결정되었으며, 이 간계는 성공했다. 지기몬트는 한밤중에 스비트리가일로를 습격해 그를 거의 체포할 뻔 했다. 스비트리가일로는 간신히 목숨을 건져 폴로츠크로 달아났다. 리투아니아는 전체가 지기몬트에 합세했지만 벨라루스 땅과 우크라이나 땅은 스비트리가일로 편에 남았다. 이리하여 리투아니아 대공국은 분열되었다.

우크라이나 땅과 벨라루스 땅을 자기편에 둔 스비트리가일로는 지기몬트에 대항하여 싸우려고 몇 번을 시도했다. 우크라이나와 벨라루스의 공들이며 보야린들은 충성스럽게 그를 지원했다. 지기몬트는 루스, 곧 우크라이나와 벨라루스의 보야린들이 자기 지배 아래서도 가톨릭 신자들과 동등한 권리를 가질 것이라고 약속하면서 그들을 자기편으로 끌어들이려고 애썼다. 그러나 직책을 맡을 수 있는 사람은 오직 가톨릭 신자들뿐이었기 때문에 이것 역시 그들에게 완전한 동등권을 주지는 않았다. 이 때문에 정교 신자들은 스비트리가일로를 추종하는 편을 선호했다. 그러나 지기몬트와의 싸움은 성공적이지 않았다. 마침내 스비트리가일로는 모든 군사력을 총동원하고 십자기사단과 합세하여 리투아니아를 공격했으나(1435), 스뱌타(Свята) 강변 빌코미르 부근에서 벌어진 이 전투는 스비트리가일로 군대의 완전한 패배로 막을 내렸다. 십자기사단 군대 거의 전체가 궤멸되었고 스비트리가일로 군대 중에서는 포로로 잡힌 사람이 공들만 해도 42명이나 되었고 수많은 사람이 전사했다. 스비트리가일로 자신도 가까스로 목숨을 건졌다. 지기몬트는 즉각 군대를 이끌고 벨라루스 땅으로 진격해 갔으며 벨라루스 도시들은 하나씩 차례로 그에게 항복했다. 스비트리가일로 편에 남은 것은 우크라이나뿐이었다. 그는 볼린에 정착해 할리치나의 폴란드인 권문귀족들과 협상을 벌이기 시작하였다. 이 사람들은 포딜랴를 장악한 후 볼린까지 합병하기를 열망하고 있었다. 스비트리가일로는 그들과 협약을 맺고, 만일 그들이 야기에우오로 하여금 지기몬트에게서 등을 돌리고 스비트리가일로 편이 되게 해준다면 폴란드인들에게 볼린을 넘겨주겠다고 약속하였다. 그러나 야기에우오의 조언자들은 야기에우오가 지기몬트와 결별하고 스비트리가일로를 지지하는 것을 원하지 않았다. 할리치나의 권문귀족들은 자기네 책임을 다하기 위해 스비트리가일로를 지원했고, 자기네 군대와 총독들을 지기몬트에게서 지키기 위해 이들을 볼린의 도시들로 보냈다. 그러나 이때 볼린의 보야린들은 폴란드인들이 볼린을 정말로 폴란드에 합칠 것이라 두려워하여 이 노선을 계속 추구하기를 원하지 않았다. 그들은 지기몬트에게 항복하고 리투아니아 대공국의 일원으로 남아 있는 편이 차라리 낫다고 생각하였다. 그들은 지기몬트에게 볼린을 그의 지배권 아래 받아들여 달라고 제안했고(1438년 가을) 스비트리가일로에게는 아무것도 남아 있지 않게 되었다. 그러나 이는 오래 가지 않았다. 스비트리가일로의 지지자들은 얼마 안 가 지기몬트와의 관계를 끊었다. 그들은 지기몬트에 대항하여 음모를 꾸미고 1440년 '종려 일요일'[37]에 그를 살해하였다. 이 일에 대해서는 많은 이야기가 돌아다녔고 '용감한 루스 공들이 리투아니아 공 지기몬트를 죽인' 전말을 읊은 노래들도 지어졌다. 그러나 유감스럽게도 우리는 그 모든 노래들 가운데서 딱 이 한 줄만을 알고 있을 뿐이다. 연대기에는 음모의 몇 가지 세부 내용이 기록되어 있다. 이 일 전체를 주도한 이는 이반 초르토리스키와 올렉산드로 초르토리스키였다. 이들은 리투아니아 지배가문 출신의 우크라이나 공들이었지만 이 사안에서는 연대기 저자의 표현을 빌자면 "모든 영주들과 공들의 자

37) 부활절 한 주 전 일요일. 그리스도가 나귀를 타고 예루살렘에 입성할 때 군중이 종려가지를 손에 들고 그를 환영했다는 복음서 구절에 바탕을 둔 축일이다. 러시아에서는 종려 일요일이라는 말 대신에 버드나무 일요일이라는 말을 쓴다.

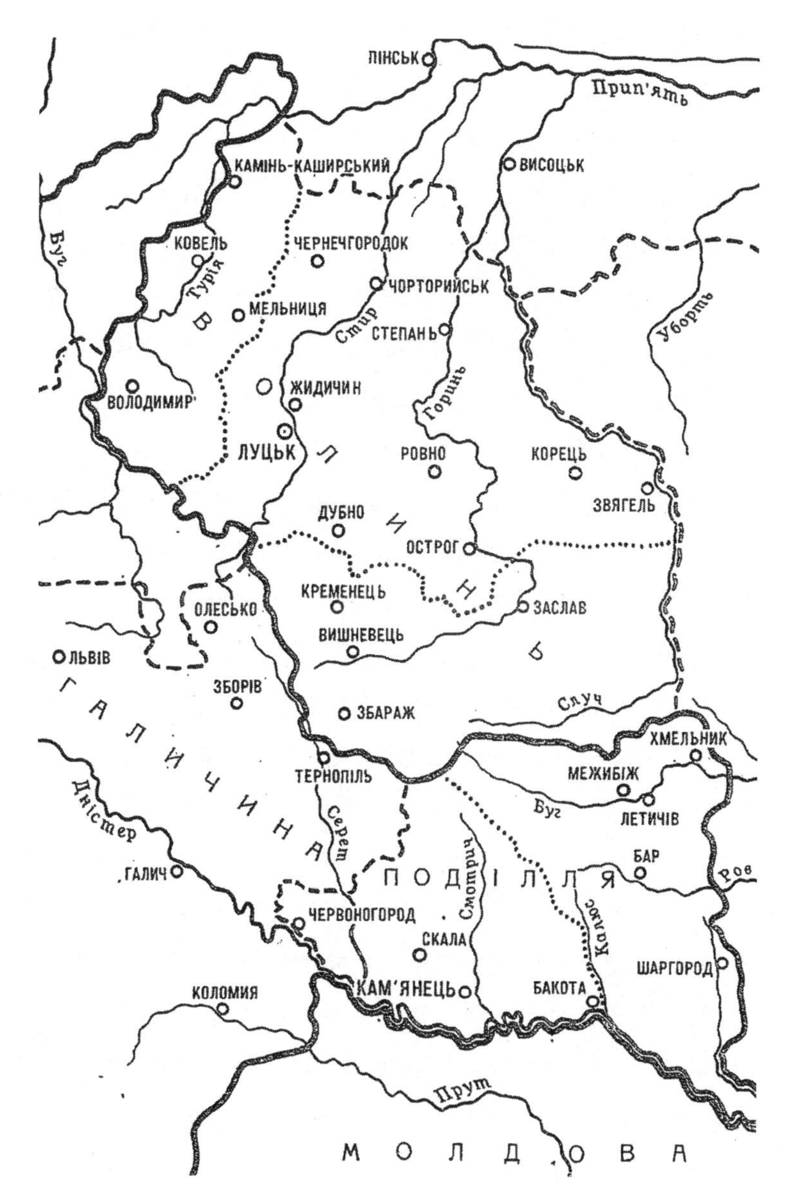

그림 135 15-16세기 볼린과 포딜랴.

유를 위해" 행동하였다. 그들은 지기몬트가 자기 신하들 그중에서도 특히 공들, 영주(пан)들, 귀족들에 대한 관계에서 "심각한 비인간적 행위"를 저질렀다고 그를 비난하였다. 그들이 비난한 바로는, 지기몬트는 이들을 죄없이 처형하고 별별 방법을 다 짜내서 여러 가지로 괴롭혔으며, 그들이 참을성 있게 모든 것을 견뎠음에도 이에 만족하지 않고 공들, 영주들을 완전히 근절하고 평민들을 등용하려고 했으며, 많은 공들, 영주들을 감옥에 가두었으며, 공들, 영주들 전부를 살육하려는 의도를 가지고 일부러 모든 공과 영주들이 참석하는 의회(sejm)를 소집했다. 그리고 공들은 이 같은 파멸에서 벗어나기 위해 음모를 꾸미게 되었다고 주장했다. 그들은 지기몬트가 거주하고 있던 트로츠크 성채의 사령관과 밀약을 맺고, 자기네 군사를 공의 마구간에서 사용할 건초를 잔뜩 실은 짐마차 안에 숨겨 성 안으로 들여보냈다. 그들은 또 지기몬트가 신뢰하는 하인인 키예프 사람 스코베이코를 매수하였으니, 이 하인이 그들을 성채 안으로 들여보냈다. 그들은 공의 침실 문으로 다가가면서 문을 할퀴기 시작했다. 지기몬트가 길들인 암곰을 기르고 있었는데 이 곰이 그에게 오고 싶어 할 때는 문을 할퀸다는 것을 알았기 때문에 그렇게 한 것이다. 지기몬트는 암곰이 문을 할퀸다고 생각했기에 그들에게 문을 열어 주었다. 그러자 모의자들은 그에게 달려들었고 초르토리스키 공은 그에게 그의 죄를 열거하기 시작했다. 그리고 다른 사람을 위해 준비한 것을 이제 그가 마셔야 한다고 말했다. 스코베이코는 벽난로의 불을 휘젓는 데 쓰는 쇠로 된 커다란 불집게들을 움켜잡고 이것으로 지기몬트의 머리를 때렸는데, 얼마나 세게 때렸던지 피가 튀어 벽을 흠씬 적실 정도였다. 지기몬트는 현장에서 죽었으며, 벽에 묻은 그의 피는 그 후로도 오랫동안 그대로 방치되어 사람들이 볼 수 있었다.

연대기 저자들은 이렇게 이야기하고 있는데 이는 리투아니아 대공국의 통치귀족층 사이에서 일어난 지기몬트 살해를 정당화하는 여러 이야기들을 전달해준다. 모의자들은 지기몬트의 살해를 모의하면서 그의 자리에 스비트리가일로를 앉히려는 기대를 가지고 있었음에 틀림없다. 지기몬트의 죽음에 대한 소식이 전해지자마자 스비트리가일로는 다시 볼린에 있는 루츠크로 돌아왔으며 그곳에서 크나큰 존경의 예와 함께 대공이자 군주로서 받아들여졌다. 그는 칙령에서 대공이라는 칭호를 다시 채택하였으며 폴란드 지배층 사이에서 이 칭호에 대한 인정을 받아내기 위해 애썼다. 그러나 리투아니아의 권문귀족들은 자기네 지위와 영향력을 우크라이나와 벨라루스의 루스 사람들과 나누고 싶지 않았기 때문에 스비트리가일로를 인정하고자 하지 않았다. 그들은 모든 것을 자기네 수중에 유지하고 싶어 했다. 이 때문에 그들은 지기몬트 대신 야기에우오의 막내아들인 카지미에시를 대공으로 선출했으며 스비트리가일로는 볼린에서 볼린 공으로 평생을 살다 가도록 남겨두었다.

48. 모스크바의 도움으로 진행된 봉기 시도

볼린을 스비트리가일로와 그의 추종자들인 우크라이나의 공들, 영주들의 수중에 남겨 놓고, 미성년자인 카지미에시의 이름으로 리투아니아 대공국의 통치를 자기네 수중에 장악한 리투아니아 권문귀족들은 바로 그렇게 함으로써 우크라이나 요소 집단(要素集團, элемент)[38]에게는 큰 공헌을 하게

38) 여기서 흐루셰브스키의 용어 선택을 주의해볼 필요가 있다. 그는 '우크라이나 요소(украинский элемент)'라는 표현을 쓰고 있는데, 이 한국어본에서는 '우크라이나 요소 집단'이라고 옮겼다. 요소의 원어는 '엘레멘트'인데 한국어에서 이 말이 사람을 가리킬 때에는 '분자'로

되었다. 가장 광대하고 강력하고 가장 영주적(панский) 성격이 강해서, 전 지역이 공들과 영주들의 소유지(포메스치예)와 성, 저택으로 뒤덮인 공령이었던 볼린은 이제 '자체의' 공에 의한 통치를 받으며 독자적인 삶을 영위할 수 있었다. 게다가 리투아니아 권문귀족들은 또 한 가지를 양보해주었다. 그것은 곧 키예프 공령을 이 땅의 '부친재산 상속인(отчич)'에게 내준 것을 말하는데 이 사람은 비타우타스에게서 쫓겨난 볼로디미르 올게르도비치 공의 아들로서, 올렉산드르라는 이름이 있지만 일반적으로 올렐코(Олелько)라고 불렸다. 그는 아주 유순하고 리투아니아 지배자들에게 순종적인 태도를 지닌 공이었다. 그의 아들 세멘(Семен)은 부친의 뒤를 이어 1454년 무렵에 키예프 공위를 물려받았는데 리투아니아 정부의 고위관직자인 군정사령관 마르틴 가쉬토프트(Мартин Гаштовт)[39]의 딸과 결혼했으며, 리투아니아 영주귀족들 사이에서는 자기네 사람으로 여겨지고 있었다. 카지미

번역되어 흔히 부패분자, 반동분자, 불순분자처럼 폄하적인 표현을 위해 사용되어 왔다. 따라서 이 번역서에서는 분자라는 말을 채택하지 않기로 하였다. '우크라이나를 구성할 요소를 가진 잠재세력'이라고 해야 원어의 뜻을 좀 더 잘 전달할 수 있을 것이다. 흐루셰브스키의 '우크라이나 요소'라는 용어는 목적론적인 해석을 담고 있다. 이 당시에는 우크라이나는 물론 없었고 정확히 말하면 우크라이나 사람도 아직 없었다. 그런데 흐루셰브스키는 리투아니아 지배층이 루스인들을 차별하면서도 이들이 따로 살도록 방치함으로써 여기서 미래의 우크라이나 민족이 태어날 수 있게 되었다고 보고 있다. 당시 루스의 여러 세력들 중에서 리투아니아에 대해 독자성을 지키려고 한 사람들은 아직 근대적 의미의 우크라이나인이라고는 할 수 없지만 후일 우크라이나가 성장할 수 있는 바탕을 마련해 준 잠재적이고 기본적인 인자들이었던 것으로 파악된다. 저자는 이 우크라이나 요소 집단이라는 말을 이 다음에도 여러 차례 쓰고 있는데, 폴란드 지배 아래서는 폴란드에 맞서서 루스인들의 삶과 문화, 특히 정교 신앙을 지켜내려 했던 사람들을 이렇게 부르고 있다.

39) 마르틴 이바노비치 가쉬토프트(1423~1505)는 가쉬톨드(Гаштольд)라고도 한다. 독일계 리투아니아의 귀현으로 폴란드 국왕 카지미에시 4세에게 봉사했다. 1470년 키예프 공 세멘 올렐코비치가 사망한 후 키예프 군정사령관으로 임명되었으나 키예프인들의 반대로 현지에 부임하지 못했다. 1471년 군대를 이끌고 키예프로 가서 키예프 공령의 기반을 파괴했다. 1475년 리투아니아로 귀환했다.

에시[40]가 폴란드 왕이 된 후 별도의 리투아니아 대공에 대한 평이 오고갔을 때 세멘 올렐코비치는 제일순위 대공 후보로 손꼽혔다. 우크라이나 땅 대부분이 자기 민족 출신인 자체의 공들을 모시고 그들의 통치를 받는 데다 심지어 그들 중 한 사람은 대공 후보로까지 손꼽히고 있다는 점에서, 이는 우크라이나가 리투아니아와 동등한 권리를 누리고 있다는 환상을 심어주었다.

그림 136 키예프 공 올렐코 볼로디미로비치.

리투아니아의 지배자들에게는 루스가 필요했다. 왜냐하면 폴란드와의 관계가 긴장되어 있었기 때문이다. 이 긴장은 처음에는 도로히친 공령 때문에 발생했는데 폴란드의 마조프셰 공[41]들은 이 땅을 차지하고 싶어 했지만 리투아니아 지배자들은 이에 반대했다. 그런 다음에는 볼린을 둘러싸고 분쟁이 일어났다. 폴란드인들은 스비트리가일로 생전에 그의 절실한 바람에도 불구하고 그를 지지하지 않았지만 그래도 어쨌건 볼린 지배에 기대를 걸고 있었으며 그가 죽은 후에는 곧바로 이 땅이 폴란드인들에게로 넘어오리라는 희망을 품고 있었다. 그런데 폴란드의 적대자였던 스비

40) 야기에우오의 막내아들인 카지미에시 4세를 말한다.

41) 마조프셰 공국은 12세기에 피아스트 왕조의 몰락 후 폴란드가 분열되면서 독자적인 통치단위를 이루게 되었다. 그 후 16세기 전반에 폴란드 왕국에 다시 통합되었다.

그림 137 키예프 동굴(페체르스키) 대수도원의 오래된 양각 부조. 이 수도원이 "키예프의 부친 영지 상속자" 세멘 올렐코비치 공의 명에 따라 "옛 바탕 위에서" 복원된 것을 기념하여 만들어진 제작품이다.

트리가일로는 볼린을 폴란드인들에게 넘겨줄 생각이 전혀 없었기에 그는 죽기 전에 리투아니아 정부에 경고를 보내 적당한 때를 봐서 자기에게서 볼린을 접수해가라고 했다. 그러자 핀스크 공 유리와 유르샤를 비롯한 몇몇 사람들이 스비트리가일로가 아직 살아 있는 동안에 군대를 이끌고 볼린 공령에 들어가 리투아니아 대공의 이름으로 이 땅을 접수하였다(1451). 폴란드인들은 이 일로 격노해, 볼린이 리투아니아에 합병되는 것을 허용했던 카지미에시 4세 국왕을 맹렬히 비난했다. 그들은 심지어 리투아니아와 전쟁을 할 준비까지 했지만 카지미에시 왕이 이리저리하여 그들을 진정시켰다. 그러나 시간이 지나면서 이 일은 잊혔고 리투아니아와 폴란드의 관계는 평탄해졌다. 카지미에시 4세 국왕은 별도의 대공을 선출하는 것조차 허용하지 않고 모든 통치를 리투아니아의 권문귀족들에게 맡겼으며 그 자신은 가끔씩 폴란드에서 대공국으로 나들이를 하는 데 그쳤다. 리투아니아의 권문귀족들은 대공국을 사실상 자기네 마음대로 통치하고 그러면서도 궂은 날이 오면 폴란드가 도와줄 것이라고 기대하면서 일이 이렇게 된 것에 만족하며 지냈다. 그들은 자기네에게 별다른 위험이 있다고 느끼지 않았기에 이제는 우크라이나와 벨라루스의 통치귀족층에 신경을 쓸 필요조차 없다고 여겼고 이들에게 아무것도 남겨주지 않고 모든 것을 자기네가 다스리고자 했다. 그들은 볼린에는 우크라이나인과 리투아니아인을 번갈아가며 총독으로 보냈다. 1470년에 키예프 공인 세멘 올렐코비치가 사망하자 리투아니아 권문귀족들은 그의 혈족 중 누군가에게 키예프 공령을 넘겨주는 데 거부감을 보였다. 세멘 공은 죽기 전에 카지미에시 왕에게 자기가 바친 충성스러운 봉사를 상기시켰으나 헛일이었다. 세멘은 자기의 활과 전쟁 때마다 타고 다녔던 자기 말을 카지미에시 왕에게 선물로 보내면서 폴란드 국왕이 자기가 바친 봉사를 생각해서 자기 가족에게 은혜를 베풀어 줄 것을 청원했던 것이다. 키예프인들도 세멘의 동생이며 당시 리투아니아 총독으로 노브고로드에 머무르고 있던 미하일로(미하일)를 자신들의 공으로 앉게 해달라고 청원했으나 헛일이었다. 리투아니아의 지배자들은 올렐코비치(올렐코의 자손들–옮긴이)들에게 키예프를 주지 않을 것이며 이 공령을 평범한 일개 지방행정구역으로 전환시키고 리투아니아인 군정사령관인 마르틴 가쉬토프트를 이곳으로 파견할 것이라고 결정했다. 카지미에시 왕은 리투아니아 지배자들의 소원을 들어주어서 세멘의 가족에게는 벨라루스에 있는 슬루츠크 공령을 주고 키예프는 가쉬토프트에게 넘겨주었다. 이 소식을 알게 된 키예프인들은 어떤 일이 있어도 가쉬토프트를 받아들이지 않겠노라고 선언했다. 왜냐하면 그는 공의 가문 출신도 아닌 데다 가톨릭 신자였기 때문이다. 그들은 자기네 목을 내놓거나 키예프를 위한 공의 즉위를 얻어내겠다고 맹세했으며 가쉬토프트가 군정사령관

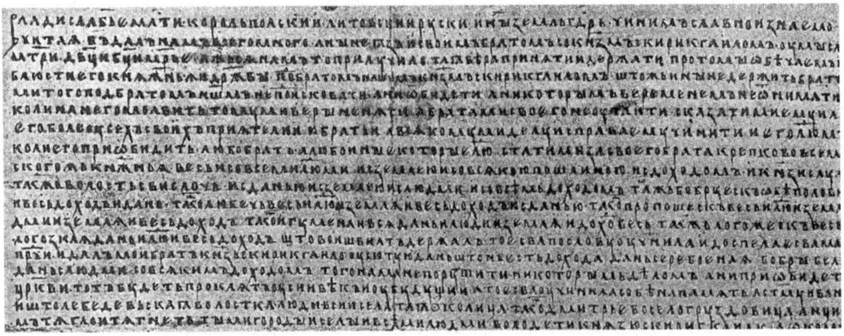

그림 138 요가일라(야가일로)가 1387년 형제인 스키르가일로와 맺은 협정. 당시 리투아니아 대공 집무청에서 작성한 편지(상반부). 내용: 신의 은총으로 폴란드, 리투아니아, 루스의 국왕이며 다른 땅들의 군주인 브와디스와프(블라디슬라프)는 자랑스럽고 지혜롭게 직무를 수행하고 이를 선포한다. 이 문서를 보거나 이에 대해 듣는 사람은 운운 (사용된 언어는 벨라루스-우크라이나어인데, 벨라루스어의 요소가 지배적이다.)

직을 맡기 위해 키예프로 왔을 때 그가 자기네 지역에 발을 들여놓는 것을 두 번이나 거부했다. 그들은 카지미에시 4세 국왕에게 정교 신자인 공을 세워달라고, 만약 이것이 불가능하면 가톨릭 신자일지라도 공의 가문 출신을 공으로 보내달라고 간청했다. 그리고 그럴 경우 가장 좋은 것은 키예프의 지난 영광을 존중하는 의미에서 카지미에시 왕 자신의 아들들 가운데 누군가를 보내주는 것이라고 했다. 그러나 리투아니아의 권문귀족들은 완강히 고집을 부렸고 가쉬토프트와 함께 군대까지 파견했다. 키예프 사람들은 결국 굴복할 수밖에 없었다. 그들은 가쉬토프트를 받아들이고 이 리투아니아 사람에게 머리를 숙였다.

이 사실은 우크라이나와 벨라루스에 강한 인상을 주었다. 사람들은 리투아니아가 과거 한때는 가난하여 더 값진 것을 가지지 못했기에 나무껍질과 빗자루를 키예프 공에게 조공으로 바쳤는데 이제는 자기네가 모든 면에서 리투아니아에 복종해야만 한다는 것을 비통한 심정으로 상기했다. 형의 사망 소식을 듣자마자 노브고로드를 버리고 키예프로 달려왔던 미하일로 올렐코비치는 이제 키예프가 자기 수중에서 빠져나가자 자기 친척들과 다른 공들, 곧 처남인 몰다비아 군정사령관 슈테판 그리고 사촌인 모스크바 대공 이반[42] 등과 함께 모의를 꾸미기 시작했다. 리투아니아 정부를 무너뜨리려는 이 모의를 꾸미면서 아마도 공들은 대공 자리에 자기네 사람, 어쩌면 바로 미하일로 올렐코비치를 앉히려고 기대했을 것이다. 그의 형도 사실 대공 후보로 여겨졌었으니 말이다. 그들은 가장 큰 희망을 모스크바 대공에게 걸었다. 그렇지만 그들이 봉기 계획을 정확히 어떻게 세웠는지는 알 수 없다.

모의는 1481년에 탄로 났다. 모의의 주요참가자 가운데 한 사람인 벨스키 공(князь Бельский, 미하일로의 사촌형제)은 모스크바 땅으로 탈출하는데 성공했다. 그는 말을 타고 단숨에 달아나지 않으면 안 되었다. 심지어 젊은 부인조차 데려가지 못했다. 그는 갓 결혼한 부인을 남겨두고 갔는데, 리투아니아에서도 그런 그녀가 그 나라를 벗어나 남편에게 가는 것을 허용하지 않았다. 미하일로 올렐코비치와 그의 친척인 이반 골샨스키 공은 체포되어 참수형에 처해졌다. 그들에게는 카지미에시 대공을 살해하려고 했다는 죄목이 부과되었다.

이 모의에 다른 가담자들도 많았는지는 알 수 없다. 그러나 리투아니아에 대항하고 이 나라가 우크라이나 및 벨라루스의 공들과 영주들에게 강요한 굴욕적인 상황에 대항하여 모스크바에서 도움을 얻고자 하는 생각은 이 일파(一派) 사람들 사이에서 꺼지지 않았다. 리투아니아 사람들이 가톨릭 국가인 폴란드의 힘을 믿고 정교도들을 박해하는 상황이었던 만큼 정교도들이 정교 국가인 몰다비아와 특히 모스크바에 의지하겠다는 꿈을 꾸

42) 모스크바 대공인 이반 3세를 말한다.

게 된 것은 자연스러운 일이었다. 모스크바는 오래전부터 옛 키예프 국가의 고토를 수합한다는 과업에서 리투아니아와 경쟁관계에 놓여 있었으니 더욱 그러했다. 리투아니아 대공들은 '온 루스(вся Русь)'를 자신들에게 복속시키고 싶어 한 반면 모스크바 대공들은 '온 루스'를 자신들의 수중에 수합하기를 원했다. 리투아니아 대공들이 옛 루스의 문화, 벨라루스와 우크라이나의 현지 생활방식을 보호하고 이러한 것에 스스로 적응하고 있는 동안에는 벨라루스와 우크라이나 땅의 주민들(제믈랴)도 스스로 그들에게 이끌렸고 그들은 알기르다스 대공이 표현했듯이 '온 루스'를 자기 수중에 수합하려는 생각을 실제로 할 수 있었다. 리투아니아 대공들은 스스로 모스크바 대공들보다 더 강하다고 느꼈다. 그러나 리투아니아가 우크라이나적-벨라루스적 요소집단을 억압하기 시작하자 이들은 모스크바로 끌리게 되었다. 이는 곧 모스크바 정부의 사기를 앙양시키게 되었으며 리투아니아 지배자들은 모스크바 정부의 우위를 실감하게 되었다. 그렇지만 그들은 이 때문에 자신들의 정책을 바꾸기를 바란 것은 아니다. 이는 자신들의 이익 때문이었다.

새로운 세력관계는 리투아니아와 모스크바 사이의 접경지대에 위치한 체르니히브 땅의 공령들에서 특히 강하게 실감할 수 있었다. 앞에서 이미 살펴보았듯이 옛 체르니히브 공령의 북부지역에는 영주의 대규모 소유지나 다를 바 없는 수많은 군소 공령들이 존재했다. 이 공령들은 옛 체르니히브 지배가문 출신 공들에게 속했다. 이 공들은 한때 자발적으로 리투아니아에 복속했지만 그러면서도 자신들의 자유로운 '전출(轉出)'권은 보유하고 있었다. 이것은 다른 국가에 복종하러 갈 수 있는 권리를 말하는 것이었다. 리투아니아 대공국의 새로운 내부정책 노선이 드러나자 1470년대에 이 공령들은 모스크바 공국 소속으로 넘어가기 시작했으며 이러한 경향은 1480

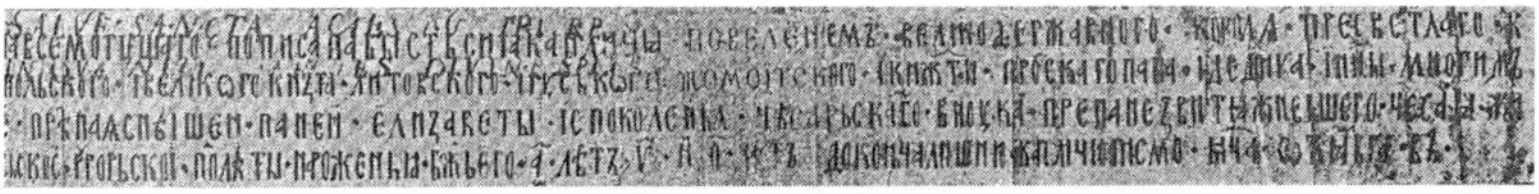

그림 **139** 크라쿠프에 있는 이른바 야기에우오 소예배당 벽에 새겨진 글(국왕 궁전을 장식하였던 우크라이나–벨라루스 예술의 기념물): “전능하신 성부의 칭송과 지혜로써, 이 성당은 신의 은총에 힘입어 폴란드 국왕이며 리투아니아, 루스, 즈무드지(żmudź: 옛 벨라루스어로는 조모이티아)의 대공이며 프로이센의 군주이며, 다른 수많은 땅의 영주이자 조부(祖父) 영지 상속자인 가장 빛나는 카지미에시 대왕과 대왕의 가장 찬란하신 왕비이자 오스트리아(라쿠시아) 황족가문 출신이며, 오스트리아, 체크(체키아)와 헝가리 땅의 군주인 무적불패의 지기스문트 황제의 황손녀인 엘리자베타 왕비의 명령으로 주력(主曆) **1470**년에 벽화가 그려졌으며, 이 성당 벽화는 **10**월에 완성되었다.”

년대에는 더욱 강화되었다. 이러한 징후에 당혹감을 느낀 리투아니아 정부는 조약을 무시하고 이렇게 공령의 소속을 변경하는 것을 가로막고 나서기 시작했다. 모스크바 정부는 이 때문에 전쟁을 시작하고 군대를 파견했다. 접경지대의 공령들은 이 군대를 기꺼이 맞아들였으며 모스크바 대공은 접경지대 땅들을 모스크바 공국으로 이끄는 이 같은 흡인력을 감안하여 리투아니아 정부에 보내는 공문서에서 “온 루스의 군주(государь всея Руси)”라고 자칭했다. 리투아니아의 새로운 대공 알렉산드라스(알렉산데르)[43]는 이처럼 위험스러운 사태에 종지부를 찍기 위해 모스크바 대공의 딸[44]에게 구혼해

43) 알렉산드라스(Aleksandras, 1461~1506). 야기에우오 왕조 출신의 리투아니아 대공(1492~1506), 폴란드 국왕(1501~1506). 알렉산데르(Alexander)는 폴란드식 이름이다. 폴란드 국왕 카지미에시 4세의 아들. 부친 사망 후 리투아니아 대공이 되었고 형인 폴란드 국왕 얀 1세가 사망한 후 폴란드 국왕이 되었다(알렉산데르 1세). 재정 부족으로 대외전쟁에서 많은 실패를 겪었고 특히 모스크바 공국에 많은 리투아니아 영토를 잃었다.

44) 이반 3세의 딸 옐레나 이바노브나(1476~1513). 그녀의 어머니는 비잔티움 제국의 마지막 황제 콘스탄티노스 11세 팔라이올로고스의 조카딸로 이반 3세와 결혼한 조예(소피야) 팔라이올로기나이다. 옐레나는 알렉산드라스와 결혼한 후에도 가톨릭으로 개종하지 않고 정교를 고수했기 때문에 남편 알렉산드라스가 1501년에 폴란드 왕이 된 후에도 폴란드 왕비로 인정되지 않았다. 리투아니아–폴란드 내에서 그녀의 거북한 처지 때문에 모스크바 대공들은 리투아니아에 대해 계속 전쟁을 일으켰다.

그녀를 아내로 맞아들이고 모스크바 대공과 강화조약을 체결하였다. 조약은 이미 모스크바 대공에게로 넘어간 공들은 그에게 양보해주지만 앞으로는 모스크바 공국이 접경지대 공을 그의 지배영지들(볼로스치)과 함께 받아들이지는 않기로 하는 내용을 담고 있었다. 원하는 사람은 다른 군주에게 봉사하러 개인적으로 넘어갈 수는 있지만 그의 영지는 종래의 군주에게 남는다는 것이었다(1494). 그러나 알렉산드라스가 모스크바 공주와 결혼한 것도 사태를 바로잡지는 못했고, 거꾸로 종교의 차이로 인한 새로운 논란의 구실만 만들어냈을 뿐이다. 바로 이때 알렉산드라스 대공은 순종적인 인물인 이오시프 대사제를 (정교의) 수도대주교로 세웠는데 이는 리투아니아 대공국에 소속된 정교 신자들을 가톨릭교회에 합치려는 구상과 결부된 선택이었다. 그런데 이러한 상황에서 대공 부인과 관련된 여러 가지 문제들이 떠올랐다. 곧 그녀의 정교 신앙을 어떻게 할 것인가 하는 것이 문제가 된 것이다. 그리고 리투아니아의 정교 신자들은 라틴교회로 강제로 편입된다는 소문이 떠도는 가운데 접경지대의 공들은 1500년부터 다시 모스크바의 권력 아래로 넘어가기 시작했다. 그들은 자신들의 종교를 박해하고 라틴교회로 강제적으로 편입시키는 일이 일어나고 있음을 원인으로 들었다. 그러자 모스크바 정부는 그처럼 신성한 동기를 감안할 때 1494년의 조약을 유지하는 것이 불가능하다고 여기며 앞으로는 공령 토지와 함께 넘어오는 사람들을 모두 받아들일 것이라고 선언했다. 리투아니아에서는 모스크바 정부 자체가 공들에게 이렇게 하라고 부추긴다는 불만이 제기되었는데, 여하튼 모스크바 정부가 신앙에 대한 박해는 그 어떤 조약의 효력도 무시할 계기로 삼을 수 있다는 생각을 공들에게 불러 넣어주었을 가능성이 대단히 크다. 이러거나 저러거나 간에 모스크바가 공령 토지와 함께 공들을 받아들이기 시작하자마자 공들은 다시금 무리를 이루어

체르니히브 땅으로 이동해갔다. 군소 공령 소유자들뿐 아니라 상당히 규모가 큰 공령 소유자들도 그곳으로 옮겨갔다. 세멘(세묜) 모자이스크 공은 체르니히브, 스타로두브와 다른 영지까지 가지고 모스크바 군주의 권력 아래로 옮겨갔고 바실리 셰먀치치 공은 노브고로드 세베르스키, 르일스크와 다른 영지들을 가지고 옮겨갔다. 체르니히브 공령 전체가 모스크바국의 권력 아래로 옮겨오고 있었다. 모스크바 대공은 단김에 쇠뿔을 빼기로 결심하였으니, 곧 그는 정교 신앙을 수호하기 위한 전쟁을 리투아니아에 선포하고 "신께서 도와주시는 한 기독교의 편에 설 것(стоять за християнство, сколько Бог поможет)"이라고 선언했다. 그가 파견한 군대는 노브고로드 세베르스키 땅을 모스크바 국가에 완전히 합쳤고 모스크바 대공은 아직 리투아니아 지배 아래 있는 다른 '루스 땅'에 대해서도 거리낌 없이 언급하기 시작했다. 리투아니아 정부는 정교도들을 로마 교회에 편입시키기 시작했던 자신의 정책을 급히 중단하고 노브고로드 세베르스키 공령을 모스크바 영토로 남겨놓은 채 신속하게 휴전협정을 맺었다. 나중에 이 땅을 되찾아 올 기대를 가지고 그렇게 했다. 그러나 그것은 어림없는 이야기였다!

몇 년 후 우크라이나 공들과 보야린들 사이에서 새로운 봉기의 불길이 타올랐다. 이 봉기를 일으킨 사람은 미하일 글린스키 공[45]이었다. 그의 가

45) 미하일 르보비치 글린스키(Михаил Львович Глинский, 1460년대~1534년)는 리투아니아 출신으로 생애 후반에 모스크바국에 건너가서 활동하다가 삶을 마친 대귀족이다. 모스크바국 차르 이반 4세의 외종조부이기도 하다. 젊은 시절 신성로마 황제 막시밀리안 1세의 궁정에서 활동하며 무인으로 명성을 떨친 후 리투아니아로 돌아와 알렉산드라스 대공의 총애를 얻었다. 그러나 타타르 한국에 대한 전쟁을 성공으로 이끈 후 주변의 질투로 역모를 꾸민다는 모함을 받고 이를 만회하기 위해 실제로 폴란드 국왕에 맞서는 무장항거를 시도했다가 실패로 끝나자 모스크바국으로 도주했다. 모스크바 궁정에서는 바실리 3세에 봉사하면서 리투아니아에 대한 전쟁을 승리로 이끌어 스몰렌스크를 차지하는 데 크게 기여했다. 그

그림 140 야기에우오 소예배당의 프레스코화(우크라이나 혹은 벨라루스 장인의 작품).

문은 그 당시 키예프 지방에 속했고 오늘날에는 폴타바 도에 속하는 지역에 소유지를 가지고 있었다. (이 가문의 이름도 보르스클라 강변에 있는 도시 글린스크에서 유래한 것이다.) 그러나 이 가문은 방금 언급한 미하일 공이 영광과 중요성을 부여해주기 전까지는 뚜렷이 내세울 만한 것이 전혀 없었다. 미하일 글린스키 공은 역량이 탁월하고 용감하고 원기 왕성하며 사람들에게 영향을 미치고 그들을 지도할 능력이 있는 인물이었다. 그는 젊은 시절 서유럽에서 살았고 오랫동안 막시밀리안 황제[46] 궁정에 체류했으며, 그 후에는 작센 선제후 알브레히트(Albrecht)에게 봉사하면서 그의 군대와 더불어

의 조카딸 옐레나가 바실리 3세와 결혼해 이반 4세가 될 아들을 낳았으나 그는 바실리 3세가 사망한 후 옐레나와의 불화로 다시 투옥되어 옥중에서 사망했다.

46) 신성로마제국 황제 막시밀리안(Maximilian) 1세를 말한다.

여러 원정에 참여했다. 그는 프리슬란트[47](오늘날의 네덜란드), 이탈리아, 에스파냐 등에도 거주했으며 그렇게 해서 군사업무의 달인이자 전반적으로 교양 수준이 높은 유럽인으로서 명성을 얻은 다음 15세기 말에 리투아니아 대공 알렉산드라스의 궁정에 나타나 그의 호의를 얻게 되었다. 그리고 곧 대공에게 가장 가까운 인물이 되었다. 그는 자기의 영향력을 이용해서 자기 형제들과 친척들, 우크라이나의 공들 및 영주들에게 아주 좋은 지위를 얻어줄 수 있었다. 이는 리투아니아 권문귀족들에게는 아주 불쾌한 일이었지만 그들은 속수무책이었다. 글린스키에 대적했다가는 알렉산드라스 대공의 총애를 잃게 될 것이 분명했기 때문이다. 글린스키의 형제 한 사람은 키예프 군정 사령관직을 얻었고 다른 형제는 베레스테 총독(방백)이 되었다. 그리고 글린스키의 다른 친척들도 직위와 소유지를 얻었다. 곧 이들은 리투아니아 대공국의 지배를 받는 우크라이나와 벨라루스의 통치귀족층이 이미 오래전부터 갈구해왔던 그 모든 것을 손에 넣었던 것이다.

그러나 알렉산드라스는 갑자기 병에 걸려 1506년에 사망했으니 이때 그는 아직 상당히 젊은 나이였다.[48] 리투아니아의 권문귀족들은 알렉산드라스의 동생인 지기몬트(지그문트)[49]를 대공으로 선출했는데 그들이 무엇보다 주력한 것은 새로운 대공을 글린스키에게 맞서게 하는 것이었다. 이들

47) 프리슬란트(Friesland)는 북해의 동남부 해안지대를 말한다.

48) 흐루셰브스키의 원문에는 1505년으로 되어 있으나 이는 오류이다. 알렉산드라스는 1461년생이었으므로 사망 당시 45세에 지나지 않았다.

49) 지그문트 1세 스타리(Zygmund 1 Stary). 노인 왕 지그문트(1467~1548). 야기에우오 왕조 출신. 1506년에서 1548년까지 폴란드 국왕 겸 리투아니아 대공으로 재위했다. 국왕권을 강화하기 위해 노력하여 징병제를 도입하고 관료제를 강화하였으며, 마조프셰 공국을 합병하였다. 대외관계에서는 그리 성공적이지 못하여 모스크바국과의 전투에서 패하는 바람에 스몰렌스크를 잃었다. 또한 크림한국과는 친선관계를 유지하고자 했으나 크고 작은 충돌을 면하지 못했다.

은 그러기 위해 글린스키가 알렉산드라스의 죽음을 촉진했다느니, 글린스키 자신이 대공이 되고자 했다느니 하는 등등의 비난을 가했다. 이 모든 것은 명약관화한 거짓말이었지만 지기몬트는 짐짓 이 말들을 믿는 양 하는 태도를 지었으며 글린스키와 그의 친척들에게서 여러 직책을 몰수하기 시작했다. 글린스키는 자기의 결백을 입증하고 재판을 받고자 하였으나 이는 헛된 일이었다. 그는 사람들이 지기몬트를 자기에게 맞서 일어나게 했음을 확신하게 되었고 봉기를 일으키기로 결심했다. 그는 투로브에 있는 자기 소유지로 떠나가서 보야린들과 공들 사이에서 음모를 조직하고 주민들을 일으켜 세우기 시작했다. 이 과정에서 그는 주민들에게 리투아니아 정부가 그들을 강제로 가톨릭으로 개종시킬 것이며 말을 듣지 않으면 사형에 처할 것이라고 겁을 주었다. 그는 모스크바 대공 및 그의 동맹자인 크림한국 칸과 협상에 들어가서, 자기가 리투아니아 대공국 본토에서 봉기를 일으키거든 그때 리투아니아를 공격하라고 이들을 설득하였다. 그가 여기서 염두에 두고 있었던 것이 도대체 무엇인지는 정확히 알려져 있지 않다. 왜냐하면 그의 편에서 이에 대해 설명한 것은 남아있지 않고 단지 그의 적들 사이에서 오갔던 소문들만 전해지고 있기 때문이다. 모의 가담자들은 모스크바와 크림한국의 지원을 받아 우크라이나 땅, 그중에서도 적어도 동부 우크라이나 땅은 분리해내고 모스크바 대공의 상급권 아래서 이 땅에 별개의 공국(公國)을 형성하려고 구상했다는 설이 가장 그럴듯해 보인다. 그리고 실제로 만일 모스크바와 크림한국이 적극적으로 글린스키를 지원했다면 그는 쉽게 이 일을 이루어낼 수 있었을 것이다. 그러나 이 동맹자들은 리투아니아에 대해 적대적이기는 했지만 이 기회를 합당하게 평가하지 못했다. 크림한국의 칸은 전혀 군대를 이동시키지 않았다. 모스크바 대공은 1507년 가을에 군대를 파견했고 글린스키는 이를 믿고 봉기를 일으켰다. 그러나 모스크바 군대는 곧 다시 국경 너머로 물러났으며 그 후에 글린스키를 지원하기 위해온 모스크바 군대는 소규모 부대뿐이었다. 모스크바는 주력부대를 글린스키가 봉기를 일으킨 우크라이나에 파견한 것이 아니라 멀리 떨어진 벨라루스에 보냈다. 이 때문에 현지의 보야린 층은 기세가 수그러들어 글린스키 편에 붙을 엄두를 내지 못하게 되었다. 일반 민중은 숨소리 하나 내지 않았다. 몇 번에 걸친 스비트리가일로의 봉기 때와 마찬가지로 민중은 이 모든 것을 지주들(포메쉬취키)의 용건으로 보았고 지주들은 민중의 이익에 가까이 다가가지 못했다. 다만 인근의 모지르(Мозирь)만이 글린스키에게 항복했다. 성직자 집단을 필두로 한 이곳 주민들은 글린스키를 자신들의 군주로 맞이했다. 슬루츠크, 오브루치, 쥐토미르와 같은 다른 도시들은 항복하지 않았다. 글린스키는 단지 기습공격을 하여 자기 적들의 소유지를 파괴하고 리투아니아 대공의 영지를 황폐하게 만드는 일밖에 할 수 없었다. 그러다 폴란드에서 지그문트(지기몬트) 국왕이 폴란드 군대를 이끌고 진격하고 헤트만(hetman),[50] 곧 최고사령관인 리투아니아의 콘스탄틴 이바노비치 오스트로즈키(콘스탄티나스 오스트로기슈키스)[51] 공이 이끄는 리투아니아 군대도 폴란드 군대에 합세하자 글린스키는 이 세력에 맞서 싸우지 않겠다고 결정했다. 그래서 그는 추종자들과 함께 후퇴하여 모스크바 군대의 보호를 받는 국경 너머 지역으로 물러났으

50) 15세기부터 18세기에 걸쳐 폴란드 왕국, 우크라이나, 리투아니아 대공국과 3국의 연합체인 폴란드-리투아니아 공화국에서 국왕 다음의 지위를 지닌 군 사령관직의 호칭이다. 일설에 의하면 대장(隊長)을 뜻하는 옛 독일어 단어 하웁트만(Hauptman)에서 유래한 말이라고 한다.
51) 콘스탄틴 이바노비치 오스트로즈키(Константин Иванович Острозький, 콘스탄티나스 오스트로기슈키스(Konstantinas Ostrogiškis), 1460 무렵~1530). 루스 출신 리투아니아의 귀현이자 장군. 그의 아들인 콘스탄틴 콘스탄티노비치 오스트로즈키와 혼동해서는 안 된다. 그의 아들은, 콘스탄틴-바실리 혹은 바실리-콘스탄틴이라고도 불린다. 오스트로즈키는 러시아식으로는 오스트로즈스키라고 한다.

며 자신의 지지자들과 함께 모스크바에서 피난처를 구했다.

이로써 봉기도 끝났다. 훗날 글린스키는 새로운 전쟁에서 리투아니아 대공에게 복수를 했다. 즉 모스크바가 스몰렌스크를 리투아니아에게서 빼앗은 것이다. 그러나 이것으로는 우크라이나의 상황은 개선되지 않았다.

49. 할리치나에서 진행된 봉기 시도와 민족 운동의 시작

동부 우크라이나가 현지 통치귀족층을 주축으로 하여 모스크바에서 보호를 구하고 있었을 때 서부 우크라이나 그중에서도 특히 할리치나는 자신의 가혹한 운명에서 벗어날 가능성을 이웃 몰다비아에서 찾고 있었다. 몰다비아는 신앙에서나 슬라브적 문화에서나 우크라이나와 가까운 사회였다. 14세기 중반에 형성된 몰다비아 공국은 이 시기에 군주 슈테판 대공[52](1457~1504)의 통치 아래서 큰 세력과 중요성을 가지게 되었다. 대공은 그의 지배 영역을 확대했을 뿐 아니라, 투르크의 공격을 여러 차례 물리쳤고 가장 위협적인 술탄 메흐메트(Mehmed)[53]의 공격까지 물리침으로

52) 몰다비아 군주 슈테판 3세(Ştefan cel Mare, 1457~1504)를 말한다. 루마니아인들은 그를 위대하고 거룩한 슈테판 공이라고 칭한다. 그는 치세 동안 몰다비아의 세력을 강화하고 헝가리, 폴란드, 오스만 제국에 맞서 독립을 유지했다. 특히 여러 차례에 걸쳐 오스만 제국의 침범을 막아내어 이른바 '기독교 신앙의 수호자'로서 유럽인들 사이에서 큰 명성을 얻었다. 독실한 기독교 신자여서 아토스 산의 수도원들이 오스만 투르크에 진 빚을 대신 갚아주기도 했다.

53) 투르크 술탄 메흐메트 2세(1432~1481). 정복자 메흐메드(메흐메드 알 파티흐, Mehmed Al Fatih)라고도 불린다. 두 차례 오스만 투르크 술탄 자리에 올랐으며(첫 재위: 1444~1446, 두 번째 재위: 1451~1481) 오스만 투르크를 오스만 제국으로 전환시킨 정복군주이다. 이 과정에서 가장 두드러진 사건은 1453년 콘스탄티노플을 점령해 동로마 제국의 종언을 가져온 일이다. 그는 이 일로 스스로 로마황제를 칭했다. 메흐메드 2세의 정복을 통한 영토확대는 계

써 스스로 공고하고 독자적인 지위를 만들어내는 데 성공했다. 몰다비아의 루마니아인들은 우크라이나인들에게 가까운 불가리아 문화의 영향 아래 놓여 있었다. 서책 문화, 학식, 예술에서는 공통성을 가지고 있었고 그렇기 때문에 포딜랴와 할리치나, 그중에서도 특히 할리치나 지방(할리치나 제믈랴)[54] 동남부는 몰다비아와 긴밀한 관계를 가지는 것을 지지했고, 어려운 순간이 닥치면 몰다비아에서 도움과 기댈 곳을 구했다. 15세기 말, 16세기 초에 이곳에서는 몰다비아에서 지원을 받을 것을 염두에 둔 정치적 움직임이 일어났다. 몰다비아의 군주(호스포다르)들은 프루트 강변 우크라이나인 거주 지역(오늘날의 부코비나)을 지배하고 있었기에 인근 할리치나의 포쿠티아[55]를 차지하기를 열망했고 포쿠티아를 폴란드에서 떼어내려고 시도하곤 했는데, 이런 것과 연관을 가지고 할리치나 남부의 우크라이나 주민들 사이에서는 몰다비아 쪽으로 기울어지는 경향이 목격되었다. 이는 동부 우크라이나에서 모스크바 쪽으로 기울어지는 경향이 목격된 것과 비슷했다. 할리치나와 인근 지역에서 오랫동안 슈테판 사령관에 대한 노래가 불렸던 것도 이유가 있는 일이었다. 예를 들어 1571년 체크어 문법책에 인쇄된 옛 노래 같은 것을 들 수 있는데, 이 노래는 출판된 우크라이나 노

속되어 그는 소아시아 전역(아나톨리아, 흑해 연안 지방)을 오스만 투르크의 영역으로 확보했을 뿐 아니라 유럽으로도 영토를 확대하여 발칸반도의 거의 대부분을 정복하고 헝가리와 국경을 맞대게 되었다. 또한 크림한국에 대한 영향력을 확립하여 크림 반도 일부는 직접 지배하고 나머지 대부분의 지역도 오스만 투르크의 상급 지배권 아래 두게 되었다.

54) 할리치나 지방(Галицкая земля)은 폴란드 왕국과 폴란드-리투아니아 연합 왕국이 루스 땅을 다섯 개 군정사령관구로 분할해서 통치했을 때(1434~1772) 그 가운데 하나였다. 할리치가 이 지방의 중심도시였다.

55) 포쿠티아(Покуття). 동부-중부 유럽에 위치한 역사적 지역의 이름. 폴란드식으로는 포쿠치에(Pokucie)라고 한다. 프루트 강 상류에서 체레모시 강 사이 지역에 해당하는데, 역사적으로는 르비브와 할리치 사이 무인지대에 차츰 사람들이 모여 들어 형성된 지역으로 몰다비아 루마니아인들과 우크라이나인들이 거주했다. 오늘날에는 우크라이나인들 거주 지역이 되었다.

래 가운데 가장 오래된 것이다.

도나우여 도나우여 어찌 불안하게 흐르나?
어와, 이 내 도나우 어찌 불안하지 않을손가?
도나우 상류에는 세 중대가 버티고 섰거늘.
투르크 중대에선 검으로 공격하고
타타르 중대에선 화살을 쏘아 대고
읍락 쪽 중대는 슈테판 사령관이 거느리오.[56]

이곳에서 가장 잘 알려진 사회적 운동은 1490년 '무하(Myxa)'[57]의 지도 아래 일어난 것이었다. 모든 면에서 보아 이 운동은 실제로 심각한 것이었는데, 다만 유감스럽게도 그 구체적인 정황은 오늘날까지 알려진 것이 아주 적다. 당대인들이 이야기하고 있는 바로는, "몰다비아 출신의 무하라는 자가" 포쿠티아를 반란으로 일으켜 세우고 농민들을 봉기하게 하였으니, 그는 그곳 농민으로 구성된 구만 명의 무장 군대를 거느리고 그들과 함께 폴란드 귀족층의 소유지를 유린했다. 농민들뿐 아니라 현지의 우크라이나인 귀족들도 그에게 가담했다. 이는 현재까지 보존되어 있는 한 문서에서도 명백히 알 수 있는데, 이 기록에는 무하의 봉기에 동참했다는 이

56) 슈테판은 포구티아를 점령하기 위해 투르크 군, 타타르 군과 함께 할리치나를 공격했다. (원저자 주)

57) '무하'는 1490~1492년 몰다비아 북부와 서부 우크라이나에서 일어난 농민 봉기의 지도자에게 붙여진 별명으로, '파리'를 뜻한다. 그는 9만~10만 명의 몰다비아인과 우크라이나인으로 이루어진 봉기군대를 이끌고 몰다비아에서 르비브를 향해 서부 우크라이나로 진격했다. 이 과정에서 몰다비아, 폴란드, 우크라이나 귀족들의 소유지를 습격하고 파괴했다. 그의 부대는 로하틴에서 분쇄되었다.

유로 폴란드 정부가 우크라이나인 귀족들에게서 몰수한 소유지에 대한 언급이 나온다. 무하는 할리치에 이르기까지 동남부 할리치나 전역을 장악하고 드니스테르 강 동쪽의 로하틴(Рогатин)까지 이르렀다. 폴란드 귀족들 사이에서는 큰 소란이 일어났고 국왕은 총동원령(поголовное ополчение)을 내리고, 프로이센 십자기사단에게 지원을 요청했다. 그러나 현지의 폴란드 귀족들은 전혀 예상 밖으로, 당대의 한 가톨릭 성직자가 표현한 대로 하자면 "인간의 도움이라기보다는 신의 도움으로" 무하의 부대를 기습 공격해 격파하는 데 성공했다. 이는 무하가 드니스테르 강을 건너고 있을 때 일어난 일이었다. 그의 부대에서는 동요가 발생하여 부대는 사방으로 흩어지기 시작했고 한 무리가 다른 무리를 드니스테르 강에 빠뜨려 죽이기도 했다. 소동이 너무나 심했기 때문에 무하 자신도 냅다 도망을 치고 말았다. 후대의 한 저자가 이야기하고 있는 바로는 이 실패 이후 무하는 새로운 봉기를 준비했으나 폴란드인들이 그를 체포했다. 그들은 그와 함께 살고 있던 여자를 매수했고 그녀가 그를 폴란드인들에게 팔아넘겼다.

이것 말고도, 슈테판이 군정사령관으로 보낸 웬 인물이 우크라이나 땅의 지배권을 요구하는 참칭자로 등장한 일에 관한 모호한 보고도 있다. 이 참칭자는 자기가 루스의 합법적 군주라고 칭했으며, 술탄의 지원을 받아 루스를 폴란드의 지배로부터 해방시키기 위해 할리치나에서 봉기를 일으키고자 시도했으나 폴란드인들이 그를 체포했다고 한다. 시간이 흘러 16세기 전반에 이르면, 몰다비아 군정사령관 보그단이 1509년 할리치나에 원정했을 때 할리치나의 많은 우크라이나 귀족들이 과거에 무하에게 합세했듯이 그에게 합세했다는 기록을 우연히도 발견할 수 있다. 그들은 그 후 이 원정이 실패로 끝나고 자기네 소유지까지 몰수당하자 몰다비아 군대와 함께 몰다비아로 떠나갔다. 이 우연하게도 보존된 기록을 통해서 우리는

그림 **141** 할리치에 있는 성채의 폐허

이곳 할리치나에서도 오늘날의 용어를 빌리자면 '우크라이나 실지(失地)회복파(ирредента)'가 있었고 이들은 신앙과 문화에서 우크라이나와 가까운 몰다비아의 지원을 받아 폴란드의 지배에서 벗어나려고 각고의 노력을 기울였음을 명백히 알 수 있다. 그러나 이 같은 시도들은 성공하지 못했다. 왜냐하면 할리치나의 우크라이나 요소 집단을 지탱해주기에는 몰다비아가 너무 약했고 게다가 할리치나의 우크라이나 요소 집단은 리투아니아 대공국에서보다 훨씬 더 심한 질식 상태에 놓여 있었기 때문이다. 우크라이나의 공중(公衆)은 이를 그야말로 금방 깨달을 수밖에 없었다. 그렇기 때문에 몰다비아의 지원을 받아 폴란드로부터 벗어나려는 시도들이 실패로 끝난 후에는 할리치나에서 자기 권리를 보호하고 민족생활의 새로운 기반을 형성하기 위해 민중의 힘을 조직하는 현상이 처음으로 아주 명백하게 등장하게 됨을 목격할 수 있다.

할리치나에서는 우크라이나적 민족생활의 조건이 정말 극도로 어려웠을 뿐 아니라 설상가상으로 이곳에는 볼린과 키예프 지방에서처럼 우크라이나 문화생활을 지탱해주고 보호해줄 수 있을 그런 우크라이나 통치 귀족층조차 존재하지 않았다. 할리치나의 강력한 우크라이나 보야린층은 14~15세기에는 사라져버렸다. 그 소멸 양상을 보자면, 이들은 폴란드가 그들의 소유지를 몰수하는 바람에 이를 상실해 버린 후 몰락하기도 했고 아니면 폴란드 귀족층에 섞여들어 가톨릭을 받아들이고 나서 결과적으로 폴란드화해 버리기도 했다(특히 가톨릭 신자들과의 혼합결혼이 폴란드화하는 구실이 되어 주었다. 정교 신자인 신랑에게는 결혼 전에 가톨릭으로 개종해야 한다는 조건이 주어지는 경우가 종종 있었다). 정교도들에게는 일체의 길이 가로막혀 있었다. 심지어 재판소에서도 정교식 선서는 받으려 하지 않는 경우가 빈번했다. 결국 수많은 정교도들이 모든 민족적 전통에 손을 내젓고, 훗날의 민요서사시(두마)[58] 구절에서 말하고 있듯이 "불행한 단맛을 맛보려" 가톨릭 신앙을 받아들였던 것은 놀라운 일이 아니다. 가난하고 배운 것 없고 정치적 문제에서 영향력도 발언권도 가지지 못한데다 조직도 되지 못한 그런 영세귀족들만이 살아남아 있었다. 정교교회는 그 당시 우크라이나 민족생활의 유일한 대표자이자 민족적 조직의 유일한 형태였으나 철저하게 질식당해 있었다. 15세기 중반부터 할리치나의 수도대주교좌는 공석으로 남아있었는데 폴란드 국왕은 할리치나의 방백(方伯, староста)에게

58) 두마(дума)는 노래로 불리는 서사시이다. 16세기 우크라이나에서 시작되었다. 주로 코자크들이 외적(다른 종교를 가진 민족들, 예컨대 투르크인, 타타르인, 폴란드인 등)과 싸운 이야기를 중심으로 한 역사적 사건들을 소재로 하며 여기에 보통 종교적 내용들이 섞여 들어간다. 이는 코자크들이 정교의 수호자라는 명성을 가졌던 것과 관련된다. 원래 콥자르라 불리는 유랑 코자크 시인들이 현악기인 콥자를 연주하면서 이에 맞추어 두마를 노래했으나, 18세기 말~19세기에는 눈먼 유랑 악사들이 이곳저곳을 다니며 반두라나 리라에 맞추어 노래하는 것이 더 일반적이 되었다. 이들도 콥자르라 불렸다. 두마는 서창(敍唱, 레치타티보)체로 불렸다.

그림 **142** 테레보블의 폐허.

이 수도대주교좌의 관리권을 넘겨주었고, 정교의 종교적 업무 관할권은 르비브의 가톨릭 대주교가 스스로 장악한 후 이를 운영할 사람으로 자기 대리자를 임명했다. 정교성직자들의 저항은 무자비한 강제력으로 진압되었다. 그로부터 수십 년이 지난 후 할리치나에서는 클리로스[59](수도대주교 관저가 있던 곳)로부터 정교를 믿는 성가대원 및 성경봉독자(클리로샤닌)[60]들을 끌어내 '노끈에 묶어' 끌고 다니다가 그들에게 드니스테르 강을 걸어서 건너라고 명령함과 함께 저항을 계속하면 익사시켜 버리겠다는 위협을 가했다는 것을 상기하는 기록이 씌어졌다.

59) 클리로스는 정교회에서 예배를 드릴 때 성가대와 성경 봉독자가 각각 서는 도드라진 곳을 말한다. 자신이 예배를 주재하지 않고 성가를 부르거나 성경을 봉독하는 등 예배 보좌업무만 보는 보좌성직자들도 클리로스라 부르기도 한다. 여기서는 고유명사처럼 쓰이고 있다.
60) 앞에서 나온 클리로스에서 성가를 부르거나 성경을 봉독하는 사람을 말한다.

외국의 지원을 받을 희망이 산산조각난 후에는 정교 고위 성직을 되살려야 한다는 과제를 둘러싸고 노심초사하는 과정에서 무엇보다도 민족의 소생을 향한 할리치나 공중의 열망이 표면에 대두하게 되었다. 이 같은 열망은 현저하게 드러난 것은 1520년대 초부터였지만 아마도 이보다 훨씬 일찍부터 시작되었을 것이다. 그 후 할리치나의 정교 신자들이 폴란드 정부를 향하여, 키예프 수도대주교가 할리치나 주교좌에 정교 주교를 임명하는 것을 허락해 달라고 청원한 후 이를 받아내는 데 성공하기까지는 수많은 세월이 지나갔다. 할리치나 사람들이 이 허락을 얻어내기 위해 얼마나 갖은 방도를 써야만 했던가 하는 사정은 문서 기록으로 전해지는데 이를 읽어보면 오늘날로서는 믿기 어려울 정도이다. 그들은 폴란드 국왕 궁정에서 영향력을 가진 다양한 사람들에게서 비호를 받고자 해서 이들 모두에게 막대한 선물공세를 퍼부어야 했고 심지어 국왕과 왕비에게까지 선물을 바쳐야 했다. 주교좌를 부활한다는 특권을 얻기 위해 할리치나인들은 보나 왕비[61]에게 거세한 황소 이백 마리를 바치겠다고 약속해야 했고 할리치나 교구에 대한 르비브 가톨릭 대주교의 권리를 철폐하기 위해서는 거세한 황소 백십 마리를 국왕, 왕비 및 여러 영주들에게 나누어 주었으며 그런 후 국왕이 새로운 (정교) 주교에게 인준장을 수여할 때까지 또 다시 백사십 마리의 거세 황소를 나누어 주어야 되었다는 등등의 이야기 말이다.

이를 위해 가장 노심초사하며 애쓴 사람들은 르비브의 우크라이나인 소시민(мещане)들이었다. 바로 같은 시기에 그들은 자신들을 억누르던 여러

61) 폴란드 왕 지그문트 1세의 부인인 보나 스포르차(Bona Sforza, 1493 무렵~1557) 왕비를 말한다. 그녀는 밀라노의 통치자 가문인 스포르차 집안 출신으로 1518년 지그문트 왕과 결혼하여 폴란드 왕비이자 리투아니아 대공부인이 되었다.

가지 제약의 철폐를 얻어내기 위해 애썼다. 그들은 도시의 여러 직무를 맡을 수 없었을 뿐 아니라 수공업 조합에 받아들여지지 않았고 뜨거운 음료를 판매하는 일이나 직물을 판매하는 일도 허가받지 못했다. 그들은 좁은 루스 구역 (현재 '루스 거리'와 근처의 골목들이 있는 곳) 너머에서 집을 가질 수도 없었고 이 구역 바깥에서는 교회 행렬, 교회 의식에 따른 장례도 허용받지 못했다 ……. 심지어 재판관들은 재판 사건에서 정교식 선서를 받아들이지도 않았다.

르비브의 루스 사람들은 영향력 있는 여러 권문귀족들을 통해 이 모든 금지 사항들의 철폐를 달성하고자 애썼다. 그중에서도 볼린의 유명한 권문귀족이자 리투아니아의 최고 사령관인 콘스탄틴 이바노비치 오스트로즈키(콘스탄티나스 오스트로기슈키스)의 힘에 가장 많이 의존했다. 그는 혁혁한 무공 덕분에 폴란드 국왕의 궁정에서 큰 존경을 받고 있었고 심지어 '유례없이' 리투아니아 공국에서 가장 중요한 직책 가운데 하나인 트로츠크 군정사령관직도 얻었던 인물이다. 루스 사람들은 선물도 뇌물도 아낌없이 제공했다. 그러나 얻어낸 것은 역시 얼마 되지 않았다. 할리치나의 옛 수도에서 우크라이나인들은 나중까지도 자기네 구역 내에서만 약간의 권리를 가질 수 있는 '외국인 신분' 이상으로 올라가지 못했다. 그러나 그들은 사기를 잃지 않았다. 온갖 장해에도 불구하고 그들이 그래도 자신들의 정교 주교구를 얻어내고 르비브에서 이를 확립할 수 있었다(1539)는 것만 해도 당분간은 중요한 성과였다. 이는 그 당시 민족생활에서 중요한 거점이었다.

이와 동시에 민족 조직의 이익을 위해 교회 형제단(церковные братства)도 개혁되었다. 이러한 형제단은 오래전부터 교회부속조직으로 존재했다. 그 기원은 자연종교 시대, 인근 마을의 이웃들이 모두 모여들었던 자연종교의 축제와 오락회로까지 거슬러 올라간다. 후대에 와서 이 마을들이 교구 교

그림 143~145 은반지 위에 새긴 할리치나 인장. 14세기 제품("(이)바노브의 인장", "스코코브의 인장" 등의 명문이 새겨져 있다).

회에 의해 한데 합쳐지자 사원의 축일, 곧 인민 전체의 주연(酒宴)인 이른바 형제단 잔치(브라트취나(братчина))가 이들을 한데 잇는 연결 중심점 역할을 하게 되었다. 잔치에서는 꿀을 넣은 술과 맥주를 끓이고 바깥에서 오는 손님을 주연에 받아들여 돈을 받았으며 받은 돈은 교회에 전달했다. 이런 축제에 대한 기억은 바실리 부슬라예비치[62]에 대한 브일리나(영웅서사시)에 담겨 보존되고 있는데, 이 시에는 교회 장로의 주도로 사원 축제일에 니콜쉬치나 형제단잔치[63] 거행자들이 끓였던 '축제전야 꿀술(канунный мед)'이며 계란 넣은 맥주에 대한 이야기가 나온다. 장로는 '적지 않은 곡식'을 받는 대가로 외부 손님도 형제단 주연에 받아들였다.

그 후 폴란드-리투아니아 정부가 독일법에 바탕을 둔 도시제도와 함께 역시 독일식 모범을 따르는 교회 수공업자 형제단 제도도 도입하기 시작하자 우크라이나와 벨라루스의 소시민들은 새로운 교회 형제단의 모범

62) 바실리 부슬라예비치(Василий Буслаевич) 혹은 바실리 부슬라예프(Буслаев)라고도 한다. 그는 노브고로드의 옛 영웅서사시의 주인공으로 억세고 즉흥적이고 좌충우돌하는 인물이다. 서사시에는 흐루셰브스키가 말하고 있는 것과 같은 술잔치 다음에 바실리가 자기에게 적대적인 노브고로드 사람들과 싸움을 벌이는 모습이 묘사되어 있다.

63) 니콜쉬치나(Никольщина)는 정교권에서 최대의 성인으로 받드는 성 니콜라이(기적을 행하는 니콜라이, 산타클로스)를 기리는 민중 축일이다.

을 따라 그들의 옛 교회식 '꿀술 마시는(медовые)' 형제단을 개혁하기 시작했다. 이는 그들 조직에도 합법적 형태를 갖추기 위해서였다. 이러한 개혁 형제단의 아주 오래된 정관이 벨라루스, 빌니우스, 우크라이나의 르비브 등지에 보존되어 있다. 르비브 형제단은 루스 구역의 성모승천(우스페니예) 대교회에 소속된 조직으로 아마도 르비브에 주교구가 도입되면서 때를 같이 하여 개혁된 것으로 추정된다. 1540년대부터 르비브 외곽[64]에 있는 교회들에 소속된 몇몇 형제단의 정관도 남아 있는데, 이들 정관은 성모승천교회 형제단의 정관을 모범으로 삼아 작성되었다. 그 내용 중에는 형제단에는 외부 사람들, 귀족들도 가입할 수 있지만 누구도 형제단에서 마음대로 탈퇴할 수는 없다는 규정도 들어있었다. 이렇듯 형제단은 우크라이나 민족성(народность)의 조직이라는 목적을 위해 유용한 역할을 하게 되었다. 가장 의식 수준이 높고 유복하고 조직활동에 익숙하며 그런 동시에 자신들의 무권리 상태를 가장 뼈저리게 느끼고 있던 사람들이었던 르비브 소시민들이 민족적 조직의 초석을 놓았으며 미약하나마 아직 남아있던 정교도 귀족들, 우크라이나 성직자 집단이 이 조직에 합류했다(농민들은 전혀 아무 권리가 없었으며, 그 어떠한 운동에도, 심지어 문화운동에조차 활동적으로 참여할 가능성을 철저히 배제당했다). 르비브의 형제단들, 그중에서도 특히 성모승천교회 형제단은 이 새로운 운동의 중심이 되었다. 할리치나 루스 사람들의 보호자인 몰다비아 군정사령관들도 그들에게 관심을 가지게 되었다. 그들은 형제단이 속한 교회에 기부금을 내고 다양한 선물을 내려주었으며 '우리 친구들'이라고 그들이 부르고 있던 형제단원들을 위해 형제단 주연에 쓰라고 돈과 맥주, 꿀, 살아 있는 숫양 등등 온갖 물자를 보내

64) 중세 도시의 성벽 밖에 형성된 거주 지역을 말한다.

주었다. 그러한 형제단은 르비브에서 주변 지역으로 퍼져 나아가면서 민족적 결사와 조직의 기반이 되어주었다. 이 같은 동아리들을 위한 진정한 내용은 아직 다듬어지지 않았으나 그 형태는 이미 마련되어 있었으며 후대에 가서는 적합한 내용도 주어졌다.

50. 코자크 집단의 시작

동부 우크라이나의 공들과 권문귀족들이 봉기에서 패배한 후 잠잠해지고 리투아니아 정부의 자비를 구하면서 자기네 수중에 아직 남아 있던 것에 그저 만족하며 살아가고 있을 때 서부 우크라이나에서는 몰다비아의 공격이 실패로 끝난 후 주민들이 조직적 작업을 시작했다. 당시 우크라이나인들의 삶의 가장 변두리에 해당하는 변경지방에서 새로운 세력이 고개를 들었다. 이들의 첫 출현 양상만을 근거로 삼은 사람은 이 세력의 진정한 의미를 판단할 수 없었고 이 세력 속에서 민족적 힘을 간파해내는 일 또한 아마 그 누구도 하지 못했을 것이다. 이 세력의 앞에는 인민대중을 자기편으로 이끌어올 역량이 없었던 우크라이나의 공들과 권문귀족들도 이루어내지 못했고, 폴란드 귀족 지배의 족쇄를 부수어버릴 힘을 가지지 못한 서부 우크라이나의 우크라이나인 소시민들도 이루어내지 못한 그 모든 과제를 실현할 사명이 놓여 있었다. 진지하지 못한 변경의 노략질(добычничество)에서 그토록 진지한 과업을 기대하기란 누구에게나 어려운 일이었다. 이것은 당시의 명칭으로는 코자코바니예(козакование, 부랑자 돈벌이) 혹은 코자체스트보(козачество, 부랑자 영업)라 불렸는데, 이 새로운 세력은 처음에 바로 이러한 일을 하는 존재로서

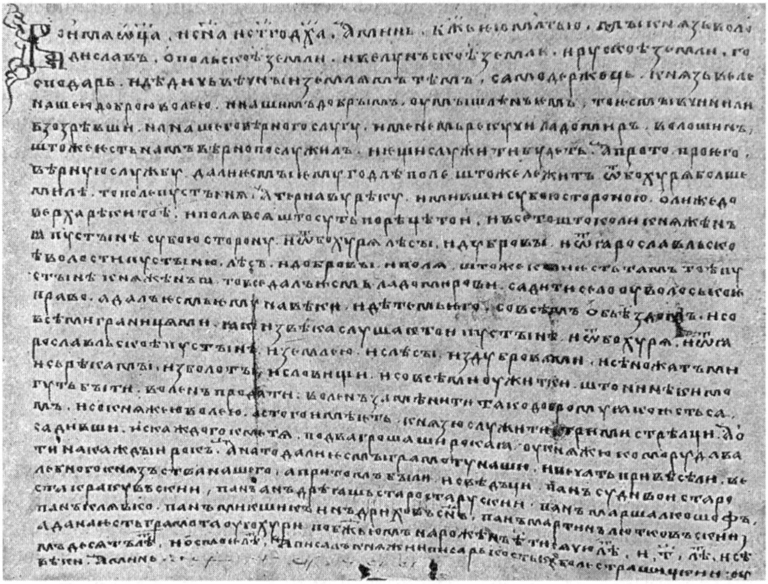

[illegible]

그림 146 폴란드법이 도입되기 전까지 사용되었던 할리치나의 옛 공문서 언어의 기념물들. 브와디스와프 오폴스키 공의 칙서 (2분의 1 크기로 축소). 시작 부분은 이렇게 되어 있다.: "성부, 성자와 성령의 이름으로 아멘. 신의 은총으로 지배하는 오폴스크 땅, 벨룬스크 땅, 루스 땅의 군주이자 이들 땅의 영원한 조부 영지 상속자이며 유일지배자인 짐 브와디스와프 공" …

출현했던 것이다.

새로워 보이지만 그러나 실제로는 오래된 생활방식, 그러니까 새로운 조건들 아래서 다시 살아났을 뿐인 이러한 생활방식상의 현상을 위한 토양과 조건을 마련해준 것은 우크라이나인들의 삶을 위해서는 대단히 슬픈 사건이었다. 그것은 곧 15세기 말 들이닥친 크림한국에 의해 동부 우크라이나가 다시 한 번 타타르의 유린을 겪게 된 일을 말한다.

앞에서 이미 언급했다시피, 바투의 타타르 한국이 통합성과 통일성을 유지했던 것은 아주 짧은 기간에 지나지 않았다. 그의 한국은 13세기 말에

그림 147 1371년의 매매문서(2분의 1 크기로 축소). 내용은 대체로 이렇다: "성부 성자 성령의 이름으로 영원무궁히 아멘. 크라쿠프의 대왕이자 루스 땅의 군주인 카지미에시의 치세에, 루스 땅의 방백인 오타 영주의 재직 시기에 영주 바트슬라브 드미트로브스키는 저택과 이 땅을 구입하였다."

이미 여러 갈래로 찢어지기 시작했고 그 후 14세기에는 이 경향이 더욱 심해졌는데, 칸 가문의 대표자들과 여러 우두머리, 귀족(beki)들은 칸의 자리를 요구하는 이러저러한 인물을 지지하면서 내전을 시작하곤 했다. 갈수록 심해졌던 이러한 내전의 결과로, 타타르 한국의 본국이었으며 볼가 강 유역에서 유목민 국가를 운영했던(кочевать) 이른바 금장한국은 15세기에는 완전히 쇠진해졌다. 그리고 크림 반도와 드니프로 강 하구 및 드니스테르 강 하구에서 유목민 국가를 운영했던 서부의 한국들은 독자적인 세력이 되어 별도의 한국을 형성했고 이 한국의 칸들은 크림 반도에 근거지를 두게 되었다. 칸인 하지 기레이(Haci Giray)가 1430년대부터 이 한국을 최종적으로 분리시켜 별개의 나라로 만들었다. 금장한국으로부터 결정적으로 떨어져 나오면서 하지 기레이는 이웃인 리투아니아 대공에게 의지하고 지원을 구하려 했으나 자신의 일에 매달려 있던 리투아니아 정부는 이 절호의 기회를 제대로 평가할 수 없었다. 그래서 크림한국을 전혀 적극적으로 도와주지 못했으며 심지어 크림한국의 적인 금장한국 칸들과 리투아니아 대공 사이의 동맹도 끊지 않았다. 이 때문에 하지 기레이의 아들인 멩글리 기레이(Mengli Giray)는 다른 동맹자를 탐색했다. 그 결과 크림한국은 투르크 술탄의 종주권 아래 들어갔고 모스크바와 긴밀한 동맹을 맺게 되었다. 리투아니아 대공들과 경쟁하는 입장에 있던 모스크바는 리투아니아 땅과 폴란드 땅을 공격하라고 멩글리 기레이를 부추기기 시작했으며 이를 위해 그에게 풍성한 선물을 보냈다. 모스크바의 영향 아래서 실제로 멩글리 기레이는 리투아니아 대공과 폴란드에 속하는 우크라이나 땅을 유린하기 시작했다. 모스크바와의 전쟁에 매달린 데다 내분으로 약화되기까지 한 리투아니아 대공국은 타타르인들의 이 새로운 공격에 정력적으로 대항할 수 없었고 그럴 능력조차 없었다. 현지의 우크라이나인 공들과 권문귀족들은 힘자라는 대로 방어를 했지만 정부로부터 거의 아무런 지원도 받지 못한 상태였기에 타타르인들의 급습에 맞서 마땅한 반격을 하지 못했다. 1482년 봄 멩글리 기레이는 모스크바 대공 이반[65]에게서 포딜랴나 키예프를 공격하라는 부추김을 받았는데, 이반이 안겨준 선물과 부탁에 마음이 움직여 멩글리 기레이는 실제로 키예프 땅을 향해 출병했다. 그는 키예프를 포위하고 손에 넣은 다음 키예프 성을 불태웠고 키예프 근교를 유린한 후에는 키예프 성소피아 대사원의 큰 황금 술잔과 성분(聖盆, дискос)을 의기양양하게 이반에게 보냈다. 그런 다음 그는 몇 년에 걸쳐 포딜랴를 유린했는데 폴란드 국왕은 부코비나 원정을 감행했다가 실패함으로써 투르크 세력까지 불러일으켜 버렸다. 이렇게 해서 이제 타타르인, 투르크인, 몰다비아인들이 한꺼번에 포딜랴와 할리치나를 황폐하게 만들었다. 타타르인들은 드니프로 강 이동지방(자드니프로비야)까지 급습했으나 노브고르

65) 모스크바 대공 이반 3세를 말한다.

드-세베르스키 공령 땅을 지배하려는 생각을 가지고 있던 모스크바 정부는 타타르인들에게 이 기습공격을 자제해 달라고 요청했다. 이 때문에 멩글리 기레이는 키예프 땅을 황폐하게 만든 후 볼린으로 가서 약탈했고 벨라루스 땅도 역시 유린했다. 이 공격에서 타타르인들이 패배하는 일도 있었다. 예컨대 미하일 글린스키나 콘스탄틴 오스트로즈키(콘스탄티나스 오스트로기슈키스)는 타타르인들에게 승리를 거둠으로써 이름을 떨쳤는데 오스트로즈키의 명성이 더 높았다. 그러나 크림한국 군대가 아무 제지도 받지 않은 채 루스 땅을 유린하고 아무런 해도 입지 않은 채 전리품을 챙겨 떠나는 일이 더 많았다. 온 우크라이나가, 우크라이나의 공기조차도 포로들의 흐느낌으로 가득 찼으니 그 후 몇 세기가 지난 지금까지도 우크라이나의 노래에서는 이 소리가 울리고 흐느끼고 있다.

투르크 군대가 쳐들어왔을 때
하녀 삼을 여자들 끌고갔네,
우리 사제 부인에게서는
딸 셋을 잡아갔네.
첫째 딸은 말 옆에 매달고 갔네.
말 옆에 혁대로 매달고 갔네.
둘째 딸은 수레 옆에 매달고 갔네.
수레 옆에 노끈으로 매달고 갔네.
셋째 딸은 검은 큰 마차에 싣고서 갔네……
그 소녀 말 옆에 매달고 가니,
말 옆에 혁대로 매달고 가니,
그 소녀 흐느껴 우네, "아이고 하느님 맙소사!

내 황금빛 머리채야!
엄마가 이제 널 땋아주지 못하겠네.
마부가 채찍으로 머리를 흩뜨리누나!"
저 소녀 수레 옆에 달고 가니,
수레 옆에 노끈으로 매달고 가니,
저 소녀 비명 지르네, "아이고 하느님 맙소사,
내 하얀 작은 발아!
엄마가 너를 이제 못 씻겨주겠네.
모레가 발가락을 할퀴어,
피가 흘러내리누나!"
저 소녀 검은 큰 마차에 실어가니,
저 소녀 비명 지르네, "아이고 하느님 맙소사.
내 검은 눈동자야,
얼마나 많은 나라를 지나왔니,
그런데 밝은 빛은 보지 못했네." ……

주민들은 자신들이 아무런 보호도 받지 못한다고 느꼈다. 리투아니아 정부는 주민들을 보호하기 위해 진력하는 대신 선물을 주어서 공격을 모면하는 쪽을 선호했고 심지어 주민 한 사람 한 사람이 칸에게 해마다 조공을 바치는 것에도 동의했는데 이런 일은 이곳에서는 타타르 지배 아래서도 행해진 적이 없었다. 또 리투아니아 정부는 리투아니아 땅 말고 모스크바 공국의 땅을 유린하라고 타타르인들을 설득해 보곤 했지만 결국 얻은 것이라고는 타타르 한국이 모스크바 공국의 땅과 리투아니아 땅을 다 같이 유린하기 시작했다는 것뿐이었다. 드니프로 강 양쪽 기슭의 키예프 지방은 이러한 공격을 몇 번 받으면서 거의 무인지대가 되었다. 폴리시아에서는 오브루치와 체르노브일(초르노빌)[66] 주변에 아직 마을들이 있었으나 키예프부터 시작해서 더 남쪽으로 이어지는 땅에는 단지 몇 군데 성채밖에 남아있지 않았는데, 좀 더 안전한 지대를 찾아 이곳에서 더 멀리 북쪽이나 서쪽으로 아직 피난가지 않은 주민들은 오직 이들 성채 안에 들어와 살면서, 사냥을 하거나 농사일을 할 때만 이곳에서 나왔다. 황폐화된 정도는 바투 시절보다 더 심했고 삶의 조건은 비교할 수 없을 정도로 더 힘겨웠다.

우크라이나는 슬픔에 잠겼네, 어디에도 살 곳이 없어서.
유목민 군대는 작은 아이를 말발굽으로 짓밟고
아이고, 아이들은 짓밟고 어른들은 끌고 갔네.
손을 뒤로 돌려 묶고 칸에게로 몰고 갔네.

드니프로 강 유역 지역은 황무지가 되었다. 수십 년이 지나는 사이에 마치 무슨 황야의 나라처럼 야생 상태가 되었고 초목만 우거지게 되었다.

그런데 바로 이 으리으리하고 야생적인 황야가, 기독교 세계의 변방이고 그래서 우크라이나라는 특별한 이름까지 얻게 되었던 이 지역이 그 야생적 풍성함으로 주민들을 끌어들였다. 이곳에는 주인도 영주도 없었기에 더욱 안성맞춤이었다. 16세기의 기록들을 보면 야생적이고 인간의 손이 닿지 않은 우크라이나 자연의 풍성함과 풍요로움에 대한 수많은 이야

66) 1986년에 일어난 원자력 발전소 폭발사고로 잘 알려진 우크라이나의 오래된 도시이다. (한국에서는 일반적으로 '체르노빌'로 표기하고 있다.) 체르노브일은 러시아식, 초르노빌은 우크라이나식 발음이다.

기가 종종 과장까지 곁들여 수록되어 있다. 여기서 이야기되는 바로는, 이곳의 토지는 믿을 수 없을 만큼 많은 수확을 제공하기에 경작을 하면 백배나 되는 생산물을 되돌려주며, 매해 씨를 뿌릴 필요조차 없고 한 번 씨를 뿌리면 다음 해에도 수확을 할 수 있으며, 한 해에 두 번, 세 번 수확을 할 수 있다는 것이다. 들판에 쟁기를 세워두면 이삼 일 사이에 자라난 풀들로 온통 뒤덮이기 때문에 쟁기를 찾기가 힘들어진다는 이야기도 있다. 방목장의 풀은 너무나 높이 자라 방목장에 황소를 풀어놓으면 풀에 가려 보일 듯 말 듯 할 지경이고 때로는 풀에 덮여 뿔조차 보이지 않는다는 둥, 꿀벌은 엄청나게 많아서 나무 구멍뿐 아니라 구덩이에도 꿀을 실어 나르는데 때로는 사람이 그런 꿀 우물에 풍덩 빠지는 일도 벌어진다는 둥, 강에는 물고기가 차고도 넘치는데 용철갑상어와 다른 물고기들이 바다에서 강으로 듣도 보도 못했을 정도로 많이 몰려오기 때문에 물고기들이 이렇게 이동하는 시기에는 창을 강물에 찔러 넣으면 마치 땅에서 튀어나오듯 물고기들이 수도 없이 뛰쳐나온다는 둥, 숲과 초원에 맹수들이 하도 많아서 야생들소와 야생마, 사슴 등은 가죽을 얻을 목적으로 죽일 뿐이고 그 고기는 그냥 내버린다는 둥, 겨울에는 야생염소가 초원에서 숲 속으로 엄청나게 많이 몰려들어서 한꺼번에 수천 마리씩 죽일 수 있다는 둥, 새들도 마찬가지로 믿을 수 없을 만큼 많아서 봄이면 어린 소년들이 야생 오리, 거위, 두루미, 백조의 알을 보트가 가득 차도록 모은다는 둥, 하는 이야기들이 계속 이어진다.

이러한 이야기들은 과장이 많지만 우리로 하여금 키예프 일대 지역의 풍성함과 그 땅에서 일어났던 일들에 대한 그림을 머릿속에서 그려볼 수 있게 해준다. 그리고 이 같은 머릿속 그림은 영주의 억압이 없는 이 초원의 풍요와 풍성함을 누릴 수만 있다면 타타르인들에 맞서서 야생의 초원으로 나가는 것을 두려워하지 않고 그들과 지칠 줄 모르는 싸움을 수행할 준비가 되어 있는 용감하고 대담한 사람들을 매혹시켰다. 해마다 봄만 되면 키예프 지방의 폴리시아뿐 아니라 볼린, 벨라루스 같은 더 멀리 떨어져 있는 지역에서도 수많은 사람들이 키예프로 몰려와서 이곳 '출경(出境) 장소(уходы)'[67]에서 흩어져 돌아다니면서 어렵, 맹수 사냥, 꿀벌치기 등을 했다. 그들은 '바타가(ватага)'라 불리는 두레(아르텔)를 만들어 모인 후 우두머리인 오타만을 뽑았고, 무기와 필요한 물자를 준비해서 이른 봄이 되면 초원 '출경 장소'로 떠났다. 그 목적은 이곳에서 늦가을까지 경제활동을 한 후 꿀, 물고기, 가죽, 말, 가축 등을 바리바리 싣고 '읍락 지역'[68](볼로스치)으로 돌아오는 것이었다. 그러나 '읍락'에서는 방백 휘하의 행정담당자들이 그들을 기다리고 있었고 이들은 출경할 수 있는 권리에 대해 부과한다는 명목으로 '성채에 앉아'[69] 노획품 가운데 아주 큰 부분을 떼어 가곤 했다. 이 때문에 좀더 용감한 사람들은 겨울에도 성채로 돌아오지 않고 초원에서 겨울을 났다. 다른 사람들은 드니프로 강 유역 지역 성채 안에서 머무르면서 겨울을 나기도 했고 그 밖의 사람들은 집으로 돌아갔다. 노획물을 얻기 위해 한두 번 초원에 머무른 적이 있는 사람들 중 어떤 이들에게는 이는 자기네 살림살이를 좀 더 낫게 하기 위한 수단이었다. 다른 사람들은 이 출경활동 자체에 이끌렸고 이것이 그들의 통상적인 생존수단이 되었으며, 그

67) 주민들이 살지 않는 초원지대로 들어가는 출발장소를 말한다. 코자크들이 루스와 타타르 한국의 경계를 넘어 들어가서 수렵, 어렵, 양봉 등의 경제활동을 하는 일도 적지 않았기에 '경계를 넘어가서' 활동을 한다는 의미에서 출경, 혹은 출경활동이라는 말이 사용되었다.

68) 여기서 읍락 지역이라는 것은 기존의 지배권력(국가권력 및 영주권력)이 미치는 지역을 뜻한다.

69) 여기서는 초원지대 가까운 곳에 간간이 존재하는 성채가 아니라 방백 이하 많은 주민이 거주하는 정주 지역의 성채를 말한다.

들은 출경활동을 할 수 있는 곳 가까이 머물렀다. 그래서 어떤 성채가 있으면 그곳에 머물렀고 아니면 아예 초원 속에서 지내기도 했다.

이런 활동은 코자체스트보(козачество), 즉 코자크 일이라 불렸고 이런 활동을 하는 사람은 코자크라 불렸다. 이는 공식적으로는 초원 출경 영업활동, 어렵, 사냥, 꿀벌치기를 의미했다. 그러나 이는 곧 이러한 공식적 영역에서 벗어나 '타타르 목동 쥐어짜기' 혹은 '투르크 목동 쥐어짜기'라 불리는 비공식적 영역으로 넘어왔다. 초원의 타타르인들을 경계하고 매순간마다 그들의 공격에 맞서 방어할 준비를 하고 있으면서도 이 초원의 영업인(промышленники)들은 자기네 편의 힘이 더 세다고 느끼는 때에는 기회를 놓치지 않고 타타르인들에게 피해를 주어 돈을 벌기도 했다. 예를 들어 타타르인들의 바타가(두레)를 어딘가 적당한 곳에서 덮쳐 분쇄하고 타타

그림 **148** 키예프의 폐허. 십일조 성모 교회.

르인들의 말떼나 양떼를 탈취한다든지, 투르크 상인 혹은 아르메니아 상인들의 카라반들을 습격해 물건을 빼앗는다든지 했을 뿐 아니라 '선물을 가지고' 칸에게 파견된 모스크바 공국이나 리투아니아의 이런저런 파발꾼들, 그리고 투르크나 타타르의 작은 도시들도 약탈하곤 했다. 여기서 코자크라는 이름도 시작되었다. 코자크라는 말은 투르크계 민족들 사이에서 광범하게 퍼져 있었다. 이 말은 폴로베츠인들 사이에서도 사용되었고 투르크-타타르계 민족들 사이에서는 지금까지도 사용되고 있으며 '떠돌이(бродяга)', '전쟁과 약탈로 돈을 버는 사람'을 뜻한다. 이 말은 초원의 타타르인 떠돌이들에게 붙여진 명칭이었는데 우리 우크라이나인들에게도 옮겨 사용되게 된 것이다.

이 명칭이 우크라이나의 초원인들에게 적용된 것은 새로운 현상이었다. 이들이 우크라이나 사료에서 코자크라고 불리는 일은 15세기 말에 와서야 비로소 시작되었지만 이 현상 자체, 즉 초원 변경지대에서 노략질로 살아가는 일 자체는 아주 오래되었다. 불가르인들, 아바르인들과 함께 비잔티움 땅에 원정을 하러 다니던 그 옛날의 안테인들이 바로 코자크들이었다. 폴로베츠인들 시대에 돈 강 유역과 드니프로 강 유역 초원에서 돌아다니던 저 유랑자들, 곧 '베를라드니키(берладники)'[70]와 12~13세기에 드니스테르 강변과 도나우 강변에서 어렵을 하며 유목하면서 경우에 따라서

70) 키예프 루스에서 12~13세기에 자기 거주지를 떠나 도주했던 다양한 사회계층 출신의 도망자들을 말한다. 공과 귀족 같은 최상층 계급 출신도 있었으나, 지배계급의 착취를 피해 도주한 농민, 하층민이 대다수였다. 이들은 주로 키예프 남부지방에서 도주하여 카르파티아 산맥과 드니스테르 강 사이 지역, 도나우 강 하류지방, 특히 몰다비아의 도시인 베를라드(베를라드 강 유역에 위치)에 정착했기 때문에 이러한 명칭을 가지게 되었다. 이반 로스티슬라비치 공은 그 자신이 베를라드니크(베를라드니키의 단수형)였고 다른 도망자들을 모아 무장 집단을 형성하여 정치적 영향력을 발휘했기에 베를라드니크 공이라는 별칭을 가지게 되기도 했다.

는 전쟁에도 종사하던 '할리치나의 도망자(비혼치, вигонці)'[71]들도 역시 코자크들이었다. '용맹스러운 전사들(храбрые кметы)',[72] 곧 『이고리 원정기』 덕분에 드높은 이름을 얻게 된 저 변방의 사람들도 코자크들이었다. 이 서사시에서 쿠르스크 공 브셰볼로드가 칭송하고 있는 그의 드루쥐나는 전투 나팔 아래서 태어나고 투구 아래서 성장하고 창끝으로 음식을 받아먹고 자신들의 명예와 공의 영광을 찾아 잿빛 늑대와도 같이 초원을 뛰어 돌아다니는 그런 사람들인 것이다.[73]

오래된 현상이 새로운 명칭을 얻은 것일 뿐이었지만 이 현상은 새로운 여건 속에서 과거 어느 때보다도 더 광범하게 더 강력하게 발전할 수 있었다. 그것은 바로, 이토록 광활한 공간이 정상적인 사회생활과 정치생활의 테두리에서 벗어났고 행정기구의 감독도 보야린들과 영주들의 지배도 다 벗어난 덕분이었다.

71) 12~13세기에 할리치나 공령과 볼린 공령에서 지배계급의 착취를 피해 도주했던 사람들을 말한다. 주로 드니스테르 강변에서 생활했다. 이들은 몽골 군대가 침입하자 할리치나 공의 요청에 따라 루스의 군대와 힘을 합쳐 몽골군에 대항하기도 했는데 그 수가 상당히 많았으며, 특히 강 위에서의 전투에 능했다고 한다.

72) 『이고리 원정기』 23행. 여기서 '크메트(кмет)'라는 단어가 쓰이고 있는데, 이는 보통 용감한 전사, 드루쥐나 구성원, 기병을 가리킨다.

73) 『이고리 원정기』에서 주인공 이고리의 형제인 쿠르스크 공 브셰볼로드는 자기 부하들의 용맹성에 대해 이렇게 칭찬하고 있다. 『이고리 원정기』, 23~26행.

> 나의 쿠르스크 부하들은/ 모두 단련된 전사들./ 전투 나팔 소리 아래 태어나/ 투구 아래 요람에서 잠들고/ 창끝으로 음식을 받아먹었소./ 모르는 길이 없고/ 골짜기 하나하나 훤히 알고 있소./ 활은 팽팽히 조여 두고/ 화살통은 열어두고/ 검은 날카롭게 벼려두었소./ 그들은 들판을 뛰어 다니오, 잿빛 이리와도 같이./ 자신들의 명예를 얻기 위해/ 자기네 공의 영광을 찾기 위해.

51. 16세기 전반의 코자크 활동과 코자크들의 원정

흑해 연안 초원지대의 코자크들에 대한 이야기는 14세기와 15세기에도 이미 등장한다. 그러나 이들은 타타르 출신이거나 민족이 불분명한 코자크들이다. 명명백백히 우크라이나 출신 코자크들에 대해 언급하고 있는 그런 보고는 1490년에 가서야 비로소 등장한다. 1492년에 크림한국의 칸은 키예프 사람들과 체르카시 사람들이 티아기니아(Тягиня) 부근에서 타타르 선박을 파괴했다는 불만을 제기했고 리투아니아의 알렉산드라스 대공은 우크라이나 코자크들 사이에서 범인을 찾아내겠노라고 약속했다. 그

그림 **149** 키예프의 "황금대문". **1651**년의 그림.

다음 해에 체르카시의 방백인 보흐단 글린스키 공은 오차키브에 있는 투르크 요새를 파괴했는데 칸은 이 사람들을 코자크들이라고 불렀다. 1499년에 키예프에 교부된 행정법규(уставная грамота)에는 북쪽 지방 도시에서 초원지대로 내려가 물고기를 잡고 그런 다음 신선한 물고기나 볕에 말리거나 혹은 소금에 절인 물고기 더미를 싣고 체르카시와 키예프를 거쳐 돌아오는 코자크들에 대한 언급이 들어있다. 여기에서 보듯 코자크들은 다양한 일거리에 종사했음을 알 수 있다. 즉 그들은 초원의 영업자로서 자기 마음대로 물자를 노획하는 사람으로 등장하기도 하고 투르크 도시들을 약탈하러 이들과 함께 출병하는 변경지대 방백의 드루쥐나로 등장하기도 한다. 코자크들은 16세기 초의 다른 사료들에도 이러한 역할로 등장한다.

그러나 전체적으로 볼 때 처음에는 코자크들에 대한 언급이 드물다. 이는 코자체스트보가 그 당시에는 어떤 특별한 계급을 의미하는 것이 아니라 단지 '하는 일'을 가리키는 것이었다는 데서 비롯된다. 소시민, 농민, 방백의 부하, 보야린, 귀족 등이 코자체스트보, 즉 코자크 활동을 하러 들어오곤 했다. 하지만 코자크 활동에 전적으로 투신한 사람들, 다른 어떤 존재도 아니고 오로지 코자크이기만 한 그런 사람은 아주 드물었다. 키예프에서 남쪽으로 내려가는 드니프로 강변의 길을 따라 코자크 집단이 거주했는데 그 당시 이 지역의 주민은 아주 희소했다.

후대의 전승에서는 변경지대의 몇몇 방백들과 총독들의 이름이 코자크 제도의 창시자, 지도자, 조직자라고 칭해지면서 코자크 제도와 아주 긴밀하게 결부되어 거론된다. 특히 1510년대부터 1535년 그가 사망할 때까지 카니브와 체르카시의 총독으로 재직했던 오스타프 다쉬코비치(Остап Дашкович)와, 같은 시기에 포딜랴의 흐멜니츠크에서 방백 직책을 맡았던 프레드슬라프 랸츠코론스키(Предслав Лянцкоронський)가 이런 명칭으로 자주 거론되는 인물들이다. 그들은 그 후 최초의 헤트만(гетьман)[74]으로 코자크 헤트만 명부에 오르게 되었다. 그러나 이들은 실제로는 타타르인들과 투르크 도시들을 공격하기 위해 초원으로 원정을 했을 때 현지 코자크 활동 집단, 다시 말해 변경지대에서 타타르인들 및 투르크인들과 전쟁을 하며 살던 사람들의 복무를 활용했던 변경지대 방백들일 뿐이었다. 그러한 자잘한 유격전식 전쟁도 '코자츠트보(козацтво)', 곧 '코자크 일'이라는 이름으로 불리고 있었다. 앞에서 언급한 보흐단 글린스키를 비롯하여 거의 모든 변경지대 방백들이 이런 자잘한 전쟁을 수행했다. 우크라이나 출신은 물론이고 심지어 폴란드 출신(포딜랴 지주들)까지 포함한 다양한 변경지대 권문귀족들도 이 같은 변경지대 전투의 가장 탁월한 대가였던 콘스탄틴 오스트로즈키

그림 **150** 리투아니아 대공 군대의 헤트만(최고사령관)인 콘스탄틴 이바노비치 오스트로즈키 공.

74) 러시아식으로는 гетман, 폴란드식으로는 hetman. 최고사령관을 뜻한다. 앞의 역주에서 설명했듯이 원래 15세기부터 18세기에 걸쳐 폴란드 왕국, 우크라이나, 리투아니아 대공국과 3국의 연합체인 폴란드-리투아니아 공화국에서 국왕 다음의 지위를 지닌 군 사령관직의 호칭이다. 이 칭호를 코자크들이 가져와 코자크 집단의 최고 명령권자에게 붙여 사용하기 시작했고, 그 후 이 용어는 여러 세기에 걸쳐 사용되게 되었다. 1648년 보흐단 흐멜니츠키 봉기가 일어난 이후, 헤트만은 모든 우크라이나의 수장, 말하자면 헤트만령 통치자를 의미했다. 한편, 1663년 이후 우크라이나가 러시아 제국 지배하의 드니프로 좌안과 폴란드 지배하의 드니프로 우안으로 나뉘면서 두 지역에 각각 헤트만이 있게 되고 이들이 서로 경쟁하게 되었다. 코자크 헤트만직은 1764년 러시아 제국 여제 예카테리나 2세에 의해 최종적으로 폐지되었다.

공의 총지휘 아래서 이 같은 활동을 했다. 그들은 진정한 코자크 지도자들은 아니었으며 초원에 출경할 수 있는 권리를 주는 대가로 코자크 활동자들에게 거액의 중세를 부과하거나 그들에게서 전리품을 빼앗거나 하는 등등의 조치를 취함으로써 심지어 코자크 집단에게 부담스러운 자기네 존재를 강력히 실감케 하는 때도 드물지 않았다. 그래도 역시 이 시기의 사료에는 그들에 대한 보고가 진정한 코자크 지도자들에 대한 보고보다 더 많이 남아있다. 진정한 지도자들에 대해서는 타타르 울루스[75]나 투르크 도시들을 공격한 대담한 원정의 지도자들에 대한 우연한 언급들을 통해서나 알 수 있을 뿐이다. 이를테면 1540년대 보고들에 언급되어 있는 체르카시 출신의 카르포 마슬로(Карпо Масло), 페레야슬라브 출신의 야츠코 빌로우스(Яцко Билоус), 브라츨라브 출신의 안드루쉬코(Андрушко), 레순(Лесун) 등이 그러한 인물들이다. 그 당시의 연대기 저자들은 그들의 활동에 관심이 없었으며 카르포 마슬로와 그의 동료들이 오차키브를 공격해 파괴한 일은 그들의 기록에는 아예 언급조차 되지 않았다. 그 반면 랸츠코론스키의 오차키브 원정, 다쉬코비치의 타타르 원정은 소리 높이 알려졌기 때문에, 코자크 제도를 연구하는 후대의 역사가들은 이 두 원정이 코자크들의 첫 활동이었다고 쓰게 된 것이다. 하지만 그 당시 사람들은 이들에 대해 이야기하면서 이들을 코자크라는 이름으로 부르지도 않았다. 이 명칭은 후대에 가서야 비로소 이들 원정과 원정 지도자들에게 붙여지게 되었다.

진정한 코자크 집단, 이는 변경지대의 방백들도 아니요, 유행과 명성을 위해 혹은 그저 기분전환을 위해 초원에서 타타르 울루스에 대한 '코자

75) 울루스는 몽골계–투르크계 언어에서 원래 '민족', '세대'를 뜻하는 말인데 차츰 의미가 확대되어 '나라', '국가' 등도 의미하게 되었다. '울루스 쥬치의 경우에서 보듯, 몽골 제국의 분국을 가리킬 때도 이 말이 쓰인다.

크' 원정에 참가한 통치귀족 가문 출신의 젊은 영주 아들들도 아니었다. 코자크 집단의 진정한 기간요원들을 구성한 존재는 대담하게 영업활동을 하고 이 영업활동을 점차 자신의 상시적인 생업으로 삼게 된 변경지대의 가난한 우크라이나 민중이었다. 그들은 드니프로 강 유역과 부흐 강 유역 성채들을 전권을 가지고 다스리던 변경지대 방백들과 대리인들의 억압적인 권력에서 벗어나고자

그림 **151** 키예프 동굴 수도원에 안치된 콘스탄틴 오스트로즈키 공의 관 위에 만들어진 기념조각.

갖은 애를 썼다. 그들에게 이곳에서의 삶은 억압적이고 힘겨웠다. 방백들의 압제에 맞서 일어난 봉기는 대개 실패로 끝나곤 했다. 왜냐하면 이 같은 봉기에는 군사적인 코자크적 요소가 아직 별로 존재하지 않았기 때문이다. 이 자유로운 코자크 집단은 변경지대 도시들 혹은 당시의 명칭대로 하자면 '읍락들에서는' 자유롭게 조직을 형성할 가능성을 가지지 못했기에 초원 속으로 더 멀리, 그리고 그만큼 더 깊이 몸을 숨겨 들어갔으며 그곳에서 자신들의 코자크 보금자리를 만들어 정착했다. 1550년대가 되면 이미 방백들은 출경활동에서 거두는 소득이 줄어들고 있다고 불평했다. 왜냐하면 코자크들은 초원에 항구적 거주지를 형성하여 정착했고 '고기, 물고기, 꿀벌 많은 숲에서 나는 꿀을 먹고 집에서처럼 그곳에서도 배불리 꿀을 먹으며' (방백에게 아무것도 납부하지 않으며) 그곳에서 계속 살았기 때문

이다. 물론 이 같은 초원에서의 삶도 힘겹고 쓰라렸으며, 그들이 배고픔을 견디고, 추위로 죽어가고, 초원을 떠나 가장 가까운 곳의 성채로 피난가서 방백의 부하들에게 무릎 꿇고 한동안 지내야 하는 경우도 적지 않았다. 이들 초원의 코자크들이 불시에 덮친 타타르인들의 공격을 받아 포로가 되거나 살해되어 흔적도 없이 사라지는 일도 비일비재했다. 이러한 일을 읊은 노래들을 보자.

어와, 3년 하고 3주일이네.
코자크가 숲 속에서 죽임당한 지.
초록색 단풍나무 아래
젊은 코자크 누워 있네.
그의 몸은 검어졌고
바람 아래 썩었네.
그의 주검 위에 작은 말도 슬퍼하여,
무릎으로 땅을 치네……
"애마야, 내 위에 서 있지 말거라,
신실한 네 마음 내 이미 보았으니!
사랑하는 나의 말아, 달아나거라,
어두운 숲 따라, 작은 오솔길 따라!
내 어머니 네게 다가와,
내 소식 물으리.
"어디서, 말이여, 내 아들 보았느냐.
도나우 강에 빠져죽진 않았느냐"
아아, 애마야, 너는 알지 어떻게 답할지,

애마야 넌 말하리라, "빠져죽지 않았다오.
어머니, 아드님은 결혼했다오.
에루화, 젊은 아가씨 짝으로 얻어,
들판 한가운데서 흙 아가씨와 결혼했다오.
붉디붉은 뺨을 가진,
초록빛 혼례복 입은 흙 아가씨와."[76]

혹은 사고무친(四顧無親)한 코자크의 죽음에 대한 유명한 노래에서도 앞에서 말한 것 같은 일들을 찾아볼 수 있다.

드니프로 만(灣) 기슭 위에서
젊은 코자크가 점심을 먹네,
생각지 못하네, 짐작도 못하네,
젊은 코자크 자기에게도,
어린 사동에게도,
재난이 덮칠 줄은……
목장의 버드나무도 윙윙거리지 않았네,

76) 코자크들은 늘 죽음의 그림자가 가까이 어른거리는 속에서 살았다. 이들은 죽음 자체를 두려워하거나 무시무시한 것으로 여길 수 없었다. 오히려 친근하거나 아름답기까지 한 어떤 것으로 치장해 마음속에 그려놓고 있어야 했다. 이러한 태도를 가장 잘 보여주는 것은 이들이 초원에서 싸우다가 죽는 것을 '흙'과 혹은 '죽음'(러시아어, 우크라이나어에서 두 단어는 모두 여성형이다)과 결혼하는 것으로 상징화하곤 했다는 것이다. 민요에서는 자주 이러한 상징이 사용되었는데, 본문의 민요에서는 아들이 어머니에게 '자신이 흙과 결혼했다'고 전해달라고 하는 내용이 담겨 있다. 코자크인 남편이 전사한 것을 '다른 여자, 곧 죽음과 결혼했다'는 표현으로 사랑하는 아내에게 알려달라고 부탁하는 내용을 담은 민요(예: 검은 까마귀)도 있다.

사악한 비적들[77]이 덮치던 그때,

그 자들은 사고무친 흐베도르에게,

코자크 대장에게,

활을 쏘고 난도질했네,

사동만 잡지 못하고 놓쳤네.

어린 사동이 코자크에게 다가앉네,

그의 상처를 샅샅이 씻어주네.

코자크가 사동에게 말하네,

"아이야, 내 사동아,

진실한 하인아!

초원 건너가거라

드니프로 강변으로,

사동아 들어보아라, 거위가 꽥꽥거리는지,

백조가 외치는지,

비적이 고함치는지,

코자크들이 드니프로 따라 가고 있는지?

거위가 꽥꽥거리고 백조가 외치거든 짝짓기를 해주렴.

비적이 고함치거든 그때엔 숨으렴.

코자크들 가거든 그들에게 말하렴.

뱃머리 돌려 강기슭으로 돌아오라고,

사고무친한 이 내 흐베도르가 불운하게 갔다고."

77) 원어는 우쉬칼리(ушкали)이다. 노략질로 생계를 잇는 투르크인을 말한다. (원저자 주)

52. 시치의 시작

이와 같은 가혹한 여건 속에서 영주적 코자크 제도[78]는 발전할 수 없었고 단지 평민적 코자크 제도만이 널리 퍼질 수 있었다. 곧, 이들은 '읍락에서는' 영주제적 속박과 방백들의 권력 때문에 너무나 심한 억압을 받았기에 자유롭게 살 수만 있다면 이 같은 초원의 곤궁함쯤이야 얼마든지 견뎌낼 준비가 되어 있던 그러한 민중 속에서 출현했다. 코자크 제도는 초원에서 유지되었고 다른 모든 것도 초원에서 바탕이 만들어졌다. 코자크들은 타타르 세력을 막아내기 위해 적당한 장소마다 자신들의 '작은 성벽도시'나 개간지, 즉 '시치(січ)'[79]를 세웠고 더 큰 부대에 합쳐져서, 이른바 '드니프로 강 하류 (니즈, Низ)' 전역을 지배하는 대규모 코자크 연합체로 전환되었다. 이 연합체의 중심지가 된 것은 자포로자(Запорожжя)[80]였다. 이곳은 급류 아래쪽에 있는 드니프로 강변 지역인데 멀리 떨어져 있기 때문에 리투아니아 권력이나 폴란드 권력이 전혀 미칠 수 없다는 점에서 장점을 가졌다. 다른 한편으로는 건널 수 없는 모래섬, 바닥을 알 수 없는 늪과 엄청나게 많은 갈대숲으로 둘러싸여 있어서 흑해로부터 투르크 갤리 선의 공

78) 앞에서 서술되었듯이 군사령관이나 변경지대 방백들이 주도하여 코자크를 모아서 투르크인들이나 타타르인들과 전쟁을 하는 것을 말한다.

79) 러시아식으로는 세치(сечь)이다. 이 말은 자르다, 베다라는 뜻을 가진 동사 сечь(러시아어)에서 유래했다고 하며, 숲을 개간해 만든 거주지를 뜻한다. 고유명사화하여 자포로쟈 코자크의 본거지인 자포로쟈 시치를 가리키는 말로 자주 쓰인다. 시치 코차크라고 하면 자포로쟈 시치를 근거지로 하는 코자크를 말한다.

80) 자포리쟈(Запоріжжя)라고도 불리며, 러시아어로는 자포로지예라고 한다. 드니프로 강 중류에는 물살이 아주 급하고 날카로운 수중 암석이 많아 쉽게 통과할 수 없는 부분이 있는데 이를 급류(Порог)라고 부른다. 이 너머 남쪽에 있는 곳은 폴란드, 리투아니아 등 북쪽 세력이 쉽게 공격할 수 없다. 자포로쟈란 급류(포로그, порог) 너머 (자, за) 있는 곳이란 의미에서 붙여진 이름이다. 자포로쟈가 위치한 곳은 당시 크림한국과의 국경과 아주 가까웠다.

격을 받을 염려도 전혀 없었다.

1550년대에 우크라이나인 공들 가운데 하나인 드미트로 비쉬네베츠키[81] 공이 코자크들의 사업에 참여하면서 처음으로 자포로쟈에 코자크 집단 전체를 위해 공고한 거점이 되어 줄 항구적인 요새를 세우려는 진지한 시도를 했다. 그리고 그는 이 요새를 출발점으로 삼아 인근의 국가들과 정부들도 무시하지 못할 정치적 세력을 형성해 내려고 진력했다. 그는 1540년대부터 다른 변경지대 귀족들이나 마찬가지로 통상적인 영주 주도의 코자크 활동을 시작했는데 그 후에도 코자크 집단과의 관계를 끊지 않았다. 다른 공들은 영주로서의 업무에 전념하기 위해 그렇게는 하지 않는 것과 달랐다. 오히려 그는 우크라이나의 사정을 좀 더 면밀히 들여다보게 된 다음부터는 자신의 운명을 드니프로 강 하류 지방 및 이곳의 코자크 집단에 걸기로 결심했다. 그는 우선 급류 너머 지역에 타타르에 대항하는 거점이 될 수 있고 또한 코자크 집단이 타타르인들과 투르크인들을 몰아내고 드니프로 강 하류 유역 전체를 장악할 수도 있게 해줄 만한 그러한 요새를 세우겠다는 구상을 했다. 드니프로 강 하류 지방에 이런 요새를 짓겠다는 생각은 이미 그

81) 드미트로 이바노비치 비쉬네베츠키(Дмитро Іванович Вишневецький; Дмитрий Иванович Вишневецкий, 1517 무렵-1563 혹은 1564)는 우크라이나 코자크 지도자이며 자포로쟈 시치의 건설자. 민요에서는 바이다라는 별명으로 불리는 민중영웅이다. 리투아니아 대공 가문의 후예인 권문귀족 가문 출신이며 어머니 쪽으로는 러시아의 랴잔 공 가문과 연결된다. 1550년 체르카시와 카니브의 방백(스타로스타)이 되었다. 그는 폴란드 국왕 지그문트 2세의 가톨릭화 및 왕권강화 정책에 대해 매우 비판적인 입장을 가지고 있었으며, 말라 호르티챠 섬에 자비를 들여 코자크들의 요새를 건설하였다. 그가 이 곳에서 건설한 요새는 우크라이나 코자크들의 거점으로서, 자포로쟈 시치의 여러 요새는 이를 모범으로 삼은 것이다. 비쉬네베츠키는 러시아 차르 이반 4세와 협력하여 크림 한국에 대한 여러 차례의 공격을 이끌었다. 이반 4세가 리보니아 전쟁에 주력하기 시작한 후에는 폴란드-리투아니아 군대로 복귀하였다. 몰다비아 군주 계승문제를 두고 벌어진 전쟁에서 투르크 군에 포로로 잡혔으며 이스탄불로 압송되어 고문을 당한 후 사망하였다.

전에도 여러 차례 제시된 바 있었다. 일찌감치 1520년대에도 우크라이나의 방백들과 총독들은 코자크의 복무를 받아들이고 타타르 세력에 맞서서 드니프로 강 하류 유역에 코자크 수비대를 설치하라고 정부에 조언했다. 그러나 그 당시에는 이 계획을 실현할 돈이 없었고 그래서 이 일은 아무 결실도 맺지 못했다. 그런 후 1530년대에 들어와서는 오스타프 다쉬코비치가 폴란드-리투아니아 정부에 이 프로젝트를 상기시키면서 우크라이나를 방어하기 위해서는 자포로쟈에 성채를 구축하고 이곳에 코자크 수비대를 주둔시키는 것이 좋겠다고 조언했다. 이 또한 아무 결실도 맺지 못했다. 그러나 정부가 실현할 수 없었던 일을 이제는 우크라이나 출신의 국경수비자가 스스로 떠맡아 실제로 완수했다. 드미트로 비쉬네베츠키는 1552년 무렵 호르티챠(Хортиця)[82] 섬에 실제로 성채를 건설하고 이곳에 코자크 수비대를 배치했다. 그는 이 과정에서 리투아니아 대공이자 폴란드 국왕인 지그문트-아우구스트에게 군사적 장비며 다른 갖가지 물자를 지원해달라고 청원하는 한편 이와 동시에 투르크와도 협정을 맺으려고 애를 썼다. 그는 본인이 직접 투르크에 다녀오곤 했는데 아마도 투르크가 그를 보호해주고 타타르인들을 보호해주지 않을 것이며 당시 비쉬네베츠키가 마음먹고 있던 크림한국과의 싸움에 개입하지 않을 것이라는 약속을 받아내는 것이 그 목적이었던 것으로 보인다. 그가 투르크와 그 어떤 조약이라도 체결하는 데까지 이르렀는지는 알 수 없지만 폴란드-리투아니아 정부에서 지원을 얻어내는 데는 여하간 실패했다. 자포로쟈에서 그러한 사업을 벌이는 데 정부가 물자를 제공한 적은 한 번도 없었던 데다가 정부는 타타르인들을 자극하는 것을

82) 드니프로 강 하류의 작은 섬. 자포로쟈는 여러 섬으로 이루어져 있는데 그 가운데 가장 중요한 근거지가 된 곳이 호르티챠 섬이다. 섬이 크지 않기 때문에 원래는 '작은 호르티챠'라는 의미로 '말라 호르티챠' 섬이라고 한다.

그림 152 드미트로 비쉬네베츠키(비쉬네베츠키 성채에 있는, 후대에 그린 초상화).

두려워했던지라, 심지어 무슨 수를 써서 비쉬네베츠키를 자포로자에서 꾀어낸 후 그와 코자크들을 다른 어떤 전장으로 내보낼 생각까지 했다.

그러자 비쉬네베츠키는 모스크바 정부에 지원을 청하게 되었다. 그는 이 과정에서, 리투아니아 영토와 모스크바국[83] 영토를 유린하며 두 나라에서 해마다 조공까지 받아갔던 크림한국을 공동의 힘으로 분쇄하기 위해 모스크바와 리투아니아가 화해를 하는 것이 바람직하다는 생각을 모스크바 정부를 향해 개진했다. 그의 조언에 따라 모스크바 정부는 코자크 세력과 힘을 합쳐 크림을 공격하기로 결정했고 1556년 자국 군대를 파견했다. 모스크바국 군대는 드니프로 강변에서 코자크들과 합류한 후 크림의 도시인 아슬람-케르멘과 오차키브를 공격했다. 그러나 모스크바국 군대는 이 성채들을 점령하지는 못했고 다만 수많은 타타르인들과 투르크인들이 죽거나 포로가 되었다. 이 일은 크림 칸의 분노를 불러일으켰으니, 그는 코자크들의 새로운 보금자리를 즉각 파괴하기로 결심했다.

83) 16세기 중반의 모스크바국가는 모스크바 공국이라고 부르는 것이 적당하지 않다. 이 나라는 차르가 다스리는 나라가 되어 있기 때문이다.

크림한국의 칸은 우선 비쉬네베츠키에게 사신을 보내 자기에게 오라고 일렀다. 비쉬네베츠키가 이 초청을 거절하자마자 칸은 전 병력을 이끌고 호르티챠 성채를 정복하기 위해 진격했다. 그는 크림한국 군대 전체를 동원하여 3주일 동안 성채를 포위했으나 이를 점령하지 못하고 어쩔 수 없이 돌아가버렸다. 비쉬네베츠키는 이 사실을 국왕에게 알리고 인력과 무기를 자기에게 보내달라고 청원했다. 그러나 국왕은 이 일에 끼어드는 것을 두려워했다. 그런데 칸은 여름 무렵 또다시 진격해왔고 이번에는 크림한국 군대만이 아니었다. 투르크 군대도 배를 타고 왔고 몰다비아 지원군도 도착해 호르티챠를 포위했으니 비쉬네베츠키는 버틸 수 없었다. 식량이 떨어지고 코자크들이 이리저리 달아나기 시작하니 그 또한 체르카시로 후퇴할 수밖에 없었다.

비쉬네베츠키는 자기로서는 끝내 리투아니아에서 지원을 받을 수 없음을 알고 모스크바로 출발했다. 리투아니아와 합의하여 함께 크림한국에 맞서 싸우라고 모스크바국을 부추기기 위해서였다. 이는 실제로 시의적절한 행보였다. 1558년 모스크바 정부는 비쉬네베츠키에게 모스크바국 군대와 함께 크림으로 진격하라고 위촉했다. 크림한국의 칸은 감히 비쉬네베츠키에 맞서 출격하지 못하였기에, 한국 군대 전 병력을 이끌고 페레코프 남쪽으로 내려가 크림 반도 안으로 후퇴해 버렸다.[84] 비쉬네베츠키는 여름 동안 아슬람-케르멘에 머무르면서 이곳에서 코자크들 및 모스크바국 군대와 함께 페레코프 남쪽으로 내려가 크림 반도 내부로 진격할 준비를 했다. 그러나 모스크바로부터 그를 불러들이는 명령이 내려왔다. 모스크바 정부는 그를 드니프로 강변에 남겨두는 것을 원치 않았고, 그 대신 자

84) 당시 크림한국의 지배영역은 오늘날의 크림 반도와 그 북쪽 초원지대 일부를 포함하고 있었다. 페레코프는 크림 반도의 가장 북쪽에 위치한 도시로 반도와 그 너머 북쪽의 초원지대를 연결하는 곳이다.

국 군정사령관들을 크림 반도로 내보냈다. 모스크바국은 비쉬네베츠키에게 카프카스로부터 크림한국을 공격하라고 위촉해 놓고서 그런 다음에는 크림한국과 싸운다는 생각을 완전히 포기해 버렸다. 리투아니아와 모스크바국의 합의는 성사되지 않았다. 그렇기는커녕 양국 정부는 리보니아 때문에 곧 완전히 갈라서 버렸고 두 나라 사이에는 전쟁이 일어났으니, 두 정부는 또다시 앞다퉈 크림 칸에게 아양을 떨면서 그가 자기네 적국에 반감을 가지게 하려고 애쓰기 시작했다. 비쉬네베츠키는 모스크바국에서도 아무것도 얻어낼 수 없음을 확신하고 우크라이나로 되돌아갔다(1561). 그런 후 그는 몰다비아의 내전에 개입하여 코자크 부대를 이끌고 그곳으로 출정했다. 몰다비아인들이 그를 그곳으로 불러들였으나 그런 다음에는 그를 배신했고 비쉬네베츠키는 포로가 되었다. 그는 차레흐라드(이스탄불)로 소환되어 그곳에서 처형되었다. 우크라이나와 인근 지역에서는 용맹스러운 국경수비자에게 찾아왔던 이렇게 갑작스러운 죽음에 대한 수많은 이야기가 만들어져 사람들 입에 회자되었다. 이러한 이야기에 따르면 투르크인들이 비쉬네베츠키의 갈비뼈를 갈고리에 걸어 그의 몸을 매단 후 이 상태로 사흘 동안 매달아 놓았지만 그는 한 마디도 불평하지 않고 자비를 달라고 애원하지도 않았으며 오히려 투르크인들을 조롱하고 그들에게 마호메트에 대한 악의 섞인 욕을 해댔기 때문에, 결국 그들도 참지 못하고 그를 사살했으며 이로써 그의 극심한 괴로움을 끝내게 되었다고 한다. 우크라이나 민요는 이런 저런 이야기들에 대한 기억을 담아 비쉬네베츠키의 사연을 노래하고 있는데 이들 노래에서 비쉬네베츠키는 바이다(Байда)[85]라는 이름으로 노래되며, 어떻게 하다 보니 차레흐라드에 와 닿게 된 자포로자 한량

85) '게으름뱅이'를 뜻한다.

으로 그려지고 있다.

차레흐라드 작은 장터에서
얼씨구, 바이다가 꿀 넣은 호릴카[86]를 마시네.
얼씨구, 바이다가 술을 마셔 오늘도 내일도,
밤낮을 가리지 않고 계속 마시네.
투르크 술탄이 사람을 보내서,
바이다더러 자기에게 오라고 했지.
"어와, 너 바이다, 이름깨나 높다지!
나의 기병이 되어서 충성해주게나!
내 예쁜 딸 공주를 아내 삼게나,

우크라이나 전체의 주인이 될 걸세!" —
"황제여 당신의 신앙은 올바르지 않소,
당신 딸 공주도 예쁘지 않소!"
에구구, 황제가 시종들에게 소리치네.
"바이다 팔을 꽉 붙들어라,
저 놈을 잡아서 매달아라,
갈고리에 갈빗대를 매달아라."
에구구, 바이다는 매달려 이리저리 흔들리네,
사동을 바라보고 바이다가 말하네.
"어와, 말 들어라, 젊은 내 사동아,

86) 보드카의 우크라이나식 이름.

작은 활을 가져다 다오. 팽팽히 당겨서.
어여여 작은 비둘기 세 마리가 보이누만.
황제의 딸을 위해 저 비둘기를 죽이려네."
어여여 활을 쏘았네 황제를 겨누었네,
황후에겐 목덜미 쏘고,
그 딸에게는 머리 겨눴네.

비쉬네베츠키는 자기 계획을 실현하지 못한 채 이렇게 죽음을 당했다. 그러나 그의 활동은 흔적 없이 지나가 버리지는 않았다. 급류 저편에 공고한 거점을 마련하겠다는 그의 생각은 그가 대부 역할을 했다고 할 수 있는 훗날의 자포로자 시치[87]에서 실현되었다. 그뿐 아니라, 후대의 코자크 정책을 보더라도, 리투아니아, 모스크바, 몰다비아와 심지어 투르크까지 의지하면서 때로는 이 나라와 또 때로는 다른 나라와 자신의 이해관계가 일치되는 상황을 이용하여 코자크 집단이 독자적인 정치적 역할을 수행하고 자기 세력을 발전시킬 가능성을 찾고자 한 바이다의 과감한 구상이 메아리치고 있음을 뚜렷이 찾아 볼 수 있다.

16세기 후반은 코자크 집단이 놀라울 만큼 빨리 성장하고 조직되고 정치적 지평과 활동 영역을 강력하게 확대한 시기였다. 여기에는 코자크 집단에게 중요성을 부여하고 우크라이나 주민들과 인근 나라 주민들의 눈앞에 코자크 집단을 높이 들어 올려 세워주고 신선한 힘의 유례없이 힘찬 유

87) 우크라이나식으로는 자포로자 시치(Запорізька Січ), 러시아식으로는 자포로지예 세치(Запорожская Сечь)라고 한다. 줄여서 자포로자(Запорожжа) 혹은 자포리자(Запоріжжа)라고 하기도 하고 그냥 시치(Січ) 혹은 세치(Сечь)라고만 부르기도 한다. 우크라이나 코자크들의 본산이다. 말라 호르티챠 섬이 자포로자 시치의 가장 중요한 근거지였다.

그림 **153** 카파(지금의 페오도시야).

입으로 코자크 집단을 엄청나게 강화시켜 주었던 유리한 대외정세의 영향도 작용했지만 그것만이 전부가 아니었다. 코자크 집단 자체의 성향과 자의식에서도 커다란 변화가 일어났다. 다시 말해 이 집단은 큰 욕심 없이 '타타르 목동 쥐어짜기'나 하던 과거의 행동방식에서 전환하여 광범한 정치적 계획과 지극히 과감한 기획활동으로 나아가게 된 것이다.

53. 코자크 계급의 형성

한 줌밖에 되지 않는 집단인 데다가 요새도, 충분한 비축 무기도, 재원도 갖추지 못했으면서도 그렇게 용감하게 히드라와 같은 이교도(바수르만)[88] 세력에 돌진해 싸웠던 코자크 집단이 당대 사람들에게 어떤 인상을

88) 이교도라 번역한 '바수르만(басурман)'은 원래 기독교인들이 이슬람교도를 비하해 부른 말이다. 이 같은 용어를 선택한 것을 봤을 때 흐루셰브스키가 당시 지배적이던 기독교 중심주의를 고수하고 있던 역사가이며 자기감정을 숨기지 않는 인물이었음을 잘 알 수 있다.

불러일으켰을지는 상상이 되고도 남는다. 이교도 세력은 우크라이나를 갈갈이 찢고 우크라이나 주민들과 이웃 국가들의 고혈을 빨았으며 그때까지 스스로 강력하고 승리에 빛나며 위력 넘치는 존재라고 자처하고 있던 이웃 국가들에게 극복할 수 없는 두려움을 가져다주었다. 우크라이나뿐 아니라 동유럽 전체, 인근 지역 전체가 누구도 막을 수 없었던 투르크인들의 정복과 동유럽 전체를 포로노예들로 가득 찬 우리로 만들어놓은 타타르인들의 유린이라는 괴로운 인상 아래서 살아가고 있었다. 타타르인들의 부대는 이 우리에서 포로들 무리를 거리낌 없이, 돌이킬 수 없이 내쫓아 크림한국의 시장으로 내몰았고 투르크, 이탈리아, 프랑스, 에스파냐, 아프리카 해안, 그 당시의 거의 전 세계를 포로노예들로 가득 채우고 있었다.

"그들은 포로노예를 크림의 모든 도시에서 매매하고 있으며 카파에서 노예매매의 규모가 가장 크다"라고 16세기 중반 리투아니아의 한 저자는 쓰고 있다. 그의 글은 이렇게 이어진다. "노예로 팔리는 불행한 사람들의 무리 전체를 시장으로부터 곧바로 배에 타라고 몰아넣는 일도 벌어진다. 이 도시가 편리한 바닷가 부두에 바로 붙어 있기 때문이다. 이 때문에 카파는 도시가 아니라 우리의 피를 게걸스레 먹어치우는 탐욕스럽고 혐오스러운 심연이라고 부를 수 있다."

포로들 · 포로노예들에 대한 생각, 유례도 없고 헤어날 길도 없는 그들의 고통에 대한 생각, 고향을 향한 그들의 그리움에 대한 생각이 다른 모든 주제들을 저 멀리 밀어내면서 그 당시의 창작품들을 온통 사로잡고 있다. 위세 당당한 소유자를 한순간에 불행한 포로노예로 만들고, 신심 깊은 기독교인을 배교자 이교도로 만들어버리며, 투르크화한 형제의 품안으로 자매를 던져 넣는가 하면, 늙은 어머니를 이슬람교도가 되어 고향땅도 잊어버린 아들의 노예로 던져 넣는 그러한 운명의 손아귀에서 인간은 노리개가 되었다.

이 같은 형상들은 팽팽한 민중 감정의 측량할 수 없는 힘으로 유지되면서, 물러서지 않고 사람들의 눈앞을 끈질기게 맴도는 환영과도 같이 수십 세대를 거쳐 우리 시대까지 전해졌고, 그래서 우리는 그 당시 우크라이나 주민들이 얼마나 무시무시하고 우울한 형상들의 인상 아래서 살았고 이 형상들의 지배를 받으며 살고 있었는지 파악할 수 있다. 이는 그 당시 우크라이나의 유랑시인들이 "포로노예생활의 시편"이라 불렀던 시가들이다.

투르크 땅에서 불쌍한 포로노예가 머리 조아리네.
이교도 신앙의 땅에서 기독교 도시에 있는
아버지께 어머니께 안부 여쭙고자.
그러나 부모님 앞에 나아와 인사드릴 수 없네.
다만 잿빛 날개 비둘기에게 인사할 뿐.
"아아 너 잿빛 비둘기야,
너는 높이 날아서 멀리까지 가잖니!
기독교 땅으로 날아가 내 부모님께 가 다오.
아버지 집의 뜰에 앉아 구슬피 울며.
내 코자크 삶의 불행에 대해 상기해 다오!
부모님께 내 코자크 삶의 불행을 알려드려 다오.
가진 것 모두 처분하고 큰 돈 모아서
코자크 머리를 괴로운 예속에서 풀어달라고.
흑해가 점점 따뜻해지면
아버지도 어머니도 알지 못하리.

내가 어느 감옥에 갇혀 있는지.
코즐로프스크 부두에 있는지
차레흐라드 도시 큰 시장에 있는지.
투르크 기병들이 습격해 오겠지,
흑해 너머 아랍 땅에 팔아넘기겠지,
무수한 금은을 받고 포로들을 팔겠지.
잴 수도 없이 많은 비싼 옷감 받고
포로들을 팔겠지……"
불쌍한 포로만이 잘 안다. 포로생활의 이 괴로움을.
쇠사슬이 손발을 먹어버리고.
누런 뼈가 드러나도록 코자크 몸에서 생 살갗이 썩었네.
불쌍한 포로는 피를 바라보고 몸을 내려보았네,
기독교 신앙에 대하여 생각도 했네,
투르크 땅을, 이교 신앙을 원망하였네.
"너 투르크 땅아 이교 신앙아!
너는 금은과 비싼 음료로 넘쳐나지만,
불쌍한 포로만이 세상에서 얽매어 있네
불쌍한 포로가 네 땅에 살고 있네.
성탄축제나 부활절이 언제인지도 몰라
흑해 연안 투르크 감옥에서 참혹한 포로생활 하는 이들 모두,
투르크 땅을, 이교 신앙을 원망하였네,
너 투르크 땅아, 이교 신앙아,
너는 기독교도들을 이별시키누나!
칠 년 세월 전쟁에서 이별시킨 사람 그 얼만가—

남편과 아내를, 오라비와 누이를,
부모와 어린 자식을 이별시켰지!"

이 같은 노래들은 예외 없이 기도로 끝을 맺는다.

신이시여 불쌍한 포로노예에게 허락하소서,
신성한 루스의 기슭에 닿을 수 있도록,
즐거움 넘치는 땅에,
기독교인들 사이에 갈 수 있도록!

그런데 갑자기 이 무시무시하고 이길 수 없는 적에 맞서서 가난뱅이 코자크가 나타나 그가 자신의 무시무시한 '초르니 대로'[89]를 다닐 수 없게 가로막는다.

에루화, 왕래 많은 킬리야 들판에
왕래 잦은 유목민 나라 대로에,
에루화, 코자크 홀로타가 거기 어슬렁-
불도 검도 어떤 늪도 겁내지 않아.

89) '초르니 대로'(Чорний Шлях)는 '검은 대로'를 뜻하며, 16~17세기에 크림 타타르인들이 우크라이나와 폴란드를 공격하기 위해 다녔던 통로에 대한 역사적 명칭이다. 크림 반도 끝에 있는 페레코프에서 시작하여 자포로자를 거쳐 삼림지역인 초르니 레스(Чорний лес)로 가서 이 부근에서 서쪽으로 굽어진 후 남로와 북로로 나뉘었다. 남로는 쿠치만 대로(Кучманськ ий шлях)를 향해 간 다음 슈폴라(Шпола), 탈노에 (Тальное), 우만(Умань), 가셰브(Гашев)를 향해 갔고 북로는 코르순, 보구슬라브(Богуслав), 리샨카(Лишанка), 자쉬코브(Жашков), 테티예브(Тетиев)를 향해 갔다. 남로와 북로는 리포베츠(Липовец)에서 합쳐진 다음 흐밀니크(Хмільник), 타르노폴(Тарнополь), 르비브 등으로 향하였다.

아무렴, 저 코자크 멋진 비싼 옷 입었지-
다 낡은 겉옷 세 벌,
한 벌은 누더기, 또 한 벌은 너덜너덜,
나머지 한 벌은 빵과도 못 바꿔.
아무렴, 거시기 코자크 신발은 나무껍질 동여맨 것.
무명 각반은 여자 삼베옷만큼 넓고.
비단 리본은 여자 겉옷보다 두 배나 넓었지.
아무렴, 저 코자크 양털 모자 썼지-모자 위엔 구멍 났지.
풀잎 덮고 바람 맞고,
발 닿는 곳이 내 집이라,
젊은 저 코자크 추위에 떠네.
저 코자크 홀로타 어리저리 어슬렁,
도시도 마을도 상관치 않네.
킬리야 도시를 내려다보네.
킬리야 도시에선 잿빛 머리 털보 타타르인이
방안을 돌아다니며,
타타르 여자에게 말을 건네네,
"타타르 여자여 타타르 여자여!
얼싸, 내가 생각하는 걸 그대도 생각하나,
얼싸, 내가 보는 걸 그대도 보나?"
여자가 말하네 "타타르 사람, 어와, 잿빛머리 털보양반!
내 눈에 보이는 건 당신이 내 앞에서 방안을 어슬렁거리는 것뿐,
당신 생각 무언지, 무슨 궁리하는지 내가 알 리 있나요."
타타르 사람 말하네. "타타르 여자여, 깨끗한 들판을 날고 있는 건 독수리

가 아닐세,

멋진 말 타고 거니는 코자크 홀로타일세,

내 그 코자크 산 채로 잡아서,

으리으리 나리들 고관들 앞에서 그 코자크 자랑하려네,

이 정도 젊은이면 숱한 금화도 셀 수 없이 모을 걸.

비싼 예복도 끝도 없이 받을 수 있지."

이렇게 말을 했지, 비싼 외투 걸치고서,

장화를 신고 벨벳 뾰족 모자 머리에 쓰고,

말에 올라 코자크 홀로타를 막무가내 쫓아오네.

그러나 겉모습이 궁색하고 무기도 초라한 코자크이지만 콧대 높은 투르크 노략꾼 앞에서도 당황스러워하지 않는다.

저 코자크 홀로타는 코자크 관습을 잘 알지.

얼럴럴, 타타르 사람을 곁눈으로 늑대 보듯 째려보고,

그에게 말하네 "타타르 사람, 이 사람아, 왜 그리 탐을 내나?

나의 빛나는 무기를?

내 칠흑 같은 애마를,

젊은 코자크, 나를?

타타르 사람이 말하기를 "탐나도다, 네 빛나는 무기가,

네 칠흑 같은 말은 더 탐나고,

너, 젊은 코자크는 더욱더 탐나도다.

너를 산 채로 사로잡고,

킬리야 시내 가서 팔아넘기고 싶구만.

으리으리 나리들 고관들 앞에서 자랑하고
숱한 금화도 셀 수 없이 모으고,
비싼 예복도 끝도 없이 세려 하지."
저 코자크 홀로타는 코자크 관습을 잘 알지
얼럴럴, 저 타타르 사람을 곁눈으로 늑대 보듯 째려보네.
홀로타가 말하길 "어럽쇼, 타타르 놈, 어어 네 이놈, 늙은 털보!
네 놈은 필시 머리가 나쁘구만!
아직도 코자크를 잡지도 못해놓고,
코자크 팔아 얼마 받을지 계산부터 하는구만.
아직도 코자크 틈에 있어 본 적이 없구만,
코자크 귀리죽을 먹어본 적 없구만
코자크 관습을 하나도 모르누만."
이렇게 말하고 지팡이 짚고 서더니,
사정없이 화약을 장전하네.
타타르 사람 가슴에 선물 한 방을 안기네.
어여여, 코자크는 아직도 흡족치 못하니,
타타르 사람은 말에서 떨어져 악마한테 꺼지네.
저 코자크, 타타르 사람을 겉만으론 믿을 수 없어,
그자에게 다가가네.
총대로 그자 어깨 사이를 두드리네,
살펴보니 그는 이미 죽어있네.
홀로타는 그 다음 할 일을 잘 알지, 타타르 사람 장화를 벗겨내어,
자기 코자크 발에 신발 신고,
그의 옷을 벗겨 자기 코자크 어깨에 걸치고,

벨벳 뾰족 모자를 들어올려,
자기 코자크 머리에 쓰고,
타타르 사람 말을 고삐 잡아서 끌고,
시치 시내에 도착했네,
이곳에서 마시고 흥을 내며 킬리야 들판을 칭송하고 찬양하네.
"어와 킬리야 들판이여!
여름에도 겨울에도 부디 푸른 곳이어라,
내 불행한 세월에 그대가 날 장식해주었듯이."

거친 천으로 된 허름한 겉옷을 입고 느릅나무 껍질 신발을 신은 이 가난뱅이야말로 이교도들에게 대담하게 돌진하고 우크라이나 출신 포로들을 구하려는 자신의 열정을 조직적인 영업으로 전환시키는 데 성공했던 저 맨몸에다 맨발인 코자크 집단을 말한다. 흑해 연안 도시 출신인 부유한 타타르인들과 투르크인들은 타타르인 빈민들에게 말을 담보로 삼아 돈을 빌려주고 나중에 그들이 잡아온 루스 출신 포로들을 이자(利子)라고 쳐서 돈을 돌려받곤 했다. 코자크 집단은 이러한 타타르인 영업자들을 초원에서 쫓아내고 그들이 몰고 다니면서 초원을 가득 메웠던 말떼와 양떼를 흩어버

그림 154 타타르인이 강을 건너고 있다(보플랑의 그림).

렸으며 흑해 연안의 도시들, 투르크인 마을, 타타르인 마을, 포로노예 시장 등을 파괴하고 포로노예들을 해방하여 "잔잔한 물 위로, 빛나는 별로, 즐거운 나라로, 기독교인들의 도시로"[90] 보내주었다.

이러한 일은 어마어마한 인상을 심어주었다. 특히 이제는 이미 그토록 돌이킬 수 없이 패배하고 억압당한 것처럼 보이던 우크라이나 인민들 사이에서 그 반향은 컸다. 코자크들이 방백들이나 부유한 변경지대 영주들의 모병에 응하여 출정했던 비교적 초기의 원정들은 그렇게 큰 인상을 남기지는 않았지만 그보다 나중에, 16세기 중반부터 발전하기 시작했으며 그들 자신의 비용부담으로 이루어졌던 코자크 원정은 대단한 인상을 준 것이다. 이러한 원정은 영주들의 지원을 받지 못했을 뿐 아니라 행정 당국과

그림 155 승리한 코자크(18세기의 그림)

90) 인용부호 안의 구절은 옛 노래가사의 일부이다.

정부의 엄격한 금지조치를 어기고 이루어진 것이었다. 물론 변경 방백, 권문귀족, 그들의 대리인이 이 모든 금지에도 아랑곳없이 코자크들과 합작하고 그들의 원정비용을 대주고 그들과 전리품을 나누어 가지곤 한다는 것을 투르크인들은 알게 되었고 리투아니아 정부 자체도 이를 알게 되기도 했다. 이는 투르크 상인이 타타르인과 합작하는 것과 마찬가지였다. 그러나 이 같은 지원 혹은 보호는 부차적 현상이어서 코자크 원정에서 특별한 역할을 하지 않았으며 그 발전에도 영향을 미치지 못했다.

그림 **156** 이반 피드코바

민중은 코자크들의 힘을 확신했다. 코자크들은 민중의 영웅이 되어 여러 노래 속에서 읊어지고 전승 속에서 초인적 모습으로 확대되었다. 코자크 집단이 불패의 능력을 가졌다는 믿음이 주민들 속에 스며들게 되는 것과 함께 점점 더 많은 사람들이 코자크 대열로 밀어닥쳤으며, 평생 코자크가 되고 오로지 코자크로만 살게 되는 사람의 수가 점점 더 많아졌다. 별도의 코자크 신분이 성장하고 독자성을 가지게 되었다. 이를 원한 것은 전혀 아니었으면서도, 정부 자체도 코자크 원정을 금지하고 이를 중단시키려는 여러 가지 시도를 함으로써 오히려 코자크 신분의 성장과 독자화에 기여하게 되었다.

처음에만 해도 정부는 코자크 집단의 도움으로 크림한국과 결전을 벌이고 드니프로 강 하류 유역에 코자크 수비대를 배치하며 그들의 힘으로 타타르인들의 공격을 막아내겠다는 꿈을 품었던 현지 방백들의 조언을 따랐다. 그러나 그 후 크림한국이 코자크 공격에 대해 항의하면서 타타르인은 코자크 습격에 대한 복수를 할 뿐이라는 주장을 내세워 자기네들의 습격을 정당화하기 시작하자 이는 정부 관계자들 사이에 반향을 일으키게 되었다. 1540년부터 리투아니아-폴란드 정부는 휘하 방백들, 총독들, 변경지대 권문귀족들에게, 어떤 일이 있어도 코자크들을 돕지 말라는 강력한 훈령을 내리기 시작했다. 이와 함께 정부는 코자크 명부를 작성하려는 기획을 하고 행정기관에게 그들을 감독하라고 위촉하였으며 코자크가 노획품을 얻기 위해 초원으로 나가는 것을 금지하였다. 또한 그들이 초원에서 무엇을 가지고 돌아오는지 면밀히 추적하고, 타타르인들에게서 노략질을 한 것이 드러나는 코자크들은 가장 혹독하게 벌하라고 명령하였다.

그러나 변경지대 행정기관과 귀족들은 이 명령을 제대로 이행하지 않았다. 왜냐하면 그들은 타타르인들은 단지 코자크 핑계를 대고 있을 뿐이고 크림한국의 공격을 막는 것은 오로지 코자크 집단의 발전을 통해서만 가능하다는 데 대한 확신이 있었기 때문이다. 그래서 그들은 코자크 원정을 슬며시 눈감아주곤 하였다. 물론 그렇게 하는 대가로 코자크들에게서 노획품의 알짜배기는 빼앗아 내곤 하였다. 만약 코자크들을 정말로 압박한다면 그 결과로 코자크들은 성채를 더 미련 없이 버리고 초원 속으로 더 깊숙이 떠나가 버릴 뿐이었다. 그들의 명단을 작성하고 그들을 감독하는 일은 이루어질 수 없었다. 게다가 실제로 오로지 코자크로서만 살아가고 다른 일은 전혀 하지 않을 사람은 더욱 적었다. 1552년 드니프로 성채에서 코자크 명부를 작성할 때 그러한 코자크는 오백 명도 되지 않았던 반면 코자크 원정에는 소시민, 농민, 보야린, 지주 등 각양각색의 사람들이 참여했다. 그러나 정부는 코자크 집단의 고삐를 바짝 조이려는 의도를 포기하지 않았고 결국은 이 목적을 위해 별도의 행정기구를 설치하기로 결정하였다. 1560년대에 투르크인들이 코자크 공격에 대한 항의를 재개하면서 리투아니아 및 폴란드와 전쟁을 하겠다고 위협하자 폴란드 국왕은 코자크들에게 드니프로 강 하류 유역을 떠나 변경지대 성채에 와 있으라는 명령서를 보냈다. 성채에서 그들이 복무할 일거리가 주어질 것이며 복무에 대한 대가로 정해진 급여가 주어질 것이며 코자크 집단을 조직하는 일은 폴란드 국왕헤트만에게 위촉되었다는 것이다(마침 이때 키예프 지방은 폴란드에 합병되어 있었다). 헤트만은 코자크들 사이의 질서유지를 감독하기 위해 별도의 지휘관과 재판관을 임명했는데, 이 조치는 국왕에게 복무하고 국왕의 비용으로 유지되는 인력으로 받아들여지게 된 사람들은 물론이고 지금까지와 같은 상태로 남아있게 되는 사람들에게도 적용되었다. 그러나 이 조치로 질서가 더 잘 지켜지게 되지는 않았다. 왜냐하면 국왕 복무 인력으로 받아들여진 코자크들에게도 보수가 지급되지 않았던 데다가 코자크 주력대중은 이 국왕 코자크 부대의 바깥에 남아서 요량껏 자기 살 방도를 마련해야 했기 때문이다. 그런 이유로 변경지대의 전쟁은 아주 활발하게 계속되었다. 타타르인들은 습격해왔고 코자크들은 그들에게 앙갚음을 하고 타타르 유목민 숙박지와 투르크 도시들을 공격하고, 몰다비아의 내분에도 개입하면서 비쉬네베츠키가 그들에게 가리켜준 길을 따라 갔다. 비쉬네베츠키가 떠나간 자리에 코자크들을 위해 볼린 공 출신인 보흐단 루진스키[91)]

91) 보흐단 루진스키(Богдан Михайлович Ружинский, ? ~1576). 폴란드식으로는 Bohdan Rożyński, 애칭 보흐단코(Богданко). 폴란드 대문벌귀족(공작) 가문 출신의 자포로자 코자크 지도자. 코자크 헤트만(1575~1576). 루진스키는 리투아니아 대공 게디미나스의 후손이라고 하며, 폴란드 정규군 국경 수비대장으로 명성을 얻기 시작했다. 투르크, 타타르 세력의 침입에 대비하는 국경수비업무에서 자포로자 코자크들과 사명이 비슷하다고 생각한 그

가 새로운 지도자로 등장했다. 그도 역시 모스크바와의 교섭을 지지했고 크림한국과 전투하는 데 필요한 물자를 모스크바에서 제공받았다. 이 전투는 우크라이나에서 그의 이름을 드높였고 아슬람-케르멘에서 그가 맞은 비극적 죽음에 대해서는 우크라이나인 모두가 애도하였다. 다음의 노래는 그를 기리는 것이라고 추정된다.

어와 보흐단 보흐단이여, 자포로쟈 헤트만이여!
검은 옷 입고서 무엇 하러 가시는가, 검은 벨벳 두르고서?[92]
"아이고 내 집에 타타르 사람들이 손님으로 묵었지.
하룻밤을 묵었는데 늙은 오마닐 찔러 죽이고
사랑하는 내 님을 빼앗아 갔어."
아이고 장정들, 검은 말에 안장을 얹게,
타타르 놈들 빨리 따라잡고 내 님을 되찾게.

는 자포로쟈 코자크에 합류해 탁월한 지도자로서 능력을 인정받았다. 그의 명성이 모스크바에까지 전해져서 러시아 차르 이반 4세는 그에게 막대한 포상을 전제로 하여 크림한국 원정을 제안하기도 했다. 1575년 타타르 한국 군대가 루스 국경을 침범하고 약탈을 자행하자 루진스키는 이에 대한 대응으로 타타르 한국의 도시 페레코프를 공격해 이를 초토화시키고 소아시아의 흑해 연안도시들까지 공략해 트라브존, 시노페, 콘스탄티노플까지 휩쓸고 다녔다. 이 과정에서 이슬람 사회에 포로로 잡혀 노예화되어 있던 기독교인들을 다수 해방시켰다. 본문의 민요는 그가 이슬람교도들에게 어머니를 살해당하고 아내를 납치당했다고 노래하고 있는데 이것이 사실이라면 그가 이슬람교도들에게 극단적인 반감을 가지게 된 이유는 이로써 설명된다. 루진스키는 1575년 해상원정에서 돌아온 후 다시 드니프로 하구에 있는 투르크 도시 아슬람-케르멘에 대한 공격에 나섰으며 1576년 전투 중에 전사했다. 폴란드 국왕 스테판 바토리는 루진스키의 전공을 인정하여 1576년 자포로쟈 코자크 군단이 타타르인들에게서 빼앗은 모든 영토를 자포로쟈 군단 소유로 인정해주고 군단의 여러 특권을 허용해주었다. 이런 이유로 루진스키는 코자크 지도자로서 사후에도 이름이 계속 높아졌다.

92) 헤트만이 상(喪)을 당했음을 나타낸다.

코자크들을 몰다비아로 이끌고 간 지도자들 중에서는 1577년 몰다비아 국가를 정복한 이반 피드코바[93]가 특히 이름을 날렸다. 그런 후 폴란드인들은 그를 체포하는 데 성공하여 르비브에서 그를 참수형에 처했다. 이는 투르크인들을 안심시키기 위한 조치였다. 그러나 이렇게 했다고 해서 코자크 집단이 그 후로 이 같은 원정에 대한 정열을 빼앗겨 버린 것은 결코 아니었다.

폴란드 정부는 코자크들에게 편지를 보내 그와 같은 원정을 금지했고 말을 듣지 않으면 처벌하겠다고 위협했으며, 또다시 새로운 지휘관들을 임명한 다음, 그들에게 코자크를 모집하여 국왕을 위해 복무하게 하라고 위촉했다. 이 복무 코자크들이 나머지 코자크들을 말려서 투르크 땅에 대한

93) 이반 피드코바(Иван Підкова, ? ~1578). 러시아식으로는 이반 포드코바(Иван Подкова). 자포로쟈 코자크 지도자. 이반 피드코바의 출신에 대해서는 스테판 바토리 폴란드 국왕의 혈육이라는 주장을 비롯해 여러 가지 설이 있다. 그는 자포로쟈 코자크들 사이에서 살고 있다가, 반투르크 정책을 편 몰다비아 군주 요안 3세가 투르크 세력에 의해 살해당한 후 다른 인물이 군주 자리에 오르자 요안 3세의 형제의 지원요청을 받아 코자크 병력을 이끌고 몰다비아로 갔다. 몰다비아 주민들과 일부 군대 세력의 지원을 받아 몰다비아 수도를 점령한 후 1577년 11월 그 자신이 군주자리까지 올랐다. 그런데 몰다비아의 군정사령관, 폴란드 국왕, 트란실바니아 군정사령관 등의 반격으로 이 자리를 지킬 수 없게 되자 1578년 초 자포로쟈로 귀환할 결심을 했다. 그러나 바르샤바에 잠깐 들렀다 가라는 거짓 회유에 속아 폴란드의 수도로 갔다가 체포되었다. 그는 투르크 술탄의 기분을 맞추어주기로 한 폴란드 국왕의 의사에 따라 엄청나게 가혹한 고문을 당한 끝에 1578년 여름 르비브의 시장에서 공개적으로 처형당했다. 참수형에 처해질 때의 의연하고 지도자다운 모습으로 현장에 있던 사람들에게 큰 감명을 주었고 코자크의 영웅적 지도자로 추앙받게 되었다. 타라스 셰브첸코는 투르크 원정에 나선 이반 피드코바의 모습을 시로 형상화하여 이 지도자를 기리고 있다. “뱃머리의 대장은 뱃길을 이끄네,/ 어디가 어디인지 그는 훤히 알고 있네./ ……/ 그러다 모자를 벗어 들었네–배가 멈추어 섰네./ ‘적들에게 죽음을!/ 우리의 목표는 시노페가 아니다,/ 대장들, 그리고 젊은 동지 양반들./ 콘스탄티노플로 가서 술탄에게/ 손님으로 쳐들어간다!’/ ‘좋습니다, 멋져요, 대장 어르신!’–/ 사방에서 함성이 귀를 찌르네./ ‘고맙소, 여러분!’/ 대장은 모자를 쓰네./ 푸른 바다는 또다시/ 들끓기 시작하네. 대장은 또다시/ 배 위를 거니네./ 대장 어른은 거친 물결을/ 말없이 바라보네.” 타라스 셰브첸코, 「이반 피드코바」(1839).

습격을 그만두게 하려는 것이 그 목적이었다. 이 조치들 가운데 이른바 스테판 바토리[94]의 개혁은 특히 유명해졌다. 이 개혁에서 출발하여, 정작 바토리 자신은 도입할 꿈조차 꾸지 않았던 다양한 후대의 코자크 제도들이 그 후에 나오게 되었다. 실제로는 바토리의 조치는 코자크들 사이에서 질서를 유지하기 위하여 국왕들이 발표했던 과거의 조치 및 후대의 조치들과 별로 구분되지 않았다. 그러나 바토리의 조치들은 아무런 질서도 가져오지 못했고 오히려 전혀 다른 결과로 이어졌다.

폴란드 정부는 코자크들을 위해 별도의 지휘관을 임명하면서 이와 동시에 그들을 통상적인 권력 행사에서 제외시켰다. 즉 방백이나 도시 행정기관이 코자크에 대해 권력을 행사할 수 없게 한 것이다. 이를 근거로 하여 코자크들은 어떤 누군가가 일단 코자크 지위(звание)에 속하게 되면 그의 위에는 코자크 권력 외에는 다른 어떤 권력도 존재하지 않는다는 결론을 이끌어냈다. 그러나 그들이 여기에서 자기들 위의 권력으로 인정한 것은 정부가 그들에게 임명한 지휘관들이 아니라 그들 자신이 선출한 지휘관들이었다.

94) 스테판 바토리(Stefan Batory, 1533~1588). 헝가리식으로는 바토리 이슈트반(Báthory István) 폴란드 국왕(재위: 1576~1586)이자 리투아니아 대공. 스테판 바토리는 헝가리 최상층 귀족의 아들로 태어나 무인, 외교관으로 오랫동안 활동했다. 1572년 야기에우오 왕조 출신의 폴란드 국왕 지그문트 2세가 후사 없이 사망하자 폴란드 귀족들은 지그문트 2세의 여동생 안나를 여왕으로 옹립한 후 그녀가 스테판 바토리와 결혼하기를 요구했다. 그런 후 1575년 폴란드 귀족들은 리투아니아 귀족대표들이 불참한 가운데 의회에서의 선거로 바토리를 국왕으로 선출했다. 국왕이 된 바토리는 단치히에 집결해있던 반대세력을 제압하고 이들과 화해하여 왕위를 공고히 하였다. 나아가 그는 오스만 제국과의 분쟁도 일시적으로 중지시키는 수완을 발휘하였다. 이를 통해 바토리 국왕의 국내정치적 위상은 확고해졌다. 본문에서 서술된 대로 그의 정책은 결과적으로 코자크들의 위치를 공고히 하는 역할을 한 것으로 여겨지게 되었고, 그래서 그는 우크라이나 코자크들에게서도 아주 높은 평가를 받는 폴란드 통치자가 되었다.

폴란드 정부는 코자크들을 국왕을 위한 복무에 받아들였고 그들에게 급여를 지급하겠다고 약속했다(비록 실제로는 지급하지 않는 것이 일반적이었지만). 모든 코자크들은 그들이 국왕에게 복무하고 국왕군대를 구성한다는 것을 구실로 내세우고 이를 근거로 삼아서 폴란드 군대가 누리고 있던 혹은 코자크 집단이 사실상 획득해 누려왔던 것과 동일한 권리를 얻어내고자 노력했다.

코자크들은 국왕이 반포한 규정들을 증거로 내세우고 이를 자신의 이익을 위해 자기 식으로 해석하면서, 원래는 코자크 집단을 진정하기 위해 공표되었던 이 국왕 조치들에 근거를 두고 다양한 특혜와 특권들에 대한 그들의 청구권을 제시했다. 시간이 지날수록 코자크는 누구의 지배도 받지 않고 변경지대 적들과의 전투 외에는 어떤 의무에도 얽매지 않는 자유인이어야만 한다는 관념이 점점 더 강하게 발전하고 더 확고하게 뿌리를 내리게 되었다. 코자크들과 함께 하는 사람은 이미 그 자체로, 선출된 코자크 권력 외에는 그 누구에게도 종속되지 않는 자유인이 된다는 것이었다.

코자크들은 그들의 이 같은 권리와 청구권을 온 힘을 기울여 방어했는데, 코자크가 점점 더 많아지고 우크라이나에서 모든 사람이 그들을 두려워하며 타타르인들을 막아내기 위하여 그들을 필요로 하게 되었기 때문에 코자크 권리와 청구권은 점차 지방의 지주들과 행장기관들에게서도 인정받기 시작했다.

이렇게 해서 16세기 말에는 코자크 신분, 코자크 지위가 형성되었으며 인민대중은 코자크 권리와 특혜를 누리기 위해 코자크 집단에 가입하기 시작하였다. 이와 함께 코자크 집단은 커다란 사회 세력이자 중요한 사회적 요인이 되어갔다.

54. 폴란드의 우크라이나 동부 지역 병합

코자크 집단이 세력을 얻기 시작하고 존재를 드러내며 여러 권리와 특권을 주장하고 있던 한편으로 소시민들과 농민들이 '코자크 신수권(神授權)'[95]의 보호를 받아 지주의 지긋지긋한 권력 손아귀에서 벗어나기 위해 코자크들에게 의존하기 시작한 바로 그 시기에 우크라이나의 삶에서는 중요한 변화가 일어났다. 그것은 서부 우크라이나에서 우크라이나 사람들을 큰 물결처럼 밀어내어 이들을 코자크 진영으로, 코자크 대열로 합류하게 했고, 이로써 코자크 집단의 힘과 중요성을 엄청나게 강화시키게 된 그러한 변화였다. 동부 우크라이나의 생활과 여건에서 일어난 급격한 변화를 이해하기 위해서는 이 사태를 살펴보아야 한다. 곧, 어떻게 황량한 동부 우크라이나 지역이 갑자기 생명력을 찾았고, 어떻게 강력한 코자크 세력이 그렇게 빠른 속도로 성장하게 되었으며, 서부 우크라이나에서 발전하기 시작했으나 극복할 수 없는 폴란드 귀족제의 장벽에 부딪혔던 민족생활이 코자크 집단의 보호 아래로 옮겨왔는지를 살펴보아야 하는 것이다.

첫 번째 중요한 사실은 1569년 볼린 지방, 키예프 지방 그리고 드니프로 강 이동 지방이 폴란드에 합병되면서 동부 우크라이나, 곧 드니프로 유역 우크라이나가 서부 우크라이나와 더욱 밀접하게 연결된 것이다. 이러한 큰 변화는 단순히 우크라이나 주민들뿐 아니라 폴란드 정부 자체도 전혀 예

95) 코자크 신수권(козацький присуд). 러시아어로는 казачий присуд라고 표기한다. 코자크(카자크)들은 남부 초원의 특정 영역에서 대대로 독자적으로 살 수 있는 권리를 신에게서 부여받았다고 하는 관념을 가지고 있었다. 코자크 신수권은 이 영역을 말하기도 하고 이 영역을 지배할 수 있는 권리를 말하기도 한다. 우크라이나 코자크들은 드니프로 강 하류 유역을 그들의 '코자크 신수권' 지역으로 여기고 있었다.

견치 못한 일이었고, 그래서 시간이 흐르면서 비로소 이 변화의 결과를 실감할 수 있었다.

볼린과 관련된 오래된 논쟁이 가라앉자, 리투아니아와 폴란드의 관계에서 큰 변화가 일어날 조짐은 없는 것 같아 보였다(47장 참조). 리투아니아의 권문귀족들은 폴란드와의 연계가 유지되는 것에 만족하고 있었으나, 다른 한편으로는 폴란드 수중에 자국의 통치권을 맡긴 이후 리투아니아 대공국의 국가적 자립성 유지를 걱정했다. 알렉산드라스 대공 재위 시, 리투아니아의 권문귀족들은 폴란드가 투르크에 대항하기 위해 리투아니아의 도움을 필요로 하게 된 상황을 이용해서 새로운 국가연합 방식을 채택하는 데 성공하기까지 했다. 이전의 국가연합 조약문서에는 명시되었던 리투아니아의 합병 및 통합에 대한 문구가 빠진 새로운 조약이 양국에 의해 작성되어 비준된 것이다. 리투아니아 대공들은 폴란드의 왕을 겸하기는 하지만 그러면서도 리투아니아 대공국의 국가적 독자성을 유지하는 데 큰 관심을 가지고 있었다. 리투아니아 대공의 자리는 세습에 의해 아버지에게서 아들에게 상속되었던 반면 폴란드의 귀족들은 국왕 선출 원칙을 열렬히 고수하고 있어서 누가 왕으로 선출될지를 예측하는 것이 불가능했고, 그런 중에도 다만 이 군주직 겸임제도가 두 국가의 사실상의 연합을 유지하는 수단이 되었기 때문에 리투아니아 대공국이 대공 자리를 유지하면 야기에우오(요가일라)의 후손이 폴란드의 왕위에 오를 수 있다는 기대를 가질 수 있었다. 리투아니아 대공들은 이런 점을 고려하여 리투아니아 왕조를 이어가기 위해서는 리투아니아 대공국의 독자성을 존속시키는 것이 중요한 이익이 된다고 보았다. 1560년대 이전까지 폴란드-리투아니아 국가연합은 이러한 상황에 처해 있었다. 그러나 이때 왕위 계승 문제에 급격한 변화가 일어났다. 폴란드 국왕이자 리투아니아 대공인 지그문트-아우구스트[96]는 아들이 없었고, 아들을 가질 희망도 없었기 때문에 자신의 왕조를 유지하는 것에 관심이 없었다. 그런데다가 이때 리투아니아는 모스크바국과의 승산 없는 힘겨운 전쟁으로 큰 고통을 겪고 있었기 때문에 지그문트-아우구스트 왕은 대공국을 폴란드와 하나의 국가로 합병하는 것이 리투아니아에 이익이 될 것이라고 생각했다. 얼마 전 리투아니아 의회에서 발언권을 획득한 리투아니아 (소)귀족들도 폴란드와 좀 더 긴밀한 통일을 이룩하기 위해 애쓰기 시작했다. 그들은 이렇게 함으로써 모스크바국과의 전쟁에서 폴란드의 지원을 받고, 자신들의 전쟁 수행 의무를 경감받으려고 했다. 그들은 또한 리투아니아와 폴란드가 한 국가로 통합되면 리투아니아 (소)귀족들의 권리와 특권도 확장될 것이라고 기대했다. 왜냐하면 폴란드 귀족들은 이미 거의 모든 의무로부터 해방되어 있었던 반면 리투아니아 대공국에서는 (소)귀족들의 의무가 아직 매우 무거웠기 때문이다. 이리하여 왕과 (소)귀족들은 리투아니아 권문귀족들이 리투아니아와 폴란드의 좀 더 긴밀한 통합에 반대하지 않도록 위아래에서 그들에게 한꺼번에 압력을 넣기 시작했다. 폴란드 왕은 이 통합의 달성을 위해 1562년부터 폴란드와 리투아니아의 공동의회(세임)를 계속해서 소집했으며 리투아니아 영주(pan)들에게 가능한 모든 압력을 가했다. 그러나 리투아니아 영주들은 귀족 대표 하원의원[97]들에 대한 자기네 영향력을 이용하여, 의원

96) 지그문트 2세 아우구스트(Zygmunt II August, 1520~1572) 왕을 말한다. 그는 폴란드 야기에우오 왕조 최후의 왕이었고 후사가 없이 사망했다. 그의 사후 폴란드 국왕은 의회에서 선출하게 되었다.

97) 1493년 피오트르쿠프(Piotrków) 의회 이후 폴란드 의회는 2년마다 간접 선거로 선출되는 의원으로 구성되며 정기적으로 개최되는 기관이 되었다. 아울러 상하 양원 체제를 갖추게 되었다. 상원(senat)은 주교와 귀현 81명으로 구성되었고 하원은 폴란드 왕국 각 도(道)마다 있는 지방의회에서 선출되는 토지귀족 54명으로 구성되었다.

들이 협상에 직접 참여하지 못하도록 하면서 완강히 버텼고, 심지어 1564년에는 의회에 참석해서 몇 가지 양보를 해주었다가 그 후 이를 철회하기까지 했다. 1568년 말 루블린에서 열린 의회에서 국왕이 폴란드 출신 조언자들의 영향을 받아서 리투아니아와 폴란드 대표들이 공동으로 의회를 진행해야 한다고 고집하고자 한다는 사실을 깨달은 리투아니아 권문귀족들은 1569년 3월 1일 전날 밤 비밀리에 루블린을 떠나버렸다. 이들은 이렇게 함으로써 '공동 의회 개최를 무산'시키고 협상에 종지부를 찍으려고 했다. 그러나 이 일이 있은 후 사태는 전혀 예상하지 않은 방향으로 전개되었다.

그림 **157** 루블린의 교회(**15–17**세기 현지 우크라이나인 공동체의 기념물)

왕이 리투아니아 인사들의 심기에 신경 쓰지 않고 어떠한 대가를 치르더라도 사안을 끝까지 밀고나가겠다는 단호함을 보임에 따라 협상 과정에서 리투아니아 영주들이 큰 어려움에 처한 것을 알아챈 폴란드인들은 이 같은 절호의 기회를 놓치지 않기로 했다. 그들은 리투아니아 대표들이 불법적으로 의회를 이탈함으로써 왕에게 모욕을 주었기 때문에 모든 문제는 그들을 배제한 채 그들의 궐석 상태에서 결정되어야 한다고 왕에게 주장했었다. 그러나 그들은 이제 문제를 다른 방식으로 다루기로 했다. 폴란드

그림 **158** 키예프 군정사령관인 바실리-콘스탄틴 오스트로즈키.

정치인들은 리투아니아 권문귀족들이 자신들 국가의 독자성을 유지하기 위해 얼마나 완강하게 버티고 있는가 하는 것을 고려해볼 때 크레보 연합 조약의 취지대로 리투아니아 국가를 완전히 해체하고 리투아니아 국토 전체를 폴란드에 병합시키는 목표는 달성할 수 없다고 생각했다. 이러한 사정을 감안하여 그들은 과거에 비타우타스 대공이 죽은 후 유사한 상황에서 이미 제기된 적이 있던 왕년의 문제를 다시 꺼내기로 했다. 그것은 폴란드에 편입되지 않은 채 리투아니아 대공국의 영토로 남아있던 할리치나-볼린 땅을 마침내 폴란드에 합병하는 것이었다. 리투아니아 대표들이 의회를 이탈한 후 폴란드 의원들은 국왕에게 탄원서를 내어 이 땅은 원래 폴란드 영토였으나 폴란드 왕과 리투아니아 대공을 겸했던 카지미에시 야기에우오비치(요가일로비치)의 묵인하에 리투아니아 정부가 이 땅을 리투아니아 대공국의 영토로 편입시켰기 때문에 무엇보다 우선 볼린과 피들랴샤(포들라쉐)[98]는 폴란드에 병합시켜야 한다고 주장했다. 그러나 이러한 주장은 사실이 아니었다. 폴란드인들은 볼린을 손에 넣기 위해 몇 번 시도했으나 그 당시까지 목적

98) 폴란드 국경에 인접한 역사적 루스의 한 지역. 바르샤바의 동쪽, 브레스트의 서쪽, 루블린의 북쪽에 위치한 곳이다. 제2차 세계대전 이후에는 폴란드 영토가 되어 있다.

을 달성하지 못하고 있었다. 피들랴샤에 인접한 폴란드 마조프셰 공령의 공들은 피들랴샤 지역을 차지하기 위한 시도를 해서 실제로 이 땅을 리투아니아 대공에게서 받은 적이 두 번 있으나 그래봤자 겨우 몇 년 동안 소유한 것에 지나지 않았다. 그러나 마조프셰 지역의 많은 영세 귀족들이 이 지역으로 이주해왔기 때문에 폴란드인들은 이 지역을 자신들의 영토로 여기는 버릇이 있었다(마조프셰에는 농민들처럼 가난하고 토지가 부족한 영세 귀족들이 많았다). 폴란드 상원의원들과 하원의원들의 제안을 받은 폴란드 왕은 그들의 제안에 전적으로 찬성한다고 답했다. 국왕은 볼린과 피들랴샤는 실제로 폴란드에 귀속되어야 하므로 상원의원들과 이 지역 출신 하원의원들(이번에 의회에 새로 선출된 의원들)은 폴란드 의회에 참석하라고 바로 명령을 내렸다. 이 명령은 즉시 하달되었으나 볼린과 피들랴샤의 상원의원들은 오랫동안 의회에 출석하지 않았다. 폴란드 왕이 의회의 마지막 회의에 출석하지 않는 의원은 벌로써 소유지와 직위를 박탈한다고 위협하고 나서야 비로소 이 위협이 효과를 발휘하였고 볼린과 피들랴샤 출신 상원의원과 하원의원들이 의회로 왔다. 그러나 이들이 그럼에도 여러 핑계를 대며 폴란드에 충성을 맹세하지 않으려 하자 국왕은 복종하지 않는 사람에 대해서는 국왕 재량에 따라 응분의 대응을 할 것이라고 다시 한 번 위협했다. 그제야 이들은 국왕이 요구한 대로 충성을 맹세했고 폴란드 의원들과 함께 의회에 참석했다. 이 해 5월 말에 이 모든 일은 종료되었다. 폴란드인들은 오랜 전쟁과 온갖 계략으로도 이루지 못한 목적을 이제 단지 국왕의 훈령만으로 달성하게 되었다. 이는 리투아니아가 내부 분열로 약해져서 이 당시 완전한 몰락의 길로 들어서 있었기 때문에 가능했다. 궁극적으로 생각해 보자면, 우크라이나 권문귀족들은 대공국의 정치 생활에 참여할 수 있는 일체의 권리와 정치적 중요성을 리투아니아 권문귀족들이 빼앗은 상황에서 리투아니아를 무조건 지지해야 할 이유를 더 이상 찾지 못했다.

그러나 폴란드인들은 자신들의 계획이 너무나 쉽게 달성되는 것을 보고, 또한 전쟁으로 큰 고통을 겪은 리투아니아 정부가 폴란드 국왕과도 귀족과도 맞서야 하는 상황에서 자신의 영토를 수호하기 위해 무력으로 항쟁하겠다는 결단을 내릴 수 없는 처지라는 것을 알게 되면서, 점점 더 많은 것을 얻어야겠다는 열망에 불타올랐다. 폴란드인들은 나머지 우크라이나 땅도 병합하겠다는 생각을 품게 되었고, 볼린의 대표들도 이 계획을 지지했다. 그들은 일단 폴란드에 병합된 상황인 만큼 자신들의 땅과 우크라이나 다른 땅 사이에 국경선이 그어지는 것을 원하지 않았다. 폴란드인들은 먼저 브라츨라브 지역을 볼린에 병합하기로 결정했다. 이 지역은 서부 포딜랴에서 분리된 후 볼린과 동일한 생활권을 형성하고 있었다. 볼린 영주들은 브라츨라브에서 고위직을 차지하고 소유지를 가지고 있었으며, 이 지역을 볼린과 분리할 수 없고, 볼린에 속하는 땅으로 보았다. 상원의원들과 왕은 즉각 이 계획에 동의했다. 볼린 합병 문서에 브라츨라브도 볼린의 일부분을 구성한다는 내용이 첨가되었다. 폴란드 왕은 브라츨라브 상원의원과 하원의원들에게 폴란드에 대한 충성을 맹세하고 폴란드 의회에 들어올 것을 명령했다. 볼린의 전례가 있어 이 모든 일은 힘들지 않게 달성되었다. 약 2주일 만에 브라츨라브 땅을 병합하는 과제는 달성되었다.

폴란드 대표들이 키예프 지역을 합병하려는 음모를 시작했을 때는 일이 그렇게 급속하게 진척되지 않았다. 폴란드 왕도 많은 상원의원들도 이 계획에 반대했다. 이것은 폴란드가 이 지역에 대한 권리를 주장하지 않아서가 아니었다. 이 점에 관한 한 그들은 아무 불안감도 느끼지 않았고 다른 땅에 대한 태도도 마찬가지여서 어떻게든 근거를 둘러댈 수는 있었다. 그들에게 두려움을 안겨준 것은 모스크바로도 크림 지역으로도 연결되어 있는 이 지역의 광대한 공간이었다. 그토록 광대한 데다 그 당시에는 거의 완전한 무인지대이다시피 했던 이 지역을 방어하는 것은 재정조직이 약하고, 늘 국고가 텅 비어 있으며 군대가 거의 없다시피 한 폴란드로서는 감당할 수 없는, 막대한 노력과 비용을 요구하는 일이었다. 이런 이유 때문에 폴란드 왕과 상원의원들은 영토 합병을 오랫동안 반대했다. 그러나 이

그림 159 16–17세기 우크라이나 영토를 군정사령관구(보에부드스트보)로 분할한 상황.
굵은 선은 폴란드, 리투아니아, 모스크바 대공국 사이의 국경선.
--- 는 군정사령관구의 경계선.
.... 는 군(郡) 경계선.

지역에 파견된 정부 사절들이 볼린과 브라츨라브 하원의원들의 지지를 받아 압력을 가하는 바람에 결국 양보하고 말았다. 6월 3일 폴란드 왕은 드디어 뜻을 굽혀 키예프 지역을 폴란드에 병합하기로 결정했다는 선언을 하였고, 키예프 군정사령관인 바실리-콘스탄틴 오스트로즈키(오스트로즈스키) 공에게 그의 직책의 이름으로 폴란드에 충성한다는 서약을 하도록 요구했다. 그리고 키예프 지역이 이미 오래전부터 폴란드에 속해 있었던 것처럼 이 날짜로 키예프 땅의 합병에 대한 칙서를 발부했다.

자신들이 의회를 떠나 있는 사이 이런 식으로 리투아니아 땅 전체를 빼앗길까봐 크게 놀란 리투아니아 영주들은 키예프 합병이 있기 직전에 폴란드 의회로 돌아왔다. 그러나 이들은 리투아니아의 오래된 지방들을 리투아니아에서 분리하는 것에 대해 조금이라도 단호하게 반대할 용기를 내지 못했다. 이들은 더 이상 그들의 영토를 빼앗아가지 말아달라고, 그들의 국가를 완전히 소멸시키지 말고 일부라도 독자적인 것을 남겨달라고 요청했다. 이들의 바람 중 아주 작은 일부는 받아들여졌지만 나머지는 거절당했기 때문에 리투아니아 대표들은 폴란드가 결정한 것에 동의해야만 했다. 규정에 따라 앞으로 리투아니아는 스스로 독자적인 대공을 선출할 수 없게 되었고, 별도의 의회를 가지지 못하고 단지 폴란드와의 공동의회만 가능하게 되었다. 그래도 별도의 자체적 내각은 가질 수 있었고 별도의 국고와 별도의 군대도 운영할 수 있었다.

이렇게 되자 리투아니아는 독자적인 국가로서의 모든 의미를 상실하고 폴란드-리투아니아 국가의 일부가 되었다.[99] 키예프 지역이 직접적으로 폴란드에 병합된 후 리투아니아 대공국 영토를 구성하고 있던 우크라이나

99) 이를 루블린 연합이라고 부른다.

땅에서 남은 것은 베레스테이스크 지역과 핀스크 지역(이 두 지역으로 베레스테이스크 군정사령관구가 형성되었다)뿐이었다. 그러나 1569년 이후 폴란드와 리투아니아 사이에 국가 구조와 사회적 관계에서 차이가 거의 없어졌기 때문에 이것도 이미 아무런 의미를 갖지 못했다.

그 외에 폴란드 영토 바깥에 남은 것은 모스크바국이 지배하고 있던 세베르스키 지역(Северська земля)과 당시 몰다비아에 속해 있던 현재의 부코비나 지역, 헝가리 지배 아래 놓여서 우고르스카 루스(Угорська Русь)[100]를 형성하고 있던 자카르파티아 우크라이나 지역뿐이었다. 그러나 세베르스키 지역은 40년 후 폴란드가 모스크바국과 전쟁을 해서 빼앗았다. 이렇게 해서 비록 오랜 기간은 아니지만 (흐멜니츠키[101] 봉기 때까지) 모든 우크라이나 지역이 폴란드의 권력과 법제 아래로 들어갔다. 부코비나라는 작은 지역과 이보다 훨씬 크지만 인구가 희박한 우고르스카 루스를 제외하고는 나머지 우크라이나 전 지역이 흐멜니츠키 봉기 때까지 폴란드 법의 지배 아래 있었다.

55. 경제적 · 사회적 상황의 변화

1569년 우크라이나의 여러 지역이 폴란드에 병합됨으로써 우크라이나의 사회 체제는 완전히 폴란드 방식으로 재편되었는데, 이것은 큰 의미를

100) 헝가리령 루스라는 뜻.

101) 보흐단 지노비 흐멜니츠키(Богдан Зиновий Хмельницький, 1595~1657). 폴란드의 지배에 맞서 무장투쟁을 수행하여 우크라이나의 자치령인 헤트만령(гетманщина)을 세운 인물. 1648년에서 1657년까지 헤트만직을 수행했다. 78장 이하에서 그의 활동이 상술된다.

가진다. 그전에 이미 폴란드에 병합된 서부 우크라이나의 지역들, 즉 할리치나, 포딜랴, 홀름, 벨즈 지방에서는 이런 과정이 일찍 시작되어 이미 완결되었다. 폴란드의 법제와 체제는 공식적으로는 1434년에 이들 지역에 도입되었지만, 폴란드 귀족들은 이미 그 이전에 이들 지역에 밀려들어와 모든 것을 근본적으로 폴란드식으로 바꾸어 놓았다. 리투아니아 대공국의 일부를 이루고 있던 우크라이나 지역들에서도 리투아니아 정부는 1385년의 크레보 연합 조약 때부터 법률, 사회 체제와 생활의 모든 측면들을 폴란드 모범에 근접시켰고 또한 의식적으로 이에 적응시켰다. 리투아니아 대공국의 법률을 집대성한 리투아니아 기본법은 1529년 처음으로 편찬되었다. 이 최초의 편찬본에는 키예프 국가 시대부터 보존되어 왔던 우크라이나와 벨라루스 여러 지역의 옛 법률 중 많은 것이 담겨 유지되고 있었다. 하지만 리투아니아 기본법의 1566년 개정판은 이미 폴란드 방식을 따라 크게 변형되었으며 리투아니아 대공국의 국가 구조와 운영 방식에서도 폴란드를 모범으로 하여 중대한 변화가 일어났다. 그러나 그 후에도 리투아니아 대공국에 속한 우크라이나 여러 지역의 체제는 많은 차별성을 가지고 있었는데, 이들 지역이 폴란드에 합병되고 나서는 이 같은 개별적 특

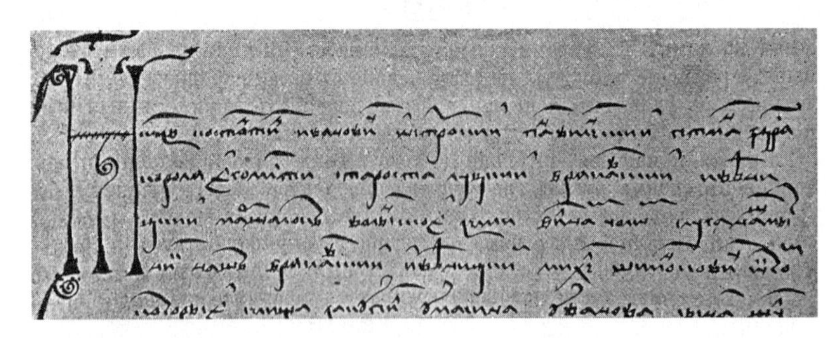

그림 **160** 볼린 지방과 포드니프로비야 지방에서 우크라이나어로 이루어진 실무처리. **1520**년 브라츨라브 방백 콘스탄틴 이바노비치 오스트로즈키 공이 내린 명령문.

징들도 파괴되거나 평준화되어 버렸다.

사실 이들 지역이 폴란드에 합병된다고 선언한 1569년의 칙서에서도 이전의 제도 가운데 몇 가지 보존된 것이 있기는 했다. 예를 들어 우크라이나어는 현지의 실무 업무와 정부–각 지방 간 연락에 계속 쓰였고, 종전의 법률체계, 곧 1566년의 리투아니아 기본법도 그대로 보존되었다. 그 때문에 이들 지역에는 별도의 항소심 재판소가 설치되었다. 그러나 이러한 차별성은 오래 지속되지 않았다. 그 이유 중의 하나는 공통의 국가 생활이 점점 더 강력하게 우크라이나의 여러 지역에 퍼졌다는 것이었고, 다른 이유는 이들 지역이 폴란드에 병합되면서 대량으로 이주해온 폴란드 귀족들이 여러 직위를 차지하고 여러 방법으로 토지를 획득하면서, 지난 날 서부 우크라이나 지역을 폴란드화했던 것처럼 결국은 이곳 생활을 사실상 폴란드화했다는 것이었다. 1569년까지는 이들 지역에서 폴란드인이 공직을 맡거나 토지재산을 소유하는 것이 불가능했다. 그러나 이제는 이 모든 것이 가능해졌고, 이것이 1569년의 병합이 가져온 또 다른 중요한 변화였다.

우크라이나의 생활은 폴란드식으로 변하였고 폴란드화하였다. 이것은 꼭대기부터 바닥까지 일어난 총체적 변화였으므로 우크라이나 생활은 "돌 위에 돌 하나 남지 않을 정도로"[102] 근본적으로 변화되었다. 자체의 민족성과 단절되지 않은 채 남아있던 우크라이나적 요소들은 우크라이나 생활의 가장 밑바닥에서부터 내던져버려졌다. 이제 폴란드인들이 가져온 새로운 질서의 가장 중요한 특징과 이것이 우크라이나인들의 삶에 가져온 변화와 그 의미를 살펴보도록 하자.

이제까지 지극히 큰 중요성을 가졌고 모든 행정관할권을 수중에 지녔

102) 성경의 표현(마태복음 24: 1~2; 마가복음 13: 1~2; 누가복음 21: 5~6).

던 공들과 권문귀족들은 이제는 일반 귀족들과 권리가 같아졌다. 물론 이들은 그 후에도 자신들이 소유한 부와 영향력 덕분에 사실상 일반 귀족들보다 높은 지위를 누렸고, 수많은 가난한 귀족들을 거느리면서 자기네 밑에서 봉사하도록 하는 경우도 종종 있기는 했다. 귀족들은 세금과 군역이 면제되었을 뿐 아니라, 이제는 의무는 거의 전혀 지지 않으면서 권리는 엄청나게 많이 획득했다. 귀족들은 의회에서 입법활동을 할 수 있는 유일한 세력이었고, 자기 계층 내에서 재판관과 다른 행정관리들을 선출했다. 왕령지는 오로지 귀족들에게만 분배되었고, 그들은 평생 소유권을 인정받으면서 분배받은 왕령지를 지주(포메쉬취키)의 입장에서 경영했다. 귀족 이외에는 누구도 세속 관직을 맡을 수 없었고 심지어 성직조차 맡을 수 없었다. 귀족들은 모든 것을 통치했고, 모든 것을 자신들의 이익을 위해 운영했으며 국왕은 이들의 의사를 군말 없이 집행해야 했다. 국왕의 권력을 비롯해 일체의 공적 권력은 전반적으로 매우 약했다. 모든 것은 귀족 신분이 어떠한 구속도 당하지 않도록 보장하는 데 집중되었다. 귀족신분인 자는 재판에 회부되지도 않고 행정적 대상이 되지도 않으며 가장 심한 범죄 행위에 대해서도 벌을 받을 걱정 없이 자신들이 편한 대로 모든 일을 할 수 있었다. 피해자가 귀족이 아닌 경우는 말할 것도 없고, 귀족을 상대로 저지른 가장 극심한 중범죄에 대해서도 귀족은 처벌을 받지 않았다. 그럴진대 (귀족들이 저지른 범죄에 대해) 보상을 받는 것은 상상할 수 없었다. 전반적인 무법상황과 재판 부재상황에서 귀족들은 모든 목적을 강제력으로써 이루는 데 익숙해졌다. 권문귀족들은 자신들의 궁정 안에 무장 호위병(드루쥐나)을 두었는데 그들 사이에서 진짜 전투가 벌어지는 경우도 비일비재했다. 귀족 신분의 전횡 아래 고스란히 내맡겨졌다고 할 수 있는 평민들이야말로 다시 이 모든 가혹한 상황을 고스란히 견디어 내지 않을

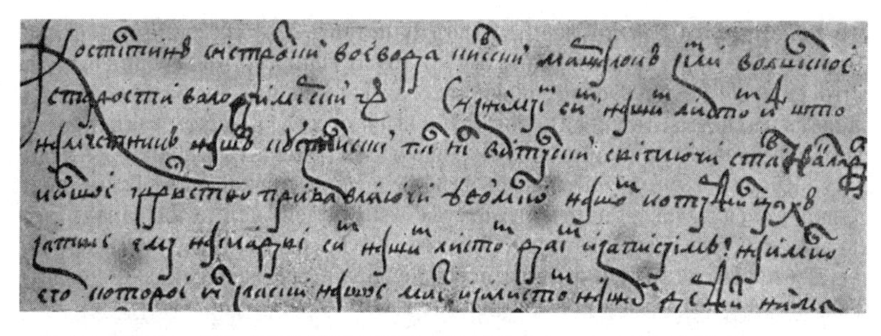

그림 161 1571년 키예프 군정사령관 바실리-콘스탄틴 오스트로즈키가 쓴 편지.

수 없었다.

이전에 정치적 생활의 중심지 역할을 했던 도시들은 이제 이런 상황 속에서 일체의 중요성을 잃고 말았다. 독일식 법제에 따라 도시 자치가 도입되면서 도시들은 지역의 일반적인 조직체계에서 배제되었는데 그러면서도 각각의 도시들을 서로 연계시키는 조직은 전혀 가지지 못했다. 각 도시 자체는 원칙적으로는 거의 독립된 작은 개별 공화국 같았다. 그러나 실제로는 이런 고립된 상황 때문에 거의 모든 소시민신분 주민들은 예외 없이 귀족이나 지주들의 행정에 완전히 종속되었다. 소시민들은 의회에 참여하지 못했기 때문에 입법 과정이나 방향에 어떠한 영향력도 행사할 수 없었다. 입법 권한은 지주와 귀족들 손에 있었고, 귀족들은 지주로서의 자기 이익을 위해 소시민들의 권리를 체계적으로 제한했다. 이 모든 것이 결국 문화적 영역에서도 경제적 관계에서도 도시들의 기반을 훼손했고, 정상적인 여건이라면 도시생활이 이 지역에 마련해주었을 모든 혜택을 빼앗아 가버렸다. 이렇게 되자 결국 도시는 외부에서 온 세력, 특히 유대인 세력으로 채워지게 되었다. 이는 폴란드 귀족 경제가 소시민들에게 조성한 상상할 수 없을 만큼 어려운 상황에 다른 누구보다도 유대인들이 잘 적응했기 때문에 일어난 일이다. 소시민들에게 인정된 권한도 우크라이나인 소시민들은 제대로 누릴 수 없었기 때문에 도시에 거주하는 우크라이나 주민들은 특히 더 어려운 여건에 처했다.

그러나 우크라이나의 인민대중을 형성하는 농민들은 더 큰 곤경을 견뎌야 했다. 지난 몇 세기 동안 우크라이나 국가생활에서 그토록 폭넓게 발전해왔던 구식 노예제도는 점차적으로 사라진 것이 사실이다(15~16세기에는 완전히 사라졌다). 그러나 정확히 말해서 그 대신에 모든 농민층이 이전의 노예제도와 아주 비슷한 상태에 놓이게 되었다. 모든 농민들은 토지에 대한 권리를 잃어버렸다. 농민들은 지주 토지나 국왕령 토지를 경작만 해주는 계층으로 여겨졌다(모든 왕령지는 귀족들에게 종신보유지로 배분되었고 귀족들은 이 토지를 지주로서의 토지소유자가 자기 영지를 다스리듯이 그렇게 다스렸기 때문에 결국 지주 토지나 왕령지는 거의 구분이 없었다). 농민은 그가 태어난 영주 보유지에 묶여서 자유로운 거주이전의 권리를 갖지 못했다. 농민가구주뿐만 아니라 그의 자녀들도 지주의 허가 없이는 그의 휘하를 벗어날 수 없었다. 만일 농민이 몰래 도망이라도 간다면 그때는 지주는 마치 짐승 쫓듯이, 혹은 과거의 도망노예 쫓듯이 그를 추적하고 수색해댔다. 영주는 자기 종속민의 생명과 재산을 완전히 지배하는 군주와도 같아서, 그를 죽일 수도 있었고, 그의 토지와 재산을 빼앗을 수도 있었고, 마음먹은 대로 그에게 처벌을 가할 수 있었으며, 누구에게서도 이 일 때문에 책임을 추궁당하지 않았다. 영주를 상대로 해서는 진정(陳情)을 하는 것도 허용되지 않았다. 국왕조차도 지주와 그의 종속민들의 관계에 관여할 수가 없었다(이 문제에 대해서는 그 직전까지 리투아니아 법과 폴란드 법에 큰 차이가 있었는데, 우크라이나의 여러 지역이 폴란드에 편입되면서 농민의 지위가 훨씬 악화되는 방향으로 변화가 일어났다). 왕령지의 농민들만이 국왕법정에 진정을 할 권리를 가지고 있었는데, 그러나 이러한 진정에도 많은 장애가 있었다. 재판소는 수도에 있었고, 재판소에서 판결을 내리는 사람도 바로 동일한 영주 겸 지주들이었다. 만일 농민들에게 유리한 판결이 나더라도 왕령지를 소유한 귀족 지배자는 대개 법원의 판결을 이행하지 않았다. 그래서 농민들은 할리치나에서조차 이 재판소를 이용하는 경우가 아주 드물었고 수도로부터 더 멀리 떨어진 우크라이나의 여러 지방에서는 이 제도를 전혀 이용하지 않았다.

이렇게 해서 농민은 결국 일체의 정치적 권리뿐만 아니라, 공민으로서의 권리도, 간단히 말해 인권조차도 완전히 박탈당했지만, 그들에게는 이러한 말할 수 없이 폭압적인 상황에서 벗어날 수 있는 합법적 방법이 없었다. 농민들은 봉기를 하거나 도망을 치는 것 이외에는 자신의 생존조건을 개선할 방법이 전혀 없었다. 자신의 상태를 좀 더 견딜 만한 것으로 만들기 위해서 농민층이 주로 이용한 것은 도주라는 방법이었다.

56. 동부 우크라이나의 경제생활 변화와 인구 정착

이미 16세기 전반에 폴란드의 법률 체계에 의해 농민층이 권리를 완전히 상실하고 예속상태에 빠졌지만, 설상가상으로 16세기 후반이 되자 극도로 과중한 경제적 부담과 전례 없는 농민 노동력 착취가 시작되었다. 곡물과 다른 농작물에 대한 수요가 점차로 늘어났고, 영주저택과 장원을 위해 일할 농민 노동력에 대한 수요도 증가했다. 이때까지 우크라이나에서 서유럽으로 수출된 산품들은 주로 모피, 꿀, 밀랍, 생선, 가축 등뿐이었다. 15세기부터 대규모 황소 떼를 실레지아 지방으로 반출했고, 황소는 서부 우크라이나 지역에서 교환의 단위가 되었다. 이곳에서는 금화로

그림 162 바실리-콘스탄틴 오스트로즈키의 초상과 그의 문장을 새긴 메달.

계산을 하듯 황소를 가지고 셈을 했다. 그 후에는 발트 해로 뗏목을 내보낼 수 있는 강 유역 지방에서 목재에 대한 수요가 늘어났다. 이 지역의 삼림이 고갈되자 16세기 후반부터 지주들은 목재를 벌목해 반출했고, 가장 먼 지역으로까지 가서 목탄을 만드는 경우가 더 많았다. 농민들은 목재와 목탄을 강수로로 운송하는 뗏목 선적창 가장 가까운 지점까지 운반해야 했는데, 때로는 몇십 마일씩 이것을 날라야 했다. 게다가 16세기 중반과 후반이 되어서는 우크라이나 땅으로부터 점점 더 많은 곡물을 반출하기 시작했다. 이 경우에도 특히 발트 해로 흘러나가는 강인 비스와, 산, 부흐, 니에멘 강과 가까운 지역에서 곡물 반출이 활발하게 이루어졌다. 목재와 마찬가지로 곡물도 발트 해의 항구로까지 운반된 후에야 비로소 이곳에서부터 더 멀리 서쪽에 있는 영국, 네덜란드, 프랑스, 스페인으로 운송될 수 있었기 때문이다. 그런데 곡물에 대한 수요가 늘어나고 곡물 가격이 오르면서 더욱 먼 곳으로부터 강 선적 지역까지 곡식을 실어 오기 시작했다.

이 같은 곡물 수출은 경제생활에 심층적인 변화를 가져왔다. 이전에는 곡물에 대한 수요가 없었기 때문에 사람들은 직접 먹고 살 양만큼만 파종을 했다. 따라서 지주들은 대규모 경지 경영을 하지 않았고, 직영지 경작을 위해 넓은 면적을 배당하지 않았다. 그들은 현금 소작료와 꿀, 모피, 가축을 비롯하여 영주의 말들에게 먹이기 위한 귀리와 여러 가지 곡물 등으로 현물공납을 받는 것을 선호했기에 농민들에게 대규모 부역 노동을 요구하지 않았다. 이른바 란(лан)이나 볼록(волок, 30모르그[103] 또는 약 15제샤치나)이라고 불리는 농민 할당지 면적을 단위로 하여 농민들에게서 일정한 소작료와 공납을 받았는데, 소작료율은 비교적 일정했고 조금씩 인상되었다. 만일 농민 할당지가 가족 몇 사람 사이에서 분할되면 현물공납도 새로운 가구주 사이에 분할 부과되었으므로 지주는 일부러 농민가구를 세분할 필요가 없었다. 가족은 대가족이었고 식구도 많았다. 그런데 곡물에 대한 수요가 증가하고 판매, 즉 수출을 위해 곡물을 파종하는 것이 이익이 되자 모든 상황이 변하게 되었다. 지주들은 직영지 면적을 늘렸고, 점점 더 많은 농지를 개간하여 곡물을 파종했다. 직영지 면적을 늘리기 위해 농민들에게서 그들의 토지를 빼앗고, 큰 농민 할당지를 작은 할당지로 쪼개고 농민가구도 잘게 나누었다. 지주들은 소작료나 공납을 받는 것에 흥미를 잃어갔고, 그 대신 지주직영지 경작을 위한 농민들의 부역 노동을 도입했다. 농민들은 일반적으로 현금이나 곡물 같은 노동생산물보다 자신들의 노동 자체에 가치를 덜 두었기 때문에 지주들은 이것을 이용하여 현금소작료와 현물공납을 조금 깎아 주는 대신, 터무니없이 더 높은 비율로 부역 노동을 늘렸다. 부역 노동은 농민 할당지 크기에 관계없이 가구별로 배분되었으므로, 지주들은 농민가구 수를 늘리려고 노력했다. 그들은 농민들에게서 토지를 빼앗아 농지를 전혀 가지고 있지 않거나 아주 조금밖에 가지고 있지

103) 1모르그는 약 0.5헥타르에 해당한다.

않은 '텃밭 농민'[104]과 '오두막 농민'[105]들에게 이 땅을 나누어 주었다. 이들은 소작료를 내지 않고 '직접 걸어 다니며' (영농 가축 없이 자기 손으로) 지주의 땅을 경작하는 농민들이었다. 전반적으로 지주들은 농민의 부역 노동을 늘리기 위해 온갖 방법을 동원했고, 곡물의 주된 수출 지역이 된 서부 우크라이나에서는 이미 16세기 후반부터 부역 노동이 엄청나게 늘어났다. 그 결과 몇몇 지역에서는 부역 노동이 매일 부과되었을 정도였으니, 농민들은 부역 노동의 멍에를 벗어버리지 못하고 그야말로 지옥 같은 생활을 했다. 이렇게 되자 이 지역의 농민들은 좀 더 견딜 만한 여건을 찾기 위하여 지옥 같은 장원을 벗어나 좀 더 동쪽에 있는 지역으로 이주할 수밖에 없었다.

할리치나 지역과 우크라이나 나머지 지역의 경계가 사라지고, 지주경제가 발달하고, 서부 우크라이나의 농민들이 토지에 고착되고, 농민의 토지가 박탈되고, 그들에게 감당하기 힘든 부역 노동이 부과된 이 모든 상황의 결과로, 서부 우크라이나와 인구가 좀 더 조밀한 북서부 지역인 폴리시아 지역에서 농민들이 엄청난 물결을 이루며 쫓겨 나와 동부 우크라이나의 광활한 지역으로 이주해 갔다. 동부 우크라이나는 바로 얼마 전까지만 해도 (1552년의 인구 조사에서) 성채만 몇 군데 드문드문 서 있는 완전한 무인지대라고 묘사되던 곳이었다. 16세기 마지막 4분기부터 17세기 전반 사이 동부 우크라이나의 모습은 완전히 변했다. 얼마 전까지 타타르인들이 다녔던 도로에는 몇몇 도시가 새로 생겼고, 얼마 전까지 코자크들의 출경지점이었던 곳에는 마을들이 넓은 지역에 흩어져 형성되었다. 귀족들의 크고 작은 성

104) 텃밭 농민(загородник)이란 란 혹은 볼록 같은 온전한 보유지 없이 소규모 텃밭만을 가진 농촌주민을 말한다.

105) 오두막 농민(халупник)이란 자기 경작지를 가지지 못하고 겨우 오두막 한 채밖에 가진 것이 없어 삯일에 의존해서 생활해야 하는 농촌주민을 말한다.

이 출현했고 지주 대리인과 관리인들이 이곳으로 파견되어 왔다. 얼마 전까지만 해도 오직 야생마들만이 풀을 뜯고, 초원의 나리새 풀만 바람결에 윙윙거리던 곳에 폴란드의 법제도와 질서가 물밀듯 쏟아져 들어왔다.

지난 반세기 동안 코자크 집단이 크림한국과 벌인 끈질긴 투쟁은 나름대로 성과를 거두었다. 이 투쟁은 타타르인들을 약화시켰고, 타타르인들과 투쟁하는 것이 가능하며 정착촌 건설과 농경생활을 수호하는 것 또한 가능하다는 것을 명백히 보여주었다. 코자크들의 뒤를 따라, 농사를 짓는 주민들이 방어시설이 되어 있는 성을 벗어나서 점점 더 먼 곳으로 이동해 왔다. 타타르인들의 습격은 이후에도 계속 이어졌던 것이 사실이다. 그래서 늘 아주 조심하고 사방을 경계하며, 자기 농토에서 일하다가 타타르인들의 포획 올가미에 걸려들지 않게 모든 주의를 기울이면서 농사를 지어야 했다. 1594년 브라츨라브 땅을 통과하여 코자크들에게로 긴 여정을 거쳐 왔던 에리히 라소타[106]라는 여행객은 자신이 이곳에서 목격한 총안(銃眼)을

106) 에리히 라소타 폰 슈테블라우(Erich Lassota von Steblau, 1550 무렵~1616)는 독일의 장교이자 외교활동가였다. 실레지아에서 가톨릭 귀족집안에서 태어나 라이프치히 대학, 파도바 대학에서 수학했다. 부친의 영지를 경영하다가 군무를 택해 스페인 국왕 펠리페 2세의 포르투갈 정복전쟁에 참여했고, 신성로마 황제 루돌프 2세의 궁정에 한동안 머무르기도 했다. 전쟁을 통해 폴란드 국왕이 되고자 하던 오스트리아의 막시밀리안 대공의 시도를 지원해 군대를 이끌며 전투에 참가했다가 대공의 시도가 실패하자 1588년 그와 함께 폴란드 감옥에 갇혔으며 1590년 석방되었다. 석방 직후 루돌프 2세의 위촉을 받고 러시아가 스웨덴, 폴란드와 협력하지 말 것을 제안하기 위해 러시아를 향해 출발했다가 스웨덴인들에게 체포되어 1593년까지 스웨덴 감옥에서 복역하기도 했다. 그 후 다시 루돌프 2세의 위촉으로 1594년에는 자포로쟈 코자크들을 오스트리아의 투르크 전쟁에 끌어들이기 위해 자포로쟈 시치를 여행하면서 다양한 인물들, 특히 자포로쟈 코자크들과 접촉했다. 그의 활동은 어느 정도 소기의 성과를 거두었다고 평가받는다. 만년에는 루돌프 2세가 내린 공직을 수행하며 여유 있는 삶을 살았다. 그는 청년기부터 일기를 썼는데, 그 가운데 러시아 여행을 위해 여정에 올랐던 시기부터 자포로쟈 여행까지를 기록한 1590~1594년의 기록이 가장 자세하다. 그의 일기는 『에리히 라소타 폰 슈테블라우의 일기(*Tagebuch des Erich Lassota von Steblau*)』라는 제목으로 출판되었으며 16세기 말 자포로쟈 코자크들에 대한 귀중한 자료

설치한 작은 요새에 대하여 이렇게 묘사했다. "농민들은 타타르인들이 갑자기 습격해오면 이 요새로 피신했고, 총안으로 사격을 했다. 그 같은 경우에 대비해서 농민은 들판에 나가 일할 때 반드시 소총과 군도(軍刀)로 무장을 했다. 타타르인들이 이곳에 끊임없이 출몰했던 까닭에 절대 그들의 위험으로부터 안전하다고 생각할 수 없었기 때문이다." 우크라이나의 민요에도 농민이 자신의 농토에서 타타르인의 습격을 받아 그들에게 잡혀가는 상황에 대한 기억을 담은 것들이 있다. 그러나 필요는 사람을 용감하게 만든다! 전에 없이 급속히 확장된 부역제도에 분개한 농민들, 자신들의 땅에서 쫓겨난 농민들은 할리치나를 벗어나 볼린과 포딜랴로 도망쳐 왔고, 그곳에서 키예프의 변경 지역과 브라츨라브 지역으로 이동해왔다. 이러한 도주농민들은 남쪽과 동쪽으로 더 들어갈수록 좀 더 편하게 농민생활을 할 수 있는 환경을 만났다. 결국 지주의 구속을 받지 않는 완전히 자유로운 땅에 대한 소문은 드니프로 강 유역 지역과 부흐 강 유역, 그리고 더 나아가 드니프로 강 이동 지역으로 농민들을 불러 들였다. 농민들은 이곳에 정착하여 코자크들의 보호를 받거나 그들 자신도 항시 코자크들과 함께 타타르 유목민들을 물리칠 준비가 된 무장 상태에서 농사를 지었다. 그 대신 농민들은 누구의 허락을 받을 필요 없이 원하는 장소에서 원하는 만큼 토지를 경작할 수 있었고, 양봉을 하고 과수를 심을 수 있었다. 운명이 이들을 타타르인들의 올가미와 총격에서 지켜주는 한 이들은 풍요로움과 자유를 만끽하며 생활할 수 있었다.

그러나 얼마 지나지 않아 이러한 도주농민들의 희망은 헛된 것으로 드러났다. 농민들은 기독교 문명세계의 끝에 위치했으며 타타르인들의 벌린

로 가치를 인정받고 있다.

입 속인 이 땅에서라면 마침내 그전에 살던 마을에서 그들을 괴롭힌 지주나 그들의 대리인, 농장관리인, 농사 감독관, 농지 임대인 등 온갖 지주 하수인들을 만나지 않을 것이라는 희망을 가졌었다. 그러나 농민들은 이곳에서도 신의 땅이 아니라 지주의 토지에 정착했고, 이곳의 지주들은 이전과 똑같은 농노제의 멍에를 씌우기 위해 농민들이 부를 쌓고 제대로 정착하기를 기다리고 있었을 뿐이었다는 것이 드러났다. 꿈은 이루어질 수 없음이 드러났고, 영주들과 부역제도는 도주농민들을 '땅끝까지' 한 발짝 한 발짝 쫓아오고 있었다.

그림 **163** 야누쉬 오스트로즈키 공. 그는 바실리-콘스탄틴의 맏아들이며 우크라이나 왕령지의 소유자였다(**1591**년 코자크들이 그와 충돌했다).

동부 지역 가까운 곳에 거주하거나 이곳에서 공직을 맡고 있던 권문귀족들과 지주들, 귀족들은 부흐 강 유역과 드니프로 강 유역의 버려진 황무지가 점점 살아나고, 사람들이 정착하면서 덜 황량해져서 이제 더 이상 야생의 들판으로 남아 있지 않게 되었다는 것을, 자기네 눈으로 직접 보거나 혹은 하수인들을 통해 진작부터 알아차리고 있었다. 그들은 서부 지역으로부터 이 지역으로 사람의 물결이 밀려오는 것을 알고 시간이 지나면 이 이주자들이 이 지역의 가치를 크게 높여줄 것이라는 것을 즉각 알아차린 것이다. 이를 염두에 둔 이들은 때맞춰 국왕에게 이 황무지를 은사지로 내려 달라고 청원하기 시작했고, 만일 현지에 이미 땅 주인이 있으면 땅에 대한 권리를 자기네들에게 팔도록 압력을 가했으며, 국왕으로부터 소유권을 확인받곤 했다. 이런 사람들은 주로 부유하고 권세가 큰 권문귀족들인 최고사령관(헤트만), 군정사령관들이었고, 이들의 수중에는 권력과 군대와 수많은 고용인들이 집중되어 있었다. 감히 반대하고 나서는 사람이 있더라도 이들은 이 외진 변경 땅에서 얼마든지 마음대로 반대자들을 괴롭혀 결국 그들이 자기 땅을 포기할 뿐 아니라 심지어 자기 삶까지 포기하게 만들 수 있었다. 만일 그러한 권문귀족이 땅 소유주에게 땅을 '팔도록' 요구하면, 땅주인은 권문귀족이 요구하는 가격에 땅을 넘겨주어야만 했다.

이곳에 처음으로 이주해온 사람들은 이 지역과 이웃한 볼린에서 온 현지의 권문귀족들이었다. 예를 들어 과거에 체르카시의 방백이었던 비쉬네베츠키 가문의 공들 중 한 사람은 글린스키 공의 상속자들에게 술라 강 유역의 땅에 대한 권리를 팔도록 요구했고, 국왕에게 모스크바국과의 경계로부터 술라 강과 드니프로 강이 만나는 곳에 이르기까지 '술라 강, 우다이 강, 솔로니차 강 유역의 황무지'에 대한 소유권을 인정해 달라고 간청하여 이를 얻어냈다. 이렇게 해서 비쉬네베츠키 가문의 광대한 영지가 만들어졌고 나중에 이 영지 위에 루브니(Лубни),[107] 프릴루키와 많은 다른 도시들이 세워졌다, 오스트로즈키(오스트로즈스키) 공, 코레츠키(Корецький) 공, 즈바라즈키(Збаразький) 공, 루진스키 공도 이런 방식으로 대소유지를 획득했다. 그 후에는 주우키예프스키(Żołkiewski), 카자노프스키(Kazanowski), 포토츠키(Potocki) 같은 여러 폴란드 권문귀족도 다른 여러 가지 방법을 써서 국왕으로부터 영지를 받아내기 시작했다. 이들은 소지

107) 1596년 주우키예프스키가 이끄는 폴란드 군대가 코자크 군대를 격파하고 코자크들과 그들의 가족을 무차별적으로 살육한 곳. 59장에 이 사건에 대한 상세한 서술이 나온다.

주들을 땅에서 쫓아냈고, 이렇게 해서 황무지였던 이 모든 땅들은 시간이 지나면서 가장 권력이 강한 권문귀족들의 손에 들어갔다. 이들은 땅을 소유지로 얻거나 땅에 대한 평생 보유 권리를 얻어서, 방백 겸 지배자로서 관리인을 내세워 아무 통제도 받지 않고 이 땅을 자의적으로 통치했다. 이들은 어떤 권력이나 법률이나 규정의 간섭도 받지 않고, 후에 흐멜니츠키가 그렇게 부른 것처럼 명실상부한 '소왕(小王)'[108]으로 통치했다.

그림 164 올렉산드르 오스트로즈키. 볼린의 군정 사령관.

이 땅들을 차지한 후에도 권문귀족들은 서둘러서 땅을 경작하지 않았다. 그들은 사람들이 와서 여기저기 정착하고 농업경영을 이루도록 시간을 허용해 주었다. 초창기에는 소작료나 공납에 대한 언급조차 하지 않았다. 땅을 소유한 사람들은 이 지역의 목재를 목탄 제조를 위해 판매한다든가 물고기 낚는 곳, 다리와 통나무길, 선술집과 방앗간 등을 임대해주는 것으로 그쳤다. 이렇게 하면 농민들을 이 지역에 묶어놓아, 농민들이 다른 지주에게 가서 방앗간을 이용하거나 다른 선술집에서 보드카나 맥주를 마시지

108) 우크라이나의 지방에서 큰 권력을 행사했던 폴란드인 귀족 지배자들을 비꼬아서 '작은 왕(królewiątko)'이라 불렀다. 보흐단 흐멜니츠키가 이들을 비판하는 의미에서 사용한 용어이다.

않고, 스스로 술을 만들어 마시지도 않게 할 수 있었다. 이런 다음에는 가축과 벌을 대상으로 연공을 받아 황소와 벌통마다 각각 십일조를 거둬들였다. 서부 지역의 지옥과 같은 농노제에 비교하면 이것은 아주 가벼운 부담이었다. 그러나 오로지 영주의 권력에서 벗어나고 누구의 농노로서도 살지 않기 위해서 이토록 멀리까지 온갖 난관과 위험을 뚫고 와서 타타르인들의 위협 아래서 이곳에 정착한 농민들은 영주들의 이 같은 초기 단계의 요구도 아주 불만스럽게 받아들였다. 농민들은 도중에 우크라이나의 여러 지역을 통과하면서 이런 약소한 요구 뒤에는 틀림없이 더 큰 요구가 따르고, 결국에는 그야말로 명실상부한 부역이 자라나온다는 것을 두 눈으로 똑똑히 알아차릴 수 있었기에 더욱 그러했다. 그래서 농민들 사이에서 영주의 이 같은 약소한 요구에 대한 반응으로서 소요가 시작되는 경우가 종종 있었다. 이런 경우 농민들은 농토를 버리고, 영주가 없는 땅을 찾아서 이곳저곳을 유랑했다. 그러나 이런 농민들은 결국에는 지주와 지주의 앞잡이들이 어느 곳이든 그들의 뒤를 따라 온다는 것을 깨닫고는 농민생활을 포기하고 유일한 탈출구가 되는 코자크가 되는 길을 택하곤 했다.

57. 16세기 말 코자크 집단의 성장

앞에서 이미 서술한 대로 지그문트 (2세) 아우구스트, 스테판 바토리, 지그문트 3세로 이어지는 폴란드 국왕들의 치세 때 폴란드 정부는 코자크 집단 사이에 질서를 확립하기 위해 일련의 조치를 취했고, 그 영향으로 바로 이 시기에 들면서 코자크들 사이에서는 그들 집단 전체가 폴란드 왕에게 봉사하되, 그 대신 이 봉사의 대가로 자신들이 선출한 코자크 장교들 이외에는 다른 어떤 권력에도 복종해서는 안 되고, 군사적 의무 외에는 그 어떠한 의무도 져서는 안 된다는 확신이 형성되었다. 코자크들은 국세를 내거나 지주를 위해 징수금을 내거나, 지주의 권력이나 지주재판에 복종해서는 안 된다는 것이었다. 오히려 코자크들은 자신들이 다른 주민들, 곧 소시민들로부터, 혹은 지주토지나 왕령지에서 일하는 농민들로부터 자신들의 생계나 전쟁에 필요한 모든 물자를 징발할 권리를 가진다고 생각했다.

폴란드 정부는 코자크들의 이 같은 권리 요구 중 몇 가지는 인정해주었다. 그러나 그것도 국왕을 위해 복무하고 그 대가로 국가 급여를 받기로 한 코자크들과 코자크 등록 명부에 올려진 코자크들에게만 해당하는 것이었다. 그런데 정부가 어차피 급료를 지불하지 못하게 되자, 결과적으로 왕에게 충성하는 등록 코자크들도 나머지 코자크들과 구별 없이 계속 섞이게 되어 버렸다. 첫 코자크 등록(1570)을 시작으로 폴란드 정부는 연이어서 (1578, 1583, 1590) 코자크 모집을 갱신했으나, 이것도 아무런 도움이 되지 않았다. 등록 코자크나 비등록 코자크나 구별 없이 타타르인들과 싸웠고, 정부와 정부 대표들은 군사적으로 필요할 때마다 구별 없이 코자크들의 힘을 빌렸다. 그래서 코자크 집단은 등록 코자크와 비등록 코자크 간에 '권리와 특권'에서 차이가 있다는 것을 결코 인정하지 않았다. 그들은 코자크로서 코자크 업무를 수행하는 자는 모든 의무에서 자유로우며 오직 코자크 재판소에서만 재판을 받는다고 보았다. 이것은 신수권을 가진 코자크 집단에 가담하고 코자크 원정에 나서는 사람에 대해서는 지주이건 방백이건 도시 권력이건 그 누구도 간섭할 수 없다는 것을 의미했다. 이러한 견해가 확립되자 당연한 결과로서 지주의 요구와 권력에 복종하고 싶어 하지 않는 소시민들과 농민들은 '코자크가 되기' 시작했다. 이들은 코자크 장교단[109]의 권력에 복종하였고, 스스로 코자크라고 선언하였다. 그리고 지주들에게 복종하기를 거부했으며, 그 어떤 하층신분적 의무도 이행하지 않겠다고 했다. 과거에는 많은 사람들이 '코자크 활동을 했지만' 그리 흔쾌히 코자크라고 자칭하지는 않았다. 왜냐하면 코자크라는 명칭은 전혀 명예롭지 못한 것이고, 사회적 지위가 박탈되어 어떻게 해볼 도리가 없는 사람을 뜻했기 때문이다. 그러나 이제는 상황이 완전히 바뀌었다. 원래는 군사적 임무에 매력을 거의 느끼지 못하는 사람들, 그런데 다만 자유롭게 스스로 농사를 짓고 싶어 할 뿐인 그런 사람들이 지주나 방백에게 복속되지 않기 위해 코자크로 가입했다. 이 시기에는 이들 '복종하지 않는' 소시민과 농민이 코자크 집단을 구성했다. 1616년 이전까지는 지방주민에 대한 상세한 인구조사 자료가 없지만, 1616년의 인구조사는 그 이전 몇십 년 동안의 상황을 상당히 명백히 보여주며 이 현상의 본질이 무엇인지를 잘 설명해준다. 이 자료를 통해 우리는 16세기 말부터 동부 우크라이나 지역의 주민 정착이 얼마나 엄청나게 늘어났으며, 그 영역이 얼마나 확대되었는지 알 수 있다. 즉 동쪽으로는 모스크바국의 국경까지, 남쪽으로는 '야생의 초원지역'까지 영역이 확대된 것이다. 또한 1616년 인구조사 자료를 보면 지난 몇십 년간 얼마나 많은 도시와 소읍(местечко), 촌락과 마을이

109) старшина. 원래는 코자크 집단 내 고참들을 가리켰다. 엄밀하게 말하자면 원래 무계급·평등원칙에 바탕을 두었던 코자크 집단에 대해 '장교'라는 용어를 사용하는 것은 어울리지 않는다. 다만 코자크 집단도 차츰 정규군대를 비롯한 다른 계급사회 못지 않은 분화를 겪게 되었으므로 이 점을 염두에 둔다면 이 용어를 사용할 수 있을 것이다. 즉 코자크 고참들은 차츰 일종의 사회계층으로 전환되었다. 이들은 코자키(코자크의 복수형) 사이에서 전쟁경험과 행정경험 등에 따라 구별되었으며, 우크라이나 코자크 군단과 헤트만령(1648~1782) 행정부의 요직에 임명되었다. 장교단(старшина)을 비롯해서 헤트만(гетман)과 헤트만 지위, 헤트만령(гетманство, гетманщина) 등은 시대에 따라 그 의미가 약간씩 달라진다.

생겨났고, 그 안에 얼마나 많은 '복종하지 않는' 인구, 다시 말해 코자크들이 정착했는지도 알 수 있다. 수십 개의 '복종하는' 가구(家口)에 수백 명의 '복종하지 않는' 사람들이 살고 있는데다, 모든 주변 지역들은 어떤 지배자의 권력도 인정하지 않고 어떤 하층 신분적 의무도 지지 않는 코자크 단독가옥들로 채워져 있는 그런 도시들도 있었다.

그림 **165** 코자크 오타만 가브릴로 홀루복. **1588**년 브이치나 부근에서 피살되었다(당시의 그림).

이러한 현상은 지주들이 '복종하는' 주민들에게서도 이 시기의 기준으로 볼 때 매우 적은 의무만을 요구하게 되었다는 사실 때문에 더 강렬하게 눈길을 끈다. 예를 들어 일부 지역에서는 소시민들이 단지 군역만을 이행하면 되었다(이 지역에는 도시와 소읍이 매우 많아서 마을 수와 거의 비슷했다.) 얼핏 보기에는 코자크 지휘관 밑에서 군역을 이행하건 지방 관리 지휘 아래 군역을 수행하건 마찬가지였던 것 같다. 거주 지역에서 군역을 이행하는 것이 훨씬 수월하기까지 했던 것도 분명하다. 그러나 지주의 권력에서 벗어나기 위해 이곳까지 도망을 쳐 온 사람들은 지주 권력과 관계를 맺는 것도 원하지 않았고, 중하건 경하건 상관없이 지주권력으로부터 그 어떤 하층신분적 의무를 부과받는 것도 결코 원하지 않았다. 이들은 지주와 관계를 가지지 않기 위해 코자크로 등록했다. 이 변방지역 전체가 전시상황에서 지내야 했던 만큼 생활 여건은 어차피 마찬가지였다. 누구나 전사가 되어야 했고, 스스로를 방어할 무기를 가지고 있어야 했다. 따라서 가계를 꾸리는 농민들이나 소시민들은 기꺼이 코자크 원정에 의무적으로 참여했고, 다른 어떤 권력에도 복종하지 않기 위해 코자크 장교단의 군사적 권력에 복종하였다.

민중 생활의 이 같은 변화에 따라 코자크 집단은 새로운 힘과 의미를 가지게 되었다. 코자크 집단은 이제 단순히 동부 우크라이나인들의 생활에서 등장한 생활방식의 한 현상에 그치지 않고 폴란드 국가의 귀족지배체제 전체에 대항하여 솟아오른 큰 사회적 세력이 되었다. 그리고 그들은 인민대중에게 폴란드 귀족지배체제에서 벗어날 수 있다는 것을 약속했고 폴란드 귀족체제 자체를 향해서도 파괴와 몰락이 닥치리라고 위협하는 세력이 되었다.

이러한 민중 생활의 변화는 한편으로는 코자크들이 인민대중과의 관계에서 비범한 흡인력을 가질 수 있도록 도와줌으로써 코자크 집단이 성장하는 데 유리하게 작용하였다. 다른 한편으로는 코자크 집단으로 하여금 폴란드 국가존재 및 귀족 사회와 힘겨운 싸움을 할 수 있도록 준비시켰다. 폴란드 정부는 그렇지 않아도 코자크 집단 사이에서 코자크 권리와 자유를 확산시키는 방향으로 이루어지고 있던 해석에 동의하지 않고 있었기 때문에, 우크라이나 인민대중이 지주들의 권력에서 빠져나와 코자크 집단의 보호를 받으면서 이 같은 해석에 바탕을 두고 이런저런 요구를 제기한다고 해서 이를 받아들인다는 것은 더욱 난감한 일이었다. 그러나 코자크화한 농민과 소시민들의 수가 엄청나게 많아졌고 세력도 점점 강해졌으므로 이러한 요구에 반대하기는 점점 더 어려워졌다. '코자크 신수권' 아래 인민

대중이 전개하는 운동은 코자크 집단을 그야말로 막강하게 만들었다. 16세기 마지막 사분기에서 17세기 첫 사분기 사이에 코자크 집단은 숫자도 엄청나게 빠르게 늘어났지만 자신들의 힘과 의미에 대한 인식도 아주 급속하게 성장하였다.

전쟁을 영업으로 여기며 물자를 노획하는 것을 생계의 근원으로 삼는 초원지대의 모험꾼들이었던 순수한 군사적 코자크 집단의 수가 얼마나 증가하였는지는 원정의 빈도와 규모에서 잘 나타난다. 코자크들은 변경지역에서 치르는 전투와 초원에서 영위하는 소소한 노획활동에 더 이상 만족하지 않고 해상로를 이용한 원정을 통해 흑해 전체를 장악했고, 그 다음으로는 해상 원정에 나서서 처음에는 가까이 있는 크림 반도와 도나우 강 하구의 도시들을 공격했으며, 그 후에는 더 멀리 나아가 콘스탄티노플 근교와 흑해의 소아시아 쪽 연안까지 공격하는 데 나섰다. 이같은 원정에 대한 현존자료는 빈약하고 제한되어 있으며 내용도 불완전해서 원정의 흥미로운 세부 사항까지 담고 있지는 않다. 코자크들이 감행한 공격을 한 해 한 해 열거하는 것은 지루한 일일 것이다(게다가 우리는 이 모든 것을 제대로 아는 것도 결코 아니다). 또한 폴란드 정부가 코자크 집단을 달래서 그들이 새로운 원정에 나서지 못하게 하려고 취한 조치들에 대해 설명하는 것도 이 못지않게 따분한 일일 것이다. 폴란드 정부가 자체의 원정에 코자크들을 동원하여 이들의 관심을 돌려놓지 않는 기간에는 코자크들이 스스로 타타르 인들과 투르크 도시들, 몰다비아를 공격했다는 보고를 예외 없이 접할 수 있다. 한 예로 1578년의 징집 이후 폴란드 정부가 모스크바 국과의 전쟁에 코자크들을 동원했다가 그 후 이들을 해산하자마자, 모스크바 국으로부터 받은 돈을 크림 칸을 위해 수송하던 타타르 사절들이 사마라 근처에서 코자크들의 공격으로 궤멸당했다는 타타르 측의 불만이 전해졌다.

그림 **166** 빌호로드(오늘날의 아케르만).

봄이 되자 코자크들 사이에서 몰다비아 공국의 군주(호스포다르)가 될 어떤 후보자가 등장하더니 코자크들이 이 사람을 직접 수행하여 몰려가서 몰다비아에 집결하였다. 코자크들의 이 원정으로 인해 투르크와의 전쟁이 발생할 것을 염려한[110] 스테판 바토리 왕은 코자크들의 진군중지를 명령했다. 그러자 코자크들은 투르크 도시 티아기니아(현재 드니스테르강 하구의 벤데리)를 점령하고 이 일대 지역 전체를 약탈하였다. 코자크들은 투르크의 대포와 많은 전리품을 가지고 귀환하였는데, 이 전리품들은 후에 15,000 금화를 받고 대(大) 정기시장(야르마르카)에서 팔았다는 얘기가 전해진다. 폴란드 국왕의 군대가 이 코자크들을 추격하자 이들은 대포를 버리고 드니

110) 그 당시 몰다비아는 오스만 투르크의 보호국이었다. 군주의 즉위도 투르크의 동의 아래 이루어졌다. 따라서 코자크들이 특정한 인물을 몰다비아 군주로 옹립하여 전쟁을 한다는 것은 투르크 술탄의 심기를 거스를 수밖에 없는 일이었다.

프로 강 너머로 달아났다. 투르크인들의 분노를 가라앉히기 위해 폴란드 군은 코자크 몇십 명을 체포하여 이들이 약탈의 주동자라고 선포한 후 투르크 사절이 보는 앞에서 이들을 참수했다. 이즈음 국왕을 위해 복무하는 (등록)코자크들을 신규 소집하라는 명령이 내려져서, 600명의 코자크들이 실제로 징집되었다(1583). 그러나 이 조치도 상황을 개선시키는 데는 거의 아무런 소용이 없었다. 이미 이 해 말에 코자크들은 오차키브 시를 불태워 버렸고, 투르크에 막대한 손실을 입혔다. 폴란드 국왕이 범인들을 색출하기 위해 조사사절을 보내자, 코자크들은 그를 드니프로 강에 익사시켰다.

바토리 왕은 이 일에 대하여 코자크들에게 징벌을 내리지 못한 채 사망했고, 코자크들은 투르크인들과 타타르인들에 대한 파괴적 공격을 계속했다. 코자크들은 모스크바국의 이해에 맞춰 타타르인들과 맞서 싸운다는 조건으로 모스크바로부터 돈을 받았는데 바로 그렇게 하면서도 크림 타타르 칸에게는 사람을 보내서, 당시 투르크와 크림 한국 사이에 불화가 빚어지기 시작한 만큼 크림 한국이 투르크와 전쟁을 하는 경우 그를 도와줄 준비가 되어있다고 알렸다. 1586년 봄 타타르군이 우크라이나를 공격하자, 코자크들은 드니프로 강을 올라오지 못하게 길을 막았고, 타타르군을 격파하여 되돌아가도록 만들었다. 그런 다음 코자크들은 오차키브를 다시 공격하여 성채를 점령했다. 그들은 야음을 틈타 사다리를 타고 성벽을 올라가 수비대를 몰살하였고, 도시를 불태워 버렸다. 다음으로 그들은 몰다비아를 재차 침공했지만, 몰다비아 군주가 투르크 지원군의 도움을 받자 코자크들은 퇴각했다. 대신에 코자크들은 배를 타고 흑해로 나가 코즐로브(Козлов, 현재의 예브파토리야Евпатория[111])로 접근하였다. 그들은

111) 크림 반도 중서부 해안의 도시.

몇 척의 투르크 함선에 올라가 배를 점거하였고, 도시를 파괴하고 몇백 개의 상점을 약탈했다. 타타르 한국의 칼가(kalga)[112]가 마침 이때 군대를 이끌고 도착해서 전투가 벌어졌지만, 코자크들은 소수의 병력만 잃었을 뿐 거의 타격을 입지 않은 채 퇴각했다. 다음으로는 빌호로드(현재의 아케르만(Akkerman))를 공격하여 도시에 불을 놓았다. 이 소식을 듣고 격노한 투르크의 술탄은 대규모 원정을 준비하였으나, 코자크들은 투르크군을 지원하러 오는 타타르군의 길을 막고 이를 격멸시켰으며 타타르 칸 자신에게도 부상을 입혔다. 수많은 타타르 병사들도 목숨을 잃었다. 이렇게 되자 투르크 인들도 원정에 나설 의욕을 잃게 되었고, 그들은 코자크들 사이에 질서를 확립한다는 단 하나의 조건만을 내걸고 친선관계를 회복하게 되었다.

폴란드 정부는 다시 코자크 복무를 위한 소집령을 내렸는데 이번에는 1,000명의 코자크들을 등록시켜 이 부대로 하여금 드니프로 강 유역에 머무르며 국경을 방어하도록 했다(1590). 동시에 정부는 비등록 코자크들은 드니프로 강 하류 지역을 떠나도록 명령하고 더 이상 그 지역이나 초원 지역으로 들어가지 못하게 했다. 이들에게 보급품을 파는 것은 일절 금지되었고, 이들이 전리품을 가지고 있다가 적발되면 누구나 가장 중한 형벌에 처했다. 그러나 이 조치로도 여전히 아무런 성과를 얻지 못했다. 복무를 위해 소집된 코자크들은 급료를 지급받지 못했기 때문에, 그들은 계속해서 비등록 코자크들과 함께 무리지어 타타르, 투르크, 몰다비아 땅을 넘나들며 전리품을 획득하는 것으로 생계를 이어갔다.

이러한 호전적인 코자크들의 에너지가 표출되는 것과 더불어 우크라이나에서 코자크 집단의 확산은 더욱 중요한 의미를 가지게 되었다. 코자크

112) 타타르 칸 다음 서열의 지도자. 칼가 다음 직위는 누렛디나(nureddina)라고 불렸다. (원저자주)

집단이 농노적 예속관계를 벗어날 수 있는 탈출구라는 평판을 얻게 되면서부터 코자크 신수권 지역은 '읍락'(볼로스치)'이라고 불리는 우크라이나의 기존 정착 지역에도 점점 더 깊숙이 확산되기 시작했다. 헤트만이나 연대장 및 기타 지휘관(오타만)들의 지휘를 받는 코자크 부대들은 키예프와 브라츨라브의 군정사령관구에 있는 영주들의 영지에 군영을 설치했다. 이 같은 군영은 처음에는 국경 지역에 설치되었으나 차츰차츰 국경에서 더 멀리 떨어진 지역에도 설치되었다. 이들에 대한 지주들의 진정(陳情)이 여러 지역으로부터 접수되었는데 이는 코자크 집단의 이 같은 세력 확산을 증명해준다. 코자크 지휘관(오타만)들은 헌납금을 징수하고, 병사들에게 필요한 여러 보급품을 거두었으며 이에 반대하는 지주의 영지를 공격했다. 주변지역의 주민들은 '코자크화하여' 코자크들에게 합세하였고 자신들의 지주에게 더 이상 복종하지 않으려 하였다. 이들은 정부 권력이나 지주들에게 대항하는 민란도 일으켰다. 잘 알려진 사건 중의 하나로 브라츨라브 지방 봉기를 들 수 있다. 브라츨라브의 소시민들은 코자크들과 함께 성을 점령하여 대포를 탈취하고 몇 년 동안 아무 권력의 간섭도 받지 않고 살았다. 이런 사건들은 귀족층을 격분케 했으니, 이들은 자기네 종속민들을 선동하여 민란을 일으키게 하는 코자크 집단을 진압해 달라고 정부에 요청했다. 그러나 폴란드 정부는 다른 일에 몰두하고 있어서 진압에 필요한 조치를 서두르지 않았고, 몇 년 동안 폴리시아 지방까지 포함한 우크라이나 동남부 지역 전체는 코자크들의 손 안에 들어가 코자크 지휘관들이 전권을 가지게 되었다고 할 수 있다. 이 지역 지주들 및 국가권력이 온갖 문제로 코자크 집단과 충돌하는 일이 잦아지면서 그 강도가 점점 심해져서 실제 전쟁과도 같은 상황으로 발전되었다. 코자크들은 이제 현지의 귀족지배체제를 상대로 자신들의 힘이 얼마나 크고 우세한지를 거침없이 확인시켜 주었다.

58. 1590년대의 코자크 전쟁

최초의 대규모 코자크 전쟁의 지도자는 코자크 오타만인 크리쉬토프 코신스키(Криштоф Косинський)[113]였다. 그는 전공(戰功)의 대가로 1590년 다른 몇몇 뛰어난 코자크 지휘관들과 함께 폴란드 의회로부터 로스(Рос) 강 주변의 영지를 하사받았다. 그러나 빌라 체르크바 지역의 방백이었던 야누쉬 오스트로즈키(Януш Острозький), 좀 더 정확히 말하면 그의 대리인은 이 땅의 주인이 자신이라고 밝히고 땅을 점거하여 자신의 방백관구에 넣어버렸다. 이 조치에 격분한 코신스키는 코자크들을 소집해서 빌라 체르크바를 공격하였으며, 오스트로즈키 공과 이 일을 꾸몄던 대리인의 재산을 약탈하고 빼앗았다. 그는 오스트로즈키가 소유한 다른 성채들도 공격하고 대포를 노획한 후 코자크들과 함께 트리필랴(Трипілля) 성에 거주했다. 폴란드 왕은 현지의 이러저러한 권문귀족인 위원들에게 이 일의 처리를 맡겨, 스스로의 힘으로 코자크들을 제압하도록 했다. 그러나 코자크들이 복종을 거절하고 무장투쟁 준비를 하자 위원들은 감히 코자크들과 맞서 싸울 생각을 하지 못하고 되돌아가 버렸다. 이후 코자크들은 공격을 계속하여 자신들에 대적했던 오스트로즈키와 다른 권문귀족들의 성채를 차지하였고, 키예프, 페레야슬라브와 다른 도시들을 점령했다. 키예프 군정사령관구[114] 거의 전역을 평정한 뒤에 코자크들은 볼린 지역으로 이동해 가서 도시들을

113) 1545~1593. 폴란드식으로는 크지쉬토프 코신스키(Krzysztof Kosiński)라고 한다. 폴란드인으로 자포로자 코자크 지도자가 되었다.

114) 키예프 지역은 폴란드에 합병된 후 폴란드 행정 체계인 군정사령관구(보예부즈트보(województwo) 우크라이나식으로는 보예보드스트보(воэводство))의 하나가 되었다. 군정사령관구는 국왕이 임명하는 군정사령관인 보예보다(wojewoda, 우크라이나식으로는 보예보다(воэвода)라고 한다)의 관할 아래 놓였다.

수중에 넣었다. 코자크들은 지주들을 압박하여 지주 영지와 종속민들에 대한 코자크들의 행정권을 인정하게 만들고, 군수물자를 제공하게 했으며, 희망자들이 코자크 권력에 복종하고 코자크로 가입하는 것을 막지 못하게 했다. 바실리-콘스탄틴 오스트로즈키 공과 그의 아들들, 다른 권문귀족들은 코자크 집단이 자신들을 완전히 몰락시킬 수도 있다는 데 두려움을 느끼고, 자신들의 재원으로

그림 167 형상과 그림 속의 코자크 집단: "코자크 마마이"(자포로쟈 코자크 유형). 옛 그림.

코자크들에 대한 전쟁 준비를 하기 시작했다. 폴란드 정부는 이들이 교회통합 문제에 반대한 것[115]에 화가 나서 이들을 지원하려고 하지 않았고, 결국 이들은 문제를 스스로 해결해야 했다. 이렇게 되자 이들은 할리치나와 헝가리에서 병력을 고용하고 볼린 지역 귀족들을 불러모았다. 이렇게 형성된 군대를 가지고 이들은 퍄트카(Пятка) 근교에서 전투를 벌여 코신스키의 부대를 격파하는 데 성공했다. 전투에 패한 코자크들은 노획한 대포와 기

115) 오스트로즈키 공은 폴란드 정부가 주도한 교회통합을 통해 우크라이나 일부 정교도들이 로마교황의 수장권을 인정하는 것에 반대하고 끝까지 정교회를 수호하였다.

타 포탄을 반환할 것이며 코신스키를 헤트만직에서 해임하고 영주들을 괴롭히지 않겠다고 약속했다.

그러나 코자크들은 자포로자 요새로 돌아오자마자 곧 다시 병력을 모으기 시작했고 1593년 봄에 다시 읍락들을 향해 공격에 나섰다. 이번에는 체르카시가 목표였다. 코자크들은 지난번 전투를 방해하고 체르카시 변경관구 방백이라는 자격을 내세워 늘 코자크들을 성가시게 한 비쉬네베츠키 공[116]에게 보복을 하기로 했다. 비쉬네베츠키는 코자크들의 주요 보급로를 장악하고 있었다. 체르카시에 접근한 코신스키는 체르카시를 포위했으나, 비쉬네베츠키는 무슨 속임수를 썼고, 이러한 비쉬네베츠키의 배신으로 코신스키를 비롯한 많은 코자크들이 죽임을 당했다. 이 전투 후 코자크 군단은 일단 후퇴하였으나 여름에 새로운 병력을 투입하여 체르카시로 다시 진격했다. 코자크들이 결국 잔인하게 복수를 할 것을 두려워한 비쉬네베츠키는 코자크들에게 화해를 제안하였다. 그는 협상 끝에 코자크들과 조약을 맺어, 코자크 집단에게 앞으로는 자신의 방백관구 내에서 자유로운 통행을 보장하고 더 이상 억압을 하지 않겠다고 약속했다. 다른 말로 하면 코자크들을 제압하기 위해 만든 폴란드 정부의 법률과 조치를 더 이상 이행하지 않기로 약속한 것이다. 원래 비쉬네베츠키는 모든 드니프로 강 통행로를 통제하는 일체의 행정권을 자기 수중에 독점하고 있었기에, 그랬던 그가 굴복하자 코자크들은 동부 우크라이나 전체의 진정한 주인이 되었다. 오스트로즈키 공과 같이 막강한 권문귀족들은 코자크들이 자신들을 공격하지 않도록 하기 위해 코자크들에게 고분고분하게 굴고 코자크 지휘관(오타만)들의 비위를 맞추며 그들의 요구를 들어 주어야만 했다. 물론 코

116) 코자크 집단의 육성에 크게 기여한 드미트로 비쉬네베츠키 공이 아닌, 미하일로 비쉬네베츠키(Михайло Вишневецький) 공을 말한다.

자크들이 영주들 자신의 모든 계획을 좌절시키고 자기네 종속민들 사이에서 반란과 불복종의 정신을 불어넣고, 영주 권력에 속하던 사람들 중에서 '복종하지 않는' 엄청난 규모의 대중을 이끌어내자 수많은 지주들이 코자크 집단의 지배력 확산에 분노가 끓어오른 것은 당연하다. 그러나 폴란드 정부가 다른 일에 정신이 없어서 지주들을 도울 수 없는 상황이었기에 지주들은 순종의 가면을 쓰고 코자크들의 비위를 맞출 수밖에 없었다. 이들은 폴란드 군대가 마침내 코자크들을 상대할 적절한 시간이 다가오기만을 기다릴 수밖에 없었다.

코자크 집단은 지배자가 되었지만 너무 갑자기 그리고 너무 짧은 시간에 전대미문의 큰 세력을 얻었기 때문에 새로운 상황에 효과적으로 적응하여 자신들의 입지를 공고히 하지는 못하였다. 코자크 집단은 갖가지 외국 원정과 전리품 획득에 몰두하느라 동부 우크라이나에서 자신들이 누리는 지배적 위치를 코자크 체제의 조직을 확고히 형성하는 일에 활용하지 못했다. 그들은 폴란드 정부와의 관계에 제대로 관심을 쏟지 못했기 때문에 결과적으로 폴란드 정부가 군사력을 동원하여 코자크를 공격하기 시작하자마자 곧바로 '읍락'에서 밀려나게 되었다.

코신스키가 전사한 후 이 시기에 코자크 지도자들 가운데 흐리호리 로보다[117]가 전면에 떠올랐다. 그는 진지하고 노련한 전사였으나 아직 명료

117) 흐리호리 로보다(Григорій Лобода, ? ~ 1596). 자포로쟈 코자크 지도자. 1590년대 코자크 봉기의 지도자 중 한 사람이다. 1594년 봄 코자크 부대를 이끌고 몰다비아에 원정하여 투르크인들에 대항하는 전투를 성공적으로 수행하였으며 1594년 가을과 1595년 봄 날리바이코와 함께 다시 몰다비아에 원정하여 성과를 거두었다. 그는 폴란드 정부와 협력하는 정책을 선호했으며 이 때문에 그를 배신자라고 비판하며 비타협 노선을 추구하는 날리바이코 주변의 코자크들과 갈등을 빚었다. 결국 루브니 부근 솔로니차에서 폴란드 군에 포위당해 있던 중 강경파 코자크들에게 살해당했다.

한 정치적 강령을 가지지 못하고 있었다. 전반적으로 정치적 강령은 코자크들 머리 속에 아주 천천히 자리잡아 갔었다. 로보다가 대표하는 원래의 코자크 집단, 즉 '드니프로 강 하류'를 근거로 삼는 자포로자 코자크 외에 또 다른 비등록 코자크 집단이 브라츨라브와 볼린의 변경지역에서 세베린 날리바이코[118]를 중심으로 해서 결집하였다. 오스트로흐(Острог)의 소시민 집안 출신인 날리바이코는 용맹스럽고 과감한 코자크 지휘관이었다. 날리바이코 가문은 오스트로흐에서 우크라이나 민족성(народность)의 열렬한 신봉자로 알려져 있었다. 세베린의 형인 사제 데먄(Демьян)은 오스트로흐 정교도 그룹의 걸출한 구성원이었다. 세베린 날리바이코는 코자크 전사의 길을 가기로 택했다. 외모가 준수하고, 팔방미인이며, 명예심이 강하고 자존심이 강한 데다 나이도 아주 젊었던 날리바이코는 드니프로 강 하류지역 코자크 집단의 헤트만에게 복종하기를 원하지 않았다. 그래서 이 두 코자크 집단 간에는 어느 정도의 갈등이 있었고, 때때로 이들은 서로 적대적

118) 세베린 날리바이코(Северин Наливайко, ? ~ 1597) 혹은 세메린 날리바이코. 폴란드식으로는 세멘 날레바이코(Semen Nalewajko)라고 한다. 우크라이나 코자크 지도자이며 폴란드 귀족들의 지배에 저항하는 날리바이코 봉기를 이끈 인물로, 우크라이나의 민중 영웅이다. 테르노필 부근 후샤틴에서 소시민의 아들로 태어났으며 오스트로흐에서 성장하였다. 형인 데만은 오스트로흐 신학교에서 수학하였다. 날리바이코는 리투아니아 군대에서 등록 코자크로 복무하였으며 1593년에는 코지쉬토프 코신스키가 이끄는 자포로자 코자크 봉기를 진압하는 작전에 참가하기도 했다. 그러나 1594년 등록 코자크 부대를 떠나 그 자신이 비등록 코자크들을 규합하여 독자적인 부대를 형성한 후 이를 이끌며 우크라이나, 벨라루스를 오가면서 폴란드 귀족, 가톨릭 성직자, 통합교회 성직자 등을 공격하였다. 폴란드 국왕 지그문트 3세 바사는 몰다비아 원정 중이던 사령관 스타니스와프 주우키예프스키에게 날리바이코 봉기를 진압하라고 명하였고, 주우키예프스키 부대의 추격을 피해 이동하던 날리바이코 휘하의 코자크 부대는 로보다 휘하의 코자크 부대와 함께 1596년 5월 루브니 부근에서 포위당했다. 오랜 포위 끝에 코자크들은 날리바이코를 폴란드군에게 넘겨주었으나, 그 후 오히려 폴란드군에 의해 코자크 대다수가 학살당했다. 날리바이코는 바르샤바로 압송당하여 심한 고문 끝에 처형당했다. 19세기 러시아의 데카브리스트 시인이었던 콘드라티 르일레예프가 쓴 날리바이코에 대한 시가 있다.

그림 168 코자크 마마이(소실된 옛 그림을 복제한 19세기 전반의 그림.)

이 되기까지 하였다. 자포로자 코자크들은 코신스키가 오스트로즈키 가문의 공들과 전투를 벌이던 때에 날리바이코가 오스트로즈키 공의 부대에 소속되어 코자크들과 싸웠다는 사실을 그에게 상기시켰다. 날리바이코는 오스트로즈키와 같이 일하고 있던 상황에서 예기치 않게 전투가 발발하여 그에게 닥쳤으며 오스트로즈키에 대한 복무를 그만두고 떠날 수가 없었다고 자기 행동을 정당화했다. 날리바이코는 이 문제에 관한 판결을 받기 위해 자기 자신을 코자크 군사 법정에 넘기겠다고 선언했고, 마침내 이 문제는 잘 해결되었다. 그러나 두 코자크 집단의 반목은 나중까지 계속되었으니, 이후 두 군단은 자신들의 의향에 따라 독자적으로 행동하였고 독자적으로 군사 작전을 펼쳤다.

이 시기에 서유럽의 정부들, 특히 자신의 속령인 헝가리를 투르크인들에게 점령당한 신성로마제국의 루돌프 황제와 로마 교황은 반(反) 투르크 대동맹을 조직하려고 노력하고 있었다. 코자크들이 투르크와의 전쟁 수행에서 자기네들에게 큰 도움이 될 수 있을 것이라는 이야기를 전해들은 교황과 황제는 각기 코자크들을 이 전쟁에 끌어들일 생각을 했고 이 목적을 위해 우크라이나로 돈과 선물을 지닌 알선자들을 파견했다. 교황의 사절인 크로아티아 성직자 코물로비치(Komulovich)는 코자크들과 직접 협상을 할 수가 없어서 폴란드 정부의 위원을 통해 그들과 협상을 하는 방법을 생각해냈다. 하지만 정부 위원을 코자크들이 전혀 믿고 따르지 않았기 때문에 이 협상은 무위로 끝났다. 그러나 신성로마제국 황제의 사절인 라소타는 1594년 다른 곳도 아닌 자포로자를 직접 찾아 들어갔다(그는 이 여행과 자포로자 시치 체류에 대한 아주 흥미로운 기록을 남겼다). 그는 자포로자에서 코자크들에게 황제의 선물인 황제 문양이 수놓인 깃발과 은제 나팔, 8천 체르보네츠[119]를 전달하며, 코자크들이 투르크와의 전쟁에 참전할 것을 청했다. 바로 이 시기에 모스크바 '국고금'을 지참하고 와 있던 모스크바 사절도 코자크들의 참전을 촉진하는 역할을 하게 되었다. 신성로마 황제는 코자크들이 원래 누구에게 복종하는지 알지 못했기에 코자크들이 자신을 돕는 것을 모스크바국이 방해하지 않도록 모스크바 정부와도 협정을

119) 10루블 금화를 말한다.

맺고 있었기 때문이다. 황제 측 알선자들은 코자크들이 타타르군을 추격하며 몰다비아로 진군하여 타타르군이 헝가리로 이동하는 것을 막아주었으면 좋겠다고 그들을 계속 설득하였다. 자포로쟈 코자크들은 선물로 보내온 돈이 얼마 되지 않아 불만이 있었지만 지원을 거절하지는 않았다. 그러나 코자크들은 몰다비아로 가고 싶은 생각은 없었고 그 대신 페레코프를 공격하거나, 해상을 통해 킬리야나 바바다그(Babadag) 같은 투르크 도시들을 공격하기를 원했다. 그런데 드니프로 하류지역(자포로쟈) 코자크들이 손대지 않은 일을 날리바이코가 떠맡았다. 그는 군대를 이끌고 몰다비아로 진격하여 티아기니아를 점령하고 투르크인들과 몰다비아인들을 상대로 약탈을 한 다음 대규모 투르크 군단이 도착하자 퇴각했다. 날리바이코는 일시 후퇴했다가, 이번에는 자포로쟈 코자크군과 합세하여 다시 공격에 나섰다. 합계 12,000명에 이르는 코자크 병력이 이 공격에 참가한 것으로 추정된다. 코자크군은 몰다비아를 아주 무자비하게 초토화시키고 야시(Iaşi)[120]를 불태웠다. 이 같은 코자크들의 공격으로 공포를 느낀 몰다비아 군주는 투르크와의 동맹을 끊고 신성로마 황제와 동맹을 맺었다. 황제는 이러한 전과에 크게 기뻐하였고, 몰다비아 군주로 하여금 앞으로도 코자크군과 함께 투르크에 대항하는 작전을 이끌어 달라고 요청했다. 코자크들은 새로운 동맹군인 몰다비아군과 연합하여 티아기니아, 빌호로드, 킬리야 같은 투르크 도시들에 대한 파괴적 원정을 계속 감행했다.

폴란드 정부는 이 같은 상황을 자국에 유리하게 이용하기로 하고, 자신들이 미는 인물인 예레미야 모길라[121]를 새로운 몰다비아 군주 자리에 앉혔다. 그리고는 코자크들에게 전투는 단지 타타르인들을 상대로 해서만

120) 야시는 당시 몰다비아의 수도였다.
121) 우크라이나 식으로는 야레마 모힐라(Ярема Могила). 몰다비아 군주.

수행하고 몰다비아는 더 이상 건드리지 말도록 지시했다. 그러나 이 시기에 코자크들은 타타르인들과 전투를 벌일 의사가 없었으므로 폴란드 정부가 그들을 몰다비아에서 철수시키자 본거지로 귀환하여 '휴식'을 취했다. 이것이 1595년 가을의 일이었다. 우크라이나로 귀환한 날리바이코는 볼린 땅을 통과해 가다가 대(大) 정기시장(야르마르카)을 맞아 루츠크에 가까이 다가가게 되었다. 이때는 귀족층의 법정 회의가 열리고 있던 시기였다. 날리바이코를 두려워한 소시민들과 귀족들은 먼저 나와서 그를 맞았고, 그가 도시를 공격하지 않는 조건으로 평화매입금(выкуп)을 바칠 것을 약속했다. 그러나 날리바이코는 평화매입금이라는 헌납금에 만족하지 못하여 약속을 아랑곳하지 않고 시 외곽을 약탈하였다. 그런 다음 그는 루츠크에서 벨라루스 지역으로 이동하여 슬루츠크(Слуцк) 성을 점령하였고, 이곳의 대포들을 노획한 뒤, 소시민들에게 1만 금화(졸로토(золото))나 되는 큰 평화매입금을 바치도록 명령하였다. 그의 군대는 (북쪽으로) 계속 전진하면서 도중에 닥치는 대로 약탈하고 전리품과 헌납금을 거둬들였다. 그는 당시 큰 도시였던 모길레프도 공격하여 약탈했다. 그러나 이 모든 사태를 접한 후 리투아니아 군대가 그를 공격할 준비를 하고 있다는 소식을 듣게 되자 대규모 포대를 이미 손에 넣어둔 날리바이코는 질서정연하게 볼린으로 퇴각했다. 이때 드니프로 하류 지역의 코자크 군단은 규모는 훨씬 더 적으나마 키예프 지방 폴리시아에서 (약탈로써) 돈벌이를 하고 있었는데, 날리바이코가 볼린으로 나왔다는 소식을 접하자 이번에는 그들도 벨라루스 지역으로 쏟아져 들어갔다. 이런 식으로 자포로자 코자크군과 날리바이코의 코자크군은 영주들 사이의 갖가지 내분과 투쟁에 개입하면서 기회가 있을 때마다 공격을 펼쳤는데 그들은 이렇게 하면서도 오스트로즈키 공을 비롯한 정교도 영주들은 지원하였으니, 그것은 이 영주들이 정교도의 적대자들, 즉 이 시기에 교회통합의 실행에 몰두하고 있던 통합교회 주교들 및 그들의 신봉자들과 완전히 관계를 끊을 수 있도록 돕는 일이었다.

59. 1596년 전쟁

코자크들은 이런 행동을 하고도 아무런 벌을 받지 않은 채 방치되지는 않았다. 폴란드 정부는 코자크들이 오스트로즈키 공을 비롯해 폴란드 지배층에 적대적인 정교도 영주들과 대적해서 싸울 때는 태연히 바라보기만 했다. 그러나 코자크들이 이 시기에 폴란드 정부의 보호를 받으며 교회통합을 추진하고 있던 인물들을 괴롭히기 시작하자 더 이상 참을 수 없게 되었다. 게다가 볼린과 벨라루스의 도시들에서 코자크들이 일으킨 파괴 사태로 폴란드 정부는 인내의 한계에 이르렀다.

이 시기에 마침 폴란드군은 외국과의 분쟁에 전혀 말려들지 않고 있는 상황이었다. 1596년 초 폴란드왕은 최고 헤트만(폴란드군 총사령관인 국왕 헤트만의 조력자)인 스타니스와프 주우키에프스키(Stanisław Żółkiewski)[122] 에게 코자크들을 공격하여 이들을 제압하라고 명령했다. 폴란드군의 수가 얼마 되지 않았던 데다가 몰다비아 원정으로 전력이 크게 약화되어 있었으므로 국왕은 할리치나와 볼린의 귀족층에게도 코자크를 공격하는 원정에 나서라고 명령했다.

122) 1547~1620. 폴란드의 무인. 폴란드군 사령관(헤트만)의 직책을 가지고 코자크 봉기 진압, 투르크 원정 등에서 많은 성과를 거두었다. 1620년 투르크에 대적하기 위한 몰다비아 원정을 주도하였다가 체초라 들판 전투에서 전사하였다. 이때 보흐단 흐멜니츠키 부자도 그를 도와 함께 참전했는데, 보흐단의 아버지 미하일로는 체초라 들판 전투에서 전사하였으며 보흐단 흐멜니츠키 자신은 포로가 되어 콘스탄티노플(이스탄불)로 잡혀갔었다.

주우키에프스키는 전력이 약한 점을 고려하여 신속한 작전을 펼치기로 결정했다. 코자크 군단들은 여러 곳에 흩어져 있었다. 날리바이코 부대는 남부 볼린에 있었고, 로보다 부대는 빌라 체르크바 부근에, 포병대를 대동한 나머지 자포로자 코자크 군단들은 샤울라(Шаула)의 지휘 아래 벨라루스 원정에 나가 있는 상태였다. 주우키에프스키는 이들이 집결하기 전에 덮쳐 코자크 부대를 각개 격파하기로 결정했다. 그는 수송부대와 이동하기가 좀 더 거북한 중기병대를 놓아두고 경기병대만을 동원하여 우선 날리바이코를 공격했는데 그를 거의 잡을 뻔했다. 하지만 날리바이코는 그래도 역시 재빨리 도망하여 브라츨라브 지역의 옛 코자크 동료들이 있는 곳으로 퇴각했다. 주우키에프스키 부대는 그를 추격해 가면서 남아 있는 사람들을 죽이고 손에 닿는 대로 모든 것을 점령하였다. 날리바이코는 포병대와 함께 신속하면서도 아주 질서정연하게 퇴각하기는 했지만 도중에 주우키에프스키와 협상을 벌였을 뿐 아니라 이와 동시에 로보다와도 (연합전선을 펼) 협상을 했다. 날리바이코는 브라츨라브 성에서 자신을 받아줄 것인지 연락이 오기를 기다렸다. 그러나 브라츨라브 주민들은 폴란드군의 파괴를 두려워하여 그 직전에 이미 항복을 하였고, 지금은 날리바이코를 받아들이는 것을 두려워하고 있었다. 브라츨라브 인근에서 주우키에프스키는 날리바이코를 거의 잡을 뻔했으나, 날리바이코는 강의 나루터에서 강을 건너기 위해 깔아놓은 통나무 다리(гать)를 파괴하여 폴란드군의 진격을 지체시켰다. 그는 대포를 강에 버리고, 탄약들은 땅에 묻은 후 가벼운 무장을 한 채 솝(Соб)강 너머 초원지대로 빠져나갔다. 주우키에프스키는 그 곳까지 그를 추격해 들어갈 엄두는 내지 못했다. 날리바이코는 '우만 숲'(당시에 우만 지방은 아직 황야지대였다)에서 기회를 엿보며 기다리다가 키예프 군정사령관구로 이동해갔다. 주우키에프스키가 날리바이코를 추격

그림 169 코자크 마마이(다른 유형)

하고 있던 이 시기를 틈타 로보다는 샤울라 부대와 무사히 합류했다. 자포로자 코자크들은 날리바이코를 받아들일 것인지에 대해 한동안 결정을 내리지 못하였다. 주우키에프스키는 이들을 분열시키기 위해 노력했다. 그는 로보다에게 자기는 날리바이코를 원흉으로 여겨서 그를 없애고자 할 뿐이므로, 자포로자 코자크들은 읍락 지역에서 나와 하류지역 본거지로 돌아가기만 하면 되고, 자기는 이들을 공격하지 않을 것이라고 회유했다. 그러나 자포로자 코자크들은 주우키에프스키의 이 권고를 거절하였다. 코자크 집단의 통일이라는 이상이 승리해서, 자포로자 코자크들은 날리바이코를 자신들 진영에 받아들이기로 결정했다. 샤울라는 빌라 체르크바 근처에서 날리바이코와 합류하였는데 이곳에서 그들은 키릭 루진스키(Кирик Ружинський) 공의 지휘 아래 이쪽으로 다가오고 있던 폴란드군의 전위 부대를 거의 전멸시킬 뻔했다. 키릭 루진스키는 보흐단 루진스키와 형제지

간으로 그 자신도 얼마 전까지 코자크 부대를 이끌던 지도자였으나 코자크들이 자기에게 맞서 반란을 일으킨 데다가 파볼로츠크(Паволоцк) 읍락의 주민들을 코자크 집단에 가담시키자 이제 눈에 불을 켜고 그들에게 보복할 기회만을 찾고 있던 차였다. 하지만 주우키에프스키 부대가 때마침 도착하여 루진스키를 재앙에서 구해주었다, 코자크 군단은 후퇴를 시작하였지만 주우키에프스키는 코자크들을 추격해 왔기에 결국 호스트리 카민(Гострий Камінь) 숲에서 전투가 벌어졌다. 코자크들은 마차('타보르'라고 한다)를 빙 둘러서 연결하여 자신들의 야영지를 요새화하였는데, 폴란드군은 이를 쉽게 격파할 수 없었다. 코자크 장교들 중에서는 많은 전사자가 나왔다. 그들이 몸을 사리지 않았기 때문임이 분명하다. 샤울라 자신도 포탄에 맞아 한 팔을 잃어버렸다. 그러나 폴란드군도 큰 손실을 입었기에 주우키에프스키는 더 이상 코자크군을 공격할 생각을 하지 못하고 일단 빌라 체르크바 부근으로 돌아갔다. 그곳에서 그는 폴란드 왕에게 지원병과 보급품을 보내달라고 요청하였다. 지원군과 보급품이 도착한 후 4월 말이 되어서야 비로소 폴란드군은 코자크군과의 전투를 재개했다.

이러는 동안 코자크 군단은 병력을 모아 페레야슬라브 부근에 집결했다. 코자크들은 처자식들이 폴란드 군대의 인질이 되는 것을 막기 위해 가족들도 모두 데리고 집결했다. 코자크들은 이미 그토록 많은 피를 흘린 데다 잔인한 적들 앞에서 가족들까지 같이 데리고 있는 상황이었으므로 어떻게 해야 할지 쉽게 결정할 수 없었다. 일부 코자크들은 드니프로 강 이동 지역(자드니프로비야) 깊숙한 곳, 모스크바국 국경 근처로 이동하자고 제안하였고, 다른 일부는 페레야슬라브 부근에 남아 최후의 한 사람까지 싸우자고 제안했다. 복종을 앞세워 주우키에프스키에게 항복하자는 안을 지지하는 사람들도 있었지만 이 의견은 받아들여지지 않았다. 코자크들이 묘안을 짜내고 있는 동안 주우키에프스키는 드니프로 강을 도강하는 방법을 찾고 있었다. 주우키에프스키의 도강 작전에 도움을 준 사람들은 키예프 소시민들이었다. 주우키에프스키의 호의를 사기 위해 키예프 소시민들은 코자크들 눈에 띄지 않도록 강과 다른 은밀한 장소에 배들을 숨겨 보내 주었고, 폴란드군의 도강 작전을 도와주었다. 그러자 코자크군은 폴란드군의 도강을 막기 위해 강변에 대포를 설치하였다. 그러나 주우키에프스키는 코자크들에게 기만 작전을 썼다. 그는 몇 척의 배를 트리필랴 부근으로 보내 마치 그곳에서 드니프로 강을 건너고자 하는 것 같은 모양새를 취했다. 코자크군이 도강을 막기 위해 그쪽으로 이동하자, 주우키에프스키는 키예프 바로 아래에서 드니프로 강을 건넜다. 그러자 코자크 군단은 모스크바국 국경 지역으로 이동하기로 결정했다. 그들은 주우키에프스키가 과거에 날리바이코를 끝까지 추격하고자 하지 않았듯이 이번에도 그들을 추격하여 감히 그곳까지 오려 하지는 않을 것으로 기대했다. 그러나 주우키에프스키는 코자크 집단을 격파하기로 마음먹었다. 이때 리투아니아의 지원군이 그에게 도착하였고, 주우키에프스키는 이제는 자신의 군사력이 코자크군보다 앞선다는 자신감을 가지게 되었다. 그가 염려하는 것은 단지 코자크들이 모스크바국 국경 너머로 들어가거나 돈 강으로 이동하는 것이었다. 그는 이를 막기 위해 코자크군과 다시 협상을 벌이면서 한편으로는 비밀리에 방백인 스트루스(Струс)가 지휘하는 경기병 부대 일부를 보내 코자크군의 후방을 공격하고 코자크 부대가 초원지대로 들어가지 못하고 막으라고 지시했다. 이 지시는 너무나도 철저한 보안 속에 이루어졌기 때문에 심지어는 이동하는 폴란드군 부대원 자신들도 어디로 향하는지 모르고 있었다. 코자크들도 이러한 사실을 전혀 모르고 있었다. 코자크군은 이때 솔로니차 강과 루브니 사이에서 술라 강을 건넜다. 코자크군은 주우키에프스키의 동향만을 예의주시하며, 만일 척후병이 그의 주력군이 접근한다고 알리는 경우 술라 강의 다리를 폭파하고, 주우키에프스키 부대가 다리가 파괴된 지점에서 도강을 준비하는 동안 모스크바국 국경 너머로 이동할 계획이었다. 그러나 주우키에프스키도 이러한 사태가 일어날 것을 염려하였기에 척후부대를 보내 코자크들의 퇴로를 차단하라고 지시했다. 척후부대는 은밀히 루브니 후방의 퇴로를 차단하고 기다리다가, 주우키에프스키 주력군이 도착하자 반대 방향에서 코자크군을 기습 공격했다. 코자크들은 큰 혼란에 빠졌고 솔로니차 강둑에 남아 거기에서 방어진지를 구축하기로 했다.

방어 진지는 사방을 내려다볼 수 있는 곳에 구축되어 편리했다. 이 지역의 한쪽 방면은 통행이 불가능한 술라 강 늪지대 덕에 보호받고 있었고, 나머지 방면에서는 코자크들이 여러 겹의 마차를 배치하고 토성을 쌓았으며 참호도 파서 방어 진지를 구축했다. 진지 한가운데에는 진흙으로 다진 통나무 방어벽을 만든 다음 그 안에 대포를 배치했다. 요새는 견고하게 구축되었으므로, 이 요새를 기습공격으로 정복하는 것은 불가능했다. 요새에는 전투 능력 있는 코자크군 병력이 아직 약 6,000명 있었고, 그 밖에 거의 비슷한 수의 비전투원인 여자들, 아이들이 있었다. 주우키에프스키는 포위 작전으로 코자크군의 전의를 꺾기로 하고, 가축과 말을 목초지에 방목시키지 못하게 했다. 그는 코자크 진지에 포탄을 날려 괴롭히고 다른 한편으로는 코자크들을 분열시키고 그들 사이에 의심과 불화를 퍼뜨리고자 하면서 협상을 전개했다. 그의 이러한 노력은 나름대로 효과를 거두었다. 압박을 받는 분위기에 처하자 자포로쟈 코자크들과 날리바이코를 추종하는 코자크들 사이의 해묵은 반목이 되살아났다. 갈등이 시작되었고, 그런 다음에는 유혈 충돌도 발생했다. 이러던 중에 한 회의(군단 전체평의회)에서는 난투가 벌어져 로보다가 살해되었다. 그러나 날리바이코가 헤트만으로서 지휘봉을 잡지는 못했다. 크렘프스키(Кремпський)가 새로운 헤트만으로 선출되었다. 드니프로 하류 지역(자포로자) 코자크들은 날리바이코가 로보다를 죽인 것을 잊을 수 없었다. 코자크 진영의 상황은 전반적으로 매우 어려웠다. 사료가 없어서 가축들이 죽어갔고, 폴란드군의 포격으로 사람들과 말들이 희생되었다. 시체는 수습되지 못한 채 진지 안에 방치되어 썩었고, 이 때문에 무더운 날씨 속에서 공기는 숨 쉬기도 힘들 만큼 탁해졌다. 이러한 상황에서 전열과 전의를 유지하는 것은 극히 힘들었지만, 코자크들은 경이롭게도 이 어려운 상황에서 그래도 아주 잘 견디어냈다.

하지만 주우키에프스키 부대도 어려움을 겪기는 마찬가지였다. 군대를 위한 보급품을 받기가 힘들어지자 주우키에프스키는 포위된 코자크들보다 자신의 부대가 먼저 굶어죽겠다는 생각에 사로잡혔다. 그의 병사들은 끊임없는 경비 근무 때문에 완전히 기진맥진해져 버렸다. 이러는 동안 드니프로 강변 지역에서는 피드비소츠키(Підвисоцький)가 지휘하는 새로운 코자크 연대가 결집하여 드넓은 드니프로유역 지방을 의도적으로 유린하고 다녔다. 이는 주우키에프스키의 주의를 이쪽으로 돌려 루브니 요새에 대한 포위를 풀어놓으려는 작전이었다. 자포로쟈에서도 루브니에서 포위된 동료들을 구출하기 위해 새로운 코자크 연대가 출발하여 드니프로 강을 따라 북상하고 있었다. 주우키에프스키는 그에 앞서 로보다에게 한 것처럼 이 코자크들의 진격도 저지하려 시도하였다. 그는 이들에게 전령을 보내 새 부대가 반란군과 연합하지만 않는다면 자기는 이들에게는 적대적 의도가 전혀 없다고 역설했다. 그러나 코자크들은 말을 듣지 않았다. 만일 코자크 지원군이 루브니에 도착하면 주우키에프스키에게는 일이 완전히 틀어져 버릴 것이 분명했다. 그러나 완전히 세상과 격리되어 솔로니차 요새에 갇혀 있는 코자크들은 자신들의 원군이 그렇게 가까이 온 것을 모르고 있었다.

주우키에프스키는 코자크들을 위협하고 항복시키기 위해 마지막 시도를 하기로 결정했다. 그는 무자비한 포격을 재개하고 최후의 결전을 위한 것인 양 돌격 준비를 하기 시작했다. 그런 동시에 그는 코자크들에게 항복하라고 계속 설득했다. 그는 주동자들을 넘겨주기만 하면 나머지 병사들은 손끝 하나 다치지 않을 것이라고 약속했다. 코자크들은 초죽음이 된 처자식들을 눈앞에 보면서 마음이 약해져 결국 더 이상 버틸 수 없었다. 그들은 이틀 동안 격심한 포격을 받고 난 후 주우키에프스키의 투항 조건을 받아들이기로 했다. 그들은 주동자를 넘기고, 대포와 온갖 탄약, 루돌프 황제에게서 받은 깃발과 다른 선물도 내놓기로 약속했다. 사태가 어떻게 될 것인지를 깨달은 날리바이코는 탈출을 하려 했다. 그의 부하들이 자기네 대장(오타만)을 보호하려 했으나 자포로쟈 코자크들은 그를 체포하여 폴란드군에게 넘겼다. 그와 함께 샤울라와 다른 몇몇 장교들도 폴란드군에 넘겨졌다.

그러나 코자크들이 주우키에프스키의 모든 요구 조건을 이행하자, 그는 또 다른 조건을 내놓았다. 즉 폴란드 귀족 각자가 코자크군에 참여하고 있던 자기 종속민들을 다시 데려갈 수 있도록 내놓으라는 것이었다. 코자크 병사들은 이 조치가 시행되면 그들 거의 모두가 각자 자기 지주들의 전횡에 시달리게 되므로 이 새로운 요구를 받아들일 수가 없었다. 그러자 폴란드군은 이미 체결된 강화 협약을 무시한 채, 무장 해제되고 무방비 상태에 놓여 있던 코자크들을 습격하고선 무자비한 살육을 자행하였다. “그토록 무자비하게 코자크들을 살육하였기에 1마일 이상에 걸쳐 겹겹이 시체가 쌓일 정도였다”라고 당대의 한 폴란드 저자는 전하고 있다.

크렘프스키 휘하의 일부 코자크들만이 포위를 뚫고 자포로쟈 지역으로 도망칠 수 있었다. 피드비소츠키가 이끄는 코자크 부대와 자포로쟈의 지원군도 되돌아갔다. 주우키에프스키는 코자크군을 완전히 절멸시킨다는 자기 계획을 실행하기에는 이제 힘이 부친다는 느낌이 들었다. 그 대신 포로로 잡힌 코자크 대장들에게 온갖 보복을 가하는 편이 더 쉬웠다. 특히 날리바이코에게 무서운 고통이 가해졌다.

그림 **170** 서부 우크라이나의 교회 유적. 레프 공이 묻혔다는 이야기가 전해지는 라브로브스키 수도원.

그는 1년 가까이 수감된 채 이웃 국가들이나 다른 인물들과의 공모에 대해 쉴 새 없이 심문을 당한 후 결국 참수형에 처해졌고, 사지를 절단당했다. 날리바이코에게 가해진 끔찍한 고통에 대한 여러 이야기는 폴란드 사회와 우크라이나 주민들 사이에 널리 퍼졌다. 민간의 한 소문에 따르면 그는 자신을 '날리바이 황제(Царь Наливай)[123]'라고 불렀고 우크라이나의 왕이 되려고 했다는 이유로, 머리에 쇠로 된 관을 쓴 채 뜨겁게 달군 쇠로 만든 말 위에 태워져 고문을 당했다고 한다.

123) 날리바이코는 '따르다, 채우다'라는 뜻을 가진 우크라이나어 동사 '날리바티'(наливати, 러시아어로는 날리바치(наливать))에서 파생된 말로 '술잔을 든 사람', '술을 따르는 사람' 등의 의미를 가진다. 날리바이코가 자칭했다는 '날리바이'는 명사형은 아니고 동사 날리바티의 명령형으로 '술을 따르게', '물을 부어라' 정도의 의미가 되겠다. 날리바이코가 술 권하는 사람이라는 뜻을 가진 본명을 피해 좀 더 점잖은 느낌을 주기 위해 일부러 '날리바이'라는 이름을 택했는지는 분명하지 않다.

60. 우크라이나 민족생활의 쇠퇴와 그 소생을 위한 노력

코자크 집단은 주우키에프스키가 자행한 학살에 의해 결코 완전히 와해된 것은 아니었지만, 세력이 크게 약화되었고, 일정 기간 동안은 '읍락 지역'에서 드니프로 하류 지역으로 물러날 수밖에 없었다. 이러한 상황은 코자크 집단 자체뿐 아니라 우크라이나인들의 삶 전체에 적지 않은 중요성을 가졌다. 이 일이 벌어진 것은 바로 우크라이나 사회 전체가 교회통합이라는 형태로 자신들의 머리 위에 가해질 타격을 예감하고 투쟁과 저항의 수단을 찾아 움직이고 있던 그런 지극히 힘든 시점이었다. 마침 이 일이 있기 전 코자크 집단은 사람들로 하여금 자신들의 힘을 실감하게 했고 이미 여러 가지 민족적 · 종교적 기대가 이들과 결부되어 표현되기 시작했다. 적들도 이것을 느끼고 정교도들을 '날리바이코 일당(наливайки)'이라고 부르면서 이들이 마치 날리바이코 및 다른 코자크 반란자들과 함께 교류하기라도 한 것처럼 비난했다. 실제로는 이런 일은 아직 일어나지 않았거나 이제 막 시작되는 상황이었지만, 이러한 동맹은 실제로 조만간 현실화될 수밖에 없었다. 왜냐하면 우크라이나 주민들이나 벨라루스 주민들은 어디서든 도움과 구원을 얻기 위해 간절히 애쓰고 있었기 때문이다. 그래서 만일 솔로니차(루브니) 참변만 없었다면 아마도 코자크 집단은 이미 16세기 말에 사회 전체의 움직임에 참여했겠지만, 그들이 겪었던 패배 때문에 이러한 일은 약 25년이 흐른 후에야 가능하게 되었다.

상황은 필연적으로 이 같은 귀결로 이어질 수밖에 없었다. 우크라이나 주민들은 자신들에게 다가오는 폴란드화의 위협 앞에 목숨을 걸고 저항하기로 결심했던 것이다.

폴란드의 지배로 인해 우크라이나 민중이 어떤 상황에 처하게 되었는지 앞에서 이미 살펴보았다. 폴란드 지배는 우크라이나 인민대중을 농노로 전락시키고 경제를 황폐화시켰으며, 도시를 몰락시키고 우크라이나 소시민들이 상공업에 종사할 수 있는 길을 막아버렸다. 우크라이나인들 중에서는 토지소유자 계급만이 유일하게 국가 법률에 의해 정치생활에 참여하고 이에 영향을 미칠 수 있도록 허용되었다. 하지만 폴란드의 지배권 때문에 이들조차 일체의 정치적 역할과 중요성을 박탈당했고, 실제로는 이들의 정치적 영향력은 전혀 없었다. 조직력을 갖추지 못하고 있던 우크라이나 귀족들은 서부 우크라이나에 폴란드 귀족들의 물결이 쏟아져 들어오기 시작하자마자 곧바로 밀려나고 침몰되었으며, 이미 초기부터 모든 관직에서 쫓겨나고, 모든 것에서 배제되고 모든 것을 빼앗겼다. 그렇기 때문에 오로지 지배권을 가진 폴란드 요소집단의 비위를 맞추면서 폴란드화하고 로마 가톨릭화하는 것만이 실질적으

그림 171 "이새의 나무"(이새로부터 예수그리스도의 탄생으로 이어지는 계보를 나무뿌리에서 뻗어나온 줄기로 묘사한 그림–옮긴이). 제단 중앙의 문. 할리치나.

그림 172 바실리-콘스탄틴 오스트로즈키 공이 바친 두브노의 성상.

로 대등한 권리를 누릴 수 있는 유일한 방법이었다. 실제로 할리치나, 포딜랴, 홀름(헤움) 지역의 우크라이나 귀족들 중 우수한 사람들, 권력과 중요성 있는 자리를 얻으려고 노력하는 사람들은 16세기 초에 들어서면 약간의 예외를 제외하고는 이미 모두가 완전히 폴란드화했다. 16세기가 되자 똑같은 일이 볼린과 드니프로 강 유역 지역에서도 되풀이되기 시작했다. 1569년의 (루블린 연합) 칙서에서는 현지의 정교도 통치귀족들에게 그들이 모든

그림 173 포딜랴의 수트키브치에 있는 교회. 15세기에 우크라이나의 귀족인 야르몰린스키 일가 사람들이 건립하였다.

면에서 가톨릭교도와 동등한 권리를 누리게 될 것이라는 약속이 주어졌지만, 이 약속은 빈 소리에 지나지 않는 것임이 드러났다. 이 지역 주민들 중 상류층의 사람들도 역시 가톨릭으로 개종하고 폴란드화하는 길 이외에는 다른 모든 길이 막혀있다는 사실을 곧 똑똑히 깨달았다. 우크라이나 통치귀족들의 둥지와 같았던 볼린에서조차 공들과 권문귀족들과 같은 최상층의 삶이 실제로 빠른 속도로 폴란드에 동화되기 시작하였고, 이로써 우크라이나 주민들은 어느 정도나마 영향력과 중요성을 가지고 우크라이나 민족생활의 버팀목 역할을 할 수 있을 만한 유일한 계급을 결정적으로 잃어버리게 되었다.

바로 이 15~16세기에 폴란드-리투아니아의 지배 아래서 우크라이나 문화생활은 심각한 쇠퇴를 겪게 되었다. 우리는 문화생활이 교회생활과 얼마나 밀접하게 연관되었는지를 이미 보았다. 정교회와 정교회 성직자들은 국가권력의 특별한 배려와 보호를 받는 데 익숙했다. 그러나 이제는 우크라이나 정부가 더 이상 존재하지 않았다. 리투아니아 정부와 특히 폴란드 정부는 정교회를 학대했고, 정부 자체가 얼마나 열성적으로 가톨릭교회를 옹호하는지를 정교회로 하여금 매우 고통스럽게 실감하도록 만든 적이 한두 번이 아니었다. 이 때문에 정교회는 점차 지리멸렬과 쇠퇴의 길로 들어섰고, 정교회와 관련을 맺으며 형성되었던 유서깊은 문화도 같은 운명을 맞게 되었다. 성직자들 중에 학식 있는 사람들을 찾기가 점점 더 힘들어지고, 유서 깊은 학교들은 문을 닫았으며, 문학과 예술적 창작도 퇴색했다. 정교를 신봉하는 통치귀족들, 곧 우크라이나 공들과 권문귀족들이 아직도 확고하게 버티고 있는 곳에서는 그들이 교회 생활 및 이와 관련된 문화를 어느 정도 유지할 수 있었던 것이 사실이다. 그러나 이들도 적대적 성향을 가진 폴란드 정부로 인해 우크라이나 교회생활에 찾아든 지리멸렬 사태 앞에서는 힘을 쓸 수가 없었다. 리투아니아 대공과 폴란드 왕은 이른바 '서임권', 즉 교회 직책을 분배하는 권리를 가지고 있었다. 주교나 수도원장 자리의 후보들은 교회의 직책을 얻기 위해서는 국왕이나 대공의 은사(恩賜) 칙서를 받아야 했다. 그런데 왕이나 대공들은 정교회 고위직 지원자들이 과연 자격을 제대로 갖추고 있는가 하는 점에는 전혀 신경을 쓰지 않고, 오로지 '탄원(чолобитє)'[124]에 따라, 다시 말해 돈에 따라, 그러니까 누가 더 많은 돈을 제시하고 누가 어떤 일로써 왕에게 봉사를 하여 공을 세웠는가 하는 것을 고려해 이 같은 고위직 은사 증서를 나누어 주었다. 이렇게 되자 정교회의 주교나 수도원장 자리가 성직생활을 할 만한 자

124) 여기서 '탄원'의 원어 '촐로비테'는 원래 머리를 조아려 이마를 땅에 대고 간청하는 것을 말한다. 이 글에서는 좀 더 일반적인 의미의 '청원'을 뜻한다.

질이 전혀 없거나, 심지어는 성직자로서 서품을 받지도 않은 사람들 차지가 되었다. 이렇게 교구나 수도원을 차지한 사람들은 교회 재산과 영지를 팔아서 그것으로 자기네 피붙이와 자식들을 위한 부를 챙겨 주었다. 우크라이나 통치귀족들도 평민들도 이러한 엽관제도를 철폐할 수 없었다. 교회를 장식하고 학자들을 후원하고, 장애인과 빈자들을 돕기 위해 자신들이 기부한 토지와 돈과 귀중품들을 낭비꾼들과 술주정뱅이 사제들이 마구 써버리고, 사제들 자기네 딸이나 첩이나 또 생판 알지도 못하는 누군가에게 교회의 귀중품을 선물로 나눠준다는 것을 알고서는 더 이상 교회를 위해 무엇인가를 지원하고 싶은 생각이 싹 가셔 버리게 되었다.

국왕의 이러한 '서임권'(다른 말로는 후원제)으로 인해 16세기에 우크라이나 정교회는 극단적 지리멸렬과 쇠퇴를 겪게 되었다. 우크라이나 통치귀족들은 자격 있는 사람들을 교회 직책에 임명할 권한을 폴란드 왕으로부터 얻어내기 위해 노력했으나 이러한 노력은 헛수고로 끝났다. 왕들은 이처럼 수지맞는 권리를 내줄 생각을 하지 않았다. 이러는 동안 교계(教界)의 지리멸렬은 우크라이나 민족생활과 문화생활에 지극히 부정적인 영향을 미쳤다. 정교회는 우크라이나 인민집단(народность)의 유일한 민족 대표

그림 174 수도대주교 이오시프 솔탄. 정교회의 정비를 위해 노고를 기울인 가장 훌륭한 수도대주교의 한 사람(16세기 초).

자였고, 민족적 깃발이었으며 동시에 민족 문화의 가장 중요한 지주였다. 그러나 민족 문화는 이 같은 여건 속에서 쇠퇴할 수밖에 없었고 폴란드 문화와 경쟁하는 것은 불가능하였다.

14~15세기의 폴란드 문화도 그 자체로는 수준이 높지 않았다. 폴란드 문화는 당대의 독일이나 이탈리아 문화를 모방한 허약하고 후진적인 아류에 지나지 않았다. 폴란드 문화가 우크라이나 문화보다 우위에 있었다면 그 이유는 무엇보다 이것이 국가의 문화이자 공식적 문화이고, 폴란드의 사회생활과 국가생활의 조건에 좀 더 잘 적응된 문화였다는 데 있었다. 그리고 더욱 강력할 뿐 아니라 폴란드 문화와 좀 더 가깝고 좀 더 잘 통하는 독일과 이탈리아의 가톨릭-라틴 문화가 그 배후를 받쳐주고 있는 것도 한 이유가 되었는데, 폴란드의 학교 표준어와 문학어는 독일과 이탈리아 문화가 보급될 수 있는 가능성을 높여 주었다. 반면 우크라이나-비잔티움 문화는 폴란드-리투아니아 문화가 국가생활에서 결정적 중요성을 가지는 새로운 상황에서는 점점 유용성이 떨어졌으며 한 마디로 말해 교회에서 사용되는 것 말고는 아무 데도 필요하지 않았다. 이 문화의 비잔티움적 원천도 이미 오래전에 메말라서 시대와 생활의 필요에 발맞추어 가지 못한 채 단지 옛것을 되풀이할 뿐이었다. 이러한 이유 때문에 이것은 폴란드-라틴 문화와 경쟁할 가능성을 상실했고, 특히 폴란드-라틴 문화가 집중적으로 발전하는 상황에서는 격차가 더 커졌다. 16세기에는 (16세기의 마지막 사반세기 이전까지는) 폴란드의 교회생활도 쇠퇴와 심한 지리멸렬의 시기를 겪었다. 그러나 그 대신 독일의 종교개혁과 반(反)가톨릭 운동의 영향으로 폴란드에서는 반(反)교회적이고 순수하게 귀족적인 정신에 입각한 세속 문학과 문화가 일어났는데 우크라이나인들은 이에 대해서도 역시 전혀 대항할 수 없었다. 독자적인 종교개혁 운동과 반(反)교회적 운동은 우크라이나 토

양에서는 일어나지 않았다. 종교개혁 이념의 영향을 받은 사람들은 우크라이나의 유일한 기반인 정교회적 기반에서 분리되었고 바로 그에 따라 폴란드 문화에 동화되었으며 이와 더불어 우크라이나 인민집단에서도 분리되었다. 우크라이나 사람들은 당시에 우크라이나 인민의 모든 계층과 부문을 단합시킬 수 있는 유일한 기반으로 남아 있는 것은 옛 정교회 신앙이라는 것, 그리고 이것이 우크라이나 생활의 개념 자체 또는 (고대 키예프 국가의 전통에 따라) 당대의 명칭으로 하자면 루스 생활의 개념 자체와 분리시킬 수 없게 연관되어 있다는 것을 잘 알았고 또 그렇게 느꼈다. 그러나 폴란드 국가에 의해 파괴되고 쇠락한 이 교회적 기반에서 무엇인가를 유지한다는 것은 얼마나 힘들었던가. 특히 우크라이나 상류층은 바로 우크라이나 교회가 크게 쇠락하던 시기인 16세기 중반부터 눈부시게 발전하기 시작한 폴란드 귀족 문화의 유혹 앞에서 이를 지키기가 더욱 힘들었다.

그림 **175** 흐리호리 호드케비치. 자블루디브스크 인쇄소의 설립자.

지주경제의 발달과 16세기 후반에 최대 규모에 이른 임산물(林産物), 가축, 곡물의 막대한 국외 수출에 힘입어 이제까지 소박하고 빈한하기까지 한 생활방식에 익숙해져 있었던 귀족들은 크게 부유해졌다. 농노들의 공물과 봉건적 의무 대신 귀족들의 주머니에 들어온 엄청난 돈 덕분에 사치와 화려함, 과시적 부를 향한 열망이 커졌다. 귀족들은 늘어난 수입을 결코 농업경영의 개량이나 문화 증진에 쓰지 않고 외양을 꾸미는 데 썼다. 가장 주력한 것은 비싼 치장이었고 그 다음으로는 술과 진수성찬의 바다에 낭비했다. 당시의 기록들은 그때까지 들어보지 못한 귀족생활의 요란함과 사치, 유행 추종에 대한 개탄으로 가득 차 있다. 이 과정에서 물론 어떤 것은 좀 더 높은 문화적 차원에서 받아들여졌을 것이다. 그러나 그야말로 겉모습에 불과한 화려함도 당시 교양 수준이 낮은 우크라이나와 벨라루스의 신흥 귀족들을 매료시키기에는 충분했으니, 이들은 폴란드 풍습을 모방하고, 폴란드 말을 배우고, 자녀들을 폴란드나 외국 학교에 유학시켰고, 이 자녀들은 새로운 생활양식에 물들어 자신들의 정교회 신앙과 전통을 버리고 완전히 폴란드식으로 동화되어 버렸다.

61. 학술 · 교육진흥 운동

우크라이나와 벨라루스의 애국자들은 자신들의 민족성이 이토록 참담하게 쇠락하는 것을 두려운 마음으로 지켜보았다. 그들은 이러한 경향이 계속되면 이 사회가 가진 가장 내용이 풍부하고, 문화적이며 소중한 요소들이 틀림없이 상실되고 주민들에게서 멀어질 것이라고 생각했다. 자신들의 '루스(Русь)'[125]가 경멸과 무시의 대상이 되고 비문화적이고 무지하고 낙후된 민중으로 여겨진다는 사실이 그들의 의식을 깊디깊은 비탄으로 가득 차게 했

125) 키예프 시대 이래 루스는 나라를 가리키기도 하지만 사람을 가리키기도 했다. 여기서 루스는 루스 사람들을 말한다. 흐루셰브스키가 말하는 루스 사람은 우크라이나인과 벨라루스인이다.

다. 16세기를 통해서, 특히 후반기에 '루스적', 곧 우크라이나적–벨라루스적 생활의 요소인 학식, 학교, 서책문화의 수준을 향상하기 위한 방법을 진지하게 궁구하는 사람들이 많은 지역에 나타났다. 이들은 이러한 목적을 달성하기 위해 이전과 마찬가지로 정교회를 이용했다. 이러한 노력은 폴란드–리투아니아 국가의 정치 및 사회생활의 필요를 충족시키는 세속적 문화를 원하고 있던 동시대의 주민들을 만족시키지 못했다. 그러나 이미 언급한 바와 같이 이 시기의 애국자들은 정교라는 본연적 요소만이 우크라이나와 벨라루스의 남아 있는 지식인 사회가 아직도 의지할 수 있는 유일한 기반이라고 믿었고, 이 토양에서 멀어진 사람은 모두 민족생활에서 떨어져 나간 것으로 보았다.

16세기 후반을 거쳐 가는 동안 여기저기에서 문화, 서책문화, 학식의 부흥을 위한 활동의 소규모 중심지들이 나타났다. 이런 것에 대해서는 일부만 알려져 있으나, 알려져 있는 것만으로도 당시의 운동이 어떤 목표를 지향했는지를 이해하기에 충분하다. 예를 들어 우크라이나 국경 지역인 자블루디브(Заблудів)에서는 우크라이나 권문귀족(키예프 보야린 출신)이자 리투아니아 군 사령관(헤트만)인 흐리호리 호드케비치(Григорий Ходкевич, 원래는 호드코비치(Ходкович)이다)의 영지에서 1560년대에 인쇄소가 설립되었고, 거기에서 호드케비치가 고용한 모스크바 인쇄기술자들이 처음으로 일했다. 인쇄술이라는 신기술의 등장에 분노한 모스크바 주민들을 피해 모스크바에서 망명 온 이반 표도로프(Иван Федоров)와 표트르 므스티슬라프(Петр Мстислав)가 인쇄소에서 일했다. 이들은 1569년 설교 복음집(복음서에 기초한 교훈집)을 출간했고, 1575년에는 시편을 출판했다. 그러나 이 작업 후 호드케비치는 출판 사업에 관심을 잃었고, 이반 표도로프는 그를 떠나서 르비브로 이주해 갔다. 이반 뇌제의 격노를 피해 도망쳐 나온

그림 176 유리 슬루츠키 공. 슬루츠크 학교의 설립자.

또 한 사람의 모스크바 이탈자인 쿠르프스키 공[126]은 볼린의 코벨(Ковел)에 자리를 잡은 후 같은 시기인 1560년대에 학자들을 자기 주변에 불러 모아 비잔티움 정교회 교부들의 저작을 번역했고, 우크라이나와 벨라루스의 뛰어난 인물들과 편지로 교신을 하면서 정교회 신앙을 수호하자고, 그리고 가톨릭 문화의 유혹에 넘어가지 말자고 이들에게 촉구했다. 세 번째 문화 그룹은 유리 슬루츠키(Юрий Слуцький) 공의 궁정이 있는 슬루츠크에 모여들었는데 유리 공은 키예프의 공이었던 올렐코비치 가문[127]의 후손이었다. 그의 영지에도 서책에 관심

126) 안드레이 미하일로비치 쿠르프스키(Андрей Михайлович Курбский, 1528~1583) 공은 16세기 러시아의 귀현으로 차르 이반 4세에 대한 가장 강력하고 체계적인 비판자 중 한 사람이었다. 그는 한때 이반 4세의 절친한 벗이었으나 이반 4세가 오프리취니나 정책으로 혈통귀족들을 탄압하면서 군주 절대권 강화를 향해 나아가자 리투아니아로 망명하였으며, 1560년대, 1570년대에 이반 4세를 강력히 비판하는 일련의 서신을 작성하여 그에게 보냈다고 알려져 있다. 이반 4세도 이에 대해 왕권을 무시하는 구 혈통귀족들의 전횡을 격렬히 비난하는 답장을 보냈다. 쿠르프스키 서신의 진위에 대해서는 논란도 있으나 다수의 연구자들은 이 서신이 쿠르프스키 공 자신이 직접 쓴 것이라고 보고 있다.

127) 올렐코비치(Олелькович)는 15세기 전반 키예프 공이었던 올렐코(올렉산드르) 블라디미로비치 공의 후손들을 말한다. 48장 참조.

이 있는 학자들이 모였고, 당대 사람이 1581년에 증언한 바에 따르면 인쇄소와 학교가 이곳에 세워졌다고 하나 아쉽게도 더 이상 알려진 바는 없다.

그 같은 새로운 문화활동을 위한 훨씬 더 중요하고도 견고한 중심지가 있었으니 그것은 곧 볼린의 오스트로흐였다. 오스트로흐는 오스트로즈키 공의 공령이었다. 오스트로즈키 공의 가문은 키예프 공 가문의 후손으로서, 오래전부터 지조와 민족성에 대한 확고한 헌신으로 이름을 날리고 있었다. 이 가문 출신의 공들 중 여러 명이 민족성의 열렬한 수호자의 역할을 했다. 리투아니아 군의 최고사령관이었던 콘스탄티나스 이바노비치 오스트로기슈키스(오스트로즈키) 공은 자기 시대에 루스 민족성과 정교회의 가장 중요한 기둥이자 보호자로 여겨졌다(그는 1530년 사망했다). 그의 아들로 키예프 군정사령관을 지낸 바실리-콘스탄틴[128]도 거대한 영지를 소유하고 폴란드-리투아니아의 유력한 가문과 인척으로 연결되어 있었으며 정치적으로 중요한 역할은 수행하지 않았지만 그 대신, 우크라이나 문화생활의 후견자이자 정교 신앙의 수호자로서 명성을 날렸다. 물론 그의 거대한 재산을 생각하면 그는 이 목적을 위해 더 많은 기부를 할 수도 있었을 것이다. 그러나 어쨌거나 당시의 우크라이나 권문귀족층이 우크라이나적 삶을 위해 기부한 전체 액수 중에서는 그의 기부액이 가장 컸다.

당시 (오스트로흐에서) 진행된 사업에 대한 기록도 역시 얼마 남아 있지 않다. 오스트로흐에는 이미 오래전부터 학식이 높은 정교회 사제들이 많이

128) 바실리-콘스탄틴 오스트로즈키(Василий-Константин Острозький, 1526~1608)는 콘스탄틴 콘스탄티노비치(Константин Константинович)라고도 불리고 콘스탄틴 바실리(Константин-Василий)라고도 불린다. 그는 콘스탄티나스 (이바노비치) 오스트로기슈키스 공의 막내아들로, 1559년부터 생애 끝까지 키예프 군정사령관직을 맡았다. 대부호로서 오스트로흐 그룹 학자 · 지식인들의 문필활동, 교육활동을 지원했으며 무엇보다 정교와 가톨릭교회의 통합에 강경하게 반대해 이를 막기 위해 투쟁한 것으로 유명하다.

거주했는데, 이들은 학교를 운영했으며 상당한 정도의 서적발간 활동을 한 것으로 추정된다. 1570년대에는 폴란드의 아카데미를 본 딴 고등교육기관을 만들려는 시도가 이곳에서 있었다. 당시 사람들은 이 폴란드식 아카데미를 '3개 언어 특수고등학교'(슬라브어, 그리스어, 라틴어로 교육을 했기 때문에) 또는 '그리스 학교', '그리스-슬라브 학교'라고도 불렀고 '그리스-슬라브 아카데미'라고도 불렀다. 그러나 고등교육을 담당할 교수진이 부족했기 때문에 제대로 된 고등교육기관을 세우는 것에는 성공하지 못했다. 그 당시에는 실력이 뛰어난 학자들을 그리스어가 사용되는 지역에서도 구하기가 쉽지 않았다. 비정교회 신자인 교수들은 학교에서 가톨릭의 정신을 주입시킬 수도 있기 때문에 이들을 초빙해 오는 것은 다들 우려했다. 물론 학교에서 배출한 젊은 학자들을 서유럽의 대학에 보내 공부를 시켜서 차츰 교수 요원을 양성할 수도 있었겠지만 여기까지는 생각이 미치지 못했다. 다만 간혹 가다가 높은 수준의 서유럽식 교육을 받은 그리스인 학자를 초빙할 수 있을 뿐이었다(후일 총대주교가 된 키릴 루카리스[129)]나 총대주교청장(протосинкелл)[130)]이 된 니케포로스 같은 사람이 이러한 경우였다). 그러나 이러한 문제점에도 불구하고 고등교육기관이 탄생했고, 정교회 토양에서는 학문의 발달과 교육이 불가능하다고 주장해온 정교회의 적들에게 오스트로흐 학교는 완벽히 정당한 반론을 제기할 수 있는 근거를 마련해주었다. 이

129) 그리스 정교의 고위 성직자 키릴로스 루카리스(Κύριλλος Λούκαρις, 1572~1638)를 말한다. 그는 한때 오스트로흐 학교 교장으로 재직하면서 그리스어를 가르쳤다. 나중에 알렉산드리아 총대주교(1602~1621), 콘스탄티노플 총대주교직(1621~1638)에 올랐다.

130) 그리스어로는 프로토싱켈로스(Πρωτοσύγκελος). 정교회의 직책 가운데 하나. 프로토는 '으뜸가는'이라는 뜻이고 싱켈로스는 '승방을 함께 쓰는 사람'이라는 뜻이다. 역사적으로는 주교와 같은 방에서 생활하는 성직자를 말한다. 주교의 포로토싱켈로스는 주교와 가장 가까운 조력자로서 수도원장인 경우가 대부분이다. 주교의 비서실장 혹은 수석 보좌관과 같은 임무를 수행한다고 할 수 있다. 본문에서는 총대주교의 대리인 혹은 수석 보좌성직자를 의미한다.

학교의 설립으로 우크라이나에서 고등 교육으로의 전환이 시작되었다.

오스트로흐에서는 학자들이 학교 주변에 모이거나 혹은 학교와 별개로 모여서 일종의 학회를 형성했다. 여기에는 당대의 저명한 신학자와 작가들이 포함되어 있었는데, 헤라심 스모트리츠키(Герасим Смотрицький)도 그 일원이었고, 그의 아들 막심도 이 그룹에 속했다. 막심은 원래 수도사명인 멜레티(Мелетий)로 불리다가 나중에는 바실 스모트리츠키(Василь Смотрицький)로 불렸고 '유일하고 진정한 정교 신앙'이라는 유명한 신학논문을 집필한 인물이다. 그리고 필랴레트 브론스키(Филярет Бронський), 클리릭 오스트로즈키(Клирик Острозький)를 비롯한 다른 여러 학자들도 이 모임에 속했다. 이 학자 그룹이 한 첫 번째 중요한 일은 성경을 인쇄하여 출판한 것이었다. 1575년 이반 표도로프가 르비브를 떠나 오스트로즈키 공에게 와서 여기에 인쇄소를 만들었는데, 오스트로즈키 공은 인쇄소의 첫 작업으로는 다름 아닌 성경을 찍어내야 한다고 생각했다. 당시로서는 이것은 거대한 작업이었다. 당시에는 성경의 개별적 부분들만이 (슬라브어로 옮겨져) 사용되고 있었고, 성경 전체의 텍스트가 없었다. 오스트로즈키는 여러 곳에 사람을 보내 그리스어로 된 텍스트와 슬라브어 번역본을 찾아오게 했다. 다음으로 번역본을 수정하는 데 몇 년이 걸렸고, 인쇄 작업도 몇 년에 걸쳐 진행되었다. 드디어 1580년 슬라브어로 된 성경 완역본이 나오게 되어 슬라브어 서적출판에 가장 중요한 금자탑이 세워졌다. 얼마 후 1580년대와 1590년대에 오스트로흐의 학자들은 주로 문필활동에 바탕을 두고 정교회 신앙을 옹호했다. 그들은 폴란드 정부가 정교회의 반대를 무릅쓰고 강제로 도입하려고 하는 새로운 역법[131]에 반대하는 투쟁을 벌였

131) 정교 사회의 역법은 고대 로마 시대에 율리우스 케사르가 제정한 율리우스력에 바탕을 둔 구력이고, 서유럽에서 사용되던 역법은 16세기말 그레고리우스 13세 교황의 명령으로 개

그림 **177** **1491**년 슈바이폴트 피올(Швайпольт Фиоль, 독일어로는 **Schweipolt Fiol**, 독일 출신으로 우크라이나 출판의 시조가 된 인물—옮긴이) 출판물(가톨릭 성직자들에 의해 금지되기 전, 크라쿠프에서 우크라이나의 여러 지방과 벨라루스의 여러 지방을 위해 인쇄되었던 가장 오래된 출판물)의 끝장식 삽화.

고, 그 후에는 교회통합에 반대하는 투쟁에 헌신했다. 바실 스모트리츠키, 헤라심 스모트리츠키 부자와 브론스키, 클리릭 오스트로즈키의 저술활동은 이런 방향으로 전개되었다.

우크라이나인들은 오스트로흐 그룹의 활동과 오스트로흐 학교의 업적에 대해 높이 평가했으나, 이 그룹의 존재근거가 단단하지 못한 것에 대해 비감해 했다. 바실리-콘스탄틴 오스트로즈키 공의 아들들은 가톨릭 교도였고, 정교회를 신봉한 유일한 아들 올렉산드르는 아버지보다 먼저 죽었다. 오스트로흐의 영지를 상속재산으로 받은 장자 야누쉬(Януш)는 일찌감치 가톨릭 신자가 되었고, 그 대가로 폴란드 정부로부터 크라쿠프 성주라는 최고위 직책을 받았다. 그의 시대가 되면 오스트로흐 학교가 발전하는 것은 고사하고 계속 존재하리라는 것조차 기대하기

정된 신력이다. 러시아 · 우크라이나 · 벨라루스에서는 20세기 초까지 구력이 사용되었으며 볼셰비키 혁명 후 1918년 초에 신력이 채택되었다. 구력은 신력에 비해 날짜가 조금씩 늦는다. 그래서 16세기 말~17세기에는 10일, 18세기에는 11일, 19세기에는 12일, 20~21세기에는 13일 차이난다.

힘들었다. 실제로 바실리-콘스탄틴 오스트로즈키가 사망하자 오스트로흐 그룹과 그들이 세운 기관들은 쇠퇴하기 시작했다. 슬루츠크의 상황도 마찬가지였다. 그곳에서는 유리 슬루츠키 공이 죽자 슬루츠키 가문의 재산은 로마 가톨릭 추종자들 손에 들어갔고, 이제 막 시작된 학술·교육진흥 활동의 모든 싹은 말라죽었다. 다른 통치귀족들에게 희망을 걸기도 어려웠다. 이 같은 학술·교육진흥 활동이 지속되고 루스의 민족성과 단단히 결부되기에는 활동이 너무 늦게 시작되었고, 그 기초가 너무 빈약했다. 권문귀족과 부유한 귀족의 자녀들은 이전처럼 가톨릭 학교로 진학했고, 특히 16세기 말에 빌나(빌니우스), 야로스와프(Jarosław),[132] 루블린과 다른 도시들에 세워진 예수회 학교로 많이 진학했다. 아주 뛰어난 교육자들이었던 예수회 수사들은 예수회 학교에서 다름 아닌 최상층 가문의 자녀들을 끌어들여 이들을 열렬한 가톨릭 신봉자가 되도록 교육시켰다.

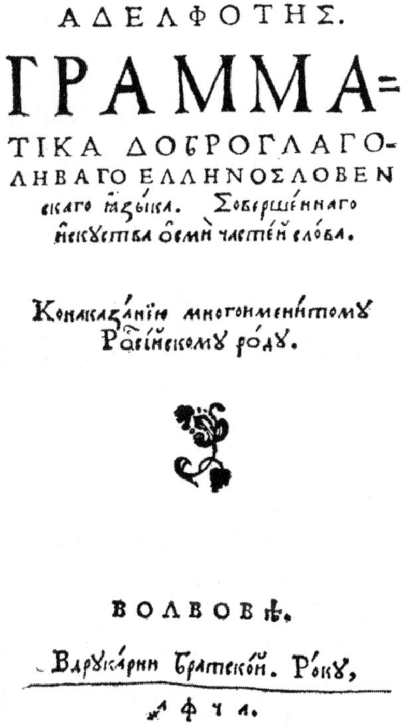

ΑΔΕΛΦΟΤΗΣ.
ΓΡΑΜΜΑ=
ΤΙΚΑ ΔΟΒΡΟΓΛΑΓΟ-
ΛΗΒΑΓΟ ΕΛΛΗΝΟΣΛΟΒΕΝ
скаго ѧзыка. Совершеннаго
искѹства осми частей слова.
Ко наказанию многоименитомѹ
Росийскомѹ родѹ.
ВО ЛВОВѢ.
Въ друкарни Братской. Рокѹ,
҂афча.

그림 **178** **1591**년에 출판된 그리스어-우크라이나어 문법책. 르비브 형제단 학교에서 편찬하였다.

132) 폴란드 동남쪽의 도시.

우크라이나와 벨라루스 주민들은 이 모든 것을 보고 "귀족들에게 희망을 걸지 마라"라고 말하고, 자신들의 재원으로 민족생활을 보존하기 위해 할 수 있는 일에 대해 생각할 수밖에 없었다. 이런 운동의 선두에 나선 이는 우크라이나에서는 르비브, 벨라루스에서는 빌나의 소시민들이었다.

62. 형제단

이미 1530년대와 1540년대에 우크라이나와 벨라루스의 소시민들은 자신들의 조직을 위한 합법적 형태를 갖추고 더 나아가 전반적으로 우크라이나 요소 집단을 합법적으로 조직하기 위해 유서깊은 형제단 조직을 이용했다. 그들은 이 조직을 수공업길드 형제단 모형으로 개혁했으며 그리하여 폴란드 지배를 받으면서 도입된 새로운 도시 구조와 새로운 생활양식에 적응할 수 있게끔 고색창연한 형제단 조직을 재편했다. 새 형제단의 내용은 공식적으로는 지금까지의 유서깊고 소박한 성격을 유지했으니, 형제단 교회를 후원하고 불행을 당한 회원을 돕는 일을 위주로 했다. 그러나 실제로는 형제단 생활은 자신들의 민족적 권리를 방어하는 역할을 수행했다. 특히 우크라이나 소시민들이 폴란드의 속박을 가장 심하게 느꼈던 르비브 지역에서 이러한 경향이 강했고, 르비브 형제단은 이러한 투쟁의 가장 중요한 발원지이자 수행기관이 되었다.

16세기 중반 르비브에서는 할리치나-르비브 주교구의 정교회 주교좌(座) 부활을 위한 투쟁이 시작되었다. 이 교구에 대해서는 르비브 가톨릭 대주교가 관할권을 주장하고 있었다. 얼마 후 1570년에 르비브의 우크라이나 소시민들은 가톨릭신자와 정교도의 동등한 권리를 요구하는 새로운 투쟁을 시작했다. 16세기를 거쳐 가는 동안 르비브에서는 우크라이나 소시민층이 수적으로나 경제적 · 문화적으로나 크게 성장했기 때문에 여러 가지 제약들은 더욱 부당하게 느껴졌다. 그러나 이번에는 차별 정책 완화와 관련해 몇 가지 미미한 성과를 거두는 데 그쳤고 주요 부문에서 이전의 불평등은 계속되었다. 다음 단계로 르비브 주민들은 그레고리우스 역법의 도입을 반대하는 투쟁을 시작했다. 이번에도 정부와 가톨릭 사제들은 정교도들에게 가톨릭 신자들이 사용하는 새 달력을 쓰도록 강제하는 정책을 다른 어느 곳보다 르비브 지역에서 가장 강경하게 펼쳤다. 정교도들은 새로운 역법의 도입을 자신들의 신앙 생활과 민족생활을 말살하려는 음모라 생각했고, 그들이 자발적으로 새 역법을 받아들이지 않는 이상 그 누구도 자신들에게 이를 강요할 수 없다고 생각했다. 이 사태는 우크라이나 주민들을 심각하게 자극했다. 가톨릭 지주, 성직자, 정부 측에서 강제적 조치에 나서자 충돌이 발생하여 주민들이 체포되고 처벌되었다. 그러나 우크라이나 공중은 끝까지 굴복하지 않고 자신들의 견해를 지켰고, 이런 방식으로 문화 문제에서 자신들의 자율성을 지키는 데 성공했다.

우크라이나 공중 사이에서 민족생활의 수호와 고양을 위해서는 민족 문화 활동과 학술 · 교육진흥 활동이 필요하다는 데 대한 의식이 확산되기 시작하자 르비브 형제단원들도 이러한 생각에 동감했다. 형제단원들 중에서 학술 · 교육진흥과 학교, 문필활동, 그리고 무엇보다도 우크라이나 학교의 가장 열렬한 옹호자들이 나타났다. 학교, 바로 학교야말로 민족 문화의 파멸을 막을 수 있는 유일한 구원자라는 것을 이들은 인식했다. 이들은 정교회에 대한 배려만으로는 충분하지 못하다는 것을 논거와 함께 역설하였다. 이들이 보기에 학술 · 교육진흥 활동이 없는, 즉 학교가 없는 교회는 아무런 힘을 발휘할 수 없었다. 르비브의 우크라이나 공중은 이러한 방향으로 활발한 활동을 펴나가기 시작했다.

자블루디브를 떠나 온 이반 표도로프는 이미 1570년대에 르비브 형제단에 협력을 청했다. 그러나 형제단은 불에 탄 교회 대신 새로운 형제단 교회건물을 신축하는 공사에 재정을 쏟아 붓는 바람에 그에게 이렇다 할 만한 재정적 도움을 줄 수 없었다. 표도로프는 그래도 지역 사제들과 소시민들의 도움을 받아 인쇄소를 설립한 후 자신의 인쇄소를 저당 잡혀서 유대인들에게 돈을 빌렸다. 그래놓고 '사도행전' 한 권만을 출판(1574)한 후 오스트로즈키 공에게로 갔다. 그렇지만 그는 얼마 후 다시 르비브로 들어와서 자기 인쇄소를 돌아가게 하려고 다시 시도하다가 일을 완수하지 못하고 사망했다(1583). 외국 상인들이 저당권자들로부터 그의 인쇄소를 사들이기 위해 흥정을 하기 시작했다. 그러나 르비브의 우크라이나 주민들은 인쇄소가 르비브 밖으로 이전되는 것을 결코 원하지 않았기에, 르비브 주교 게데온 발라반[133]은 형제단 단원들과 힘을 합쳐 저당업자들에게 차용증을 써주고 인쇄소를 인수했다. 그들은 '특별한 보물'인 이 인쇄소를 손에서 놓치지 않기 위해 차용금을 갚아야 했으므로, 이를 위해 우크라이나 전역에서 모금 운동을 벌이기 시작했다.

그런데 형제단 단원들은 재원이 부족하기는 했지만, 인쇄소만을 염두에 둔 것이 아니라 좋은 학교를 세우는 데도 관심이 많았다. 형제단은 학교와

133) 게데온 발라반(Гедеон Балабан, 1530~1607)은 우크라이나의 정교 성직자이자 정치인으로 르비브와 카미네츠-포딜스크의 주교를 역임했다. 귀현 가문 출신으로 정교회 성직자가 되기 위한 교육을 받은 그는 교회통합 초기에는 이를 지지했으나 그 후 철저한 반대자로 돌아서서 죽을 때까지 이 태도를 견지했다. 르비브 우스펜스키(성모승천교회) 형제단과는 성직자 위계제, 수도원의 재산소유 문제 등을 둘러싸고 오랜 갈등을 겪었다. 정교 문화의 발전을 위해 스트랴틴을 비롯한 자기 영지에 학교를 세워 운영했으며 또한 정교서적, 슬라브어 교육서적 등의 보급을 위해 출판사를 설립하여 운영했다.

인쇄소, 그리고 빈민·장애인 구호소를 함께 갖춘 형제단 건물을 건립하려고 계획했다. 1585년 말 안티오키아 총대주교 요아킴(Ioakim)[134]이 르비브를 방문하자 형제단 단원들은 그에게 "모든 신분의 아동들이 교육을 받고, 그들의 가문이 교육을 받지 못해 무식계층으로 남지 않도록" 학교를 건립하기 위한 기부금을 내달라고 우크라이나인들에게 총대주교 자신이 직접 호소하도록 요청했다. 총대주교는 이 요청을 받아들여 회람 호소문을 만들었다. 게데온 발라반 주교도 모든 정교도들에게 기부를 열렬히 호소하면서 같은 취지의 회람문서를 만들었다.

그림 **179** 르비브 형제단 교회. **16**세기 말, **17**세기 초에 건립되었다.

형제단 단원들은 이러한 고상한 목표를 스스로 설정하고 동족들의 기독교적·민족적 감정에 호소하는 일과 더불어 형제단 생활 자체도 이에 상응하게 더욱 높은 수준으로 개편하는 것이 필요하다고 생각했다. 그들은 형제단 특유의 술잔치를 완전히 폐지하기로 결정했고, 이후로 형제단

134) 재위: 1581~1592.

회합은 신앙 지도와 학술·교육진흥을 위해 봉사하지 않으면 안 되었다. 형제단원들은 정례적 업무를 마친 다음에는 양서 읽기와 진지한 토론에 전념해야 했다. 형제단은 단원들의 생활을 감독하고 그들에게 생활지침을 내려야 했으며, 교화되지 않는 단원, 완고한 단원은 형제단에서 제명되었다. 신앙과 극기의 정신이 형제단 규약 전체를 관통하는 기본 원칙이 되었다.

형제단원들이 요아킴 총대주교의 인준을 받기 위해 이 새로운 규약을 제출하자, 그에 앞서 우크라이나 교회 내의 무질서한 상황을 살펴본 바 있는 총대주교는 형제단 단원들의 그토록 고상한 분위기와 공익적인 의도에 대해 말할 수 없이 기뻐했다. 그는 새로운 규약을 재가해주었을 뿐 아니라 형제단에 전례 없이 다양한 위탁업무와 권리를 부여해주었다. 이것 중 하나는 형제단 단원들이 성직자 집단도 감시하여, 사제들의 비위사실이 적발되면 이를 주교에게 보고할 것이며, 만일 주교가 처벌을 거부하고 법에 어긋나게 행동하면 그를 따르지 말고 진리의 적으로 대해야 한다는 것이었다. 또한 총대주교는 유사한 형제단 조직은 모두 르비브 성모승천교회 형제단 아래로 들어오라고 명했다.

이러한 것은 정교회의 질서를 근본적으로 바꿀 수 있는 유례없이 광범위한 권한들이었는데, 이런 권한은 오해를 야기할 뿐 아니라 성직자 집단과의 충돌을 불러일으킬 수밖에 없는 것이었기에 형제단에게는 불필요한 것이고 깊은 고려 없이 주어진 것이라 할 수 있었다. 그러나 요아킴 총대주교만이 이런 권리를 인정한 것이 아니라, 2년 뒤 우크라이나를 방문한 콘스탄티노플 총대주교 예레미아스[135]도 이러한 권한을 인정했다. 총대주교

135) 예레미아스 2세. 1588년 모스크바를 방문해 새로 설립되는 모스크바 총대주교구를 축성(祝聖)했으며 귀로에 우크라이나에 들러 르비브 형제단을 격려했다.

들이 취한 이러한 조치로 인해 르비브 형제단의 위상은 엄청나게 높아졌고, 형제단의 활동도 최상의 평가를 받았으니 이는 어쨌거나 우크라이나 소시민들 사이에서 활발한 운동을 촉발한다는 긍정적 측면을 가지고 있었다. 크고 작은 도시에서 주민들은 형제단을 조직하거나 기존 조직을 르비브 형제단 모형으로 재편했으며, 자기네 형제단을 르비브 형제단의 권위와 보호 아래 맡겼다. 다른 도시의 주민들은 르비브 주민들을 본받아 새로운 학교를 세우고 르비브 학교 출신을 학교 교사로 초빙하거나, 아니면 자기네 도시 학생들을 르비브로 유학시켜 학업을 계속하고 교사 자격을 딸 준비를 하게 하려고 노력했다. 그래서 예를 들어 르비브 형제단의 개혁을 본 딴 유사한 형제단이 로하틴, 호로독(Городок) 같은 도시뿐만 아니라 홀로호리(Гологори)와 사타니브(Сатанів) 같은 아주 작은 소읍에도 만들어졌음을 알 수 있다. 페레미쉴, 베레스테, 루츠크 같은 큰 도시에도 모두 형제단이 세워졌다. 이러한 형제단은 다른 어떤 일보다도 학교 운영에 가장 큰 힘을 쏟았다.

그림 **180** 르비브 형제단 교회 종각에 부속된 작은 교회당. **16**세기에 건립되었다.

르비브 형제단의 저술 및 출판 사업은 그리 눈에 띄게 발전하지는 못했다. 그 이유는 오스트로흐 학자 그룹이 오스트로즈키 가문의 도움을 받아 확보한 재원이 이 일까지 하기에는 충분하지 못했기 때문이다. 17세기 초반까지는 오스트로흐의 학자 그룹이 출판과 저술 활동에서 두드러진 업적을 냈으나, 그 후 17세기 후반이 되면서 동굴 수도원의 풍부한 재원을 활용할 수 있게 된 키예프 학자 그룹이 오스트로흐 학자 사회에서 두각을 나타내기 시작했다. 그 대신에 르비브의 학교는 매우 잘 운영되어서, 현지 출신과 그리스 출신의 탁월한 교수진과 학자들이 강의를 했다. 대주교 아르세니(Арсений)라든가 당시의 학계 유행에 따라 지자니(Зизаний)로 개명한 스테판 쿠킬(Стефан Кукіль)과 그의 형제 라브렌티 쿠킬(Лаврентий Кукіль), 키릴로 트란크빌리온-스타브로베츠키(Кирило Транквиллион-Ставровецький) 같은 인물들이 그러한 교사들이었다. 이들 모두는 탁월한 학자이자 저술가들이었다. 후에 키예프 수도대주교가 되는 비르차(Бірча) 출신의 이반 보레츠키(Іван Матфеевич Борецький)[136]와 다른 학자들도 르비브 학교에서의 교육에 관여했다. 오스트로흐의 학교처럼 최고 교육기관 역할을 한 르비브 학교의 성공에 우크라이나의 공중은 크게 기뻐했고, 이는 다른 도시에도 소규모의 학교를 세우게 하는 자극제 역할을 했다. 이 학교들은 르비브 학교 입학을 위한 예비교육기관 역할을 했다. 예를 들어 페레미실의 주교와 소시민들은 형제단을 설립하면서 무엇보다도 먼저 학교 설립을 계획했다. 그들은 르비브 형제단에 보낸 편지에서 "우리 지역과 군(郡)의 학문

136) 1560~1631. 키예프의 저명한 수도대주교로서, 성직자명은 욥(Иов)이다. 영세귀족의 후예로 태어나 수준 높은 교육을 받았으며, 고전어와 교부들의 저작에 통달해 르비브 신학교에서 라틴어를 가르쳤다. 키예프로 옮겨온 후 키예프 아카데미 교수로 재직했다. 1620년 예루살렘 총대주교 테오파네스 3세가 콘스탄티노플 총대주교의 동의 아래 그를 키예프 수도대주교로 임명했다. 교회통합파에 맞서서 정교 신앙을 열성적으로 수호했다.

수준은 아주 낮지만, 고귀한 신분의 인사들(이곳의 우크라이나인 소귀족층을 말한다)은 선생님을 초빙해 자녀들에게 학문적 수련의 기회를 주기를 열렬히 원하고 있다"라고 말하면서 그곳 졸업생 중에서 교사를 파견해줄 것을 요청했다. 페레미쉴 출신으로 르비브 학교에서 수학한 사람을 보내달라고 했을 가능성이 컸다.

초등학교와 고급 수준 학교에서의 교육은 모두 종교적 색채가 아주 강했다. 학습은 교회 관련 서적에서 출발했고, 성서와 기독교의 가르침에 대한 지식을 쌓는 것을 교육의 목표로 했다. 하지만 그럼에도 우크라이나 공론층 인사들 중에는 학교 교육이 정교회 전통에서 지나치게 멀리 벗어나 있다고 여기는 사람들도 있었다. 이러한 비판이 나온 이유는 당시 가톨릭 학교에서 가르치던 것과 같은 세속 과목을 약간이지만 학생들에게 가르쳤기 때문이다. 이해를 쉽게 하기 위해서 교회 서적을 당대의 우크라이나어로 해석해 가르치는 것도 그들은 마음에 들지 않아 했다. 이들은 교육에는 오로지 교회슬라브어만 사용해야 하고, 신학 관련 과목만 가르쳐야 한다고 생각했다. 만일 이렇게 하지 않고 여기서 약간만이라도 벗어난다면 학생들은 필연적으로 당대의 세속적 지혜와 가톨릭 문화의 유혹에 빠진다는 것이 그 이유였다. 전통을 옹호하는 이러한 사람들 중 페레미쉴 지방의 비쉬냐(Вишня) 출신인 아토스 수도원[137] 수도사 이반 비셴스키[138]가 가장 두각을

137) 그리스의 아토스 산에 있는 정교 수도원이다. 신앙의 순수성에 대한 강조와 엄격한 계율로 유명하다. 많은 정교사상가들이 이 수도원을 정신적 본산으로 여겨왔다.

138) 이반 비셴스키(Иван Вишенський) 또는 이오안 비셴스키(Иоанн Вишенський), 이오안 브이셴스키(Иоанн Вышенский, 1545~1550경 출생, 1620 이후 사망). 정교수도사, 시인, 사회정치 평론가. 1570년대에 수도사가 되어 당시 정교 수도생활의 중심지였던 아토스 산의 수도원에서 지냈으며 그 후 할리치나와 아토스 산을 오가며 활동했다. 할리치나의 오스트로흐 학자-문필가 그룹 및 르비브 형제단과 밀접하게 교류했으며 활발한 저술활동을 펼쳤다. 그는 베레스테(브레스트) 교회통합의 강경한 반대자로 정교도, 폴란드 가톨릭 신학

나타냈는데, 그는 당대를 대표하는 가장 탁월한 작가이자 평론가였다. 그는 르비브 형제단 단원들과 논쟁을 벌였고, 자신의 저작에서도 당대의 새로운 교육 방법을 비판하였다. 그러나 그의 권위와 불타오르는 뛰어난 언변에도 불구하고, 교육 문제에 대한 그의 비판은 받아들여지지 않았다. 모든 교육가들은 훌륭한 교육과정을 갖춘 학교, 가톨릭 학교와의 경쟁에서 이길 수 있는 학교, 실생활에 부합하고 일반 대중이 쉽게 접근할 수 있는 학교, 그리고 이를 위해 인민대중의 언어로 교육하는 학교만이 우크라이나 인민을 민족적 파멸로부터 구할 수 있다고 깊게 확신했다. 이러한 생각은 르비브 형제단 그룹이 출판한 『계훈(*Пересторога*)』이라는 제목의 흥미로운 책에 특히 열렬한 어조로 표현되었는데, 아쉽게도 이 책의 저자는 미상이다.

63. 교회통합

그러나 형제단 운동의 성공은 성직자 집단과 주교들의 심각한 몰이해로 말미암아 그늘이 졌다. 이미 앞에서 지적한 대로 총대주교들이 성직자 집단과 주교들과 관련하여 르비브 형제단에 부여해준 지극히 광범위한 권한은 매우 위험하고도 불필요한 선물이었다. 왜냐하면 이로 인해 형제단은 성직자 집단과의 전혀 불필요한 충돌에 말려들게 되었고, 정교회 주교들이 가톨릭 성직자단에 보호를 요청하기 시작한 것도 이로부터 큰 영향을

자 등을 수신인으로 하는 공개서한에서 교회통합을 비판하고 정교 수호 의지를 강조했다. 사회평론 활동에도 열성적이어서 상류층의 도덕적 타락을 비난하고 농노제적 예속 상태에 놓인 농민층의 어려운 삶을 구체적으로 서술하면서 그 개선 필요성을 역설했다. 교육 문제에서는 세속 교육에 반대하고 비잔티움적 금욕주의에 바탕을 둔 종교 교육만을 중시했다.

받았던 탓이기 때문이다.[139] 주교들은 오래전부터 내려온 정교회의 질서에 따라 자기 교구의 일을 완전히 자기 마음대로 처리해왔었다. 지난 몇 세기 동안 수도대주교는 약화되었고, 정교를 믿는 공들도 사라졌으며, 주교 회의도 자주 열리지 않는 상태에서 왕으로부터 주교직을 받거나 매입한 주교는 정부 외에는 아무에게 묻지도 않고, 누구에게도 신경 쓰지 않으면서 일체의 통제에서 벗어나 자신의 교구를 운영해왔었다. 그런데 이제 와 보니 귀족 출신인 주교들이(폴란드 법제에서 정한 바에 따르면 주교는 귀족출신이어야 했다) 사람으로 여기지도 않던 웬 소시민들, 즉 그들이 '단순한 농민들, 구두장이, 말안장 만드는 사람, 가죽장이'라고 부르며 무시했던 형제단원들이 주교에게 어떻게 주교 관구를 운영해야 할지 지시하기 시작한 게 아니겠는가. 그들은 이것을 참을 수 없는 모욕으로 받아들였다.

르비브 형제단 단원들이 요아킴 총대주교가 부여한 임무를 이행하여 지역 성직자 집단 사이에서 질서를 잡으려 하자마자 곧바로 이로 인해 르비브 주교 게데온 발라반과 형제단의 불화가 빚어졌다. 이 불화는 전혀 불필요한 것이었다. 게데온 발라반은 상당히 학식이 높은 고위성직자로서, 우호적 의도를 가지고 지금까지의 형제단의 학술 · 교육진흥 노력을 지원

139) 이 부분 서술에서 흐루셰브스키의 해석상의 모순 혹은 지나치게 자민족중심적인 태도가 드러난다. 흐루셰브스키는 앞부분에서는 분명히 당시 정교회 성직자들의 문제점을 지적했으면서도, 안티오키아 총대주교와 콘스탄티노플 총대주교가 이들의 부패와 전횡을 통제하기 위해 취한 조치들에 대해서는 불필요하고 사려 깊지 못한 것이었으며 교회통합을 촉진한 것이었다는 식의 강한 비판을 가하고 있다. 정교회 고위 성직자들의 부패와 무능에 대한 견제는 르비브 형제단이라는 '아래로부터의 힘'에 의해 이루어지게 되어 있지만, 저자는 이 견제권이 외부 인사인 안티오키아 총대주교와 콘스탄티노플 총대주교에 의해 주어졌다는 것 때문에 이토록 비판적인 태도를 보이고 있다. 그러나 그렇다면 정교회 고위성직자들의 전횡과 매관매직을 저지할 힘이 다른 어디에서 나왔어야 하고 나올 수 있었는지에 대해서는 아무런 언급이 없다.

했지만, 이 '단순한 농사꾼들(простые хлопы)'이 교회 문제에 간섭하고 무엇을 해야 할지와 무엇을 하지 말아야 할지를 그에게 지시하기 시작하자 이를 참을 수 없었다. 발라반은 처음에만 해도 형제단 단원들을 향해, 요아킴 총대주교는 우크라이나 교회와 아무 상관이 없으며, 그의 규정은 우크라이나 교회에 아무 구속력이 없다고 대응했다. 그런데 형제단 단원들이 이 문제를 콘스탄티노플의 총대주교에게 제기해 결정해줄 것을 청하자, 요아킴으로부터 우크라이나 교회의 문란상에 대해 이미 들은 바 있던 콘스

그림 **181** 예레미아스 총대주교(옛 판화).

탄티노플 총대주교는 요아킴의 모든 조치를 재확인하고 발라반이 형제단과 분쟁을 일으키고 있다고 비난하면서 그가 앞으로도 형제단과 대립하면 그를 파문할 수도 있다고 위협했다. 게데온 발라반은 이 결정을 따르지 않고 르비브 형제단을 계속 비난하며 갖가지 방법으로 형제단을 괴롭히기 시작했다. 콘스탄티노플 총대주교 예레미아스가 직접 우크라이나에 와서 현지에서 상황을 살펴보고 형제단의 입장을 더욱 단호하게 지지하면서 발라

반을 주교직에서 해임하자 게데온 발라반 주교는 이 결정에 극도로 흥분해 얼마 전까지만 해도 자신의 적이었던 르비브 가톨릭 대주교에게 도움을 요청했다. 그는 가톨릭 대주교에게 우크라이나의 고위성직자들을 총대주교들의 권력으로부터 해방시켜 달라고 요청했다. 이렇게 해서 게데온 발라반은 모든 우크라이나 주교들 중 '정교회 총대주교와 관계를 끊은 첫 고위성직자'가 되었다.

이것은 총대주교들의 사려 깊지 못한 지시로 인해 일어난 아주 뼈아픈 결과였다. 사실 정교회 총대주교들이 우크라이나 교회 문제에 개입하면서 불행한 역할을 한 것은 이번만이 아니었다. 우크라이나는 전반적으로 오랜 동안 교회 문제에서 총대주교들의 직접적 간섭을 받지 않고 지내왔다. 그래서 그 전에는 총대주교들은 우크라이나의 교회 문제에 직접 관여하는 일이 아주 드물었고, 최근 몇 세기 동안은 관여 자체를 거의 중지했다. 새로운 수도대주교가 임명되면 그를 위해 축복을 해달라고 총대주교에게 사절을 보내곤 한 것이 전부였다. 수도대주교는 사실상 정부 이외에는 자신 위에 군림하는 어떤 권력도 몰랐고, 주교들도 마찬가지였다. 그러나 지금은 이전에 전혀 없던 일이 생겨나서 총대주교들이 스스로 우크라이나에 들어왔다. 1585년에 안티오키아 총대주교가 우크라이나에 온 것이 처음이었고, 이어서 1588년에 콘스탄티노플 총대주교가 왔다. 이 총대주교들이 여행을 한 원래 목적은 재정적 필요 때문에 기부금을 부탁하러 모스크바를 방문하는 것이었다. 이들은 우크라이나에 대해서는 큰 관심이 없었다. 현지 사정을 제대로 검토하지도 않았고 잘 알지도 못했다. 그러면서도 그들에게 여러 문제에 대한 진정이 들어오면 그들은 아주 단호한 지시를 내렸다. 이 과정에서 총대주교들은 우크라이나 교회에 별로 큰 해를 일으키지 않으며 오랜 기간 지속되어온 사소한 문제들에 각별한 관심을 기울여 이를 침소봉대했으며, 현지 관습을 교회 질서 파괴로 문제 삼아 큰 소동을 일으켰다. 예를 들어 우크라이나에서는 두 번 결혼한 사람이 사제서품을 받거나 다른 교회 직책을 맡는 경우들이 있었다. 이는 현지의 관습상 허용되었다. 그러나 그리스 정교회는 그러한 규정을 용납할 수 없다고 여겼다. 총대주교들은 이러한 사제들의 임명을 불법적인 것으로 보아서, 그들의 해임을 요구하였으며, 이러한 사제를 용인하고 있는 주교들은 파문하겠다고 위협했다. 대체로 다혈질이고 신중하지 못한 인물이었던 예레미아스는 사제 서품 전 두 번 결혼했다는 이유로 수도대주교 오니시포르 디보취카(Онисифор Дівочка)조차 해임했다. 디보취카는 어느모로 보나 수도대주교로서 결코 수준이 낮지 않은 인물이었는데도 말이다. 다른 문제를 다루는 데서도 예레미아스는 과민하게 행동했고, 분별력이 없었으며 사안을 제대로 검토하지도 않았다. 그는 툭하면 주교들을 책망하고 직무를 정지시키거나 파문하겠다고 위협했다. 예레미아스는 우크라이나를 떠난 후에도 여러 가지 지시를 보내오고, 이를 바꾸고 번복할 뿐 아니라 주교들을 감독하는 감독관(그리스 정교회 교구장)을 파견했다가 취소하곤 했다. 게다가 대주교나 총대주교 파견관 등등이라고 불리는 끝도 없이 많은 그리스 잡인들이 나타나 헌금도 모금하곤 했기 때문에 사람들은 도대체 누구 말을 들어야 하는지 알 수가 없었다. 어떠한 교회 권력의 간섭도 받지 않았던 우크라이나 고위 성직자들에게는 그리스 교회의 이런 혼란과 총대주교들이 주도해서 그들 위에 부과해 놓은 형제단의 감시 같은 이 모든 것이 견딜 수 없는 일이었다. 이들은 이런 모든 간섭에서 벗어나기 위해 폴란드 정부와 가톨릭 성직자 집단이 오랫동안 손짓하며 부르고 있던 길로 나서기로 결정했다. 그것은 곧 총대주교들과의 관계를 단절하고 로마 교황의 권력을 인정하는 것이었다.

폴란드가 우크라이나 여러 지방을 통치하기 시작한 직후부터, 카지미에시 대왕[140] 이래 폴란드 정부는 우크라이나와 벨라루스를 로마 가톨릭교회에 통합시키기 위해 노력했고 야기에우오 시절에 리투아니아와 폴란드가 연합하게 된 이후에는 리투아니아 정부도 마찬가지 입장을 취했다. 카지미에시 대왕은 처음에는 단순히 정교회 주교 자리에 가톨릭 주교를 임명하고 그렇게 해서 정교회를 끝장내버리려고 생각했으나 할리치나의 보야린들이 이에 반대하고 나섰다. 그래서 카지미에시는 정교회 총대주교에게

그림 **182** 피렌체 종교회의(옛 판화): 교황과 이시도르 수도대주교. 오른쪽에는 정교 성직자들이 있다(상당히 분방한 상상력을 가미한 스타일로 그린 그림).

할리치나를 관할하는 별도의 수도대주교구를 임명해 달라고 요청할 수밖에 없었고,[141] 정교회는 이런 모습으로 계속 존속해야만 하였다. 이 때문에 야기에우오와 비타우타스 이래 폴란드-리투아니아 정부는 정교회 주교들

140) 폴란드 국왕 카지미에시 3세(재위: 1333~1370)를 말한다.

141) 여기서 총대주교는 콘스탄티노플 총대주교를 말한다. 키예프 루스 시절에는 키예프 수도대주교가 루스교회의 최고위 성직자였다. 그러나 몽골군대의 침공 이후 1299년에 키예프 수도 대주교는 북동부의 블라디미르로(후에는 모스크바로) 거처를 옮겨갔기 때문에 우크라이나 땅에는 수도대주교가 없었다. 그런데 서부 우크라이나가 폴란드의 지배아래 들어간 후 할리치나에는 별도의 수도대주교좌가 설치된 것이다.

을 로마 교황에게 복속시키고 정교회를 로마 가톨릭교회에 합병(교회통합)하는 것을 자신의 과제로 삼았다. 이를 위해 주교좌, 특히 수도대주교좌에는 순종적이고 다루기 쉬운 사람을 임명하기 위해 애썼고, 이들이 가톨릭 공의회에 참석하기를 요구했으며, 로마 교황에게 이들을 휘하에 받아 달라고 청원했다. 실제로 몇몇 주교와 수도대주교들이 폴란드-리투아니아 정부의 요구를 수용하려고 해 보았으나, 이들은 일반 성직자 집단과 신도들이 자신들을 따르지 않는 것은 물론, 자신들의 처지가 극도로 위험해질 것임을 바로 깨달았다. 이 때문에 수도대주교들은 대개의 경우 폴란드 정부의 이러한 집요한 요구에 대한 답으로, 자신들은 진심으로 그러한 교회통합의 실현을 원하지만 총대주교와 정교회 전체 공의회에서 동의하지 않는 한 어떠한 행동도 취할 수 없다고 하는 성명을 냄으로써 상황을 넘기곤 했다. 즉 정교회 회의에서 가톨릭교회와의 통합을 결정해야 하고, 이러한 조치 없이는 지역의 정교회 성직자단은 어떠한 결정적 조치를 취할 수 없다는 주장이었다. 협상은 대개 이 선에서 끝나버리곤 했다. 1439년 피렌체 종교회의에서 교회통합의 난관이 극복된 듯이 보였다. 왜냐하면 키예프 수도대주교인 이시도르[142]와 거의 모든 그리스 정교회 주교들, 그리고

142) 이시도르(우크라이나식으로는 **Ісидор**, 러시아식으로는 **Исидор**, 1385 무렵~1463). 키예프의 이시도로스(Ἰσίδωρος τοῦ Κιέβου) 혹은 테살로니카의 이시도로스라고도 불린다. 그리스 출신의 키예프 수도대주교. 정교회와 가톨릭교회 사이의 교회통합에 찬성해 피렌체 공의회에서 이를 추진했던 핵심적 인물의 하나. 펠로폰네소스에서 태어난 그는 콘스탄티노플에 가서 수도사가 되어 활동하다가 1437년 이오시포스 2세 총대주교에 의해 '키예프 · 모스크바 및 전 루스의 수도대주교'로 임명되었다. 총대주교는 교회통합을 통해 서유럽 국가들의 지원을 얻어냄으로써 오스만 투르크의 공격을 막아내고자 하는 황제 이오안네스 8세 팔라이올로고스의 노력을 지지했고 이시도르도 이 같은 취지에 동의했다. 그는 당시 '키예프 · 모스크바 및 전 루스의 수도대주교좌'가 있던 모스크바에 도착한 후 교회통합에 찬성하는 여론을 형성하기 위해 노력했다. 그는 정교의 독립성을 지키겠다는 약속을 하고 모스크바 대공 바실리 2세에게서 여행비용을 지원받아 1439년 피렌체 공의회에 참

비잔티움 황제까지 교회통합을 받아들였기 때문이다. 비잔티움 황제는 이러한 대가를 치름으로써 투르크에 대항하는 데 로마 교황과 서유럽 세계의 도움을 얻을 수 있을 것이라고 생각했다. 그러나 비잔티움에서도 이시도르의 주교구에서도 이 교회통합은 받아들여지지 않았고, 결국 이시도르 지지자들은 스스로 이 결정을 번복해야 했다. 당시의 폴란드 왕이자 리투아니아 대공이었던 카지미에시 야기에우오비치[143]의 모든 노력은 성공을 거두지 못했다. 그 후 리투아니아 대공 알렉산드라스도 교회통합의 실현을 위해 무진 애를 썼다. 그러나 모스크바국이 '정교 신앙에 대한 핍박'을 핑계 삼아 리투아니아 대공국의 지역을 하나씩 대공으로부터 떼어내는 데 성공하자 이에 대경실색한 폴란드-리투아니아 정부는 교회통합을 후원하는 모든 노력을 서둘러 중단했다.

몇십 년간 이 문제는 더 이상 진전되지 않았다. 그런데 폴란드 정부의 위기가 완화되었고, 폴란드 가톨릭교회도 16세기 후반에 혼란을 극복하고 세력을 강화하게 되자 이 교회는 정교회의 지리멸렬상과 쇠퇴를 보면서 정교회를 복속시킬 계획을 짰다. 정교도들 중에도 정교회의 무질서를 대하면서 유일하고도 가장 훌륭한 출구는 정교회가 가톨릭교회에 통합되는 것이라고 보는 사람들이 있었다. 그렇게 하지 않으면 가톨릭 국가인 폴란드의 정부는 앞으로도 계속해서 멸시를 받을 만한 혼란스러운 상황을 정교회에

석했으며 이곳에서 정교회와 가톨릭교회의 통합을 열렬히 찬성해 교회통합 결정을 이끌어내는 데 크게 기여했다. 그는 로마 교황에게서 추기경 칭호를 받기까지 했다. 그러나 그가 1441년 모스크바로 귀환한 후 교회통합을 선포했을 때 대공 바실리 2세를 비롯한 모스크바 공국 사람들의 냉담한 반응에 부딪쳤고, 결국 그는 바실리 2세의 명령으로 수감되었다. 그는 2년 후 탈출해 리투아니아를 거쳐 로마로 간 후 교회통합을 위해 계속 활동하다가 로마 교회의 고위 성직자로 사망했다. 모스크바 교회는 이시도르의 약속위반을 계기로 콘스탄티노플 총대주교구와 관계를 단절하고 독자적인 독립수장교회가 되었다.

143) 폴란드 국왕 카지미에시 4세를 말한다.

그림 183 게데온 발라반. 르비브의 주교.

초래할 그런 인물들을 수도대주교와 주교로 임명할 것이라고 보았기 때문이다. 바실리-콘스탄틴 오스트로즈키 공 자신도 이와 유사한 생각을 밝힌 바 있다. 그래도 그는 다른 사람들과 마찬가지로 이러한 개혁은 오로지 정교회 총대주교들과 정교 신자들 전체의 동의가 있어야만 수행할 수 있다는 확신을 계속 견지했다.

그러나 이제 로마 교황의 권력에 복종하기로 결정한 정교주교들은 총대주교들이 이 같은 행보에 동의하지 않을 것이고, 결국 가톨릭교회와의 통합은 총대주교들과의 결별을 의미한다는 것을 알고 있었다. 그들은 또한 정교도들이 그 같은 결별에 동의하지 않을 것이라는 사실도 알고 있었다. 그래서 이들은 자기네 계획을 비밀리에 실현하기로 했다. 이때 그들은 일단 일이 실현되면 폴란드 정부가 나서서 하층 성직자 집단과 주민들을 윽박질러 교회 고위성직자단의 결정을 따르도록 만들 수 있을 것이라고 기대했다. 총대주교가 그토록 막무가내로 형제단의 편을 드는 것에 격분한 르비브 주교 발라반이 첫 번째로 이 길을 가게 되었다. 그는 다른 주교들의 동의도 얻어내는데 성공했으니, 몇 달 후인 1590년에는 그와 뜻을 함께 하는 사람의 수가 이미 네 명이나 되었다. 발라반 외에 루츠크 주교 테를레츠키(Терлецький), 투로브 주교 펠치츠키(Пелчицький), 홀름 주교 즈보로브스키(Зборовський)가 이들이었다. 이들은 교황의 권력에 복종하기로 결정했다는 문서를 작성하고 이를 자신들의 서명으로써 확인했다. 그러나 이 일은 비밀리에 진행되었다. 그들은 단계적으로 다른 주교들의 동의도 받아내었다. 수도대주교 로호자(Рогоза)만이 누구보다도 오래 망설였는데, 그도 예레미아스 총대주교가 자기를 파문하기로 결정했다는, 어느 그리스인 수도대주교 참칭자가 작성한 허위 문서를 보고 크게 분노하고 있던 상황이었다. 오랜 망설임 끝에 그도 주교들의 모의에 합류하기로 했다. 1594년 말 이 고위성직자들은 로마 교황과 폴란드 왕에게 보내는 공동 선언문을 작성하여, 자신들이 로마 교황의 권력에 복종하기로 결정했으며 다른 성직자들과 정교 신도들도 이를 따르게 만들 것이라고 천명했다. 그들은 이와 동시에 그들의 주교구에서 교회 조직과 정교회 전례는 변함없이 보존되고 정교회 주교들은 모든 면에서 가톨릭 주교들과 동등한 권리를 누려야 한다는 조건도 내세웠다. 폴란드 왕은 크게 기뻐하면서 이 일을 주도한 고위성직자들에게 온갖 특혜와 보호 그리고 후견을 약속했다. 그 후 1595년 말 테를레츠키와 볼로디미르의 새 주교 포티(Потий)는 직접 로마로 가서, 12월 23일 교황청 인사들과 추기경들이 모두 모인 성대한 종교회의에서 모든 주교들의 이름으로 복종을 선언하면서 가톨릭교회의 신앙에 대한 충성을 맹세했다. 이렇게 하여 이들은 가톨릭교회의 품안에 안겼다.

64. 통합교회에 맞선 투쟁

주교들이 자신들의 행동에 비밀의 장막을 둘러쳤지만, 그들의 모의에 대한 소문은 이미 상당히 일찍부터 퍼져나가기 시작했다. 그러나 정교 신도 공동체는 주교들이 자신들을 배제하고는 계획을 실행에 옮길 수 없다고 예상했기 때문에 소문에 크게 격앙하지는 않았다 왜냐하면 이 문제는 어차피 공의회에 회부될 수밖에 없었기 때문이다. 오스트로즈키 공은 폴란드 왕에게 정교도들의 공의회를 소집하도록 허락해줄 것을 간청했으나 왕의 동의를 얻지 못했다. 이것은 이미 매우 우려할 만한 징조였다. 정교도들의 공인된 수장으로서 오스트로즈키 공은 정교도들에게 회람문을 보내서, 어떠한 경우에도 '배신자 주교들'의 계획을 따르지 말 것과, 흔들림 없이 정교 신앙을 수호할 것, 그리고 교회통합에 모든 힘을 다해 맞서 싸울 것을 촉구했다. 인쇄된 형태로 우크라이나와 벨라루스의 모든 정교도들에게 널리 배포된 이 회람문은 국내외에서 막대한 반향을 불러일으켰다. 교회통합을 주도한 고위성직자들에 대한 반감이 얼마나 큰가를 깨달은 발라반은 동요하기 시작했고 결국 교회통합에서 발을 빼기로 했다. 그는 자신도 모르는 사이에 주교들의 선언문에 자기 서명이 들어갔다고 변명을 했다. 페레미실 주교 코피스텐스키(Копистенський)도 그의 뒤를 따랐다. 하지만 폴란드 왕은 교회통합을 지지하는 주교들을 그 어느 때보다 강력히 지원하기로 했다. 당시 콘스탄티노플의 총대주교청이 예레미아스가 사망한(1594) 후 혼란에 빠져 있었던 것도 정교도들에게는 아주 불리한 상황이었다. 우크라이나와 벨라루스의 정교도들은 이토록 어려운 순간에 어디서도 지원을 받을 수 없었다. 그들은 총대주교 전권대행인 총대주교청장(프로토싱켈) 니케포로스에게 직접 우크라이나에 와 달라고 간청했다. 그러나 그는 우크라이나로 오는 도중 몰다비아에서 폴란드 정부의 지시로 체포되어 감옥에 구금되었다. 사람들은 코자크들에게 기대를 걸었다. 코자크들은 이미 1595년 가을 볼린에서 통합교회 지지자들을 격파하는 데 일조한 바가 있었다. 아마 폴란드 정부도 코자크들이 이 문제에 간섭하는 것을 극도로 경계했던 것 같다. 그러나 코자크들은 이번에는 반대파인 정교도들에게 아무 도움도 줄 수 없는 상황이었다. 마침 1596년 초 정교도들이 촉각을 곤두세워 주의하면서 통합교회파 주교들과의 결전을 준비하자 주우키에프스키가 코자크들을 제압하려 출동했고 이 바람에 코자크들은 자신들의 문제에 신경을 쓸 수밖에 없었기 때문이다.

그림 **184** 키릴로 테를레츠키. 루츠크 주교.

정교도들은 마침내 구금된 니케포로스를 석방시키는 데 성공했고, 그는 공의회를 조직했다. 그는 몇 명의 그리스 정교 고위 성직자를 초청했고 모든 일을 주도해 나갔다. (1596년) 10월 6일 폴란드 왕은 교회통합을 공식적으로 선언하기 위해 베레스테(브레스트)에서 공의회를 소집했는데, 정교도들도 여기에 나타났다. 사제, 평신도, 형제단 대표단과 각 도시의 대표들, 아직 정교 신앙을 유지하고 있는 귀족들, 공들, 권문귀족들이 이 회의에 참석했다. 오스트로즈키 공 자신이 정교도들의 대표단장으로 직접 출석했고, 그의 아들이며 여전히 정교 신앙을 유지하고 있던 볼린 군정사령관 올렉산드르가 부친을 수행했다. 통합교회파 고위성직자들이 가톨릭 성직자단 및 국왕의 파견위원들과 함께 교구 예배당에서 자신들의 공의회를 열자 이와 같은 시간에 정교도 대표단은 다른 일반 건물에 집결해 이곳에서 별도로 공의회를 개최했다. 통합교회파 공의회가 열린 교회가 통합교회파인 포티 주교의 관할 아래 있었기 때문에 정교도들은 이 건물에 들어올 수 없었던 것이다. 며칠간 두 공의회는 상대 측이 자기네로 와서 합류할 것을 요청하는 협상을 벌였으나, 결국은 각각 독자적으로 회의를 진행했다. 통합교회파 주교들은 교회통합을 선언하고, 이 결정을 따르지 않는 모든 성직자들을 파문하기로 했다. 반대로 니케포로스가 이끄는 정교도 대표단은 교회통합을 받아들인 모든 성직자들을 파문된 자, 구원이 거부된 자로 선포하고, 자기 멋대로 통합교회로 간 주교들을 해임해 달라고 요청하기로 결정했다.

그러나 폴란드 왕은 정교도들의 요청을 들을 생각조차 하지 않았다. 반대로 왕과 모든 가톨릭파 인사들은 (통합교회파) 주교들이 선택한 길이 옳다고 확인했다. 종교 문제를 결정하는 것은 주교들의 권한이므로 하위 성직자단과 신도공동체는 주교들의 결정에 따라야 한다는 것이었다. 이 문제를 둘러싸고 치열한 논란과 문필을 통한 논쟁이 전개되었다. 정교도들은 신자들의 참여 없이 주교들이 혼자서 이러한 문제를 결정할 수 없다고 주장했으며, 그런 결정은 공의회에서 내려져야 하고, 통합교회파 주교들은 제멋대로 행동했으므로 자기 주교구에 대한 권한을 상실했다고 논증했다. 이 주제에 대해서는 정교회 측에서 진지하고 강력한 필치로 쓰인 문건을 상당히 많이 만들었다. 이 가운데서도 특히 오스트로즈키 공과 가까운 인물 중 한 사람이었던 필랴레트 브론스키가 쓴 『답변(*Apokrisis*)』이라는 책의 학문적 수준이 뛰어났다. 이반 비셴스키의 저작은 강력한 문장과 깊은 감정으로 이름을 날렸다. 비록 교육 문제에 대해서는 구식 견해를 보였지만, 비셴스키는 대중선전가로서 자질이 뛰어났고, 선지자와도 같은 불타

오르는 언변으로 사람들 가슴에 깊은 감동을 주는 인물이었다. 그는 '통합교회로 도망간' 주교들의 잘못을 비길 데 없이 힘찬 언어로 폭로했다. 그리하여 그는 그들의 부도덕한 생활, 영주와도 같은 변덕, 사치와 이익을 탐해서 폴란드 왕에게 총애를 구하려 드는 그들의 행태, 일반민중과 형제단 단원들과 예속적 농민들에 대한 그들의 경멸을 일일이 비난했다. 농민들이 겪는 고난과 지주들의 농민 학대를 묘사하는 부분에서 그의 글은 참으로 진실한 마음에서 우러나오는 절절한 울림을 담고 있어서 당시의 모든 문헌 중 이보다 더 뛰어난 문장을 찾기 어렵다. 정교도들에게 보내는 그의 서한들은 인쇄되지 않고 필사본으로만 퍼져 읽혔음에도 당대의 공중에게 크나큰 영향을 미쳤음에 틀림없다.

정교도들은 오로지 말과 글로 투쟁할 수밖에 없었지만, 그들의 적들은 말과 글로 대응할 뿐만 아니라 왕과 모든 권력기관을 자기네 편에 동원할 수 있었다. 폴란드 왕과 정부, 가톨릭신자 고관들은 정교도들은 어떤 경우에도 그들의 '합법적' 주교들에게 복종해야 한다는 원칙을 견지하면서, 자기네 권력의 힘을 이용하여 정교도들에게 이를 강요했다. 이들은 강제로 교회를 빼앗아서 통합교회파 주교들에게 넘겨주었고, 통합교회파 주교들이 복종하지 않는 성직자들을 처

그림 **185** 이파티 포티. 볼로디미르 주교이며 후일 수도대주교가 되었다.

벌하도록 도와주었고 여러 교회 직책은 통합교회 추종자들에게만 나누어 주었다. 그들은 정교도들에게서 사제를 빼앗아 버렸고, 그 외에도 온갖 방법을 써서 정교도들을 전방위로 핍박했다. 교회통합을 공식적으로 선언하기 이전에도 적용되었던 이런 방침이 교회통합 공표 이후에는 한층 더 본격적으로 시행되었다. 통합교회파 주교들 중에서는 특히 포티가 열성적으로 나섰다. 머리가 뛰어나고, 비길 데 없이 원기 왕성하면서도 가혹했던 그는 말을 듣지 않는 성직자들을 투옥시키는 것도 마다하지 않았고 그 밖에도 온갖 형벌을 내렸다. 교회통합에 열렬한 지지를 보낸 편이 아니었던 로호자 수도대주교가 사망한 후 (그에 대해서는 정교도들이 그를 파문하자 슬픔을 이기지 못하고 사망했다는 소문이 돌았다) 포티가 1599년 수도대주교가 되었는데 그는 만 15년 동안 그야말로 온갖 수단을 써서 정교도들을 박해했다. 그는 폴란드 정부와 가톨릭 귀족들을 사주하여, 교회 직책 후보 제안(주교에게 제출하는 추천서) 대상자는 통합교회 신봉자로만 제한하게 하고 정교회 성직자들은 교구와 기타 권리를 뺏는다는 위협을 내세워 통합교회로 전향하도록 강요했다.

정교도들도 가능한 방법을 동원하여 자신들의 신앙을 수호했다. 그들은 폴란드 의회에 압력을 넣어 통합교회파 주교들을 해임하고 교회직에 정교도만을 임명한다는 결정을 내리게 하려고 분투했다. 그러나 폴란드 상원을 구성하는 의원들 중에서는 정교도가 몇 명 되지 않았기 때문에 이 목적을 달성하는 것은 쉽지 않았다. 그나마 이 몇 안 되는 의원들도 차례로 사망하거나 가톨릭으로 개종했다. 각 지역 귀족 대표들로 구성된 하원에서도 정교도들은 미약한 소수파에 지나지 않았다. 그러나 이에 굴하지 않고 우크라이나와 벨라루스의 공중은 참으로 엄청난 열정을 보여주었다. 형제단과 소시민들, 성직자 집단, 귀족들은 주민들을 고무시키는 선동활동에 힘을 쏟았고, 지역출신 귀족 의원들에게도 영향을 미치려고 온 힘을 쏟아 분투했는데, 이렇게 하는 목적은 바람직한 사람이 지역출신 귀족 의원으로 선출될 수 있게 하고 이들에게 보내는 지침서 속에 정교도들의 권리 확보를 위해 노력해야 한다는 요구가 포함되게 하려는 것이었다. 정교도들은 또한 이러한 목적을 달성하기 위해 가톨릭파의 탄압을 받기 시작한 폴란드와 리투아니아의 개신교 신자들과도 밀접한 관계를 맺었으며, 기회가 있을 때마다, 그리고 폴란드 정부가 어려운 상황에 놓일 때마다 놓치지 않고 이를 이용하여 교회통합을 철회하라고 압력을 가했다. 실제로 정교도 귀족들 가운데 폴란드 왕이 제공하는 총애와 이 세상 온갖 강자들의 압력을 거부하고 모든 힘을 기울여 정교회의 독자성을 수호하려고 한 몇 안 되는 사람들은 진실로 존경받아 마땅하다. 당시에 사람들이 이해하기로는 정교회의 독자성은 민족자결과 동일한 의미를 가지고 있었다. 왜냐하면 우리가 아는 바와 같이 정교회는 모든 민족 생활의 기초이자 상징이어서 정교회가 붕괴하면 민족의 삶 전체가 최종적으로 무너진다고 보였기 때문이다.

폴란드 의회의 정교도 대표들은 한번은(1607) 폴란드 정부가 처한 어려운 상황을 이용하여, 앞으로 정교회 주교직과 다른 일체의 정교회 성직에는 오직 정교 사제들만 임명해야 한다는 내용을 담은 법안에 정부가 동의하도록 만드는 데 성공하기도 했다. 그들은 이미 임명된 통합교회파 주교들을 교구에서 몰아내는 것이 불가능하다는 것을 알고 단지 통합교회파 사제들이 차지한 정교회 성직 자리를 앞으로는 정교회 사제들이 맡는다는 약속을 받아내는 것만으로 만족하려고 했다. 그러나 가톨릭 성직자들의 열렬한 지지자인 지그문트 왕은 이 약속을 지키지 않았다. 그는 이 법에 동의해 놓고도 이를 이행하지 않고, 통합교회파 사제들에게만 주교구를 나누어 주고 모든 힘을 기울여 이들을 지원했으며, 정교도들에게는 이들에게 복종하라고 강요했다.

정교도들은 자신들을 방어하기 위해 분투했다. 이들은 통합교회파 주교들을 자신들의 목자로 인정하지 않았고, 통합교회가 임명한 성직자들도 받아들이지 않았다. 이 점과 관련해서, 폴란드의 압제가 가장 심했던 할리치나는 적어도 이곳에 소재한 르비브와 페레미쉴 주교구의 두 주교가 정교회에 남아 있다는 이점을 가지고 있었다. 그러나 가톨릭교도인 지주들과 통합교회파 주교들의 수중에 장악되어 있던 포부쟈와 홀름 지역은 최악의 상황에 처했다. 볼린과 키예프 지역에서는 정교도 권문귀족들과 귀족들이 통합교회파 주교들에 저항하는 버팀목 역할을 하고 있었다. 폴란드 왕이 정교 대수도원장인 니키포르 투르에게서 가장 부유한 수도원이자 한마디로 정교회의 가장 강력한 아성인 동굴 대수도원을 빼앗으려고 하자, 키예프 군정사령관인 바실리-콘스탄틴 오스트로즈키 공은 국왕의 명령을 이행하기 위해 손가락 하나도 까딱하지 않았다. 폴란드 왕이 위임권을 가진 자기 궁정 관리를 파견하여 동굴 수도원을 투르에게서 강제로 빼앗고 통합교회파 수도대주교에게 넘겨주려 하자 투르 대수도원장은 직접 무기를 손에 들고 나섰을 뿐 아니라 무장한 민중들로 수도원을 가득 채워 저항케 함으로써 수도원을 지켜냈다. 그는 나중에는 다양한 사람들로 무장 수비대를 조직하여 폴란드 왕이 자기에게서 탈취하려던 동굴 수도원 소유지도 방어했는데, 통합교회파는 불평 넘치는 어조로 이들을 '날리바이코 일당'이라 불렀다. 볼린 지역 수도원 가운데 가장 유명한 수도원인 지디친(Жидичин) 정교회 수도원도 똑같은 방법으로 방어되었다.

그러나 앞날을 생각할 때면 정교도들은 큰 불안에 휩싸이곤 했다. 폴란드 왕이 앞으로도 모든 성직에 계속 통합교회파 성직자들만을 임명하면 교회의 앞날은 어떻게 될 것인가? 여전히 정교 신앙을 지키고 있는 주교들과 수도원장들이 죽고 나면 이 자리를 통합교회파 성직자들이 차지하지는 않을 것인가? 누가 정교회 성직자들을 임명할 것이고, 누가 정교회를 축복할 것인가? 만일 정교 신앙을 여전히 충실히 신봉하면서 우크라이나 민족성도 고수하고 있는 권문귀족들과 고관들이 죽게 되면 누가 정교 신앙을 지켜줄 것인가? 국왕은 오래전부터 교회의 모든 주요 직위에는 오로지 가톨릭 성직자들만을 임명해왔다. 의회 입법활동에 걸 만한 희망도 점점 줄어들기만 했다. 왜냐하면 (우크라이나) 귀족들은 점점 더 폴란드화하고 가톨릭 신자가 되고 있어서 정교도들은 폴란드 상원뿐 아니라 대의기관인 하원에서도 자기들을 지켜줄 사람들을 찾기가 점점 더 힘들어졌기 때문이다.

그림 186 우크라이나 주교들이 통합교회에 가입한 것을 기념하여 교황이 주조한 메달. (교황 앞에서 주교들이 예를 갖추고 있다.)

우크라이나 통치귀족들과 일반귀족들이 가톨릭으로 개종하는 이 같은 사태는 정교도들의 모든 희망과 계획을 뿌리째 부수어버리고 있었다. 1610년에 출간된 「호소 혹은 동방교회의 애가(Тренос или плач восточной церкви)」라는 문서에서 저명한 신학자이자 문필가인 멜레티 스모트리츠키(헤라심의 아들이자 오스트로흐 신학교 학장)는 가장 중요한 정교 신자 가문들이 자신들의 신앙과 민족성을 배신한다고 하는 이 현상을 지켜보면서 정교도들이 겪는 비통한 상황을 강한 어조로 묘사했다. 부유한 권문귀족 가문과 공의 지배 가문들이 후견하고 보호해주지 않는 한 소시민들도, 또 그들이 형성한 교육기관 및 민족기관도 자신의 존재에 대해 안심할 수 없었다. 예를 들어 베레스테(브레스트)에서는 국왕과 그 지역 주교인 포티에 의해 형제단이 완전히 해체되었다. 벨라루스의 종교생활과 문화생활의 중심지인 빌나(빌니우스)에서는 정교도들이 군대의 지원 아래 무력으로 교회를 탈취당했다. 병사들이 교회 외벽과 출입문을 부수고 난입해 교회들을 통합교회파에게 넘겼다. 이때 우연히도 폴란드 왕이 빌나에 와 있었는데 정교도들이 그를 길에서 에워싸고서 여자, 어린이 할 것 없이 그의 앞에 무릎을 꿇고 앉아 그들의 신앙을 무력으로 압제하지 말고, 그들의 교회를 빼앗아가지 말 것을 호소했다. 그러나 이런 호소도 무력적 탄압을 막지 못했다.

정교도들은 큰 실망에 휩싸였다. 그리고 이들은 시선을 코자크들에게 돌려, 코자크들이야말로 자신들을 도우러 오는 새로운 세력이 될 것임을 보며, 아니 직감적으로 느끼며, 그들을 예의주시하기 시작했다. 코자크들은 루브니 참변의 상처에서 벗어나 조금씩 활기를 찾으며, 1600년에서 1610년으로 넘어가는 무렵에는 다시 일어설 힘을 모으고 있었다. 빌나에서 정교도들을 처참하게 굴복시킴으로써 기고만장해진 포티 수도대주교는 수도대주교 관구의 또 따른 수석도시인 키예프에서도 또 같은 일을 시도해 볼 생각으로 자신의 대리주교를 그곳으로 파견했다. 그러자 코자크 헤트만인 티스키네비치(Тискиневич)는 자기가 휘하 코자크들에게 "만일 그런 시도를 하는 경우 어디 있든지 주교를 개처럼 죽이라"는 명령을 코자크들에게 내렸으니 이 지역의 정교회 사제들을 강제로 복종시키려는 생각은 아예 품지 말라고 대리주교에게 경고했다(1610). 이 위협이 효과를 보여 수도대주교 포티의 대리주교는 이 지역의 종교 문제에 간섭을 할 엄두를 내지 않았다. 1612년 그리스 정교회의 방문 수석대주교 네오퓌토스가 코자크들의 보호를 받으며 키예프로 와서 주교의 역할을 수행했다. 그는 교회들을 봉헌하고 사제들을 서품했다. 통합교회파인 수도대주교도 폴란드 정부도 코자크들의 저항을 조금이라도 불러일으킬까 두려워하여 네오퓌토스를 감히 건드리지 못했다. 우크라이나 공중은 코자크들의 보호를 받으면 안정된 삶의 기반을 얻을 수 있고, 우크라이나의 먼 오지에서도 앞으로 코자크 깃발의 엄호 아래 민족활동을 계속 전개할 수 있다는 것을 직감했다.

그림 **187** **1590**년대 르비브 형제단의 인장.

| 찾아보기 |

ㄹ

ㅂ

ㅅ

ㅇ

ㅈ

ㅊ

ㅋ

ㅌ

ㅍ

ㅎ

지은이

미하일로 흐루셰브스키 1866~1934

우크라이나의 역사가이자 정치가이다. 러시아제국의 영토였던 홀름(현재는 폴란드 영토인 헤움)에서 태어났으며, 1886년 키예프 대학에 진학하여 역사학을 공부했다. 1894년 오스트리아령이던 르비브에서 대학 교수로 부임하여 우크라이나 역사를 강의했으며 우크라이나 역사, 언어에 관한 수많은 저서, 논문을 집필했다. 열 권으로 이루어진 대표 저작 『우크라이나-루스의 역사』 외에 일반인을 위한 개설서로서 『삽화로 보는 우크라이나의 역사』를 우크라이나어, 러시아어로 출판했다. 정치적으로도 활발한 활동을 펼쳐 1917년 러시아 2월 혁명 후 수립된 우크라이나 중앙라다의 의장으로서 우크라이나의 독자적 국가 수립을 주도하기도 했다. 볼셰비키 혁명 후 한때 외국으로 망명했으나 귀국하여 소련 체제 하에서 학술 활동을 계속하였고, 스탈린 시기 모스크바에서 사망하였다.

옮긴이

한정숙

서울대학교에서 서양사를 공부한 후 독일 튀빙겐 대학에서 러시아 혁명기 농업사회주의 연구로 박사학위를 받았다. 부산여대(현 신라대학) 역사교육과 전임강사, 세종대학 사학과 조교수를 역임하였고, 서울대학교 서양사학과 교수로 재직 중이다.
서양사에 관한 여러 권의 책을 번역하였고 여성사, 러시아사, 우크라이나사에 대해 논문과 저서를 내고 있다. 러시아사, 우크라이나사에 관한 저서로는 『한러관계사료집: 1990-2003』(서울대 출판부, 2005)(편저); 『우크라이나의 이해』(써네스트, 2009)(공저); 『러시아는 우리에게 무엇인가』(신인문사, 2011)(공저); 『유라시아 천년을 가다』(사계절, 2002)(공저) 등이 있다.

한국연구재단총서 학술명저번역 서양편 587

우크라이나의 역사 1

1판 1쇄 찍음 | 2016년 5월 18일
1판 1쇄 펴냄 | 2016년 5월 28일

지은이 | 미하일로 흐루셰브스키
옮긴이 | 한정숙
펴낸이 | 김정호
펴낸곳 | 아카넷

출판등록 2000년 1월 24일(제406-2000-000012호)
10881 경기도 파주시 회동길 445-3
전화 | 031-955-9511(편집) · 031-955-9514(주문) / 팩스 | 031-955-9519
책임편집 | 이하심
www.acanet.co.kr

Printed in Seoul, Korea.

ISBN 978-89-5733-491-1 94920
ISBN 978-89-5733-214-6 (세트)

이 도서의 국립중앙도서관 출판시도서목록(CIP)은
서지정보유통지원시스템 홈페이지(http://seoji.nl.go.kr)와
국가자료공동목록시스템(http://www.nl.go.kr/kolisnet)에서 이용하실 수 있습니다.
(CIP제어번호: CIP2016007851)